Mysteriöse psy Kräfte.

Ein Bericht über die Untersuchungen des Autors in der parapsychologischen Forschung, zusammen mit denen anderer europäischer Gelehrter.

Camille Flammarion

Writat

Diese Ausgabe erschien im Jahr 2024

ISBN: 9789361464508

Herausgegeben von
Writat
E-Mail: info@writat.com

Inhalt

VORWORT

Das auf den folgenden Seiten behandelte Thema hat im Laufe von vierzig Jahren große Fortschritte gemacht. Nun, womit wir uns in den psychischen Studien beschäftigen, sind immer unbekannte Kräfte, und diese Kräfte müssen der natürlichen Ordnung angehören, denn die Natur umfasst das gesamte Universum, und daher steht alles unter der Herrschaft ihres Zepters.

Ich verhehle mir jedoch nicht, dass die vorliegende Arbeit Diskussionen anregen und berechtigte Einwände hervorrufen wird und nur unabhängige und unvoreingenommene Forscher zufriedenstellen wird. Aber nichts ist auf unserem Planeten seltener als ein unabhängiger und absolut ungehinderter Geist, und nichts ist seltener als ein wahrer wissenschaftlicher Forschungsgeist, der von allen persönlichen Interessen befreit ist. Die meisten Leser werden sagen: „Was steckt überhaupt in diesen Studien? Das Anheben von Tischen, das Verschieben verschiedener Möbelstücke, das Verschieben von Sesseln, das Auf- und Abheben von Klavieren, das Herumwehen von Vorhängen, mysteriöses Klopfen, Antworten auf mentale Fragen, Diktate von Sätzen in umgekehrter Reihenfolge, Erscheinungen von Händen, Köpfen oder geisterhaften Gestalten – das sind nur alltägliche Belanglosigkeiten oder billige Scherze, die der Aufmerksamkeit eines Wissenschaftlers oder Gelehrten nicht würdig sind. Und was würde das alles beweisen, selbst wenn es wahr wäre? So etwas interessiert uns nicht."
Nun, es gibt Menschen, denen der Himmel auf den Kopf fallen könnte, ohne dass bei ihnen ungewöhnliche Gefühle dadurch hervorgerufen würden.
Aber ich antworte: Was! Ist es nichts, zu wissen, zu beweisen, mit eigenen Augen zu sehen, dass es unbekannte Kräfte um uns herum gibt? Ist es nichts, unsere eigene Natur und unsere eigenen Fähigkeiten zu studieren? Sind die geheimnisvollen Probleme unseres Seins nicht derart, dass sie in das Programm unserer Forschung aufgenommen werden und dass wir ihnen mühevolle Nächte und Tage widmen sollten? Natürlich erhält der unabhängige Sucher von niemandem Dank für seine Mühe. Aber was soll das? Wir arbeiten aus Freude am Arbeiten, um die Geheimnisse der Natur zu ergründen und uns selbst zu belehren. Als ich beim Studium der Doppelsterne am Pariser Observatorium und beim Katalogisieren dieser himmlischen Zwillinge zum ersten Mal eine natürliche Klassifizierung dieser entfernten Himmelskörper erstellte; als ich Sternsysteme entdeckte, die aus mehreren Sternen bestehen, die von einem gemeinsamen Impuls durch die Unermesslichkeit getrieben werden; als ich den Planeten Mars studierte und alle Beobachtungen verglich, die ich während zweihundert Jahren gemacht hatte, um sofort eine Analyse und eine Synthese dieses unseren unmittelbaren Nachbarn unter den Planeten zu erhalten; als ich durch die

Untersuchung der Wirkung der Sonnenstrahlung den neuen Zweig der Physik schuf, der den Namen „Radiokultur" erhielt und der zu radikalsten und umfassendsten Veränderungen in Größe, Form und Farbe gewisser Pflanzen führte; als ich entdeckte, dass eine ausgeweidete und im Stroh gehaltene Heuschrecke nicht starb und dass diese Insekten noch zwei Wochen überleben können, nachdem man ihnen den Kopf abgeschnitten hatte; als ich in einem Wintergarten des Naturkundemuseums in Paris eine der gewöhnlichen Eichen unserer Wälder (*Quercus robur*) pflanzte, in der Annahme, dass sie, wenn man sie dem Wechsel der Jahreszeiten entzieht, immer grüne Blätter haben würde (was jeder beweisen kann) – als ich diese Dinge tat, arbeitete ich zu meinem eigenen persönlichen Vergnügen; doch das ist kein Grund, warum diese Studien für die Entwicklung der Wissenschaft nicht nützlich waren, und kein Grund, sie nicht in den Rahmen der praktischen Arbeit von Spezialisten aufzunehmen.

Dasselbe gilt für unsere parapsychologischen Studien, nur dass sie mit etwas mehr Leidenschaft und Vorurteilen verbunden sind. Auf der einen Seite halten die Skeptiker an ihren Leugnungen fest, überzeugt davon, dass sie alle Kräfte der Natur kennen, dass alle Medien Schwindler und alle Experimentatoren Schwachköpfe sind. Auf der anderen Seite gibt es die leichtgläubigen Spiritualisten, die glauben, sie hätten auf einem Tisch immer Geister zu ihrer Verfügung, die mit äußerster Kaltblütigkeit die Geister von Plato, Zoroaster, Jesus Christus, Augustinus, Karl dem Großen, Shakespeare, Newton oder Napoleon heraufbeschwören und die sich daran machten, mich zum zehnten oder zwanzigsten Mal zu steinigen, indem sie behaupteten, ich sei aufgrund eines tiefsitzenden und hartnäckigen Ehrgeizes an das Institut verkauft worden und ich würde es nicht wagen, mich für die Identität der Geister auszusprechen, aus Angst, meine berühmten Freunde zu verärgern. Die Angehörigen dieser Klasse weigern sich, zufrieden zu sein, genauso wie die der ersten Klasse.

Umso schlimmer für sie! Ich bestehe darauf, nur das zu sagen, was ich weiß. Aber eines sage ich:

Und wenn das, was ich weiß, missfällt, umso schlimmer angesichts der Vorurteile, der allgemeinen Unwissenheit und der guten Erziehung dieser vornehmen Leute, für deren größtes Glück die Mehrung ihres Vermögens, das Streben nach einträglichen Positionen, sinnlichen Vergnügungen, Autorennen, einer Loge in der Oper oder einem Fünf-Uhr-Tee in einem schicken Restaurant ist und die ihr Leben auf Wegen vergeuden, die sich nie mit denen der hingerissenen Idealisten kreuzen, und die nie die reine Befriedigung ihres Geistes und Herzens oder die Freuden des Denkens und Fühlens kennen.

Ich, ein bescheidener Student des gewaltigen Problems des Universums, bin nur ein Suchender. Was sind wir? Wir haben kaum einen Lichtstrahl mehr auf diesen Punkt geworfen als zu der Zeit, als Sokrates als Grundsatz die

Maxime „ *Erkenne dich selbst* " *aufstellte* – obwohl wir die Entfernungen der Sterne gemessen, die Sonne analysiert und die Welten des Weltraums gewogen haben. Ist es logisch, dass uns das Wissen über uns selbst weniger interessieren sollte als das des Makrokosmos, der Außenwelt? Das ist nicht glaubwürdig. Lasst uns daher weiterforschen, überzeugt davon, dass jede ernsthafte Forschung den Fortschritt der Menschheit fördert.

Juvisy-Observatorium, Dezember 1906.

EINFÜHRUNG

Bereits 1865 veröffentlichte ich unter dem Titel *Unbekannte Naturkräfte* eine kleine Monographie von 150 Seiten, die noch gelegentlich in den Buchhandlungen zu finden ist, aber nicht nachgedruckt wurde. Ich drucke hier (S. xiii-xxiii) noch einmal aus, was ich damals in dieser kritischen Studie „über die Phänomene der Brüder Davenport und Medien im Allgemeinen" schrieb. Sie wurde von Didier & Co. veröffentlicht, dem Buchhändler der Akademie, der bereits meine ersten beiden Werke *The Plurality of Inhabited Worlds* und *Imaginary Worlds and Real Worlds herausgegeben hatte* .

„Frankreich war gerade in eine aufregende Debatte verwickelt, bei der der Klang der Stimmen in einem großen Aufruhr unterging und aus der keine Lösung hervorging. Eine eher laute als intelligente Auseinandersetzung tobte um eine ganze Reihe ungeklärter Tatsachen und verwirrte das Problem so vollständig, dass die Debatte, anstatt es zu erhellen, nur dazu diente, es in noch tiefere Dunkelheit zu hüllen.

„Während der Diskussion hörte man häufig eine merkwürdige Bemerkung, nämlich, dass diejenigen, die in diesem Gerichtssaal am lautesten schrien, gerade diejenigen waren, die am wenigsten über das Thema informiert waren. Es war ein amüsantes Schauspiel, diese Personen in einem Todeskampf mit bloßen Phantomen zu sehen. Panurge selbst hätte darüber gelacht.

„Das Ergebnis der Angelegenheit ist, dass heute weniger über den Streitpunkt bekannt ist als zu Beginn der Debatten.

„In der Zwischenzeit saßen auf benachbarten Anhöhen einige hervorragende alte Burschen, die die Haftbefehle gegen die gewalttätigeren Kämpfer beachteten, aber größtenteils ernst und still blieben, obwohl sie gelegentlich lächelten und dabei viel nachdachten.

„Ich werde darlegen, welches Gewicht den Meinungen derjenigen unter uns beigemessen werden sollte, die nicht vorschnell die Unmöglichkeit der jetzt verbotenen Tatsachen behaupten und sich nicht der vorherrschenden Opposition anschließen.

"Ich verberge die Konsequenzen einer solchen Aufrichtigkeit nicht. Es erfordert eine Menge Kühnheit, *im Namen der positiven Wissenschaft* die MÖGLICHKEIT dieser Phänomene (fälschlicherweise als übernatürlich bezeichnet) zu bekräftigen und sich selbst zum Verfechter einer scheinbar lächerlichen, absurden und gefährlichen Sache zu machen, während man gleichzeitig weiß, dass die erklärten Anhänger dieser Sache in der Wissenschaft wenig Ansehen haben und dass selbst ihre hervorragenden Anhänger es nur mit angehaltenem Atem wagen, von ihrer Zustimmung zu sprechen. Da die Angelegenheit jedoch gerade in flüchtigen Schriften einer Gruppe von Journalisten behandelt wurde, deren anspruchsvolle Arbeit ein Studium der psychischen und physischen Kräfte völlig verbietet, und da von all dieser Vielzahl von Autoren die meisten nur Fehler auf Fehler, Kindereien auf Extravaganzen gehäuft haben, und da es aus jeder Seite hervorgeht, die sie geschrieben haben (ich hoffe, sie werden mir verzeihen), dass sie nicht nur das *A, B und C* des Themas, das sie so phantastisch behandelt haben, nicht kennen, sondern dass ihre Meinungen zu diesem Thema Diese Art von Tatsachen beruht auf keinerlei Grundlage – deshalb dachte ich, es wäre sinnvoll, wenn ich als Andenken an den langen Streit ein Stück Schrift hinterlasse, das besser fundiert und untermauert ist als die Grübeleien der oben erwähnten Herren. Als Liebhaber der Wahrheit bin ich bereit, tausend Vorwürfe auf mich zu nehmen. Es sei klar verstanden, dass ich mein Urteil keinen Augenblick lang für besser halte als das meiner Mitbrüder, von denen einige in anderer Hinsicht hochbegabt sind. Die einfache Tatsache ist, dass sie mit diesem Thema nicht vertraut sind, sondern ziellos darin umherirren und durch ein fremdes Gebiet wandern. Sie verstehen die Terminologie selbst falsch und glauben, dass Tatsachen, die vor langer Zeit gut beglaubigt wurden, unmöglich sind. Im Gegensatz dazu wird der Verfasser dieser Zeilen erklären, dass er sich seit mehreren Jahren mit Diskussionen und Experimenten zu diesem Thema beschäftigt. (Ich spreche nicht von historischen Studien.)

"Obwohl uns die alte Weisheit glauben machen möchte, dass es nicht immer wünschenswert ist, die Wahrheit zu sagen, bin ich, um es offen zu sagen, so empört über die anmaßende Anmaßung gewisser polemischer Gegner und über die Frechheit, die sie in die Debatte eingebracht haben, dass ich nicht zögere, aufzustehen und die getäuschte Öffentlichkeit darauf hinzuweisen, dass alle Argumente, die diese Autoren vorgebracht haben und auf denen sie kühn ihr Siegesbanner gepflanzt haben, *ohne eine einzige Ausnahme absolut nichts* , NICHTS , gegen die mögliche Wahrheit der Dinge beweisen, die sie in der Wut ihrer Verleugnung so verdreht haben. Ein solches Wirrwarr von Meinungen muss analysiert werden. Kurz gesagt, das Wahre muss vom Falschen getrennt werden. *Veritas, veritas!* "

„Ich beeile mich, einer Kritik meiner Leser zuvorzukommen, indem ich sie an der Schwelle zu diesem Plädoyer darauf aufmerksam mache, dass ich die Davenport-Brüder nicht als mein Thema nehmen werde, sondern nur als angebliches Motiv oder Vorwand der Diskussion – wie sie es übrigens bei den meisten Diskussionen waren. Ich werde mich auf diesen Seiten mit *den Tatsachen befassen* , die diese beiden Amerikaner wieder an die Oberfläche gebracht haben – unerklärliche Tatsachen (die sie hier in Paris im Herz Hall auf die Bühne gebracht haben, die aber dennoch vor dieser *Inszenierung* *existierten* und die dennoch existieren werden, selbst wenn sich die

Darstellungen der Davenport-Brüder als Fälschung erweisen sollten) – Dinge, die andere bereits gezeigt haben und immer noch mit ebenso großer Leichtigkeit und unter viel besseren Bedingungen zeigen; kurz gesagt, Vorkommnisse, die den Bereich der unbekannten Kräfte bilden, denen nacheinander fünf oder sechs Namen gegeben wurden, die nichts erklären. Wohlgemerkt sind diese Kräfte so real wie die Anziehungskraft der Schwerkraft und so unsichtbar wie diese. Es sind Tatsachen, mit denen ich mich hier beschäftige. Ob sie von Peter oder Paul ans Licht gebracht werden, kümmert uns wenig; ob sie von Sosie [1] nachgeahmt oder von Harlequin parodiert werden, kümmert uns noch weniger . Die Frage ist: Existieren diese Tatsachen, und fallen sie in die Kategorie der bekannten physikalischen Kräfte?

„Es erstaunt mich jedes Mal, wenn ich daran denke, dass die Mehrheit der Menschen so wenig über die betreffenden psychischen Phänomene weiß, obwohl sie doch seit geraumer Zeit von allen bekannt sind, studiert, geschätzt und aufgezeichnet werden, die den Gedankengang während der letzten paar Lustrums unvoreingenommen verfolgt haben.

„Ich mache nicht nur keine gemeinsame Sache mit den Davenport-Brüdern, sondern ich muss noch hinzufügen, dass ich sie in eine sehr kompromittierende Lage gebracht sehe. Indem sie die übernatürlichen Dinge in der okkulten Naturphilosophie anprangern, die eine leidliche Ähnlichkeit mit Taschenspielertricks haben, scheinen sie einer neugierigen Öffentlichkeit die Unverschämtheit noch durch Betrug zu verstärken. Indem sie ihren Talenten einen finanziellen Wert beimessen, scheinen sie sich in den Augen des Moralisten, der noch ungeklärte Phänomene untersucht, auf die Ebene von Quacksalbern zu stellen. Wie man sie auch betrachtet, sie sind schuld. Dementsprechend verurteile ich sowohl ihren schweren Irrtum, sich überlegen zu fühlen als die Kräfte, deren Instrumente sie nur sind, als auch den käuflichen Profit, den sie aus Kräften ziehen, die sie nicht beherrschen und deren Besitz kein Verdienst ist. Meiner Meinung nach ist es übertrieben, aus diesen unglücklichen Anscheinen der Wahrheit Schlussfolgerungen zu ziehen; und es bedeutet, sein Recht auf privates Urteil aufzugeben, um sich selbst nur zum Echo der vulgären Herde zu machen. die sich heiser zischen und schreien, bevor der Vorhang aufgeht. Nein, ich bin nicht der Anwalt der beiden Brüder und auch nicht ihrer persönlichen Ansprüche. Für mich existieren keine einzelnen Menschen. Was ich verteidige, ist die Überlegenheit der Natur über uns: Was ich bekämpfe, ist die eingebildete Albernheit gewisser Personen.

„Ich hoffe, Sie, meine satirischen Herren, werden die Offenheit haben, mit mir zu gestehen, dass die verschiedenen Gründe, die Sie zur Erklärung dieser Probleme anführen, nicht so stichhaltig sind, wie sie scheinen. Da Sie nichts herausgefunden haben, lassen Sie uns unter uns zugeben, dass Ihre Erklärungen nichts erklären.

„Ich zweifle nicht daran, dass Sie an dem Punkt der Diskussion, an dem wir tatsächlich angelangt sind, gern die Rolle mit mir tauschen und, indem Sie mich hier unterbrechen, Ihrerseits meine Fragesteller sein möchten.

„Aber ich möchte Ihrem Vorschlag schnell zuvorkommen. Ich, meine Herren, bin nicht gut genug informiert, um diese Geheimnisse zu erklären. Ich verbringe mein Leben in einem abgeschiedenen Garten, der einer der neun Musen gehört, und meine Zuneigung zu diesem schönen Geschöpf ist so groß, dass ich die Zugänge zu ihrem Tempel kaum jemals verlassen habe. Nur in Abständen, in Momenten der Entspannung oder Neugier, habe ich meinen Blick von Zeit zu Zeit über die Landschaften schweifen lassen, die sie umgeben. Fragen Sie mich also nichts. Ich lege ein aufrichtiges Geständnis ab. Ich weiß nichts über die Ursache dieser Phänomene.

„Sie sehen, wie bescheiden ich bin. Alles, was ich bei dieser Prüfung wollte, war, die Gelegenheit zu haben, Folgendes zu sagen:

„Du weißt nichts davon.

"Ich auch nicht.

„Wenn Sie das anerkennen, können wir uns die Hand geben. Und wenn Sie nachgiebig sind, verrate ich Ihnen ein kleines Geheimnis.

„Im Juni 1776 (nur wenige von uns erinnern sich daran) unternahm ein junger Mann namens Jouffroy, 25 Jahre alt, eine Probefahrt auf dem Fluss Doubs mit einem neuen Dampfschiff von 40 Fuß Länge und 6 Fuß Breite. Zwei Jahre lang hatte er die Aufmerksamkeit der wissenschaftlichen Autoritäten auf seine Erfindung gelenkt; zwei Jahre lang hatte er hartnäckig behauptet, dass in Dampf eine mächtige latente Energie steckt – damals ein vernachlässigtes Gut. Alle Ohren waren taub für seine Worte. Seine einzige Belohnung war, völlig isoliert und vernachlässigt zu werden. Als er durch die Straßen von Baume-les-Dames fuhr, war sein Erscheinen das Signal für unzählige Scherze. Er wurde ‚Jouffroy, der Dampfmann' (‚ *Jouffroy-la-Pompe* ') genannt. Zehn Jahre später, nachdem er ein Pyroscaph [wörtlich: Feuerlöschboot] gebaut hatte, das die Saône von Lyon bis zur Insel Barbe hinauffuhr, legte er Calonne, dem Generalkontrolleur der Finanzen, und der Akademie der Wissenschaften eine Petition vor. Sie würden schau dir seine Erfindung nicht an!

„Am 9. August 1803 fuhr Fulton mit einem neuen Dampfschiff die Seine hinauf, mit einer Geschwindigkeit von etwa vier Meilen pro Stunde. Die Mitglieder der Akademie der Wissenschaften sowie Regierungsvertreter waren bei dieser Gelegenheit anwesend. Am nächsten Tag hatten sie die

Sache völlig vergessen und Fulton machte sich daran, das Vermögen der Amerikaner zu machen.

„1791 hatte ein Italiener namens Galvani in Bologna einige gehäutete Frösche, die er zum Kochen einer Brühe für seine Frau verwendet hatte, an das Eisengeländer vor seinem Fenster gehängt und dabei festgestellt, dass sie sich automatisch bewegten, obwohl sie am Abend zuvor getötet worden waren. Die Sache war unglaublich, und jeder, dem er davon erzählte, widersprach seiner Aussage. Vernünftige Männer hätten es unter ihrer Würde gefunden, sich die Mühe zu machen, die Geschichte zu überprüfen, so sehr waren sie von ihrer Unmöglichkeit überzeugt. Doch Galvani hatte festgestellt, dass die größte Wirkung erzielt wurde, wenn er die Lendennerven und die Enden der Füße eines Frosches durch einen metallischen Bogen aus Zinn und Kupfer verband. Die Muskeln des Frosches zuckten dann krampfhaft. Er glaubte, es liege an einer Nervenflüssigkeit, und verlor so die Früchte seiner Untersuchungen. Es blieb Volta vorbehalten, die Elektrizität zu entdecken.

"Und heute ist der Globus mit einem Netzwerk von Zügen durchzogen, die von feuerspeienden Drachen gezogen werden. Entfernungen sind verschwunden, vernichtet durch Verbesserungen der Lokomotive. Der Genius des Menschen hat die Dimensionen der Erde verkleinert; die längsten Reisen sind nur Exkursionen auf bestimmten Linien (den gekrümmten Pfaden der 'Meeresstraßen'); die gigantischsten Aufgaben werden von der unermüdlichen und mächtigen Hand dieser unbekannten Kraft bewältigt. Eine telegrafische Depesche fliegt im Handumdrehen von einem Kontinent zum anderen; ein Mann kann mit einem Bürger von London oder St. Petersburg sprechen, ohne seinen Sessel zu verlassen. Und diese Wunder erregen keine besondere Aufmerksamkeit. Wir denken kaum darüber nach, durch welche Kämpfe, bitteren Enttäuschungen und Verfolgungen sie entstanden sind! Wir vergessen, dass das Unmögliche von gestern die vollendete Tatsache von heute ist. So kommt es, dass immer noch Menschen zu uns kommen und sagen: 'Halt, ihr kleinen Kerle! Wir verstehen euch nicht, deshalb wisst ihr nicht, wovon ihr redet.'

„Sehr gut, meine Herren. Wie engstirnig Ihre Ansichten auch sein mögen, es gibt keinen Grund zu der Annahme, dass Ihre Kurzsichtigkeit sich über die Welt ausbreiten wird. Sie werden hiermit darüber informiert, dass trotz Ihnen und trotz Ihres Obskurantismus und Ihrer Obstruktionstaktik der Wagen des menschlichen Fortschritts weiterrollen und seinen Siegeszug und die Eroberung neuer Kräfte und Mächte fortsetzen wird. Wie im Fall von Galvanis Frosch enthüllen die lächerlichen Ereignisse, die Sie nicht glauben wollen, die Existenz neuer, unbekannter Kräfte. Es gibt keine Wirkung ohne Ursache. Der Mensch ist das am wenigsten bekannte aller Wesen. Wir haben gelernt, die Sonne zu messen, die Tiefen des Weltraums zu durchqueren, das

Licht der Sterne zu analysieren, und haben dennoch kein Senklot in unsere eigenen Seelen fallen lassen. Der Mensch ist dual – *homo duplex* ; und diese doppelte Natur bleibt ihm ein Rätsel. Wir denken: Was ist Denken? Das kann niemand sagen. Wir gehen: Was ist dieser organische Akt? Das weiß niemand. Mein Wille ist eine immaterielle Kraft; alle Fähigkeiten meiner Seele sind immateriell. Wenn ich jedoch meinen Arm bewegen *will* , *bewegt mein Wille Materie.* Wie funktioniert es? Was ist der Vermittler zwischen Geist und Muskel? Das kann noch niemand sagen. Sagen Sie mir, wie der Sehnerv die Wahrnehmung äußerer Objekte an das denkende Gehirn weiterleitet. Sagen Sie mir, wie Gedanken entstehen, wo sie sich befinden, was die Natur der Gehirntätigkeit ist. Sagen Sie es mir – aber nein, meine Herren: Ich könnte Sie zehn Jahre lang befragen, und der Bedeutendste unter Ihnen könnte nicht einmal die geringste meiner Fragen beantworten.

„Wir haben hier, wie in den vorhergehenden Fällen, das unbekannte Element eines Problems. Ich bin weit davon entfernt zu behaupten, dass die Kraft, die bei diesen Phänomenen ins Spiel kommt, eines Tages finanziell ausgebeutet werden kann, wie im Fall von Elektrizität und Dampf. Eine solche Idee hat nicht das geringste Interesse für mich. Aber obwohl sie sich wesentlich von diesen Kräften unterscheidet, existiert die mysteriöse psychische Kraft dennoch.

„Im Laufe der langen und mühsamen Studien, denen ich viele Nächte gewidmet habe, als Erleichterung oder Nebenbeschäftigung bei wichtigeren Arbeiten, habe ich bei diesen Phänomenen immer die Wirkung einer Kraft beobachtet, deren Eigenschaften uns unbekannt sind. Manchmal schien sie mir analog zu der Kraft, die das magnetisierte Subjekt unter dem Willen des Hypnotiseurs einschläfern lässt (eine Realität, die selbst von Wissenschaftlern geringgeschätzt wird). Unter anderen Umständen schien sie mir analog zu den merkwürdigen Launen des Blitzes. Dennoch glaube ich, dass ich behaupten kann, dass es sich um eine Kraft handelt, die sich von allem unterscheidet, was wir kennen, und die mehr als jede andere der Intelligenz ähnelt.

„Ein mir bekannter Gelehrter, Herr Frémy vom Institut, hat der Akademie der Wissenschaften kürzlich im Zusammenhang mit der Urzeugung Substanzen vorgestellt, die er als *halborganisch bezeichnet hat. Ich glaube, ich begehe keinen gewagteren Neologismus als diesen, wenn ich sage, dass die Kraft, von der ich spreche, mir der halbintellektuellen Ebene* anzugehören schien .

„Vor einigen Jahren habe ich diesen Kräften den Namen ‚psychisch' gegeben . Dieser Name ist berechtigt.

„Aber Worte sind nichts. Sie ähneln oft Brustpanzern und verbergen den wahren Eindruck, den Ideen in uns hinterlassen sollten. Aus diesem Grund ist es vielleicht besser, einer Sache keinen Namen zu geben, die wir noch nicht definieren können. Wenn wir das täten, wären wir später so gefesselt, dass wir in unseren Schlussfolgerungen nicht die vollkommene Freiheit hätten. In der Geschichte hat man oft gesehen, dass eine voreilige Hypothese den Fortschritt der Wissenschaft aufgehalten hat, sagt Grove: „Wenn Naturphänomene zum ersten Mal beobachtet werden, entsteht sofort die Tendenz, sie mit etwas bereits Bekanntem in Verbindung zu bringen. Das neue Phänomen kann ganz weit von den Ideen entfernt sein, mit denen man es vergleichen würde. Es kann einer anderen Ordnung von Analogien angehören. Aber dieser Unterschied kann nicht wahrgenommen werden, da die erforderlichen Daten oder Koordinaten fehlen." Nun wird die ursprünglich verkündete Theorie bald von der Öffentlichkeit akzeptiert; und wenn es passiert, dass spätere Tatsachen, die sich von den vorhergehenden unterscheiden, nicht in das Schema passen, ist es schwierig, dieses zu erweitern, ohne es zu zerstören, und die Leute ziehen es oft vor, eine Theorie aufzugeben, die sich nun als falsch erwiesen hat, und die hartnäckigen Tatsachen stillschweigend zu ignorieren. Was die speziellen Phänomene betrifft, um die es in diesem kleinen Band geht, so finde ich sie implizit in drei Worten verkörpert, die vor fast zwanzig Jahrhunderten ausgesprochen wurden: MENS AGITAT MOLEM (der Geist, der auf Materie einwirkt, verleiht ihr Leben und Bewegung); und ich lasse die Phänomene in diesen Worten eingebettet, wie Feuer im Feuerstein. Ich werde nicht mit dem Stahl zuschlagen, denn der Funke ist immer noch gefährlich. „ *Periculosum est credere et non credere* " („*Es ist gefährlich zu glauben und nicht zu glauben*"), sagt der antike *Fabulist Phaidros. Tatsachen a priori* zu leugnen ist bloße Eitelkeit und Idiotie. Sie ohne Untersuchung zu akzeptieren ist Schwäche und Torheit. Warum versuchen wir so eifrig und voreilig in Regionen vorzudringen, die unsere schwachen Kräfte noch nicht erreichen können? Der Weg ist voller Fallen und bodenloser Gruben. Die Phänomene, die wir auf diesen Seiten behandeln, werfen vielleicht kein neues Licht auf die Lösung des großen Problems der Unsterblichkeit, aber sie erinnern uns daran, dass es im Menschen Elemente gibt, die untersucht, bestimmt und analysiert werden müssen – Elemente, die noch ungeklärt sind und zum psychischen Bereich gehören.

"Im Zusammenhang mit diesen Phänomenen wurde viel über den Spiritismus gesprochen . Einige seiner Verteidiger dachten, sie könnten ihn stärken, indem sie ihn auf einer so schwachen Grundlage stützten. Die Spötter dachten, sie könnten den Glauben der Hellseher endgültig ruinieren, ihn von seiner Basis schleudern und unter einem umgestürzten Kleiderschrank (*l'éboulement d'une armoire*) begraben. [2] Nun haben die Erstgenannten die Sache eher kompromittiert als unterstützt: die anderen haben sie letztlich nicht umgestürzt. Selbst wenn bewiesen werden sollte, dass der Spiritismus nur aus Taschenspielertricks besteht, würde der Glaube an die Existenz von Seelen, die vom Körper getrennt sind, nicht im

Geringsten beeinträchtigt. Außerdem beweisen die Täuschungen der Medien nicht, dass sie immer trügerisch sind. Sie machen uns nur auf der Hut und veranlassen uns, sie streng im Auge zu behalten.

„Was die psychologische Frage der Seele und die Analyse spiritueller Kräfte betrifft, sind wir genau dort, wo die Chemie zur Zeit Alberts des Großen war: Wir wissen es nicht.

„Können wir dann nicht die goldene Mitte zwischen der Verneinung, die alles leugnet, und der Leichtgläubigkeit, die alles akzeptiert, wahren? Ist es vernünftig, alles zu leugnen, was wir nicht verstehen können, oder im Gegenteil, all die Torheiten zu glauben, die krankhafte Vorstellungen einen nach dem anderen hervorbringen? Können wir nicht zugleich die Demut besitzen, die den Schwachen gebührt, und die Würde, die den Starken gebührt?

„Ich beende dieses Plädoyer, wie ich es begonnen habe, indem ich erkläre, dass ich mich nicht um der Brüder Davenport willen, noch um irgendeiner Sekte, noch um irgendeiner Gruppe, noch kurz, um irgendeiner Person willen in die Diskussionslisten eingetragen habe, sondern einzig und allein um der Tatsachen willen, deren Realität ich vor mehreren Jahren festgestellt habe, ohne ihre Ursache zu entdecken. Ich habe jedoch keinen Grund zu befürchten, dass diejenigen, die mich nicht kennen, auf die Idee kommen könnten, meine Gedanken falsch darzustellen; und ich denke, dass diejenigen, die mich kennen, wissen, dass ich es nicht gewohnt bin, ein Weihrauchgefäß zu Ehren von irgendjemandem zu schwingen. Ich wiederhole zum letzten Mal: Ich beschäftige mich nicht mit Individuen. Mein Geist sucht die Wahrheit und erkennt sie, wo immer er sie findet. , *Gallus escam quærens margaritam reperit.* "" [3]

Einige meiner Leser haben schon seit einiger Zeit freundlich den Wunsch nach einer Neuauflage dieses frühen Buches geäußert. Aber streng genommen könnte ich dies nicht tun, ohne meinen ursprünglichen Plan erheblich zu erweitern und ein völlig neues Werk zu verfassen. Die tägliche Routine meiner astronomischen Arbeit hat mich ständig daran gehindert, mich dieser Aufgabe zu widmen. Der Sternenhimmel ist ein weites und fesselndes Arbeitsfeld, und es ist schwierig, sich von den anspruchsvollen Ansprüchen einer Wissenschaft abzuwenden (selbst für eine an sich wissenschaftliche Entspannung), die sich unaufhörlich mit äußerst erstaunlicher Geschwindigkeit weiterentwickelt.

Dennoch kann das vorliegende Werk in gewissem Sinne als erweiterte Ausgabe des früheren betrachtet werden. Die obige Zitierung eines kleinen Buches, das zum Zweck des Nachweises der Existenz unbekannter Kräfte in der Natur geschrieben wurde, schien mir hier notwendig; sie ist in diesem neuen Band, der nach mehr als vierzig Jahren des Studiums zum gleichen

Zweck herausgebracht wurde, nützlich, da sie dazu dienen kann, die Kontinuität und konsequente Entwicklung meiner Gedanken zu diesem Thema aufzuzeigen.

KAPITEL I

ÜBER BESTIMMTE UNBEKANNTE NATURKRÄFTE

Ich möchte in diesem Buch zeigen, wie viel Wahrheit in den Phänomenen des Tischdrehens, Tischschiebens und Tischklopfens steckt, in den dadurch empfangenen Mitteilungen, in Levitationen, die den Gesetzen der Schwerkraft widersprechen, in der Bewegung von Objekten ohne Kontakt, in unerklärlichen Geräuschen, in den Geschichten über Spukhäuser – alles vom physikalischen und mechanischen Standpunkt aus betrachtet. Unter all den gerade erwähnten Überschriften können wir materielle Tatsachen zusammenfassen, die durch Ursachen hervorgerufen werden, die der Wissenschaft noch unbekannt sind, und mit diesen physikalischen Phänomenen werden wir uns hier besonders beschäftigen; denn der erste Punkt ist, ihre reale Existenz durch ausreichende Beobachtungen definitiv zu beweisen. Hypothesen, Theorien, Lehren kommen später.

Im Land von Rabelais, Montaigne und Voltaire neigen wir dazu, über alles zu lächeln, was mit dem Wunderbaren zu tun hat, mit Zaubergeschichten, den Extravaganzen des Okkultismus, den Mysterien der Magie. Das entspringt einer vernünftigen Klugheit. Aber es geht nicht weit genug. Ein Phänomen zu leugnen und vorschnell zu verurteilen hat noch nie etwas bewiesen. Die Wahrheit fast jeder Tatsache, die die Summe der positiven Wissenschaften unserer Zeit ausmacht, wurde geleugnet. Was wir tun sollten, ist, keine unbestätigte Aussage zuzulassen und auf jedes Studienfach, egal welches, die experimentelle Methode anzuwenden, ohne jegliche vorgefasste Meinung, weder dafür noch dagegen.

Wir haben es hier mit einem großen Problem zu tun, das das Überleben des menschlichen Bewusstseins berührt. Wir können es trotz aller Lächeln untersuchen.

Wenn wir unser Leben einer nützlichen, edlen, erhabenen Idee widmen, sollten wir keinen Augenblick zögern, Persönlichkeiten zu opfern; vor allem unser eigenes Selbst, unsere Interessen, unser Selbstwertgefühl, unsere natürliche Eitelkeit. Dieses Opfer ist ein Kriterium, nach dem ich viele Charaktere beurteilt habe. Wie viele Männer, wie viele Frauen stellen ihre erbärmliche kleine Persönlichkeit über alles andere!

Wenn die Kräfte, die wir behandeln, real sind, können sie nur Naturkräfte sein. Wir müssen als absolutes Prinzip akzeptieren, dass alles in der Natur ist, sogar Gott selbst, wie ich in einer anderen Arbeit gezeigt habe. Bevor wir uns an eine Theorie wagen, müssen wir zunächst die reale Existenz dieser Kräfte wissenschaftlich nachweisen.

Mediale Erfahrungen könnten (und werden zweifellos bald) ein Kapitel der Physik bilden. Allerdings handelt es sich dabei um eine Art transzendentale Physik, die Leben und Denken berührt, und die Kräfte, die hier im Spiel sind, sind in erster Linie lebendige Kräfte, psychische Kräfte.

Im folgenden Kapitel werde ich die Experimente beschreiben, die ich zwischen 1861 und 1865 vor der Niederschrift des Protestbriefes gemacht habe, der in der langen oben angeführten Zitierung (in der Einleitung) abgedruckt ist. Da sie aber in gewisser Hinsicht in denen zusammengefasst sind, die ich gerade im Jahr 1906 gemacht habe, werde ich in diesem ersten Kapitel mit der Beschreibung der letzteren beginnen.

Tatsächlich habe ich diese Untersuchungen kürzlich mit einem berühmten Medium wieder aufgenommen, nämlich Frau Eusapia Paladino aus Neapel, die mehrere Male in Paris war, nämlich 1898, 1905 und erst kürzlich 1906. Die Dinge, von denen ich sprechen werde, geschahen im Salon meines Hauses in Paris, die letzten bei vollem Licht, ohne jede Vorbereitung, ganz einfach, als ob wir uns nach dem Essen unterhalten würden.

Ich möchte noch hinzufügen, dass dieses Medium in den ersten Monaten des Jahres 1906 auf Einladung des Psychologischen Instituts nach Paris kam, dessen Mitglieder sich kürzlich mit vor langer Zeit begonnenen Forschungen beschäftigten. Unter diesen Gelehrten möchte ich den Namen des bedauernswerten Pierre Curie erwähnen, des hervorragenden Chemikers, mit dem ich einige Tage vor seinem unglücklichen und schrecklichen Tod ein Gespräch führte. Meine medialen Erfahrungen mit Frau Paladino bildeten für ihn ein neues Kapitel im großen Buch der Natur, und auch er war davon überzeugt, dass es verborgene Kräfte gibt, deren Erforschung man sich ohne weiteres widmen kann. Sein subtiler und durchdringender Genius hätte den Charakter dieser Kräfte vielleicht schnell erkannt.

Wer diesen psychologischen Studien ein wenig Aufmerksamkeit geschenkt hat, kennt die Fähigkeiten von Frau Paladino. Die veröffentlichten Werke des Grafen von Rochas, von Professor Richet, von Dr. Dariex, von MG de Fontenay und insbesondere die *Annales des sciences psychiques* haben sie aufgezeigt und so ausführlich beschrieben, dass es überflüssig wäre, an dieser Stelle darauf zurückzukommen. Wir werden später Gelegenheit finden, sie zu diskutieren.

Unter all den Beobachtungen der oben genannten Autoren kann man wie in einem Palimpsest eine vorherrschende Idee lesen: nämlich die zwingende Notwendigkeit, dass die Experimentatoren ständig Tricks bei diesem Medium vermuten müssen (Mme. Paladino). Aber alle Medien, Männer und Frauen, müssen beobachtet werden. Ich glaube, dass ich im Laufe von mehr als vierzig Jahren fast alle von ihnen bei mir zu Hause empfangen habe, Männer und Frauen verschiedener Nationalitäten und aus allen Teilen der

Welt. Man kann es als Prinzip aufstellen, dass alle professionellen Medien betrügen. Aber sie betrügen nicht immer; und sie besitzen echte, unbestreitbare psychische Kräfte.

Ihr Fall ist fast derselbe wie der der Hysteriker, die in der Salpêtrière oder anderswo beobachtet werden. Ich habe gesehen, wie einige von ihnen mit ihrer ausgefeilten Kunstfertigkeit nicht nur Dr. Charcot, sondern vor allem Dr. Luys und alle Ärzte, die ihren Fall untersuchten, überlisteten. Da Hysteriker jedoch täuschen und simulieren, wäre es ein großer Irrtum, daraus zu schließen, dass es keine Hysterie gibt. Und da Medien häufig zu den dreistesten Betrügereien herablassen , wäre es nicht weniger absurd, daraus zu schließen, dass es kein Medium gibt. Anrüchige Somnambulen schließen die Existenz von Magnetismus, Hypnose und echtem Somnambulismus nicht aus.

Diese Notwendigkeit, ständig auf der Hut zu sein, hat so manchen Forscher entmutigt, wie mir beispielsweise der berühmte Astronom Schiaparelli, Direktor des Observatoriums von Mailand, in einem Brief schrieb, der weiter unten erscheinen wird.

Dennoch müssen wir dieses Übel ertragen.

Die Wörter „Betrug" (*supercherie*) und „Trick" (*tricherie*) haben in diesem Zusammenhang eine etwas andere Bedeutung als ihre gewöhnliche Bedeutung. Manchmal täuschen die Medien absichtlich, wissen genau, was sie tun, und haben Spaß daran. Aber häufiger täuschen sie unbewusst, getrieben von dem Wunsch, die Phänomene hervorzurufen, die die Leute erwarten.

Sie tragen zum Erfolg des Experiments bei, wenn dieser Erfolg nur langsam eintritt. Medien, die sich mit objektiven Phänomenen befassen, sind mit der Fähigkeit begabt, Objekte in der Ferne zu bewegen, Tische anzuheben usw. Aber normalerweise scheinen sie diese Fähigkeit mit den Fingerspitzen anzuwenden, und die zu bewegenden Objekte müssen in Reichweite ihrer Hände oder Füße sein, was sehr bedauerlich ist und den voreingenommenen Skeptikern viel Spielraum bietet. Manchmal verhalten sich die Medien wie der Billardspieler, der die Geste von Hand und Arm einen Augenblick lang fortsetzt, sein Queue auf die rollende Elfenbeinkugel gerichtet hält und sich nach vorne beugt, als könnte er sie mit seinem Willen zu einem Karambolageball stoßen. Er weiß sehr wohl, dass er keine weitere Macht über das Schicksal der Kugel hat, das allein sein erster Stoß bestimmt; aber er lenkt ihren Lauf durch seine Gedanken und seine Gesten.

Es ist vielleicht nicht überflüssig, den Leser darauf hinzuweisen, dass das Wort „Medium" auf diesen Seiten ohne vorgefasste Meinung verwendet wird und nicht in dem etymologischen Sinn, in dem es zur Zeit der ersten spiritistischen Theorien aufkam, die behaupteten, dass der mit übersinnlichen Kräften ausgestattete Mann oder die Frau ein Vermittler *zwischen* Geistern und denen ist, die experimentieren. Die Person, die die Fähigkeit besitzt, Objekte entgegen den Gesetzen der Schwerkraft zu bewegen (manchmal sogar ohne sie zu berühren), Geräusche aus der Ferne und ohne Anstrengung von Muskelkraft hörbar zu machen und verschiedene Erscheinungen vor die Augen zu bringen, hat aus diesem Grund nicht notwendigerweise irgendeine Verbindung mit körperlosen Geistern oder Seelen. Wir werden das Wort „Medium" jedoch beibehalten, das jetzt schon so lange in Gebrauch ist. Wir beschäftigen uns hier nur mit Fakten. Ich hoffe, den Leser davon zu überzeugen, dass diese Dinge wirklich existieren und weder Illusionen noch Farcen noch Taschenspielertricks sind. Mein Ziel besteht darin, ihre Realität mit absoluter Sicherheit zu beweisen und für sie das zu tun, was ich (in meinem Band „ *Das Unbekannte und die psychischen Probleme* ") für die Telepathie, die Erscheinungen von Sterbenden, Vorahnungen und die Hellsichtigkeit getan habe.

Ich wiederhole, ich werde mit Experimenten beginnen, die ich kürzlich wieder aufgenommen habe, und zwar während vier Séancen am 29. März, 5. April, 30. Mai und 7. Juni 1906.

1. Nehmen wir das Schweben eines runden Tisches. Ich habe so oft gesehen, wie ein ziemlich schwerer Tisch auf eine Höhe von 20, 30 oder 40 Zentimetern über dem Boden gehoben wurde, und ich habe davon so unbestreitbar authentische Fotos gemacht; ich habe mir so oft selbst bewiesen, dass das Aufhängen dieses Möbelstücks durch das Auflegen *der* Hände von vier oder fünf Personen den Effekt des Schwebens in einer Wanne voller Wasser oder einer anderen elastischen Flüssigkeit erzeugt, dass für mich das Schweben von Gegenständen nicht zweifelhafter ist als das einer Schere, die mit Hilfe eines Magneten angehoben wird. Aber eines Abends, am 29. März 1906, als ich fast allein mit Eusapia war (wir waren insgesamt zu viert), und da ich in aller Ruhe untersuchen wollte, wie das Ding gemacht wurde, bat ich sie, ihre Hände mit meinen auf den Tisch zu legen, während die anderen Personen in einiger Entfernung blieben. Der Tisch erhob sich sehr bald auf eine Höhe von 38 oder 50 Zentimetern, *während wir beide standen* . Im Augenblick der Entstehung des Phänomens legte das Medium eine ihrer Hände auf meine und drückte sie energisch, während unsere beiden anderen Hände nebeneinander lagen. Darüber hinaus gab es von ihr wie von meiner Seite einen Willensakt, der sich in befehlenden Worten an „den Geist" ausdrückte: „Komm jetzt! Hebe den Tisch hoch! Nur Mut! Komm! Versuch es jetzt!" usw.

Wir stellten sofort fest, dass zwei Elemente oder Bestandteile vorhanden waren. Einerseits sprechen die Experimentatoren mit einem unsichtbaren Wesen. Andererseits erfährt das Medium eine Nerven- und

Muskelermüdung, und sein Gewicht nimmt proportional zu dem des angehobenen Gegenstandes zu (aber nicht im exakten Verhältnis).

Wir müssen so tun, als ob wirklich ein Wesen anwesend wäre, das zuhört. Dieses Wesen scheint zu entstehen und dann zu verschwinden, sobald das Experiment beendet ist. Es scheint vom Medium erschaffen worden zu sein. Ist es eine Autosuggestion von ihr oder des dynamischen Ensembles der Experimentatoren, die eine besondere Kraft erzeugt? Ist es eine Verdoppelung ihrer Persönlichkeit? Ist es die Verdichtung eines psychischen *Milieus* , in dem wir leben? Wenn wir nach Beweisen für tatsächliche und dauerhafte Individualität und vor allem für die Identität einer bestimmten Seele suchen, die in unserem Gedächtnis wachgerufen wird, werden wir nie zufrieden sein. Darin liegt das Geheimnis.

Fazit: Wir haben hier eine unbekannte Kraft der psychischen Klasse, eine lebendige Kraft, das Leben nur für einen Augenblick.

Ist es nicht möglich, dass wir durch unsere Anstrengungen eine Abspaltung von Kräften bewirken, die von außen auf unseren Körper einwirken? Aber auf diesen ersten Seiten ist nicht der Ort, Hypothesen aufzustellen.

Das Experiment, von dem ich gerade gesprochen habe, wurde dreimal hintereinander wiederholt, *im vollen Licht* eines Gasleuchters und jedes Mal unter denselben Bedingungen für einen vollständigen Beweis. Ein runder Tisch mit einem Gewicht von etwa 14 Pfund wird durch diese unbekannte Kraft angehoben. Für einen Tisch mit 25 oder 50 Pfund oder mehr sind eine größere Anzahl von Personen erforderlich. Aber sie werden kein Ergebnis erzielen, wenn nicht mindestens einer von ihnen mit der Fähigkeit eines Mediums ausgestattet ist.

Und lassen Sie mich andererseits hinzufügen, dass bei einem solchen Experiment ein so großer Aufwand an Nerven- und Muskelenergie erforderlich ist, dass ein so außergewöhnliches Medium wie beispielsweise Eusapia sechs Stunden, zwölf Stunden oder sogar vierundzwanzig Stunden nach einer Séance, bei der sie ihre psychische Energie so verschwenderisch verbraucht hat, kaum noch Ergebnisse erzielen kann.

Ich möchte hinzufügen, dass der Tisch häufig weiter steigt, selbst wenn die Versuchsleiter ihn nicht mehr berühren. Dies ist *eine Bewegung ohne Kontakt* .

Dieses Phänomen der Levitation ist meiner Meinung nach absolut bewiesen, obwohl wir es nicht erklären können. Es ist, als ob jemand seine mit Magnetsteinen umwickelten Hände auf einen Eisentisch legen und ihn vom Boden heben würde. Aber die Wirkung ist nicht so einfach: Es handelt sich um eine psychische Aktivität außerhalb von uns, die momentan im Gange ist. [4]

Wie werden nun diese Levitationen und Bewegungen erzeugt?

Wie kommt es, dass ein Stück Siegellack oder ein Lampenzylinder beim Reiben Papierstückchen oder Holundermark anzieht?

Wie kann es sein, dass ein Eisenpartikel so fest am Magnetstein haften bleibt, wenn man ihn in seine Nähe bringt?

Wie kommt es, dass sich im Wasserdampf, in den Molekülen einer Wolke Elektrizität ansammelt, bis sie Donner, Blitz, Blitzschlag und all ihre gewaltigen Folgen hervorruft?

Wie kommt es, dass der Blitz einem Mann oder einer Frau mit der ihm eigenen Lässigkeit die Kleider vom Leib reißt?

Und (um ein einfaches Beispiel zu nennen): Wie kommt es, dass wir unseren Arm heben, ohne von unseren gewöhnlichen und normalen Lebensumständen abzuweichen?

2. Nehmen wir nun ein Beispiel aus einer anderen Gruppe von Fällen. Das Medium legt eine seiner Hände auf die einer Person und schlägt mit der anderen mit ein, zwei, drei oder vier Schlägen oder Klopfen in die Luft. Die Schläge sind auf dem Tisch zu hören, und Sie spüren gleichzeitig die Vibrationen – scharfe Schläge, die an Elektroschocks denken lassen. Es ist überflüssig zu erwähnen, dass die Füße des Mediums die Füße des Tisches nicht berühren, sondern in einiger Entfernung von ihnen gehalten werden.

Als nächstes legt das Medium ihre Hände mit unseren auf den Tisch, und die auf dem Tisch zu hörenden Klopfgeräusche sind stärker als im vorhergehenden Fall.

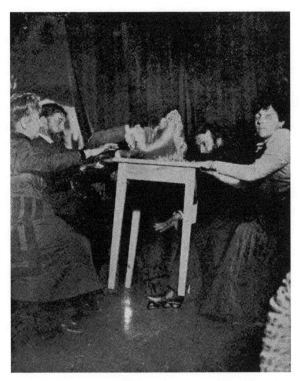

TAFEL I. VOLLSTÄNDIGE LEVITATION EINES TISCHES IM
SALON VON PROFESSOR FLAMMARION DURCH DAS MEDIUM
EUSAPIA PALADINO.

Diese auf dem Tisch hörbaren Klopfgeräusche, diese den Spiritisten
wohlbekannte „Typologie", wurden häufig auf irgendeine Art von Trick
zurückgeführt, auf ein Muskelknacken oder auf verschiedene Handlungen
des Mediums. Nach der vergleichenden Studie, die ich über diese
besonderen Vorkommnisse angestellt habe, glaube ich, dass ich mit der
Behauptung recht habe, dass auch diese Tatsache nicht weniger sicher ist als
die erste. Klopfgeräusche werden, wie man weiß, in allen möglichen
Rhythmen erzeugt, und Antworten auf alle Fragen werden durch einfache
Vereinbarungen erhalten, nach denen man sich beispielsweise darauf einigt,
dass drei Klopfgeräusche „ja" und zwei „nein" bedeuten, und dass, während
die Buchstaben des Alphabets gelesen werden, Wörter durch
Klopfgeräusche diktiert werden können, die beim Nennen jedes
Buchstabens gemacht werden.

3. Während unserer Experimente, während wir vier Personen um einen
Tisch sitzen und um eine Mitteilung bitten, die nicht eintrifft, beginnt sich

ein Sessel, der etwa 60 cm vom Fuß des Mediums entfernt steht (auf den ich meinen Fuß gestellt habe, um sicherzugehen, dass sie ihren nicht benutzen kann), zu bewegen und kommt auf uns zugeschoben. Ich schiebe ihn zurück, und er kommt zurück. Es ist ein gepolstertes Ding (*Pouf*), sehr schwer, aber leicht in der Lage, über den Boden zu gleiten. Dies geschah am 29. März letzten Jahres und erneut am 5. April.

Dies hätte dadurch geschehen können, dass der Stuhl mit einem Faden nachgezogen wurde oder dass das Medium seinen Fuß weit genug ausstreckte. Aber es geschah immer und immer wieder (fünf oder sechs Mal), automatisch und so heftig, dass der Stuhl kopfüber über den Boden hüpfte und schließlich mit der Unterseite nach oben umfiel, ohne dass ihn jemand berührt hatte.

4. Hier ist ein vierter Fall, der in diesem Jahr erneut beobachtet wurde, nachdem ich ihn mehrere Male verifiziert hatte, insbesondere im Jahr 1898.

Vorhänge in der Nähe des Mediums, die sie jedoch weder mit der Hand noch mit dem Fuß berühren kann, wölben sich über ihre gesamte Länge, als ob sie von einem Windstoß aufgeblasen würden. Ich habe mehrmals gesehen, wie sie die Köpfe der Zuschauer umhüllten, als wären es Kapuzen von Kapuzinermönchen.

5. Hier ist ein fünftes Beispiel, das ich mehrmals und immer mit der gleichen Sorgfalt beglaubigt habe.

Während ich mit einer Hand Eusapia halte und einer meiner astronomischen Freunde, Dozent an der Ecole Polytechnique, die andere hält, werden wir wie von einer unsichtbaren Hand an der Seite und an den Schultern berührt, erst der eine, dann der andere.

Das Medium versucht normalerweise, ihre beiden Hände, die jeder von uns getrennt hält, zusammenzuführen und uns durch geschickte Manipulation glauben zu machen, wir hielten beide, wenn es ihr gelungen ist, eine davon zu lösen. Da uns dieser Betrug wohlbekannt ist, spielen wir die Rolle vorgewarnter Zuschauer und sind überzeugt, dass es uns beiden gelungen ist, ihre Hände auseinander zu halten. Die Berührungen in diesem Experiment scheinen von einem unsichtbaren Wesen auszugehen und sind eher unangenehm. Diejenigen, die in unmittelbarer Nähe des Mediums stattfinden, *könnten* auf Betrug zurückzuführen sein; für einige von ihnen ist diese Erklärung jedoch nicht anwendbar.

An dieser Stelle sei bemerkt, dass der außerordentliche Charakter der Phänomene leider in direktem Verhältnis zur Abwesenheit von Licht steht und wir vom Medium ständig aufgefordert werden, die Gasmenge fast bis zum Verschwinden zu reduzieren: „ *Meno luce! meno luce!* " („Weniger Licht, weniger Licht"). Dies ist natürlich für alle Arten von Betrug von Vorteil.

Aber es ist keine zwingende Bedingung als die anderen. Sie enthält keine Drohung.

Wir können eine große Anzahl medialer Phänomene mit ausreichend starkem Licht erzeugen, um Dinge sicher unterscheiden zu können . Dennoch ist es eine Tatsache, dass Licht der Entstehung von Phänomenen ungünstig ist.

Das ist ärgerlich. Doch wir haben kein Recht, die gegenteilige Bedingung aufzuerlegen. Wir haben kein Recht, von der Natur Bedingungen zu verlangen, die uns gerade passen. Es wäre genauso vernünftig, zu versuchen, ein Fotonegativ ohne Dunkelkammer herzustellen oder inmitten einer mit Feuchtigkeit gesättigten Atmosphäre Elektrizität aus einer rotierenden Maschine zu gewinnen. Licht ist ein natürliches Agens, das bestimmte Effekte hervorbringen und die Entstehung anderer verhindern kann.

Dieser Aphorismus erinnert mich an eine Anekdote aus dem Leben von Daguerre, die in der Erstausgabe dieses Buches erzählt wird.

Eines Abends trifft dieser berühmte Naturphilosoph in der Nähe des Opernhauses, dessen Dekorateur er damals war, eine elegante und mondäne Dame. Begeistert von seinen Fortschritten in der Naturphilosophie, erzählt er zufällig von seinen fotogenen Studien. Er erzählt ihr von einer wunderbaren Entdeckung, mit der man Gesichtszüge auf einer Silberplatte festhalten kann. Die Dame, eine Person mit gesundem Menschenverstand, lacht ihm höflich ins Gesicht. Der Gelehrte fährt mit seiner Geschichte fort, ohne aus der Fassung zu geraten. Er fügt sogar hinzu, dass das Phänomen augenblicklich eintreten kann, wenn die Prozesse perfektioniert sind. Aber er hat seine Mühen dafür. Seine charmante Begleiterin ist nicht leichtgläubig genug, um eine solche Extravaganz zu akzeptieren. Malen ohne Farben und ohne Pinsel! Zeichnen ohne Feder oder Buntstift! Als ob ein Porträt von ganz allein gemalt werden könnte usw. Aber der Erfinder lässt sich nicht entmutigen und bietet ihr, um sie zu überzeugen, an, ihr Porträt mit diesem Verfahren zu malen. Die Dame will nicht als Betrogene gelten und lehnt ab. Doch der geschickte Künstler vertritt seine Sache so gut, dass er ihre Einwände überwindet. Die blonde Tochter Evas willigt ein, vor dem Objektglas zu posieren. Doch sie stellt eine Bedingung – nur eine.

Abends ist ihre Schönheit am größten, im grellen Tageslicht wirkt sie etwas blass.

„Wenn du mich abends mitnehmen könntest –"

„Aber, Madame, es ist unmöglich –"

„Warum? Sie sagen, dass Ihre Erfindung das Gesicht Zug für Zug reproduziert. Ich bevorzuge meine Gesichtszüge am Abend gegenüber denen am Morgen."

„Madam, es ist das Licht selbst, das das Bild zeichnet, und ohne es kann ich nichts tun."

„Wir werden einen Kronleuchter anzünden, eine Lampe, alles tun, um Ihnen eine Freude zu machen."

„Nein, Madame, das Tageslicht ist zwingend erforderlich."

„Können Sie mir bitte sagen, warum?"

„Weil das Sonnenlicht eine intensive Aktivität aufweist, die ausreicht, um das Silberiod zu zersetzen. Bisher konnte ich nur bei vollem Sonnenlicht ein Foto machen."

Beide blieben hartnäckig. Die Dame behauptete, was man um zehn Uhr morgens erledigen könne, könne man auch problemlos um zehn Uhr abends erledigen. Der Erfinder behauptete das Gegenteil.

Sie müssen also, meine Herren, nur dem Licht verbieten, Jod zu schwärzen, oder ihm befehlen, Kalk zu schwärzen, und den Fotografen dazu verurteilen, sein Negativ im vollen Licht zu entwickeln. Fragen Sie die Elektrizität, warum sie augenblicklich von einem Ende eines tausend Meilen langen Eisendrahtes zum anderen fließt und warum sie sich weigert, einen Glasfaden von einem halben Zoll Länge zu durchqueren. Bitten Sie die nachtblühenden Blumen, sich am Tag zu entfalten, oder die, die nur im Licht blühen, sich in der Dämmerung nicht zu schließen. Geben Sie mir die Erklärung für die Atmung der Pflanzen, die Tag- und Nachtpflanzen sind, und für die Produktion von Chlorophyll und wie Pflanzen im Licht eine grüne Farbe entwickeln; warum sie nachts Sauerstoff einatmen und Kohlensäure ausatmen und den Prozess tagsüber umkehren. Ändern Sie die Äquivalente einfacher Substanzen in der Chemie und befehlen Sie, Kombinationen herzustellen. Verbieten Sie der Salpetersäure, bei Gefriertemperatur zu kochen, und befehlen Sie dem Wasser, bei Null zu kochen. Sie müssen nur um diese Anpassungen bitten, und die Natur wird Ihnen gehorchen, meine Herren, verlassen Sie sich darauf.

Viele Naturphänomene geschehen im Verborgenen. Die Keime der Pflanzen, Tiere und Menschen wirken ihre Wunder bei der Entstehung neuer Lebewesen nur im Dunkeln.

Hier befindet sich in einem Kolben eine Mischung aus Wasserstoff und Chlor in gleichen Mengen. Wenn Sie die Mischung aufbewahren möchten, müssen Sie den Kolben im Dunkeln aufbewahren, ob Sie wollen oder nicht. So lautet das Gesetz. Solange er im Dunkeln bleibt, behält er seine

Eigenschaften. Aber nehmen wir an, Sie kommen auf die Idee eines Schuljungen, das Ding der Einwirkung von Licht auszusetzen. Augenblicklich ist eine gewaltige Explosion zu hören; der Wasserstoff und das Chlor verschwinden, und Sie finden im Kolben eine neue Substanz – Chloridsäure. Es hat keinen Sinn, Fehler zu finden: Dunkelheit respektiert die beiden Substanzen, während Licht sie explodieren lässt.

Wenn wir einen bösartigen Skeptiker aus irgendeiner Clique sagen hören: „Ich glaube erst an Kürbislaternen, wenn ich sie bei Tageslicht sehe", was sollen wir dann von seiner geistigen Gesundheit halten? Was sollen wir davon halten, wenn er hinzufügt, dass die Sterne keine Gewissheiten sind, da man sie nur nachts sieht.

Bei allen physikalischen Beobachtungen und Experimenten müssen bestimmte Bedingungen eingehalten werden. Bei den hier besprochenen scheint ein zu starkes Licht den Erfolg des Experiments zu gefährden. Es versteht sich jedoch von selbst, dass die Vorsichtsmaßnahmen gegen Täuschungen im direkten Verhältnis zur Abnahme der Sichtbarkeit und anderer Überprüfungsmöglichkeiten zunehmen sollten.

Kehren wir zu unseren Experimenten zurück.

6. Man hört Klopfen am Tisch, oder er bewegt sich, hebt sich, fällt zurück, klopft mit dem Tischbein. Im Holz entsteht eine Art innere Bewegung, die manchmal heftig genug ist, um es zu zerbrechen. Der runde Tisch, den ich (mit anderen) bei mir zu Hause benutzte, wurde mehr als einmal verstellt und repariert, und es war keineswegs der Druck der Hände, der die Verstellungen verursacht haben könnte. Nein, da steckt mehr als das dahinter: In den Bewegungen des Tisches steckt das Eingreifen des Geistes, von dem ich bereits gesprochen habe.

Der Tisch wird mit Hilfe der konventionellen Zeichen befragt, die vor einigen Seiten beschrieben wurden, und er antwortet. Es werden Sätze geklopft, die normalerweise banal sind und keinen literarischen, wissenschaftlichen oder philosophischen Wert haben. Aber jedenfalls werden Wörter geklopft, Sätze diktiert. Diese Sätze kommen nicht von selbst, und es ist auch nicht das Medium, das sie – bewusst – mit dem Fuß oder der Hand oder mit Hilfe eines schnappenden Muskels klopft, denn wir erhalten sie bei Sitzungen ohne professionelle Medien und bei wissenschaftlichen Zusammenkünften, bei denen die Existenz von Tricksereien äußerst absurd wäre. Der Geist des Mediums und der der Experimentatoren haben mit Sicherheit etwas mit dem Mysterium zu tun. Die erhaltenen Antworten stimmen im Allgemeinen mit dem intellektuellen Status der Gesellschaft überein, als ob die intellektuellen Fähigkeiten der anwesenden Personen außerhalb ihres Gehirns lägen und am Tisch wirkten, ohne dass die Experimentatoren selbst davon wussten. Wie kann das sein?

Wie können wir Sätze verfassen und diktieren, ohne es zu wissen? Manchmal scheinen die angesprochenen Ideen von einer der Gesellschaft unbekannten Persönlichkeit zu stammen, und die Geisterhypothese drängt sich ganz natürlich auf. Ein Wort wird begonnen; jemand glaubt, sein Ende erraten zu können; um Zeit zu sparen, schreibt er es auf; der Tisch pariert, ist aufgeregt, ungeduldig. Es ist das falsche Wort; ein anderes wurde diktiert. Es gibt hier also ein psychisches Element, das wir erkennen müssen, was auch immer seine Natur bei der Analyse sein mag.

Der Erfolg von Experimenten hängt nicht immer vom Willen des Mediums ab. Natürlich ist dieser das Hauptelement, aber es sind gewisse Bedingungen erforderlich, die von ihm unabhängig sind. Die psychische Atmosphäre, die von den anwesenden Personen geschaffen wird, hat einen Einfluss, der nicht vernachlässigt werden kann. Der Gesundheitszustand des Mediums ist also nicht ohne Einfluss. Wenn es müde ist, wird der Wert der Ergebnisse beeinträchtigt, auch wenn es den besten Willen der Welt hat. Ich hatte am 30. Mai 1906 bei mir zu Hause einen neuen Beweis dieser so oft beobachteten Sache bei Eusapia Paladino. Sie litt seit mehr als einem Monat an einer ziemlich schmerzhaften Augenerkrankung, und außerdem waren ihre Beine stark geschwollen. Wir waren zu siebt, und zwei von ihnen waren Skeptiker. Die Ergebnisse waren fast gleich Null, nämlich das Anheben eines runden Tisches mit einem Gewicht von etwa vier Pfund während kaum zwei Sekunden, das Ankippen einer Seite eines vierbeinigen Tisches und ein paar Klopfbewegungen. Dennoch schien das Medium von einem echten Wunsch beseelt zu sein, ein Ergebnis zu erzielen. Sie gestand mir jedoch, dass das, was ihre Fähigkeiten hauptsächlich gelähmt hatte, der skeptische und sarkastische Geist einer der beiden ungläubigen Personen war. Ich wusste von der absoluten Skepsis dieses Mannes. Sie hatte sich in keiner Weise gezeigt, aber Eusapia hatte sie sofort erraten.

Die Gemütsverfassung der Umstehenden, ob sympathisch oder antipathisch, hat einen Einfluss auf die Entstehung der Phänomene. Dies ist eine unbestreitbare Beobachtungssache. Ich spreche hier nicht nur von einem hinterlistigen Medium, das durch eine zu genaue kritische Betrachtung handlungsunfähig wird, sondern auch von einer feindlichen Kraft, die den aufrichtigsten Willen mehr oder weniger neutralisieren kann. Ist das nicht auch in großen oder kleinen Versammlungen, auf Konferenzen, in Salons usw. der Fall? Sehen wir nicht oft, wie Personen mit bösartiger und antipathischer Gesinnung die Verwirklichung der edelsten Ziele gleich zu Beginn zunichte machen?

Hier sind die Ergebnisse einer weiteren Sitzung mit demselben Medium, die einige Tage später stattfand.

Am 7. Juni 1906 hatte mich mein Freund Dr. Ostwalt, der erfahrene Augenarzt, der zu dieser Zeit Eusapia behandelte, informiert, dass sie am Abend bei ihm zu Hause sein würde und ich vielleicht ein neues Experiment versuchen könnte. Ich nahm das Angebot umso bereitwilliger an, als die Schwiegermutter des Arztes, Frau Werner, mit der mich eine über dreißigjährige Freundschaft verbunden hatte, seit einem Jahr tot war und mir oft in aller Form versprochen hatte, nach ihrem Tod zu erscheinen, um meine psychischen Forschungen durch eine Manifestation zu vervollständigen, wenn dies möglich sei. Wir hatten uns so oft über diese Themen unterhalten und sie war so sehr daran interessiert, dass sie ihr Versprechen einige Tage vor ihrem Tod sehr nachdrücklich erneuert hatte. Und gleichzeitig gab sie ihrer Tochter und ihrem Schwiegersohn ein ähnliches Versprechen.

Auch Eusapia war dankbar für die Pflege, die sie durch den Arzt erfahren hatte, und für die Heilung ihres Auges, und wollte ihm auf jede erdenkliche Weise entgegenkommen.

Die Bedingungen waren also in jeder Hinsicht ausgezeichnet. Ich stimmte mit dem Arzt darin überein, dass wir vier mögliche Hypothesen vor uns hatten und dass wir versuchen sollten, uns auf die wahrscheinlichste festzulegen.

a. Die Geschehnisse könnten auf bewussten oder unbewussten Betrug zurückzuführen sein.

b. Die Phänomene könnten durch eine physikalische Kraft hervorgerufen werden, die vom Medium ausgeht.

c. Oder durch ein oder mehrere unsichtbare Wesen, die sich dieser Kraft bedienen.

d. Oder von Frau Werner selbst.

An diesem Abend wurde der Tisch ein paar Mal bewegt und die vier Füße wurden vollständig auf eine Höhe von etwa 20 cm angehoben. Sechs von uns saßen um den Tisch herum – Eusapia, Madame und Monsieur Ostwalt, ihr Sohn Pierre, 16 Jahre alt, meine Frau und ich. Unsere Hände über dem Tisch berührten ihn kaum und lösten sich fast vollständig vom Tisch, als er sich vom Boden erhob. Kein Betrug möglich. Volles Licht.

Die Sitzung wurde dann im Dunkeln fortgesetzt. Die beiden Portiere einer großen Doppelflügeltür, an der das Medium mit dem Rücken zur Tür saß, wurden fast eine Stunde lang hin und her geblasen, manchmal so heftig, dass sich auf dem Kopf des Arztes und seiner Frau etwas wie eine Mönchshaube bildete.

Diese große Tür wurde mehrere Male heftig erschüttert und mit gewaltigen Schlägen beworfen.

Wir versuchten, Wörter mithilfe des Alphabets zu erhalten, aber ohne Erfolg. (Ich möchte in diesem Zusammenhang anmerken, dass Eusapia weder lesen noch schreiben kann.)

Pierre Ostwalt konnte mit dem Bleistift ein Wort schreiben. Es schien, als ob eine unsichtbare Kraft seine Hand führte. Das Wort, das er mit Bleistift niederschrieb, war der Vorname der *ihm wohlbekannten Frau Werner*.

Trotz aller Bemühungen gelang es uns nicht, einen einzigen Identitätsnachweis zu erhalten. Dabei wäre es für Frau Werner ein Leichtes gewesen, einen zu finden, wie sie es uns feierlich versprochen hatte.

Trotz der Ankündigung durch Klopfzeichen, dass eine Erscheinung erscheinen würde, die wir sehen dürften, konnten wir nur eine schwache weiße Form ohne genaue Umrisse wahrnehmen, selbst als wir das Licht so manipulierten, dass es fast völlig dunkel wurde. Aus dieser erneuten Sitzung lassen sich folgende Schlussfolgerungen ziehen:

a. Fraud kann die Phänomene nicht erklären, insbesondere das Schweben des Tisches, die heftigen Schläge und Erschütterungen der Tür und das Hervorragen des Vorhangs in den Raum.

b. Diese Phänomene werden sicherlich durch eine Kraft hervorgerufen, die vom Medium ausgeht, denn sie treten alle in dessen unmittelbarer Nähe auf.

c. Diese Kraft ist intelligent. Aber es ist möglich, dass diese Intelligenz, die unseren Befehlen gehorcht, nur die des Mediums ist.

d. Nichts beweist, dass der beschworene Geist irgendeinen Einfluss hatte.

Auf den folgenden Seiten werden diese Vorschläge jedoch einzeln untersucht und näher erläutert.

Alle in diesem ersten Kapitel beschriebenen Experimente zeigen uns die Wirkung unbekannter Kräfte. Das wird auch in den folgenden Kapiteln der Fall sein.

Diese Phänomene sind so unerklärlich, so unerklärlich, so unglaublich, dass der einfachste Plan darin besteht, sie zu leugnen, sie alle dem Betrug oder der Halluzination zuzuschreiben und zu glauben, dass alle Beteiligten blind seien.

Leider für unsere Gegner ist diese Hypothese unzulässig.

Lassen Sie mich hier sagen, dass es nur sehr wenige Männer – und vor allem Frauen – gibt, deren Geist völlig *frei ist* ; das heißt, in einem Zustand, in dem sie neue oder unerklärte Tatsachen ohne vorgefasste Meinung akzeptieren können. Im Allgemeinen sind die Menschen geneigt, nur solche Tatsachen oder Dinge zu akzeptieren, auf die sie durch die Ideen, die sie erhalten, gehegt und bewahrt haben, vorbereitet sind. Vielleicht gibt es nicht einen von hundert Menschen, der in der Lage ist, einen neuen Eindruck einfach, frei, genau und mit der Genauigkeit einer Fotokamera mental aufzuzeichnen. Absolute Unabhängigkeit des Urteils ist unter Männern eine Seltenheit.

Eine einzige, genau beobachtete Tatsache ist mehr wert als alle Hypothesen, selbst wenn sie allen wissenschaftlichen Erkenntnissen widerspricht.

Aber nur unabhängige Köpfe, frei von den klassischen Fäden, die die Dogmatiker an ihre Stühle fesseln, wagen es, außerwissenschaftliche Fakten zu untersuchen oder sie für möglich zu halten.

Ich kenne gelehrte und geniale Männer, Mitglieder der Akademie der Wissenschaften, Universitätsprofessoren und Lehrer unserer großen Schulen, die folgendermaßen argumentieren: „Diese und jene Phänomene sind unmöglich, da sie im Widerspruch zum aktuellen Stand der Wissenschaft stehen. Wir sollten nur das zugeben, was wir erklären können."

Das nennt man wissenschaftliche Argumentation!

Beispiele.—Fraunhofer entdeckt, dass das Sonnenspektrum von dunklen Linien durchzogen ist. Diese dunklen Linien konnten zu seiner Zeit nicht erklärt werden. Deshalb sollten wir nicht an sie glauben.

Newton entdeckt, dass sich die Sterne bewegen , *als ob* sie von einer Anziehungskraft gesteuert würden. Diese Anziehungskraft konnte zu seiner Zeit nicht erklärt werden. Auch heute ist sie nicht erklärt. Newton selbst gibt sich die Mühe, zu erklären, dass er sie nicht durch eine Hypothese erklären möchte. „ *Hypothesen non fingo* " („Ich stelle keine Hypothesen auf"). Nach der Argumentation unserer Pseudologiker sollten wir also die universelle Gravitation nicht zugeben. Sauerstoff und Wasserstoff bilden zusammen Wasser. Wie? Wir wissen es nicht. Daher sollten wir die Tatsache nicht zugeben.

Manchmal fallen Steine vom Himmel. Die Akademie der Wissenschaften des 18. Jahrhunderts konnte nicht erraten, woher sie kamen, und leugnete einfach diese Tatsache, die seit Tausenden von Jahren beobachtet wurde. Sie leugneten auch, dass Fische und Kröten aus den Wolken fallen können, weil man damals noch nicht beobachtet hatte, dass Wasserhosen sie durch Sog anziehen und von einem Ort zum anderen transportieren. Ein Medium legt seine Hand auf einen Tisch und scheint ihm tatsächlich unabhängiges Leben zu übertragen. Es ist unerklärlich, also falsch. Und doch ist dies die vorherrschende Argumentationsmethode einer großen Zahl von Gelehrten. Sie sind nur bereit zuzugeben, was bekannt und erklärt ist. Sie erklärten, dass Lokomotiven nicht in der Lage wären, sich fortzubewegen, oder dass, falls sie erfolgreich wären, Eisenbahnen keine Veränderung der sozialen Beziehungen mit sich bringen würden; dass der transatlantische Telegraph niemals eine Depesche übermitteln würde; dass Impfstoffe keine Immunität verleihen würden; und einst behaupteten sie vehement (das ist lange her), dass sich die Erde nicht dreht. Es scheint, als hätten sie sogar Galileo verurteilt. *Alles* wurde geleugnet.

In Bezug auf Tatsachen, die denen, die wir hier untersuchen, ziemlich ähnlich sind – ich meine die Stigmata von Louise Lateau – schloss ein sehr berühmter deutscher Gelehrter, Professor Virchow, seinen Bericht an die Berliner Akademie mit diesem Dilemma: *Betrug oder Wunder* . Diese Schlussfolgerung erlangte klassische Popularität. Aber es war ein Irrtum, denn heute weiß man, dass Stigmata weder auf Betrug noch auf Wunder zurückzuführen sind.

Ein weiterer recht verbreiteter Einwand wird von gewissen Personen vorgebracht, die anscheinend Wissenschaftler sind. Sie verwechseln Erfahrung mit Beobachtung und stellen sich vor, ein Naturphänomen müsse, um real zu sein, nach Belieben hervorgerufen werden können, wie in einem Labor. Nach dieser Sichtweise wäre eine Sonnenfinsternis keine reale Sache, ebenso wenig wie ein Blitzschlag, der ein Haus in Brand setzt, oder ein Aerolith, der vom Himmel fällt. Ein Erdbeben oder ein Vulkanausbruch sind Phänomene der Beobachtung, nicht des Experiments. Aber sie existieren trotzdem, oft zum großen Schaden der Menschheit. Nun können wir in der Reihenfolge der Tatsachen, die wir hier untersuchen, fast nie experimentieren, sondern nur beobachten, und das schränkt den Umfang des Untersuchungsgebiets beträchtlich ein. Und selbst wenn wir experimentieren, werden die Phänomene nicht nach Belieben hervorgerufen: Bestimmte Elemente, von denen wir einige noch nicht in die Hände bekommen konnten, greifen ein, um sie zu durchkreuzen, zu verändern und zu vereiteln, so dass wir größtenteils nur die Rolle von Beobachtern spielen können. Der Unterschied ist analog zu dem, der Chemie von Astronomie trennt. In der Chemie experimentieren wir, in der Astronomie beobachten wir. Das hindert die Astronomie jedoch nicht daran, die genaueste aller Wissenschaften zu sein.

Mediumistische Phänomene, die direkt beobachtbar sind, insbesondere jene, die ich vor einigen Seiten beschrieben habe, haben für mich den Stempel absoluter Gewissheit und Unbestreitbarkeit und genügen völlig, um zu beweisen, dass unbekannte physikalische Kräfte außerhalb des gewöhnlichen und etablierten Bereichs der Naturphilosophie existieren. Als Prinzip ist dies zudem ein unanfechtbarer Lehrsatz. [5]

Ich könnte noch weitere Beispiele anführen, zum Beispiel die folgenden:

7. Bei Séance- Experimenten erscheinen oft Phantome: Hände, Arme, ein Kopf, eine Büste, eine ganze menschliche Figur. Ich war Zeuge dieser Erscheinung, insbesondere am 27. Juli 1897 in Montfort-l'Amaury (siehe Kapitel III). M. de Fontenay erklärte, er habe über dem Tisch zwischen sich und mir ein Bild oder einen Geist wahrgenommen (wir saßen uns gegenüber und bewachten Eusapia, er hielt eine ihrer Hände, ich die andere) und da ich überhaupt nichts sah, bat ich ihn, mit mir den Platz zu tauschen. Und dann nahm auch ich diesen Geisterschatten wahr, den Kopf eines bärtigen Mannes, der ziemlich undeutlich umrissen war und sich wie eine Silhouette bewegte und vor einer roten Laterne, die auf einem Möbelstück stand, auf und ab ging. Von meinem Sitzplatz aus hatte ich zunächst nichts sehen können, da sich die Laterne hinter mir befand und die geisterhafte Erscheinung sich zwischen M. de Fontenay und mir bildete. Da diese dunkle Silhouette ziemlich vage blieb, fragte ich, ob ich ihren Bart nicht berühren dürfe. Das Medium antwortete: „Strecke deine Hand aus." Dann spürte ich auf meinem Handrücken das Streichen eines sehr weichen Bartes.

Dieser Fall war für mich nicht so *absolut sicher* wie der vorhergehende. Es gibt Abstufungen in dem Gefühl der Sicherheit, das wir bei Beobachtungen haben. Sogar in der Astronomie gibt es Sterne an der Grenze der Sichtbarkeit. Und dennoch war nach Meinung aller Teilnehmer der Sitzung kein Trick dabei. Außerdem sah ich bei einer anderen Gelegenheit in meinem eigenen Haus eine andere Gestalt, die eines jungen Mädchens, wie der Leser im dritten Kapitel sehen wird .

8. Am selben Tag erinnerte sich im Laufe des Gesprächs in Montfort jemand daran, dass die „Geister" manchmal in Paraffin, Kitt oder Ton den Abdruck ihres Kopfes oder ihrer Hände hinterlassen haben – eine Sache, die im höchsten Maße absurd erscheint. Aber wir kauften Kitt bei einem Glaser und bereiteten in einer Holzkiste einen vollkommen weichen Kuchen zu. Am Ende der Sitzung war in diesem Kitt der Abdruck eines Kopfes, eines Gesichts. In diesem Fall bin ich genauso wie in dem anderen *absolut sicher* , dass es sich nicht um einen Betrug handelte. Wir werden später darüber sprechen.

Auf den folgenden Seiten dieses Buches werden weitere Erscheinungen erwähnt. Ich werde mich hier vorerst mit dem speziellen Gesichtspunkt der bewiesenen Existenz unbekannter Kräfte befassen und mich auf die sechs vorhergehenden Fälle beschränken, die ich nach dem Urteil eines jeden Menschen guten Glaubens oder eines jeden Beobachters als unbestreitbar ansehe. Wenn ich diese besonderen Fälle so früh in der Arbeit betrachtet habe, dann als Reaktion auf die Leser meiner Arbeiten, die mich schon lange gebeten haben, meine *persönlichen* Beobachtungen mitzuteilen.

Die einfachste dieser Manifestationen – beispielsweise das Klopfen – ist kein unerheblicher Vorteil. Es besteht kein Zweifel, dass es einer der Experimentatoren oder ihr dynamisches Resultat ist, der auf den Tisch klopft, ohne zu wissen, wie. Selbst wenn es sich also um eine den Medien unbekannte psychische Entität handeln sollte, macht sie sich offensichtlich ihre physiologischen Eigenschaften zunutze. Eine solche Tatsache ist nicht ohne wissenschaftliches Interesse. Die Leugnungen des Skeptizismus beweisen nichts, es sei denn, die Leugner selbst haben die Phänomene nicht beobachtet.

Ich habe in diesem ersten Kapitel kein anderes Ziel, als eine vorläufige Zusammenfassung der beobachteten Fakten zu geben.

Ich möchte auf diesen ersten Seiten keine erklärenden Hypothesen aufstellen. Meine Leser werden sich aus den folgenden Erzählungen selbst eine Meinung bilden, und das letzte Kapitel des Bandes wird den Theorien gewidmet sein. Dennoch glaube ich, dass es nützlich sein wird, sofort darauf aufmerksam zu machen, dass Materie in Wirklichkeit nicht das ist, was sie unseren gewöhnlichen Sinnen – unserem Tastsinn, unserem Sehvermögen – zu sein scheint, sondern dass sie mit Energie identisch ist und nur eine Manifestation der Bewegung unsichtbarer und unwägbarer Elemente darstellt. Das Universum ist ein Dynamismus. Materie ist nur eine Erscheinung. Es wird für den Leser nützlich sein, diese Wahrheit im Gedächtnis zu behalten, da sie ihm helfen wird, die Studien zu verstehen, die wir gleich durchführen werden.

Die geheimnisvollen Kräfte, die wir hier untersuchen, sind selbst Manifestationen der universellen Dynamik, zu der wir durch unsere fünf Sinne nur sehr unvollkommen eine Verbindung herstellen.

Diese Dinge gehören sowohl zur psychischen als auch zur physischen Ordnung. Sie beweisen, dass wir inmitten einer unerforschten Welt leben, in der die psychischen Kräfte eine noch sehr unvollkommen erforschte Rolle spielen.

Wir haben hier eine ähnliche Situation wie Christoph Kolumbus am Abend des Tages, als er die ersten Anzeichen von Land in der Neuen Welt wahrnahm. Wir schieben unseren Bug durch ein völlig unbekanntes Meer.

KAPITEL II

MEINE ERSTEN SÉANCEN IN DER ALLAN KARDEC GRUPPE UND MIT DEN MEDIEN DIESER EPOCHE

Eines Tages im November 1861 entdeckte ich unter den Galeries de l'Odéon [6] ein Buch, dessen Titel mir auffiel: *Le Livre des Esprits* („Das Buch der Geister") von Allan Kardec. Ich kaufte es und las es eifrig. Mehrere Kapitel schienen mir mit den wissenschaftlichen Grundlagen des Buches übereinzustimmen, das ich damals schrieb, *Die Pluralität der bewohnten Welten* . Ich machte den Autor ausfindig, der mir vorschlug, als freies assoziiertes Mitglied der Pariser Gesellschaft für spiritistische Studien beizutreten, die er gegründet hatte und deren Präsident er war. Ich nahm das Angebot an und habe zufällig soeben die grüne Eintrittskarte gefunden, die er am 15. November 1861 unterschrieben hatte. An diesem Tag begann ich meine parapsychologischen Studien. Ich war damals neunzehn und seit drei Jahren astronomischer Schüler am Pariser Observatorium. Zu dieser Zeit legte ich den letzten Schliff an dem Buch an, das ich gerade erwähnt habe. Die Erstausgabe dieses Buches erschien einige Monate später im Druck- und Verlagshaus des Observatoriums.

Die Mitglieder trafen sich jeden Freitagabend im Versammlungsraum der Gesellschaft in dem kleinen Durchgang von Sainte Anne, der unter dem Schutz von Saint Louis stand. Der Präsident eröffnete die Sitzung mit einer „Anrufung an die guten Geister". Es wurde grundsätzlich anerkannt, dass unsichtbare Geister dort anwesend waren und sich offenbarten. Nach dieser Anrufung wurden eine bestimmte Anzahl von Personen, die an einem großen Tisch saßen, gebeten, sich ihrer Inspiration hinzugeben und zu schreiben. Sie wurden „Schreibmedien" genannt. Ihre Dissertationen wurden anschließend vor einem aufmerksamen Publikum gelesen. Es gab keine physischen Experimente mit Tischdrehen, Tischbewegungen oder Sprechen. Der Präsident, Allan Kardec, sagte, er lege keinen Wert auf solche Dinge. Ihm schien, dass die von den Geistern übermittelten Anweisungen die Grundlage einer neuen Lehre, einer Art Religion bilden sollten.

Zur gleichen Zeit, aber mehrere Jahre zuvor, hatte mein berühmter Freund Victorien Sardou, der gelegentlich das Observatorium besucht hatte, als Medium einige interessante Seiten über die Bewohner des Planeten Jupiter geschrieben und malerische und überraschende Zeichnungen angefertigt, deren Ziel es war, Menschen und Dinge so darzustellen, wie sie in diesem Riesen der Welten erschienen. Er entwarf die Behausungen der Menschen auf dem Jupiter. Eine seiner Skizzen zeigte uns das Haus von Mozart, andere die Häuser von Zoroaster und Bernard Palissy, die in einer der Landschaften dieses riesigen Planeten auf dem Land lebten. Die Behausungen sind ätherisch und von exquisiter Leichtigkeit. Sie können anhand der beiden hier wiedergegebenen Figuren beurteilt werden (Tafel II und III). Die erste stellt eine Residenz von Zoroaster dar, die zweite „die Tierquartiere", die zu derselben gehören . Auf dem Gelände gibt es Blumen, Hängematten, Schaukeln, fliegende Kreaturen und darunter intelligente Tiere, die eine besondere Art von Kegeln spielen, bei dem der Spaß nicht darin besteht, die Kegel umzuwerfen, sondern eine Kappe darauf zu setzen, wie beim Becher- und Ballspiel usw.

Diese merkwürdigen Zeichnungen beweisen zweifelsohne, dass die Unterschrift „Bernard Palissy, vom Jupiter" apokryph ist und dass Victorien Sardous Hand nicht von einem Geist dieses Planeten geleitet wurde. Ebenso wenig war es der begabte Autor selbst, der diese Skizzen entwarf und sie nach einem bestimmten Plan ausführte. Sie entstanden, während er sich im Zustand des Mediums befand. In diesem Zustand wird eine Person weder magnetisiert noch hypnotisiert oder in irgendeiner Weise in Schlaf versetzt. Aber das Gehirn ist sich dessen bewusst, was geschieht: Seine Zellen erfüllen ihre Funktionen und wirken (zweifellos durch eine Reflexbewegung) auf die motorischen Nerven. Damals dachten wir alle, dass Jupiter von einer höheren Rasse von Wesen bewohnt sei. Die spiritistischen Mitteilungen waren der Reflex der allgemeinen Ideen in der Luft. Heute, mit unserem heutigen Wissen über die Planeten, würden wir uns nichts dergleichen über diesen Globus vorstellen. Und außerdem haben uns spiritistische Sitzungen nie etwas über das Thema Astronomie beigebracht. Die erzielten Ergebnisse beweisen in keiner Weise das Eingreifen von Geistern. Haben die schreibenden Medien überzeugendere Beweise dafür geliefert als diese? Dies müssen wir so unvoreingenommen wie möglich untersuchen.

Ich selbst versuchte herauszufinden, ob ich auch nicht schreiben konnte. Indem ich meine Kräfte sammelte und konzentrierte und meiner Hand erlaubte, passiv und widerstandslos zu sein, stellte ich bald fest, dass sie, nachdem sie bestimmte Striche und O 's und mehr oder weniger verschlungene, gewundene Linien gezeichnet hatte, ganz ähnlich wie ein vierjähriges Kind, das das Schreiben lernt, schließlich tatsächlich Wörter und Sätze schrieb.

Bei diesen Versammlungen der Pariser Gesellschaft für spiritistische Studien schrieb ich meinerseits einige Seiten über astronomische Themen, die mit „Galileo" unterzeichnet waren. Die Mitteilungen blieben im Besitz der Gesellschaft und wurden 1867 von Allan Kardec unter der Überschrift „ *Allgemeine Uranographie* " in seinem Werk „ *Genesis* " *veröffentlicht* . (Ich habe eines der ersten Exemplare mit seiner Widmung erhalten.) Diese astronomischen Seiten lehrten mich nichts. Daher kam ich schnell zu dem Schluss, dass sie nur das Echo dessen waren, was ich bereits wusste, und dass Galileo nichts damit zu tun hatte. Als ich die Seiten schrieb, befand ich mich in einer Art Wachtraum. Außerdem hörte meine Hand auf zu schreiben, als ich anfing, über andere Themen nachzudenken.

TAFEL II. HAUS DES ZOROASTRE DES JUPITER AUS DER SOMNAMBULISTISCHEN ZEICHNUNG VON VICTORIEN SARDOU.

TAFEL III. TIERQUARTIERE. HAUS DES ZOROASTRE DES JUPITER AUS EINER SOMNAMBULEN ZEICHNUNG VON VICTORIEN SARDOU.

Ich möchte hier zitieren, was ich zu diesem Thema in meinem Werk „ *Die Welten des Weltraums"* (*Les Terres du Ciel*) in der Ausgabe von 1884, S. 181, sagte:

Das schreibende Medium wird weder in Schlaf versetzt, noch wird es magnetisiert oder in irgendeiner Weise hypnotisiert. Man wird einfach in einen Kreis bestimmter Ideen aufgenommen. Das Gehirn verhält sich (durch Vermittlung des Nervensystems) ein wenig anders als im Normalzustand. Der Unterschied ist nicht so groß, wie man annehmen könnte. Der Hauptunterschied kann wie folgt beschrieben werden:

Im normalen Zustand denken wir darüber nach, was wir schreiben werden, *bevor* wir mit dem Schreiben beginnen. Es ist eine direkte Willenshandlung, die den Stift, die Hand und den Unterarm über das Papier bewegen lässt. Im abnormalen Zustand hingegen denken wir nicht nach, bevor wir schreiben; wir bewegen die Hand nicht, sondern lassen sie träge, passiv und frei bleiben; wir legen sie auf das Papier und achten lediglich darauf, dass sie auf den geringstmöglichen Widerstand stößt; wir denken an ein Wort, eine Figur, einen Stiftstrich, und die Hand beginnt aus eigenem Antrieb zu schreiben. Aber der Schreiber muss nicht im Voraus, sondern kontinuierlich darüber *nachdenken* , was er tut; sonst hält die Hand inne. Versuchen Sie beispielsweise, das Wort „Ozean" nicht *freiwillig* (auf die normale Weise) zu schreiben, sondern indem Sie einfach einen Bleistift nehmen und die Hand leicht und frei auf dem Papier ruhen lassen, während Sie an Ihr Wort denken und sorgfältig beobachten, ob die Hand schreiben wird. Sehr gut; sie beginnt tatsächlich, sich über das Papier zu bewegen und schreibt zuerst ein *o* , dann ein *c* und den Rest. Dies war zumindest meine Erfahrung, als ich die neuen Probleme des Spiritualismus und Magnetismus studierte.

Ich habe immer gedacht, dass der Kreis der Wissenschaft nicht geschlossen ist und dass es für uns noch viel zu lernen gibt. Bei medialen Schreibexperimenten ist es sehr leicht, uns selbst zu täuschen und zu glauben, dass die Hand unter dem Einfluss eines anderen Geistes als dem unseren steht. Die wahrscheinlichste Schlussfolgerung aus diesen Erfahrungen ist, dass die Theorie der Wirkung fremder Geister zur Erklärung solcher Phänomene nicht notwendig ist. Aber dies ist nicht der Ort, um auf Einzelheiten eines Themas einzugehen, das bis heute nur wenig von der wissenschaftlichen Kritik untersucht wurde und häufiger von Spekulanten als von Wissenschaftlern untersucht wurde.

Das habe ich im Jahr 1884 geschrieben, und ich werde jedes Wort, das ich damals schrieb, genauso unterschreiben, wie es ist.

Bei diesen ersten Erfahrungen mit Spiritisten, von denen ich gerade gesprochen habe, hatte ich bald Zutritt zu den wichtigsten Pariser Kreisen, die sich mit diesen Themen beschäftigten, und für ein paar Jahre übernahm ich sogar die Position des ehrenamtlichen Sekretärs eines dieser Kreise. Eine natürliche oder notwendige Folge davon war, dass ich keine einzige Sitzung versäumte.

Zum Empfangen von Nachrichten wurden drei verschiedene Methoden angewendet: (1) Schreiben mit der Hand; (2) Verwendung einer Planchette, an der ein Bleistift befestigt war und auf die man die Hände legte; und (3) Klopfen (oder Bewegen) des Tisches mithilfe eines alphabetischen Codes. Durch das Klopfen oder Bewegen des Tisches wurde der gewünschte Buchstabe markiert, während das Alphabet von einem der Anwesenden vorgelesen wurde .

Die erste dieser Methoden war die einzige, die von der Gesellschaft für spiritistische Studien, deren Präsident Allan Kardec war, angewandt wurde. Sie ließ den größten Spielraum für Zweifel. Tatsächlich kam ich nach zwei Jahren der Untersuchungen dieser Art, die ich so vielfältig wie möglich gestaltet hatte und die ich ohne vorgefasste Meinung dafür oder dagegen und mit dem glühendsten Wunsch, die Wahrheit herauszufinden, begonnen hatte, zu dem eindeutigen Schluss, dass nicht nur die Unterschriften auf diesen Papieren nicht authentisch sind, sondern dass das Eingreifen eines anderen Geistes aus der Geisterwelt überhaupt nicht bewiesen ist, da wir selbst die mehr oder weniger bewussten Autoren der Mitteilungen sind, und zwar durch einen zerebralen Prozess, der noch untersucht werden muss. Die Erklärung ist nicht so einfach, wie sie scheint, und es sind gewisse Vorbehalte gegenüber der allgemeinen Aussage oben angebracht.

Wenn wir im erhabenen und abnormalen Geisteszustand des Mediums schreiben, formulieren wir, wie ich gerade gesagt habe, unsere Sätze nicht wie im normalen Zustand; wir warten vielmehr darauf, dass sie produziert werden. Aber trotzdem mischt sich unser eigener Geist in den Prozess ein. Das behandelte Thema folgt den Linien unserer eigenen üblichen Gedanken; die verwendete Sprache ist unsere Muttersprache, und wenn wir uns über die Schreibweise bestimmter Wörter nicht sicher sind, treten Fehler auf. Darüber hinaus sind unsere eigenen geistigen Prozesse so eng mit dem Geschriebenen vermischt, dass, wenn wir unsere Gedanken zu einem anderen Thema abschweifen lassen, die Hand entweder aufhört zu schreiben oder unzusammenhängende Wörter und Gekritzel produziert. Dies ist der Geisteszustand des schreibenden Mediums – zumindest der, den ich bei mir selbst beobachtet habe. Es ist eine Art Autosuggestion. Ich beeile mich jedoch hinzuzufügen, dass diese Meinung mich nur im Rahmen meiner eigenen persönlichen Erfahrungen bindet. Ich bin überzeugt, dass es Medien gibt, die absolut mechanisch vorgehen und nichts über die Natur dessen wissen, was sie schreiben (siehe weiter unten, S. 58, 59), die Themen behandeln, von denen sie nichts wissen, und die sogar in Fremdsprachen schreiben. Solche Fälle würden sich von dem unterscheiden, von dem ich gerade gesprochen habe, und würden entweder auf einen besonderen zerebralen Zustand oder eine große geistige Schärfe oder eine Ideenquelle außerhalb des Mediums hinweisen; *das heißt* , wenn einmal bewiesen wäre, dass unser Verstand nicht erraten kann, was er nicht weiß. Aber jetzt ist die Übertragung von Gedanken von einem Gehirn zum anderen, von einem Geist zum anderen eine Tatsache, die durch Telepathie bewiesen wurde. Wir könnten uns also vorstellen, dass ein Medium unter dem Einfluss einer Person in der Nähe – oder sogar in der Ferne – schreiben könnte. Mehrere Medien haben (in aufeinanderfolgenden Sitzungen) auch echte Romane verfasst, wie etwa „Die *Geschichte der Jungfrau von Orleans, von ihr selbst geschrieben* " oder bestimmte Reisen zu anderen Planeten – was darauf hindeutet, dass es eine Art Verdoppelung der Persönlichkeit des Subjekts gibt, eine sekundäre Persönlichkeit. Aber es gibt dafür keine Bestätigung. Es gibt auch ein psychisches *Milieu* , von dem ich später sprechen werde. Im Moment muss ich mich nur mit dem Thema dieses Kapitels befassen und mit Newton sagen: „ *Hypothes non fingo* ".

Allan Kardec starb am 30. März 1869, und als die Gesellschaft der Spiritualisten mich bat, an seinem Grab eine Trauerrede zu halten, nutzte ich diese Ansprache, um die Aufmerksamkeit der Spiritualisten auf den wissenschaftlichen Charakter der Untersuchungen dieser Art und auf die offensichtliche Gefahr zu lenken, die darin besteht, sich in den Mystizismus hineinziehen zu lassen.

Ich gebe an dieser Stelle einige Absätze aus dieser Ansprache wieder:

Ich wünschte, ich könnte Ihnen, die Sie mir zuhören, sowie den Millionen von Menschen in ganz Europa und der Neuen Welt, die das noch immer mysteriöse Problem des Spiritismus studieren, deutlich machen, welch großes wissenschaftliches Interesse und welch philosophische Zukunft das Studium dieser Phänomene birgt, denen, wie Sie wissen, viele unserer bedeutendsten lebenden Gelehrten ihre Zeit und Aufmerksamkeit gewidmet haben. Ich wünschte, ich könnte Ihrer und ihrer Vorstellungskraft die neuen und weiten Horizonte vor Augen führen, die sich vor uns auftun werden, je mehr wir unser wissenschaftliches Wissen über die Kräfte der Natur, die um uns herum wirken, erweitern; und ich möchte Ihnen und ihnen zeigen, dass solche geistigen Errungenschaften das wirksamste Gegenmittel gegen die Lepra des Atheismus sind, die in unserer Epoche des Übergangs das besonders bösartige und degenerative Element zu sein scheint.

Wie heilsam wäre es, wenn ich hier, vor diesem beredten Grab, beweisen könnte, dass die methodische Untersuchung der fälschlich als übernatürlich bezeichneten Phänomene keineswegs den Geist des Aberglaubens zurückruft und die Energie der Vernunft schwächt, sondern im Gegenteil dazu dient, die Irrtümer und Illusionen der Unwissenheit zu verbannen und den Fortschritt der Wahrheit weit mehr fördert als die irrationalen Negierungen derer, die sich nicht die Mühe machen, die Fakten zu betrachten.

Es ist höchste Zeit, dass dieses komplexe Studienfach seine wissenschaftliche Phase beginnt. Die physikalische Seite des Themas wurde nicht ausreichend betont, sie sollte kritisch untersucht werden, denn ohne strenge wissenschaftliche Experimente ist kein Beweis gültig. Diese objektive *a priori*-Methode der Untersuchung, der wir den Ruhm des modernen Fortschritts und die Wunder der Elektrizität und des Dampfes verdanken, sollte sich der noch immer ungeklärten und mysteriösen Phänomene annehmen, die uns bekannt sind, um sie zu analysieren, zu messen und zu definieren.

Denn, meine Herren, *der Spiritualismus ist keine Religion, sondern eine Wissenschaft* , eine Wissenschaft, von der wir bisher kaum das *A, B und C kennen* . Das Zeitalter der Dogmen ist vorbei. Die Natur umfasst das Universum; und Gott selbst, der in alten Zeiten als ein Wesen von ähnlicher Gestalt und Form wie der Mensch gedacht wurde, kann von der modernen Metaphysik nur als *Geist in der Natur betrachtet werden* .

Das Übernatürliche existiert nicht. Die durch Medien hervorgerufenen Erscheinungen wie Magnetismus und Somnambulismus gehören zur Natur und müssen unerbittlich dem Experiment unterzogen werden. Es gibt keine Wunder mehr. Wir erleben die Morgendämmerung einer neuen Wissenschaft. Wer ist so kühn, vorherzusagen, wohin das wissenschaftliche Studium der neuen Psychologie führen wird und was die Ergebnisse sein werden?

Die Grenzen des menschlichen Sehvermögens sind so, dass das Auge nur Dinge innerhalb enger Grenzen wahrnimmt und jenseits dieser Grenzen, auf dieser und jener Seite, nichts sieht. Der Körper kann mit einer Harfe mit zwei Saiten verglichen werden – dem Sehnerv und dem Hörnerv. Eine Art von Schwingung erregt den ersten und eine andere Art den zweiten. Das ist die ganze Geschichte der menschlichen Sinneswahrnehmung, die sogar der vieler niederer Tiere unterlegen ist; bei bestimmten Insekten zum Beispiel sind die Seh- und Hörnerven empfindlicher als beim Menschen.

Nun gibt es in der Natur nicht zwei, sondern zehn, hundert, tausend Arten von Bewegung oder Schwingung. Aus der Naturwissenschaft lernen wir also, dass wir inmitten einer für uns unsichtbaren Welt leben und dass es nicht unmöglich ist, dass auf der Erde eine Klasse von Wesen lebt, die für uns ebenfalls unsichtbar sind und mit einer ganz anderen Art von Sinnen ausgestattet sind, so dass sie sich uns auf keine Weise mitteilen können, es sei denn, sie können sich in Handlungen und auf eine Art und Weise manifestieren, die in den Bereich unserer eigenen Sinneswahrnehmung fallen.

Angesichts solcher Wahrheiten, die bisher kaum verkündet wurden, erscheint blinde Verleugnung absurd und wertlos! Wenn wir das wenige, was wir wissen, und die engen Grenzen unseres Wahrnehmungsbereichs mit der enormen Weite des Wissensgebiets vergleichen, können wir uns der Schlussfolgerung kaum entziehen, dass wir nichts wissen und dass alles noch zu wissen bleibt. Mit welchem Recht sprechen wir das Wort „unmöglich" angesichts von Tatsachen aus, deren Echtheit wir nachweisen, ohne ihre Ursachen bereits entdecken zu können?

Durch die wissenschaftliche Untersuchung von Wirkungen gelangen wir zur Bestimmung der Ursachen. In der Klasse der Untersuchungen, die wir unter der allgemeinen Überschrift „Spiritualismus" zusammenfassen, EXISTIEREN FAKTEN . Aber niemand versteht die Methode ihrer Entstehung. Ihre Existenz ist dennoch genauso wahr wie die Phänomene der Elektrizität.

Aber was das Verständnis dieser Dinge angeht – nun, meine Herren, niemand versteht Biologie, Physiologie, Psychologie. Was ist der menschliche Körper? Was ist das Gehirn? Was ist die absolute Wirkung der Seele oder des Geistes? Wir wissen es nicht. Und wir wissen auch nicht das Geringste über das Wesen der Elektrizität oder des Lichts. Es ist daher klug, all diese Dinge mit unvoreingenommenem Urteil zu beobachten und zu versuchen, ihre Ursachen zu bestimmen, die vielleicht unterschiedlicher Art und zahlreicher sind, als man bis heute angenommen hat . [7]

Man wird sehen, dass das, was ich öffentlich äußerte, als ich auf dem Hügel über dem Grab stand, in das Allan Kardecs Sarg gerade hinabgelassen worden war, sich überhaupt nicht vom rein wissenschaftlichen Programm der vorliegenden Arbeit unterscheidet.

Ich habe gerade gesagt, dass bei unseren spiritistischen Experimenten drei Methoden angewandt wurden. Ich habe meine Meinung zur ersten (schreibende Medien) geäußert, basierend auf meinen persönlichen Beobachtungen, und ohne andere Beweise, falls es welche gibt, abschwächen zu wollen. Was die zweite (Planchette) betrifft, so wurde ich mit ihr vor allem durch die Sitzungen von Frau de Girardin im Hause von Victor Hugo auf der Insel Jersey vertrauter. Sie funktioniert unabhängiger als die erste Methode, ist aber dennoch nur eine Verlängerung von Hand und Gehirn. Die dritte Methode – das Tischklopfen oder die Typtologie, d. h. das Klopfen auf den Tisch – scheint mir noch deutlicher eine Verlängerung von Hand und Gehirn zu sein, und vor etwa 45 Jahren habe ich diese Art von Experimenten oft angewandt.

Klopfbewegungen auf dem Boden neben einem Tischfuß beim Buchstabieren von Buchstaben haben keinen besonderen Wert. Der geringste Druck kann diese Wippbewegungen hervorrufen. Der Versuchsleiter selbst gibt die Antworten, manchmal ohne es zu ahnen.

Mehrere Personen gruppieren sich um einen Tisch, legen ihre Hände darauf und warten, dass etwas geschieht. Nach fünf, zehn, fünfzehn oder zwanzig Minuten – die Zeit hängt von der psychischen Atmosphäre [8] und den Fähigkeiten der Versuchsleiter ab – hört man Klopfgeräusche auf dem Tisch oder die Versuchsteilnehmer helfen beim Bewegen des Tisches, der besessen zu sein scheint. Warum wählt man einen Tisch? Weil er das einzige Möbelstück ist, um das herum die Leute normalerweise sitzen. Manchmal wird der Tisch auf einem oder mehreren Füßen hochgehoben und sanft hin und her geschaukelt. Manchmal kommt er hoch, als sei er an den Händen festgeklebt, die auf ihm liegen, und bleibt zwei, drei, fünf, zehn oder zwanzig Sekunden in der Luft hängen. Wiederum wird er mit solcher Kraft auf den Boden genagelt, dass er das Doppelte oder Dreifache seines üblichen Gewichts zu haben scheint. Zu anderen Zeiten und normalerweise auf Befehl gibt er das Geräusch einer Säge, eines Beils, eines Bleistiftschreibens usw. von sich. Wir haben hier materielle Ergebnisse, die direkt beobachtet werden und unwiderlegbar die Existenz einer unbekannten Kraft beweisen.

Diese Kraft ist eine materielle Kraft der psychischen Klasse. Wenn wir unsere Aufmerksamkeit auf blinde, sinnlose Bewegungen der einen oder anderen Art beschränken würden, die nur mit dem Willen der Experimentatoren in Zusammenhang stehen und nicht durch die bloße Auflegung ihrer Hände erklärt werden können, könnten wir den Beweis für die Existenz einer neuen, unbekannten Kraft sehen, die als Umwandlung von Nervenkraft, organischer Elektrizität erklärbar ist; und das wäre an sich schon viel. Aber die Klopfgeräusche auf dem Tisch oder mit den Füßen darauf sind Antworten auf gestellte Fragen. Da wir wissen, dass der Tisch nur ein Stück Holz ist, wenden wir uns, wenn wir ihm Fragen stellen, in Wirklichkeit an einen geistigen Akteur, der zuhört und antwortet. In dieser Klasse von Phänomenen nahm der moderne Spiritualismus seinen Anfang, nämlich in den Vereinigten Staaten im Jahr 1848, als die Fox-Schwestern in ihrem Zimmer Geräusche hörten – Klopfgeräusche an den Wänden und Möbeln. Nach mehreren Monaten mühsamer Nachforschungen griff ihr Vater schließlich auf die traditionelle Geistertheorie zurück und verlangte von dem unsichtbaren *Wesen* darin, indem er seine Fragen an die Wand richtete, eine Erklärung. Dieses Wesen antwortete mit herkömmlichen Klopfzeichen auf die gestellten Fragen und erklärte, es sei der Geist des früheren Besitzers, der einst in seinem eigenen Haus ermordet worden war. Der Geist bat um Gebete und die Beerdigung seines Körpers. (Von diesem Zeitpunkt an waren die Antworten so angeordnet, dass ein Klopfzeichen als

Antwort auf eine Frage „ *ja* " , zwei Klopfzeichen „ *nein* " und drei Klopfzeichen ein entschiedenes „ *ja* " *bedeuteten* .)

Ich möchte gleich anmerken, dass die abgeklopften Antworten nichts beweisen und unbewusst von den Fox-Schwestern selbst stammen könnten, von denen wir nicht annehmen können, dass sie eine kleine Komödie gespielt haben, da die von ihnen in die Wände geschlagenen Schläge sie tatsächlich mehr überrascht und überwältigt haben als irgendjemand sonst. Die Hypothese von Gaukelei und Mystifikation, die manchen Kritikern am Herzen liegt, trifft auf diesen Fall überhaupt nicht zu, obwohl ich zugeben muss, dass Klopfgeräusche und Bewegungen oft von schelmischen Personen als Scherz gemacht werden.

Es gibt natürlich eine unsichtbare Ursache, die diese Klopfgeräusche hervorruft. Liegt sie in uns oder außerhalb von uns? Ist es möglich, dass wir unsere Persönlichkeit auf irgendeine Weise verdoppeln können, ohne es zu wissen, dass wir durch mentale Suggestion handeln, unsere eigenen Fragen beantworten können, ohne es zu ahnen, dass wir materielle Ergebnisse erzielen, ohne uns dessen bewusst zu sein? Oder existiert um uns herum ein intelligentes Medium oder eine Atmosphäre, eine Art spiritueller Kosmos? Oder ist es möglich, dass wir von unsichtbaren, nichtmenschlichen Wesen umgeben sind – Gnomen, Geistern und Kobolden (es könnte eine unbekannte Welt um uns herum geben)? Oder ist es schließlich möglich, dass die Geister der Toten überleben, hin und her wandern und mit uns kommunizieren? All diese Hypothesen kommen uns in den Sinn, und wir haben nicht das wissenschaftliche absolute Recht, eine davon abzulehnen.

Das Anheben eines Tisches oder das Verschieben eines Gegenstandes kann einer unbekannten Kraft zugeschrieben werden, die von unserem Nervensystem oder auf andere Weise erzeugt wird. Zumindest beweisen diese Bewegungen nicht die Existenz eines Geistes, der nicht mit dem des Versuchsobjekts verbunden ist. Wenn jedoch jemand die Buchstaben des Alphabets benennt oder sie auf einem Stück Pappe zeigt und der Tisch entweder durch Klopfen auf das Holz oder durch Levitation einen verständlichen Satz zusammensetzt, sind wir gezwungen, diese intelligente Wirkung einer intelligenten Ursache zuzuschreiben. Diese Ursache kann das Medium selbst sein; und die einfachste Möglichkeit ist offensichtlich anzunehmen, dass es selbst die Buchstaben herausklopft. Aber Experimente können so arrangiert werden, dass es dies unmöglich tun kann, nicht einmal unbewusst. Unsere erste Pflicht besteht in Wirklichkeit darin, Betrug unmöglich zu machen.

Wer sich ausreichend mit dem Thema beschäftigt hat, weiß, dass Betrug nicht die Erklärung für das ist, was er beobachtet hat. Natürlich amüsieren sich die Leute bei modischen spiritistischen Séancen manchmal. Besonders wenn die Sitzungen im Dunkeln stattfinden und der Wechsel der Geschlechter vorgesehen ist, um „die Flüssigkeiten zu verstärken", ist es nicht völlig ungewöhnlich, dass die Herren die Versuchung ausnutzen, den Zweck des Treffens vorübergehend zu vergessen und die etablierte Kette der Hände zu durchbrechen, um auf eigene Faust ein neues Treffen zu beginnen. Den Damen und jungen Mädchen gefallen diese Änderungen im Programm, und es ist kaum eine Beschwerde zu hören. Abgesehen von modischen Séancen, zu denen jeder zu seinem Vergnügen eingeladen ist, sind die ernsthafteren Zusammenkünfte andererseits häufig nicht sicherer; denn das Medium, das auf die eine oder andere Weise eine interessierte Person ist, ist bestrebt, so viel wie möglich zu geben – und noch etwas dazu.

Auf einem Blatt aus einem meiner alten Notizbücher, das ich gerade wieder aufgetaucht bin, habe ich spiritistische Soireen in folgender, zweifellos etwas origineller Reihenfolge geordnet:

1. Liebevolle Liebkosungen. (Ein ähnlicher Vorwurf wurde gegen die alten christlichen Liebesfeste oder *Agape erhoben* .)

2. Scharlatanerie der Medien, die die Leichtgläubigkeit der Teilnehmer missbrauchen.

3. *Einige* ernsthafte Fragesteller.

Zu der Zeit, von der ich gerade sprach (1861-63), nahm ich als Sekretär an Experimenten teil, die regelmäßig einmal wöchentlich im Salon eines bekannten Mediums, Mlle. Huet, in der Mont-Thabor-Straße, durchgeführt wurden. Das Medium war in gewisser Weise ihr Beruf, und sie war mehr als einmal bei einigen höchst bemerkenswerten Tricks ertappt worden. Daher kann man sich vorstellen, dass sie ziemlich oft selbst die Schläge austeilte, indem sie mit den Füßen auf die Tischbeine schlug. Aber ziemlich oft erhielten wir auch Säge-, Hobel-, Trommel- und Regengüsse, die sie unmöglich hätte nachahmen können. Auch das Festhalten des Tisches am Boden konnte kein Betrug sein. Was das Schweben des Tisches betrifft, sagte ich vorhin, dass, als einer von uns die Neigung zeigte, der Aufwärtsbewegung mit der Hand Widerstand zu leisten, er den Eindruck hatte, als ob der Tisch auf einer Flüssigkeit schwebte. Nun ist es schwer zu verstehen, wie das Medium dieses Ergebnis erzielen konnte. Alles fand am helllichten Tag statt.

Die Mitteilungen, die ich bei den zahlreichen Sitzungen (mehrere Hundert) erhielt, an denen ich damals und danach teilnahm, zeigten mir immer, dass die Ergebnisse in direktem Verhältnis zur geistigen Entwicklung der Teilnehmer standen. Natürlich stellte ich viele Fragen zur Astronomie. Die Antworten lehrten uns nie etwas Neues; und um der Wahrheit ganz treu zu bleiben, muss ich sagen, dass, wenn bei diesen Experimenten Geister oder von uns unabhängige Wesen am Werk sind, diese nicht mehr über die anderen Welten wissen als wir.

Ein berühmter Dichter, PF Mathieu, war gewöhnlich bei den Treffen im Salon Mont-Thabor anwesend, und so erhielten wir manchmal sehr schöne Gedichte, die er sicher nicht bewusst selbst verfasst hatte, denn wie wir alle war er da, um zu lernen. M. Joubert, Vizepräsident des Zivilgerichts von Carcassonne, hat ein Werk mit dem Titel *Verschiedene Fabeln und Gedichte eines Geisterrappers veröffentlicht* , das auf den ersten Blick den Beweis dafür liefert, dass es nur die Widerspiegelung seiner üblichen Gedanken ist. Wir hatten christliche Philosophen bei unseren Treffen dabei. Dementsprechend diktierte uns der Tisch schöne Gedanken, die mit „Pascal", „Fénelon", „Vincent de Paul" und „Sainte Thérèse" unterzeichnet waren. Ein Geist, der mit „Balthasar Grimod de la Reynière" unterzeichnete, diktierte lustige Abhandlungen über die Kochkunst. Seine Spezialität war es, den schweren Tisch in allen möglichen Verrenkungen herumtanzen zu lassen. Manchmal erschien Rabelais, der den Duft herzhafter Speisen noch immer liebte wie in alten Zeiten. Einige der Geister hatten Freude daran, *Meisterleistungen* in der Kryptologie (Geheimschrift) zu vollbringen. Im Folgenden finden Sie Beispiele für diese Tischklopf-Mitteilungen. Das erste stammt aus der Vulgata-Version der Bibel, dem Johannesevangelium III. 8:

„Spiritus ubi vult spirat; et vocem ejus audis, sed nescis unde veniat aut quo vadat. Sic est omnis qui natus est ex spiritu." („Der Wind weht, wo er will, und du hörst sein Sausen; doch weißt du nicht, woher er kommt und wohin er geht. So ist jeder, der aus dem Geist geboren ist.")

„Liebe kleine Schwester, ich bin hier und sehe, dass es dir so gut geht wie immer. Du bist ein Medium. Ich werde mit großer Freude zu dir gehen. Sag meiner Mutter, dass ihre liebe Tochter sie von dieser Welt liebt. [9]

" LOUISE. "

Jemand fragte einen der Geister, ob er durch Klopfen die eingravierten Worte in ihrem Ring anzeigen könne. Die Antwort war:

„Ich liebe es, dass man mich so liebt, wie ich liebe, wenn ich liebe."

Ein Mitglied der Gruppe vermutete, dass der Tisch, an dem wir saßen, einen Mechanismus zur Erzeugung der Klopfgeräusche verbergen könnte. Dementsprechend wurde einer der Sätze durch Klopfgeräusche *in die Luft diktiert* .

Hier noch eine weitere Serie:

„Ich bin ein freudiger Mitstreiter, der Sie bei meinen Gesprächen in Erstaunen versetzt. Ich bin nicht die erste Person, die Mathematik studiert.

Ich habe keine Liturgie und sage: Öffne das Loch in der Höhle, mehr oder weniger, sei zufrieden.

„ ALCOFRIBAZ NAZIER. "

(„Ich bin ein lustiger Kerl, der Sie mit seiner Rede in Erstaunen versetzen wird. Ich bin kein eitler, plappernder Geist. Ich werde meine Absolventenkapuze tragen und sagen: Trinken Sie das Wasser aus dem Keller [Wein] – nicht mehr und nicht weniger. Seien Sie zufrieden."

„ FRANCOIS RABELAIS. ") [10]

Über diesen unerwarteten Besuch und die Sprache, die einige der anwesenden Gelehrten für nicht rein rabelaisisch hielten, entbrannte eine ziemlich lebhafte Diskussion. Daraufhin klopfte es am Tisch:

„Gute Kinder, seid in diesem Garten gefangen. Ich hoffe, ihr seid kalt, wenn ihr heiß sprecht."

„Rabelais."

(„Ihr seid richtige Babys, wenn ihr euch über diese Selynesse heiser heult. Es ist besser, kalt zu trinken, als warmherzig zu sprechen.)

"Liesse und Weihnachten! Monsieur Satan ist entzaubert und gestorben. Gut verheiratet sind die Moynes, Moynillons, Bigotz und Cagotz, Carmes Chaulx und Déchaulx, Papelards und Frocards, Mitrez und Encapuchonnez: die Alten ohne Mut, die Esperictz sind zerstört. Außerdem wird es nicht gewagt, die Mönche und teuflischen Räuber zu scheuchen und zu scheuchen; es gibt diese päpstlichen und klerikalen Gefolgsleute. Gott ist gut, gerecht und voll Barmherzigkeit; er sagt seinen kleinen Kindern: Zeige dir die anderen und verzeihe ihnen die Reue. Das große Färbemittel der Vergebung ist gestorben; Es lebe die Liebe!

(„Hurra für ein fröhliches Leben! Meister Satan ist tot, mausetot. Die Mönche und die armen Teufelsbrüder sind verheiratet – Frömmler und Fanatiker, beschuhte und barfuß Karmeliter, die Heuchler und die Kuttenträger, die Mitren und die Kapuzen. Da stehen sie zitternd auf ihren Bahnen; die Geister haben sie entthront. Vorbei sind die Braten und Suppenkochen in den Schmortöpfen des Teufels und in den Klosterkesseln. Eine Plage dieser Schundgeschichten von Papst und Priester! Gott ist gut, gerecht und voller Mitleid. Er sagt zu seinen kleinen Kindern: „Liebt einander"; und er vergibt den Reumütigen. Der große Teufel in der Hölle ist tot. Hurra für Gott!")

Hier noch eine weitere Serie:

„Suov ruop erètsym nu sruojuot tnores emêm srueisulp; erdnerpmoc ed simrep erocne sap tse suov en li uq snoitseuq sed ridnoforppa ruop tirpse'l sap retnemruot suov en. Liesnoc nob nu zeviuS."

„Sein Name ist eng mit dem Namen edrocsid ed tirpse'l siamaj euq verknüpft."

„Arevèlé suov ueid te serèrf sov imrap sreinred sel zeyos; évelé ares essiaba's iuq iulec éssiaba ares evèlé's iuq iulec."

Diese Sätze müssen rückwärts gelesen werden , beginnend am Ende. Jemand fragte: „Warum hast du das diktiert?" Die Antwort war:

„Um Ihnen neue und unerwartete Beweise zu liefern."

Rückwärts gelesen lauten diese russisch anmutenden Sätze wie folgt:

„Wer sich erhebt, wird sich erheben, wer sich erhebt; so werdet ihr die Letzten erheben, so werdet ihr eure Brüder und Gott erheben."

„Was den Zwietrachtgeist weckt, wird dich nicht überwältigen."

„Folgen Sie einem guten Rat. Lassen Sie sich nicht den Mut nehmen, Fragen zu beantworten, die Sie nicht mehr verstehen können. Außerdem bleiben selbst sie immer ein Rätsel für Sie."

(„Wer sich selbst erhöht, der wird erniedrigt werden; und wer sich selbst erniedrigt, der wird erhöht werden! Sei der Geringste unter deinen Brüdern, und Gott wird dich erhöhen."

„Lasst niemals zu, dass der Geist der Zwietracht unter euch herrscht."

„Folgen Sie guten Ratschlägen. Quälen Sie Ihren Geist nicht mit dem Versuch, Fragen zu ergründen, die Sie noch nicht verstehen dürfen: Einige davon werden Ihnen immer ein Rätsel bleiben.")

Hier ist noch eins anderer Art:

„Acmairsvnoouussevtoeussbaoinmsoentsfbiideenlteosuss."

„Sloeysepzruintissaeinndtieetuesnudrrvaosuessmaairlises."

Ich fragte nach der Bedeutung dieser bizarren und bedeutungsvollen Buchstabenansammlung. Die Antwort war:

„Um Ihre Zweifel zu überwinden, überspringen Sie beim Lesen jeden zweiten Buchstaben."

Diese Anordnung unter Verwendung der übersprungenen Buchstaben nacheinander für die zweite und vierte Zeile ergibt die folgenden vier Verse:

„Freunde, wir lieben euch alle, seid uns treu
und ergeben. Seid uns bei Gott: Lasst uns euren Heiligen Geist bewahren ."

(„Freunde, wir lieben euch alle, denn ihr seid gut und treu. Seid vereint in
Gott: Über euch wird der Heilige Geist seine Flügel ausbreiten.")

Das ist ganz unschuldig, und zwar ohne große poetische Ansprüche. Aber
man muss zugeben, dass diese Art des Diktierens ziemlich schwierig ist. [11]

Jemand sprach von menschlichen Plänen. Die Tabelle lautete wie folgt : [12]

„Wenn die strahlende Sonne die Sterne vertreibt, wisst ihr, oh Sterbliche, ob
ihr den Abend dieses Tages erleben werdet? Und wenn die düsteren
Vorhänge der Nacht vom Himmel fallen, könnt ihr sagen, ob ihr die
Morgendämmerung eines anderen Morgens erleben werdet?"

Eine andere Person fragte: „Was ist Glaube?"

„Glaube? Es ist ein gesegnetes Feld, das eine hervorragende Ernte
hervorbringt, und jeder Arbeiter kann darauf nach Herzenslust ernten und
einsammeln und seine Garben nach Hause tragen."

Hier sind drei Prosa-Diktate:

„Die Wissenschaft ist ein Wald, in dem einige Wege anlegen, in dem viele die
Orientierung verlieren und in dem alle sehen, wie die Grenzen des Waldes
genauso schnell verschwinden, wie sie vorwärts gehen."

„Gott erleuchtet die Welt nicht mit Blitzen und Meteoren. Er lenkt friedlich
die Sterne der Nacht auf ihren Bahnen, die den Himmel mit ihrem Licht
erfüllen. So folgen die göttlichen Offenbarungen einander in Ordnung,
Vernunft und Harmonie."

„Religion und Freundschaft sind Zwillingsgefährten, die uns helfen, den
schmerzhaften Weg des Lebens zu beschreiten."

Ich kann es mir nicht verkneifen, hier, am Ende dieses Kapitels, eine Fabel
einzufügen, die wie die anderen durch Tischklopfen diktiert und mir von M.
Joubert, Vizepräsident des Zivilgerichts von Carcassonne, zugesandt wurde.
[13] Der Sinn dieser Fabel mag von manchen in Frage gestellt werden; aber
ist der zentrale Grundsatz nicht auf alle Epochen und Regierungen
anwendbar: Gehören die „ *Ankömmlinge* " [14] nicht zu allen Zeiten?

DER KÖNIG UND DER BAUER

Ein König, der die öffentlichen Freiheiten entweiht hatte, der zwanzig Jahre
lang seinen Durst mit dem Blut von Ketzern gestillt hatte; der in seinen
letzten Tagen auf den ruhigen Frieden des Henkers wartete; hinfällig,
übersättigt von ehebrecherischen Liebschaften; dieser König, dieses

hochmütige Ungeheuer, aus dem sie einen großen Mann gemacht hatten – kurz Ludwig der Vierzehnte, wenn ich ihn nennen darf – ließ eines Tages unter den blätterbedeckten Bögen seiner riesigen Gärten seinen Scarron, seine Schande und seine Probleme vor sich hin. Die edle Schar der Hoflakaien kam vorbei. Jeder von ihnen verlor auf einmal mindestens 15 cm seiner Größe. Pagen, Grafen, Marquisen, Herzöge, Prinzen, Marschälle, Minister verneigten sich tief vor beleidigenden Rivalen, den Geschöpfen des Königs. Ernste Beamte erwiesen ihm ihre tiefste Verehrung, jeder demütiger als ein Freier, der um eine Audienz bittet. Es war schön zu sehen, wie die Bänder, Kreuze und Verzierungen auf ihren bestickten Mänteln immer wieder nach hinten wanderten. Immer und immer dieses unwürdige Verbeugen und Kratzen und Kriechen. Ich möchte eines Morgens einen Kaiser wecken, um mit meiner Peitsche das Rückgrat eines Schmeichlers zu stechen. Aber siehe! Allein, dem Despoten gegenübertretend, doch ohne das Haupt zu demütigen, langsam seinen eigenen Weg gehend, bescheiden, in grobe, selbstgesponnene Gewänder gekleidet, kommt einer, der wie ein Bauer aussieht, vielleicht ein Philosoph, und geht an den Gruppen der unverschämten Höflinge vorbei. „Oh", ruft der König in großer Überraschung, „warum treten Sie mir allein gegenüber, ohne das Knie zu beugen?" „Sire", sagte der Unbekannte, „muss ich offen sein? Es ist so, weil ich allein hier nichts von Ihnen erwarte."

Wenn wir uns einmal überlegen, wie diese Sätze und Wendungen und die verschiedenen literarischen Stücke Buchstabe für Buchstabe, Schlag für Schlag, dem vorgelesenen Alphabet folgend, entstanden sind, wird uns klar, wie schwierig die Sache ist. Die Schläge erfolgen entweder im Inneren des Holzes des Tisches (dessen Vibrationen spürbar sind) oder in einem anderen Möbelstück oder sogar in der Luft. Der Tisch ist, wie ich bereits sagte, lebendig, erfüllt von einer Art momentaner Vitalität. Melodien bekannter Lieder, Säge- und Werkstattgeräusche und das Knallen von Gewehrschüssen sind von ihm zu hören. Manchmal wird er so leicht, dass er einen Augenblick in der Luft schwebt, dann wieder so schwer, dass zwei Männer ihn kaum vom Boden heben oder irgendwie bewegen können. Sie müssen sich von all diesen Erscheinungen ein klares Bild machen – sie sind zweifellos oft kindisch, manchmal vulgär und grotesk, aber dennoch auffallend in ihrer Wirkungsweise –, wenn Sie die Phänomene genau verstehen und erkennen möchten, dass Sie es mit einem unbekannten Element zu tun haben, das sich durch Gaukelei und Taschenspielertricks nicht erklären lässt.

Manche Leute können ihre Zehen einzeln bewegen und die Gelenke knacken lassen. Wenn wir annehmen würden, dass die Diktate durch Buchstabenkombinationen (siehe oben) im Voraus arrangiert, auswendig gelernt und so geklopft wurden, wäre die Sache ganz einfach. Aber diese besondere Fähigkeit ist sehr selten und erklärt nicht die Geräusche im Tisch, deren Vibrationen mit den Händen zu spüren sind. Man könnte sich auch vorstellen, dass das Medium mit dem Fuß auf die Tischbeine klopft und so beliebige Sätze bildet. Aber das Medium müsste ein wunderbares Gedächtnis haben, um sich die genaue Buchstabenanordnung merken zu können (da es kein Memorandum vor sich hat), und außerdem wurden diese merkwürdigen Diktate in ausgewählten Unternehmen, in denen niemand betrügen würde, genauso gesichert.

Was die Theorie betrifft, dass die Geister bedeutender Männer mit den Experimentatoren in Verbindung stehen, so zeigt die bloße Formulierung dieser Hypothese ihre Absurdität. Stellen Sie sich einen Tischklopfer vor, der aus der unendlichen Tiefe die Geister von Paulus oder Augustinus, Archimedes oder Newton, Pythagoras oder Kopernikus, Leonardo da Vinci oder William Herschel heraufbeschwört und ihre Diktate aus dem Inneren eines Tisches empfängt!

Wir sprachen vor einigen Seiten über die Séance-Zeichnungen und Beschreibungen des Jupiters, die Victorien Sardou angefertigt hatte. Hier ist der richtige Ort, um einen Brief einzufügen, den er an M. Jules Claretie schrieb und der von diesem in *Le Temps zu dem Zeitpunkt veröffentlicht wurde, als dieser gelehrte Akademiker sein Drama Spiritisme* auf die Bühne brachte . Der Brief ist hier angehängt:

... Was den Spiritismus betrifft, könnte ich Ihnen besser in drei Worten sagen, was ich davon halte, als hier auf drei Seiten. Sie haben halb Recht und halb Unrecht. Verzeihen Sie meine Redefreiheit. Es gibt zwei Dinge im Spiritismus: (1) merkwürdige Fakten, die nach dem gegenwärtigen Stand unseres Wissens unerklärlich und dennoch beglaubigt sind; und (2) die Leute, die sie erklären.

Die Tatsachen sind wahr. Diejenigen, die sie erklären, gehören drei Kategorien an: Erstens gibt es Spiritisten, die schwachsinnig, unwissend oder verrückt sind, die Kerle, die Epaminondas anrufen und über die Sie sich zu Recht lustig machen, oder die an die Einmischung des Teufels glauben; kurz gesagt, diejenigen, die in der Irrenanstalt in Charenton enden.

Zweitens gibt es die Scharlatane, angefangen mit D.; Betrüger aller Art, Propheten, Medienkonsultationen wie AK und *tutti quanti* .

Schließlich gibt es die Gelehrten und Wissenschaftler, die glauben, alles durch Gaukeleien, Halluzinationen und unbewusste Bewegungen erklären zu können, Männer wie Chevreul und Faraday, die zwar mit einigen der ihnen beschriebenen Phänomene recht haben, die tatsächlich Gaukeleien oder Halluzinationen sind, sich aber mit einer ganzen Reihe ursprünglicher Tatsachen irren, die sie sich nicht näher anschauen wollen, obwohl sie sehr wichtig sind. Diese Männer sind schwer zu tadeln; denn durch ihr Plädoyer gegen ernsthafte Forscher (wie z. B. Gasparin) und ihre unzureichenden Erklärungen haben sie den Spiritismus Scharlatanen aller Art zur Ausbeutung überlassen und gleichzeitig ernsthaften Amateuren die Befugnis erteilt, ihre Zeit nicht mehr mit diesen Studien zu verschwenden.

Schließlich gibt es Beobachter wie mich (und davon gibt es nicht viele), die von Natur aus ungläubig sind, die aber auf lange Sicht zugeben mussten, dass sich der Spiritualismus mit Tatsachen befasst, die sich jeder *gegenwärtigen* wissenschaftlichen Erklärung entziehen, die aber nicht die Hoffnung aufgeben, dass sie eines Tages erklärt werden, und die sich daher dem Studium der Tatsachen widmen und versuchen, sie auf eine Art Klassifizierung zu reduzieren, die sich später als Gesetz erweisen könnte. Wir von dieser Überzeugung halten uns von jeder Clique, von jeder Clique, von allen Propheten fern und sind zufrieden mit den Überzeugungen, zu denen wir bereits gelangt sind, und geben uns damit zufrieden, im Spiritualismus die Morgendämmerung einer noch sehr dunklen Wahrheit zu sehen, die eines Tages ihren Ampère finden wird, wie es die magnetischen Ströme taten, und die es bedauern, diese Wahrheit von einem doppelten Feind aus der Existenz erstickt zu sehen: dem Übermaß an leichtgläubiger Unwissenheit, die alles glaubt, und dem Übermaß an ungläubiger Wissenschaft, die nichts glaubt.

In unserer Überzeugung und unserem Gewissen finden wir die Mittel, dem kleinlichen Martyrium der Lächerlichkeit zu trotzen, das uns wegen unseres Glaubens, zu dem wir uns bekennen, auferlegt wird, eines Glaubens, der durch die Masse der Torheiten, die die Leute uns ständig zuschreiben, übertrieben und karikiert wird, und wir sind auch nicht der Meinung, dass der Mythos, in den sie uns kleiden, auch nur die Ehre einer Widerlegung verdient.

Ebenso wenig habe ich den Wunsch verspürt, irgendjemandem zu beweisen, dass in meinen Stücken der Einfluss von Molière oder Beaumarchais nicht zu erkennen ist. Mir scheint, das ist mehr als offensichtlich.

Was die Wohnstätten des Planeten Jupiter betrifft, so muss ich die guten Leute, die annehmen, ich sei von der wirklichen Existenz dieser Dinge überzeugt, fragen, ob sie auch wirklich davon überzeugt sind, dass Gulliver an „Lilliput", [15] Campanella an den „Sonnenstaat" und Sir Thomas More an seine „Utopia" glaubten.

Was jedoch stimmt, ist, dass der Entwurf, von dem Sie sprechen [Pl. III .], in weniger als zehn Stunden erstellt wurde. Was seinen Ursprung betrifft, würde ich keinen Penny dafür geben, das zu erfahren; aber die Tatsache seiner Herstellung ist eine andere Sache.

V. SARDOU.

Es vergeht kaum ein Jahr, in dem mir Medien keine Zeichnungen von Pflanzen und Tieren auf dem Mond, dem Mars, der Venus, dem Jupiter oder bestimmten Sternen bringen. Diese Zeichnungen sind mehr oder weniger hübsch und mehr oder weniger merkwürdig. Aber nichts an ihnen lässt uns ihre tatsächliche Ähnlichkeit mit realen Dingen in anderen Welten zugeben. Im Gegenteil, alles beweist, dass sie Produkte der Fantasie sind, im Wesentlichen irdisch, sowohl in Aussehen als auch Form, und nicht einmal das abdecken, was wir als die lebenswichtigen Möglichkeiten dieser Welten kennen. Die Schöpfer dieser Zeichnungen sind Opfer der Illusion. Diese Pflanzen und Tiere sind Metamorphosen (manchmal elegant konzipiert und gezeichnet) irdischer Organismen. Das vielleicht Merkwürdigste von allem ist, dass sie in der Art ihrer Ausführung eine gewisse Ähnlichkeit aufweisen und auf die eine oder andere Weise das mediale Gütesiegel tragen.

Um auf meine eigenen Erfahrungen zurückzukommen. Als ich die Rolle des Schreibmediums übernahm, verfasste ich im Allgemeinen astronomische oder philosophische Dissertationen mit der Unterschrift „Galileo". Ich werde nur eine davon als Beispiel zitieren. Sie stammt aus meinen Notizbüchern von 1862.

WISSENSCHAFT.

Der menschliche Verstand hat das unendliche Universum von Raum und Zeit in seiner Macht; er ist in das unzugängliche Reich der Vergangenheit eingedrungen, hat das Geheimnis des unergründlichen Himmels ergründet und glaubt, das Rätsel des Universums gelöst zu haben. Die objektive Welt hat vor den Augen der Wissenschaft ihr herrliches Panorama und ihren prachtvollen Formenreichtum entrollt. Die Studien des Menschen haben ihn zur Erkenntnis der Wahrheit geführt; er hat das Universum erforscht, die unerbittliche Herrschaft der Gesetze und die Anwendung der Kräfte entdeckt, die alle Dinge aufrechterhalten. Wenn es ihm auch nicht gestattet war, der Ersten Ursache von Angesicht zu Angesicht gegenüberzustehen, so hat er doch zumindest eine wahre mathematische Vorstellung von der Reihe der sekundären Ursachen erlangt.

Im letzten Jahrhundert wurde vor allem die experimentelle *a priori* -Methode, die einzig wirklich wissenschaftliche, in den Naturwissenschaften in die Praxis umgesetzt. Mit ihrer Hilfe konnte sich der Mensch nach und nach von den Vorurteilen der alten Denkschule und von subjektiven oder spekulativen Theorien befreien und sich auf ein sorgfältiges und intelligentes Studium des Beobachtungsfeldes beschränken.

Ja, die menschliche Wissenschaft ist fest verankert und voller Möglichkeiten. Sie verdient unsere Ehrerbietung für ihre schwierige und langwierige Vergangenheit, verdient unsere Sympathie für ihre Zukunft, die voller Versprechen nützlicher und gewinnbringender Entdeckungen steckt. Denn die Natur soll künftig ein Buch sein, das den bibliographischen Recherchen der Gelehrten zugänglich ist, eine Welt, die den Untersuchungen des Denkers offen steht, ein fruchtbares Gebiet, das der menschliche Geist bereits erkundet hat und in das wir mutig vordringen müssen, wobei wir die Erfahrung als Kompass in der Hand halten ...

Ein alter Freund aus meinem Erdenleben sprach kürzlich wie folgt zu mir. Eine unserer Wanderungen hatte uns zur Erde zurückgebracht, und wir beschäftigten uns mit einer neuen moralischen Studie dieser Welt. Mein Begleiter bemerkte, dass der Mensch heute mit den abstraktesten Gesetzen der Mechanik, Physik, Chemie vertraut ist, ... dass die Anwendung von Wissen in der Industrie nicht weniger bemerkenswert ist als die Schlussfolgerungen der reinen Wissenschaft, und dass es so scheint, als ob das gesamte Universum, das der Mensch weise studiert, sein königliches Apanage sein sollte. Als wir unsere Reise über die Grenzen dieser Welt hinaus fortsetzten, antwortete ich ihm folgendermaßen:

„Ein schwaches Atom, das sich in einem unmerklichen Punkt des Unendlichen verliert, hat der Mensch geglaubt, er könne mit seinem Blick die ganze Weite des Universums erfassen, während er kaum über die Region hinauskommt, in der er lebt; er hat geglaubt, er könne die Gesetze der gesamten Natur studieren, und seine Untersuchungen haben kaum die Kräfte erreicht, die um ihn herum wirken; er hat geglaubt, er könne die Größe des Sternenhimmels bestimmen, und er hat seine Kräfte beim Studium eines Staubkorns erschöpft. Das Feld seiner Forschungen ist so klein, dass der Geist, wenn es einmal aus dem Blickfeld verschwunden ist, vergeblich versucht, es wiederzufinden; der menschliche Himmel und die Erde sind so klein, dass die Seele auf ihrem Flug kaum Zeit hatte, ihre Flügel auszubreiten, bevor sie die letzten Regionen erreicht hat, die der menschlichen Beobachtung zugänglich sind; denn das unermessliche Universum umgibt uns von allen Seiten, entfaltet jenseits der Grenzen unseres Himmels seine unbekannten Reichtümer, setzt seine unvorstellbaren Kräfte ein und streckt sich in der Pracht seines Lebens in die Unermesslichkeit.

„Und der bloße Fleischwurm, die elende Milbe, blind und flügellos, die ihr jämmerliches Dasein auf dem Blatt verbringt, auf dem sie geboren wurde, würde sich anmaßen (weil sie wahrlich einige Schritte auf diesem im Wind geschüttelten Blatt zurückgelegt hat), das Recht zu haben, von dem riesigen Baum zu sprechen, zu dem sie gehört, von dem Wald, zu dem dieser Baum gehört , und weise über die Natur der Vegetation zu sprechen, die sich darauf entwickelt, über die Wesen, die ihn bewohnen, über die ferne Sonne, deren Strahlen ihm Bewegung und Leben verleihen? In Wahrheit ist der Mensch seltsam anmaßend, wenn er unendliche Größe mit dem Maßstab seiner unendlichen Kleinheit messen will.

„Deshalb sei diese Wahrheit in seinem Geist tief verankert: Wenn die dürren Arbeiten vergangener Zeiten ihm ein grundlegendes Wissen über die Dinge vermittelt haben, wenn der Fortschritt des Denkens ihn an die Schwelle des Wissens gebracht hat, so hat er dennoch nicht mehr als die erste Seite des Buches verstanden, und wie ein Kind, das von jedem Wort getäuscht werden kann, sollte er sich, weit davon entfernt, das Recht zu beanspruchen, das Werk maßgebend zu interpretieren, damit begnügen, es demütig Seite für Seite, Zeile für Zeile zu studieren. Glücklich jedoch diejenigen, die dazu in der Lage sind!"

GALILEO.

Das waren meine üblichen Gedanken. Es sind die Gedanken eines neunzehn- oder zwanzigjährigen Studenten, der sich das Denken angewöhnt hat. Es besteht kein Zweifel, dass sie ganz und gar das Produkt meines eigenen Verstandes waren und dass der berühmte Florentiner Astronom überhaupt nichts damit zu tun hatte. Außerdem wäre dies eine höchst unwahrscheinliche Zusammenarbeit gewesen.

Dasselbe gilt für alle Mitteilungen der astronomischen Klasse: Sie haben die Wissenschaft keinen einzigen Schritt weitergebracht. Auch wurde kein dunkler, geheimnisvoller oder trügerischer Punkt der Geschichte durch die Geister aufgeklärt. Wir schreiben nur, was wir wissen, und selbst der Zufall hat uns nichts gegeben. Dennoch müssen gewisse unerklärte Gedankenübertragungen diskutiert werden. Aber sie gehören in die psychologische oder menschliche Sphäre.

Um sofort auf die Einwände zu antworten, die mir gewisse Spiritisten hinsichtlich dieses Ergebnisses meiner Beobachtungen vorgetragen haben, will ich als Beispiel den Fall der Uranussatelliten nehmen, da dieser als wichtigster immer als Beweis *für wissenschaftliche Entdeckungen von Geistern angeführt wird. Darüber hinaus erhielt ich vor mehreren Jahren aus verschiedenen Quellen eine dringende Einladung, einen Artikel von General Drayson zu untersuchen, der 1884 in der Zeitschrift Light unter dem Titel Die Lösung wissenschaftlicher Probleme durch Geister* erschienen ist und in dem behauptet wird, die Geister hätten die wahre Umlaufbewegung der Uranussatelliten bekannt gemacht. Dringende Verpflichtungen hatten mich immer daran gehindert, diese Untersuchung vorzunehmen; da der Fall aber kürzlich in mehreren spiritistischen Werken als entscheidend dargestellt wurde und ich so beharrlich gedrängt werde, ihn zu diskutieren, glaube ich, dass es sich als einigermaßen nützlich erweisen wird, wenn ich den Fall jetzt untersuche.

Zu meinem großen Bedauern ist in ihrer Mitteilung ein Fehler enthalten, und die Geister haben uns nichts gelehrt. Hier ist ein Beispiel, das fälschlicherweise als Demonstration ausgewählt wurde. Der russische

Schriftsteller Aksakof legt es folgendermaßen dar (*Animismus und Spiritualismus* , S. 341):

Der Fall, über den wir hier berichten werden, scheint von der Art zu sein, dass er alle Einwände ausräumt. Er wurde von Generalmajor AW Drayson übermittelt und unter dem Titel *Die Lösung wissenschaftlicher Probleme durch Geister veröffentlicht* . Ich füge eine Übersetzung bei:

„Nachdem ich von M. Georges Stock einen Brief erhalten habe, in dem er mich fragte, ob ich erwähnen dürfe, und sei es nur als Beispiel, dass während einer Séance ein Geist eines jener wissenschaftlichen Probleme gelöst habe, die Wissenschaftler schon immer in Verlegenheit gebracht haben, habe ich die Ehre, Ihnen den folgenden Umstand mitzuteilen, den ich mit eigenen Augen gesehen habe:

„1781 entdeckte Wilhelm Herschel den Planeten Uranus und seine Satelliten. Er beobachtete, dass diese Satelliten im Gegensatz zu allen anderen Satelliten des Sonnensystems ihre Umlaufbahnen von Ost nach West durchquerten. Sir John Herschel sagt in seinen *Outlines of Astronomy* :

„‚Die Umlaufbahnen dieser Satelliten weisen völlig unerwartete und außergewöhnliche Besonderheiten auf, die im Widerspruch zu den allgemeinen Gesetzen stehen, die für die anderen Körper des Sonnensystems gelten. Die Ebenen ihrer Umlaufbahnen stehen nahezu senkrecht auf der Ekliptik und bilden einen Winkel von 70° 58' [16] , und sie bewegen sich retrograd, d. h. ihre Umdrehung um den Mittelpunkt ihres Planeten erfolgt von Ost nach West, anstatt der umgekehrten Richtung zu folgen.'

„Als Laplace seine Theorie vorbrachte, dass die Sonne und alle Planeten auf Kosten einer nebulösen Materie entstanden seien, waren diese Satelliten für ihn ein Rätsel.

„Admiral Smyth erwähnt in seinem *Celestial Cycle* , dass die Bewegung dieser Satelliten zum Erstaunen aller Astronomen retrograd ist, im Gegensatz zu der aller anderen bis dahin beobachteten Körper.

„Alle vor 1860 veröffentlichten astronomischen Werke enthalten die gleiche Argumentation zum Thema der Satelliten des Uranus. Ich für meinen Teil habe keine Erklärung für diese Besonderheit gefunden: Für mich war sie ebenso ein Rätsel wie für die Autoren, die ich zitiert habe.

„Im Jahr 1858 hatte ich eine Dame zu Gast in meinem Haus, die ein Medium war, und wir veranstalteten täglich Sitzungen. Eines Abends sagte sie mir, sie habe an meiner Seite einen Geist gesehen, der behauptete, während seines Erdenlebens Astronom gewesen zu sein.

„Ich fragte diesen Menschen, ob er jetzt weiser sei als zu der Zeit, als er auf der Erde lebte. ‚Viel weiser', sagte er. Ich hatte die Idee, diesem sogenannten

Geist eine Frage zu stellen, deren Zweck es war, sein Wissen zu testen. ‚Können Sie mir sagen‘, fragte ich ihn, ‚warum die Satelliten des Uranus ihre Umlaufbahn von Ost nach West und nicht von West nach Ost machen?‘ Ich erhielt sofort folgende Antwort:

„Die Satelliten des Uranus bewegen sich auf ihren Bahnen nicht von Ost nach West: Sie umkreisen ihren Planeten von West nach Ost, so wie sich der Mond um die Erde bewegt. Der Fehler rührt daher, dass der Südpol des Uranus zum Zeitpunkt der Entdeckung dieses Planeten der Erde zugewandt war. So wie die Sonne, von unserer südlichen Hemisphäre aus gesehen, ihren täglichen Lauf von rechts nach links und nicht von links nach rechts zu vollführen scheint, so bewegten sich auch die Satelliten des Uranus zu dieser Zeit von links nach rechts, obwohl dies nicht bedeutet, dass sie sich auf ihrer Bahn von Ost nach West bewegten.“

„Als Antwort auf eine andere Frage, die ich stellte, fügte mein Gesprächspartner hinzu: ‚Solange der Südpol des Uranus in Bezug auf einen irdischen Beobachter der Erde zugewandt war, schienen sich die Satelliten von links nach rechts zu bewegen, und daraus wurde fälschlicherweise geschlossen, dass sie sich von Ost nach West bewegten: Dieser Zustand hielt etwa 42 Jahre lang an. Wenn der Nordpol des Uranus der Erde zugewandt ist, verlaufen seine Satelliten von rechts nach links, aber in beiden Fällen immer von West nach Ost.‘

„Ich fragte ihn daraufhin, wie es dazu kommen konnte, dass der Fehler 42 Jahre nach Wilhelm Herschels Entdeckung des Uranus noch nicht entdeckt wurde. Er antwortete: ‚Das liegt daran, dass die Leute das wiederholen, was ihre Vorgänger gesagt haben. Geblendet von den Ergebnissen ihrer Vorgänger machen sie sich nicht die Mühe, nachzudenken.‘“

Dies ist die „Offenbarung“ eines Geistes über das System des Uranus, die von Drayson veröffentlicht und von Aksakof und anderen Autoren als unwiderlegbarer Beweis für das Eingreifen eines Geistes bei der Lösung dieses Problems präsentiert wurde.

Das Folgende ist das Ergebnis einer unvoreingenommenen Diskussion dieses sehr interessanten Themas. Die Argumentation des „Geistes“ ist falsch. Das System des Uranus steht fast senkrecht auf der Ebene seiner Umlaufbahn. Es ist das genaue Gegenteil des Systems der Satelliten des Jupiters, die sich fast in der Ebene ihrer Umlaufbahn drehen. Die Neigung der Ebene der Satelliten zur Ekliptik beträgt 98°, und der Planet steigt fast in der Ebene der Ekliptik auf. Dies ist eine grundlegende Überlegung in dem Bild, das wir uns vom Aussehen dieses Systems von der Erde aus machen sollten.

Nehmen wir jedoch für die Bewegungsmethode dieser Satelliten um ihren Planeten die Projektion auf die Ebene der Ekliptik an, wie es schon immer üblich war. Der Autor behauptet, dass „wenn der Nordpol des Uranus der Erde zugewandt ist, seine Satelliten ihren Lauf von rechts nach links nehmen, das heißt von Westen nach Osten"; er bestätigt die Mitteilung des Geistes dahingehend, dass die Astronomen im Irrtum sind und dass die Satelliten des Uranus ihren Planeten tatsächlich von Westen nach Osten umkreisen, so wie der Mond um die Erde kreist.

Um uns ein genaues Bild von der Position und der Bewegungsmethode dieses Systems zu machen, wollen wir eine spezielle geometrische Figur konstruieren, die klar und präzise ist. Wir wollen auf einer Ebene das Aussehen der Umlaufbahn des Uranus und seiner Satelliten darstellen, wie sie von der nördlichen Hemisphäre der Himmelskugel aus gesehen werden (Abb. A). Der Teil der Umlaufbahn der Satelliten oberhalb der Ebene der Umlaufbahn des Uranus wurde mit dicken Linien und Schraffuren gezeichnet, der untere Teil nur mit gepunkteten Linien.

Anhand der Pfeilrichtung ist leicht zu erkennen, dass die Umlaufbahn der Satelliten, projiziert auf die Umlaufbahnebene, vollständig rückläufig ist. Alle gegenteiligen dogmatischen Behauptungen sind absolut falsch.

Diese Satelliten drehen sich wie die Zeiger einer Uhr – von links nach rechts, wenn man auf den oberen Teil der Kreise blickt.

Der Irrtum von General Draysons Medium besteht darin, dass sie behauptete, der Südpol des Uranus sei uns zum Zeitpunkt seiner Entdeckung zugewandt gewesen. Nun, im Jahr 1781 nahm das System des Uranus für uns nahezu dieselbe Position ein wie im Jahr 1862, da seine Umlaufzeit 84 Jahre beträgt. Aus der Abbildung geht hervor, dass der Planet uns zu diesem Zeitpunkt den Pol zeigte, der am höchsten über der Ekliptik lag, nämlich seinen Nordpol.

General Drayson ließ sich in die Irre führen, als er diese paradoxen Prämissen ohne Überprüfung annahm. Tatsächlich wäre die Bewegung der Satelliten direkt gewesen, wenn uns Uranus 1781 seinen Südpol gezeigt hätte. Aber die Beobachtungen des Positionswinkels der Umlaufbahnen zum Zeitpunkt ihres Durchgangs durch die Knoten liefern uns reichlich Beweise dafür, dass es in Wirklichkeit der Nordpol war, der in diesem Moment der Sonne und der Erde zugewandt war – eine Tatsache, die eine direkte Bewegung unmöglich, eine retrograde Bewegung hingegen sicher macht.

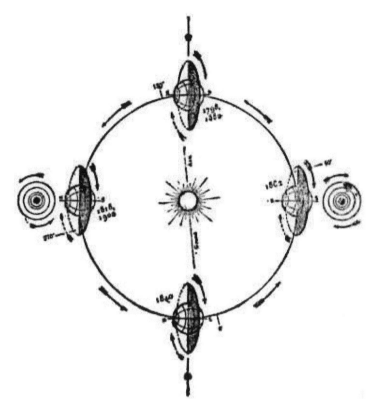

Abb. 1: Die Neigung des Uranussystems.
Aspekte von der Erde aus gesehen an den vier Extrempositionen.

Der besseren Übersicht halber habe ich in Abb. 1 außerhalb der Umlaufbahn das Aussehen des Uranussystems von der Erde aus gesehen in den vier Hauptepochen der Umdrehung dieses fernen Planeten platziert. Es ist offensichtlich, dass die scheinbare Umlaufbahn 1781 und 1862 der der Zeiger einer Uhr ähnelte, 1818 und 1902 war sie umgekehrt. Zu diesen Zeitpunkten sind die scheinbaren Umlaufbahnen der Satelliten fast Kreise, während sie beim Durchgang der Knoten 1798, 1840 und 1882 auf gerade Linien reduziert sind.

Abbildung 1a vervollständigt diese Daten, indem sie die Ausrichtung der Umlaufbahnen und die Rotationsmethode für alle Positionen des Planeten, sogar bis hinunter zu unserer eigenen Epoche, darstellt.

Ich wollte diese etwas technische Frage vollständig klären. *Zu meinem großen Bedauern* haben uns die Geister nichts gelehrt, und dieses Beispiel, dem so viel Bedeutung beigemessen wird, erweist sich als Irrtum. [17]

Aksakof erwähnt in diesem Kapitel (S. 343) die Entdeckung der beiden Marssatelliten, die Drayson ebenfalls 1859 durch ein Medium machte, also 18 Jahre vor ihrer Entdeckung im Jahr 1877. Da diese Entdeckung damals nicht veröffentlicht wurde, bleibt sie zweifelhaft. Außerdem wurde das Thema der beiden Marssatelliten, nachdem Kepler auf die Wahrscheinlichkeit hingewiesen hatte, mehrmals diskutiert, insbesondere von Swift und Voltaire (siehe mein Buch *Popular Astronomy*, S. 501). Dies ist also kein unbestreitbares Beispiel für eine Entdeckung durch Geister.

Die unmittelbar vorangegangenen Beispiele sind Tatsachen, die tatsächlich bei spiritistischen Sitzungen beobachtet wurden. Ich werde sie nicht in einer Verallgemeinerung behandeln, die ihrem eigentlichen Kontext fremd wäre. Sie beweisen nicht, dass Denker, Dichter, Träumer, Forscher unter bestimmten Umständen nicht durch Einflüsse inspiriert werden können, die von anderen, von geliebten Menschen, von verstorbenen Freunden ausgehen. Das ist eine andere Frage, ein Thema, das ganz unabhängig ist von den Experimenten, über die wir in diesem Buch berichten.

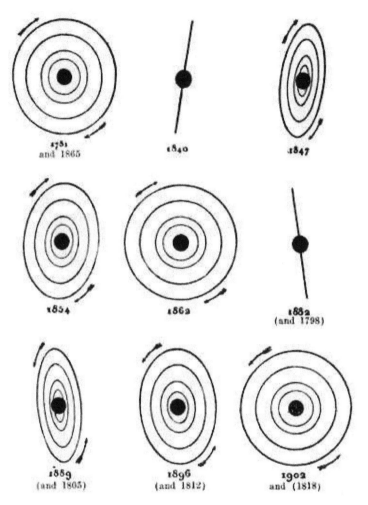

Abb. 1a. – Umlaufbahnen der Satelliten des Uranus aus der Sicht der Erde zu verschiedenen Zeitpunkten seit ihrer Entdeckung (1781).

Derselbe Autor, der sonst sehr umsichtig ist, führt mehrere Beispiele von Fremdsprachen an, die von Medien gesprochen wurden. Ich konnte sie nicht verifizieren und bin gebeten worden, hier nichts zu sagen, dessen ich mir nicht absolut sicher bin.

Meinen persönlichen Beobachtungen zufolge bringen uns diese Experimente ständig in die Gegenwart unserer selbst, unseres eigenen Geistes. Ich könnte tausend Beispiele dafür anführen.

Eines Tages erhielt ich einen „Aerolith", den ich in einem Wald in der Umgebung von Etrepagny (Eure) entdeckt hatte. Frau JL, die ihn mir freundlicherweise zuschickte, fügte hinzu, sie habe einen Geist zu dessen Herkunft befragt und dieser habe ihr geantwortet, er stamme von einem Stern namens Golda. Nun gibt es erstens keinen Stern dieses Namens, und zweitens ist dies überhaupt kein Aerolith, sondern ein Stück Schlacke aus einer alten Schmiede. (Siehe Abschnitt 662 meiner Untersuchung von 1899. Der erste dieser Abschnitte, der sich auf Telepathie bezieht, wurde in meinem Werk *Das Unbekannte veröffentlicht*.)

Eine Leserin schrieb mir aus Montpellier:

Ihre Schlussfolgerungen würden vielleicht das Ansehen des Spiritismus in den Augen mancher Leute schmälern. Aber da Ansehen Aberglauben erzeugen kann, ist es gut, die Sache aufzuklären. Was ich für meinen Teil halte, stimmt das, was Sie beobachtet haben, mit dem überein, was ich selbst beobachtet habe. Dies ist die Methode, die ich mit Hilfe eines Freundes angewandt habe:

Ich nahm ein Buch und als ich es aufschlug, merkte ich mir die Nummer der rechten Seite. Angenommen, es war die 132. Dann sagte ich zu dem Tisch, der durch das kleine Manöver, das normalerweise angewandt wird, in Bewegung versetzt worden war: „Möchte ein Geist etwas mitteilen?"

Antwort: „Ja."

Frage: „Sehen Sie das Buch, das ich mir gerade angesehen habe?"

Antwort: „Ja."

„Wie viele Zahlen gibt es auf der Seite, die ich mir angesehen habe?"

"Drei."

"Geben Sie die Hunderterzahl an."

"Eins."

"Geben Sie den Wert der Zehner an."

"Drei."

"Geben Sie den Wert der Einheiten an."

"Zwei."

Die in diesen Abrechnungen angegebenen Beträge betragen natürlich 132. Es war bezaubernd.

Dann nahm ich das geschlossene Buch, schob, ohne es zu öffnen, den Brieföffner zwischen die Seiten und nahm das Gespräch wieder auf. Das Ergebnis dieser letzten Methode war jedoch stets ungenau.

Ich habe dieses kleine (jedenfalls merkwürdige) Erlebnis oft wiederholt und jedes Mal erhielt ich genaue Antworten, wenn ich sie kannte, und ungenaue, wenn ich sie nicht kannte. (Abschnitt 657 meiner Untersuchung.)

bis ins Unendliche vervielfältigen. Alles lässt uns glauben, dass wir die Akteure dieser Experimente sind. Aber es ist nicht so einfach, wie man annehmen könnte, und es steckt noch etwas anderes dahinter als wir selbst. Es geschehen gewisse unerklärliche Dinge.

In seinem bemerkenswerten Werk „ *Intelligence* " erklärt Taine spiritistische Kommunikation durch eine Art unbewusste Verdoppelung unseres Geistes, wie ich oben sagte.

Je einzigartiger eine Tatsache ist [schreibt er [18]], desto lehrreicher ist sie. In dieser Hinsicht weisen spiritistische Manifestationen selbst den Weg zu Entdeckungen, indem sie uns die Koexistenz zweier Gedanken, zweier Willen, zweier unterschiedlicher Handlungen im selben Moment in demselben Individuum zeigen, die eine bewusst, die andere unbewusst; letztere schreibt er unsichtbaren Wesen zu. Das Gehirn ist also ein Theater, auf dessen Bühne mehrere Stücke gleichzeitig auf mehreren Ebenen gespielt werden, von denen nur eine nicht unterbewusst ist. Nichts ist des Studiums würdiger als diese Pluralität des *Ichs* . Ich habe eine Person gesehen, die beim Sprechen oder Singen, ohne auf das Papier zu achten, aufeinanderfolgende Sätze und sogar ganze Seiten schreibt, ohne zu wissen, was sie schreibt. In meinen Augen ist ihre Aufrichtigkeit vollkommen. Jetzt erklärt sie, dass sie am Ende einer Seite keine Ahnung hat, was sie auf das Papier geschrieben hat. Wenn sie es liest, ist sie erstaunt, manchmal beunruhigt. Die Handschrift unterscheidet sich von ihrer gewöhnlichen Handschrift. Die Bewegung der Finger und des Bleistifts ist steif und scheint automatisch. Das Geschriebene endet immer mit der Unterschrift eines Verstorbenen und trägt die Handschrift intimer Gedanken, eines geheimen und inneren Ideenvorrats, den der Autor nicht preisgeben möchte. Sicherlich gibt es hier Beweise für eine Verdoppelung des *Ichs* , für die Koexistenz zweier paralleler und unabhängiger Gedankengänge, zweier Handlungszentren oder, wenn Sie so wollen, für zwei moralische Personen, die im selben Gehirn existieren, von denen jede ihre Arbeit tut und jede eine andere, die eine auf der Bühne und die andere hinter den Kulissen, wobei die zweite so vollständig ist wie die erste, da sie allein und ohne das Wissen der anderen aufeinanderfolgende Ideen konstruiert und zusammenhängende Sätze bildet, an denen die andere keinen Anteil hat.

Diese Hypothese ist im Lichte zahlreicher Beobachtungen des doppelten Bewusstseins zulässig. [19]

Sie ist auf viele Fälle anwendbar, aber nicht auf alle. Sie erklärt das automatische Schreiben. Aber so wie sie ist, muss man sie beträchtlich dehnen, um sie das Klopfen erklären zu lassen (denn wer klopft denn?), und sie erklärt überhaupt nicht das Schweben des Tisches, noch die Verschiebung von Gegenständen, von denen ich im ersten Kapitel gesprochen habe, und ich sehe nicht recht, wie sie auch nur rückwärts geklopfte Sätze oder die seltsamen Kombinationen erklären soll, die oben beschrieben wurden. Diese Hypothese wird von Dr. Pierre Janet in seinem Werk *Psychological Automatism in noch uneingeschränkterer Weise zugelassen und entwickelt* . Dieser Autor ist einer von denen, die einen engen Kreis der Beobachtung und des Studiums geschaffen haben und die nicht nur nie aus diesem Kreis herauskommen, sondern sich einbilden, das ganze Universum in ihrem Kreis zu haben. Wenn man diese Art von Argumentation durchgeht, denkt man unwillkürlich an den alten Streit der zwei runden Augen, die alles rund sahen, und der zwei quadratischen Augen, die alles quadratisch sahen, und an die Geschichte der Big-Endians und der Little-Endians in *Gullivers Reisen* . Eine Hypothese verdient Aufmerksamkeit, wenn sie etwas erklärt. Ihr Wert steigt nicht durch den Versuch, sie zu verallgemeinern und alles erklären zu lassen: Damit würden alle vernünftigen Grenzen überschritten.

Wir können zugeben, dass die unterbewussten Handlungen einer abnormalen Persönlichkeit, die vorübergehend unserer normalen Persönlichkeit aufgepfropft werden, den größten Teil der medialen schriftlichen Mitteilungen erklären. Wir können darin auch die offensichtlichen Auswirkungen der Autosuggestion sehen. Aber diese psychophysiologischen Hypothesen erklären nicht alle Beobachtungen. Da ist noch etwas anderes.

Wir alle neigen dazu, alles mit dem aktuellen Stand unseres Wissens erklären zu wollen. Angesichts bestimmter Umstände sagen wir heute: „Es ist Suggestion, es ist Hypnose, es ist dies, es ist jenes." Vor einem halben Jahrhundert hätten wir nicht so gesprochen, da diese Theorien noch nicht erfunden waren. In einem halben Jahrhundert, einem Jahrhundert, werden die Menschen nicht mehr auf die gleiche Weise sprechen, denn neue Wörter werden erfunden sein. Aber lassen wir uns von Wörtern nicht abschrecken; lassen wir es nicht so eilig haben.

Wir müssen wissen, wie wir erklären können, wie unsere Gedanken – bewusste, unbewusste, unterbewusste – Schläge auf einen Tisch ausführen, ihn bewegen, ihn anheben können. Da diese Frage ziemlich peinlich ist, behandelt Dr. Pierre Janet sie als „sekundäre Persönlichkeit" und muss auf die Bewegungen der Zehen, das Knacken der Muskeln der Wadenbeinsehne, auf Bauchreden und die Täuschungen unbewusster Komplizen zurückgreifen. [20] Dies ist keine ausreichende Erklärung.

Tatsächlich verstehen wir nicht, wie unsere Gedanken oder die eines anderen in einer Tabelle Schläge auslösen können, durch die Sätze gebildet werden. Aber wir müssen es zugeben. Nennen wir es, wenn Sie so wollen, „Telekinese", aber bringt uns das weiter?

Seit einigen Jahren ist die Rede von unbewussten Tatsachen, von Unterbewusstsein, unterschwelligem Bewusstsein usw. Ich fürchte, dass wir uns auch hier mit Worten herumärgern, die nicht viel aussagen.

Ich beabsichtige, eines Tages, wenn ich die Zeit dafür habe, ein spezielles Buch über den Spiritualismus zu schreiben, das ich aus theoretischer und doktrinärer Sicht untersuchen werde. Es wird den zweiten Band meines Werkes „ *Das Unbekannte und die psychischen Probleme* " bilden , an dem ich seit der Veröffentlichung jenes Werkes im Jahr 1899 arbeite. Mediale Mitteilungen und empfangene Diktate (insbesondere von Victor Hugo, Mme. de Girardin, Eugène Nus und den Phalansterianern) werden Thema spezieller Kapitel in diesem Band sein, ebenso wie das ansonsten wichtige Problem der Pluralität der Existenzen.

Es ist nicht meine Absicht, an dieser Stelle näher auf die Aspekte der allgemeinen Frage einzugehen. Ich beschränke mich darauf, in diesem Buch festzustellen, dass es in uns, um uns herum, unbekannte Kräfte gibt, die Materie in Bewegung versetzen können, genau wie unser Wille. Ich sollte mich daher auf materielle Phänomene beschränken. Der Umfang dieser Art von Untersuchungen ist bereits immens, und die „Kommunikationen", von denen ich gerade gesprochen habe, liegen wirklich außerhalb dieser Grenzen. Da sich dieses Thema und das der psychologischen Experimente jedoch ständig überschneiden, war es notwendig, an dieser Stelle eine Zusammenfassung davon zu geben. Kehren wir vorerst zu den materiellen Phänomenen zurück, die von Medien hervorgerufen werden, und zu dem, was ich selbst in meinen Erfahrungen mit Eusapia Paladino festgestellt habe, die sie fast alle in ihrer eigenen Persönlichkeit und ihren eigenen Erfahrungen vereint.

KAPITEL III

MEINE EXPERIMENTE MIT EUSAPIA PALADINO.

Auf den ersten Seiten dieses Bandes wurden einige meiner späteren Experimente mit dem neapolitanischen Medium Eusapia Paladino beschrieben. Wir werden nun auf die früheren zurückkommen.

Meine erste experimentelle Séance mit diesem bemerkenswerten Medium fand am 27. Juli 1897 statt. Auf Einladung einer ausgezeichneten und ehrenwerten Familie - der Familie Blech -, deren Name seit langem glücklicherweise mit modernen Forschungen in Theosophie, Okkultismus und Psychologie in Verbindung gebracht wird, begab ich mich nach Montfort-l'Amaury, um dieses Medium persönlich kennenzulernen, dessen Fall bereits von MM. Lombroso, Charles Richet, Ochorowicz, Aksakof, Schiaparelli, Myers, Lodge, A. De Rochas, Dariex, J. Maxwell, Sabatier, De Watteville und einer großen Zahl anderer Gelehrter und Wissenschaftler von hohem Ansehen ausführlich untersucht worden war. Die Gaben von Frau Paladino waren sogar Gegenstand einer Arbeit des Grafen von Rochas über *die Externalisierung der Motorität* sowie unzähliger Artikel in Fachzeitschriften gewesen.

Der Eindruck, den man beim Lesen aller offiziellen Berichte gewinnt, ist nicht ganz zufriedenstellend und lässt unsere Neugierde zudem völlig unbefriedigt zurück. Andererseits kann ich sagen, wie ich bereits Gelegenheit hatte, zu bemerken, dass während der letzten vierzig Jahre fast alle berühmten Medien irgendwann einmal in meinem Salon in der Avenue l'Observatoire in Paris anwesend waren und dass ich sie fast alle beim Betrügen ertappt habe. Nicht, dass sie immer täuschen: diejenigen, die das behaupten, liegen falsch. Aber bewusst oder unbewusst bringen sie ein Element der Schwierigkeit mit sich, vor dem man ständig auf der Hut sein muss und das den Experimentator in Bedingungen versetzt, die denen einer wissenschaftlichen Beobachtung diametral entgegengesetzt sind.

Apropos Eusapia: Ich habe von meinem berühmten Kollegen M. Schiaparelli, dem Direktor des Observatoriums in Mailand, dem die Wissenschaft so viele wichtige Entdeckungen zu verdanken hat, einen langen Brief erhalten, aus dem ich einige Passagen zitieren möchte:

Im Herbst 1892 lud mich M. Aksakof ein, an einer Reihe spiritistischer Sitzungen teilzunehmen, die unter seiner Leitung und Obhut stattfanden, um das Medium Eusapia Paladino aus Neapel kennenzulernen. Ich sah eine Reihe sehr überraschender Dinge, von denen einige, um die Wahrheit zu sagen, mit ganz gewöhnlichen Mitteln erklärt werden konnten. Aber es gibt andere, deren Entstehung ich mit den bekannten Prinzipien der

Naturphilosophie nicht erklären könnte. Ich füge ohne Zögern hinzu, dass man, wenn es möglich gewesen wäre, jeden Verdacht auf Betrug völlig auszuschließen, in diesen Tatsachen den Beginn einer neuen Wissenschaft hätte erkennen müssen, die mit Konsequenzen von höchster Bedeutung verbunden ist. Aber man muss zugeben, dass diese Experimente auf eine Weise durchgeführt wurden, die wenig geeignet war, unparteiische Richter von ihrer Aufrichtigkeit zu überzeugen. Es wurden immer Bedingungen auferlegt, die das richtige Verständnis dessen, was wirklich vor sich ging, behinderten. Als wir Änderungen im Programm vorschlugen, die den Experimenten den Stempel der Klarheit aufdrücken und fehlende Beweise liefern sollten, erklärte das Medium ausnahmslos, dass, wenn wir dies täten, der Erfolg der Sitzung dadurch unmöglich gemacht würde. Kurz gesagt, wir haben nicht im wahren Sinne des Wortes *experimentiert* : Wir mussten uns damit begnügen, das *zu beobachten* , was unter den vom Medium auferlegten ungünstigen Umständen geschah. Selbst wenn man die bloße Beobachtung ein wenig zu weit trieb, wurden die Phänomene nicht mehr hervorgerufen oder verloren ihre Intensität und ihren wunderbaren Charakter. Nichts ist anstößiger als diese Versteckspiele, denen wir uns unterwerfen müssen.

All diese Dinge erregen Misstrauen. Nachdem ich mein ganzes Leben dem Studium der Natur gewidmet habe, die in ihren Erscheinungsformen immer aufrichtig und in ihren Prozessen logisch ist, widerstrebt es mir, meine Gedanken der Untersuchung einer Klasse von Wahrheiten zuzuwenden, die, wie es scheint, eine böswillige und illoyale Macht mit einer Hartnäckigkeit vor uns verbirgt, deren Motiv wir nicht verstehen. Bei solchen Untersuchungen genügt es nicht, die gewöhnlichen Methoden der Naturphilosophie anzuwenden, die unfehlbar, aber in ihrer Wirkung sehr begrenzt sind. Wir müssen auf jene andere kritische Methode zurückgreifen, die fehleranfälliger, aber kühner und wirksamer ist, und die Polizeibeamte und Untersuchungsrichter anwenden, wenn sie versuchen, eine Wahrheit inmitten widersprüchlicher Zeugen ans Licht zu bringen, von denen zumindest ein Teil ein Interesse daran hat, diese Wahrheit zu verbergen.

Im Einklang mit diesen Überlegungen kann ich nicht sagen, dass ich von der Realität der Dinge überzeugt bin, die unter dem unpassenden Namen „Spiritualismus" zusammengefasst werden. Aber ich glaube auch nicht an unser Recht, alles zu leugnen; denn um eine gute Grundlage für die Leugnung zu haben, genügt es nicht, Betrug zu *vermuten* , man muss *ihn beweisen* . Diese Experimente, die ich als sehr unbefriedigend empfunden habe, konnten andere Experimentatoren mit großem Vertrauen und etabliertem Ruf unter günstigeren Umständen durchführen. Ich bin nicht anmaßend genug, um mich einer dogmatischen und ungerechtfertigten Leugnung von Beweisen zu widersetzen, in denen Wissenschaftler mit großer kritischer Fähigkeit, wie MM. Crookes, Wallace, Richet, Oliver Lodge, eine solide

Tatsachengrundlage gefunden haben, die ihrer Prüfung würdig ist, und zwar in einem solchen Ausmaß, dass sie jahrelang daran gearbeitet haben. Und wir würden uns selbst täuschen, wenn wir glaubten, dass alle Männer, die von der Wahrheit des Spiritismus überzeugt sind, Fanatiker sind. Während der Experimente von 1892 hatte ich das Vergnügen, einige dieser Männer kennenzulernen. Ich musste ihren aufrichtigen Wunsch bewundern, die Wahrheit zu erfahren; und ich fand bei mehreren von ihnen sehr vernünftige und tiefgründige philosophische Ideen, verbunden mit einem moralischen Charakter, der durchaus Wertschätzung verdient.

Aus diesem Grund ist es mir unmöglich, den Spiritualismus als lächerliche Absurdität zu bezeichnen. Ich sollte mich daher enthalten, irgendeine Meinung zu äußern: Meine geistige Einstellung zu diesem Thema kann mit dem Wort „Agnostizismus" definiert werden.

Ich habe mit großer Aufmerksamkeit alles gelesen, was der verstorbene Professor Zöllner zu diesem Thema geschrieben hat. Seine Erklärung hat eine rein materielle Grundlage, das heißt, es ist die Hypothese der objektiven Existenz einer vierten Raumdimension, einer Existenz, die nicht im Rahmen unserer Intuition erfasst werden kann, deren Möglichkeit jedoch allein aus diesem Grund nicht geleugnet werden kann. Wenn man einmal die Realität der von ihm beschriebenen Experimente zugibt, ist es offensichtlich, dass seine Theorie dieser Dinge die raffinierteste und wahrscheinlichste ist, die man sich vorstellen kann. Dieser Theorie zufolge würden mediale Phänomene ihren mystischen oder mystifizierenden Charakter verlieren und in den Bereich der gewöhnlichen Physik und Physiologie übergehen. Sie würden zu einer sehr erheblichen Erweiterung der Wissenschaften führen, einer Erweiterung, die es verdient, ihrem Autor in einer Reihe mit Galileo und Newton zu begegnen. Leider wurden diese Erfahrungen Zöllners mit einem Medium von schlechtem Ruf gemacht. Es sind nicht nur die Skeptiker, die an der Redlichkeit von M. Slade zweifeln: Es sind die Spiritualisten selbst. Herr Aksakof, dessen Autorität in ähnlichen Angelegenheiten sehr groß ist, sagte mir selbst, dass er ihn bei einem Betrug ertappt habe. Sie sehen daran, dass diese Theorien von Zöllner jede Unterstützung verlieren, die sie durch die genaue Demonstration von Experimenten erhalten hätten, gleichzeitig aber sehr schön, sehr raffiniert und durchaus möglich bleiben.

Ja, trotz allem durchaus möglich; trotz des mangelnden Erfolgs, den ich hatte, als ich versuchte, sie mit Eusapia zu reproduzieren. An dem Tag, an dem wir in der Lage sein werden, mit absoluter Aufrichtigkeit *ein einziges* dieser Experimente durchzuführen, wird die Sache große Fortschritte gemacht haben; aus den Händen der Scharlatane wird sie in die der Physiker und Physiologen übergegangen sein.

Dies ist die Mitteilung, die mir M. Schiaparelli machte. Ich fand seine Argumentation einwandfrei und kam in einem Geisteszustand an, der seinem völlig ähnlich war (mit umso größerem Interesse, da Slade eines der Medien war, von denen ich gerade sprach).

Mir wurde Eusapia Paladino vorgestellt. Sie ist eine Frau von ganz gewöhnlichem Aussehen, brünett, ihre Figur ist etwas unterdurchschnittlich groß. Sie war 43 Jahre alt, überhaupt nicht neurotisch, eher kräftig. Sie wurde am 21. Januar 1854 in einem Dorf in La Pouille geboren; ihre Mutter starb bei der Geburt des Kindes; ihr Vater wurde acht Jahre später, 1862, von Räubern aus Süditalien ermordet. Eusapia Paladino ist ihr Mädchenname. Sie heiratete in Neapel einen Kaufmann mit bescheidenen Mitteln namens Raphael Delgaiz, einen Bürger von Neapel. Sie führt das Kleingewerbe des Ladens, ist Analphabetin, kann weder lesen noch schreiben und versteht nur ein wenig Französisch. Ich unterhielt mich mit ihr und merkte bald, dass sie keine Theorien hat und sich nicht damit belastet, die von ihr hervorgerufenen Phänomene zu erklären.

Der Salon, in dem wir unsere Experimente durchführen werden, ist ein rechteckiger Raum im Erdgeschoss, sechs Meter lang und fünf Meter breit; er hat vier Fenster, eine Eingangstür von außen und eine weitere im Vorraum.

Vor der Sitzung stelle ich sicher, dass die großen Türen und Fenster durch Jalousien mit Haken und innen durch Holzjalousien dicht verschlossen sind. Die Tür des Vorraums wird einfach mit einem Schlüssel verschlossen.

In einer Ecke des Salons, links von der großen Eingangstür, sind zwei Vorhänge in heller Farbe auf einer Stange aufgehängt, die in der Mitte zusammentreffen und so ein kleines Kabinett bilden. In diesem Kabinett steht ein Sofa, an das sich eine Gitarre anlehnt; auf einer Seite steht ein Stuhl, auf dem eine Spieldose und eine Glocke stehen. In der Nische des Fensters, das in das Kabinett integriert ist, steht ein Notenpult, auf dem ein Teller mit einem gut geglätteten Stück Glaserkitt steht, und darunter, auf dem Boden, ein riesiges Tablett mit einem großen geglätteten Stück desselben. Wir haben diese Kittplatten angefertigt, weil die Annalen des Spiritismus oft Hand- und Kopfabdrücke der unbekannten Wesen zeigen, die wir in dieser Arbeit untersuchen sollen. Das große Tablett wiegt etwa neun Pfund.

Warum dieser dunkle Schrank? Das Medium erklärt, er sei notwendig zur Erzeugung der Phänomene, „die mit der Kondensation von Flüssigkeiten zusammenhängen".

Mir wäre es lieber, wenn es nichts dergleichen gäbe. Aber die Bedingungen müssen akzeptiert werden, obwohl wir sie genau verstehen müssen. Hinter dem Vorhang ist die Stille der Luftwellen am größten, das Licht am geringsten. Es ist merkwürdig, seltsam, unendlich bedauerlich, dass Licht bestimmte Effekte verhindert. Zweifellos wäre es weder philosophisch noch wissenschaftlich, sich dieser Bedingung zu widersetzen. Es ist möglich, dass die Strahlungen, die Kräfte, die wirken, die Strahlen des unsichtbaren Endes des Spektrums sind. Ich hatte bereits im ersten Kapitel Gelegenheit zu bemerken, dass derjenige, der versucht, ohne dunkle Kammer Fotos zu machen, seine Platte beschlagen und nichts erreichen würde. Derjenige, der die Existenz von Elektrizität leugnen würde, weil er in einer feuchten Atmosphäre keinen Funken erzeugen konnte, wäre im Irrtum. Derjenige, der nicht an die Existenz von Sternen glauben würde, weil wir sie nur nachts sehen, wäre nicht sehr weise. Der moderne Fortschritt in der Naturphilosophie hat uns gelehrt, dass die Strahlungen, die auf die Netzhaut treffen, nur den kleinsten Bruchteil der Gesamtheit darstellen. Wir können dann die Existenz von Kräften zugeben, die nicht im vollen Tageslicht wirken. Doch wenn wir diese Bedingungen akzeptieren, kommt es darauf an, sich nicht von ihnen täuschen zu lassen.

Daher untersuchte ich vor der Sitzung sorgfältig die schmale Ecke des Raumes, vor der der Vorhang gespannt war, und fand nichts außer den oben erwähnten Gegenständen. Nirgendwo im Raum gab es irgendwelche Anzeichen für einen versteckten Mechanismus, weder auf dem Boden noch in den Wänden waren elektrische Leitungen oder Batterien oder dergleichen zu sehen. Darüber hinaus ist die vollkommene Aufrichtigkeit von M. und Mme. Blech über jeden Zweifel erhaben.

Vor der Sitzung wurde Eusapia vor Mme. Zelma Blech aus- und wieder angezogen. Es wurde nichts Verdächtiges gefunden.

Die Sitzung begann bei vollem Licht, und ich legte ständig Wert darauf, so viele Phänomene wie möglich bei Tageslicht zu erfassen. Erst nach und nach, je nachdem der „Geist" darum bat, wurde das Licht gedimmt. Aber ich erhielt das Zugeständnis, dass die Dunkelheit nie absolut sein sollte. Am äußersten Rand, als das Licht vollständig gelöscht werden musste, wurde es durch eine der roten Laternen ersetzt, die von Fotografen verwendet werden.

Das Medium sitzt *vor* dem Vorhang und dreht ihm den Rücken zu. Vor ihr steht ein Tisch, ein Küchentisch aus Fichtenholz, der etwa 15 Pfund wiegt. Ich untersuchte diesen Tisch und fand nichts Verdächtiges darin. Er ließ sich in alle Richtungen bewegen.

Ich sitze zuerst links von Eusapia, dann an ihrer rechten Seite. Ich kontrolliere so gut wie möglich ihre Hände, Beine und Füße. Um beispielsweise sicherzustellen, dass sie den Tisch weder an den Händen noch an den Beinen oder Füßen hochhebt, nehme ich zunächst ihre linke Hand in meine linke, lege meine rechte offene Hand auf ihre Knie und stelle meinen rechten Fuß auf ihren linken Fuß. Mir gegenüber steht Herr Guillaume de Fontenay, der sich ebenso wenig täuschen lässt wie ich, und nimmt ihre rechte Hand und ihren rechten Fuß in die Hand.

Es herrscht helles Licht – eine große Petroleumlampe mit breitem Brenner und hellgelbem Schirm sowie zwei brennende Kerzen.

Nach drei Minuten beginnt sich der Tisch zu bewegen, hält sein Gleichgewicht und hebt sich mal nach rechts, mal nach links. Eine Minute später wird er *vollständig vom Boden abgehoben*, auf eine Höhe von etwa 23 cm, und bleibt dort zwei Sekunden.

In einem zweiten Versuch nehme ich die beiden Hände von Eusapia in meine. Es entsteht eine bemerkenswerte Levitation, und zwar unter nahezu gleichen Bedingungen.

Wir wiederholen dieselben Experimente dreimal, und zwar so, dass der Tisch in einer Viertelstunde fünfmal Schweben gelassen wird, und die vier Füße mehrere Sekunden lang vollständig vom Boden abgehoben sind, bis zu einer Höhe von etwa 23 cm. Während einer der Schwebephasen berührten die Versuchsleiter den Tisch überhaupt nicht, sondern bildeten die Kette darüber und in der Luft; und Eusapia verhielt sich auf die gleiche Weise.

Es scheint also, dass ein Gegenstand entgegen dem Gesetz der Schwerkraft angehoben werden kann, ohne dass die Hände, die gerade auf ihn eingewirkt haben, ihn berühren. (Der Beweis wurde bereits oben erbracht, S. 5-8, 16.)

Ein runder Mitteltisch rechts von mir kommt berührungslos, immer im vollen Licht, auf den Tisch zu, wohlgemerkt, als wolle er auf ihn klettern und fällt herab. Niemand ist zur Seite gegangen oder nähert sich dem Vorhang, und eine Erklärung für diese Bewegung kann nicht gegeben werden. Das Medium ist noch nicht in Trance verfallen und nimmt weiterhin am Gespräch teil.

Fünf Klopfbewegungen auf dem Tisch zeigen nach einer vom Medium vereinbarten Konvention an, dass die unbekannte Ursache weniger Licht verlangt. Das ist immer ärgerlich: Ich habe bereits gesagt, was ich davon halte. Die Kerzen werden ausgeblasen, die Lampe gedimmt, aber das Licht ist stark genug, damit wir alles, was im Salon geschieht, sehr deutlich sehen können. Der runde Tisch, den ich hochgehoben und beiseite gestellt hatte, nähert sich dem Tisch und versucht mehrmals, darauf zu klettern. Ich stütze mich darauf, um ihn unten zu halten, aber ich spüre einen elastischen Widerstand und bin nicht dazu in der Lage. Die freie Kante des runden Tisches legt sich auf die Kante des rechteckigen Tisches, aber, behindert durch seinen dreieckigen Fuß, gelingt es ihm nicht, sich ausreichend freizumachen, um darauf zu klettern. Da ich das Medium halte, stelle ich fest, dass es keine Anstrengungen der Art unternimmt, die für diese Art von Darbietung erforderlich wären.

Der Vorhang wölbt sich und nähert sich meinem Gesicht. In diesem Moment fällt das Medium in Trance. Sie stößt Seufzer und Klagen aus und spricht jetzt nur noch in der dritten Person. Sie sagt, sie sei John King, eine übersinnliche Persönlichkeit, die behauptet, in einem anderen Leben ihr Vater gewesen zu sein, und die sie „meine Tochter" (*mia figlia*) nennt. Dies ist eine Autosuggestion, die nichts über die Identität der Kraft aussagt.

Fünf neue Wasserhähne verlangen noch *weniger Licht* , und die Lampe wird fast ganz heruntergedreht, aber nicht ausgelöscht. Die Augen, die sich an das Hell-Dunkle gewöhnt haben, können immer noch ziemlich gut erkennen, was vor sich geht.

Der Vorhang bläht sich wieder auf, und ich fühle, als würde mich jemand durch den Vorhangstoff an der Schulter berühren, als ob er von einer geballten Faust getroffen würde. Der Stuhl im Kabinett, auf dem die Spieldose und die Glocke stehen, wird heftig geschüttelt, und die Gegenstände fallen zu Boden. Das Medium verlangt erneut *weniger Licht* , und eine rote Fotolaterne wird auf das Klavier gestellt, wobei das Licht der Lampe erlischt. Die Kontrolle wird streng aufrechterhalten, und das Medium lässt sich mit größter Fügsamkeit darauf ein.

Etwa eine Minute lang spielt die Spieldose hinter dem Vorhang unterbrochene Melodien, als würde sie von einer Hand gedreht.

Der Vorhang bewegt sich wieder nach vorn, auf mich zu, und eine ziemlich starke Hand ergreift meinen Arm. Ich strecke mich sofort nach vorn, um die Hand zu ergreifen, aber ich greife nur ins Leere. Dann drücke ich die beiden Beine des Mediums zwischen meine und nehme ihre linke Hand in meine rechte. Auf der anderen Seite wird ihre rechte Hand fest von der linken Hand von M. de Fontenay gehalten. Dann führt Eusapia die Hand der Letztgenannten an meine Wange und ahmt auf der Wange mit dem Finger von M. de Fontenay die Bewegung einer kleinen drehbaren Kurbel oder Handkurbel nach. Die Spieldose, die eine dieser Kurbeln hat, *spielt gleichzeitig hinter dem Vorhang in perfekter Synchronität* . In dem Moment, in dem Eusapias Hand anhält, hört die Musik auf: Alle Bewegungen entsprechen einander, genau wie beim Morsetelegrafensystem. Wir alle hatten unseren Spaß damit. Das Ding wurde mehrere Male hintereinander ausprobiert, und jedes Mal stimmte die Bewegung des Fingers mit dem Spielen der Musik überein.

Ich spüre mehrere Berührungen im Rücken und an der Seite. M. de Fontenay erhält einen kräftigen Schlag auf den Rücken, den jeder hört. Eine Hand fährt durch mein Haar. M. de Fontenays Stuhl wird heftig gerissen, und wenige Augenblicke später schreit er: „Ich sehe die Silhouette eines Mannes, der zwischen M. Flammarion und mir über den Tisch geht und das rote Licht ausblendet!"

Das wiederholt sich mehrere Male. Mir selbst gelingt es nicht, diese Silhouette zu sehen. Dann schlage ich Monsieur de Fontenay vor, seinen Platz einzunehmen, denn in diesem Fall würde ich sie wahrscheinlich auch sehen. Bald nehme ich deutlich eine undeutliche Silhouette wahr, die vor der roten Laterne vorbeizieht, aber ich erkenne keine genaue Form. Es ist nur ein undurchsichtiger Schatten (das Profil eines Mannes), der bis zum Licht vordringt und sich dann zurückzieht.

Einen Moment später sagt Eusapia, dass jemand hinter dem Vorhang ist. Nach einer kurzen Pause fügt sie hinzu:

„Rechts neben mir steht ein Mann, er hat einen großen, weichen, gegabelten Bart." Ich frage, ob ich diesen Bart berühren darf. Tatsächlich spüre ich, wie ihn ein ziemlich weicher Bart streift, als ich meine Hand hebe.

Ein Block Papier wird mit einem Bleistift auf den Tisch gelegt, in der Hoffnung, etwas zu schreiben. Dieser Bleistift wird quer durch den Raum geschleudert. Dann nehme ich den Block Papier und halte ihn in die Luft: Er wird mir trotz all meiner Bemühungen, ihn festzuhalten, gewaltsam entrissen. In diesem Moment sieht M. de Fontenay, der dem Licht den Rücken zukehrt, eine Hand (eine weiße Hand und keinen Schatten), deren Arm bis zum Ellbogen reicht und die den Block Papier hält; aber alle anderen erklären, dass sie nur das in der Luft wackelnde Papier sehen.

Ich sah nicht, wie die Hand mir das Bündel Papier entriss, aber nur eine Hand konnte imstande gewesen sein, es mit solcher Gewalt zu ergreifen, und dies schien nicht die Hand des Mediums zu sein, denn ich hielt ihre rechte Hand in meiner linken und das Papier mit ausgestrecktem Arm in meiner rechten Hand, und Monsieur de Fontenay erklärte, dass er ihre linke Hand nicht losgelassen habe.

Ich wurde mehrere Male in die Seite geschlagen, am Kopf berührt und mir wurde heftig ins Ohr gezwickt. Ich erkläre, dass ich nach mehreren Wiederholungen genug von diesem Ohrenzwicken hatte; aber während der ganzen Sitzung schlug mich trotz meiner Proteste immer wieder jemand.

Der kleine runde Tisch, der links vom Medium außerhalb des Kabinetts steht, nähert sich dem Tisch, klettert ganz hinauf und legt sich quer darüber. Man hört, wie sich die Gitarre im Kabinett bewegt und Töne von sich gibt. Der Vorhang wird aufgebauscht und die Gitarre wird auf den Tisch gebracht und auf der Schulter von M. de Fontenay abgelegt. Dann wird sie auf den Tisch gelegt, das breite Ende zum Medium hin. Dann erhebt sie sich und bewegt sich über die Köpfe der Gesellschaft hinweg, ohne sie zu berühren. Sie gibt mehrere Töne von sich. Das Phänomen dauert etwa fünfzehn

Sekunden. Man kann deutlich erkennen, dass die Gitarre in der Luft schwebt und der Widerschein der roten Lampe über ihre glänzende Oberfläche gleitet. In der anderen Ecke des Raums ist an der Decke ein ziemlich heller, birnenförmiger Schimmer zu sehen.

Das Medium ist müde und bittet um Ruhe. Die Kerzen werden angezündet. Frau Blech bringt die Gegenstände an ihren Platz zurück, vergewissert sich, dass die Kittklumpen unversehrt sind, stellt den kleinsten auf den kleinen runden Tisch und den großen auf den Stuhl im Kabinett hinter dem Medium. Das Sitzen wird durch das schwache Leuchten der roten Laterne fortgesetzt.

Das Medium, dessen Hände und Füße von M. de Fontenay und mir sorgfältig kontrolliert werden, atmet schwer. Über ihrem Kopf ist das Schnippen von Fingern zu hören. Sie keucht noch immer, stöhnt und versenkt ihre Finger in meiner Hand. Drei Klopfgeräusche sind zu hören. Sie ruft: „Es ist vollbracht" („ *E fatto* "). M. de Fontenay bringt die kleine Schale unter das Licht der roten Laterne und entdeckt den Abdruck von vier Fingern im Kitt, in der Position, die sie eingenommen hatten, als sie meine Hand ergriff.

Plätze werden eingenommen, das Medium bittet um Ruhe und ein kleines Licht wird eingeschaltet.

Die Sitzung wird bald wie zuvor im äußerst schwachen Licht der roten Laterne fortgesetzt. Von John wird gesprochen, als ob er existierte, als ob er es wäre, dessen Kopf wir als Silhouette wahrnehmen; er wird gebeten, seine Manifestationen fortzusetzen und den Abdruck seines Kopfes im Kitt zu zeigen, wie er es bereits mehrere Male getan hat. Eusapia antwortet, dass es eine schwierige Sache ist, und bittet uns, einen Moment lang nicht daran zu denken, sondern weiterzusprechen. Diese Vorschläge von ihr sind immer beunruhigend, und wir verdoppeln unsere Aufmerksamkeit, obwohl wir nicht viel sprechen. Das Medium keucht, stöhnt, windet sich. Man hört, wie sich der Stuhl im Schrank bewegt, auf dem der Kitt platziert ist. Der Stuhl kommt nach vorne und stellt sich neben das Medium, dann wird er angehoben und auf den Kopf von Mme. Z. Blech gestellt, während das Tablett leicht in die Hände von M. Blech am anderen Ende des Tisches gelegt wird. Eusapia schreit, dass sie vor sich einen Kopf und eine Büste sieht, und sagt: „ *E fatto* " („Es ist vollbracht"). Wir glauben ihr nicht, denn M. Blech hat keinen Druck auf der Platte gespürt. Drei heftige Schläge wie mit einem Hammer werden auf den Tisch ausgeführt. Das Licht wird eingeschaltet und man findet ein menschliches Profil, das in den Kitt eingeprägt ist.

Mme. Z. Blech küsst Eusapia auf beide Wangen, um herauszufinden, ob ihr Gesicht nicht riecht (Glaserkitt hat einen sehr starken Geruch nach Leinöl, der einige Zeit an den Fingern haften bleibt). Sie entdeckt nichts Ungewöhnliches.

Diese Entdeckung eines „Geisterkopfes" im Kitt ist so erstaunlich, so unmöglich zuzugeben ohne ausreichende Überprüfung, dass sie wirklich noch unglaublicher ist als alles andere. Es ist nicht der Kopf des Mannes, dessen Profil ich wahrgenommen habe, und der Bart, den ich an meiner Hand fühlte, ist nicht da. Der Abdruck hat Ähnlichkeit mit Eusapias Gesicht. Wenn wir annehmen würden, dass sie ihn selbst erzeugt hat, dass sie ihre Nase bis zu den Wangen und bis zu den Augen in diesem dicken Kitt vergraben konnte, müssten wir immer noch erklären, wie dieses große und schwere Tablett vom anderen Ende des Tisches herübergebracht und vorsichtig in die Hände von M. Blech gelegt wurde.

Die Ähnlichkeit des Abdrucks mit Eusapia war unverkennbar. Ich gebe sowohl den Abdruck als auch das Porträt des Mediums wieder. [21] Jeder kann sich davon überzeugen. Am einfachsten ist es offenbar anzunehmen, dass die Italienerin ihr Gesicht in den Kitt gedrückt hat.

Aber wie?

Darüber tappen wir im Dunkeln, oder fast. Ich sitze zur Rechten von Eusapia, *die ihren Kopf auf meine linke Schulter ruht* und deren rechte Hand ich halte. M. de Fontenay sitzt zu ihrer Linken und achtet sehr darauf, die andere Hand nicht loszulassen. Die neun Pfund schwere Schale mit Kitt steht auf einem Stuhl, zwanzig Zoll hinter dem Vorhang und damit hinter Eusapia. Sie kann sie nicht berühren, ohne sich umzudrehen, und wir haben sie ganz in unserer Gewalt, unsere Füße auf ihren. Nun hat der Stuhl, auf dem die Schale mit Kitt stand, die Vorhänge oder Portieren beiseite gezogen und sich nach vorne bis über den Kopf des Mediums bewegt, das sitzen blieb und von uns festgehalten wurde; er bewegte sich auch über unsere Köpfe hinweg – der Stuhl ruht auf dem Kopf meiner Nachbarin, Mme. Blech, und die Schale ruht sanft in den Händen von M. Blech, der am Ende des Tisches sitzt. In diesem Moment steht Eusapia auf und erklärt, dass sie auf dem Tisch einen anderen Tisch und eine Büste sieht, und ruft: „ *E fatto* " („Es ist vollbracht"). Zu diesem Zeitpunkt hätte sie ihr Gesicht sicher nicht auf den Kuchen legen können, denn dieser lag am anderen Ende des Tisches. Und vorher auch nicht, denn dazu hätte sie den Stuhl in die eine Hand und den Kuchen mit der anderen nehmen müssen, und sie rührte sich nicht von ihrem Platz. Die Erklärung ist, wie man sieht, in der Tat sehr schwierig.

Geben wir jedoch zu, dass die Tatsache so außergewöhnlich ist, dass in unserem Kopf ein Zweifel bleibt, denn das Medium erhob sich fast im entscheidenden Moment von seinem Stuhl. Und doch wurde ihr Gesicht sofort von Frau Blech geküsst, die keinen Geruch des Kitts wahrnahm.

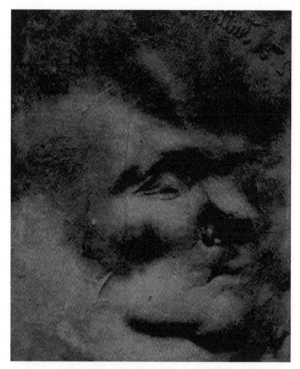

TAFEL IV. GIPSABDRUCK EINES
BERÜHRUNGSLOS MIT KITT HERGESTELLTEN ABDRUCKS DURCH DAS
MEDIUM EUSAPIA PALADINO.

TAFEL V. EUSAPIA PALADINO, ZEIGT ÄHNLICHKEIT
MIT DEM ABDRUCK IN KITT.

Über diese Gesichtsabdrücke und die Untersuchungen, die er in Rom anstellte, schreibt Dr. Ochorowicz wie folgt: [22]

Der Abdruck dieses Gesichts entstand im Dunkeln, und zwar in einem Augenblick, als ich Eusapias beide Hände hielt und meine Arme sie ganz umschlossen. Oder vielmehr: Sie war es, die sich so an mich klammerte, dass ich die Stellung all ihrer Glieder genau kannte. Ihr Kopf ruhte auf meinem, und zwar heftig. Im Augenblick des Auftretens dieser Erscheinung erschütterte ein krampfhaftes Zittern ihren ganzen Körper, und der Druck ihres Kopfes auf meine Schläfen war so heftig, dass es mir weh tat.

In dem Moment, als der heftigste Krampf stattfand, rief sie: „ *Ah, che dura!* " („Oh, wie heftig!") Wir zündeten sofort eine Kerze an und fanden einen Abdruck, der im Vergleich zu denen, die andere Experimentatoren erhalten hatten, ziemlich schlecht war – was vielleicht an der schlechten Qualität des von mir verwendeten Tons lag. Dieser Ton wurde etwa zwanzig Zoll rechts vom Medium platziert, während ihr Kopf nach links geneigt war. Ihr Gesicht war vom Ton überhaupt nicht beschmutzt, der jedoch so feucht war, dass er bei Berührung Spuren an den Fingern hinterließ. Darüber hinaus litt ich so sehr unter der Berührung ihres Kopfes mit meinem, dass ich absolut sicher bin, dass sie keinen einzigen Moment unterbrochen wurde. Eusapia war sehr glücklich, als sie eine Überprüfung sah, die unter Bedingungen durchgeführt wurde, unter denen es unmöglich war, an ihrer guten Absicht zu zweifeln.

Dann nahm ich das Tablett mit Ton und wir gingen ins Esszimmer, um den Abdruck besser untersuchen zu können, den ich auf einen großen Tisch neben einer großen Petroleumlampe stellte. Eusapia, die in Trance gefallen war, blieb einige Augenblicke stehen, ihre Hände ruhten auf dem Tisch, bewegungslos und wie bewusstlos. Ich verlor sie nicht aus den Augen und sie sah mich an, ohne etwas zu sehen. Dann bewegte sie sich mit unsicherem Schritt rückwärts zur Tür und ging langsam in die Kammer, die wir gerade verlassen hatten. Wir folgten ihr, beobachteten sie die ganze Zeit und ließen den Ton auf dem Tisch zurück. Wir waren bereits in der Kammer, als sie, an eine der Hälften der Doppeltür gelehnt, ihren Blick auf das Tablett mit Ton richtete, das auf dem Tisch zurückgelassen worden war. Das Medium war in sehr gutem Licht: Wir waren sechs bis zehn Fuß von ihr entfernt und konnten alle Einzelheiten deutlich erkennen. Ganz plötzlich streckte Eusapia ihre Hand abrupt nach dem Ton aus und sank dann mit einem Stöhnen nieder. Wir stürzten eilig auf den Tisch zu und sahen neben dem Kopfabdruck einen neuen, sehr deutlichen Abdruck einer Hand, der so im Licht der Lampe entstanden war und der Hand von Eusapia ähnelte. Ich selbst habe ein Dutzend Mal Kopfabdrücke gemacht, aber aufgrund der Qualität des Tons waren sie immer ziemlich schlecht und gingen oft während des Experiments kaputt.

Der Chevalier Chiaia aus Neapel, der diese phantastischen Bilder erstmals durch Eusapias Vermittlung erhielt, schrieb in diesem Zusammenhang Folgendes an den Grafen von Rochas:

Ich habe Abdrücke in Tonkisten, die zwischen 55 und 65 Pfund wiegen. Ich erwähne das Gewicht, um Ihnen zu zeigen, dass es unmöglich ist, ein so schweres Tablett *mit einer Hand allein anzuheben und zu tragen* , selbst unter der Annahme, dass Eusapia, ohne dass wir es wussten, eine ihrer Hände frei bekommen könnte. Tatsächlich wurde dieses Tablett, das auf einem Stuhl *drei Fuß hinter dem Medium stand* , fast immer nach vorne gebracht und sehr vorsichtig auf den Tisch gestellt, an dem wir saßen. Die Übergabe erfolgte so sorgfältig, dass die Personen, die die Kette bildeten und Eusapias Hände festhielten, nicht das geringste Geräusch hörten, nicht das geringste Rascheln wahrnahmen. Die Ankunft des Tabletts auf dem Tisch wurde uns durch sieben Klopfzeichen angekündigt, die John gemäß unserer üblichen Anordnung an die Wand schlug, um uns mitzuteilen, dass wir das Licht anmachen konnten. Ich tat dies sofort, indem ich den Hahn der Gasleuchte drehte, die über dem Tisch hing. (Wir hatten es nie ganz ausgelöscht.) Dann fanden wir das Tablett auf dem Tisch und auf dem Ton den Abdruck, der unserer Vermutung nach vor der Übertragung entstanden sein musste, und zwar hinter Eusapia, in dem Schrank, in dem John sich normalerweise materialisiert und manifestiert.

Die Gesamtheit dieser (sehr zahlreichen) Beobachtungen führt uns zu der Annahme, dass diese Abdrücke trotz der Unwahrscheinlichkeit der Sache aus der Ferne vom Medium erzeugt werden.

Einige Tage nach der Sitzung in Montfort-l'Amaury schrieb ich jedoch Folgendes:

Diese verschiedenen Erscheinungen sind für mich nicht gleichermaßen authentisch. Ich bin mir nicht bei allen sicher, denn die Phänomene traten nicht alle unter den gleichen Gewissheitsbedingungen auf. Ich möchte die Fakten in der folgenden Reihenfolge abnehmender Gewissheit klassifizieren:

1. Levitation des Tisches.

2. Berührungslose Bewegungen des Rundtisches.

3. Hammerschläge.

4. Bewegungen des Vorhangs.

5. Undurchsichtige Silhouette, die vor der roten Lampe vorbeizieht.

6. Gefühl eines Bartes auf dem Handrücken.

7. Berührungen.

8. Schnappen des Papierblocks.

9. Werfen des Bleistifts.

10. Übertragung des runden Tisches auf die Platte des anderen Tisches.

11. Musik aus der kleinen Box.

12. Verlagerung der Gitarre zu einem Punkt oberhalb des Kopfes.

13. Abdrücke einer Hand und eines Gesichts.

Die ersten vier Ereignisse, die sich im hellen Licht abspielten, sind unbestreitbar. Ich würde Nummer 5 und 6 fast auf die gleiche Stufe stellen. Nummer 7 ist vielleicht sehr oft auf Betrug zurückzuführen. Das letzte in der Liste wurde gegen Ende der Sitzung vorgebracht, zu einem Zeitpunkt, als die Aufmerksamkeit zwangsläufig nachgelassen hatte, und war noch außergewöhnlicher als alle anderen. Ich gestehe, dass ich es nicht mit Sicherheit zugeben kann, obwohl ich nicht verstehen kann, wie es auf Betrug zurückzuführen sein könnte. Die vier anderen scheinen echt zu sein; aber ich möchte sie noch einmal betrachten; man könnte 99 zu 100 wetten, dass sie wahr sind. Ich war mir ihrer während der Sitzung absolut sicher. Aber die Lebhaftigkeit der Eindrücke lässt nach, und wir neigen dazu, nur auf die

Stimme des einfachen gesunden Menschenverstands zu hören – die vernünftigste und trügerischste unserer Fähigkeiten.

Der erste Eindruck, den wir beim Lesen dieser Berichte bekommen, ist, dass diese verschiedenen Erscheinungen eher vulgär und völlig banal sind und uns nichts über die andere Welt – oder über andere Welten – sagen. Es erscheint sicherlich unwahrscheinlich, dass ein *spirituelles Wesen* an solchen Vorführungen teilnimmt. Denn diese Phänomene sind absolut materieller Natur.

Andererseits ist es jedoch unmöglich, die Existenz unbekannter Kräfte nicht anzuerkennen. Die einfache Tatsache, dass beispielsweise ein Tisch in einer Höhe von 15, 20 oder 40 Zentimetern über dem Boden schwebt, ist keineswegs banal. Mir, für mich allein sprechend, scheint es so außergewöhnlich, dass ich meine Meinung sehr gut zum Ausdruck bringe, wenn ich sage, dass ich es nicht zuzugeben wage, ohne es selbst mit meinen eigenen Augen gesehen zu haben: Ich meine das, was man Sehen nennt, bei vollem Licht und unter solchen Bedingungen, dass es unmöglich wäre, es zu vermuten. Während wir sehr sicher sind, dass wir es bewiesen haben, sind wir gleichzeitig sicher, dass bei solchen Experimenten vom menschlichen Körper eine Kraft ausgeht, die mit dem Magnetismus des Magnetsteins verglichen werden kann, die auf Holz und Materie einwirken kann (etwa wie der Magnetstein auf Eisen einwirkt) und die Wirkung der Schwerkraft für einige Momente ausgleicht. Aus wissenschaftlicher Sicht ist dies an sich eine gewichtige Tatsache. Ich bin absolut sicher, dass das Medium dieses Gewicht von 15 Pfund weder mit den Händen noch mit den Beinen oder den Füßen gehoben hat, und außerdem war niemand aus der Gruppe dazu in der Lage. Der Tisch wurde an seiner oberen Platte angehoben. Wir haben es hier also mit Sicherheit mit einer unbekannten Kraft zu tun, die von den anwesenden Personen und vor allem vom Medium ausgeht.

Hier muss eine ziemlich merkwürdige Bemerkung gemacht werden. Während dieser Sitzung und während der Schwebe des Tisches sagte ich mehrmals: „Es gibt keinen Geist." Jedes Mal, wenn ich dies sagte, wurden zwei heftige Schläge auf den Tisch geschlagen. Ich habe bereits bemerkt, dass wir im Allgemeinen die spiritistische Hypothese akzeptieren und einen Geist bitten sollen, sich anzustrengen, damit wir die Phänomene erhalten. Wir haben hier eine psychologische Angelegenheit, die nicht ohne Bedeutung ist. Dennoch scheint es mir nicht, die tatsächliche Existenz von Geistern zu beweisen, denn es könnte sein, dass diese Idee für die Konzentration der vorhandenen Kräfte notwendig war und einen rein subjektiven Wert hatte. Religiöse Eiferer, die an die Wirksamkeit des Gebets glauben, sind Opfer ihrer eigenen Vorstellungskraft; und doch kann niemand daran zweifeln, dass einige dieser Bitten von einer wohltätigen Gottheit erhört worden zu sein scheinen. Das italienische oder spanische Mädchen, das die Jungfrau Maria anfleht, ihren Geliebten für eine Untreue zu bestrafen, mag aufrichtig sein und ahnt nie die Seltsamkeit ihrer Bitte. Im Traum unterhalten wir uns jede Nacht mit imaginären Wesen. Doch hier kommt noch mehr hinzu: Das Medium dupliziert sich selbst.

Ich vertrete ausschließlich den Standpunkt des Physikers, dessen Aufgabe es ist, zu beobachten, und ich behaupte: Welche Erklärungshypothese Sie auch annehmen mögen, es existiert eine unsichtbare Kraft, die vom Organismus des Mediums herrührt und die Macht hat, aus ihm hervorzugehen und außerhalb von ihm zu wirken.

Das ist die Tatsache: Welche Hypothese ist die beste, um sie zu erklären? 1. Ist es das Medium, das selbst unbewusst handelt, und zwar durch eine unsichtbare Kraft, die von ihm ausgeht? 2. Ist es eine intelligente Ursache, die von ihm getrennt ist, eine Seele, die bereits auf dieser Erde gelebt hat, die aus dem Medium eine Kraft bezieht, die es zum Handeln benötigt? 3. Ist es eine andere Art unsichtbarer Wesen? Nichts berechtigt uns zu der Behauptung, dass es nicht neben uns lebendige, unsichtbare Kräfte geben könnte. Da haben Sie drei sehr unterschiedliche Hypothesen, von denen mir, soweit ich meine persönliche Erfahrung kenne, keine davon bisher endgültig bewiesen scheint.

Aber von dem Medium geht zweifellos eine unsichtbare Kraft aus, und die Teilnehmer verstärken diese Kraft, indem sie die psychische Kette bilden und ihre sympathischen Willen vereinen. Diese Kraft ist nicht immateriell. Es kann sich um eine Substanz handeln, ein Wirkstoff, der Strahlungen von Wellenlängen aussendet, die auf unserer Netzhaut keinen Eindruck hinterlassen und dennoch sehr stark sind. In Abwesenheit von Lichtstrahlen kann sie sich verdichten, Gestalt annehmen, sogar eine gewisse Ähnlichkeit mit dem menschlichen Körper aufweisen, wie unsere Organe wirken, heftig auf einen Tisch schlagen oder uns berühren.

Es verhält sich, als wäre es ein unabhängiges Wesen. Aber diese Unabhängigkeit existiert in Wirklichkeit nicht; denn dieses vergängliche Wesen ist eng mit dem Organismus des Mediums verbunden, und seine scheinbare Existenz hört auf, wenn die Bedingungen seiner Entstehung selbst aufhören.

Während ich diese monströsen wissenschaftlichen Häresien niederschreibe, spüre ich zutiefst, dass es schwer ist, sie zu akzeptieren. Aber wer kann schon die Grenzen der Wissenschaft ausloten? Wir alle haben gelernt, vor allem im letzten Vierteljahrhundert, dass unser Wissen keine sehr kolossale Angelegenheit ist und dass es abgesehen von der Astronomie noch keine exakte Wissenschaft gibt, die auf absoluten Prinzipien beruht. Und dann, wenn alles gesagt ist, müssen die *Fakten* erklärt werden. Zweifellos ist es einfacher, sie zu leugnen. Aber es ist weder anständig noch höflich. Wer einfach nicht gefunden hat, was ihn zufriedenstellt, hat kein Recht, es zu leugnen. Das Beste, was er tun kann, ist einfach zu sagen: „Ich weiß nichts darüber."

Tatsächlich verfügen wir bislang nicht über genügend elementare Daten, um diese Kräfte charakterisieren zu können. Dennoch sollten wir denen, die sie erforschen, nicht die Schuld dafür geben.

Zusammenfassend glaube ich, dass ich etwas weiter gehen kann als M. Schiaparelli und die sichere Existenz unbekannter Kräfte bestätigen kann, die Materie bewegen und die Wirkung der Schwerkraft ausgleichen können. Es gibt eine komplexe Gesamtheit psychischer und physischer Kräfte, die noch schwer zu entwirren ist. Aber solche Tatsachen, so extravagant sie auch erscheinen mögen, sind es wert, in den Bereich wissenschaftlicher Beobachtung zu fallen. Es ist sogar wahrscheinlich, dass sie dazu beitragen, das Problem (eine Frage von höchster Bedeutung für uns) der Natur der menschlichen Seele deutlich zu erhellen.

Nach dem Ende der Sitzung vom 27. Juli 1897, als ich noch einmal die Levitation eines Tisches im vollen Licht sehen wollte, wurde die Kette *im Stehen gebildet* , die Hände leicht auf den Tisch gelegt. Letzterer begann zu schwingen, erhob sich dann bis zu einer Höhe von 23 cm über dem Boden, blieb dort mehrere Sekunden (alle Teilnehmer blieben auf ihren Füßen) und fiel schwerfällig wieder zurück. [23]

TAFEL VI

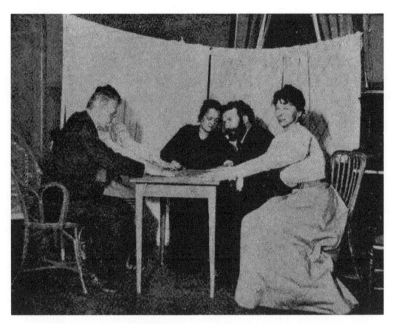

FOTO DES AUF DEM BODEN STEHENDEN TISCHES.

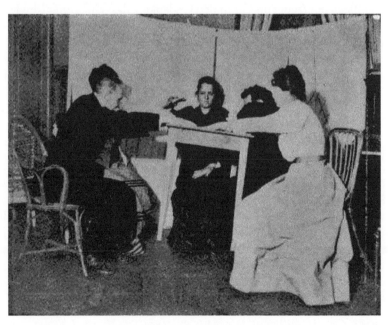

FOTO DESSELBEN TISCHES, DER AUF EINE HÖHE VON
25 ZENTIMETERN ANGEHOBEN WURDE. HERGESTELLT VON MG DE
FONTENAY.

MG de Fontenay gelang es, im Magnesiumlicht mehrere Photographien zu machen. Ich gebe hier zwei davon wieder (Tafel VI.). Es sind fünf Experimentatoren beteiligt, und zwar von links nach rechts M. Blech, Mme. Z. Blech, Eusapia, ich selbst und Mlle. Blech. Auf der ersten Photographie ruht der Tisch auf dem Boden. Auf der zweiten schwebt er in der Luft, so hoch wie die Arme, in einer Höhe von etwa 25 cm auf der linken und 20 cm auf der rechten Seite. Mein rechter Fuß ruht auf Eusapias Füßen und meine rechte Hand auf ihren Knien. Mit meiner linken Hand halte ich ihre linke Hand. Die Hände aller anderen liegen auf dem Tisch. Es ist ihr daher völlig unmöglich, irgendeine Muskelbewegung auszuführen. Diese photographische Aufzeichnung bestätigt die von Tafel I. und es fällt mir schwer, ihren unbestreitbaren dokumentarischen Wert nicht anzuerkennen. [24]

Nach dieser Sitzung war mein sehnlichster Wunsch, die gleichen Experimente bei mir zu Hause wiederholt zu sehen. Trotz aller Sorgfalt, die ich bei meinen Beobachtungen an den Tag legte, können mehrere Einwände gegen die absolute Gewissheit der Phänomene erhoben werden. Der wichtigste ergibt sich aus der Existenz des kleinen dunklen Kabinetts. Persönlich war ich von der vollkommenen Redlichkeit der ehrenwerten Familie Blech überzeugt und kann den Gedanken, dass eines ihrer Mitglieder irgendwelche Tricks begangen haben könnte, nicht akzeptieren. Aber die Meinung der Leser des offiziellen Berichts ist vielleicht nicht so sicher. Es war nicht *unmöglich* , dass, selbst ohne dass die Familienmitglieder davon wussten, jemand mit der Duldung des Mediums in den Raum glitt, begünstigt durch das schwache Licht, und die Phänomene hervorrief. Ein Komplize, der ganz in Schwarz gekleidet und barfuß ging, wäre in der Lage gewesen, die Instrumente in die Luft zu halten, sie in Bewegung zu versetzen, die Berührungen vorzunehmen und die schwarze Maske am Ende eines Stabes in Bewegung zu versetzen usw.

Dieser Einwand könnte bestätigt oder entkräftet werden, wenn ich die Experimente in meinem Haus in einem Zimmer, das mir gehört, wiederhole, wo ich absolut sicher sein kann, dass kein Komplize eintreten kann. Ich würde selbst den Vorhang anbringen, ich würde die Stühle aufstellen, ich würde sicherstellen, dass Eusapia allein in meine Gemächer kommt, ich würde sie bitten, sich in Anwesenheit zweier Prüferinnen aus- und anzuziehen, und jeder Verdacht auf Betrug, der ihrer eigentlichen Persönlichkeit fremd wäre, wäre damit zunichte gemacht.

Zu dieser Zeit (1898) bereitete ich für *die Annales politiques et litteraires* einige Artikel über übersinnliche Phänomene vor, die später, überarbeitet und erweitert, mein Werk *Das Unbekannte bildeten* . Der hervorragende und mitfühlende Herausgeber der Zeitschrift erkundete eifrig mit mir die besten Mittel, dieses Schema persönlicher Erfahrungen umzusetzen. Auf unsere Einladung hin kam Eusapia nach Paris, um den Monat November 1898 zu verbringen und uns acht Séancen speziell zu widmen – nämlich den 10., 12., 14., 16., 19., 21., 25. und 28. November. Wir hatten mehrere Freunde eingeladen, dabei zu sein. Über jede dieser Séancen verfassten mehrere Anwesende, insbesondere MM, einen formellen Bericht. Charles Richet, A. de Rochas, Victorien Sardou, Jules Claretie, Adolphe Brisson, Réne Baschet, Arthur Lévy, Gustave Le Bon, Jules Bois, Gaston Méry, G. Delanne, G. de Fontenay, G. Armelin, André Bloch usw.

Wir trafen uns in meinem Salon in der Avenue de l'Observatoire in Paris. Es gab keine besonderen Vorkehrungen, außer dass in einer Ecke vor der Ecke zwei Vorhänge aufgehängt waren, wodurch eine Art dreieckiges Kabinett entstand, dessen Wände durchgehend waren, ohne Türen oder Fenster. Die Vorderseite des Kabinetts wurde durch diese beiden Vorhänge verschlossen, die von der Decke bis zum Boden reichten und sich in der Mitte trafen.

Der Leser soll sich bitte vorstellen, dass das Medium vor einem solchen Schrank sitzt, mit einem weißen Holztisch (Küchentisch) vor sich.

Hinter dem Vorhang, auf dem Sockel eines vorspringenden Bücherregals und auf einem Tisch platzierten wir eine Gitarre, außerdem eine Geige, ein Tamburin, ein Akkordeon, eine Spieldose, Kissen und mehrere kleine Gegenstände, die von der unbekannten Kraft geschüttelt, ergriffen und umhergeworfen werden sollten.

Das erste Ergebnis dieser Sitzungen in meinem Haus in Paris war die absolute Feststellung, dass die Hypothese eines Verbündeten unzulässig ist und vollständig ausgeschlossen werden muss. Eusapia handelt allein.

Die fünfte Sitzung brachte mich außerdem zu der Annahme, dass diese Phänomene (zumindest in einer bestimmten Anzahl) dann auftreten, wenn Eusapias Hände von zwei Personen festgehalten werden, und dass sie trotz gewisser möglicher Tricks im Allgemeinen nicht mit ihren Händen handelt. Man müsste nämlich zugeben (eine abscheuliche Ketzerei!), dass eine dritte Hand in organischer Verbindung mit ihrem Körper gebildet werden könnte!

Vor jeder Sitzung wurde Eusapia im Beisein zweier Damen aus- und wieder angezogen. Diese hatten die Aufgabe, darauf zu achten, dass sie unter ihrer Kleidung keine Trickgeräte verbarg.

Es würde zu lange dauern, die Einzelheiten dieser acht Sitzungen im Detail zu beschreiben, und es würde teilweise bedeuten, das zu wiederholen, was bereits im ersten Kapitel und auf den vorhergehenden Seiten beschrieben und kommentiert wurde. Aber es wird nicht uninteressant sein, hier die

Einschätzung einiger der Teilnehmer wiederzugeben, indem einige der Berichte wiedergegeben werden.

Ich werde mit dem von M. Arthur Lévy beginnen, da er die Installation, den Eindruck, den ein Medium auf ihn machte, und den größten Teil der beobachteten Tatsachen sehr ausführlich beschreibt.

Bericht von M. Arthur Lévy

(Sitzung vom 16. November)

Was ich erzählen werde, habe ich gestern bei Ihnen zu Hause gesehen. Ich habe es mit Misstrauen betrachtet und alles genau beobachtet, was einem Betrug ähneln könnte. Und nachdem ich es gesehen hatte, fand ich es so weit jenseits dessen, was wir uns normalerweise vorstellen, dass ich mich immer noch frage, ob ich es wirklich gesehen habe. Doch ich muss gestehen, dass ich nicht geträumt habe.

Als ich in Ihren Salon kam, fand ich die Möbel und alle anderen Einrichtungen wie üblich vor. Beim Betreten konnte ich nur eine einzige Veränderung auf der linken Seite bemerken, wo zwei dicke Vorhänge aus grauem und grünem Rips eine kleine Ecke verbargen. Eusapia sollte ihre Wunder vor dieser Art von Nische vollbringen. Dies war die geheimnisvolle Ecke: Ich untersuchte sie sehr genau. Darin befanden sich ein kleiner runder, nicht abgedeckter Tisch, ein Tamburin, eine Geige, ein Akkordeon, Kastagnetten und ein oder zwei Kissen. Nach diesem Vorsichtsbesuch war ich sicher, dass zumindest an diesem Ort keine Vorbereitungen getroffen worden waren und dass keine Kommunikation mit der Außenwelt möglich war.

Ich beeile mich zu sagen, dass wir von diesem Moment an bis zum Ende der Experimente den Raum keine einzige Minute verließen und dass wir sozusagen unsere Augen ständig auf diese Ecke gerichtet hatten, deren Vorhänge jedoch immer halb geöffnet waren.

Einige Augenblicke nach meiner Besichtigung des Kabinetts erscheint Eusapia, die berühmte Eusapia. Wie fast immer sieht sie ganz anders aus, als ich erwartet hatte. Wo ich erwartet hatte – ich weiß nicht genau, warum – eine große, dünne Frau mit starrem Blick, durchdringenden Augen, knochigen Händen und abrupten Bewegungen, aufgeregt von Nerven, die unter ständiger Anspannung unaufhörlich zittern, zu sehen, finde ich eine Frau in den Vierzigern, ziemlich rundlich, mit ruhiger Ausstrahlung, weichen Händen, einfachen Manieren und etwas schüchtern. Insgesamt hat sie das Aussehen einer hervorragenden Frau aus dem Volk. Doch zwei Dinge fesseln die Aufmerksamkeit, wenn man sie ansieht. Erstens funkeln ihre großen Augen, erfüllt von einem seltsamen Feuer, in ihren Höhlen oder scheinen erfüllt zu sein von schnellen Schimmern phosphoreszierenden

Feuers, manchmal bläulich, manchmal golden. Wenn ich nicht befürchten würde, dass die Metapher im Zusammenhang mit einer Neapolitanerin zu einfach ist, würde ich sagen, dass ihre Augen wie das glühende Lavafeuer des Vesuvs wirken, wenn man sie in einer dunklen Nacht aus der Ferne betrachtet.

Die andere Besonderheit ist ein Mund mit seltsamen Konturen. Wir wissen nicht, ob er Belustigung, Leid oder Verachtung ausdrückt. Diese Eigenheiten prägen sich fast gleichzeitig in unser Gedächtnis ein, ohne dass wir wissen, auf welche wir unsere Aufmerksamkeit richten sollen. Vielleicht finden wir in diesen Gesichtszügen einen Hinweis auf Kräfte, die in ihr wirken und deren Herrin sie nicht ganz ist.

Sie setzt sich, greift in alle Gemeinplätze des Gesprächs ein und spricht mit sanfter, melodischer Stimme, wie viele Frauen ihres Landes. Sie verwendet eine Sprache, die für sie selbst schwierig und für andere nicht weniger schwierig ist, denn sie ist weder Französisch noch Italienisch. Sie unternimmt große Anstrengungen, um sich verständlich zu machen, und tut dies manchmal durch Mimikry (oder Zeichensprache) und indem sie versucht, das zu bekommen, was sie will. Eine ständige Reizung des Halses, wie ein in kurzen Abständen wiederkehrender Blutdruck, zwingt sie jedoch zum Husten und zum Bitten um Wasser. Ich gestehe, dass diese Anfälle, bei denen ihr Gesicht tiefrot wurde, mir große Angst machten. Würden wir an dem Tag, an dem er auf der Bühne zu hören war, die unvermeidliche Unpässlichkeit des seltenen Tenors erleben? Glücklicherweise geschah nichts dergleichen. Es war eher ein Zeichen des Gegenteils und schien ein Vorbote der extremen Aufregung zu sein, die sie an diesem Abend ergreifen sollte. Es ist tatsächlich sehr bemerkenswert, dass von dem Moment an, als sie sich – wie soll ich es sagen? – in einen arbeitsfähigen Zustand versetzte, der Husten und das Halskratzen völlig verschwanden.

Als ihre Finger auf schwarze Wolle gelegt wurden – um ehrlich zu sein, auf den Hosenstoff eines der Gefährten – lenkte Eusapia unsere Aufmerksamkeit auf die Art von durchsichtigen Abdrücken, die auf ihnen (den Fingern) entstanden waren, eine verzerrte, verlängerte zweite Kontur. Sie sagt uns, dass dies ein Zeichen dafür sei, dass ihr heute große Macht verliehen werden werde.

Während wir reden, stellt jemand eine Briefwaage auf den Tisch. Sie legt ihre Hände auf beide Seiten der Briefwaage und lässt die Nadel in einem Abstand von vier Zoll auf die Nummer 35 laufen, die auf dem Zifferblatt der Waage eingraviert ist . Eusapia selbst bat uns, uns durch Inspektion davon zu überzeugen, dass sie *kein* Haar hatte, das von einer Hand zur anderen führte und mit dem sie betrügerisch auf das Tablett der Briefwaage drücken konnte.

Dieses kleine Nebenspiel fand statt, als alle Lampen des Salons voll erleuchtet waren. Dann begann die Hauptreihe der Experimente.

Wir sitzen um einen rechteckigen Tisch aus weißem Holz, den üblichen Küchentisch. Wir sind zu sechst. Dicht am Vorhang, an einem der schmalen Enden des Tisches, sitzt Eusapia; links von ihr, ebenfalls am Vorhang, sitzt M. Georges Mathieu, ein Agraringenieur am Observatorium in Juvisy; als nächstes kommt meine Frau; M. Flammarion steht am anderen Ende, Eusapia gegenüber; dann Mme. Flammarion; schließlich ich selbst. Ich sitze also rechts von Eusapia und ebenfalls am Vorhang. M. Mathieu und ich halten jeweils eine Hand des Mediums, das auf seinem Knie ruht, und außerdem stellt Eusapia einen ihrer Füße auf unsere. Folglich kann keine Bewegung ihrer Beine oder Arme unserer Aufmerksamkeit entgehen. Beachten Sie daher gut, dass diese Frau nur ihren Kopf und ihre Büste benutzen kann, wobei letztere natürlich ohne Verwendung der Arme ist und in direktem Kontakt mit unseren Schultern steht.

Wir legen unsere Hände auf den Tisch. Nach wenigen Augenblicken beginnt er zu schwingen, steht auf einem Bein, schlägt auf den Boden, bäumt sich auf, erhebt sich ganz in die Luft – manchmal zwölf Zoll, manchmal acht Zoll über dem Boden. Eusapia stößt einen schrillen Schrei aus, der einem Freudenschrei, einem Schrei der Erlösung ähnelt; der Vorhang hinter ihr bläht sich auf und kommt, so aufgeblasen er ist, auf den Tisch zu. Weitere Schläge sind auf dem Tisch zu hören und gleichzeitig auf dem Boden in einer Entfernung von etwa zehn Fuß von uns. All dies bei vollem Licht.

Eusapia ist bereits aufgeregt und bittet mit flehender Stimme und gebrochenen Worten, das Licht zu dimmen. Sie kann das grelle Licht in ihren Augen nicht ertragen. Sie behauptet, sie sei gequält und möchte, dass wir uns beeilen; „denn", fügt sie hinzu, „ihr werdet schöne Dinge sehen." Nachdem einer von uns die Lampe auf den Boden hinter dem Klavier gestellt hat, in die Ecke gegenüber unserem Platz (in einer Entfernung von etwa sieben Metern), sieht Eusapia das Licht nicht mehr und ist zufrieden; aber wir können Gesichter und Hände unterscheiden. Man darf nicht vergessen, dass M. Mathieu und ich jeweils einen Fuß des Mediums auf unseren haben und dass wir ihre Hände und Knie halten und gegen ihre Schultern drücken.

Der Tisch wackelt ständig und macht plötzliche Stöße. Eusapia fordert uns auf, hinzusehen. Über ihrem Kopf erscheint eine Hand. Es ist eine kleine Hand, wie die eines kleinen Mädchens von fünfzehn Jahren, die Handfläche nach vorn, die Finger aneinandergelegt, der Daumen abgespreizt. Die Farbe dieser Hand ist bläulich; ihre Form ist weder starr noch flüssig; man könnte eher sagen, es sei die Hand einer großen, mit Kleie ausgestopften Puppe.

Wenn sich die Hand vom helleren Licht wegbewegt, während dieses verschwindet – ist das eine optische Täuschung? –, scheint sie ihre Form zu verlieren, als würden alle Finger gebrochen, angefangen beim Daumen.

M. Mathieu wird von einer Kraft, die hinter dem Vorhang wirkt, heftig gestoßen. Eine starke Hand drückt gegen ihn, sagt er. Auch sein Stuhl wird gestoßen. Etwas zieht an seinen Haaren. Während er sich über die Gewalt beschwert, die ihm angetan wird, hören wir den Klang des Tamburins, das dann schnell auf den Tisch geworfen wird. Als nächstes kommt die Geige auf die gleiche Weise an, und wir hören ihre Saiten klingen. Ich ergreife das Tamburin und frage den Unsichtbaren, ob er es nehmen möchte. Ich spüre eine Hand, die das Instrument ergreift. Ich bin nicht bereit, es loszulassen. Jetzt entbrennt ein Kampf zwischen mir und einer Kraft, die ich als beträchtlich einschätze. In dem Gerangel drückt eine heftige Kraft das Tamburin in meine Hand, und die Becken dringen in das Fleisch ein. Ich fühle einen scharfen Schmerz, und es fließt viel Blut. Ich lasse den Griff los. Gerade jetzt stelle ich im Licht fest, dass ich unter dem rechten Daumen eine tiefe Schnittwunde von fast einem Zoll Länge habe. Der Tisch zittert weiter, schlägt mit doppelten Schlägen auf den Boden, und das Akkordeon wird auf den Tisch geworfen. Ich packe es an der unteren Hälfte und frage den Unsichtbaren, ob er es am anderen Ende herausziehen kann, um es zum Spielen zu bringen. Der Vorhang geht nach vorne, und der Balg des Akkordeons wird systematisch hin und her bewegt, seine Tasten werden berührt, und mehrere verschiedene Töne sind zu hören.

Eusapia stößt wiederholt Schreie aus, eine Art Rasseln in der Kehle. Sie windet sich nervös und schreit, als ob sie um Hilfe rufen würde: „ *La catena! la catena!* " („Die Kette! Die Kette!"). Wir bilden daraufhin die Kette, indem wir uns an den Händen fassen. Dann wendet sie sich, als ob sie einem Ungeheuer die Stirn bieten würde, mit entzündeten Blicken einem riesigen Diwan zu, der daraufhin *auf uns zumarschiert* . Sie sieht ihn mit einem satanischen Lächeln an. Schließlich bläst sie auf den Diwan, der sofort an seinen Platz zurückgeht.

Eusapia, schwach und niedergeschlagen, bleibt relativ ruhig. Dennoch ist sie niedergeschlagen; ihre Brust hebt und senkt sich heftig; sie legt ihren Kopf auf meine Schulter.

M. Mathieu, der die Schläge, die er ständig erhält, satt hat, bittet darum, mit jemandem den Platz zu tauschen. Ich stimme zu. Er tauscht mit Mme. F., die dann rechts von Eusapia sitzt, während ich links von ihr sitze. Mme. F. und ich halten unentwegt die Füße, Hände und Knie des Mediums fest. MF stellt eine Wasserflasche und ein Glas in die Mitte des Tisches. Die raschen, ruckartigen Bewegungen des letzteren stoßen die Wasserflasche um und das Wasser wird über ihre Oberfläche verschüttet. Das Medium verlangt gebieterisch, dass die Flüssigkeit aufgewischt wird; das Wasser auf dem Tisch macht sie blind, quält und lähmt sie, sagt sie. MF fragt den Unsichtbaren, ob er Wasser in das Glas gießen kann. Nach einigen Augenblicken rückt der Vorhang vor, die Karaffe wird ergriffen und das Glas scheint halb voll zu sein. Das geschieht mehrere Male.

Frau F. kann die Schläge, die man ihr durch den Vorhang hindurch versetzt, nicht mehr ertragen und tauscht mit ihrem Mann den Platz.

Ich lege meine Repetieruhr auf den Tisch. Ich frage den Unsichtbaren, ob er den Wecker schlagen kann. (Der Mechanismus des Weckers ist sehr schwer zu verstehen und schwierig zu bedienen, selbst für mich, der ich ihn jeden Tag tue. Er besteht aus einem kleinen, in zwei Hälften geschnittenen Rohr, dessen eine Hälfte sanft über die andere gleitet. In Wirklichkeit gibt es nur einen Vorsprung von einem Fünfzigstel Zoll Rohrdicke, auf den man mit dem Fingernagel drücken und ziemlich stark stoßen muss, um den Wecker zu starten.) Im nächsten Moment wird die Uhr vom „Geist" übernommen. Wir hören, wie sich der Aufzugsmechanismus dreht. Die Uhr kommt zurück auf den Tisch, ohne geläutet worden zu sein.

Es wird erneut verlangt, dass der Alarm ertönt. Die Uhr wird erneut genommen; man hört, wie sich das Gehäuse öffnet und schließt. (Jetzt kann ich dieses Gehäuse nicht mit meinen Händen öffnen: Ich muss es mit einem Werkzeug wie einem Hebel aufhebeln.) Die Uhr kommt erneut zurück, ohne geklingelt zu haben.

Ich gestehe, dass ich eine Ernüchterung empfand. Ich spürte, dass ich an der Größe der okkulten Macht zweifeln würde, die sich doch sehr deutlich gezeigt hatte. Warum konnte diese Uhr nicht Alarm schlagen? Hatte ich mit meiner Bitte die Grenzen ihrer Macht überschritten? Sollte ich die Ursache dafür sein, dass all die gut belegten Phänomene, von denen wir Zeugnis ablegen konnten, die Hälfte ihres Wertes einbüßten? Ich sagte laut:

„Soll ich zeigen, wie der Alarm funktioniert?"

„Nein, nein!", antwortet Eusapia herzlich, „das wird es."

Ich möchte hier anmerken, dass mir in dem Moment, als ich den Mechanismus zeigen wollte, durch den Kopf ging, wie man auf das kleine Rohr drückt. Sofort wurde die Uhr wieder auf den Tisch gebracht, und wir hörten es dreimal ganz deutlich Viertel vor elf schlagen.

Eusapia war offensichtlich sehr müde; ihre brennenden Hände schienen sich zusammenzuziehen oder zu schrumpfen; sie keuchte laut mit keuchender Brust, ihr Fuß löste sich jeden Augenblick von meinem, schabte über den Boden und rieb mühsam hin und her. Sie stieß heisere, keuchende Schreie aus, zuckte die Schultern und grinste höhnisch; das Sofa kam nach vorne, als sie es ansah, wich dann aber vor Schreck zurück; alle Instrumente wurden kreuz und quer auf den Tisch geworfen; das Tamburin erhob sich fast bis zur Höhe der Decke; die Kissen machten bei dem Spiel mit und warfen alles auf dem Tisch um; MM wurde von seinem Stuhl geworfen. Dieser Stuhl – ein schwerer Esszimmerstuhl aus schwarzem Nussbaum mit gepolsterter Sitzfläche – erhob sich in die Luft, landete mit großem Geklapper auf dem Tisch und wurde dann heruntergestoßen.

Eusapia wirkt wie zusammengeschrumpft und ist sehr betroffen. Wir haben Mitleid mit ihr. Wir bitten sie aufzuhören. „Nein, nein!", schreit sie. Sie erhebt sich, wir mit ihr; der Tisch hebt sich vom Boden, erhebt sich auf eine Höhe von sechsundsechzig Zentimetern und fällt dann klappernd herunter.

Eusapia sinkt ausgestreckt in einen Sessel. Wir sitzen da, beunruhigt, erstaunt, bestürzt, mit einem angespannten und beengten Gefühl im Kopf, als wäre die Atmosphäre elektrisch aufgeladen.

Mit vielen Vorsichtsmaßnahmen gelingt es MF, Eusapias Aufregung zu beruhigen. Nach etwa einer Viertelstunde kommt sie wieder zu sich. Als die Lampen wieder angezündet werden, sieht man, dass sie sehr verändert ist, ihr Blick ist trübe, ihr Gesicht scheint auf die Hälfte seiner üblichen Größe geschrumpft zu sein. In ihren zitternden Händen spürt sie das Stechen von Nadeln, die sie uns bittet, herauszuziehen. Nach und nach kommt sie wieder ganz zu sich. Sie scheint sich an nichts zu erinnern und unsere erstaunten Äußerungen überhaupt nicht zu verstehen. All das ist ihr so fremd, als wäre sie bei der Sitzung nicht anwesend gewesen. Es interessiert sie nicht. Was sie betrifft, scheint es, als würden wir über Dinge sprechen, von denen sie nicht die geringste Ahnung hat.

Was haben wir gesehen? Ein Geheimnis aller Geheimnisse!

Wir haben jede Vorsichtsmaßnahme ergriffen, um nicht Opfer von Komplizenschaft und Betrug zu werden. Übermenschliche Kräfte wirkten in unserer Nähe, so nah, dass wir den Atem eines Lebewesens hörten – wenn es denn ein Lebewesen war –, das waren die Dinge, die unsere Augen zwei tödliche Stunden lang wahrnahmen.

Und wenn uns im Rückblick Zweifel kommen, müssen wir zu dem Schluss kommen, dass unter den gegebenen Bedingungen die zur Erzielung solcher Effekte erforderlichen Tricks mindestens ebenso phänomenal sein würden wie die Effekte selbst.

Wie sollen wir das Geheimnis benennen?

Soviel zum Bericht von M. Arthur Lévy. Zu den Berichten meiner Experimentatorkollegen habe ich im Augenblick keinen Kommentar abzugeben. Das Wesentliche ist meiner Ansicht nach, jedem seine eigene

Darlegung und sein persönliches Urteil zu überlassen. Ich werde mit den anderen Berichten, die noch folgen werden, genauso verfahren. Ich werde die wichtigsten wiedergeben. Trotz einiger unvermeidlicher Wiederholungen werden sie sicherlich mit großem Interesse gelesen werden, insbesondere wenn wir das hohe intellektuelle Ansehen der Beobachter berücksichtigen.

Bericht von Herrn Adolphe Brisson.

(Séance vom 10. November)

(Bei dieser Sitzung waren neben den Gastgebern der Veranstaltung Herr Prof. Richet, Herr und Frau Ad. Brisson , Frau Fourton, Herr André Bloch und Herr Georges Mathieu anwesend.)

Die folgenden Vorkommnisse habe ich persönlich mit größter Aufmerksamkeit beobachtet. Ich hörte nicht ein einziges Mal auf, Eusapias linke Hand in meiner rechten Hand zu halten, und spürte auch nicht, dass wir in Kontakt waren. Der Kontakt wurde nur zweimal unterbrochen, nämlich in dem Moment, als Dr. Richet ein Stechen in seinem Arm spürte. Eusapias Hand entglitt mit heftigen Bewegungen meinem Griff; aber ich ergriff sie nach zwei oder drei Sekunden wieder.

1. Nachdem die Sitzung begonnen hatte, das heißt nach etwa zehn Minuten, wurde der Tisch von Eusapia weggehoben, wobei zwei seiner Beine gleichzeitig den Boden verließen.

2. Fünf Minuten später blähte sich der Vorhang auf, als ob ihn eine starke Brise aufgeblasen hätte. Meine Hand ließ die von Eusapia nicht los und drückte sanft gegen den Vorhang, und ich spürte einen Widerstand, als ob ich gegen das Segel eines Schiffes gedrückt hätte, das vom Wind aufgebauscht wurde.

3. Nicht nur blähte sich der Vorhang auf und bildete eine große Tasche, sondern die senkrechte Kante des Vorhangs, die das Fenster berührte, bewegte sich automatisch zur Seite und zog sich zurück, als würde sie von einem unsichtbaren Vorhanghalter geschoben, und machte ungefähr diese Art von Bewegung.

4. Der Vorhang, der erneut aufgeblasen wurde, nahm die Form einer Nase oder eines Adlerschnabels an und ragte etwa 20 bis 25 Zentimeter über den Tisch hinaus. Diese Form war mehrere Sekunden lang sichtbar.

5. Hinter dem Vorhang hörten wir das Geräusch eines Stuhls, der über den Boden rollte. Mit einem ersten Stoß gelangte er bis zu mir. Ein zweiter Stoß stellte ihn auf den Kopf, die Füße in der Luft, in die abgebildete Position. Es war ein schwerer, gepolsterter Stuhl. Weitere Stöße bewegten ihn wieder, hoben ihn hoch und ließen ihn Purzelbäume schlagen. Schließlich blieb er fast an der Stelle stehen, an der er umgefallen war.

6. Wir hörten das Geräusch von zwei oder drei Gegenständen, die auf den Boden fielen (ich meine Gegenstände hinter dem Vorhang auf dem Mitteltisch). Der Vorhang teilte sich in der Mitte, und im trüben Licht erschien die kleine Geige. Von einer unsichtbaren Hand in der Luft gehalten, kam sie sanft über unseren Tisch nach vorne, wo sie auf meiner Hand und der meines Nachbarn zur Linken landete. [25]

Zweimal erhob sich die Geige vom Tisch und fiel sofort wieder zurück, wobei sie einen kräftigen Sprung machte, wie ein Fisch, der in den Sand zappelt. Dann glitt sie zu Boden, wo sie bis zum Ende der Sitzung regungslos liegen blieb.

7. Hinter dem Vorhang war ein neues rollendes Geräusch zu hören. Diesmal war es der Mitteltisch. Mit einer ersten, ziemlich kräftigen Anstrengung konnte er bis zur Hälfte der Tischplatte hochklettern. Mit einer zweiten Anstrengung kam er oben an und blieb auf meinem Unterarm liegen.

8. Mehrmals spürte ich deutlich leichte Schläge auf meiner rechten Seite, als ob sie mit der Spitze eines scharfen Gegenstandes ausgeführt worden wären. Aber die Wahrheit zwingt mich zu der Feststellung, dass diese Schläge nicht mehr erfolgten, nachdem Eusapias Füße von M. Bloch unter den Tisch gehalten wurden. Ich stelle diesen Zusammenhang fest, ohne daraus irgendeine Vermutung gegen Eusapias Loyalität abzuleiten. Ich habe umso weniger Grund, sie zu verdächtigen, da ihr linker Fuß während der ganzen Sitzung meinen rechten Fuß nicht verließ.

Bericht von M. Victorien Sardou

(Sitzung vom 19. November)

(Bei dieser Séance waren neben den Gastgebern des Abends MV Sardou, M. und Mme. Brisson, MA de Rochas, M. Prof. Richet, MG de Fontenay, M. Gaston Méry, Mme. Fourton, M. und Mlle. des Varennes anwesend).

Ich werde hier nur von Phänomenen berichten, die ich persönlich in der Sitzung vom letzten Samstag kontrolliert habe. Daher sage ich nichts über die Einrichtung des Raumes, über die Experimentatoren, noch über die Ereignisse, die zuerst im Dunkeln hervorgerufen wurden und die alle Teilnehmer bestätigen konnten, wie etwa knackende Geräusche im Tisch, Levitationen, Verschiebungen des Tisches, Klopfen usw., sowie das Wegblasen des Vorhangs über dem Tisch, das Heranholen der Geige, des Tamburins usw.

Eusapia lud mich ein, den Platz an ihrer Seite einzunehmen, den M. Brisson geräumt hatte, und ich setzte mich zu ihrer Linken, während du deinen Platz zu ihrer Rechten behieltest. Ich nahm ihre linke Hand in meine rechte, während meine linke Hand, die auf dem Tisch lag, die meiner Nachbarin berührte, worauf das Medium mehrmals bestand, damit die Kette nicht zerriss. Ihr linker Fuß ruhte auf meinem rechten Fuß. Während des ganzen Experiments ließ ich ihre Hand keine Sekunde los. Sie hielt meine Hand mit starkem Druck und sie folgte ihr bei all ihren Bewegungen. Ebenso blieb ihr Fuß immer in Kontakt mit meinem. Mein Fuß blieb immer in Kontakt mit ihrem, wenn sie mit dem Fuß auf dem Boden schabte, ihren Platzwechsel machte, schrumpfte, zuckte usw., was nie etwas Verdächtiges an sich hatte, noch war es von der Art, dass es die Ereignisse erklären konnte, die neben mir, hinter mir, um mich herum und auf mir stattfanden.

Zuerst, und weniger als eine Minute nachdem ich links vom Medium platziert worden war, wurde der Vorhang, der mir am nächsten war, aufgeblasen und streifte mich, als ob er von einem Windstoß getrieben worden wäre. Dann spürte ich dreimal auf meiner rechten Seite einen Druck, der nur einen Moment anhielt, aber sehr deutlich war. In diesem Moment befanden wir uns in einem sehr schwachen Licht, das jedoch ausreichte, um die Gesichter und Hände aller Anwesenden deutlich sichtbar zu machen. Nach Eusapias heftigen Nervenkontraktionen, Kämpfen und energischen Stößen (genau wie jene, die ich in ähnlichen Fällen anderswo gesehen hatte und die nur diejenigen in Erstaunen versetzen, die diese Phänomene ein wenig studiert haben), wurde plötzlich der Vorhang, der mir am nächsten war, mit einer erstaunlichen Antriebskraft zwischen Eusapia und mir nach vorne geblasen, in Richtung des Tisches, wodurch das Gesicht des Mediums vollständig vor mir verborgen wurde; und die Geige, die zusammen mit dem Tamburin vor meiner Einführung in die dunkle Kammer zurückgestellt worden war, wurde wie von einem unsichtbaren Arm in die Mitte des Tisches geschleudert. Hierzu muss der Arm den Vorhang angehoben und mitgezogen haben.

Danach kehrte der Vorhang in seine ursprüngliche Position zurück, jedoch nicht vollständig; er blieb zwischen Eusapia und mir noch immer ein wenig aufgebauscht, und eine seiner Falten blieb auf der Tischkante neben mir liegen.

Dann nahmen Sie die Geige und hielten sie in einer solchen Entfernung von den beiden Vorhängen weg, dass sie für die Gesellschaft vollständig sichtbar war, und forderten den okkulten Agenten auf, sie zu nehmen.

Dies geschah, und der geheimnisvolle Agent nahm es mit zurück in die dunkle Kammer, mit ebenso viel gutem Willen, wie er gezeigt hatte, als er es herbeigebracht hatte.

Dann fiel die Geige hinter den Vorhängen auf den Boden. Einer von ihnen, der mir am nächsten war, richtete sich wieder auf, und eine Zeitlang hörte ich rechts von mir auf dem Boden hinter den Vorhängen eine Art Gerangel zwischen der Geige und dem Tamburin, die verschoben, hin und her gerissen und hochgehoben wurden und dabei laut aufeinanderprallten und widerhallten. Und doch war es unmöglich, diese Erscheinungen Eusapia zuzuschreiben, deren Fuß sich nicht bewegte, sondern fest gegen meinen gedrückt blieb.

Kurz darauf spürte ich hinter dem Vorhang an meinem rechten Bein das Reiben eines harten Körpers, der auf mich klettern wollte, und ich dachte, es sei die Geige. Und tatsächlich war es so; und nach einem erfolglosen Versuch, höher als mein Knie zu klettern, fiel dieses anscheinend lebendige Wesen mit einem Knall auf den Boden.

Fast augenblicklich spürte ich einen neuen Druck auf meiner rechten Hüfte und erwähnte den Umstand. Du löstest deine linke Hand von der Kette, drehtest dich zu mir um und vollführtest zweimal in der Luft die Geste eines Orchesterleiters, der seinen Taktstock hin und her bewegt. Und jedes Mal spürte ich mit absoluter Präzision an meiner Seite die Rückwirkung eines Schlags, der genau deiner Geste entsprach, mich mit einer Verzögerung von ungefähr einer Sekunde erreichte und der mir genau der Zeit zu entsprechen schien, die für die Übertragung einer Billardkugel oder eines Tennisballs von dir zu mir erforderlich ist.

Jemand, ich glaube Dr. Richet, sprach damals von Schlägen auf die Schultern der Anwesenden, bei denen die Bewegung und Form einer menschlichen Hand deutlich zu erkennen waren. Als Beweis für seine Bemerkung möchte ich anführen, dass ich nacheinander drei Schläge auf die linke Schulter erhielt (das heißt, die am weitesten vom Vorhang und vom Medium entfernte), die heftiger waren als die vorhergehenden; diesmal war der starke Druck der fünf

Finger sehr deutlich zu spüren. Dann ein letzter Schlag mit der flachen Hand ins Kreuz, der mich zwar nicht im Geringsten verletzte, aber stark genug war, um mich unwillkürlich nach vorne zum Tisch zu beugen.

Einige Augenblicke später bewegte sich mein Stuhl unter mir, glitt über den Boden und wurde so verschoben, dass ich der dunklen Kammer leicht den Rücken zuwandte.

Ich überlasse es anderen Zeugen, die Ergebnisse ihrer persönlichen Beobachtungen zu schildern, wie zum Beispiel die Geige, die Sie vom Boden aufgehoben und auf den Tisch zurückgelegt hatten, von Frau Brisson hingehalten wurde, wie Sie es bereits getan hatten, und auf die gleiche Weise vor aller Augen in die Höhe gehoben wurde, während ich die linke Hand von Eusapia hielt, Sie ihre rechte Hand, und Sie mit der frei gebliebenen Hand das Handgelenk ihrer linken Hand drückten.

Auch von einem Handdruck durch die Öffnung im Vorhang sage ich nichts, da ich selbst nichts davon gesehen habe.

Was ich jedoch sehr gut sehen konnte, war das plötzliche Auftauchen von drei sehr hellen kleinen Lichtern zwischen meinem Nachbarn und mir. Sie erloschen sofort und wirkten wie eine Art Irrlicht, ähnlich elektrischen Funken, die mit großer Geschwindigkeit kommen und gehen.

Kurz gesagt, ich kann hier nur wiederholen, was ich im Laufe dieser Experimente gesagt habe: „Wenn ich vor vierzig Jahren nicht überzeugt gewesen wäre, wäre ich es heute Abend."

Bericht von M. Jules Claretie.

(Séance vom 25. November)

(Anwesend bei dieser Sitzung waren neben den Gastgebern der Veranstaltung Herr Jules Claretie und sein Sohn, Herr Brisson, Herr Louis Vignon, Frau Fourton, Frau Gagneur, MG Delanne, Herr René Baschet, Herr und Frau Basilewska sowie Herr Mairet, Fotograf.)

Ich beschreibe nur die Eindrücke, die ich nach dem Augenblick empfing, als Eusapia, die meine Hand genommen hatte, als M. Brisson noch neben ihr saß, mich bat, sie wieder an mich zu legen. Ich bin sicher, dass ich Eusapias Hand während all der Experimente nicht losließ. Jeden Augenblick spürte ich den Druck ihres Fußes auf meinem, besonders deutlich war der der Ferse. Ich glaube nicht, dass ich meine Finger auch nur einen Augenblick entspannte oder die Hand, die ich hielt, losließ. Ich war beeindruckt vom Pochen der Arterien an den Enden von Eusapias Fingern: Das Blut raste fieberhaft durch sie hindurch.

Ich saß neben dem Vorhang. Es versteht sich von selbst, dass er sich von rechts nach links oder von links nach rechts bewegte, so wie es geschah. Was ich nicht verstehen kann, ist, dass er sich aufblähen konnte, bis er wie ein vom Wind aufgeblähtes Segel über dem Tisch schwebte.

Ich spürte zuerst einen leichten Schlag auf meiner rechten Seite. Dann packten mich *durch den Vorhang* zwei Finger und zwickten mich in die Wange. Der Druck der beiden Finger war deutlich zu spüren. Ein heftigerer Schlag als der erste traf mich auf die rechte Schulter, als käme er von einem harten, eckigen Körper. Mein Stuhl wurde zweimal bewegt und gedreht, zuerst nach hinten, dann nach vorne.

Diese beiden Finger, die mich in die Wange zwickten, hatte ich schon gespürt – bevor ich mich an Eusapias Seite setzte –, als ich das kleine weiße Buch, das mir M. Flammarion gegeben hatte, vor den Vorhang hielt. Dieses Buch wurde von *zwei nackten Fingern* ergriffen (ich sage nackt, weil die Falten des Vorhangs sie nicht bedeckten) und verschwand dann. Ich sah diese Finger nicht: ich berührte sie, oder sie berührten mich, wenn Sie so wollen. Mein Sohn streckte eine lederne Zigarrenspitze aus und reichte sie herüber, die auf die gleiche Weise ergriffen wurde.

Einer der Anwesenden sah, wie eine ziemlich schwere kleine Spieluhr auf die gleiche Weise verschwand.

Kaum einen Augenblick später wurde die Kiste mit ziemlicher Gewalt von unserer Seite weggeschleudert. Ich kann die Wucht des Wurfs und das Gewicht des Gegenstands besser einschätzen, weil er mich unter dem Auge traf und ich heute Morgen noch die nur allzu deutliche Spur davon im Gesicht habe und den Schmerz spüre. Ich verstehe nicht, wie eine Frau, die neben mir sitzt, die Kraft aufbringen kann, eine Kiste, die sozusagen aus ziemlicher Entfernung geflogen sein muss, mit solcher Wucht zu werfen.

Ich stelle jedoch fest, dass alle Phänomene auf derselben Seite des Vorhangs auftreten, nämlich dahinter oder durch ihn hindurch, wenn Sie so wollen. Ich sah belaubte Zweige auf den Tisch fallen, aber sie kamen von der Seite des besagten Vorhangs. Einige Leute behaupten, sie hätten einen grünen Zweig durch das offene Fenster zur Cassini Street hereinkommen sehen. Aber das habe ich nicht gesehen.

Hinter dem Vorhang, ganz in meiner Nähe, stand ein kleiner runder Tisch. Eusapia nimmt meine Hand und legt sie, die sie in ihrer hält, auf den runden Tisch. Ich fühle, wie dieser Tisch zittert und sich bewegt. In einem bestimmten Moment glaube ich, zwei Hände neben mir und auf meiner zu spüren. Ich täusche mich nicht; aber diese zweite Hand ist die von M. Flammarion, der auf seiner Seite die Hand des Mediums hält. Der runde Tisch bewegt sich. Er verlässt den Boden, er erhebt sich. Ich spüre dies sofort. Dann hebt sich der Vorhang und breitet sich sozusagen über den Tisch aus, und ich kann deutlich sehen, was dahinter vor sich geht. Der runde Tisch bewegt sich, er erhebt sich, er fällt.

Plötzlich kippt es teilweise um, erhebt sich und kommt auf mich zu, auf mich. Es steht nicht mehr senkrecht, sondern ist in horizontaler Position zwischen dem Tisch und mir eingeklemmt. Es kommt mit so viel Kraft, dass ich zurückschrecke, die Schultern anziehe und versuche, meinen Stuhl zurückzuschieben, um dieses bewegliche Möbelstück passieren zu lassen. Es scheint, als würde es wie ein Lebewesen zwischen dem Tisch und mir kämpfen. Oder es scheint auch wie ein belebtes Wesen, das gegen ein Hindernis kämpft, vorbei oder weitergehen möchte und dazu nicht in der Lage ist, weil es vom Tisch oder von mir aufgehalten wird. In einem bestimmten Moment liegt der runde Tisch auf meinen Knien und er bewegt sich, er kämpft (ich wiederhole das Wort), ohne dass ich mir erklären kann, welche Kraft ihn bewegt.

Diese Kraft ist gewaltig. Der kleine Tisch stößt mich buchstäblich zurück und vergeblich werfe ich mich nach hinten, um ihn vorbeizulassen.

Einige der Anwesenden, darunter auch M. Baschet, sagten mir, dass es in diesem Augenblick auf zwei Fingern ruhte. Zwei Finger der Eusapia heben den runden Tisch an! [26]

Doch ich, der weder ihre linke Hand noch ihren Fuß losgelassen hatte – ich, der den kleinen runden Tisch neben mir hatte (der in der Halbdunkelheit, an die wir gewöhnt waren, gut sichtbar war) – sah nichts, noch nahm ich irgendeine Anstrengung seitens Eusapia wahr.

Ich hätte gern *Lichtphänomene gesehen* , Visionen von grellem Licht, plötzlich aufblitzenden Feuern. M. Flammarion hoffte, dass wir einige davon sehen würden. Er bat darum. Aber Eusapia war offensichtlich von dieser langen und sehr interessanten Sitzung erschöpft. Sie bat um „ *un poco di luce* “ („ein wenig Licht“). Die Lampen wurden wieder angezündet. Alles war vorbei.

Heute Morgen erinnere ich mich mit einer Art ängstlicher Neugier an die kleinsten Einzelheiten dieser faszinierenden Soirée. Als wir zum Observatorium zurückkehrten und unsere liebenswürdigen Gastgeber verließen, fragte ich mich, ob ich geträumt hatte. Aber ich sagte mir: „Wir waren Zeugen der geschickten Darbietungen einer Taschenspielerin; wir waren Zeugen bloßer Theatertricks." Mein Sohn erinnerte mich an die Wunder der Geschicklichkeit der Brüder Isola. Heute Morgen macht mich das Nachdenken seltsamerweise zugleich noch verwirrter und weniger ungläubig. Wir waren vielleicht Zeugen (und wir waren zweifellos Zeugen) der Manifestation einer unbekannten Kraft, die später untersucht und vielleicht eines Tages genutzt werden wird. Ich würde es nicht länger wagen, die Echtheit des Spiritismus zu leugnen. Es handelt sich nicht um eine Frage des tierischen Magnetismus: Es ist etwas anderes, ich weiß nicht was; ein *Quid Divinum* (ein göttliches Etwas), obwohl die Wissenschaft es eines Tages analysieren und katalogisieren wird. Was mich vielleicht am meisten erstaunte, war der Vorhang, der sich wie ein Segel aufblähte! Woher kam der Windstoß? Es hätte schon einer leichten Brise bedurft, um dem Ganzen so viel Leben einzuhauchen. Doch ich diskutiere nicht: Ich gebe meine Beweise ab. Ich habe diese Dinge gesehen, sie sorgfältig beobachtet. Ich werde lange darüber nachdenken. Ich bleibe hier nicht stehen. Ich werde nach einer Erklärung suchen. Vielleicht werde ich eine finden. Aber so viel ist sicher, dass wir angesichts all dessen, was uns im Moment unerklärlich erscheint, bescheiden sein sollten, und dass wir, bevor wir etwas bejahen oder verneinen, abwarten und uns unser Urteil vorbehalten sollten.

Während ich in der Zwischenzeit meinen rechten Oberzahn abtaste, der ein wenig schmerzt, denke ich an diese Zeile von Regnard und erlaube mir, sie ein wenig zu zerpflücken, während ich mich an die harte Spieluhr erinnere:

„ Ich sehe, dass es ein Körper und kein Geist ist. "
(Ich sehe, dass es ein Körper und kein Geist ist.)

Bericht von Dr. Gustave Le Bon

(Sitzung vom 28. November)

(Bei dieser Sitzung waren außer den Gastgebern M. und Mme. Brisson, MM. Gustave Le Bon, Baschet, de Sergines, Louis Vignon, Laurent, Ed. de Rothschild, Delanne, Bloch, Mathieu, Ephrussi, Mme. la Comtesse de Chevigné, Mmes. Gagneur, Syamour, Fourton, Basilewska, Bisschofsheim anwesend.)

Eusapia ist zweifellos ein wunderbares Thema. Es kam mir wunderbar vor, dass sie, während ich ihre Hand hielt, auf einem imaginären Tamburin spielte, dem die Klänge des Tamburins hinter dem Vorhang genau entsprachen.

Ich sehe in einem solchen Fall, ebenso wenig wie im Fall der Tabelle, keinen möglichen Trick.

Meine Zigarettenspitze wurde von einer sehr starken Hand gepackt und mit viel Kraft entriss sie mir das Objekt. Ich war auf der Hut und bat darum, das Experiment noch einmal zu sehen. Das Phänomen war so einzigartig und jenseits unseres Vorstellungsvermögens, dass wir zunächst natürliche Erklärungen versuchen müssen.

1. Es ist unmöglich, dass es Eusapia gewesen sein kann. Ich hielt eine ihrer Hände und *schaute auf den anderen Arm* , und ich platzierte meine Zigarettenspitze in einer solchen Position, dass sie, *selbst wenn sie beide Arme frei gehabt* hätte, nicht in der Lage gewesen wäre, so etwas Wunderbares zu vollbringen.

2. Es ist unwahrscheinlich, dass es sich um einen Komplizen gehandelt haben könnte; aber ist es nicht möglich, dass Eusapias Unterbewusstsein dem Unterbewusstsein einer Person in der Nähe des Vorhangs nahegelegt hat, mit der Hand dahinter zu greifen und dort zu operieren? Jeder würde in gutem Glauben handeln und wäre vom Unterbewusstsein getäuscht worden. Dieser wichtige Punkt sollte überprüft werden, denn kein Experiment wäre so wertvoll, wenn es einmal *demonstriert worden wäre* .

Könnte Eusapias Abreise nicht verschoben werden? Wir werden keine ähnliche Gelegenheit mehr haben, und wir sollten dieses Phänomen mit der Hand unbedingt aufklären.

Es ist ganz offensichtlich, dass der Tisch angehoben wurde; aber das ist ein materielles Phänomen, das man ohne weiteres zugeben kann. Die Hand, die nach meiner Zigarettenspitze griff, vollführte einen Willensakt, der auf Intelligenz schließen lässt, aber die andere Hand ist nichts dergleichen. Eusapia könnte einen Tisch bis auf eine Höhe von drei Fuß anheben, ohne dass sich dadurch meine wissenschaftliche Vorstellung von der Welt ändern würde; aber die Einmischung eines Geistes ins Spiel zu bringen, würde die Existenz von Geistern beweisen, und Sie sehen die Folgen.

Was die Hand betrifft, die das Zigarettenetui ergriff, so ist es absolut sicher, dass es nicht Eusapias Hand war (Sie wissen, dass ich sehr skeptisch bin und mich umschaute); aber in der Nähe des Vorhangs, im Salon, waren ziemlich viele Leute, und Sie hörten mich mehrmals Leute bitten, vom Vorhang wegzutreten. Wenn wir beide Eusapia *ganz allein hätten studieren können* , in einem Zimmer, zu dem wir den Schlüssel hatten, wäre das Problem bald gelöst.

Ich konnte diese Aussage nicht bestätigen, da die Sitzung, bei der Dr. Le Bon anwesend war, die letzte war, die Eusapia in meinem Haus abgehalten hatte. Aber sein Einwand ist wertlos. Ich bin absolut sicher, dass weder in diesem noch in irgendeinem anderen Fall jemand hinter den Vorhang geschlüpft ist . Auch meine Frau war besonders damit beschäftigt, zu beobachten, was in diesem Teil des Zimmers vor sich ging, und konnte nie etwas Verdächtiges entdecken. Es gibt nur eine Hypothese, nämlich, dass Eusapia die Gegenstände selbst berührte. Da Dr. Le Bon erklärt, dass dies unmöglich sei, da er sie selbst persönlich untersuchte, sind wir gezwungen, die Existenz einer unbekannten psychischen Kraft anzunehmen. [27]

Bericht von M. Armelin

(Sitzung vom 21. November)

(Für diese Sitzung hatte ich drei Mitglieder der Astronomischen Gesellschaft Frankreichs gebeten, die strengste Kontrolle auszuüben, die möglich ist: M. Antoniadi, meinen Assistenten des Astronomen am Observatorium von Juvisy, M. Mathieu, Agraringenieur am selben Observatorium, und M. Armelin, Sekretär der Astronomischen Gesellschaft. Der letztgenannte Herr schickte mir den folgenden Bericht. Anwesend waren außerdem M. und Mme. Brisson, M. Baschet, M. Jules Bois, Mme. Fourton, Mme. La Comtesse de Labadye.)

Um Viertel vor zehn nimmt Eusapia Platz, mit dem Rücken zu der Stelle, wo die beiden Vorhänge zusammentreffen, und ihre Hände ruhen auf dem Tisch. Auf Einladung von M. Flammarion nimmt M. Mathieu rechts von ihr Platz, mit der Aufgabe, ständig auf ihre linke Hand zu achten, und M. Antoniadi wird angewiesen, dasselbe für ihre rechte Hand zu tun. Sie achten auch auf ihre Füße. Rechts von M. Mathieu sitzt Mme. la Comtesse de Labadye; links von M. Antoniadi Mme. Fourton. Eusapia gegenüber, zwischen Mmes. de Labadye und Fourton, sitzen die M. Flammarion, Brisson, Baschet und Jules Bois.

Der Gasleuchter ist angezündet und das volle Licht eingeschaltet. Dieser Leuchter hängt fast über dem Tisch. Eine kleine Lampe mit Schirm steht auf dem Boden hinter einem Sessel, nahe der gegenüberliegenden Seite des Raumes, in Richtung seiner größten Länge und links vom Kamin.

Fünf Minuten vor zehn wird der Tisch von der dem Medium gegenüberliegenden Seite angehoben und fällt mit einem Knall zurück.

Um zehn Uhr erhebt er sich von der Seite des Mediums, das seine Hände zurückzieht, während die anderen Personen ihre Hände hochhalten. Derselbe Effekt wird dreimal erzielt. Beim zweiten Mal, während der Tisch in der Luft ist, erklärt M. Antoniadi, dass er sich mit seinem ganzen Gewicht darauf stützt und ihn nicht absenken kann. Beim dritten Mal stützt sich M. Mathieu auf dieselbe Weise darauf und erfährt denselben Widerstand. Währenddessen hält Eusapia ihre geschlossene Faust etwa zehn Zentimeter über dem Tisch und sieht aus, als würde sie etwas fest umklammern. Die Aktion dauert mehrere Sekunden. Es besteht keinerlei Zweifel an dieser Levitation. Als der Tisch zurückfällt, erfährt Eusapia so etwas wie eine Entspannung nach einer großen Anstrengung.

Um 10.03 Uhr wird der Tisch sofort von seinen vier Füßen abgehoben, zuerst auf der dem Medium gegenüberliegenden Seite, wobei er etwa 20 cm hoch steigt; dann fällt er abrupt zurück. *Während er in der Luft ist, ruft Eusapia ihre beiden Nachbarn zu sich, um zu bezeugen, dass sie ihre Hände und Füße festhalten und dass sie den Tisch nicht berührt.*

Dann sind leichte Schläge auf dem Tisch zu hören. Eusapia lässt M. Antoniadi seine Hand etwa 20 cm über den Tisch heben und klopft dreimal mit ihren Fingern auf seine Hand. Die drei Schläge sind gleichzeitig auf dem Tisch zu hören.

Um zu beweisen, dass sie weder ihre Hände noch ihre Füße benutzt, setzt sie sich seitlich auf ihren linken Stuhl, streckt ihre Beine aus und stellt ihre Füße auf die Kante des Stuhls von M. Antoniadi: Sie ist voll zu sehen und ihre Hände werden gehalten. Sofort wird der Vorhang in Richtung MA geschüttelt.

Von 10.10 bis 10.15 Uhr sind mehrmals hintereinander fünf Klopfgeräusche im Tisch zu hören. Jedes Mal wird das Gas etwas zurückgedreht und jedes Mal bewegt sich der Tisch berührungslos.

Bei 10,20 hält es das Gleichgewicht, schwebt in der Luft und ruht auf den beiden Beinen der längeren Seite. Dann *erhebt es sich von seinen vier Füßen auf eine Höhe von 20 cm* .

10.25. Der Vorhang bewegt sich, und M. Flammarion sagt, dass sich dahinter jemand befindet, dass jemand seine Hand drückt. Er streckt seine Hand in einer Entfernung von etwa zehn Zentimetern zum Vorhang aus. Der Vorhang wird in eine Art Tasche geschoben, die von einer sich nähernden Hand gebildet wird. Das Medium schreit mit nervösem Lachen: „Nimm es, nimm es." MA spürt durch den Vorhang die Berührung eines weichen Körpers, wie eines Kissens. Aber die Hand von MF wird nicht ergriffen. Man hört, wie sich Gegenstände bewegen, darunter die Glöckchen eines Tamburins.

Plötzlich verlässt das Medium M. Mathieu und streckt seine Hand über den Tisch nach M. Jules Bois aus, der sie ergreift. In diesem Moment fällt hinter dem Vorhang ein Gegenstand mit lautem Geräusch zu Boden.

10.35. Eusapia befreit ihre rechte Hand wieder, hebt sie über ihre linke Schulter, die Finger nach vorne, in einem Abstand von mehreren Zentimetern vom Vorhang, und schlägt vier oder fünf Schläge in die Luft, die man auf dem Tamburin hört. Mehrere Personen glauben, durch den Spalt zwischen den Vorhängen ein Irrlicht zu sehen.

Bis zu diesem Punkt wurde das Gas allmählich abgesenkt. Nach Ablauf eines ganzen Augenblicks stelle ich fest, dass ich nicht mehr lesen kann, aber ich kann die horizontalen Zeilen meiner Schrift sehr deutlich erkennen. Ich kann die Stunde genau auf meiner Uhr erkennen, ebenso wie die Gesichter der

Anwesenden (insbesondere das von Eusapia), die dem Licht zugewandt sind. Das Gas ist nun vollständig erloschen.

Um 10.40 Uhr ist das Gas ausgegangen, ich kann meine Uhr immer noch ablesen, wenn auch mit Schwierigkeiten; ich sehe immer noch die Zeilen meiner Schrift, kann aber nicht lesen.

Eusapia möchte, dass jemand ihren Kopf hält, was auch geschieht. Dann bittet sie jemanden, ihre Füße zu halten. M. Baschet kniet unter dem Tisch nieder und hält sie fest.

M. Antoniadi ruft: „Ich bin gerührt!" und sagt, er habe eine Hand gespürt. Ich habe ganz deutlich gesehen, wie sich der Vorhang aufblähte. Mme. Flammarion, deren Silhouette ich mit nach vorn geneigtem Kopf auf dem hellen Glas des Fensters sehe, geht hinter den Vorhang, um sich zu vergewissern, dass das Medium keine verdächtigen Bewegungen macht.

Nachdem eine der Anwesenden den Platz gewechselt hat, beschwert sich Eusapia: „ *La catena! la catena!* " („Die Kette! Die Kette!"). Die Kette wird wiederhergestellt.

Um 10.45 Uhr wird der Vorhang wieder hochgezogen. Ein Stoß ist zu hören. Der runde Tisch berührt den Ellbogen von M. Antoniadi. Mme. Flammarion, die immer wieder hinter den Vorhang geschaut hat, sagt, sie sehe den runden Tisch umgedreht. Seine Füße sind in der Luft und er bewegt sich hin und her. Sie glaubt, in Bodennähe Lichtschimmer zu sehen.

M. Mathieu spürt, wie eine Hand und ein Arm den Vorhang gegen ihn drücken. M. Antoniadi sagt, er werde von einem Kissen berührt; sein Stuhl werde nach hinten gezogen und drehe sich unter ihm, als drehe er sich. Erneut werde er von einem Gegenstand am Ellbogen berührt.

Es steht fest, dass M. Jules Bois Eusapias rechte Hand über dem Tisch hält; M. Antoniadi versichert uns, dass er ihre linke Hand hält und M. Mathieu ihre Füße.

Der Vorhang wird noch einmal zweimal geschüttelt; M. Antoniadi wird sehr heftig in den Rücken geschlagen, sagt er, und eine Hand zieht ihn an den Haaren. Das einzige Licht, das noch übrig ist, ist die kleine Lampe mit Schirm hinter einem Sessel am anderen Ende des Salons. Ich schreibe weiter, aber meine Striche nehmen alle möglichen Formen an.

Plötzlich ruft M. Antoniadi aus, er sei von dem Vorhang umhüllt, der auf seinen Schultern ruht. Eusapia ruft: „Was ist das, das über mich hinweggeht?" Der runde Tisch kommt unter dem Vorhang hervor. Mme. Flammarion, die gegenüber dem Fenster steht und immer wieder hinter den Vorhang geschaut hat, sagt, sie sehe einen sehr weißen Gegenstand. Im selben Moment rufen Mme. Flammarion, Mme. Fourton und M. Jules Bois aus, sie hätten gerade zwischen den Vorhängen über Eusapias Kopf eine weiße Hand gesehen; und im selben Moment sagt M. Mathieu, dass an seinen Haaren gezogen wird. Die Hand, die wir sahen, schien klein, wie die einer Frau oder eines Kindes.

„Wenn dort eine Hand ist", sagt M. Flammarion, „könnte sie vielleicht einen Gegenstand greifen?" M. Jules Bois hält ein Buch in die Mitte des rechten Vorhangs. Das Buch wird genommen und zwei Sekunden lang festgehalten. Mme. Flammarion, deren Silhouette ich immer auf dem hellen Glas des Fensters sehe und die hinter den Vorhang blickt, *ruft, sie habe das Buch hindurchgehen sehen*.

MF schlägt vor, eine Kerze anzuzünden und nachzuprüfen. Aber alle sind sich einig, dass der Vorhang seine Position bereits geändert haben könnte. Einen Moment später bläst sich der Vorhang wieder auf, und M. Antoniadi sagt, er sei vier- oder fünfmal auf die Schulter geschlagen worden. Eusapia hat ihn mehr als zehnmal gefragt, ob er wirklich „ *seguro* " (sicher) sei, dass er ihre Hand und ihren Fuß festhalte.

„Ja, ja", antwortet er, „ *seguro, segurissimo* " („sicher, ganz sicher").

Frau Fourton sagt, sie habe zum zweiten Mal eine ausgestreckte Hand gesehen, die diesmal die Schulter von Herrn Antoniadi berührte. Herr Jules Bois sagt, er habe zum zweiten Mal eine ausgestreckte Hand am Ende eines kleinen Arms gesehen, die Finger bewegten sich, die Handfläche zeigte nach vorne. (Es ist unmöglich zu entscheiden, ob diese beiden Visionen gleichzeitig stattfanden oder nicht.)

Wir gewöhnen uns an die fast völlige Dunkelheit; ich kann auf meiner Uhr immer noch „11.15" lesen. M. Antoniadi sagt, sein Ohr sei sehr stark eingeklemmt. M. Mathieu sagt, er sei berührt. M. Antoniadi spürt, wie an seinem Stuhl gezogen wird: Er fällt auf den Boden. Er hebt ihn wieder an und setzt sich darauf, und er bekommt wieder einen sehr starken Schlag auf die Schulter.

Gegen 11.20 Uhr wird M. Flammarion auf Eusapias Bitte hin von M. Mathieu abgelöst. Er hält ihre beiden Füße und eine Hand; M. Antoniadi hält die andere Hand. Die Lampe wird noch weiter heruntergelassen. Die Dunkelheit ist fast vollständig. M. Flammarion bemerkt, dass offensichtlich eine unbekannte physikalische Kraft anwesend ist, aber vielleicht keine individuelle Persönlichkeit, spürt jedoch plötzlich, wie jemand (oder etwas) seine Hand packt, und wird unterbrochen. Kurz darauf beschwert er sich, dass an seinem Bart gezogen wird (auf der dem Medium gegenüberliegenden Seite, wo ich bin. Ich habe nichts wahrgenommen).

Um 11.30 Uhr wird die Lampe angemacht. Es ist verhältnismäßig hell im Zimmer. Nach all diesen Bewegungen sieht man, wie der Vorhang immer mehr zur Seite geschoben wird und Eusapias Kopf umhüllt. Plötzlich sehen wir alle über ihrem Kopf langsam das Tamburin erscheinen und mit einem Geräusch wie von Schafsglocken auf den Tisch fallen. Es scheint mir heller, als es das schwache Glimmen der verborgenen Lampe rechtfertigen würde, und als ob es von weißen phosphoreszierenden Schimmern begleitet wäre; aber es sind vielleicht Lichtblitze von seinen vergoldeten Ornamenten, die jedoch gelber erscheinen sollten.

Als die Lampe heruntergedreht wird, hört man das Geräusch von Möbeln, die sich bewegen. Der runde Tisch wird ganz nach oben auf den großen Tisch gehoben. Er wird weggenommen, und das Tamburin führt ganz allein einen Tanz mit einem eigenartigen Klang auf, der an das Läuten von Glocken erinnert. Mme. Fourton sagt, man habe ihr die Hand gedrückt und den Unterarm eingeklemmt.

Um 11.45 Uhr wird der Fenstervorhang seinerseits geschlossen; und nach einem Moment sehen wir alle in der Richtung, in der der Spalt im Eckvorhang sein sollte, über Eusapias Kopf, einen großen weißen Stern in der Farbe von Vega, allerdings größer und von weicherem Licht, der einige Sekunden bewegungslos verharrt und dann erlischt. Kurz darauf läuft ein Zickzack-Lichtschimmer derselben weißen Farbe über den rechten Vorhang und zeichnet zwei oder drei aufrechte Linien von mehreren Zoll Länge, wie ein stark verlängertes N.

Obwohl es schon dunkel ist, fällt durch die beiden vorhanglosen Fenster und das schwache Leuchten der Lampe hinter dem Sessel noch genügend Licht ins Zimmer, sodass jeder von uns seine Nachbarn erkennen kann. Unsere Silhouetten sind in dem großen Spiegel neben uns und über dem Sofa zu erkennen. Die weißen Kragen der Männer sind deutlich zu erkennen, ihre Gesichter etwas weniger deutlich. Doch zu meiner Linken sehe ich ganz deutlich Monsieur Baschet und zu meiner Rechten Mme. Brisson, die dastehen und ihre Hand vors Gesicht halten, um die Augen abzuschirmen. Ich erkenne auch Mme. Flammarion, die gekommen ist und sich neben sie gesetzt hat.

M. Flammarion spürt, wie ein Gegenstand über sein Haar gleitet. Er bittet Mme. de Labadye, ihn zu ergreifen; und eine Spieldose fällt ihm in die Hände, die vor der Sitzung auf dem Dach in der durch den Vorhang verdeckten Ecke stand. M. Brisson hat den Platz am Tisch eingenommen, an dem zuvor M. Flammarion gesessen hatte, gegenüber von Eusapia. Ein Kissen trifft ihn mitten ins Gesicht. Als ich mich dem Spiegel nähere, sehe ich im verhältnismäßig hellen Licht am anderen Ende des Raumes die Spiegelung dieses vorbeiziehenden Kissens.

M. Baschet ergreift den Gegenstand und stützt seinen Ellenbogen darauf. Er wird ihm entrissen, fliegt über unsere Köpfe hinweg, prallt gegen den Spiegel, fällt auf das Sofa und rollt auf meinen Fuß. Und das alles, ohne dass ich eine Bewegung des Mediums wahrnehmen kann.

Mitternacht naht. Die Sitzung wird vertagt.

Anschließend erklären die Herren Antoniadi und Mathieu, dass die ihnen aufgetragene Kontrolle nicht erfolgreich gewesen sei und dass sie nicht sicher seien, ob sie das Medium immer in der Hand gehabt hätten.

Bericht von M. Antoniadi

(Die gleiche Séance)

Ich werde Ihnen einen genauen Bericht über die Rolle geben, die ich gespielt habe, um Ihren Wunsch, die Wahrheit zu erfahren, zu befriedigen.

Ich beschränkte mich darauf, festzustellen, ob es *ein einziges Phänomen gab*, das nicht auf einfachste Weise erklärt werden konnte, und kam zu dem Schluss, dass es keins gab. Ich versichere Ihnen auf mein Ehrenwort, dass meine wachsame, stille Haltung *mich zweifelsfrei davon überzeugt hat, dass alles von Anfang bis Ende Betrug ist*; dass es keinen Zweifel daran gibt, dass Eusapia ihre Hände oder Füße bewegt und dass die Hand oder der Fuß, die man zu kontrollieren glaubt, im Moment der Entstehung der Phänomene nie festgehalten oder sehr stark gedrückt wird. Meine sichere Schlussfolgerung ist, dass *nichts* ohne den Austausch der Hände entsteht. Ich muss hinzufügen, dass ich zunächst sehr erstaunt war, als ich hinter dem Vorhang heftig in den Rücken geschlagen wurde, während ich mit meiner rechten Hand ganz offensichtlich *zwei Hände hielt*. Glücklicherweise jedoch, als uns Mme. Flammarion in diesem Moment ein wenig Licht gegeben hatte, sah ich, dass ich die *rechte* Hand von Eusapia hielt und – Ihre!

Die Ersetzung wird von Eusapia mit außerordentlicher Geschicklichkeit vorgenommen. Um dies festzustellen, musste ich meinen Geist mit größter Aufmerksamkeit auf ihre kleinsten Bewegungen konzentrieren. Aber der erste Schritt ist teuer; und nachdem ich mit ihren Kunstgriffen vertraut war, konnte ich *alle* Phänomene allein durch das Tastgefühl mit Sicherheit vorhersagen.

Da ich ein guter Beobachter bin, bin ich absolut sicher, dass ich nicht getäuscht wurde. Ich war weder hypnotisiert, noch hatte ich während des „Hineinbringens" der Gegenstände irgendwelche Angst. Und da ich kein Geisteskranker bin, glaube ich, dass meinen Behauptungen ein gewisses Gewicht beigemessen werden sollte.

Es stimmt, dass ich während der Sitzung nicht aufrichtig war und die Wahrheit über die Wirksamkeit meiner Kontrolle verschleierte. Ich tat das nur mit der Absicht, Eusapia glauben zu lassen, ich sei zum Spiritismus konvertiert. Ich tat das, um *einen Skandal zu vermeiden* . Aber als die Sitzung vorbei war, erstickte mich die Wahrheit und ich war äußerst eifrig dabei, sie meinem großen Wohltäter und offiziellen Vorgesetzten mitzuteilen.

Es ist nicht ratsam, zu bejahend zu sein. Aus diesem Grund war ich bei der Interpretation von Naturphänomenen immer zurückhaltend. Folglich kann ich nicht so furchtbar bejahend sein, dass ich einen Eid auf die absolute Scharlatanerie der Manifestationen von Eusapia schwöre, bevor ich, wie Shakespeare sagt, „die Gewissheit doppelt gesichert" habe.

Ich hege keine persönlichen Ambitionen im spiritistischen Bereich, und alle sorgfältigen Beobachtungen, die ich während dieser Séance vom 21. November machte, sind nur ein weiterer Baustein zum Aufbau der Wahrheit.

Es ist kein Vorurteil , dass ich nicht an die Realität dieser Erscheinungen glaube, und ich kann Ihnen versichern: Wenn ich das kleinste Phänomen sehen könnte, das wirklich außergewöhnlich oder unerklärlich wäre, würde ich der Erste sein, der meinen Irrtum eingestehen würde.

Durch die Lektüre mehrerer Bücher bin ich zu der Einsicht gelangt, dass diese Erscheinungen durchaus real sein könnten, doch meine direkte Erfahrung hat mich vom Gegenteil überzeugt.

Meine Offenheit in diesem Bericht grenzt leider an Indiskretion. Doch Offenheit ist hier gleichbedeutend mit Hingabe, denn es wäre ein Verrat an Ihnen, wenn ich auch nur einen Augenblick der heiligen Sache der Wahrheit untreu wäre.

Bericht von M. Mathieu.

(Séance vom 25. November)

Die Sitzung beginnt um 9.30 Uhr. M. Brisson, Leiter links, stellt seine Füße auf Eusapias Füße; M. Flammarion, Leiter rechts, hält ihre Knie. In einem Moment neigt sich der Tisch nach rechts, seine beiden linken Füße werden angehoben und dann fällt er zurück; dann folgt das Anheben der beiden rechten Füße und schließlich das Anheben des ganzen Tisches von seinen vier Füßen auf eine Höhe von etwa sieben Zoll über dem Boden (Kontakt der Füße ist sicher und die Knie sind bewegungslos). Ich mache ein Foto.

Bei 9.37 Uhr ein leichtes Anheben auf der linken Seite, dann ein Anheben auf der rechten Seite und ein vollständiges Schweben (Foto).

Während der Tisch schwebt, wird der Salon von einem starken Auer-Brenner beleuchtet. Dieser erlischt nun und wird durch eine kleine Lampe ersetzt, die hinter einem Kaminschirm am anderen Ende des Raumes steht. Absolute Kontrolle der Hände und Füße durch MM. Brisson und Flammarion.

M. Brisson wird leicht an der rechten Hüfte berührt, und in diesem Moment sind die beiden Hände von Eusapia deutlich zu sehen.

Um 9.48 Uhr wackelt der Vorhang und bläst sich dann dreimal hintereinander auf. M. Brisson wird erneut an der rechten Hüfte berührt; der Vorhang wird wie von einem Vorhangband zurückgezogen. M. Flammarion, der Eusapias Hand hält, macht drei Gesten, und jeder seiner Gesten entspricht eine neue Divergenz der Portière. Eusapia empfiehlt, dass wir „auf die Temperatur des Mediums achten; wir werden feststellen, dass sie sich nach jedem Phänomen ändert."

Um 9.57 Uhr wird das Licht schwächer und ist von da an sehr schwach. Der Vorhang bauscht sich auf, und im selben Moment wird M. Brisson berührt; dann wird der Vorhang mit Gewalt über den Tisch geschleudert. Auf Eusapias Bitte berührt M. Delanne leicht ihren Kopf von hinten, und der Vorhang zittert leicht.

Eusapia bittet darum, ein Fenster in der Mitte des Salons teilweise zu öffnen, und sagt, dass wir etwas Neues sehen werden. M. Flammarion hält mit seiner linken Hand die Knie des Mediums und mit seiner rechten Hand das Handgelenk, den Daumen und die Handfläche ihrer rechten Hand vor sich auf Augenhöhe. M. Brisson hält die linke Hand. Eusapia scheint etwas aus der Richtung des Fensters zu rufen, gestikuliert und sagt: „Ich werde es fangen." Dann kommt ein kleiner Ligusterzweig und berührt M. Flammarions Hand, der anscheinend von irgendwo in der Nähe des Fensters kommt. MF nimmt diesen Zweig. Einen Moment später kommen zwei Spindelbaumzweige hinter dem Vorhang auf Höhe von M. Brissons Kopf hervor und über den Rand des Vorhangs, der hochgezogen und zurückgezogen wird. Die Zweige fallen auf den Tisch.

M. Brisson, der die ganze Zeit links von Eusapia steht, wird als nächstes an der Hüfte berührt, und zwar *in einem Augenblick, in dem die Hand des Mediums sich auf Höhe von M. Flammarions Bart befindet* . Dann wird M. Brissons Stuhl hin und her gezogen und geschoben. Hinter dem Vorhang hören wir deutlich Geräusche vom Schütteln des runden Tisches, auf dem das Tamburin steht. Es werden bestimmte Vibrationen des Tamburins erzeugt, die den Bewegungen des runden Tisches entsprechen. In diesem Augenblick erwähnt M. Brisson die Tatsache, dass er den Fuß des Mediums etwa eine halbe Sekunde lang nicht berührt hat, doch dann hält er ihre beiden Daumen etwa 25 Zentimeter voneinander entfernt, und M. Flammarion hat ihre rechte Hand dicht an seiner Brust. Die rechte Hand von M. Brisson, die die linke von Eusapia hält, geht hinter den Vorhang, und M. Brisson sagt, er habe den Eindruck von etwas wie einem bauschigen Rock, der an seinem Knöchel ruht.

Daraufhin kommt es zu erneuten Erschütterungen und Stößen des runden Tisches und des Tamburins, wobei der runde Tisch verschoben wird. (Zweifellos kontrolliert durch MM. Flammarion und Brisson.)

10.30 Uhr. Klappergeräusche des runden Tisches im Kabinett sind zu hören. M. Flammarion macht Gesten mit der Hand, und im dunklen Kabinett finden synchrone Bewegungen des Tisches und des Tamburins statt.

10.35. Eusapia bittet um ein paar Minuten Ruhe. Die Sitzung wird um 10.43 Uhr fortgesetzt. Die Geige und die Glocke werden mit Wucht durch den Spalt im Vorhang geschleudert (M. Brisson versichert, dass er Eusapias linke Hand am Daumen auf ihren Knien festhält, und M. Flammarion die ganze rechte Hand). In diesem Moment wird mit Blitzlicht ein Foto gemacht. Schreie und Stöhnen von Eusapia, geblendet vom Licht.

Die Sitzung beginnt einige Minuten später erneut, und M. Jules Claretie, der links von M. Brisson sitzt, wird zweimal von einer Hand an den Fingern berührt. M. Baschet, der etwas abseits vom Tisch steht, hält eine Geige zum Vorhang: Die Geige wird ergriffen und in den Schrank geworfen. Er hält ein Buch zum Vorhang: Dieses Buch wird ergriffen, fällt aber *vor dem Vorhang auf den Boden* .

M. Claretie präsentiert eine Zigarettenspitze und spürt eine Hand, die versucht, sie zu ergreifen, aber er wehrt sich und lässt sie nicht los. M. Flammarion fordert ihn auf, den Gegenstand loszulassen: Die Hand trägt die Beute davon. Einen Moment später wird dieser Gegenstand aus dem Spalt zwischen den beiden Vorhängen gegen Mme de Basilewska am anderen Ende des Tisches geworfen. Er wurde in der Mitte des Vorhangs präsentiert und wieder entfernt.

Um elf Uhr bittet Eusapia um etwas mehr Licht. M. Claretie hat anstelle von M. Brisson die Leitung der linken Seite übernommen. Er wird auf der linken Seite berührt. Dann wird der runde Tisch umgeworfen, während er sich dem großen Tisch nähert . M. Claretie bemerkt, dass sich sein Stuhl nach hinten bewegt, als würde er zurückgezogen; dann wird er an die Schulter geschlagen und spürt einen starken Druck unter der Achselhöhle. Der Vorhang nähert sich plötzlich M. Claretie, streift ihn und umhüllt ihn und das Medium. M. Claretie wird dann in die Wange gekniffen. M. Flammarion hält dem Vorhang die Hand von Mme. Fourton hin, und die beiden Hände werden durch den Vorhang hindurch gekniffen.

Die Spieldose, die sich im dunklen Kabinett befindet, fällt auf den Tisch. Mmes Gagneur und Flammarion erwähnen gleichzeitig eine Hand. M. Baschet hält die Spieldose dem Vorhang hin. Eine Hand ergreift sie durch den Vorhang. Er wehrt sich, die Hand stößt ihn weg. Er hält sie erneut hin, die Hand ergreift sie und wirft sie zurück. Die so geworfene Dose verletzt M. Claretie, der unterhalb des linken Auges getroffen wird. Das Tamburin wird nach vorne auf den Tisch geworfen, nachdem es einen Moment über dem Kopf des Mediums in der Luft geblieben ist.

Um 11.15 Uhr schwebt der Tisch für sieben oder acht Sekunden. Absolute Kontrolle durch MM. Flammarion und Claretie. M. Flammarion wird mit einer Hand am Knie geklemmt. Anschließend wird der runde Tisch auf die Knie von M. Claretie gelegt und ihm trotz seines ganzen Widerstands aufgezwungen. Der Tisch schwebt bei vollem Licht. Überprüfung der Füße. Die Füße eines der Kontrolleure befinden sich unten, die des anderen darüber und die des Mediums zwischen den beiden.

Bericht von M. Pallotti

(Sitzung vom 14. November)

(Bei dieser Séance sind neben den Gastgebern des Abends anwesend: M. und Mme. Brisson, M. und Mme. Pallotti, M. le Bocain, M. Boutigny, Mme. Fourton.)

Zu Beginn der Sitzung wurde der Tisch mehrmals schweben gelassen, und als ich den anwesenden Geist fragte, ob er mich meine Tochter Rosalie sehen lassen könne, erhielt ich eine bejahende Antwort. Dann vereinbarte ich mit dem besagten Geist, dass eine Serie von acht regelmäßigen Klopfzeichen mir den Moment anzeigen würde, in dem meine liebe Tochter anwesend sein würde. Nach einigen Minuten des Wartens war die vereinbarte Anzahl von Klopfzeichen auf dem Tisch zu hören. Diese Klopfzeichen waren kräftig und erfolgten in festgelegten Abständen.

Ich befand mich zu diesem Zeitpunkt gegenüber dem Medium, das heißt, ihr gegenüber, am anderen Ende des Tisches. Als ich den Geist bat, mich zu umarmen und zu streicheln, spürte ich sofort einen eisigen Atem vor meinem Gesicht, ohne jedoch die geringste Berührung zu spüren.

Als das Medium die Materialisierung des Geistes mit den Worten „ *E venuta*, *e venuta* " („Sie ist hier, sie ist hier") ankündigte, erkannte ich über der Mitte des Tisches eine geisterhafte, dunkle und verschwommene Gestalt, die jedoch nach und nach heller wurde und die Form des Kopfes eines jungen Mädchens von derselben Statur wie Rosalie annahm.

Als uns unerwartet Gegenstände wie eine Spieluhr, eine Geige oder ähnliches vorgeführt wurden, sah ich ganz deutlich die Umrisse einer kleinen Hand, die aus dem Vorhang, der neben mir hing, hervorkam und die verschiedenen Gegenstände auf den Tisch stellte.

Ich muss erklären, dass die Kette während dieser unerklärlichen Phänomene keinen einzigen Augenblick lang unterbrochen war: Es wäre folglich für einen von uns praktisch unmöglich gewesen, seine Hände dazu zu benutzen.

Ich werde nun die letzten Phänomene beschreiben, bei denen ich eine Zeit lang sowohl Akteur als auch Zuschauer war. Mit diesen Ereignissen endete die Sitzung.

Einer der Gäste, Monsieur Boutigny, der mit meiner Tochter verlobt war, verließ den Tisch, um einem der Zuschauer Platz zu machen. Ich sah, wie er sich dem Vorhang näherte, von dem ich gesprochen habe, und der sich sofort neben ihm öffnete. Ich stellte diese Tatsache sehr genau fest.

M. Boutigny teilte uns dann laut mit, dass er sehr liebevoll gestreichelt wurde. Das Medium, das sich in diesem Moment in einem außerordentlichen Erregungszustand befand, sagte ständig: „ *Amore mio, amore mio!* " („Meine Liebe, meine Liebe!") und rief mir, sich an mich wendend, mehrmals die folgenden Worte zu: „ *Adesso vieni tu! vieni tu!* " („Komm sofort, komm!")

Ich beeilte mich, den Platz einzunehmen, den M. Boutigny neben dem Vorhang einnahm, und kaum war ich dort, als ich mich mehrmals geküsst fühlte. Ich konnte für einen Augenblick den Kopf berühren, der mich küsste, der jedoch vor der Berührung meiner Hände zurückwich.

Ich muss sagen, dass meine Augen während dieser Ereignisse das Medium und die Personen an meiner Seite aufmerksam beobachteten. Ich kann daher mit Sicherheit versichern, dass ich nicht Opfer einer Illusion oder Ausrede geworden bin und dass der Kopf, den ich berührte, der Kopf einer realen und unbekannten Person war. Danach fühlte ich, wie eine Hand, die hinter dem Vorhang hervorkam, Gesicht und Kopf, Hals und Brust mehrmals sanft streichelte. Schließlich sah ich, wie sich die Portiere zur Seite bewegte und eine kleine Hand, sehr feucht, sehr weich, sich ausstreckte und auf meine rechte Hand legte. Gedankenschnell streckte ich meine linke Hand nach dieser Stelle aus, um sie zu ergreifen; doch nachdem ich sie mehrere Sekunden lang fest in meiner gedrückt gehalten hatte, schien sie zwischen meinen Fingern zu zerschmelzen.

Bevor ich zum Schluss komme, möchte ich als zusätzliche Bestätigung sagen, dass M. Flammarion die außerordentliche Freundlichkeit hatte, diese Séance für meine Familie und mich abzuhalten, weshalb sie einen ausgesprochen privaten Charakter annahm.

Die Sitzung dauerte von 21.20 bis 23.45 UHR. Wir fragten das Medium mehrmals, ob es müde sei. Eusapia verneinte. Erst als das letzte Experiment stattfand und wir (ich und meine Familie) gestreichelt und umarmt worden waren, beschloss das Medium, die Sitzung zu beenden, weil es müde war.

Meine Frau ist ebenso wie ich davon überzeugt, dass sie ihre Tochter umarmte, weil sie ihr Haar und ihre allgemeine Erscheinung erkannte.

Bericht von M. Le Bocain

(Die gleiche Séance)

Im Folgenden sind einige außergewöhnliche Phänomene aufgeführt, die ich während dieser Sitzung beobachtet habe und über die ich meiner Meinung nach einen ebenso genauen wie unparteiischen Bericht geben kann, da ich persönlich sorgfältigste Vorkehrungen getroffen habe, um mich von der völligen Fairness der Bedingungen zu überzeugen, unter denen diese verschiedenen Wunder hervorgebracht wurden.

Ich spreche allerdings nur von Umständen oder Vorgängen, an denen ich selbst sowohl als Akteur als auch als Zuschauer beteiligt war.

1. Zu Beginn der Sitzung und *während der Zeit* , als am Tisch allerlei laute Streiche gespielt wurden, spürte ich deutlich den Druck einer Hand, die mich freundlich auf die rechte Schulter legte. Um die Sache klarzustellen, muss ich Folgendes bezeugen:

a) dass ich links vom Medium saß und ihre Hand hielt, außerdem lag während der ganzen Sitzung ihr Fuß auf meinem.

b) Daß ich, während ich Eusapias Hand stets fest in meiner hielt, durch eine *plötzliche* Platzierung auf ihren Knien, und zwar *genau in dem Augenblick, als der Tisch neben uns aufstand* , bewies, daß ihre unteren Gliedmaßen in einer normalen Stellung und *vollkommen bewegungslos waren* .

c) Aus diesen verschiedenen Gründen scheint es mir tatsächlich *unmöglich* , dass Eusapia von diesen beiden Gliedmaßen (die zufällig von mir platziert wurden) irgendeinen Gebrauch gemacht haben könnte, um eine Bewegung auszuführen, selbst unbewusst, die den geringsten Verdacht erregen könnte.

2. An einem bestimmten Punkt des Vorgangs spürte ich auf meiner rechten Wange das Gefühl einer streichelnden Liebkosung. Ich spürte ganz deutlich, dass es eine echte Hand war, die meine Haut berührte, und sonst nichts. Die fragliche Hand kam mir klein vor, und die Haut war weich und feucht.

3. Gegen Ende der Sitzung spürte ich einen kalten Luftzug auf meinem Rücken und gleichzeitig *hörte ich, wie* sich hinter mir der Vorhang langsam öffnete.

Als ich mich dann ganz verwirrt umdrehte, sah ich am unteren Ende dieser Art Nische eine Gestalt stehen, die zwar undeutlich war, aber nicht so deutlich, dass ich nicht die Silhouette eines jungen Mädchens erkennen konnte, dessen Figur etwas unterdurchschnittlich war. Ich muss hier erwähnen, dass meine Schwester Rosalie ebenfalls von kleiner Statur war. Der Kopf dieser Erscheinung war nicht sehr deutlich zu erkennen. Er schien von einem kleinen, schattigen Strahlenkranz umgeben zu sein. Die ganze Form der Statue, wenn ich mich so ausdrücken darf, hob sich kaum aus der trüben Dunkelheit ab, aus der sie hervorgetreten war; das heißt, sie war nicht sehr leuchtend.

4. Ich wandte mich auf Arabisch an den Geist, und zwar ungefähr mit den folgenden Worten:

„Wenn wirklich du es bist, Rosalie, die unter uns ist, dann zieh mir dreimal hintereinander an den Haaren am Hinterkopf."

Etwa zehn Minuten später, als ich meine Bitte schon fast völlig vergessen hatte, fühlte ich, wie ich es mir gewünscht hatte, dreimal an den Haaren gezogen. Ich bestätige diese Tatsache, die mir außerdem die überzeugendste Gewissheit über die Anwesenheit eines vertrauten Geistes in unserer Nähe vermittelte.

LE BOCAIN, *Illustrator*,
Rire, Pêle-Mêle, Chronique Amusante usw.

Ich habe mich darauf beschränkt, diese verschiedenen Berichte hier vorzustellen, [28] trotz gewisser Widersprüche oder gerade wegen derselben. Die Berichte ergänzen sich gegenseitig und bilden durch die völlige Unabhängigkeit jedes Beobachters ein vollständiges Ganzes.

Sie sehen, wie komplex das Thema ist und wie schwierig es ist, eine radikale Überzeugung, ein absolutes wissenschaftliches Urteil zu bilden. Einige Phänomene sind unbestreitbar wahr; andere sind zweifelhaft und können auf bewussten oder unbewussten Betrug und manchmal auch auf Illusionen der Beobachter zurückgeführt werden. Das Schweben des Tisches beispielsweise, seine völlige Ablösung vom Boden unter der Einwirkung einer unbekannten Kraft, die dem Gesetz der Schwerkraft entgegenwirkt, ist eine Tatsache, die vernünftigerweise nicht bestritten werden kann.

In diesem Zusammenhang möchte ich bemerken, dass der Tisch nach dem Ausbalancieren und Hin- und Herschwingen fast immer zögernd wieder aufsteigt, während er im Gegenteil, wenn er wieder zurückfällt, mit einem Schwung gerade nach unten geht und genau auf seinen vier Füßen landet. [29]

Da das Medium andererseits ständig versucht, eine Hand (im Allgemeinen die linke) von der Kontrolle zu lösen, die es daran hindern soll, könnten einige der gefühlten Berührungen und Verschiebungen von Objekten auf einen Händetausch zurückzuführen sein. Dieses Verhalten wird im nächsten Kapitel einer besonderen Untersuchung unterzogen .

Aber es wäre unmöglich, mit der ganzen Kraft der Hand die heftige Bewegung des Vorhangs zu erzeugen, der wie von einem stürmischen Wind aufgeblasen und bis in die Mitte des Tisches geschleudert wird und eine große Haube um die Köpfe der Sitzenden bildet. Um den Vorhang mit solcher Kraft aufzuwirbeln, müsste das Medium aufstehen und mit ausgestreckten Armen so fest wie möglich dagegen drücken – nicht nur einmal, sondern immer wieder. Aber wie kann sie das tun, wenn sie die ganze Zeit ruhig auf ihrem Stuhl sitzt?

Diese Experimente versetzen uns in eine spezielle Umgebung oder Atmosphäre, über deren unterschiedliche physische und psychische Eigenschaften es schwierig ist, sich eine Meinung zu bilden.

Während der letzten Sitzung, bei der M. und Mme Pallotti ihre Tochter sicher gesehen, berührt und umarmt haben, sah ich in diesem Moment nichts von dieser geisterhaften Gestalt, obwohl sie nur wenige Meter von mir entfernt war und ich einige Augenblicke zuvor den Kopf eines jungen Mädchens wahrgenommen hatte. Aus Respekt vor ihrer Erregung näherte ich mich ihrer Gruppe allerdings nicht. Aber ich hielt sorgfältig Wache und nahm außer den Lebenden niemanden wahr.

Bei der Sitzung vom 10. November machte uns das Geräusch eines klangvollen Gegenstandes auf eine Verschiebung, eine Bewegung aufmerksam. Wir meinen, die Saiten der Geige leicht berührt zu hören. Es ist tatsächlich die kleine Geige auf dem runden Tisch, die etwas über den Kopf des Mediums gehoben wird, in die Öffnung zwischen den beiden Vorhängen hineingeht und mit dem Hals nach vorn vor uns erscheint. Mir kommt der Gedanke, dieses Instrument während seines langsamen Flugs durch die Luft zu ergreifen; aber ich zögere, weil ich sehen möchte, was aus ihm wird. Es kommt bis zur Mitte des Tisches, senkt sich und fällt dann teils auf den Tisch, teils auf die linke Hand von M. Brisson und die rechte Hand von Mme. Fourton.

Das war eine der treffendsten Beobachtungen, die ich bei dieser Sitzung machte. Ich ließ Eusapias rechte Hand keinen Augenblick los, und M. Brisson ließ ihre linke Hand keinen Augenblick los.

Aber angesichts so unverständlicher Phänomene verfallen wir immer wieder in Skepsis. In der Sitzung vom 19. November hatten wir uns diesmal fest vorgenommen, keinen Zweifel an den Händen zuzulassen, jeden Versuch einer Substitution zu verhindern und jede Hand so gut wie möglich zu kontrollieren, ohne unsere Aufmerksamkeit auch nur einen Augenblick von diesem Objekt abwenden zu müssen. Eusapia hat nur zwei Hände. Sie gehört zur gleichen zoologischen Art wie wir und ist weder drei- noch vierhändig.

Es genügte also, dass wir zu zweit waren; jeder nahm eine Hand des Mediums und hielt sie zwischen Daumen und Zeigefinger, damit kein Zweifel aufkommen konnte, zog die Ellbogen an und hielt die besagte Hand so weit wie möglich von der Körperachse des Mediums entfernt und an unsere eigene Person gedrückt, um den Einwand gegen die Vertauschung der Hände auszuräumen.

Das war das wesentliche Ziel dieser Sitzung, soweit es M. Brisson und mich betraf. Er war für die linke Hand zuständig. Ich war für die rechte zuständig. Ich muss nicht hinzufügen, dass ich mir der Loyalität von M. Brisson ebenso sicher bin wie er sich meiner Loyalität sicher ist, und dass wir, da wir vorgewarnt waren und diese Sitzung ausdrücklich zu diesem Zweck abhielten, keiner von uns Opfer eines Betrugsversuchs werden konnte, zumindest was diesen Anlass betraf.

Das berühmte Medium Home hatte mir mehrmals von einem merkwürdigen Experiment erzählt, das er und Crookes mit einem Akkordeon in einer Hand durchgeführt hatten, das von alleine spielte, ohne dass das untere Ende von einer anderen Hand gehalten wurde. Crookes hat dieses Experiment in seinen Memoiren zu diesem Thema durch eine Skizze dargestellt. Man sieht das Medium, wie es das Akkordeon mit einer Hand in einer Art durchbrochenem Käfig hält, und das Akkordeon spielt von alleine. Ich werde die Einzelheiten dieser Angelegenheit später erläutern.

Ich versuchte das Experiment auf eine andere Weise, indem ich das Akkordeon selbst hielt und es nicht vom Medium berühren ließ. Die Kunststücke, die wir gerade gesehen hatten und die ausgeführt wurden, während Eusapia ihre Hände festhielt, gaben mir die Hoffnung auf Erfolg, umso mehr, als wir glaubten, flüssige Hände in Aktion gesehen zu haben.

Ich nehme also ein kleines neues Akkordeon, das ich am Abend auf einem Basar gekauft habe, gehe zum Tisch, bleibe stehen und halte das Akkordeon an einer Seite fest. Dabei lege ich zwei Finger auf zwei Tasten, sodass die Luft entweichen kann, falls das Instrument zu spielen beginnen sollte.

So gehalten, schwebt es durch Ausstrecken meiner rechten Hand vertikal bis zur Höhe meines Kopfes und über dem Kopf des Mediums. Wir stellen sicher, dass ihre Hände die ganze Zeit über fest gehalten werden und die Kette nicht reißt. Nach einer kurzen Wartezeit von fünf oder sechs Sekunden spüre ich, wie das Akkordeon an seinem freien Ende gezogen wird, und der Balg wird sofort mehrmals nacheinander hineingedrückt; gleichzeitig ist die Musik zu hören. Es besteht nicht der geringste Zweifel, dass eine Hand, eine Zange oder sonst etwas das untere Ende des

Instruments festhält. Ich nehme den Widerstand dieses Greiforgans sehr gut wahr. Jede Möglichkeit eines Betrugs ist ausgeschlossen; denn das Instrument befindet sich weit über Eusapias Kopf, ihre Hände werden fest gehalten, und ich sehe deutlich die Ausdehnung des Vorhangs bis hin zum Instrument. Das Akkordeon macht sich weiterhin bemerkbar und wird so stark daran gezogen, dass ich zu der unsichtbaren Macht sage: „Nun, da du es so gut festhältst, halte es!" Ich ziehe meine Hand zurück, und das Instriment bleibt wie am Vorhang festgeklebt. Es ist nicht mehr zu hören. Was ist daraus geworden? Ich schlage vor, eine Kerze anzuzünden, um danach zu suchen. Aber die allgemeine Meinung ist, dass es besser ist, keine Änderungen an der Umgebung vorzunehmen, da die Dinge so gut laufen. Während wir reden, beginnt das Akkordeon zu spielen – eine leichte und eher unbedeutende Melodie. Dazu muss es mit beiden Händen gehalten werden. Nach fünfzehn oder zwanzig Sekunden wird es in die Mitte des Tisches gebracht (und spielt dabei die ganze Zeit). Die Gewissheit, dass Hände darauf spielen, ist so vollkommen, dass ich zu dem Unbekannten sage: „Da Sie das Akkordeon so gut halten, können Sie zweifellos meine Hand selbst nehmen." Ich strecke meinen Arm auf Kopfhöhe aus, eher ein wenig höher. Der Vorhang bläst sich auf, und durch den Vorhang fühle ich eine Hand (eine ziemlich starke linke Hand); das heißt, drei Finger und den Daumen, und diese greifen das Ende meiner rechten Hand.

Nehmen wir einmal an, das Akkordeon könnte von einer von Eusapias Händen gezogen worden sein, die sie losgelassen, hochgehoben und hinter dem Vorhang versteckt hatte. Das ist eine sehr naheliegende Hypothese. Nehmen wir an, die beiden Kontrollpersonen rechts und links wurden durch die Geschicklichkeit des Mediums betrogen. Das ist nicht unmöglich. Aber damit das Instrument spielen konnte, hätte unsere Heldin ihre beiden Hände loslassen und die beiden Kontrollpersonen mit ihren eigenen Händen im Clinch liegen lassen müssen. Das ist nicht vorstellbar.

Apropos Existenz einer dritten Hand, einer beweglichen Hand, die spontan entstanden ist, mit Muskeln und Knochen (eine so gewagte Hypothese, dass man es kaum wagt, sie auszusprechen), möchte ich hier erzählen, was wir während der Sitzung vom 19. November beobachtet haben.

M. Guillaume de Fontenay, mit dem die Experimente in Montfort-l'Amaury 1897 im Haus der Familie Blech durchgeführt wurden, war eigens aus dem Zentrum Frankreichs angereist, um mit einer großen Menge an Geräten und neuen Verfahren einige Fotos zu machen. Das Medium schien davon entzückt zu sein und sagte gegen Mitte der Soirée zu uns: „Sie werden heute Abend etwas erleben, was Sie nicht erwartet haben, etwas, das noch nie von einem anderen Medium erreicht wurde und das als untrügliches Dokument fotografiert werden kann." Sie erklärt uns dann, dass ich meine Hand hochheben soll, während ich ihre am Handgelenk festhalte; dass M. Sardou, während er ihre linke Hand hält, sie über dem Tisch im Auge behalten wird und dass dann ihre dritte Hand auf dem Foto erscheinen wird, ihre fließende Hand, die die Geige in der Nähe ihres Kopfes hält, in einiger Entfernung von ihrer rechten Hand, hinter ihr und vor dem Vorhang.

Wir warten ziemlich lange, bevor etwas passiert. Schließlich zittert das Medium, seufzt, empfiehlt uns, tief zu atmen und ihr so zu helfen, und wir spüren, mehr als wir sehen, die Bewegung der Geige durch die Luft, mit einem leichten vibrierenden Geräusch der Saiten. Eusapia ruft: „Es ist Zeit, mach das Foto, schnell, warte nicht, zünde!" Aber der Apparat funktioniert nicht: Das Magnesium zündet nicht. Das Medium wird ungeduldig, hält noch durch, schreit aber, dass es nicht mehr lange durchhalten kann. Wir alle fordern vehement das Foto . Nichts bewegt sich. In der Dunkelheit, die nötig ist, damit die Platte in der Kamera nicht verhüllt werden muss, gelingt es M. de Fontenay nicht, das Magnesium zu entzünden, und man hört, wie die Geige zu Boden fällt.

Das Medium scheint erschöpft, stöhnt, klagt, und wir alle bedauern diese Unterbrechung des Vorgangs; aber Eusapia erklärt, dass sie wieder beginnen kann, und bittet uns, uns bereitzumachen. Tatsächlich treten nach fünf oder sechs Minuten dieselben Phänomene auf. M. de Fontenay lässt eine Kaliumchloratpistole explodieren. Das Licht ist augenblicklich, aber schwach. Es ermöglicht uns zu sehen, wie Eusapias linke Hand von M. Sardous rechter Hand auf dem Tisch gehalten wird, ihre rechte Hand von meiner linken Hand in die Luft gehalten wird und in einer Entfernung von etwa 30 cm dahinter, auf Kopfhöhe, die Geige senkrecht am Vorhang lehnt. Aber das Foto gibt kein Bild wieder.

Eusapia bittet nun um ein wenig Licht („ *poco di luce* "). Die kleine Handlampe wird wieder angezündet, und die Beleuchtung reicht aus, damit wir uns gegenseitig deutlich sehen können, einschließlich der Arme, des Kopfes des Mediums, des Vorhangs usw. Die Kette bildet sich erneut. Der Vorhang weitet sich weit aus, und M. Sardou wird mehrmals von einer Hand berührt, die ihm einen kräftigen Schlag auf die Schulter versetzt, so dass er seinen Kopf nach vorne zum Tisch beugt. Angesichts dieser Erscheinung und dieser Empfindungen haben wir erneut den Eindruck, dass dort eine Hand gewesen ist, eine andere Hand als die des Mediums (die wir weiterhin sorgfältig festhalten) – und auch eine andere als unsere, da wir uns in der Kette an den Händen halten. Außerdem ist niemand in der Nähe des Vorhangs, was deutlich zu sehen ist. Daraufhin bemerke ich: „Da dort eine Hand ist, soll sie mir diese Geige wegnehmen, wie sie es vorgestern getan hat." Ich nehme die Geige am Griff und halte sie dem Vorhang entgegen. Sie wird sofort genommen und hochgehoben, fällt dann aber zu Boden. Ich lasse die Hand des Mediums keinen Augenblick los. Doch greife ich diese Hand mit meiner rechten Hand einen Augenblick lang, um mit meiner linken die Geige aufzuheben, die neben mir heruntergefallen ist. Als ich mich zu Boden bücke, spüre ich einen eisigen Atem auf meiner Hand, aber sonst nichts. Ich nehme die Geige und lege sie auf den Tisch; dann nehme ich wieder mit meiner linken Hand die Hand des Mediums, und indem ich die Geige mit meiner rechten ergreife, strecke ich sie wieder zum Vorhang aus. Aber Mme. Brisson, besonders ungläubig, bittet mich, sie sie selbst nehmen zu lassen. Sie tut es, streckt sie zum Vorhang aus, und das Instrument wird ihr entrissen, trotz aller Anstrengungen, die sie unternimmt, es festzuhalten. Alle erklären, dass sie diesmal sehr deutlich gesehen haben.

Die Hände des Mediums wurden keine einzige Minute losgelassen.

Es scheint, als ob dieses Experiment, das unter diesen Bedingungen und bei ausreichendem Licht durchgeführt wurde, keinen Zweifel an der Existenz einer dritten Hand des Mediums lassen sollte, die seinem Willen gehorcht. Und dennoch!—

Während dieser Soirée vom 19. November bitte ich darum, die Geige, die auf den Boden gefallen ist, wieder auf den Tisch zu bringen. Wir halten weiterhin vorsichtig die Hände des Mediums, M. Sardou ihre linke Hand und ich ihre rechte. Eusapia, die noch mehr Sicherheit und Gewissheit geben möchte, schlägt vor, dass ich ihre beiden Hände nehme, die rechte, wie ich sie halte, und ihr linkes Handgelenk in meine rechte Hand, während ihre linke Hand immer von M. Sardou gehalten wird – *das ganze Händeschütteln findet auf dem Tisch statt* . Ein Geräusch ist zu hören. Die Geige wird herbeigebracht, geht über unsere so gekreuzten Hände hinweg und wird weiter hinten in der Mitte des Tisches abgelegt. Eine Kerze wird angezündet und die Position unserer Hände wird ermittelt. Sie haben sich nicht bewegt. Einige Zeit nach diesem Phänomen sahen wir alle im trüben Licht Irrlichter im Kabinett leuchten. Sie waren durch den Spalt in den Vorhängen sichtbar, der damals ziemlich breit war. Ich für meinen Teil sah drei davon, das erste sehr hell, die anderen weniger intensiv. Sie zitterten nicht, rührten sich nicht im Geringsten und blieben kaum länger als eine Sekunde in Sicht.

Nachdem M. Antoniadi bemerkt hat, dass er sich nicht immer sicher ist, ob er ihre linke Hand hält, sagt Eusapia in einem Anflug von Leidenschaft zu mir: „Da er sich nicht sicher ist, nimm meine beiden Hände selbst wieder." Ich halte bereits die rechte und bin mir dessen absolut sicher. Daraufhin nehme ich ihr linkes Handgelenk in meine rechte Hand, wobei MA erklärt, dass er sich um die Finger kümmern wird. In dieser Position, wobei Eusapias beide Hände so über dem Tisch gehalten werden, wird ein Kissen, das rechts von mir auf dem Tisch liegt und das einige Augenblicke zuvor mit Gewalt dorthin geworfen wurde, ergriffen und über das Sofa geworfen, wobei es meine linke Stirn streift. Diejenigen, die am Tisch sitzen und die Kette bilden, versichern, dass die Hände der Kette den Kontakt zueinander nicht verloren haben.

Hier ist ein weiterer Umstand, der in den Notizen von Frau Flammarion festgehalten ist:

Wir befanden uns in fast völliger Dunkelheit. Die Lampe war so weit wie möglich von Eusapia entfernt und strahlte nur das schwache Licht einer Nachtlampe aus. Eusapia saß am Experimentiertisch – zwischen Herrn Brisson und Pallotti, die ihre beiden Hände hielten – und war fast dieser Lampe zugewandt.

Frau Brisson und ich saßen einige Meter von Eusapia entfernt, einer von uns an der Seite und der andere in der Mitte des Salons, Eusapia uns gegenüber, während wir dem Licht den Rücken zuwandten. So konnten wir alles, was an uns vorüberging, recht gut erkennen.

Bis zu dem Augenblick, als sich das Ereignis, das ich schildern werde, zutrug, war Frau Brisson den Phänomenen gegenüber fast ebenso ungläubig geblieben wie ich. Sie hatte mir gerade leise ihr Bedauern darüber ausgedrückt, selbst noch nichts gesehen zu haben, als plötzlich der Vorhang hinter Eusapia zu wackeln begann und sich anmutig zurückbewegte, als ob er von einem unsichtbaren Vorhangband angehoben würde. Und was sehe ich? Den kleinen Tisch auf drei Füßen, der (offenbar in Hochstimmung) etwa 20 Zentimeter hoch über den Boden hüpft, während das vergoldete Tamburin seinerseits in derselben Höhe fröhlich über dem Tisch hüpft und laut seine Glöckchen bimmeln lässt.

Voller Erstaunen ziehe ich Madame Brisson so schnell ich kann an meine Seite und zeige mit dem Finger auf das, was geschieht. „Sehen Sie!", sage ich.

Und dann beginnen der Tisch und das Tamburin wieder in perfekter Harmonie ihren Teppichtanz, wobei einer von ihnen mit Wucht auf den Boden fällt und der andere auf den Tisch. Mme. Brisson und ich konnten nicht anders, als in Gelächter auszubrechen; denn es war wirklich zu komisch! Eine Sylphe hätte nicht unterhaltsamer sein können.

Eusapia hatte sich nicht umgedreht. Man sah sie sitzen, und ihre vor ihr ausgestreckten Hände wurden von den beiden Aufsehern gehalten. Selbst wenn sie beide Hände hätte befreien können, hätte sie den runden Tisch und das Tamburin nicht ergreifen können, es sei denn, sie hätte sich umgedreht, und die beiden Damen sahen sie ganz allein umherspringen.

Ich stelle Eusapia gegenüber fest, dass sie sehr müde sein muss, dass die Sitzung über zwei Stunden gedauert und außergewöhnliche Ergebnisse erbracht hat und dass es vielleicht an der Zeit ist, sie zu beenden. Sie antwortet, dass sie noch ein wenig weitermachen möchte und dass es neue

Phänomene geben wird. Wir nehmen das Angebot gerne an, setzen uns und warten.

Dann legt sie ihren Kopf auf meine Schulter, nimmt meinen ganzen rechten Arm, einschließlich der Hand, und legt mein Bein zwischen ihre und meine Füße zwischen ihre Füße. Sie hält mich ganz fest. Dann beginnt sie, den Teppich zu reiben, zieht meine Füße mit ihren mit und drückt mich noch fester als zuvor. Dann ruft sie: „ *Spetta! Spetta!* " („Schau! Schau!"); dann: „ *Vieni! Vieni!* " („Komm! Komm!"). Sie fordert M. Pallotti auf, hinter seiner Frau Platz zu nehmen und zu sehen, was passiert. Ich muss hinzufügen, dass beide einige Minuten lang ernsthaft gefragt hatten, ob sie ihre Tochter sehen und umarmen könnten, wie sie es in Rom getan hatten.

Nach einer neuen nervösen Anstrengung Eusapias und einer Art von Zuckung, begleitet von Stöhnen, Klagen und Schreien, bewegte sich der Vorhang heftig. Mehrmals sehe ich den Kopf eines jungen Mädchens, das sich vor mir verneigt, mit hochgewölbter Stirn und langem Haar.

Sie verbeugt sich dreimal und zeigt ihr dunkles Profil vor dem Fenster. Einen Moment später hören wir Geräusche von M. und Mme. Pallotti. Sie bedecken das Gesicht eines für uns unsichtbaren Wesens mit Küssen und sagen mit leidenschaftlicher Zuneigung zu ihr: „Rosa, Rosa, meine Liebe, meine Rosalie" usw. Sie sagen, sie hätten das Gesicht und das Haar ihrer Tochter zwischen ihren Händen gespürt.

Ich hatte den Eindruck, dass dort tatsächlich ein flüssiges Wesen war. Ich berührte es nicht. Der Kummer der Eltern, der wiederbelebt und zugleich getröstet wurde, schien mir so respektvoll, dass ich mich ihnen nicht näherte. Aber was die Identität des geisterhaften Wesens betraf, so glaubte ich, dass es sich um eine sentimentale Illusion ihrerseits handelte.

Ich komme nun zu den seltsamsten, unverständlichsten und unglaublichsten Umständen, die wir während unserer Séancen erlebt haben.

Am 21. November präsentiert M. Jules Bois ein Buch vor dem Vorhang, etwa in der Höhe eines aufrecht stehenden Mannes. Der Salon ist schwach beleuchtet durch eine kleine Lampe mit Schirm, die ziemlich weit abseits steht. Dennoch sind die Gegenstände deutlich zu erkennen.

Eine unsichtbare Hand hinter dem Vorhang ergreift das Buch. Dann sehen alle Beobachter, wie es verschwindet, als sei es durch den Vorhang gegangen. Es fällt nicht vor den Vorhang. Es ist ein Oktav, ziemlich schmal, in Rot gebunden, das ich gerade aus meiner Bibliothek genommen habe.

Nun war Frau Flammarion, die diesen Phänomenen gegenüber fast ebenso skeptisch war wie Herr Baschet, am Fenster vorbei bis hinter den Vorhang geschlüpft, um genau zu beobachten, was vor sich ging. Sie hoffte, eine

Bewegung des Arms des Mediums zu entdecken und es zu entlarven, trotz der Höflichkeit, die sie ihr als Gastgeberin schuldete. Sie sah sehr deutlich Eusapias Kopf, der reglos vor dem Spiegel lag, der das Licht reflektierte.

Plötzlich erscheint ihr das Buch, das gerade durch den Vorhang gegangen ist – ein oder zwei Sekunden lang in der Luft gehalten, ohne Hände oder Arme. Dann sieht sie es herunterfallen. Sie ruft: „Oh! Das Buch: Es ist gerade durch den Vorhang gegangen!" und zieht sich, bleich und vor Staunen verblüfft, abrupt unter die Beobachter zurück.

Die gesamte diesseitige Seite des Vorhangs war deutlich zu sehen, weil sich der linke Teil des Vorhangs durch das Gewicht einer Person von der Stange gelöst hatte, die sich auf das Sofa gesetzt hatte, auf dem der untere Teil des Vorhangs versehentlich gelegen hatte; und weil vor dem Spiegel, der die gesamte Wand am anderen Ende des Salons einnahm, eine große Öffnung war - ein Spiegel, der das Licht der kleinen Lampe reflektierte.

Wenn ein solcher Vorfall wirklich stattgefunden hätte, müssten wir zugeben, dass das Buch ohne Öffnung durch den Vorhang gegangen ist, denn das Gewebe des Stoffes ist vollkommen intakt. Und wir können nicht eine Sekunde lang annehmen, dass es seitlich durchgegangen ist, da das Buch etwa in der Mitte herausgehalten wurde, das heißt ungefähr sechsundsechzig Zentimeter von jeder Seite des Vorhangs entfernt, der vier Fuß breit ist.

Dennoch wurde dieses Buch von Frau Flammarion gesehen, die hinter den Vorhang schaute; und es verschwand vor den Augen der Personen, die davor standen, insbesondere von Herrn Baschet, Herrn Brisson , Herrn J. Bois, Frau Fourton und mir. Wir hatten dieses Wunder überhaupt nicht erwartet; wir waren verblüfft darüber; wir fragten, was aus dem Buch geworden sei, und es schien, als sei es hinter den Vorhang gefallen.

Kollektive Halluzination? Aber wir waren alle kaltblütig und völlig selbstbeherrscht.

Wenn Eusapia geschickt ihre Hand herumschieben und das Buch durch die Portiere greifen konnte, hätte man nicht den bloßen Umriss des Buches, sondern eine Ausstülpung der Portiere sehen können.

Wie wertvoll wäre der Anblick dieses durch eine Portiere fliegenden Objekts als wissenschaftliches Datum, wenn man sich nur der absoluten Ehrlichkeit des Mediums sicher wäre – wenn dieses Medium tatsächlich ein Wissenschaftler, ein Physiker, ein Chemiker, ein Astronom wäre, dessen wissenschaftliche Integrität über jeden Zweifel erhaben wäre! Allein die Tatsache, dass es sich um einen möglichen Betrug handelt, mindert den Wert der Beobachtung um 99 Hundertstel und macht es notwendig, dass wir sie hundertmal sehen, bevor wir uns sicher sein können. Die Bedingungen der Gewissheit sollten allen Forschern klar sein, und es ist merkwürdig zu hören, wie intelligente Menschen ihre Verwunderung über unsere Zweifel und die strenge wissenschaftliche Verpflichtung ausdrücken, diese Bedingungen festzulegen. Um uns beispielsweise von Anomalien wie diesen Levitationen sicher sein zu können, müssen wir uns hundertmal ihrer vergewissern; wir müssen sie nicht einmal, sondern hundertmal sehen.

Es erscheint uns unmöglich, dass Materie durch Materie hindurchdringen kann. Sie legen zum Beispiel einen Stein auf eine Serviette. Wenn Ihnen jemand erzählen würde, er habe ihn unter der Serviette gefunden, ohne dass die Kontinuität des Gewebes unterbrochen wäre, würden Sie ihm nicht glauben. Ich nehme jedoch ein Stück Eis, sagen wir, zwei Pfund schwer, und lege es auf eine Serviette. Ich lege beides auf ein Sieb im Ofen. Das Stück Eis schmilzt, durchdringt die Serviette und fällt tropfenweise in ein Becken. Ich lege das Ganze in eine Gefriermaschine, das geschmolzene Wasser gerinnt wieder. Das zwei Pfund schwere Stück Eis ist durch die Serviette hindurchgewandert.

Es ist ganz einfach, denken Sie. Ja, es ist einfach, weil wir es verstehen. Aber natürlich ist das nicht derselbe Fall wie im Buch. Schließlich ist es Materie, die durch Materie hindurchgeht, nachdem ihr physikalischer Zustand verändert wurde.

Wir könnten nach Erklärungen suchen, uns auf die Hypothesen der vierten Dimension berufen oder die nichteuklidische Geometrie diskutieren. Mir scheint es jedoch einfacher, zu denken, dass diese Experimente einerseits noch nicht ausreichen, um eine absolute Aussage zu treffen, und dass andererseits unsere Unwissenheit in allen Bereichen so gewaltig ist, dass wir nichts leugnen können.

Die Phänomene, von denen ich spreche, sind so außergewöhnlich, dass man dazu gebracht wird, an ihnen zu zweifeln, selbst wenn man sich sicher ist, sie gesehen zu haben. So bemerkte ich zum Beispiel, dass Herr René Baschet – mein gelehrter Freund, der gegenwärtige Herausgeber von *Illustration* – vor uns allen während der Sitzung und danach behauptete, er habe mit eigenen Augen unter dem Tisch einen Kopf wie den eines jungen Mädchens von etwa zwölf Jahren zusammen mit der Büste gesehen. Dieser Kopf sank senkrecht herab, während er ihn betrachtete, und verschwand. Er machte diese Behauptung am 21., wiederholte sie am 22. in einem Theater, wo wir uns trafen, und am 25. noch einmal bei sich zu Hause. Einige Zeit später war Herr Baschet überzeugt, dass er getäuscht worden war, dass er einer Illusion aufgesessen war. Auch das ist möglich. Ich schaute zur gleichen Zeit hin, ebenso wie andere Personen, und wir sahen nichts.

Es ist ganz menschlich, dass wir selbst Verdacht schöpfen, wenn wir einige Tage später an diese merkwürdigen Dinge denken.

Es gibt jedoch auch weniger erklärbare Vorurteile. So weigerte sich beispielsweise ein angesehener Ingenieur, ML, bei der Sitzung vom 28. November trotz der Beweise kategorisch, das Schweben des Tisches zuzugeben. Darüber können meine Leser selbst urteilen. Hier ist eine Anmerkung, die ich meinen Berichten entnehme:

mit den Füßen anhebt , während es seine Hände darauf ablegt. Ich bitte Eusapia, ihre Füße unter ihren Stuhl zurückzuziehen. Der Tisch wird angehoben.

Nach dieser zweiten Levitation erklärt ML, dass er nicht zufrieden ist (obwohl keiner der Füße des Mediums unter einem Tischfuß ist) und dass wir das Experiment erneut beginnen müssen, ohne dass *ihre Beine* an irgendeiner Stelle berührt werden. Das Medium schlägt dann vor, ihre Beine an denen von ML festzubinden. Eine dritte Levitation findet statt, nachdem das linke Bein (das belastete) des Mediums an das linke Bein von ML gebunden wurde.

Dieser Herr erklärt dann, dass die Hypothesen, die er zur Erklärung des Phänomens aufgestellt habe, null und nichtig seien, dass aber trotzdem ein Trick dabei sein müsse, da er nicht an das Übernatürliche glaube.

Ich glaube auch nicht an das Übernatürliche. Und dennoch gibt es keinen Trick.

Diese ziemlich verbreitete Art der Argumentation erscheint mir nicht wissenschaftlich. Sie setzt voraus, dass wir die Grenzen des Möglichen und des Unmöglichen kennen.

Menschen, die leugnen, dass sich die Erde bewegt, argumentieren genau auf diese Weise. Was dem gesunden Menschenverstand widerspricht, ist nicht unmöglich. Der gesunde Menschenverstand ist der durchschnittliche Stand des allgemeinen Wissens, das heißt der allgemeinen Unwissenheit.

Ein Mensch, der die Geschichte der Wissenschaften kennt und ruhig urteilt, kann die Ächtung, der gewisse Skeptiker unerklärliche Phänomene aussetzen, nicht verstehen. „Das ist unmöglich ", denken sie. Dieser berühmte gesunde Menschenverstand, auf den sie sich berufen, ist letztlich nichts anderes als eine allgemeine Meinung, die gewöhnliche Tatsachen akzeptiert, ohne sie zu verstehen, und die sich von Zeit zu Zeit ändert. Welcher vernünftige Mensch hätte früher zugegeben, dass wir eines Tages in der Lage sein würden, das Skelett eines Lebewesens zu fotografieren, die Stimme in einem Phonographen zu speichern oder die chemische Zusammensetzung eines unzugänglichen Sterns zu bestimmen? Was war die Wissenschaft vor hundert Jahren, vor zweihundert Jahren, vor dreihundert Jahren? Betrachten Sie die Astronomie vor fünfhundert Jahren, und die Physiologie, und die Medizin, und die Naturphilosophie, und die Chemie.

Was werden unsere Wissenschaften in fünfhundert Jahren, in tausend Jahren, in zweitausend Jahren sein? Und in hunderttausend Jahren? Ja, was wird die menschliche Intelligenz in hunderttausend Jahren sein? Unser tatsächlicher Zustand wird im Vergleich zu dem Wissen eines Hundes zu dem eines kultivierten Menschen stehen. Das heißt, ein Vergleich ist nicht möglich.

Wir lächeln heute über die Wissenschaft der Gelehrten aus der Zeit von Kopernikus, Christoph Kolumbus oder Ambroise Paré und vergessen dabei, dass die Gelehrten uns in ein paar Jahrhunderten genauso einschätzen werden. Es gibt Eigenschaften der Materie, die uns völlig verborgen sind, und die Menschheit ist mit Fähigkeiten ausgestattet, die uns noch unbekannt sind. Wir kommen in der Erkenntnis der Dinge nur sehr langsam voran.

Die Kritiker beweisen nicht immer, dass sie über ein sehr ausgeprägtes logisches Denkvermögen verfügen. Man spricht mit ihnen über Tatsachen, die durch jahrhundertelange Zeugenaussagen bewiesen sind. Sie stellen den Wert allgemeiner Aussagen in Frage und behaupten, diese unkultivierten Leute, diese Kleinhändler, diese Fabrikanten, diese Arbeiter, diese Bauern seien unfähig, mit irgendeiner Genauigkeit zu beobachten.

Einige Tage später zitieren Sie die Gelehrten, Männer, deren Kompetenz in den objektiven Wissenschaften der Beobachtung nachgewiesen wurde und die genau diese Tatsachen bestätigen, und Sie hören die Spötter antworten, dass diese Gelehrten kompetente Zeugen in ihren speziellen Studien- und Arbeitsgebieten seien, aber in nichts anderem.

Auf diese Weise wird jede Aussage abgelehnt. Sie erklären, dass die Sache, da sie unmöglich sei, überhaupt nicht beobachtet worden sei.

Natürlich gibt es bei der Diskussion menschlicher Aussagen viel Raum für Analysen. Aber wenn wir jedes einzelne Zeugnis unterdrücken, was bleibt dann übrig? – unsere angeborene Unwissenheit.

Aber um die Wahrheit zu sagen: Es gibt einige dieser negativen Herren, die sich über alles sicher sind und uns ihre Aphorismen mit der Autorität eines Zaren aufzwingen, der seinen Ukas oder sein Edikt erlässt.

Aus diesen verschiedenen Experimenten mit Eusapia Paladino, einschließlich der im ersten und zweiten Kapitel beschriebenen, erwächst der Eindruck, dass die beobachteten Phänomene größtenteils real und unbestreitbar sind; dass eine gewisse Anzahl durch Betrug hervorgerufen werden könnte; dass das Thema jedoch in Wirklichkeit sehr komplex ist. Auch gehören bestimmte Bewegungen einfach zur materiellen Ordnung, während andere gleichzeitig zur physischen und psychischen Ordnung gehören. All diese Studien sind weitaus komplizierter, als die Menschen sich im Allgemeinen vorstellen können. Ich werde kurz auf andere Experimente eingehen, die mit demselben Medium durchgeführt wurden, und werde danach ein spezielles Kapitel der Untersuchung von Betrug und Mystifikationen widmen.

Sehen wir uns zunächst die anderen Leistungen Eusapias an und wählen wir daraus aus, was auch immer sie an Belehrung oder Warnung zu vermitteln haben.

KAPITEL IV

ANDERE SÉANCEN MIT EUSAPIA PALADINO

Das Medium, dessen wunderbare Séance-Auftritte wir beschrieben haben, war Gegenstand einer langen Reihe von Beobachtungen durch hervorragende und sorgfältige Experimentatoren. Ihre Begabungen sind in der Tat außergewöhnlich. Wenn Sie Eusapia studieren, lässt Sie der Vergleich ihrer Kräfte mit denen gewöhnlicher Fälle an den Unterschied zwischen einer guten elektrischen Maschine denken, die unter guten atmosphärischen Bedingungen betrieben wird, und einer schlechten, die an einem regnerischen Tag betrieben wird. Bei ihr sehen Sie in einer Stunde mehr als bei einer Vielzahl fehlgeschlagener Versuche mit anderen Medien.

Unsere Untersuchung dieser unbekannten Kräfte wird rasche Fortschritte machen, wenn wir, statt die Ergebnisse auf eine oder zwei Gruppen zu beschränken, wie die vorangegangenen, die Gesamtheit der in den Sitzungen dieses Mediums gemachten Beobachtungen untersuchen. Meine Leser können sie dann mit den vorhergehenden vergleichen, sie können urteilen, sie können ihre eigenen Einschätzungen abgeben.

Die Dokumente, die ich jetzt drucken werde, sind alle den *Annales des sciences psychiques* und der wertvollen Sammlung von M. Albert de Rochas über *die Externalisierung der Motorik entlehnt* .

Zunächst ein paar Worte zu Eusapias Debüt in ihrer medialen Karriere.

Professor Chiaia aus Neapel, dem ich es verdanke, dass ich Eusapia bei mir zu Hause empfangen und die oben beschriebenen Experimente durchführen konnte, war der erste, der ihre Gaben öffentlich bekannt machte. Am 9. August 1888 veröffentlichte er erstmals in einer in Rom herausgegebenen Zeitschrift den folgenden an Professor Lombroso gerichteten Brief:

Sehr geehrter Herr , in Ihrem Artikel „ *Der Einfluss der Zivilisation auf das Genie* “ (der unbestreitbar schöne Stilistik und Logik aufweist) ist mir ein sehr gelungener Absatz aufgefallen. Er scheint mir die wissenschaftliche Entwicklung (von der Zeit an, als der Mensch dieses kopfzerbrechende Ding namens Alphabet erfand) bis in unsere Tage zusammenzufassen. Dieser Absatz lautet wie folgt:

„Jede Generation ist vorzeitig bereit für Entdeckungen, die sie nie entstehen sieht, da sie ihre eigene Unfähigkeit und die Mittel, die ihr für weitere Entdeckungen fehlen, nicht wahrnimmt. Die Wiederholung einer Erscheinung prägt sich in unser Gehirn ein, bereitet unseren Geist darauf vor und macht ihn immer weniger unfähig, die Gesetze zu entdecken, denen diese Erscheinung unterworfen ist. Zwanzig oder dreißig Jahre genügen, um die ganze Welt eine Entdeckung bewundern zu lassen, die im Moment ihrer

Entstehung als Wahnsinn galt. Noch heute lachen akademische Gremien über Hypnose und Homöopathie. Wer weiß, ob meine Freunde und ich, die wir über den Spiritismus lachen, nicht im Irrtum sind, genau wie hypnotisierte Menschen? Dank der Illusion, die uns umgibt, sind wir vielleicht nicht in der Lage zu erkennen, dass wir uns selbst täuschen; und wie viele Geisteskranke, die sich hartnäckig der Wahrheit widersetzen, lachen wir über diejenigen, die nicht unserer Meinung sind."

Von diesem scharfsinnigen Gedanken getroffen, der zufällig zu einer bestimmten Angelegenheit passt, mit der ich mich seit einiger Zeit beschäftige, nehme ich ihn freudig an, ohne Abstriche, ohne jeden Kommentar, der seinen Sinn ändern könnte, und indem ich mich an die guten alten Regeln der Ritterlichkeit halte, benutze ich ihn als Herausforderung. Die Folgen dieser Herausforderung werden weder gefährlich noch blutig sein: Wir werden fair kämpfen, und was auch immer das Ergebnis der Begegnung sein mag, ob ich unterliege oder ob ich meinen Gegner zum Nachgeben bringe, es wird immer auf freundschaftliche Weise sein. Das Ergebnis wird zur Verbesserung der Lage eines der beiden Gegner beitragen und der großen Sache der Wahrheit in jeder Hinsicht nützlich sein.

Heutzutage ist viel von einer besonderen Krankheit die Rede, die den menschlichen Organismus befällt. Wir bemerken sie täglich, aber wir kennen ihre Ursache nicht und wissen nicht, wie wir sie nennen sollen. Es wird gefordert, sie müsse der Untersuchung durch die moderne Wissenschaft unterzogen werden, aber die Wissenschaft begegnet dieser Bitte nur mit dem spöttischen, ironischen Lächeln eines Pyrrhus, und zwar aus dem genauen Grund (wie Sie sagen), dass die Zeit noch nicht reif ist.

Aber der Autor des oben zitierten Absatzes hat ihn natürlich nicht nur zum Vergnügen des Schreibens geschrieben. Mir scheint im Gegenteil, er würde nicht verächtlich lächeln, wenn man ihn einlud, einen besonderen Fall zu beobachten, der es wert ist, die Aufmerksamkeit eines Lombroso zu erregen und seinen Geist ernsthaft zu beschäftigen. Der Fall, auf den ich anspiele, ist der einer kranken Frau, die der bescheidensten Gesellschaftsschicht angehört. Sie ist fast dreißig Jahre alt und sehr unwissend; ihr Blick ist weder faszinierend noch mit der Macht ausgestattet, die moderne Kriminologen als unwiderstehlich bezeichnen; aber wenn sie es will, sei es bei Tag oder bei Nacht, kann sie eine neugierige Gruppe für etwa eine Stunde mit den überraschendsten Phänomenen unterhalten. Entweder an einen Sitz gefesselt oder von den Händen der Neugierigen festgehalten, zieht sie die Möbelstücke, die sie umgeben, an sich, hebt sie hoch, hält sie in der Luft schweben wie Mohammeds Sarg und lässt sie mit wellenförmigen Bewegungen wieder herunterkommen, als ob sie ihrem Willen gehorchten. Sie erhöht oder verringert ihr Gewicht, je nach ihrem Belieben. Sie klopft oder klopft mit feinem Rhythmus und Rhythmus auf die Wände, die Decke und den Boden. Als Antwort auf die Aufforderungen der Zuschauer schießen so etwas wie elektrische Blitze aus ihrem Körper und umhüllen sie oder die Zuschauer dieser wunderbaren Szenen. Sie zeichnet auf Karten, die man vorhält, alles, was man will – Figuren, Unterschriften, Zahlen, Sätze – indem man einfach ihre Hand in Richtung der angegebenen Stelle ausstreckt. Wenn man in die Ecke des Raumes ein Gefäß mit einer Schicht weichen Tons stellt, findet man nach einigen Augenblicken darin den Abdruck einer kleinen oder großen Hand, das Bild eines Gesichts (Vorderansicht oder Profil), von dem ein Gipsabdruck genommen werden kann. Auf diese Weise sind Porträts eines Gesichts aus verschiedenen Winkeln erhalten geblieben, und wer dies möchte, kann so ernsthafte und wichtige Studien durchführen. [30]

Diese Frau erhebt sich in die Luft, ganz gleich, welche Fesseln sie festhalten. Sie scheint in der Luft zu liegen wie auf einem Sofa, entgegen allen Gesetzen der Schwerkraft; sie spielt auf Musikinstrumenten – Orgeln, Glocken, Tamburinen –, als ob sie von ihren Händen berührt oder vom Atem unsichtbarer Gnome bewegt worden wären.

Sie werden das einen besonderen Fall von Hypnose nennen; Sie werden sagen, diese kranke Frau sei ein Fakir im Unterrock, den Sie in ein Krankenhaus einsperren würden. Ich bitte Sie, sehr geehrter Professor, das Argument nicht zu verdrehen. Wie allgemein bekannt ist, verursacht Hypnose nur eine vorübergehende Illusion; nach der Sitzung nimmt alles seine ursprüngliche Form an. Aber hier liegt der Fall anders. In den Tagen nach diesen wunderbaren Szenen blieben Spuren und Aufzeichnungen zurück, die der Betrachtung wert sind.

Was halten Sie davon?

Aber lassen Sie mich fortfahren. Diese Frau kann ihre Statur zeitweise um mehr als zehn Zentimeter vergrößern. Sie ist wie eine Gummipuppe, wie ein Automat einer neuen Art; sie nimmt seltsame Formen an. Wie viele Beine und Arme hat sie? Wir wissen es nicht. Während ihre Gliedmaßen von ungläubigen Zuschauern festgehalten werden, sehen wir andere Gliedmaßen in Sicht kommen, ohne zu wissen, woher sie kommen. Ihre Schuhe sind zu klein für ihre Hexenfüße, und dieser besondere Umstand lässt den Verdacht auf das Eingreifen einer geheimnisvollen Macht aufkommen.

Lachen Sie nicht, wenn ich sage: „ *gibt Anlass zu Verdacht* .“ Ich behaupte nichts; Sie werden gleich Zeit zum Lachen haben.

Wenn diese Frau gefesselt ist, sieht man einen dritten Arm erscheinen, und niemand weiß, woher er kommt. Dann folgt eine lange Reihe drolliger, neckischer Kunststücke. Sie entwendet Hüte, Uhren, Geld, Ringe, Nadeln und zieht sie mit großer Geschicklichkeit und Fröhlichkeit wieder aus; sie nimmt Mäntel und Westen, zieht Stiefel aus, bürstet Hüte und setzt sie denen wieder auf den Kopf, denen sie gehören, kräuselt und streichelt Schnurrbärte und schlägt einen gelegentlich mit der Faust, denn auch sie hat Anfälle von schlechter Laune. Ich sagte *Faust*, weil es immer eine plumpe und schwielige Hand ist, die zuschlägt. Es ist aufgefallen, dass die Hand der Zauberin klein ist. Sie hat große Fingernägel; ihre Haut ist feucht, deren Temperatur zwischen der natürlichen Körperwärme und der eisigen Kälte einer Leiche schwankt, deren Berührung einen erschauern lässt; sie lässt sich anfassen, kneifen, beobachten; und erhebt sich schließlich in die Luft, wo er ohne sichtbaren Halt in der Luft schwebt, wie eine jener dicken Holzhände, die als Aushängeschild über den Läden der Handschuhhändler ragen.

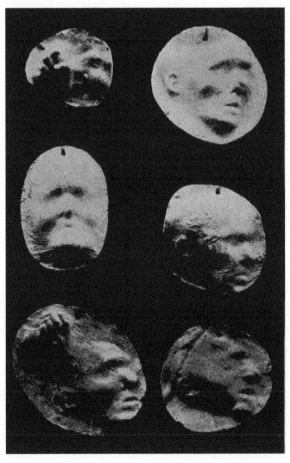

TAFEL VII. GIPSABDRÜCKE VON TONABDRÜCKEN, DIE VON EINER UNBEKANNTEN KRAFT ERZEUGT WURDEN.

Ich schwöre Ihnen, dass ich mit sehr ruhigem Geist aus der Höhle dieser Circe herauskomme. Befreit von ihrem Zauber, lasse ich alle meine Eindrücke Revue passieren und schließe in Skepsis, obwohl das Zeugnis meiner Sinne mir versichert, dass ich nicht das Opfer eines Irrtums oder einer Illusion war.

All diese außergewöhnlichen Manöver können nicht auf Taschenspielertricks zurückgeführt werden. Wir sollten vor jeder Art von Betrug auf der Hut sein und gewissenhafte Nachforschungen anstellen, um Lügen oder Betrug vorzubeugen.

Aber manchmal schlägt der Test fehl; die Fakten genügen nicht immer den Ansprüchen der eifrigen und rastlosen Zuschauer. Dies ist ein weiteres zu lösendes Mysterium und beweist, dass die Person, die diese Wunder vollbringt, nicht deren alleinige Schiedsrichterin ist. Zweifellos besitzt sie die alleinige Macht, diese ominösen Leistungen zu vollbringen; aber sie können nur mit der Zusammenarbeit eines unbekannten Agenten, eines *Deus ex Machina, zustande kommen* .

Aus alledem ergeben sich zwei Dinge: nämlich die große Schwierigkeit, den wahren Kern dieser verblüffenden Scharlatanerie zu ergründen, und die Notwendigkeit, eine Reihe von Experimenten durchzuführen, um genügend davon zusammenzutragen, um den dunklen Verstand der Betrogenen zu erhellen und die Sturheit der Streithähne zu überwinden.

Jetzt sehen Sie meine Herausforderung. Wenn Sie den oben zitierten Absatz nicht nur zum Vergnügen geschrieben haben, sondern wenn Sie die Wissenschaft wirklich lieben und keine Vorurteile haben – Sie, der erste Irrenarzt Italiens –, dann seien Sie bitte so freundlich, sich ins Feld zu begeben und sich einzureden, dass Sie sich mit einem würdigen Gegner messen werden.

Wenn du eine Woche Urlaub machen kannst, lass dein geliebtes Studium stehen und zeig mir, statt aufs Land zu fahren, einen Ort, an dem wir uns treffen können. Wähle den Zeitpunkt selbst.

Du erhältst einen Raum, den du vor dem Experiment allein betrittst. Dort stellst du die Möbel und andere Gegenstände nach deinen Wünschen auf und schließt die Tür mit einem Schlüssel ab. Ich glaube, es wäre sinnlos, dir die Dame in dem Kostüm vorzustellen, das im Garten Eden getragen wurde, denn diese neue Eva ist nicht in der Lage, sich an der Schlange zu rächen und dich zu verführen.

Vier Herren werden unsere Sekundanten sein, wie es sich für alle ritterlichen Begegnungen gehört; Sie wählen zwei aus, die anderen beiden bringe ich mit.

Die Ritter der Tafelrunde haben nie einfachere Bedingungen aufgestellt. Es ist offensichtlich, dass ich, wenn das Experiment nicht gelingt, nur die harten Entscheidungen des Schicksals dafür verantwortlich machen kann; Sie werden mich nur als einen Menschen betrachten, der an Halluzinationen leidet und sich danach sehnt, von seinen Extravaganzen geheilt zu werden. Aber wenn unsere Bemühungen von Erfolg gekrönt sind, wird Ihre Loyalität Ihnen die Pflicht auferlegen, einen Artikel zu schreiben, in dem Sie ohne Umschweife, Zurückhaltung oder Fehler die Realität der mysteriösen Phänomene bezeugen und versprechen, ihre Ursachen zu untersuchen.

Wenn Sie dieses Treffen ablehnen, erklären Sie mir bitte Ihren Satz: „Die Zeit ist noch nicht reif." Zweifellos mag das auf gewöhnliche Intellektuelle zutreffen, aber nicht auf einen Lombroso, an den sich Dantes Rat richtet: „Die Ehre muss die Lippen der Lüge durch die Wahrheit verschließen."

Mit größter Hingabe und Hochachtung,
(PROFESSOR) CHIAIA .

M. Lombroso nahm diese beredte und geistreiche Herausforderung nicht sofort an. Wir werden jedoch bald feststellen, dass dieser gelehrte Professor selbst experimentiert. Lesen Sie in der Zwischenzeit, was M. de Rochas uns über Eusapias Jugend erzählt:

Ihre ersten medialen Manifestationen begannen im Pubertätsalter, als sie etwa dreizehn oder vierzehn Jahre alt war. Dieses Zusammentreffen findet sich in fast allen Fällen, in denen die einzigartige Fähigkeit, Bewegungen aus der Ferne hervorzurufen, beobachtet wurde.

In dieser Epoche ihres Lebens wurde bemerkt, dass die spiritistischen Sitzungen, zu denen sie eingeladen wurde, viel erfolgreicher waren, wenn sie am Tisch saß. Aber sie ermüdeten und langweilten sie, und sie verzichtete acht oder neun Jahre lang darauf, daran teilzunehmen.

Erst in ihrem zweiundzwanzigsten oder dreiundzwanzigsten Lebensjahr begann Eusapias spirituelle Ausbildung. Sie wurde von einem leidenschaftlichen Spiritualisten, M. Damiani, geleitet. Damals erschien die Persönlichkeit von *John King* , einem Geist, der von ihr Besitz ergriff, wenn sie sich im Trancezustand befand. [31]

Dieser John King soll der Bruder von Crookes' Katie King sein und in einem anderen Leben Eusapias Vater gewesen sein. Es ist John, der spricht, wenn Eusapia in Trance ist; wenn er von ihr spricht, nennt er sie „meine Tochter" und gibt Ratschläge zur Pflege ihrer Person und ihres Lebens. M. Ochorowicz glaubt, dass dieser John eine Persönlichkeit ist, die im Geiste von Eusapia durch die Vereinigung einer bestimmten Anzahl von Eindrücken geschaffen wurde, die in den verschiedenen psychischen Umgebungen gesammelt wurden, in denen sie ihr Leben verbracht hat. Dies wäre fast die gleiche Erklärung für die von den Hypnotiseuren vorgeschlagenen Persönlichkeiten und für die von MM. Azam, Bourru und Burot et al. beobachteten Persönlichkeitsveränderungen.

Manche haben geglaubt, bemerkt zu haben, dass Eusapia sich bewusst oder unbewusst auf die Sitzung vorbereitete, indem sie ihre Atmung verlangsamte – eine sehr merkwürdige Sache. Gleichzeitig steigt ihr Puls allmählich von 88 auf 120 Schläge pro Minute. Ist dies eine Praxis, die der der indischen Fakire ähnelt, oder ist es einfach eine Folge der Emotionen, die Eusapia vor jeder Sitzung erlebt? – eine Tatsache, die die Teilnehmer stark zu überzeugen scheint, aber nie sicher ist, was die Ursache dieser Phänomene ist.

Eusapia ist nicht hypnotisiert; sie gerät von selbst in einen Trancezustand, wenn sie zu einem Glied in der Kette der Hände wird.

Sie beginnt tief zu seufzen, dann gähnt sie und hat Schluckauf. Eine Reihe verschiedener Ausdrücke huscht über ihr Gesicht. Manchmal nimmt es einen dämonischen Ausdruck an, begleitet von einem unruhigen Lachen, das dem sehr ähnelt, das Gounod Mephistopheles in der Oper *Faust schenkt*, und das fast immer einem wichtigen Phänomen vorausgeht. Manchmal errötet ihr Gesicht; die Augen werden glänzend und feucht und öffnen sich weit. Das Lächeln und die Bewegungen sind das Zeichen der erotischen Ekstase. Sie sagt „ *mio caro* " („mein Liebster"), lehnt ihren Kopf an die Schulter ihres Nachbarn und bittet um Liebkosungen, wenn sie glaubt, dass er mitfühlend ist. An diesem Punkt werden Phänomene hervorgerufen, deren Erfolg ihr angenehme und sogar wollüstige Schauer verursacht. Während dieser Zeit sind ihre Beine und Arme in einem Zustand ausgeprägter Anspannung, fast starr oder erleiden sogar krampfhafte Kontraktionen. Manchmal durchläuft ein Zittern ihren ganzen Körper.

Auf diese Zustände nervöser Überaktivität folgt eine Periode der Depression, die durch eine fast leichenhafte Blässe des Gesichts (das häufig schweißbedeckt ist) und die fast völlige Erschlaffung ihrer Gliedmaßen gekennzeichnet ist. Wenn sie ihre Hand hebt, fällt sie durch ihr eigenes Gewicht zurück.

Während der Trance sind ihre Augen nach oben gerichtet und nur das Weiße ist sichtbar. Ihre Geistesgegenwart und ihr allgemeines Bewusstsein sind vermindert oder überhaupt nicht erkennbar. Sie gibt keine Antwort, oder wenn doch, wird ihre Antwort durch Fragen verzögert. Eusapia hat keine Erinnerung an das, was während der Sitzungen vor sich ging, außer an Geisteszustände, die denen ihres normalen Zustands nahe kommen; und daher beziehen sie sich im Allgemeinen nur auf Phänomene von geringer Intensität.

Um die Manifestationen zu unterstützen, bittet sie häufig darum, ihre Kraft zu erhöhen, indem sie eine weitere Person in die Kette einbezieht. Es ist ihr häufig passiert, dass sie einen mitfühlenden Zuschauer ansprach, seine Finger nahm und drückte, als ob sie etwas aus ihnen herausziehen wollte, und sie dann abrupt wegstieß und sagte, dass sie genug Kraft habe.

Je stärker ihre Trance wird, desto stärker wird auch ihre Lichtempfindlichkeit. Plötzliches Licht verursacht bei ihr Atembeschwerden, Herzrasen, hysterische Gefühle, allgemeine Nervenreizung, Schmerzen in Kopf und Augen und ein Zittern des ganzen Körpers mit Krämpfen – außer wenn sie selbst nach Licht verlangt (was ihr häufig passiert, wenn es darum geht, interessante Dinge über verschobene Objekte zu überprüfen), denn dann wird ihre Aufmerksamkeit stark in andere Richtungen gelenkt.

Während der aktiven Zeit der Sitzungen ist sie ständig in Bewegung. Diese Bewegungen können den hysterischen Anfällen zugeschrieben werden, die sie dann erregen; sie scheinen jedoch für die Erzeugung der Phänomene notwendig zu sein. Jedes Mal, wenn eine Bewegung aus der Ferne hervorgerufen wird, ahmt sie diese entweder mit ihren Händen oder mit ihren Füßen nach und entwickelt dabei eine viel stärkere Kraft, als für die Erzeugung der Bewegung durch Berührung erforderlich wäre.

So beschreibt sie selbst ihre Eindrücke, wenn sie eine Bewegung aus der Ferne ausführen möchte. *Plötzlich verspürt sie einen brennenden Wunsch, das Phänomen auszuführen; dann verspürt sie ein Taubheitsgefühl und eine Gänsehaut in den Fingern; diese Empfindungen werden immer stärker; gleichzeitig spürt sie im unteren Teil der Wirbelsäule das Fließen eines Stroms, der sich rasch in ihren Arm bis zum Ellbogen ausbreitet und dort sanft gestoppt wird. An diesem Punkt tritt das Phänomen auf.*

Während und nach dem Schweben der Tische verspürt sie Schmerzen in den Knien, während und nach anderen Phänomenen Schmerzen in den Ellbogen und im gesamten Arm.

Erst Ende Februar 1891 entschloss sich Professor Lombroso, dessen Neugierde schließlich stark geweckt worden war, nach Neapel zu kommen, um diese merkwürdigen Erscheinungen zu untersuchen, über die in ganz Italien gesprochen wurde. Die folgenden Berichte von M. Ciolfi wurden im Zusammenhang mit diesem Besuch veröffentlicht. [32]

Erste Séance

Ein großer Raum im ersten Stock, den diese Herren ausgesucht hatten, war uns zur Verfügung gestellt worden. M. Lombroso begann damit, das Medium sorgfältig zu untersuchen, woraufhin wir um einen Spieltisch herum Platz nahmen. Mme. Paladino saß an einem Ende; zu ihrer Linken M. Lombroso und Gigli; ich stand dem Medium gegenüber, zwischen M. Gigli und Vizioli;

dann kamen M. Ascensi und Tamburini, die den Kreis schlossen, letztere rechts vom Medium und in Kontakt mit ihr.

Der Raum wurde von Kerzen erhellt, die auf einem Tisch hinter Mme. Paladino standen. MM. Tamburini und Lombroso hielten jeweils eine Hand des Mediums. Ihre Knie berührten ihre, in einem gewissen Abstand vom Tischfuß, und ihre Füße waren unter ihnen.

Nach einer ziemlich langen Wartezeit begann sich der Tisch zu bewegen, zunächst langsam, was mit der Skepsis, um nicht zu sagen der ausgesprochen feindseligen Einstellung derjenigen zu erklären war, die an diesem Abend zum ersten Mal an einem Séance-Zirkel teilnahmen. Dann wurden die Bewegungen nach und nach heftiger. M. Lombroso bewies, dass der Tisch schwebte, und schätzte den Widerstand, den er mit seinen Händen ausüben musste, um diesen Widerstand zu überwinden, auf zwölf bis fünfzehn Pfund.

Dieses Phänomen eines schweren Körpers, der außerhalb seines Schwerpunkts in der Luft gehalten wird und einem Druck von zwölf oder fünfzehn Pfund standhält, überraschte und verblüffte die gelehrten Herren sehr, die es der Wirkung einer unbekannten magnetischen Kraft zuschrieben.

Auf meine Aufforderung hin waren Klopf- und Kratzgeräusche auf dem Tisch zu hören. Dies war ein neuer Grund zur Verwunderung und veranlasste die Herren, selbst zum Ausblasen der Kerzen aufzufordern, um festzustellen, ob die Intensität der Geräusche, wie angekündigt, zunimmt. Alle blieben sitzen und in Kontakt.

Bei einem schwachen Licht, das selbst die sorgfältigste Überwachung nicht behinderte, hörte man zuerst heftige Schläge in der Mitte des Tisches. Dann erhob sich eine Glocke, die auf einem runden Tisch, einen Meter links von der Mitte, stand (so dass sie sich rechts hinter M. Lombroso befand), in die Luft, klingelte über die Köpfe der Gäste hinweg und beschrieb einen Kreis um unseren Tisch, wo sie schließlich zur Ruhe kam.

Während M. Lombroso über dieses unerwartete Phänomen sprach, zeigte er ein starkes Verlangen, es noch einmal zu hören und zu beweisen. Daraufhin begann die kleine Glocke zu läuten und drehte erneut eine Runde um den Tisch, wobei sie ihre Schläge verdoppelte, und zwar so laut, dass M. Ascensi, hin- und hergerissen zwischen Erstaunen und der Angst, sich die Finger zu brechen (die Glocke wog volle zehn Unzen), sich beeilte, aufzustehen und sich auf ein Sofa hinter mir zu setzen.

Ich beharrte darauf, dass es sich um eine intelligente Macht handelte, was er jedoch hartnäckig abstritt, und dass es deshalb nichts zu befürchten gäbe. Aber M. Ascensi weigerte sich unter allen Umständen, seinen Platz am Tisch wieder einzunehmen.

Ich machte darauf aufmerksam, dass der Kreis unterbrochen war, da einer der Experimentatoren gegangen war, und dass es, um die Phänomene nicht länger mit kühlem Verstand beobachten zu können, notwendig sei, dass er zumindest still und bewegungslos bliebe. M. Ascensi war sehr bereit, sich dazu zu verpflichten.

Das Licht wurde gelöscht und die Experimente begannen erneut. Während die kleine Glocke auf einen einstimmigen Wunsch hin wieder zu läuten und ihre geheimnisvollen Luftkreise zu drehen begann, ging M. Ascensi auf ein uns unbekanntes Zeichen von M. Tamburini zu (unbemerkt, da es dunkel war), stellte sich rechts neben das Medium und zündete sofort mit einem einzigen Streichen ein Streichholz an, und zwar so erfolgreich, wie er erklärte, dass er *sehen konnte, wie die kleine Glocke, während sie in der Luft vibrierte* , plötzlich auf ein Bett etwa sechseinhalb Fuß hinter Mme. Paladino fiel.

Ich werde nicht versuchen, Ihnen das Erstaunen der Gelehrten zu schildern, das am deutlichsten in einem raschen Austausch von Fragen und Kommentaren zu diesem seltsamen Vorfall zum Ausdruck kam.

Nach einigen Bemerkungen, die ich über das Eingreifen von M. Ascensi machte, der den psychischen Zustand des Mediums ernsthaft zu stören schien, wurde die Dunkelheit sozusagen wieder eingeschaltet, um die Experimente fortzusetzen.

Zuerst war es ein kleiner, aber schwerer Arbeitstisch, der sich bewegen ließ. Er stand links von Frau Eusapia, und auf ihm wurde zu Beginn der Sitzung die kleine Glocke platziert. Dieses kleine Möbelstück stieß gegen den Stuhl, auf dem Herr Lombroso saß, und *versuchte, sich auf unseren Tisch zu hieven* .

Angesichts dieser neuen Erscheinung überließ Herr Vizioli Herrn Ascensi seinen Platz an unserem Tisch und stellte sich zwischen den Arbeitstisch und Frau Eusapia, der er den Rücken zukehrte. Zumindest behauptete er, dies alles getan zu haben, denn wir konnten ihn wegen der Dunkelheit nicht sehen. Er nahm den kleinen Tisch zwischen seine beiden Hände und versuchte, ihn festzuhalten; doch *trotz seiner Bemühungen löste er sich* und rollte über den Boden.

Wichtig ist, dass, obwohl die Herren Lombroso und Tamburini die Hände von Frau Paladino keinen Augenblick losgelassen hatten, Professor Vizioli verkündete, er habe einen Stich im Rücken gespürt. Diese Erklärung löste allgemeine Heiterkeit aus.

M. Lombroso gab an, er habe gespürt, wie sein Stuhl angehoben wurde, so dass er gezwungen war, eine Zeit lang stehen zu bleiben. Danach sei sein Stuhl so platziert worden, dass er sich wieder hinsetzen konnte.

Er spürte auch ein Zucken seiner Kleidung. Dann spürten er und M. Tamburini die Berührung einer unsichtbaren Hand auf ihren Wangen und Fingern.

Besonders beeindruckt von den beiden Tatsachen mit dem Arbeitstisch und der kleinen Glocke war Monsieur Lombroso, der sie für so wichtig hielt, dass er seine ursprünglich für Montag geplante Abreise aus Neapel auf Dienstag verschob.

Auf seine Bitte hin versprach ich ihm eine neue Séance am Montag im Hôtel de Genève.

Zweite Séance

Um acht Uhr abends kam ich in Begleitung des Mediums Eusapia Paladino im Hôtel de Genève an. Wir wurden unter der Kolonnade von Herrn Lombroso, Tamburini, Ascensi und mehreren anderen Personen empfangen, die sie eingeladen hatten; nämlich den Professoren Gigli, Limoncelli, Vizioli und Bianchi (Leiter der Irrenanstalt in Sales), Dr. Penta und einem jungen Neffen von Herrn Lombroso, der in Neapel lebt.

Nach der üblichen Vorstellung wurden wir gebeten, in das oberste Stockwerk des Hauses zu gehen, wo wir in einen sehr großen Raum mit einer Nische geführt wurden. Vorhänge oder Portières waren vor der Nische herabgelassen. Hinter den Vorhängen, in einem Abstand von etwa dreieinhalb Fuß, gemessen von MM. Lombroso und Tamburini, stand in dieser Nische ein runder Tisch mit einem mit Mehl gefüllten Porzellantablett, in der Hoffnung, Gesichtsabdrücke darauf zu erhalten. Die Nische enthielt auch eine Blechtrompete, Schreibpapier und einen versiegelten Umschlag mit einem Blatt weißem Papier, um zu sehen, ob wir nicht *direkt* darauf schreiben konnten.

Die Herren inspizierten die Nische mit äußerster Sorgfalt, um sich zu vergewissern, dass sich dort nichts inszeniertes, verdächtiges befand.

Mme. Paladino setzte sich an den Tisch, knapp zwei Fuß von den Vorhängen der Nische entfernt, und drehte ihnen den Rücken zu. Dann wurden ihr Körper und ihre Füße auf ihren Wunsch hin mit Stoffbändern an ihren Stuhl gebunden. Dies wurde von drei Mitgliedern der Gesellschaft durchgeführt, so dass nur ihre Arme frei blieben. Danach wurden die Plätze am Tisch in folgender Reihenfolge eingenommen: links von Mme. Eusapia M. Lombroso; dann nacheinander M. Vizioli, ich selbst, der Neffe von M. Lombroso, MM. Gigli, Limoncelli, Tamburini; schließlich Dr. Penta, der den Kreis vervollständigte und sich rechts vom Medium niederließ.

MM. Ascensi und Bianchi weigerten sich, sich dem Kreis anzuschließen und blieben hinter MM. Tamburini und Penta stehen. Ich schenkte diesen beiden kaum Beachtung, da ich sicher war, dass ihr Vorgehen eine vorsätzliche Absprache war, um die Wachsamkeit zu verdoppeln. Ich empfahl ihnen lediglich, ruhig zu bleiben, während sie mit äußerster Vorsicht beobachteten.

Die Experimente begannen bei Kerzenlicht, das stark genug war, um den ganzen Raum zu erhellen. Nach einer langen Wartezeit begann sich der Tisch zu bewegen, zuerst langsam, dann energischer. Die Bewegungen blieben jedoch unregelmäßig, mühsam und viel weniger energisch als bei der Sitzung am Samstag.

Der Tisch forderte durch Klopfen seiner Beine, die die Buchstaben des Alphabets bezeichneten, die Herren Limoncelli und Penta auf, ihre Plätze zu tauschen. Nachdem dieser Tausch erfolgt war, verlangte der Tisch, dass das Licht ausgeschaltet wurde.

Einen Augenblick später, diesmal mit mehr Kraft, begannen die Bewegungen des Tisches von neuem. Plötzlich waren mittendrin heftige Schläge zu hören. Der Stuhl rechts von Monsieur Lombroso versuchte, auf den Tisch zu klettern, und blieb dann am Arm des gelehrten Professors hängen. Plötzlich wurden die Vorhänge der Nische geschüttelt und schwangen nach vorn über den Tisch, so dass Monsieur Lombroso eingehüllt wurde, der, wie er selbst erklärte, von diesem Wunder sehr bewegt war.

Alle diese Phänomene, die in großen Abständen, in der Dunkelheit und inmitten lauter Gespräche auftraten, wurden nicht richtig eingeschätzt. Man dachte, sie seien bloße Zufallseffekte oder Scherze eines Mitglieds der Gruppe.

Während wir alle warten und die Bedeutung der Phänomene und den ihnen beizumessenden größeren oder geringeren Wert diskutieren, ist das Geräusch eines fallenden Gegenstandes zu hören. Als das Zimmer erleuchtet wird, findet sich zu unseren Füßen unter dem Tisch die Trompete, die auf dem runden Tisch in der Nische hinter den Vorhängen stand. Dieser Umstand, den die Herren Bianchi und Ascensi mit lautem Gelächter aufnehmen, überrascht die Experimentatoren und bewirkt, dass ihre Aufmerksamkeit noch stärker gefesselt wird.

Der Raum wird wieder abgedunkelt, und auf dringende Aufforderung hin sieht man einige flüchtige Lichtschimmer in langen Abständen erscheinen und verschwinden . Dieses Phänomen beeindruckte die Herren Bianchi und Ascensi und setzte ihren unaufhörlichen Scherzen ein Ende, so sehr, dass sie kamen und einen Teil des Kreises bildeten. Im Moment des Erscheinens der Schimmer und sogar einige Zeit nachdem sie aufgehört hatten, sich zu zeigen, sagten die Herren Limoncelli und Tamburini rechts vom Medium, dass sie an mehreren Stellen von einer Hand berührt wurden. Der junge Neffe von Herrn Lombroso, der absolut skeptisch war und neben Herrn Limoncelli Platz genommen hatte, erklärte, dass er die Berührung einer Hand aus Fleisch und Blut gespürt habe, und fragte mit einiger Ungestümheit, wer das getan habe. Er vergaß – da er nicht nur skeptisch, sondern auch arglos war –, dass alle Anwesenden wie er selbst dabei halfen, die Kette der Hände zu bilden, und in gegenseitigem Kontakt standen.

Es war schon spät, und die mangelnde Homogenität im Kreis bremste die Phänomene. Unter diesen Umständen dachte ich, ich sollte die Sitzung beenden und die Kerzen anzünden lassen.

Als sich die Herren Limoncelli und Vizioli verabschiedeten, das Medium immer noch gefesselt dasaß und wir alle um den Tisch herumstanden, uns über die Lichtphänomene unterhielten, die verstreuten und schwachen Effekte dieser Soirée mit denen des vorangegangenen Samstags verglichen und nach dem Grund für diesen Unterschied suchten, hörten wir ein Geräusch in der Nische und sahen, wie die Portiere, die sie umschloss, heftig geschüttelt wurde, und wie der runde Tisch dahinter langsam auf die immer noch gefesselte sitzende Frau Paladino zukam.

Als wir dieses seltsame, unerwartete Phänomen im hellen Licht sahen, waren wir alle sprachlos vor Erstaunen. Herr Bianchi und der Neffe von Herrn Lombroso stürzten in die Nische, in der Annahme, dass eine dort versteckte Person die Portiere und den runden Tisch bewegte. Ihr Erstaunen kannte keine Grenzen, als sie feststellten, dass niemand dort war und dass der Tisch unter ihren Augen weiter über den Boden in Richtung des Mediums glitt. Das ist noch nicht alles. Professor Lombroso bemerkte, dass während der Bewegung des Tisches das Tablett darauf umgedreht worden war, ohne dass ein einziges Körnchen des darauf befindlichen Mehls verschüttet worden wäre, und er fügte hinzu, dass kein Taschenspieler zu einem solchen Kunststück fähig gewesen wäre. Angesichts dieser Phänomene, die nach dem Aufbrechen des Kreises auftraten und die Hypothese eines magnetischen Stroms ausschlossen, bekannte Professor Bianchi der Liebe zur Wahrheit gehorchend, dass er es war, der aus Spaß den Sturz der Blechtrompete herbeigeführt hatte, dass er jedoch angesichts solcher Errungenschaften nicht länger skeptisch sein könne und sich ihrem Studium widmen werde, um ihre Ursachen zu erforschen.

Professor Lombroso beschwerte sich über den Streich und sagte zu M. Bianchi, dass solche rätselhaften Streiche unter Professoren, die sich zu gemeinsamen wissenschaftlichen Studien und Forschungen treffen, zwangsläufig den Respekt vor der Wissenschaft in Frage stellen würden.

Professor Lombroso, der sowohl von Zweifeln als auch von eigenen Vorstellungen geplagt wurde, die seinen Geist quälten, versprach, bei seiner

Rückkehr nach Neapel im folgenden Sommer an weiteren Treffen teilzunehmen.

Nachdem Herr Ciolfi diese beiden Berichte an Herrn Lombroso, den angesehenen Professor von Turin, geschickt hatte, bestätigte er ihre Richtigkeit in folgendem Brief vom 25. Juni 1891:

Sehr geehrter Herr, die beiden Berichte, die Sie mir geschickt haben, sind von höchster Genauigkeit. Ich füge hinzu, dass das Medium, bevor wir sahen, wie das Tablett umgedreht wurde, angekündigt hatte, dass sie die Gesichter derer, die neben ihr saßen, mit Mehl besprenkeln würde; und alles deutet darauf hin, dass dies ihre Absicht war, sie aber nicht in die Tat umsetzen konnte – ein neuer Beweis für ihre vollkommene Ehrlichkeit, wie ich finde, insbesondere angesichts ihrer Halbbewusstlosigkeit.

Ich bin verwirrt und bedaure, dass ich mit so viel Beharrlichkeit gegen die Möglichkeit der als spiritistisch bezeichneten Fakten gekämpft habe. Ich sage Fakten, weil ich immer noch gegen die Theorie bin.

Bitte übermitteln Sie ME Chiaia meine Grüße und bitten Sie, wenn möglich, M. Albini, das Sichtfeld und die inneren Bereiche des Auges des Mediums zu untersuchen, über die ich mich informieren möchte.

Mit freundlichen Grüßen,
C. LOMBROSO .

Bald darauf veröffentlichte M. Lombroso seine Erfahrungen und Überlegungen in einem Artikel in den *Annales des sciences psychiques* (1892), der wie folgt endet:

Keine dieser Tatsachen (die wir zugeben müssen, da niemand Dinge leugnen kann, die er gesehen hat) ist von der Art, dass sie uns dazu verleiten würde, zu ihrer Erklärung eine Hypothese über eine andere Welt aufzustellen als die, die von den Neuropathologen angenommen wird.

Vor allem dürfen wir nicht vergessen, dass Frau Eusapia eine Neuropathin ist; dass sie in ihrer Kindheit einen Schlag auf das linke Scheitelbein erhielt, der ein so tiefes Loch hinterließ, dass man seinen Finger hineinstecken konnte; dass sie weiterhin anfällig für epileptische, kataleptische und hysterische Anfälle war, die insbesondere während der Séance-Phänomene auftraten; und dass sie schließlich über eine bemerkenswerte Tastempfindlichkeit verfügte.

Nun, ich sehe nichts Unzulässiges darin, dass bei Hypnotikern und Hysterikern die Erregung bestimmter Zentren, die durch die Lähmung aller anderen mächtig werden und dann eine Transposition und Übertragung physischer Kräfte bewirken , auch eine Transformation in Lichtkraft oder Antriebskraft bewirken kann. So verstehen wir, wie die Kraft in einem

Medium, das ich cortical oder cerebral nennen werde, zum Beispiel den Tisch hochheben, jemandem am Bart ziehen, ihn schlagen, ihn streicheln usw. kann.

Bei der Sinnestransposition durch Hypnose, wenn beispielsweise Nase und Kinn *sehen* (und das ist eine Tatsache, die ich mit eigenen Augen beobachtet habe) und alle anderen Sinne für einige Augenblicke gelähmt sind, erlangt das im Gehirn sitzende corticale Sehzentrum eine solche Energie, dass es das Auge verdrängt. Dies konnten Ottolenghi und ich bei drei hypnotisierten Personen mit Hilfe der Linse und des Prismas beweisen.

Die beobachteten Phänomene würden sich dieser Theorie zufolge durch eine *Veränderung* der Kräfte des Mediums erklären lassen. Lassen Sie uns nun unsere Beschreibung der Experimente fortsetzen.

Unter Berücksichtigung der Aussage von Professor Lombroso trafen sich im Oktober 1892 mehrere Gelehrte – darunter MM. Schiaparelli, Direktor des Observatoriums in Mailand; Gerosa, Professor der Physik; Ermacora, Doktor der Naturphilosophie; Aksakof, Staatsrat des russischen Kaisers; Charles du Prel, Doktor der Philosophie in München; Dr. Richet aus Paris und Professor Buffern – in der Wohnung von M. Finzi in Mailand, um diese Experimente wiederaufzunehmen. M. Lombroso war bei mehreren dieser Soirées anwesend. Insgesamt waren es siebzehn.

Die anwesenden Experimentatoren unterzeichneten die folgende lange Erklärung:

Die erzielten Ergebnisse entsprachen nicht immer unseren Erwartungen. Nicht, dass wir nicht eine große Zahl scheinbar oder wirklich wichtiger und wunderbarer Tatsachen sichergestellt hätten; aber in den meisten Fällen waren wir nicht in der Lage, die Regeln der experimentellen Wissenschaft anzuwenden, die in anderen Bereichen der Beobachtung als unabdingbar gelten, um zu sicheren und unumstößlichen Ergebnissen zu gelangen. Die wichtigste dieser Regeln besteht darin, die Versuchsmethoden nacheinander so zu ändern, dass die wahre Ursache oder zumindest die wahren Bedingungen aller Ereignisse ans Licht kommen. Genau unter diesem Gesichtspunkt erscheinen uns unsere Experimente noch immer unvollständig.

Es ist durchaus wahr, dass das Medium, um seine Redlichkeit zu beweisen, oft freiwillig vorschlug, ein bestimmtes Merkmal des einen oder anderen Experiments zu ändern, und häufig selbst die Initiative zu diesen Änderungen ergriff. Aber das betraf nur Dinge, die unserer Sichtweise nach scheinbar gleichgültig waren. Im Gegenteil; die Änderungen, die uns notwendig erschienen, um den wahren Charakter der Ergebnisse zweifelsfrei zu machen, wurden entweder nicht als möglich akzeptiert oder führten zu unsicheren Ergebnissen.

Wir glauben nicht, dass wir das Recht haben, diese Dinge mit Hilfe beleidigender Annahmen zu erklären, die viele immer noch für die einfachste Erklärung halten und für die sich einige Zeitschriften eingesetzt haben. Wir glauben im Gegenteil, dass es sich bei diesen Experimenten um Phänomene unbekannter Natur handelt, und wir gestehen, dass wir nicht wissen, welche Bedingungen erforderlich sind, um sie hervorzubringen. Der Wunsch, diese Bedingungen selbst und aus unserem eigenen Kopf heraus festzulegen, wäre ebenso extravagant, wie zu wagen, das Experiment mit Torricellis Barometer mit einem unten geschlossenen Rohr durchzuführen, oder elektrostatische Experimente in einer mit Feuchtigkeit gesättigten Atmosphäre durchzuführen, oder ein Foto aufzunehmen, indem man die empfindliche Platte vor dem Einlegen in die Kamera dem vollen Licht aussetzt. Es ist jedoch eine Tatsache, dass die Unmöglichkeit, die Experimente auf unsere eigene Weise zu variieren, den Wert und das Interesse der erzielten Ergebnisse gemindert hat, indem sie ihnen jenen strengen Beweis vorenthalten haben, den wir in Fällen dieser Art zu Recht fordern oder vielmehr anstreben sollten.

Im Folgenden sind die wichtigsten beobachteten Phänomene aufgeführt.

Levitation einer Seite des Tisches

Wir einigten uns darauf, dass das Medium allein am Tisch sitzen sollte, im vollen Licht, ihre beiden Hände auf der Tischplatte ruhend und ihre Ärmel bis zu den Ellbogen zurückgekämmt.

Wir blieben um sie herum stehen, und der Raum über und unter dem Tisch war gut beleuchtet. Unter diesen Bedingungen erhob sich der Tisch in einem Winkel von zwanzig bis vierzig Grad und blieb dort einige Minuten, während das Medium seine Beine ausgestreckt hielt und seine Füße gegeneinander schlug. Als wir mit der Hand auf die angehobene Seite des Tisches drückten, spürten wir einen beträchtlichen elastischen Widerstand.

Der Tisch wurde an einem seiner Enden an einem Dynamometer aufgehängt, das mit einer Schnur verbunden war; diese Schnur war an einem kleinen Balken befestigt, der auf zwei Schränken ruhte.

Unter diesen Bedingungen zeigte das Dynamometer, nachdem das Ende des Tisches sechseinhalb Zoll angehoben worden war, 77 Pfund an. Das Medium saß am gleichen schmalen Ende des Tisches und hatte seine Hände *vollständig* auf dem Tisch, rechts und links von der Stelle, an der das Dynamometer befestigt war. Unsere Hände bildeten die Kette auf dem Tisch, ohne Druck auszuüben: Sie hätten in keinem Fall mehr tun können, als den auf den Tisch ausgeübten Druck *zu erhöhen* . Im Gegenteil, es wurde der Wunsch geäußert, dass der Druck nachlassen sollte, und bald begann der Tisch auf der Seite des Dynamometers zu steigen. M. Gerosa, der die Markierungen auf dem Gerät verfolgte, gab diese Verringerung an, ausgedrückt durch die aufeinanderfolgenden Zahlen $7\frac{1}{2}$, $4\frac{1}{2}$, $2\frac{1}{2}$, 0 (Pfund). Zuletzt war die Levitation so, dass das Dynamometer horizontal auf dem Tisch ruhte.

Dann änderten wir die Bedingungen, indem wir unsere Hände unter den Tisch legten. Insbesondere das Medium legte seine Hände nicht unter die Kante, wo es die vertikale Randleiste hätte berühren und einen Druck nach unten ausüben können, sondern *unter die Schiene, die die Füße verbindet* , und berührte diese nicht mit der Handfläche, sondern *mit dem Handrücken* . So konnten alle Hände zusammen nur die Zugkraft auf dem Dynamometer verringern. Als der Wunsch geäußert wurde, diese Zugkraft zu erhöhen, erhöhte sie sich von $7\frac{1}{2}$ Pfund auf 13 Pfund. Während all dieser Experimente ruhte jeder Fuß des Mediums unter dem Fuß seines nächsten Nachbarn rechts oder links.

Vollständige Levitation des Tisches.

Es lag nahe, zu folgern, dass der Tisch, wenn er sich, scheinbar entgegen dem Gesetz der Schwerkraft, teilweise erheben konnte, auch vollständig vom Boden aufsteigen konnte. Tatsächlich geschah dies. *Diese Levitation, eines der häufigsten Phänomene, die bei den Experimenten mit Eusapia auftreten, hielt einer höchst zufriedenstellenden Prüfung stand.*

Das Phänomen tritt immer unter folgenden Bedingungen auf: Die um den Tisch sitzenden Personen legen ihre Hände darauf und bilden eine Kette; jede Hand des Mediums wird von der benachbarten Hand ihrer beiden Nachbarn gehalten; jeder ihrer Füße bleibt unter den Füßen ihres Nachbarn, der mit seinen ebenfalls ihre Knie drückt. Sie sitzt wie gewöhnlich an einem der schmalen Enden des Tisches, *eine Position, die für eine mechanische Levitation am wenigsten günstig ist* . Nach einigen Minuten macht der Tisch eine seitliche Bewegung, hebt sich zuerst nach rechts, dann nach links und erhebt sich schließlich von seinen vier Füßen gerade in die Luft und bleibt dort horizontal (als ob er auf einer Flüssigkeit schwimmen würde), normalerweise in einer Höhe von 4 bis 8 Zoll (in Ausnahmefällen von 24 bis 27 Zoll); dann fällt er zurück und ruht auf seinen vier Füßen. Er bleibt häufig mehrere Sekunden in der Luft und macht dabei auch wellenförmige Bewegungen, während derer die Position der Füße unter dem Tisch gründlich untersucht werden kann. Während der Levitation verlässt die rechte Hand des Mediums, ebenso wie die seines Nachbarn, oftmals den Tisch und wird darüber in die Luft gehalten.

Um dies besser beobachten zu können, entfernten wir nacheinander die am Tisch sitzenden Personen, da wir erkannten, dass die aus mehreren Personen gebildete Kette weder für dieses noch für andere Phänomene notwendig war. Schließlich ließen wir nur eine einzige Person bei dem Medium zurück, die links von ihr saß. Diese Person stellte ihren Fuß auf Eusapias zwei Füße und eine Hand auf ihre Knie und hielt mit der anderen Hand die linke Hand des Mediums. Eusapias rechte Hand lag auf dem Tisch und war gut sichtbar, obwohl sie sie während der Levitation manchmal in die Luft hielt.

TAFEL VIII. ZEICHNUNG VON EINER FOTOGRAFIE, DIE
DIE KONTROLLMETHODE DER PROFESSOREN
LOMBROSO UND RICHET VON EUSAPIA ZEIGT.
TISCH VOLLSTÄNDIG HOCHGEKLAPPT.

Da der Tisch mehrere Sekunden in der Luft blieb, konnten mehrere Fotos von der Vorstellung gemacht werden. Drei Fotoapparate arbeiteten in verschiedenen Teilen des Raumes zusammen, und die Beleuchtung erfolgte im geeigneten Moment durch eine Magnesiumlampe. Es entstanden zwanzig Fotos, von denen einige ausgezeichnet sind. Auf einem davon (Abb. VIII) sehen wir Professor Richet, der eine Hand, die Knie und einen Fuß des Mediums hält. Die andere Hand des letzteren wird von Professor Lombroso gehalten. Der Tisch ist waagerecht angehoben dargestellt – eine Tatsache, die durch den Abstand zwischen dem Ende jedes Fußes und dem Ende des entsprechenden projizierten Schattens belegt wird.

Bei allen vorangegangenen Experimenten haben wir unsere Aufmerksamkeit vor allem einer sorgfältigen Untersuchung der Position der Hände und Füße des Mediums gewidmet; und in dieser Hinsicht *glauben wir sagen zu können, dass sie vor jeglicher Kritik sicher waren* . Dennoch zwingt uns eine gewissenhafte Aufrichtigkeit, die Tatsache zu erwähnen, auf die wir erst am Abend des 5. Oktober aufmerksam zu machen begannen, die aber wahrscheinlich auch bei den vorangegangenen Experimenten aufgetreten sein muss. Sie besteht darin, dass die vier Füße des Tisches während der Levitation nicht als vollkommen isoliert betrachtet werden konnten, da zumindest einer von ihnen mit der Unterkante des Kleides des Mediums in Berührung kam.

An diesem Abend wurde bemerkt, dass kurz vor der Levitation Eusapias Rock auf der linken Seite aufgeblasen wurde, bis er den Fuß des nächsten Tisches berührte. Da einer von uns damit beauftragt worden war, diesen Kontakt zu verhindern, konnte der Tisch nicht wie zuvor angehoben werden und er erhob sich erst, als der Beobachter den Kontakt absichtlich zuließ. Dies wird auf den während dieses Experiments aufgenommenen Fotografien gezeigt, und auch auf jenen, auf denen der fragliche Tischfuß (in gewisser Weise) an seinem unteren Ende sichtbar ist. Der Leser wird sehen, dass das Medium gleichzeitig seine Hand auf der oberen Tischfläche platziert hatte, und zwar auf derselben Seite, und zwar so, dass dieser Tischfuß sowohl im unteren Teil durch das Kleid als auch im oberen Teil durch die Hand unter ihrem Einfluss stand.

Auf welche Weise kann nun der Kontakt eines leichten Kleidungsstücks mit dem unteren Ende des Tischfußes das Schweben unterstützen? Das wissen wir nicht. Die Hypothese, dass das Kleidungsstück eine solide Stütze verbergen könnte, die geschickt angebracht wurde und als vorübergehende Stütze für den Tischfuß dienen könnte, ist sehr dürftig.

Um den ganzen Tisch durch den Einfluss, den eine einzige Hand auf die Tischplatte ausüben könnte, auf diesem einen Fuß ruhen zu lassen, müsste die Hand einen sehr starken Druck auf den Tisch ausüben. Wir können uns nicht vorstellen, dass Eusapia dazu auch nur drei oder vier Sekunden lang fähig wäre.

Wir haben uns davon überzeugt, indem wir selbst den Beweis mit der gleichen Tabelle erbrachten. [33]

Bewegungen von Objekten über eine Distanz, ohne Kontakt mit einer der anwesenden Personen

1. Spontane Bewegungen von Objekten.

Diese Phänomene wurden während unserer Sitzungen mehrmals beobachtet. Oft kam es vor, dass ein Stuhl, der zu diesem Zweck nicht weit vom Tisch zwischen dem Medium und einem seiner Nachbarn aufgestellt war, sich zu bewegen begann und manchmal an den Tisch herankam. Ein bemerkenswerter Vorfall ereignete sich während der zweiten Sitzung, bei der alles *die ganze Zeit über hell erleuchtet war*. Ein schwerer Stuhl, der 22 Pfund wog und einen Meter vom Tisch entfernt und hinter dem Medium stand, kam zu M. Schiaparelli, der neben dem Medium saß. Er stand auf, um ihn an seinen Platz zurückzustellen; doch kaum hatte er sich gesetzt, kam der Stuhl ein zweites Mal auf ihn zu.

2. Bewegung des Tisches ohne Berührung.

Es war wünschenswert, dieses Phänomen experimentell zu beobachten. Zu diesem Zweck wurde der Tisch auf Rollen gestellt, die Füße des Mediums wurden, wie bereits erwähnt, beobachtet und alle Anwesenden bildeten mit ihren Händen eine Kette, einschließlich denen des Mediums. Als sich der Tisch zu bewegen begann, hoben wir alle unsere Hände, ohne die Kette zu unterbrechen, und der so isolierte Tisch machte mehrere Bewegungen. Dieses Experiment wurde mehrere Male wiederholt.

Das Holen verschiedener Gegenstände, wobei die Hände des Mediums an die seiner Nachbarn gebunden sind.

Um sicherzugehen, dass wir nicht Opfer eines Tricks wurden, banden wir die Hände des Mediums mit einer Schnur an die ihrer beiden Nachbarn, so dass die Bewegungen der vier Hände sich gegenseitig kontrollierten. Die Länge der Schnur zwischen den Händen des Mediums betrug 20 bis 30 Zentimeter, und zwischen jeder ihrer Hände und denen ihrer Nachbarn 10 Zentimeter. Dieser Abstand wurde absichtlich so gewählt, dass die Hände der Nachbarn außerdem die Hände des Mediums während der krampfhaften Bewegungen, die es normalerweise erregen, leicht festhalten konnten.

Das Binden geschah folgendermaßen: Wir wickelten den Faden dreimal um jedes Handgelenk des Mediums, ohne ihn locker zu lassen, aber so fest, dass es ihr fast wehtat. [34] Dann banden wir zwei einfache Knoten. Das geschah, damit, wenn sich die Hand durch irgendeinen Kunstgriff von dem Faden lösen konnte, die drei Wicklungen dagegen wirkten und die Hand nicht wieder unter den Faden zurückgelangen konnte, wie sie es vorher getan hatte.

Eine kleine Glocke wurde auf einen Stuhl hinter ihr gelegt. Die Kette wurde gebildet und ihre Hände sowie ihre Füße wurden wie üblich gehalten. Der Raum wurde auf die Bitte hin abgedunkelt, dass die kleine Glocke sofort läuten sollte, woraufhin wir das Medium losbinden sollten. *Sofort* hörten wir, wie sich der Stuhl bewegte, eine Kurve auf dem Boden beschrieb, sich dem Tisch näherte und sich sofort darauf setzte. Die Glocke läutete und wurde dann auf den Tisch geworfen. Nachdem das Licht sofort eingeschaltet worden war, stellten wir fest, dass die Knoten der Schnur in perfekter Ordnung waren. Es ist klar, dass das Aufbringen des Stuhls nicht durch die Hände des Mediums verursacht wurde.

Auf geräuchertem Papier gewonnene Fingerabdrücke.

Um zu entscheiden, ob wir es mit einer menschlichen Hand zu tun hatten ... oder mit einer anderen Art der Behandlung, befestigten wir ein mit Lampenrauch geschwärztes Blatt Papier auf dem Tisch, auf der dem Medium gegenüberliegenden Seite, und äußerten den Wunsch, dass die Hand einen Abdruck darauf hinterlassen möge, dass die Hand des Mediums unbeschmutzt bleiben möge und dass der Ruß auf die Hände eines von uns übertragen werde. Die Hände des Mediums wurden von denen von MM. Schiaparelli und Du Prel gehalten. Die Kette wurde im Dunkeln hergestellt, dann hörten wir eine Hand leicht auf den Tisch klopfen, und kurz darauf verkündete M. Du Prel, dass seine linke Hand, die er an der rechten Hand von M. Finzi hielt, das Gefühl gehabt habe, als würden Finger sie reiben. Sobald der Raum erleuchtet war, fanden wir auf dem Papier mehrere Fingerabdrücke, und der Handrücken von M. Du Prel war mit Ruß bedeckt; *aber die Hände des Mediums, die wir sofort untersuchten, wiesen keine Spur davon auf*. Diese Erfahrung wiederholte sich dreimal. Als wir auf einem vollständigen Abdruck bestanden, erhielten wir auf einem zweiten Blatt Papier fünf Finger und auf einem dritten den Abdruck fast einer ganzen linken Hand. Danach war der Handrücken von M. Du Prel vollständig geschwärzt, die Hände des Mediums blieben jedoch vollkommen sauber.

Erscheinung von Händen auf einem schwach beleuchteten Hintergrund

Wir legten eine große Pappe auf den Tisch, die mit einer phosphoreszierenden Substanz (Kalziumsulfid) überzogen war, und legten weitere Pappstücke auf Stühle in verschiedenen Teilen des Raumes. Unter diesen Bedingungen sahen wir sehr deutlich die Umrisse einer Hand auf der

Pappe des Tisches. Vor dem Hintergrund der anderen Stücke sahen wir den Schatten der Hand um uns herumlaufen.

Am Abend des 21. September sah einer von uns mehrmals das Bild nicht einer, sondern zweier *Hände gleichzeitig* , die auf die Glasscheiben eines schwach beleuchteten Fensters geworfen wurden (draußen war es Nacht, aber die Dunkelheit war nicht vollständig). Diese Hände zeigten eine schnelle, zitternde Bewegung, aber nicht so schnell, dass wir ihre Umrisse nicht deutlich erkennen konnten. Sie waren völlig undurchsichtig und wurden als absolut schwarze Silhouetten auf das Fenster geworfen.

Dieses gleichzeitige Erscheinen zweier Hände ist *sehr bedeutsam* , denn es lässt sich nicht mit der Hypothese eines Tricks des Mediums erklären, das aufgrund der Überwachung durch die neben ihm Sitzenden auf keinen Fall mehr als eine seiner Hände hätte befreien können. Dieselbe Schlussfolgerung gilt für das Klatschen zweier Hände, die gegeneinander klatschten und das mehrmals in der Luft zu hören war.

Die Levitation des Mediums zur Tischplatte

Wir betrachten diese Levitation als eine der wichtigsten und bedeutsamsten spiritistischen Errungenschaften. Sie fand zweimal statt, am 28. September und am 3. Oktober. Das Medium saß an einem Ende des Tisches und stieß tiefes Stöhnen aus. Es wurde mit seinem Stuhl hochgehoben und auf den Tisch gestellt, ohne sich von seiner Position zu bewegen. Die Personen neben ihm hielten noch immer ihre Hände, als sie aufstand.

Am Abend des 28. September beschwerte sich das Medium, während ihre beiden Hände von Herrn Richet und Lombroso gehalten wurden, dass sie sie unter dem Arm packten. Dann sagte sie in einem Trancezustand mit der veränderten Stimme, die sie normalerweise in diesem Zustand hat: „Jetzt bringe ich mein Medium auf den Tisch." Nach zwei oder drei Sekunden wurde der Stuhl mit dem Medium darauf nicht umgeworfen, sondern vorsichtig angehoben und auf den Tisch gestellt. Herr Richet und Lombroso sind sicher, dass sie ihr bei diesem Aufstieg nicht geholfen haben. Nachdem sie gesprochen hatte und sich die ganze Zeit in einem Trancezustand befand, verkündete das Medium ihren Abstieg und wurde (Herr Finzi wurde für Herrn Lombroso eingesetzt) vorsichtig und präzise auf den Boden gestellt, wobei Herr Richet und Finzi ihren Bewegungen folgten, ohne ihnen überhaupt zu helfen.

Außerdem spürten beide Herren während des Abstiegs mehrmals eine Hand, die sie leicht am Kopf berührte. Am Abend des 3. Oktober wiederholte sich das gleiche Phänomen unter ähnlichen Umständen.

Einige davon verdienen besondere Beachtung, da sie einen Umstand darstellen, der uns einen interessanten Eindruck von ihrem möglichen Ursprung vermitteln kann. Unsere erste Aufgabe ist es, die Berührungen zu beschreiben, die von Personen außerhalb der Reichweite der Hände des Mediums gespürt wurden. Am Abend des 6. Oktober hob M. Gerosa seine Hand, um berührt zu werden, und spürte, wie eine Hand mehrmals auf seine traf, um ihn dazu zu bewegen, sie wieder zu senken. Als er nicht nachgab, wurde er von einer Trompete geschlagen, die einen Augenblick zuvor noch Töne in die Luft geblasen hatte.

Zweitens müssen wir Berührungen erwähnen, die sehr heikle Operationen darstellen und die im Dunkeln nicht mit der Präzision durchgeführt werden können, die wir bei ihnen beobachtet haben. Zweimal (am 16. und 21. September) wurde Herrn Schiaparelli die Brille von der Nase genommen und vor einer anderen Person auf den Tisch gelegt. Diese Brille ist mit zwei Federn an den Ohren befestigt, und um sie abzunehmen, ist eine gewisse Aufmerksamkeit erforderlich, selbst wenn jemand im hellen Licht arbeitet. Dennoch wurde sie in völliger Dunkelheit mit so viel Feingefühl und Schnelligkeit abgenommen, dass der besagte Experimentator den Verlust der Brille erst bemerkte, als er sie nicht mehr wie gewohnt auf der Nase, an den Schläfen und hinter den Ohren spürte und er mit den Händen tasten musste, um sicherzugehen, dass sie nicht mehr an ihrem üblichen Platz war.

Viele andere Berührungen hatten ähnliche Auswirkungen und wurden mit äußerster Fingerspitzengefühl ausgeführt, beispielsweise als einer der Anwesenden spürte, wie ihm über Haar und Bart gestrichelt wurde.

Bei all den unzähligen Manövern, die von geheimnisvollen Händen ausgeführt wurden, war kein einziges Mal ein unglückliches Stolpern oder Zusammenstoßen zu bemerken, obwohl dies normalerweise unvermeidlich ist, wenn man im Dunkeln arbeitet. Ich möchte in diesem Zusammenhang hinzufügen, dass ziemlich schwere und sperrige Körper, wie Stühle und Gefäße voller Ton, auf den Tisch gelegt wurden, ohne mit einer der zahlreichen Hände zusammenzustoßen, die auf dem Tisch ruhten – was besonders schwierig ist bei Stühlen, die aufgrund ihrer Abmessungen einen großen Teil des Tisches einnahmen. Ein Stuhl wurde mit der Vorderseite nach unten auf den Tisch gelegt und lag dort in voller Länge, ohne irgendjemanden im Geringsten zu stören; und doch bedeckte er fast die gesamte Oberfläche.

Kontakt mit einem menschlichen Gesicht

Als einer von uns den Wunsch äußerte, geküsst zu werden, spürte er direkt vor seinem Mund die eigentümlichen schnellen Geräusche eines Kusses, die jedoch nicht von einer Berührung der Lippen begleitet waren. Dies geschah zweimal. Bei drei verschiedenen Gelegenheiten spürte einer der Experimentatoren die Berührung eines Gesichts mit Haaren und Bart. Die Haut fühlte sich genau wie bei einem lebenden Menschen an. Das Haar war viel gröber und borstiger als das des Mediums, und der Bart schien sehr weich und zart.

Dies sind die Experimente, die 1892 in Mailand von der oben zitierten Gruppe von Gelehrten durchgeführt wurden.

Wie können wir nach der Lektüre dieses neuen offiziellen Berichts umhin, Folgendes zuzugeben?

1. Das vollständige Schweben der Tische.

2. Die Levitation des Mediums.

3. Die Bewegung von Objekten ohne Kontakt.

4. Präzise und zarte Berührungen durch unsichtbare Organe.

5. Die Formung von Händen und sogar menschlichen Figuren.

Diese Phänomene werden in diesem Buch als Dinge aufgeführt, die mit größter Sorgfalt beobachtet wurden.

Beachten wir auch die Aktion des kleinen Möbelstücks (Stuhl oder runder Tisch), das versucht, auf einen der Gäste oder auf den großen Tisch zu klettern – etwas, das ich auch selbst beobachtet habe.

Obwohl die Gelehrten der Mailänder Gruppe bedauerten, dass sie keine *Experimente*, sondern nur *Beobachtungen angestellt hatten* (ich sagte oben (S. 20), was wir darüber denken sollten), waren die Tatsachen dennoch bewiesen.

Ich möchte hinzufügen, dass mir nach der Lektüre dieses *Protokolls* die vorsichtigen Vorbehalte von Herrn Schiaparelli übertrieben erscheinen. Auch wenn sich manchmal Betrug eingeschlichen hat, bleiben die genau beobachteten Ergebnisse unversehrt und stellen eine Bereicherung für die Wissenschaft dar.

Unser Medium Eusapia war Gegenstand einer Reihe fruchtbarer Experimente. Erwähnen möchte ich auch die Experimente in Neapel im Jahr 1893 unter der Leitung von M. Wagner, Professor der Zoologie an der Universität St. Petersburg; die in Rom 1893-1894 unter der Leitung von M. de Siemiradski, Korrespondent des Instituts; die in Warschau vom 25. November 1893 bis 15. Januar 1894 im Haus von Dr. Ochorowicz; die in Carqueiranne und auf der Insel Roubaud im Jahr 1894 im Haus von

Professor Richet; die in Cambridge im August 1895 im Haus von Mr. Myers; die in der Villa de l'Agnellas vom 20. bis 29. September 1895 im Haus von Colonel de Rochas; die von Auteuil im September 1896 im Haus von M. Marcel Mangin usw. Es wäre völlig überflüssig und eine unzumutbar lange Aufgabe, sie alle zu analysieren. Wir wollen lediglich einige besonders charakteristische Beispiele auswählen.

Im Bericht von Herrn de Siemiradski lesen wir Folgendes:

In einer Ecke des Saals stand links von Ochorowicz und Eusapia etwas weiter hinten ein Klavier. Jemand wollte hören, wie die Tastatur berührt wird. Wir hören sofort die Bewegung des Klaviers. Ochorowicz kann die Bewegung sogar sehen, dank eines Lichtstrahls, der durch die Fensterläden auf die polierte Oberfläche des Instruments fällt. Dann öffnet sich das Klavier geräuschvoll und wir hören die Basstöne der Tastatur erklingen. Ich äußere laut meinen Wunsch, hohe und tiefe Töne gleichzeitig berührt zu hören, als Beweis dafür, dass die unbekannte Kraft an den beiden Enden der Tastatur wirken kann. Mein Wunsch wird erfüllt und wir hören Bass- und Diskanttöne gleichzeitig erklingen, was die Wirkung zweier verschiedener Hände zu beweisen scheint. Dann *kommt das Instrument auf uns zu* . Es drückt gegen unsere Gruppe und wir müssen aufstehen und mit unserem Experimentiertisch zurückgehen. Wir halten nicht an, bis wir so mehrere Meter zurückgegangen sind.

Ein halbvolles Glas Wasser, das auf einem Buffet außerhalb unserer Reichweite steht, wurde von einer unbekannten Kraft an die Lippen von Ochorowicz, Eusapia und einer weiteren Person geführt, die alle davon tranken. Diese Darbietung fand in völliger Dunkelheit und mit erstaunlicher Präzision statt.

Wir konnten die Existenz einer echten Hand beweisen, die keinem der Anwesenden gehörte. Dies taten wir mit Hilfe des Gipsabdrucks und der Abformung wie folgt:

Nachdem wir eine schwere Schüssel mit Modelliermasse auf den großen Tisch in der Mitte des Esszimmers gestellt hatten, setzten wir uns mit Eusapia um den kleinen Experimentiertisch, der mehr als einen Meter entfernt stand. Nach einigen Minuten des Wartens kam die Schüssel von selbst und stand auf unserem Tisch! Eusapia stöhnte, krümmte sich und zitterte an allen Gliedern; doch ihre Hände ließen unsere keinen Augenblick los. Dann rief sie: „ *E fatto* " („Es ist vollbracht"). Die Kerze wird wieder angezündet und wir entdecken eine unregelmäßige Vertiefung auf der Oberfläche der Tonmasse. Diese Vertiefung, die wir später mit Gips ausfüllen, gibt uns einen perfekten Abdruck der verkrümmten Finger einer Hand.

Wir stellten einen mit Lampenschwarz bestrichenen Teller auf den Tisch. Die geheimnisvolle Hand hinterließ dort den Abdruck ihrer Fingerspitzen. Die Hände der Experimentatoren, einschließlich derer von Eusapia, blieben *weiß*. Als nächstes ließen wir das Medium den Abdruck seiner eigenen Hand auf einem anderen mit Lampenschwarz bestrichenen Teller reproduzieren. Das tat sie. Die von ihren Fingern entfernte Rußschicht hatte sie tief geschwärzt. Ein Vergleich der beiden Teller ermöglichte es uns, eine auffallende Ähnlichkeit nachzuweisen, das heißt (um es genauer zu sagen), die identische Anordnung der Spiralkreise in der Epidermis der beiden Hände; und wir wissen, dass die Anordnung dieser Kreise bei jedem Individuum einzigartig ist. Dies ist eine Besonderheit, die beredt für die Hypothese der doppelten Persönlichkeit des Mediums spricht.

Um die Bewegungen von Eusapias Füßen mechanisch zu kontrollieren, verwendete Dr. Ochorowicz das folgende Gerät. Zwei tiefe und schmale Zigarrenkisten wurden unter den Tisch gestellt, und Eusapia stellte ihre barfüßigen Füße hinein. Die Kisten hatten einen doppelten Boden und waren mit einer elektrischen Vorrichtung ausgestattet, die es ihr ermöglichte, ihre Füße einige Zentimeter weit in jede Richtung zu bewegen. Wenn sie sie jedoch aus der Kiste herausnehmen wollte, klingelte die elektrische Klingel, bevor sie sie halb nach oben bewegt hatte, und hörte erst auf, als sie wieder an ihren Platz zurückgebracht wurden. Eusapia kann während der Sitzungen nicht völlig ruhig bleiben. Daher wurde ihr eine gewisse Bewegungsfreiheit gewährt; es war ihr jedoch unmöglich, ihre Beine zum Anheben des Tisches zu benutzen. *Unter diesen Bedingungen hob sich der 25 Pfund schwere Tisch zweimal, ohne dass die Klingel zu hören war.* Während der zweiten Levitation wurde der Tisch darunter fotografiert. (Auf dem Foto sind die vier Füße des Tisches zu sehen. Der linke berührt Eusapias Kleid, wie das immer bei starkem Licht der Fall ist; die Kisten mit den Füßen des Mediums sind jedoch an ihrem Platz.) Anschließend überprüften die Experimentatoren die Tatsache, dass die Glocke nicht nur zu hören war, als sie ihren Fuß wegnahm, sondern auch, als sie ihn in der Kiste zu hoch hob.

Nach all diesen Demonstrationen möchte ich meinen Lesern nicht den Fehler antun, zu glauben, dass die Levitation des Tisches nicht für alle MEHR ALS BEWIESEN SEI.

Hier nun eine merkwürdige Beobachtung zum Aufblasen des Vorhangs: Zehn Personen saßen um den Tisch herum. Eusapia hatte dem Vorhang den Rücken zugewandt; sie wurde von General Starynkiewicz und Dr. Watraszewski kontrolliert.

Ich saß (schreibt M. Glowacki-Prus) Eusapia gegenüber, in der Nähe von Mlle. X., einer sehr nervösen und leicht hypnotisierenden Person. Die Sitzung hatte etwa eine Stunde gedauert und zahlreiche und unterschiedliche

Phänomene gezeigt. Eusapia war wie immer in einem halbbewussten Zustand. Plötzlich erwachte sie und Mlle. X. stieß einen Schrei aus. Da ich wusste, was dieser Schrei bedeutete, ergriff ich ihre Hand mit großer Kraft und legte dann meinen Arm um sie; denn dieses Mädchen wird in bestimmten Zuständen sehr stark. Der Raum war gut beleuchtet, und das ist, was wir sahen (etwas, wohlgemerkt, das ich selbst mit meinen Händen erlebte). Jedes Mal, wenn die Muskeln von Mlle. X. angespannter und steifer wurden, bewegte sich der Vorhang, der ihr gegenüber in einer Entfernung von sieben bis zehn Fuß hing. Die folgende Tabelle zeigt die Einzelheiten dieser Korrelation:

Schwache Anspannung der Muskulatur	Der Vorhang wird in Bewegung gesetzt.
Starke Spannung	Es bauscht sich auf wie ein Segel.
Sehr starke Spannung, Schreie	Es reicht bis zu den Kontrolleuren von Eusapia und deckt sie fast vollständig ab.
Ruhe	Ruhe.
Verspannungen der Muskulatur	Bewegung des Vorhangs.
Starke Spannung	Kräftiges Aufblasen des Vorhanges.

Diese tabellarische Darstellung zeigt das auffällige Verhältnis, das ich zwischen der Muskelspannung des Mediums (in diesem Fall Mlle. X.) und der mechanischen Arbeit des bewegten Vorhangs ermittelt habe.

Dieses Experiment ist umso interessanter, da es nicht Eusapia war, die es durchführte. Und wenn sie einen Trick hatte, um die Portiere aufzublasen, so wurde dieser in diesem Fall nicht angewandt. Wir wissen bereits, dass sie keinen hatte.

Hier sind die Schlussfolgerungen von M. Ochorowicz:

1. Ich habe keine Beweise für die spiritistische Hypothese gefunden, das heißt für die Einmischung einer anderen Intelligenz als der des Mediums. „John" ist für mich nur ein psychisches Doppelgänger des Mediums. Folglich bin ich kein Spiritualist.

2. Mediumistische Phänomene bestätigen den „Magnetismus" im Gegensatz zum „Hypnoseismus", das heißt, sie implizieren die Existenz einer fluidalen Wirkung unabhängig von der Suggestion.

3. Dennoch spielt die Suggestion eine wichtige Rolle, und das Medium ist nur ein Spiegel, der die Kräfte und Ideen der Anwesenden widerspiegelt.

Darüber hinaus besitzt es die Macht, seine eigenen somnambulen Visionen oder die der Gesellschaft zu verwirklichen, indem es sie einfach nach außen trägt.

4. Diese Phänomene können nicht durch eine rein physikalische Kraft erklärt werden; sie sind stets psychophysischer Natur und haben ihr Wirkungszentrum im Geist des Mediums.

5. Die nachgewiesenen Phänomene widersprechen weder der Mechanik im Allgemeinen noch dem Gesetz der Erhaltung der Kräfte im Besonderen. Das Medium handelt auf Kosten seiner eigenen Kräfte und auf Kosten der Kräfte der anwesenden Personen.

6. Es gibt eine Reihe von Übergängen zwischen Mediumismus minderer Art (Automatismus, unbewusster Betrug) und Mediumismus höherer Art bzw. Externalisierung der Motive (Fernwirkung ohne sichtbares und fühlbares Bindeglied).

7. Die Hypothese eines „flüssigen Doppelgängers" (Astralkörper), der sich unter bestimmten Bedingungen vom Körper des Mediums ablöst und unabhängig davon agiert, scheint zur Erklärung der meisten Phänomene notwendig. Nach dieser Auffassung würde die Bewegung der Objekte ohne Kontakt durch die flüssigen Glieder des Mediums bewirkt werden. [35]

Sir Oliver Lodge, ein bedeutender englischer Physiker und Rektor der Universität Birmingham, sagt, er sei auf Einladung von Dr. Richet zu den Experimenten in Carqueiranne gegangen, in der festen Überzeugung, dass er dort kein Beispiel für physikalische Bewegung ohne Kontakt sehen würde, aber dass das, was er sah, ihn völlig davon überzeugte, dass Phänomene dieser Art unter bestimmten Bedingungen eine reale und objektive Existenz haben können. Er bürgt für die folgenden bestätigten Tatsachen:

1. Bewegungen eines Stuhls über die Ferne, beobachtet im Mondlicht und unter Umständen, die bewiesen, dass kein mechanischer Zusammenhang bestand.

2. Das Aufblasen und Bewegen eines Vorhangs ohne Wind oder aus anderen offensichtlichen Gründen.

3. Das automatische Aufziehen und Bewegen einer Spieluhr.

4. Klänge, die von einem Klavier und einem Akkordeon ausgehen, die nicht berührt wurden.

5. Ein Schlüssel wurde in einem Schloss an der Innenseite des Raumes, in dem die Séancen stattfanden, gedreht, dann auf den Tisch gelegt und wieder in das Schloss zurückgesteckt.

6. Das Umkippen eines schweren beweglichen Tisches durch langsame und richtige Bewegungen, der anschließend auf dem Kopf stehend aufgefunden wurde.

7. Das Schweben eines schweren Tisches unter Bedingungen, unter denen es unter normalen Umständen unmöglich gewesen wäre, ihn anzuheben.

8. Das Auftreten blauer Flecken auf einem vorher makellosen Tisch, und dies geschah ohne Hilfe der üblichen Schreibmethoden.

9. Das Gefühl von Schlägen, als ob jemand auf den Kopf, die Arme oder den Rücken schlagen würde, während Kopf, Hände und Füße des Mediums deutlich zu sehen oder von den berührten Körperteilen getrennt gehalten werden.

Es ist klar genug, welche Rolle die obigen Aussagen in unserem Argument spielen. Sie sind durchweg lediglich Bestätigungen der oben beschriebenen Experimente.

In Cambridge wurde Eusapia bei der Täuschung erwischt, nämlich beim Austausch der Hände. Während die Kontrolleure glaubten, sie hielten ihre beiden Hände, hielten sie nur eine davon: die andere war frei. Daher erklärten diese Experimentatoren in Cambridge einstimmig, dass „alles Betrug war, von Anfang bis Ende", während Eusapia Paladinos *zwanzig Séancen*.

In einem an Herrn de Rochas gesandten Schreiben widersprach Herr Ochorowicz dieser radikalen Schlussfolgerung aus mehreren Gründen. Eusapia ist sehr beeinflussbar, und indem man ihrer Neigung zum Betrug nachgibt und sie nicht verhindert, stachelt man sie durch eine Art stillschweigende Ermutigung noch mehr dazu an. Außerdem ist ihr Betrug im Allgemeinen unbewusster Art. Als besonderes Beispiel hierfür füge ich hier eine ziemlich typische Geschichte über sie an:

Eines Abends in Warschau (sagt M. Ochorowicz) schläft Eusapia in ihrem Zimmer neben unserem. Ich bin noch nicht eingeschlafen, als ich plötzlich höre, wie sie aufsteht und barfuß im Salon umhergeht. Dann betritt sie ihr Zimmer wieder und nähert sich unserer Tür. Ich gebe Mme. Ochorowicz, die aufgewacht ist, ein Zeichen, ruhig zu sein und genau zu beobachten, was passieren wird. Einen Moment später öffnet Eusapia leise die Tür, kommt zum Toilettentisch meiner Frau, öffnet eine Schublade, schließt sie und geht weg, wobei sie sorgfältig darauf achtet, kein Geräusch zu machen. Ich ziehe mich hastig an und wir betreten ihr Zimmer. Eusapia schläft ruhig. Das Licht unserer Kerze scheint sie zu wecken.

„Was hast du in unserem Schlafzimmer gesucht?"

„Ich? Ich habe diesen Ort nicht verlassen."

Da wir erkennen, dass weitere Fragen sinnlos sind, gehen wir wieder zu Bett und raten ihr, ruhig zu schlafen.

Am nächsten Tag stelle ich ihr die gleiche Frage. Sie ist sehr erstaunt und sogar beunruhigt (sie errötet leicht).

„Wie sollte ich es wagen", sagte sie, „Ihr Zimmer mitten in der Nacht zu betreten?"

Diese Anschuldigung ist für sie sehr schmerzhaft und sie versucht uns mit allerlei unzureichenden Argumenten zu überzeugen, dass wir Unrecht haben. Sie bestreitet alles und ich muss zugeben, dass sie sich nicht daran erinnert, aufgewacht zu sein oder *auch nur mit uns gesprochen zu haben* (es war nur ein weiterer somnambuler Zustand).

Ich nehme einen kleinen Tisch und weise Eusapia an, ihre Hände darauf zu legen.

„Also gut", sagt sie, „John wird Ihnen sagen, dass ich nicht lüge."

Ich stelle dann folgende Fragen:

„Bist du es, John, der letzte Nacht in unser Schlafzimmer gekommen ist?"

"NEIN."

„War es das Zimmermädchen?" (Ich schlage diesen Gedanken ausdrücklich vor, um Johns Glaubwürdigkeit zu testen.)

„Nein", sagt er.

„War es das Medium selbst?"

„Ja", sagt der Tisch. – „Nein, es ist nicht wahr", ruft Eusapia aus, als sie sieht, dass ihre Hoffnung zerstört ist. – „Ja", antwortet der Tisch eindringlich.

"War sie im Trancezustand?"

"NEIN."

„In ihrem normalen Zustand?"

"NEIN."

„In einem spontanen somnambulen Zustand?"

"Ja."

"Für welchen Zweck?"

„ Sie war auf der Suche nach Streichhölzern, denn sie hatte im Schlaf Angst und wollte nicht ohne Licht schlafen. "

Tatsächlich waren in der von Eusapia geöffneten Schublade immer Streichhölzer, außer an diesem Abend. Sie kam daher ohne welche zurück.

Während sie der Erklärung der Tabelle zuhörte, zuckte Eusapia mit den Schultern, protestierte jedoch nicht länger.

Hier haben wir es also mit einer Frau zu tun, die von Zeit zu Zeit die Fähigkeit besitzt, von einem psychischen Zustand in einen anderen zu wechseln. Ist es gerecht, solch ein Geschöpf des vorsätzlichen Betrugs zu beschuldigen, ohne die geringste medizinische und psychologische Untersuchung, ohne den geringsten Versuch einer Überprüfung? ...

M. Ochorowicz fügt hier hinzu, dass die Phänomene seiner Ansicht nach weder von einer anderen Persönlichkeit als dem Medium noch von einer neuen, unabhängigen okkulten Kraft hervorgerufen werden; vielmehr handelt es sich um einen besonderen psychischen Zustand, der es der Lebenskraft *des Mediums* (dem Astralkörper der Okkultisten) unter bestimmten Ausnahmebedingungen ermöglicht, *auf Distanz zu wirken . Dies ist die einzige Hypothese, die nach dem derzeitigen Stand unseres Wissens notwendig erscheint* .

Warum versucht das Medium so oft, seine Hand loszulassen? Für die Cambridge-Experimentatoren ist der Grund ganz einfach und immer derselbe: Sie lässt ihre Hand los, um Tricks zu machen. Tatsächlich gibt es viele und komplizierte Gründe, warum sie ihre Hand loslässt.

Die Erklärungen von Dr. Ochorowicz lauten wie folgt:

1. Lassen Sie mich zunächst feststellen, dass Eusapia ihre Hand häufig aus keinem anderen Grund loslässt, als um ihren Kopf zu berühren, der im Moment der Manifestationen schmerzt. Es ist eine natürliche Reflexbewegung; und in ihrem Fall ist es eine feste Gewohnheit. Da sie es meistens nicht bemerkt oder zumindest ihren Beherrscher nicht warnt, rechtfertigt die Dunkelheit den Verdacht.

2. Unmittelbar vor der medialen Verdoppelung ihrer Persönlichkeit ist ihre Hand von Hyperästhesie betroffen und infolgedessen macht sie der Druck der Hand eines anderen krank, insbesondere im Rückenbereich. Sie legt dann die Hand, die medial aktiv sein soll, meistens *über* und nicht unter die des Kontrollierenden und versucht, sie so wenig wie möglich zu berühren. Wenn die Verdoppelung der Persönlichkeit abgeschlossen ist und die dynamische Hand mehr oder weniger materialisiert ist, zieht sich die des Mediums zusammen und ruht schwer auf dem Kontrollierenden, genau in dem Moment, in dem das Phänomen stattfindet. Sie ist dann fast gefühllos und ganz zusammengeschrumpft. Unter sehr guten medialen Bedingungen ist die Verdoppelung leicht und die anfängliche Hyperästhesie von kurzer Dauer. In diesem Fall lässt das Medium zu, dass seine Hand vollständig bedeckt ist

und die Füße der Kontrollierenden *auf* ihren liegen, wie dies bei unseren Sitzungen in Rom im Jahr 1893 immer der Fall war ; aber seit dieser Zeit kann sie diese Position nicht mehr ertragen und zieht es vor, unter dem Tisch an den Händen gehalten zu werden.

3. Gemäß psychologischen Gesetzen bewegt sich die Hand immer automatisch in die Richtung unserer Gedanken (Cumberlandismus). Das Medium handelt durch Autosuggestion, und der Befehl, bis zu einem angegebenen Punkt zu gehen, wird von seinem Gehirn gleichzeitig an die dynamische und die körperliche Hand gegeben, da sie im Normalzustand nur eine bilden. Und da unmittelbar nach der Hyperästhesie die Muskelempfindung erregt wird und die Hand taub wird, kommt es manchmal vor (insbesondere wenn das Medium unvorsichtig vorgeht und seine Bewegungen nicht richtig steuert), dass die dynamische Hand an Ort und Stelle bleibt, während seine eigene Hand in die angegebene Richtung geht. Da die dynamische Hand noch nicht materialisiert ist, erzeugt sie nur einen Anschein von Druck; und eine andere Person, die im Dunkeln ein wenig sehen kann, wird davon nichts wahrnehmen und sogar durch Berührung die Abwesenheit der Hand des Mediums von der des Kontrollierenden feststellen können. Gleichzeitig bewegt sich die Hand des Mediums in Richtung des Objekts; und *dennoch kann es passieren, dass es das Ziel nicht wirklich erreicht, da es seine Wirkung aus der Ferne entfaltet, also durch eine dynamische Verlängerung*.

Auf diese Weise erkläre ich die Fälle, in denen die Hand, nachdem sie losgelassen wurde, den angestrebten (physisch unerreichbaren) Punkt noch nicht erreichen konnte, sowie die zahlreichen Experimente, die in Warschau bei vollem Licht, mit einer kleinen Glocke, die auf verschiedene Weise aufgehängt wurde, mit Zirkeln verschiedener Formen, mit einem sehr kleinen Tisch usw. durchgeführt wurden – Experimente, bei denen Eusapias Finger ganz in der Nähe des Objekts waren, es aber nicht berührten. Ich habe bewiesen, dass in diesen Fällen keine elektrische Kraft am Werk war, sondern dass Dinge geschahen, als ob die Arme des Mediums verlängert wären und unsichtbar, aber *mechanisch* wirkten. Als sich in Warschau einer meiner Freunde, M. Glowacki, in den Kopf setzte, „dass man dem Medium freien Lauf lassen müsse, um seine Methode zu entdecken", hatten wir eine völlig betrügerische Sitzung und verloren unsere Zeit sinnlos. Im Gegenteil, bei einer schlechten Sitzung auf der Île Roubaud erhielten wir einige gute Phänomene, nachdem wir dem Medium offen gesagt hatten, dass es betrüge.

Und hier sind die Schlussfolgerungen des Autors zu den „Cambridge-Betrügereien":

1. Es konnte Eusapia in Cambridge nicht nur kein *vorsätzlicher* Betrug nachgewiesen werden, sondern es wurden auch nicht die geringsten Anstrengungen unternommen, dies nachzuweisen.

2. *Unbewusster* Betrug wurde in weitaus größerem Ausmaß nachgewiesen als in allen vorhergehenden Experimenten.

3. Dieses negative Ergebnis wird durch eine fehlerhafte Methode gerechtfertigt, die der Natur der Phänomene kaum gerecht wird.

Dies ist auch die Meinung von Dr. J. Maxwell und allen, die zu dieser Frage kompetente Richter sind.

Zusammenfassend können wir sagen, dass der Einfluss vorgefasster Ideen, Meinungen und Gefühle auf die Entstehung von Phänomenen sicher ist. Wenn alle Experimentatoren annähernd die gleiche Sympathie für diese Art von Forschung haben und wenn sie sich entschlossen haben, genügend „Kontrolle" (das heißt, wachsame Aufsicht) auszuüben, um nicht auf Mystifikationen hereinzufallen, und wenn sie sich untereinander darauf einigen, die bedauerlichen Bedingungen der Dunkelheit zu akzeptieren, die für die Aktivität dieser unbekannten Strahlungen notwendig sind, und die offensichtlichen Erfordernisse des Mediums in keiner Weise zu stören, dann erreichen die resultierenden Phänomene einen außerordentlichen Grad an Intensität. [36]

Wenn jedoch Zwietracht herrscht und einer oder mehrere der Gesellschaft die Handlungen des Mediums beharrlich ausspionieren, in der Überzeugung, dass er oder sie betrügen muss, ähneln die Ergebnisse sehr stark dem Vorankommen eines Segelschiffs, das von mehreren Gegenwinden getrieben wird. Das Medium tritt einfach auf der Stelle, ohne voranzukommen, und es werden kaum mehr als sterile Ergebnisse erzielt. *Psychische Kräfte sind nicht weniger real als physikalische, chemische oder mechanische Kräfte.* Trotz unseres Wunsches, voreingenommene Skeptiker zu überzeugen, ist es ratsam, immer nur einen von ihnen einzuladen und ihn neben das Medium zu stellen, damit er gleichzeitig erstaunt, erschüttert und überzeugt sein kann. Aber im Allgemeinen ist dies die Mühe nicht wert.

Im September 1895 wurde in l'Agnélas, in der Residenz von Oberst de Rochas, dem Präsidenten der Polytechnischen Schule, eine neue Reihe von Experimenten durchgeführt. Unterstützt wurden sie von Dr. Dariex, dem Herausgeber der *Annales des sciences psychiques* , dem Grafen de Gramont (Doktor der Naturwissenschaften), Dr. J. Maxwell, dem Stellvertreter des Generalstaatsanwalts am Appellationsgericht in Limoges, Professor Sabatier von der Fakultät für Naturwissenschaften in Montpellier und Baron de Watteville, einem Lizentiat der Naturwissenschaften. Sie bestätigten alle vorstehenden Angaben. [37]

Eine ähnliche Reihe fand im September 1896 in Tremezzo in den Räumen der Familie Blech statt, die sich damals in einer Sommerresidenz am Comer See befand; dann wieder in Auteuil, im Haus von M. Marcel Mangin, an dem auch MM. Sully-Prudhomme, Dr. Dariex, Emile Desbeaux, A. Guerronnan und Mme. Boisseaux teilnahmen. Lassen Sie uns einen Moment innehalten und einen Blick auf diese letzte Sitzung werfen.

Ich möchte zunächst das Foto des in der Luft schwebenden Tisches erwähnen, eine Levitation, die bei den Versuchsleitern und auch beim Beobachter, der dieses Foto aufmerksam betrachtet, keinerlei Zweifel aufkommen ließ (Tafel IX). Der Tisch senkte sich langsam, und die Bildfolge wurde auf dem Foto aufgezeichnet (dieselbe Tafel, Schnitt B). Nachfolgend ein Auszug aus dem Bericht von Monsieur de Rochas über diese und die darauffolgende Sitzung:

21. September. — Der Tisch hebt sich von seinen vier Füßen. M. Guerronnan hat Zeit, ein Foto davon zu machen, aber er fürchtet, dass es nicht gut sein könnte. Wir bitten Eusapia, noch einmal zu beginnen. Sie willigt ein. Der Tisch wird wieder von seinen vier Füßen gehoben. M. Mangin benachrichtigt M. Guerronnan, der von seinem Posten aus nichts sehen konnte, und der Tisch bleibt in der Luft, bis er Zeit hatte, ein Foto davon zu machen (höchstens drei bis vier Sekunden). Das blendende Magnesiumlicht ermöglicht es uns allen, die Realität des Phänomens zu überprüfen.

Der Vorhang, der in der Ecke des Zimmers hängt, weht plötzlich auf und bedeckt meinen Kopf. Dann spüre ich dreimal nacheinander den Druck einer Hand auf meinem Kopf, der immer stärker wird. Ich spüre Finger, die drücken, wie es die von M. Sully-Prudhomme, meinem Nachbarn rechts, tun könnten. Ich halte seine linke Hand als Teil der Kette von Händen.

Es ist eine Hand, es sind Finger, die mich so bedrängt haben; aber wessen? Ich hatte Eusapias rechte Hand ständig auf meiner linken Hand, die sie im Augenblick des Auftretens des Phänomens ergriff und festhielt....

Ich ziehe den Vorhang zurück, der auf meinem Kopf geblieben ist, und wir sitzen wartend da. „ *Meno luce* " („weniger Licht") fragt Eusapia. Die Lampe wird weiter heruntergedreht und das verbleibende Licht durch einen Schirm ausgeblendet.

Gegenüber steht ein Fenster mit geschlossenen Außenläden, durch das aber das Licht der Straße fällt. In der Stille fällt mir eine Hand auf, die kleine Hand einer Frau. Ich kann sie sehen, weil das schwache Licht durch das Fenster fällt.

TAFEL IX

FOTO EINES AUFGEHÄNGTEN TISCHES.

DER TISCH IST UMGEFALLEN.

Es ist nicht der Schatten einer Hand: Es ist eine Hand aus Fleisch (ich füge
nicht „und aus Knochen" hinzu, denn ich habe den Eindruck, dass sie keine

Knochen hat). Diese Hand öffnet und schließt sich dreimal, lange genug, um mir zu erlauben zu sagen:

„Wessen Hand ist das? – Ihre, Monsieur Mangin?"

"NEIN."

„Dann ist es eine Materialisierung?"

„Zweifellos: Wenn du die rechte Hand des Mediums hältst, halte ich die andere."

Ich hatte Eusapias *rechte Hand auf meiner linken Hand und ihre Finger waren mit meinen verschränkt*.

Die Hand, die ich sah, war eine *rechte Hand*, ausgestreckt und im Profil dargestellt. Sie blieb einen Moment lang bewegungslos in der Luft, etwa 60 bis 60 Zentimeter über dem Tisch und 90 Zentimeter von Eusapia entfernt. Da ihre Unbeweglichkeit (vermutlich) der Grund dafür war, dass ich sie nicht sah, öffnete und schloss sie sich: Es waren diese Bewegungen, die meine Aufmerksamkeit erregten.

Aufgrund meiner günstigen Position zum Fenster war leider nur ich der Einzige, der diese geheimnisvolle Hand sah. M. Mangin hingegen sah zweimal keine Hand, sondern den Schatten einer Hand, der sich im Profil auf dem gegenüberliegenden Fenster abzeichnete.

Eusapia dreht ihren Kopf in Richtung des Vorhangs, hinter dem sich ein lederbezogener Sessel befindet. Der Vorhang wird beiseitegeschoben, und dieser Sessel kommt heran und lehnt sich an mich.

Sie nimmt meine linke Hand, hebt sie über die gesamte Länge ihres rechten Arms über den Tisch und tut so, als würde sie in die Luft klopfen. Auf dem Tisch ist das Echo von drei Schlägen zu hören.

Eine kleine Glocke wird vor sie gelegt. Sie streckt ihre beiden Hände rechts und links von der Glocke in einem Abstand von drei bis vier Zoll aus; dann zieht sie ihre Hände wieder zum Körper zurück, und siehe da! Die Glocke gleitet über den Tisch, bis sie gegen etwas stößt und umfällt. Eusapia wiederholt das Experiment mehrere Male. Man könnte meinen, ihre Hände seien unsichtbar verlängert; und das scheint mir den Begriff „ektenische Kraft" zu rechtfertigen, den Professor Thury aus Genf im Jahre 1855 dieser unbekannten Energie gab.

Ich fragte sie gerade, ob sie nicht vielleicht einen unsichtbaren Faden zwischen ihren Fingern hätte, als sie plötzlich ein unwiderstehliches Jucken verspürte, das sie ihre linke Hand an die Nase legte; ihre rechte lag auf dem Tisch neben der Glocke; die beiden Hände waren in diesem Moment etwa zwei Fuß voneinander entfernt. Ich beobachtete sie aufmerksam. Eusapia legte ihre linke Hand auf den Tisch, einige Zoll von der Glocke entfernt, und diese wurde erneut in Bewegung gesetzt. Angesichts ihrer Geste hätte man für dieses Kunststück einen wunderbar elastischen Faden benötigt, der absolut unsichtbar war; denn unsere Augen waren sozusagen auf die Glocke gerichtet, und das Licht war reichlich vorhanden. Meine Augen waren höchstens einen Fuß von der Glocke entfernt.

Dies war ein sicherer und unbestreitbarer Fall, und Sully-Prudhomme kehrte mit der gleichen Überzeugung nach Hause zurück, die ich auch habe.

Der Dichter der *Einsamkeit* und der *Gerechtigkeit* schrieb seinerseits Folgendes:

Nach einer ziemlich langen Wartezeit kam ein Architektenstuhl ganz allein auf mich zumarschiert. Er streifte meine linke Seite, stieg auf die Höhe des Tisches und schaffte es, sich darauf zu platzieren. Als ich meine Hand hob, spürte ich sofort, wie er ihn ergriff.

„Warum nimmst du meine Hand?", fragte ich meinen Nachbarn.

„Ich war es nicht", sagte er.

Während diese Phänomene stattfanden, schien Eusapia zu leiden. Es schien, als ob sie aus ihrem eigenen physiologischen Vorrat die ganze Kraft aufbringen würde, die nötig war, um die Objekte in Bewegung zu setzen.

Nach der Sitzung, als sie noch immer völlig erschöpft war, sahen wir, wie hinter ihr ein Sessel, der hinter dem Vorhang stand, herangerollt kam, als wolle er sagen: „Bleib stehen! Du hast mich vergessen!"

Ich bin überzeugt, dass ich Phänomene beobachtet habe, die ich keinem gewöhnlichen physikalischen Gesetz zuordnen kann. Mein Eindruck ist, dass Betrug in jedem Fall mehr als unwahrscheinlich ist – zumindest was die Verschiebung schwerer Möbelstücke betrifft, die von meinen Begleitern und mir über eine gewisse Distanz aufgestellt wurden. Das ist alles, was ich dazu sagen kann. Ich für meinen Teil nenne das „natürlich", was wissenschaftlich bewiesen ist. Das Wort „mysteriös" bedeutet also das, was uns immer noch in Erstaunen versetzt, weil es nicht erklärt werden kann. Ich glaube, dass der wissenschaftliche Geist darin besteht, Tatsachen zu verifizieren, keine Tatsache *a priori zu leugnen*, die nicht im Widerspruch zu bekannten Gesetzen steht, und keine Tatsache zu akzeptieren, die nicht durch sichere und verifizierbare Bedingungen bestimmt wurde.

Séance vom 26. September. — Eine dunkle Büste bewegt sich auf dem Tisch vorwärts, von dort, wo Eusapia sitzt; dann noch eine und noch eine. „Sie sehen aus wie chinesische Geister", sagt M. Mangin, mit dem Unterschied, dass ich, der ich dank des Lichts vom Fenster besser platziert bin, die Dimensionen dieser merkwürdigen Bilder und vor allem ihre *Dicke wahrnehmen* kann. Alle diese schwarzen Büsten sind Büsten von Frauen in Lebensgröße; aber, obwohl vage, sehen sie nicht wie Eusapia aus. Die letzte von ihnen, von schöner Form, ist die einer Frau, die jung und hübsch erscheint. Diese Halbfiguren, die vom Medium zu stammen scheinen, gleiten zwischen uns entlang; und wenn sie bis zur Mitte des Tisches oder zwei Drittel seiner Länge gegangen sind, sinken sie ganz (wie aus einem Stück) nach unten und verschwinden. Diese Starrheit lässt mich an die Reproduktionen oder Faksimiles einer Büste denken, die aus dem Atelier eines Bildhauers entwendet wurden, und ich murmele: „Man könnte meinen, er sähe Büsten aus Pappmaché." Eusapia hörte mich. „Nein, kein Pappmaché", sagt sie empört. Sie gibt keine weitere Erklärung, sondern sagt (diesmal auf Italienisch): „Um Ihnen zu beweisen, dass es nicht der Körper des Mediums ist, werde ich Ihnen einen Mann mit Bart zeigen. Achtung!" Ich sehe nichts, aber Dr. Dariex spürt, wie sein Gesicht eine ganze Weile von einem Bart gerieben wird.

Über neue Experimente, die 1901 in Genua durchgeführt wurden und bei denen Eurico Morselli, Professor für Psychologie an der Universität von Genua, anwesend war, berichtete mein gelehrter Freund, der Astronom Porro, nacheinander Direktor der Observatorien von Genua und Turin, heute Direktor des Nationalobservatoriums der Argentinischen Republik in La Plata. Hier sind einige Auszüge aus diesem Bericht: [38]

Fast zehn Jahre sind vergangen, seit Eusapia Paladino im Laufe ihrer medialen Reisen durch Europa zum ersten Mal bei den denkwürdigen Séancen in Mailand auftrat. Das Objekt scharfsinniger Untersuchungen erfahrener und gelehrter Beobachter; das Ziel von Witzen, Anschuldigungen und Sarkasmen; von manchen Fanatikern als Personifizierung übernatürlicher Kräfte gepriesen und von anderen als Lügner verspottet – die bescheidene Kurzwarenhändlerin aus Neapel hat in der Welt so viel Aufsehen erregt, dass sie selbst davon gelangweilt und verärgert ist.

Ich hatte einen guten Beweis dafür, als ich mich von ihr verabschiedete, nachdem ich mit großer Neugier den Anekdoten gelauscht hatte, die sie mir von ihren Sitzungen und den bekannten Männern erzählte, mit denen sie in Verbindung stand – Ch. Richet, Schiaparelli, Lombroso, Flammarion, Sardou, Aksakof usw. Sie bat mich dann sehr nachdrücklich, in den Tagebüchern nicht über ihre Anwesenheit in Genua und die Experimente zu sprechen, an denen sie dort teilnehmen sollte. Glücklicherweise hat sie selbst gute Gründe, die Tagebücher nicht zu lesen. [39]

Warum wurde ein Astronom ausgewählt, um über die Experimente in Genua zu berichten? Weil Astronomen sich mit der Erforschung des Unbekannten beschäftigen. [40]

Wenn ein Mann, der in seine eigenen Privatstudien vertieft ist und einen strengen und arbeitsreichen Lebensstil pflegt, wie mein verehrter Meister M. Schiaparelli, nicht gezögert hat, den respektlosen Scherzen der komischen Zeitschriften zu trotzen, müssen wir zu dem Schluss kommen, dass die Verbindung zwischen der Wissenschaft des Himmels und der der menschlichen Seele enger ist, als es den Anschein macht. Die folgende Erklärung ist am wahrscheinlichsten. Wir haben es bei diesen Studien mit Phänomenen zu tun, die unter ganz besonderen und noch unbestimmten Bedingungen auftreten, in Übereinstimmung mit fast unbekannten Gesetzen und in jedem Fall von solcher Art, dass der Wille des Experimentators nur wenig Einfluss auf die ungezügelten, selbstregulierenden und oft feindlichen Willensbewegungen hat, die sich bei der Untersuchung dieser psychischen Wunder in jedem Moment verraten. Niemand ist besser auf das Studium dieser Dinge vorbereitet als ein Astronom, der eine wissenschaftliche Ausbildung besitzt, die ihn genau auf die Untersuchung solcher Bedingungen vorbereitet. Tatsächlich gewöhnt sich der Astronom durch die systematische Beobachtung der Bewegungen der Himmelskörper daran, ein aufmerksamer und geduldiger Beobachter der Phänomene zu sein, ohne zu versuchen, ihre unaufhaltsame Entwicklung aufzuhalten oder zu beschleunigen. Mit anderen Worten: Das Studium der Sterne gehört eher zur Wissenschaft der *Beobachtung* als zur Wissenschaft des *Experiments* .

Anschließend legt Professor Porro den aktuellen Stand der Fragestellung zu medialen Phänomenen dar.

Die Erklärung, dass alles Betrug sei, bewusst oder unbewusst [sagt er], wird heute fast vollständig aufgegeben, ebenso wie die Annahme, dass alles Halluzination sei. Tatsächlich reicht weder die eine noch die andere dieser Hypothesen aus, um Licht auf die beobachteten Tatsachen zu werfen. Die Hypothese einer unbewussten automatischen Handlung des Mediums hat kein besseres Schicksal erlitten; denn die strengsten Kontrollen haben nur bewiesen, dass es dem Medium unmöglich ist, eine direkte dynamische Wirkung hervorzurufen. Die Physiopsychologie war daher in den letzten Jahren gezwungen, auf eine übergeordnete Hypothese zurückzugreifen, indem sie die Theorien von M. de Rochas akzeptierte , gegen die sie bisher ihr schwerstes Geschützfeuer gerichtet hatte. Sie hat sich mit der Annahme abgefunden, dass ein Medium, dessen Gliedmaßen durch eine strenge Kontrolle bewegungslos gehalten werden, unter bestimmten Bedingungen eine Kraft über eine Entfernung von mehreren Metern nach außen ausstoßen kann, die ausreicht, um bestimmte Bewegungsphänomene in unbelebten Körpern hervorzurufen.

Die kühnsten Anhänger dieser Hypothese gehen so weit, die vorübergehende Erschaffung pseudo-menschlicher Gliedmaßen – Arme, Beine, Köpfe – anzunehmen, bei deren Entstehung die Energien anderer anwesender Personen wahrscheinlich mit denen des Mediums zusammenwirken. Die Theorie besagt, dass sich diese Phantom-Gliedmaßen sofort auflösen und verschwinden, sobald die Energie des Mediums entzogen wird.

Dennoch gehen wir noch nicht so weit, die Existenz freier und unabhängiger Wesen anzuerkennen, die ihre Kräfte nur durch den menschlichen Organismus ausüben könnten; und noch weniger geben wir die Existenz von Geistern zu, die einst die Formen menschlicher Wesen belebten ...

M. Porro erklärt offen, dass er seinerseits weder Materialist noch Spiritualist ist: Er sagt, dass er nicht bereit ist, *a priori* die Negierungen der Psychophysiologie oder den Glauben der Spiritualisten zu akzeptieren.

Er fügt hinzu, dass die neun Personen, die mit ihm bei den Sitzungen anwesend waren, die unterschiedlichsten Meinungen zu diesem Thema vertraten, von den überzeugtesten Spiritualisten bis zu den unverbesserlichsten Skeptikern. Darüber hinaus bestand seine Aufgabe nicht darin, einen offiziellen Bericht zu verfassen, der von allen Experimentatoren gebilligt wurde, sondern lediglich darin, seine eigenen Eindrücke getreu wiederzugeben.

Im Folgenden sind die *wichtigsten* davon aufgeführt, ausgewählt aus seinen Berichten über die verschiedenen Séancen:

Ich sah, und zwar deutlich, wie der Tisch aus grobem Kiefernholz (ein Tisch, der einen Yard lang und fast zwei Fuß breit ist und auf vier Füßen ruht) sich mehrere Male vom Boden erhob und ohne jeden Kontakt mit sichtbaren Objekten mehrere Zentimeter über dem Boden in der Luft schwebte, und zwar für die Dauer von zwei, drei und sogar vier Sekunden.

Dieses Experiment wurde *bei vollem Licht wiederholt*, ohne dass die Hände des Mediums und der fünf Personen, die die Kette um den Tisch bildeten, diesen in irgendeiner Weise berührten. Eusapias Hände wurden von ihren Nachbarn bewacht, die auch ihre Beine und Füße so kontrollierten, dass kein Teil ihres Körpers den geringsten Druck ausüben konnte, um das ziemlich schwere Möbelstück, das bei den Experimenten verwendet wurde, anzuheben oder in der Luft zu halten.

Unter solch absolut vertrauenswürdigen Bedingungen konnte ich *ein sehr dickes Stück schwarzen Stoffs und die roten Vorhänge, die sich hinter dem Medium befanden und die dazu dienten, die Fensternische zu verschließen,* aufgeblasen sehen. Der Fensterflügel war sorgfältig geschlossen, es herrschte kein Luftzug im Raum, und es ist absurd anzunehmen, dass sich Personen in der Fensternische versteckten. Ich glaube daher, mit größter Sicherheit behaupten zu können, dass sich in den Vorhängen *eine Kraft* manifestierte, die der Kraft ähnelte, die den Tisch schweben ließ, und *die sie aufblähte, schüttelte und* so weit nach außen drückte, dass sie mal den einen, mal den anderen der Gäste berührten.

Während der Sitzung ereignete sich ein Vorfall, der als Beweis oder zumindest als Hinweis auf den *intelligenten* Charakter der betreffenden Truppe erwähnt werden sollte.

Als ich Frau Paladino gegenüberstand, an einer Stelle am Tisch, die am weitesten von ihr entfernt war, beschwerte ich mich, dass ich nicht berührt worden war, wie die vier anderen Personen, die die Gesellschaft bildeten. Kaum hatte ich dies gesagt, sah ich, wie der schwere Vorhang nach außen schwang und mir mit seiner unteren Kante ins Gesicht traf, während ich gleichzeitig einen leichten Schlag auf die Fingerknöchel spürte, als ob er von einem sehr zerbrechlichen und leichten Stück Holz herrührte.

Anschließend wird ein gewaltiger Schlag, wie der Faustschlag eines Athleten, in die Mitte des Tisches ausgeführt. Die rechts vom Medium sitzende Person fühlt sich an der Seite gepackt; der Stuhl, auf dem sie saß, wird weggenommen und auf den Tisch gestellt, von dem er dann, ohne von jemandem berührt worden zu sein, an seinen Platz zurückkehrt. Der betreffende Experimentator, der stehen geblieben war, kann wieder auf dem Stuhl Platz nehmen. Die Kontrolle dieses Phänomens ließ nichts zu wünschen übrig.

Die Schläge verdoppeln sich jetzt, und zwar so heftig, dass es scheint, als ob sie den Tisch spalten würden. Wir nehmen wahr, wie Hände die Vorhänge anheben und aufblähen und so weit vorrücken, dass sie erst den einen, dann den anderen der Gesellschaft berühren, sie streicheln, ihre Hände drücken, ihnen zärtlich an den Ohren ziehen oder fröhlich über ihren Köpfen in die Luft klatschen.

Dieser Kontrast zwischen den Berührungen (manchmal nervös und energisch, dann wieder zart und sanft, aber immer freundlich) und den ohrenbetäubenden, heftigen, brutalen Schlägen auf den Tisch erscheint mir sehr merkwürdig und vielleicht auch beabsichtigt.

Ein einziger dieser Faustschläge auf den Rücken würde ausreichen, um die Wirbelsäule zu brechen.

Die Hände, die diese Kunststücke vollbringen, sind die starken und muskulösen Hände eines Mannes, die zierlicheren Hände sind die einer Frau, die ganz kleinen Hände die eines Kindes.

Die Dunkelheit wird etwas lichter, und sofort wird der Stuhl von Nr. 5 (Professor Morselli), der bereits einen Sprung zur Seite gemacht hatte, unter ihm weggeschoben, während eine Hand auf seinen Rücken und seine Schulter gelegt wird. Der Stuhl steigt auf den Tisch, kommt wieder auf den

Boden und schwebt nach verschiedenen horizontalen und vertikalen Schwingungen empor und ruht auf dem Kopf des Professors, der stehen geblieben ist. Dort bleibt er einige Minuten in einem Zustand sehr instabilen Gleichgewichts.

Die lauten Schläge und die zarten Berührungen großer und kleiner Hände folgen einander ununterbrochen auf eine solche Weise ab, dass wir die Gleichzeitigkeit verschiedener Phänomene zwar nicht mathematisch beweisen können, sie in mehreren Fällen jedoch so gut wie sicher ist.

Während sich unsere Möglichkeiten, ein so wertvolles Demonstrationsobjekt zu erhalten, erhöhen, wird uns endlich die Gleichzeitigkeit gewährt, die wir verlangen; denn der Tisch klopft, die Glocke ertönt, und das Tamburin wird klimpernd über unseren Köpfen durch den ganzen Raum getragen, bleibt einen Moment auf dem Tisch liegen und setzt dann seinen Flug durch die Luft fort …

Ein Blumenstrauß, der in einer Karaffe auf dem größeren Tisch steht, kommt auf unseren Tisch, ein angenehmer Duft geht ihm voraus. Blumenstiele werden in den Mund von Nr. 5 gesteckt, und Nr. 8 wird von einem Gummiball getroffen, der auf den Tisch zurückprallt. Die Karaffe kommt zu den Blumen auf unserem Tisch herüber; sie wird dann sofort angehoben und an den Mund des Mediums gehalten, und sie muss zweimal daraus trinken; zwischen den beiden Malen sinkt sie auf den Tisch und bleibt dort einen Moment aufrecht stehen. Wir hören deutlich, wie das Wasser geschluckt wird, woraufhin Mme. Paladino jemanden bittet, ihr den Mund mit einem Taschentuch abzuwischen. Schließlich kehrt die Karaffe auf den großen Tisch zurück.

Eine Übertragung ganz anderer Art wird jedoch auf folgende Weise bewirkt. Ich hatte mich mehrmals beschwert, dass meine Position in der Kette in einiger Entfernung vom Medium mich während der Sitzung daran gehindert hatte, berührt zu werden. Plötzlich höre ich ein Geräusch an der Wand des Raumes, gefolgt vom Klingeln der Saiten der Gitarre, die vibrieren, als ob jemand versuchen würde, das Instrument von der Wand zu nehmen, an der es hängt. Endlich gelingt der Versuch, und die Gitarre kommt in schräger Richtung auf mich zu. Ich sah deutlich, wie sie sich zwischen mich und Nr. 8 schob, und zwar mit einer Geschwindigkeit, die den Aufprall ziemlich unangenehm machte. Da ich mir zunächst nicht erklären konnte, warum dieses dunkle schwarze Objekt auf mich zukam, rutschte ich zur Seite (Nr. 8 saß links von mir). Dann änderte die Gitarre ihre Richtung und schlug mit ihrem Griff dreimal heftig auf meine Stirn (die zwei oder drei Tage lang ein wenig verletzt blieb), worauf sie mit feiner Präzision auf dem Tisch zum Liegen kam. Es blieb nicht lange dort, bevor es begann, mit einer

Rechtsdrehung ziemlich hoch über unseren Köpfen und mit großer Geschwindigkeit durch die Halle zu kreisen.

Es ist erwähnenswert, dass bei dieser Drehung der Gitarre die Vibration ihrer eigenen Saiten den Klang des Tamburins verstärkte, das mal auf der einen, mal auf der anderen Seite in der Luft angeschlagen wurde. Und die Gitarre, so sperrig sie auch war, schlug kein einziges Mal gegen die zentrale Stützstange des elektrischen Lichts oder die drei Gaslampen, die an den Wänden des Raums befestigt waren. Wenn wir die begrenzten Ausmaße des Raums berücksichtigen, sehen wir, dass es sehr schwierig war, diese Hindernisse zu vermeiden, da der verbleibende freie Raum sehr begrenzt war.

Die Gitarre flog zweimal durch den Raum und blieb (zwischen den beiden Malen) in der Mitte des Tisches stehen, wo sie schließlich zur Ruhe kam. In einer letzten, überaus großen Anstrengung wendet sich Eusapia nach links, wo auf einem Tisch eine 15 Pfund schwere Schreibmaschine steht. Während dieser Anstrengung fällt das Medium erschöpft und nervös auf den Boden; doch die Maschine erhebt sich von ihrem Platz und begibt sich in die Mitte unseres Tisches, in die Nähe der Gitarre.

Im hellen Licht ruft Eusapia M. Morselli und nimmt ihn, von den beiden Personen neben ihr geleitet, mit zu dem Tisch, auf dem ein Klumpen Modelliergips liegt. Sie nimmt seine offene Hand und drückt sie dreimal in Richtung des Gipses, als wolle sie die Hand darin versenken und einen Abdruck hinterlassen. M. Morsellis Hand bleibt mehr als zehn Zentimeter von der Masse entfernt: Dennoch stellen die Experimentatoren am Ende der Sitzung fest, dass der Gipsklumpen den Abdruck von drei Fingern enthält – tiefere Abdrücke, als man direkt durch willentlichen Druck erzielen kann.

Das Medium hebt ihre beiden Hände, die die ganze Zeit in meinen und denen von Nr. 5 (Morselli) gefaltet sind, und erhebt *sich unter Stöhnen, Schreien und Ermahnungen mit ihrem Stuhl* , so weit, dass seine beiden Füße und die Enden seiner beiden vorderen Querstangen auf der Tischplatte aufliegen. Es war ein Moment großer Angst. Die Levitation erfolgte schnell, aber ohne Erschütterungen, Stöße oder Ruckeln. Mit anderen Worten, wenn Sie in einem Anflug von extremem Misstrauen darauf bestehen, anzunehmen, dass sie irgendeinen Kunstgriff angewandt hat, um das Ergebnis zu erzielen, müssen Sie eher an ein Hochziehen mit Hilfe einer Schnur und einer Rolle denken als an ein Stoßen von unten.

Aber keine dieser Hypothesen hält einer gründlichen Prüfung der Fakten stand …

Aber es kommt noch mehr. Eusapia wurde mit ihrem Stuhl noch weiter vom oberen Teil des Tisches hochgehoben, so dass Nr. 11 auf der einen Seite und ich auf der anderen Seite unsere Hände unter ihre Füße und unter die des Stuhls schieben konnten.

Darüber hinaus ist diese Levitation aufgrund der Tatsache, dass die hinteren Stuhlfüße vollständig vom Tisch abgehoben waren und keine sichtbare Stütze boten, noch unvereinbarer mit der Annahme, dass Eusapia ihren Körper und den Stuhl zu einem Sprung nach oben veranlasst haben könnte.

M. Porro ist der Ansicht, dass dieses Phänomen zu denen gehört, die sich weniger leicht erklären lassen, wenn wir auf die spiritistische Hypothese verzichten. Es ist ein bisschen wie bei dem Mann, der ins Wasser fiel und dachte, er könne sich an den eigenen Haaren wieder herausziehen.

Eusapia [fügt M. Porro hinzu] stieg ohne Ruck nach unten, Stück für Stück, Nr. 5, und ich ließ ihre Hände nie los. Der Stuhl, der etwas höher gestiegen war, drehte sich um und legte sich auf meinen Kopf, von wo er spontan wieder auf den Boden zurückkehrte.

Das Ganze wurde noch einmal versucht. Eusapia und ihr Stuhl wurden erneut auf die Tischplatte gestellt, nur diesmal war die Erschöpfung so groß, dass die arme Frau ohnmächtig auf den Tisch fiel. Wir hoben sie mit aller gebotenen Vorsicht herunter.

Die Experimentatoren wollten wissen, ob diese Phänomene, deren Erfolg in so großem Maße von den Lichtverhältnissen abhängt, im weißen und ruhigen Licht des Mondes nicht besser zum Erfolg führen könnten.

Sie mussten zugeben, dass es keinen erkennbaren Unterschied zwischen dem Mondlicht und anderen Arten gab. Aber der Tisch, um den sie die Kette gebildet hatten, verließ die Veranda, auf der die Sitzung stattfand, und begab sich trotz der nachdrücklich geäußerten Wünsche der Teilnehmer und des Mediums selbst in den Nachbarraum, wo die Sitzung dann fortgesetzt wurde.

Bei diesem Raum handelte es sich um einen kleinen Salon, der mit eleganten Möbeln und zerbrechlichen Gegenständen wie Kristallleuchtern, Porzellanvasen, Nippes usw. vollgestopft war. Die Versuchsleiter befürchteten sehr, dass diese Dinge im Trubel der Sitzung beschädigt werden könnten; aber nicht der geringste Gegenstand erlitt irgendeinen Schaden.

Frau Paladino, die jetzt wieder sie selbst war, nahm die Hand von Nr. 11 und legte sie sanft auf die Rückenlehne eines Stuhls, während sie gleichzeitig ihre eigene Hand auf seine legte. Dann, als sie ihre Hand und die von Nr. 11 hob, machte der Stuhl mehrere Male hintereinander *dieselbe Aufwärtsbewegung*.

Dies wurde bei vollem Licht wiederholt.

Nr. 5 sowie andere Herren nahmen auf eine Weise, die keinen Zweifel zuließ, eine vage, undeutliche Gestalt wahr, die in der Tür eines schwach beleuchteten Vorzimmers in die Luft geworfen wurde. Die Gestalt bestand aus wechselnden und flüchtigen Silhouetten, manchmal mit den Umrissen eines menschlichen Kopfes und Körpers, manchmal wie Hände, die aus den Vorhängen herausragten. Ihr objektiver Charakter wurde durch die Übereinstimmung der Eindrücke nachgewiesen, die wiederum durch ständige Fragen kontrolliert wurden. Es bestand keine Möglichkeit, dass es sich um Schatten handelte, die absichtlich oder unabsichtlich von den Körpern der Experimentatoren geworfen wurden, da wir uns gegenseitig beobachteten .

Die zehnte Séance (die letzte) war eine der am besten besuchten und vielleicht die interessanteste von allen.

Kaum ist das elektrische Licht erloschen, bemerken wir eine automatische Bewegung des Stuhls, auf dem ein Stück Gips liegt, während Hände und Füße von Eusapia von mir und Nr. 3 wachsam kontrolliert werden. Da wir jedoch dem Einwand der Kritiker vorbeugen möchten, dass die Phänomene im Dunkeln stattfinden, verlangt der Tisch typologisch (d. h. durch Klopfen) nach Licht, und die Experimentatoren zünden die elektrische Lampe an.

Augenblicklich *sieht die ganze Gesellschaft, wie sich der Stuhl* , auf dem der Gipsklumpen liegt (überhaupt kein leichter Stuhl), *zwischen mir und dem Medium bewegt* , ohne dass wir die entscheidende Ursache für die Bewegung verstehen können.

Frau Paladino legt ihre ausgestreckte Hand auf die Stuhllehne und ihre linke darüber. Wenn unsere Hände sich erheben, erhebt sich auch der Stuhl ohne Berührung und erreicht eine Höhe von etwa 15 cm. Diese Darbietung wird mehrere Male wiederholt, wobei zusätzlich die Hand von Nr. 5 eingreift, unter Licht- und Kontrollbedingungen, die keine Wünsche offen lassen.

Der Raum ist wieder fast völlig abgedunkelt... Ein kalter Luftzug auf dem Tisch lässt die Ankunft eines kleinen Zweiges mit zwei grünen Blättern vorausgehen. Wir wissen, dass es in der Nähe der Gesellschaft keine Pflanzen gibt: Es scheint also, dass es sich hier um eine von außen *hereingebrachte Pflanze handelt.*

Nr. 3 ist von der Hitze völlig erschöpft. Und siehe da, eine Hand nimmt ihm das Taschentuch vom Hals und trocknet damit den Schweiß auf seinem Gesicht. Er versucht, das Taschentuch mit den Zähnen zu greifen, aber es wird ihm entrissen. Eine große Hand hebt seine linke Hand und zwingt ihn, damit mehrere Schläge auf den Tisch zu klopfen.

Lichtschimmer beginnen zu erscheinen, zuerst rechts von Nr. 5, dann in verschiedenen Teilen der Halle. Sie werden von allen wahrgenommen.

Der Vorhang bläst sich auf, als ob ein starker Wind dagegen gewunden hätte, und berührt Nr. 11, die in einem kleinen Sessel anderthalb Meter vom Medium entfernt sitzt. Dieselbe Person wird von einer Hand berührt, während eine andere Hand einen Fächer aus der Innentasche seiner Jacke zieht, ihn zu Nr. 5 und dann zu Nr. 11 trägt. Der Fächer wird bald seinem Besitzer zurückgegeben und zur großen Zufriedenheit von uns allen über unseren Köpfen hin und her bewegt. Aus der Tasche von Nr. 3 wird ein Tabakbeutel genommen: Der Unsichtbare leert ihn auf dem Tisch und gibt ihn dann Nr. 10. Verschiedene Pflanzenstängel fallen auf den Tisch.

Wieder wird der Fächer von einer Hand in die andere weitergegeben. Dann glaubt Nr. 11, er müsse mitteilen, dass ihm der Fächer von einem jungen Mädchen angeboten worden sei, das den Wunsch geäußert habe, dass er an Nr. 11 weitergegeben und dann an Nr. 5 zurückgegeben werde. Außer Nr. 11 wusste niemand davon.

Nr. 5, der gegenwärtig in dem kleinen Sessel sitzt, in dem vorher Nr. 11 saß, anderthalb Meter vom Medium entfernt, fühlt sich vom Saum des Vorhangs berührt und nimmt dann die Anwesenheit des Körpers einer Frau wahr, deren Haar auf seinem Kopf ruht.

Die Séance wird gegen ein Uhr vertagt.

Im Moment des Abschieds sieht Eusapia eine Glocke auf dem Klavier. Sie streckt ihre Hand aus. Die Glocke gleitet über das Klavier, dreht sich um und fällt auf den Boden. Das Experiment wird wie zuvor im vollen Licht wiederholt, wobei die Hand des Mediums mehrere Zentimeter von der Glocke entfernt bleibt....

Es ist offensichtlich, dass diese Heldentaten in mancher Hinsicht noch außergewöhnlicher sind als die vorhergehenden. Im Folgenden sind die *Schlussfolgerungen* des Berichts von Professor Porro aufgeführt.

Die Phänomene sind real. Sie können weder durch Betrug noch durch Halluzinationen erklärt werden. Finden sie ihre Erklärung in bestimmten Schichten des Unterbewussten (des Unterschwelligen), in irgendeiner latenten Fähigkeit der menschlichen Seele, oder offenbaren sie tatsächlich die Existenz anderer Wesenheiten, die unter völlig anderen Bedingungen als den unseren leben und normalerweise für unsere Sinne unzugänglich sind? Mit anderen Worten: Wird die *animistische Hypothese ausreichen, um das Problem zu lösen und die spiritistische Hypothese* zu beseitigen ? Oder dienen die Phänomene hier nicht vielmehr dazu, das Problem zu verkomplizieren, indem sie die spiritistische Lösung in sich verbergen, wie in der Traumpsychologie? Auf diese gewaltige Frage werde ich eine Antwort versuchen.

Als Alexander Aksakof vor elf Jahren das Dilemma zwischen Animismus und Spiritismus darlegte und in einem meisterhaften Werk klar bewies, dass rein animistische Erscheinungen untrennbar mit jenen verbunden sind, die unsere Gedanken auf den Glauben an die Existenz unabhängiger, intelligenter und aktiver Wesenheiten lenken, hätte niemand damit rechnen können, dass der erste Teil des Dilemmas auf tausenderlei Weise und in tausend verschiedenen Formen von Leuten bestritten und kritisiert werden würde, die über den zweiten Teil bestürzt wären.

Denn was sind all die Hypothesen, die seit nunmehr zehn Jahren erfunden werden, um mediale Phänomene auf die einfache Manifestation latenter Eigenschaften der menschlichen *Psyche* (oder Seele) zu reduzieren, anderes als verschiedene Formen der animistischen Hypothese, die so verspottet wurde, als sie in Aksakofs Werk auftauchte?

Von der Idee der unbewussten Muskelaktivität der Zuschauer (die Faraday vor einem halben Jahrhundert vorbrachte) bis zur Projektion protoplasmatischer Aktivität oder der zeitweiligen Emanation aus dem Körper des Mediums, die Lodge sich vorstellte; von der psychiatrischen Lehre Lombrosos bis zur Psychophysiologie Ochorowiczs; von der von Rochas zugegebenen Externalisierung bis zum Esopsychismus Morsellis; vom Automatismus Pierre Janets bis zur *Persönlichkeitsverdoppelung* Alfred Binets – es gab eine wahre Flut von Erklärungen, deren Ziel die Beseitigung einer äußeren Persönlichkeit war.

Der Prozess war logisch und stand im Einklang mit den Grundsätzen der Wissenschaftsphilosophie, die uns lehrt, die Möglichkeiten des bereits Bekannten auszuschöpfen, bevor wir auf das Unbekannte zurückgreifen.

Doch dieses Prinzip, das in der Theorie unanfechtbar ist, kann zu falschen Ergebnissen führen, wenn man es absichtlich zu weit auf ein bestimmtes Forschungsgebiet ausdehnt. Vallati hat in diesem Zusammenhang eine merkwürdige Randnotiz von Galileo zitiert, die kürzlich im dritten Band der nationalen Ausgabe seiner Werke veröffentlicht wurde:

"Wenn wir Bernstein, Diamanten und bestimmte andere sehr dichte Stoffe durch Reiben erhitzen, ziehen sie kleine leichte Körper an, weil sie beim Abkühlen die Luft anziehen, die diese Teilchen mit sich zieht." Der Wunsch, noch ungeklärte materielle Tatsachen unter die bekannten physikalischen Gesetze seiner Zeit zu bringen, führte einen so umsichtigen und praktischen Beobachter und Denker wie Galileo dazu, eine falsche Behauptung aufzustellen. Wenn ihm jemand gesagt hätte, dass in der Anziehungskraft des Bernsteins der Keim eines neuen Wissenschaftszweigs und die rudimentäre Manifestation einer damals unbekannten Energie (Elektrizität) liege, hätte er geantwortet, dass es sinnlos sei, "auf die Hilfe des Unbekannten zurückzugreifen".

Doch die Analogie zwischen dem Fehler des großen Physikers und dem Fehler moderner Wissenschaftler lässt sich noch weiter treiben.

Galilei kannte eine Energieform, die die Naturphilosophie unserer Zeit gleichzeitig mit der elektrischen Energie untersucht, mit der sie in enger Beziehung steht, was durch alle neueren Entdeckungen bestätigt wird. Hätte man erkannt, dass seine Erklärung des Bernsteinphänomens jeder Grundlage entbehrte, hätte er seine Aufmerksamkeit auf die Analogien richten können, die die Anziehungskraft des Bernsteins, der über leichte Körper gerieben wird, mit der Anziehungskraft des Magnetsteins auf Eisenspäne aufweist. Wenn er so weit gekommen wäre, hätte er höchstwahrscheinlich seine erste Hypothese verworfen und zugegeben, dass die Anziehungskraft des Bernsteins ein *magnetisches Phänomen ist* . Er hätte sich jedoch getäuscht, denn es handelt sich um ein *elektrisches Phänomen* .

Könnten sich nicht auch jene Leute täuschen, die, um der Notwendigkeit der Hypothese spiritistischer Wesenheiten um jeden Preis zu entgehen, mit allzu hartnäckiger Vorliebe auf der animistischen Hypothese beharren, selbst wenn diese nicht ausreicht, um alle medialen Erscheinungen zu erklären? Könnte es nicht wahr sein, dass animistische und spiritistische Phänomene, wie elektrische und magnetische Phänomene, die in enger austauschbarer Verbindung stehen und uns oft untrennbar erscheinen, eine gemeinsame Verbindung haben? Und wir sollten wohl bedenken, dass eine einzige Tatsache, die durch die animistische Hypothese unerklärlich und durch die spiritistische Hypothese erklärbar ist, ausreichen würde, um letzterer jenen Grad wissenschaftlichen Wertes zu verleihen, der ihr bis zum heutigen Tag so energisch abgesprochen wurde, ebenso wie die Entdeckung eines sekundären Phänomens, der Polarisation des Lichts, ausreichte, um Fresnel dazu zu bringen, die Newtonsche Emissionstheorie abzulehnen und die der Wellenbildung zuzulassen.

Haben wir im Laufe unserer zehn Sitzungen mit Eusapia die eine Tatsache erfahren, die ausreicht, um der spiritistischen Hypothese zwangsläufig den Vorrang vor allen anderen zu geben?

Auf diese Frage lässt sich keine kategorische Antwort geben, da es keinen wissenschaftlichen Beweis für die Identität der Wesen gibt, die sich manifestieren, und dies auch nie geben wird.

Die Tatsache, dass ich ein Phantom höre, sehe und berühre; dass ich in ihm die Gestalt und Haltung von Personen erkenne, die ich gekannt habe und die das Medium weder gekannt noch deren Namen es gehört hat; dass ich das lebendigste und ergreifendste Zeugnis für die Anwesenheit dieser flüchtigen Erscheinung habe – all das wird nicht ausreichen, um die wissenschaftliche Tatsache zu begründen, die niemand widerlegen kann und die es wert ist, neben den Experimenten von Torricelli, Archimedes und Galvani in den

Annalen der Wissenschaft zu verbleiben. Es wird immer möglich sein, sich einen unbekannten Mechanismus vorzustellen, mit dessen Hilfe dem Medium und den Anwesenden elementare Substanz und Kraft entzogen und so kombiniert werden können, dass die angegebenen Wirkungen erzielt werden. Es wird immer möglich sein, in den besonderen Fähigkeiten des Mediums, in den Gedanken der Anwesenden und sogar in ihrer Haltung erwartungsvoller Aufmerksamkeit die Ursache für den *menschlichen* Ursprung der Phänomene zu finden. Aus dem Arsenal der Angriffe, die in den letzten fünfzig Jahren gegen diese Studien geführt wurden, wird es immer möglich sein, irgendein allgemeines oder spezifisches Argument, sei es *ad rem* oder *ad hominem* , herauszupicken und dabei die bereits vorgebrachte Widerlegung des Arguments zu ignorieren oder vorzutäuschen, sie zu ignorieren.

Die Frage reduziert sich also sofort auf eine individuelle Untersuchung von Fällen, die entweder direkt beobachtet oder aus sicherer Hand erhalten wurden, um einerseits eine persönliche Überzeugung zu schaffen, die dem beißenden Spott der Skeptiker standhält, und andererseits die öffentliche Meinung darauf vorzubereiten, die Wahrheit von Fällen anzuerkennen, die von glaubwürdigen Personen beobachtet wurden.

In Bezug auf den ersten Punkt hat der berühmte Experimentator Sidgwick bereits gesagt, dass es keine Tatsache oder keinen Fall gibt, der jeden überzeugen könnte, sondern dass jeder durch geduldiges und ruhiges Beobachten eine Tatsache oder einen Fall finden kann, der ausreicht, um seine eigene Überzeugung zu begründen. Ich kann sagen, dass für mich ein solcher Fall vorliegt. Ich muss nur auf das Phänomen verweisen , an dem ich persönlich bei den Sitzungen mit Eusapia teilgenommen habe.

Zum zweiten Punkt könnte ich noch viel sagen, doch würde das den Rahmen dieser Studie sprengen und über das Thema hinausgehen.

Auf der einen Seite gibt es den universellen Glauben an die objektive Existenz einer Welt, die uns in unserem Normalzustand unbekannt ist; jenen Glauben (die Grundlage aller Religionen) an ein zukünftiges Leben, in dem für die Ungerechtigkeiten des gegenwärtigen Lebens gesühnt wird und wir mit den guten oder bösen Taten konfrontiert werden, die wir auf Erden begangen haben; jene ununterbrochene Tradition systematischer oder spontaner Riten und Rituale, dank derer der Mensch ständig mehr oder weniger in Beziehung zu dieser unbekannten Welt bleibt.

Auf der anderen Seite gibt es die skeptische und entmutigende Ablehnung pessimistischer philosophischer Systeme und des Atheismus, eine Ablehnung, die aus dem Fehlen positiver Beweise für das Fortleben der Seele resultiert; eine immer deutlichere Tendenz der Wissenschaft zu einer monistischen Interpretation des Rätsels des menschlichen Lebens sowie die

Überzeugung, dass alle bekannten Lebensphänomene nur im Zusammenhang mit speziellen Organen auftreten.

Um in einer so abstrusen Angelegenheit eine Entscheidung zu treffen, genügen mediale Experimente nicht; jeder kann daraus so viel Glauben oder Unglauben ziehen, wie er braucht, um seine Zweifel auf die eine oder andere Weise zu klären; aber er wird sich nie von der Grundlage der temperamentvollen Neigungen lösen, die die mehr oder weniger wissenschaftliche Erziehung seines Geistes oder die mehr oder weniger mystischen Neigungen seiner Natur in ihm entwickelt haben.

Noch ein Wort und ich bin fertig.

Wenn wir die wahrscheinlichste Hypothese akzeptieren, dass die intelligenten Wesen, denen wir diese psychischen Phänomene verdanken, bereits vorher existierende, unabhängige Wesen sind und dass sie von uns lediglich die notwendigen Bedingungen für ihre Manifestation auf einer für unsere Sinne zugänglichen physischen Ebene erhalten, sollten wir dann auch zugeben, dass es sich in Wirklichkeit um die Geister der Toten handelt?

Auf diese Frage möchte ich antworten, dass ich mich derzeit nicht in der Lage sehe, eine entscheidende Antwort zu geben.

Dennoch wäre ich geneigt, es zuzugeben, wenn ich nicht die Möglichkeit sähe, dass diese Phänomene Teil eines noch umfassenderen Gesamtsystems sein könnten. Tatsächlich hindert uns nichts daran, an die Existenz von Lebensformen zu glauben, die sich völlig von denen unterscheiden, die wir kennen, und von denen das Leben des Menschen vor der Geburt und nach dem Tod nur einen Sonderfall darstellt, so wie das organische Leben des Menschen ein Sonderfall des tierischen Lebens im Allgemeinen ist.

Aber ich verlasse den festen Boden der Fakten, um die gewagtesten Hypothesen zu untersuchen. Ich habe bereits zu ausführlich gesprochen und werde daher die Diskussion zu diesem speziellen Thema beenden.

Mit den oben genannten Themen habe ich mich in mehreren meiner eigenen Arbeiten befasst. [41]

Wir sind von unbekannten Kräften umgeben und es gibt keinen Beweis dafür, dass wir nicht auch von unsichtbaren Wesen umgeben sind. Unsere Sinne lehren uns nichts über die Wirklichkeit. Aber logischerweise sollte die Diskussion der Theorien als Ergänzung zur Gesamtheit oder Zusammenfassung unserer Beobachtungen und Experimente reserviert werden, das heißt für das letzte Kapitel. Es obliegt uns vor allem anderen, positiv festzustellen, dass mediale Phänomene existieren.

Mir scheint, dass *dies für jeden unvoreingenommenen Leser getan wurde* . Dies wird durch die folgenden Kapitel mehr als bestätigt. Aber es gibt einen Punkt, bei dem wir einen Moment verweilen sollten. Ich meine die Frage des Betrugs, bewusst oder unbewusst, die hier zu ignorieren und zu vertuschen natürlich, aber unfair wäre. Unsere juristische Überprüfung wäre nicht vollständig, wenn wir diesen Mystifikationen, die leider allzu häufig von Medien eingesetzt werden, nicht ein spezielles Kapitel widmen würden.

KAPITEL V

Betrug, Tricks, Täuschungen, Betrügereien, Täuschungsmanöver,
Verrätereien, Hindernisse

In den vorangegangenen Kapiteln wurde mehrmals die Frage des Betrugs durch die Medien angesprochen. Leider muss ich sagen, dass die Experimentatoren ständig auf der Hut vor ihnen sein müssen. Dies hat einige bedeutende Männer entmutigt und sie daran gehindert, ihre Forschungen fortzusetzen, denn ihre Zeit ist zu kostbar, um sie zu verschwenden. Dies kann man besonders im oben genannten Brief von M. Schiaparelli (S. 64) erkennen, den die Spiritualisten (fälschlicherweise) immer wieder als einen ihrer Anhänger zitieren. Aber er lehnt es absolut ab, mit ihnen identifiziert zu werden. Er akzeptiert keine Theorie; er ist sich nicht einmal der tatsächlichen Existenz der Fakten sicher und hat es abgelehnt, die für ihre Authentifizierung erforderliche Zeit zu geben.

Ich werde im zweiten Band von *The Unknown Gelegenheit nutzen* , mich mit dem Spiritismus (im eigentlichen Sinne) zu befassen, mit der Lehre von der Pluralität der Welten, der Pluralität der Existenzen, der Reinkarnation, der Präexistenz und der Kommunikation mit den Verstorbenen – Themen, die unabhängig von den materiellen Phänomenen sind und deren Erörterung das vorliegende Werk gewidmet ist. Zu diesen Themen tragen die physischen Erscheinungen nur indirekt bei. Wie wir bereits mehrmals auf den vorhergehenden Seiten gesagt haben, geht es uns hier nur darum, *die tatsächliche Existenz dieser außergewöhnlichen Phänomene zu beweisen* . Die Erbringung des Beweises hängt vor allem von der Ausschaltung von Betrug ab.

Im Falle von Eusapia (dem Medium, das in diesem Band am gründlichsten untersucht wird) konnte leider in mehr als einem Fall nur allzu deutlich nachgewiesen werden, dass es sich um Betrug handelt.

Doch hier muss eine sehr wichtige Bemerkung gemacht werden. Alle Physiologen wissen, dass hysterische Personen zu Falschheit und Vortäuschung neigen. Sie lügen scheinbar ohne Grund und nur aus Freude am Lügen. Es gibt Hysteriker unter den Frauen und jungen Mädchen der höheren Klassen.

Beweist dieser charakteristische Defekt, dass es keine Hysterie gibt? Er beweist genau das Gegenteil.

Folglich täuschen sich diejenigen, die glauben, dass die Betrügereien der Medien dem Medium den Todesstoß versetzen. Es gibt Mediumismus, Hysterie, Hypnose und Somnambulismus. Und es gibt auch Betrügereien.

Ich werde nicht wie gewisse Theologen sagen: „Es gibt *falsche* Propheten, *also* gibt es auch *wahre* ", denn das ist ein Sophismus der schlimmsten Art. Die Existenz der Falschen behindert nicht die Existenz der Wahren.

Ich kannte eine Kleptomanerin, die mehr als einmal in den großen Pariser Geschäften verhaftet wurde, weil sie verschiedene Artikel gestohlen hatte. Das beweist nicht, dass sie nie etwas gekauft und sich alle Artikel, die sie brauchte, nur durch Diebstahl beschafft hat. Im Gegenteil, die gestohlenen Gegenstände müssen nur einen kleinen Teil ihrer Toilettenmaterialien ausgemacht haben. Aber die Tatsache, dass sie gestohlen hat, ist unbestreitbar . Bei den Experimenten, die wir auf diesen Seiten betrachten, ist Täuschung ein Koeffizient, der nicht vernachlässigt werden kann.

Es ist meine Pflicht, hier einige Beispiele für dieses Versagen aufzuzeigen. Bevor ich das tue, sollte ich daran erinnern, dass ich über einen Zeitraum von vierzig Jahren alle Medien untersucht habe, deren Leistungen den größten Ruhm genossen haben, darunter Daniel D. Home, der mit den erstaunlichsten Kräften ausgestattet war, der in den Tuilerien vor Kaiser Napoleon III., dessen Familie und dessen Freunden solch außergewöhnliche Séancen abhielt und der später von William Crookes für die sorgfältigen wissenschaftlichen Forschungen dieses Herrn eingesetzt wurde; Mme. Rodière, ein bemerkenswertes typologisches Medium; C. Brédif, der seltsame Erscheinungen hervorbrachte; Eglington mit den verzauberten Schiefertafeln; Henry Slade, der mit dem Astronomen Zöllner diese unglaublichen Experimente durchführte, vor denen sich die Geometrie nur dadurch rettete, dass sie die Möglichkeit einer vierten Raumdimension zuließ; Buguet, dessen fotografische Platten die Schatten der Toten einfingen und festhielten, und der, nachdem er mir erlaubt hatte, mit ihm zu experimentieren, mich fünf Wochen lang meine Forschungen durchführen ließ, bevor ich seinen betrügerischen Methoden und Mechanismen auf die Schliche kam; Lacroix, zu dem die Geister aller Altersgruppen in Scharen zu strömen schienen, und viele andere, die bei Spiritualisten und wissenschaftlichen Forschern durch mehr oder weniger seltsame und wundersame Erscheinungen großes Interesse wecken.

Ich bin ziemlich oft völlig getäuscht worden. Wenn ich die notwendigen Vorsichtsmaßnahmen traf, um das Medium vor möglichen Täuschungen zu schützen, erzielte ich kein Ergebnis; wenn ich vorgab, nichts zu sehen, nahm ich aus dem Augenwinkel Täuschungsversuche wahr. Und im Allgemeinen traten die Phänomene, die stattfanden, nur in Momenten der Ablenkung auf, in denen meine Aufmerksamkeit für einen Augenblick nachließ. Während ich meine Untersuchung ein wenig weiter vorantrieb, sah ich mit eigenen Augen Buguets vorbereitete Negative; sah mit eigenen Augen Slade unter dem Tisch auf eine verborgene Tafel schreiben und so weiter. In Bezug auf dieses berühmte Medium Slade erinnere ich mich an die Tatsache, dass er nach seinen Experimenten mit Zöllner, dem Direktor des Observatoriums in Leipzig, nach Paris kam und sich mir (und allen Astronomen des Observatoriums, denen ich ihn vorstellen sollte) zu Versuchszwecken zur Verfügung stellte. Er sagte, er habe direkte Schriften von den Geistern erhalten, indem er ein Stück Bleistift zwischen zwei zusammengebundene Schiefertafeln legte, durch Schwingungen der Magnetnadel, Verschiebungen von Möbeln, das automatische Umherwerfen von Gegenständen und dergleichen. Er war sehr bereit, mir sechs Wochen lang wöchentlich eine Séance zu gewähren (montags um 11 Uhr in der Beaujon Street 21). Aber ich habe nichts Sicheres erreicht. In den Fällen, in denen es klappte, gab es die Möglichkeit, die Schiefertafeln auszutauschen. Müde von so viel Zeitverlust vereinbarte ich mit Admiral Mouchez, dem Direktor des Observatoriums von Paris, Slade eine von uns hergestellte Doppeltafel anzuvertrauen, mit den notwendigen Vorsichtsmaßnahmen, damit wir nicht hereingelegt würden. Die beiden Schiefertafeln wurden mit Papier des Observatoriums so versiegelt, dass er den Betrug nicht verbergen konnte, wenn er sie auseinandernahm. Er akzeptierte die Bedingungen des Experiments. Ich trug die Schiefertafeln in seine Wohnung. Sie blieben unter dem Einfluss des Mediums in diesem Raum nicht eine Viertelstunde, nicht eine halbe Stunde oder eine Stunde, sondern zehn aufeinanderfolgende Tage, und als er sie an uns zurückschickte, war darin nicht die geringste Spur einer Schrift zu finden; und doch lieferte er immer Proben davon, wenn er Gelegenheit hatte, im Voraus vorbereitete Schiefertafeln zu transponieren. [42]

Ohne auf weitere Einzelheiten einzugehen, möchte ich nur sagen, dass ich, da ich zu häufig von unehrlichen und verlogenen Medien getäuscht wurde, bei meinen Experimenten mit Eusapia eine geistige Reserve des Skeptizismus, des Zweifels und des Argwohns an den Tag legte.

Die Bedingungen beim Experimentieren sind im Allgemeinen so manipuliert, dass man leicht getäuscht werden kann. Und Wissenschaftler und Gelehrte lassen sich vielleicht am leichtesten von allen Menschen täuschen, weil die wissenschaftliche Beobachtung von Experimenten immer ehrlich ist, da wir der Natur nicht misstrauen müssen – wenn es sich um einen Stern oder ein Molekül handelt – und da wir die Gewohnheit haben, Tatsachen so zu beschreiben, wie sie sich unserem Verstand präsentieren.

Nachdem dies geklärt ist, können wir uns nun mit bestimmten merkwürdigen Taten von Eusapia befassen.

Etwas weiter zurück (S. 173) haben wir uns mit dem seltsamen Experiment von Col. de Rochas mit der Briefwaage befasst. Die Experimentatoren hielten es für absolut schlüssig. Ich war neugierig und wollte es überprüfen. Hier sind meine Notizen zu diesem Thema.

ICH.

12. November 1898.—Heute Nachmittag machten wir (Eusapia und ich) in Begleitung von M. und Mme. Pallotti aus Kairo eine Spazierfahrt in einem Landauer und besuchten unter anderem die Chrysanthemenausstellung in den Tuilerien. Eusapia ist entzückt. Gegen 6 Uhr kehren wir zurück. Meine Frau setzt sich ans Klavier und Eusapia singt einige neapolitanische Melodien und einige kleine Fragmente italienischer Opern. Danach unterhalten wir uns alle drei vertraulich miteinander.

Sie ist in einem sehr glücklichen Gemütszustand und erzählt uns, wie sie an stürmischen Tagen manchmal elektrisches Knistern und Funkeln in ihrem Haar verspürt, besonders auf einer alten Wunde, die sie sich einmal am Kopf zugezogen hat. Sie erzählt uns auch, dass sie, wenn sie längere Zeit keine Sitzung abgehalten hat, in einen Zustand der Gereiztheit verfällt und das Bedürfnis verspürt, sich von der psychischen Flüssigkeit zu befreien, die sie durchdringt. Dieses Geständnis erstaunt mich, denn am Ende jeder Sitzung scheint sie eher lustlos und melancholisch zu sein und scheint eher widerwillig als sonst eine Sitzung abzuhalten. Sie fügt hinzu, dass sie häufig flüssige Verlängerungen an den Enden ihrer Finger hat, und indem sie ihre beiden Hände auf meine Knie legt, die Innenseite der Hand nach oben zeigt, gleichzeitig die Finger ausbreitet und sie einander gegenüberstellt, in einem Abstand von mehreren Zoll, und die Hände abwechselnd zusammenführt und wieder zurückzieht, sagt sie uns, wir sollten von Zeit zu Zeit die Strahlungen beobachten, die die Finger verlängern, indem sie an ihren Enden eine Art leuchtende Aureole bilden. Meine Frau glaubt, einige davon wahrzunehmen. Ich kann trotz aller Bemühungen überhaupt nichts sehen, obwohl ich Licht und Schatten auf alle möglichen Arten ändere. Der Salon wird zu dieser Zeit von zwei intensiven Auer-Brennern beleuchtet. Wir gehen ins Schlafzimmer, das nur von Kerzen beleuchtet wird, und ich kann sie nicht besser sehen. Ich lösche die Kerzen in der Annahme, dass es sich vielleicht um einen Fall von Phosphoreszenz handelt; aber ich nehme nichts wahr. Wir kehren in den Salon zurück. Eusapia breitet einen schwarzen Wollschal über ihren Seidenrock und zeigt mir den Lichtausfluss. Aber die ganze Zeit über kann ich nichts sehen, außer für einen Moment eine Art blassen Strahl am Ende des Zeigefingers ihrer rechten Hand.

Die Essenszeit naht. Es ist sieben Uhr. Auf dem Tisch steht eine Briefwaage (Abb. X), die ich gekauft hatte, um das merkwürdige Experiment von Monsieur de Rochas zu wiederholen. Ich frage Eusapia, ob sie sich daran erinnert, schon einmal einen solchen Mechanismus auf seiner Feder nach unten bewegt zu haben, indem sie ihre Hände mit etwas Abstand zu beiden Seiten darauf legte und so etwas wie magnetische Bewegungen machte. Sie scheint sich an nichts davon zu erinnern und summt eine kleine Strophe aus *Santa Lucia* . Ich bitte sie, es zu versuchen. Sie tut es. Nichts bewegt sich. Sie bittet mich, meine Hände auf ihre zu legen. Wir machen dieselben Bewegungen, und zu meinem Erstaunen (denn ich hatte wirklich überhaupt nicht damit gerechnet) sinkt das kleine Tablett bis zu dem Punkt, an dem es den Hebel berührt und das scharfe Geräusch der Berührung erzeugt. Dieser Punkt liegt jenseits der Teilung der Skala, die bei fünfzig Gramm endet, bis sechzig gehen kann und im niedrigsten Fall siebzig Gramm darstellt. Das Tablett steigt sofort wieder hoch. Wir beginnen ein zweites Mal. Nichts. Ein drittes Mal: dasselbe Absenken und dieselbe Rückkehr zum Gleichgewicht. Dann bitte ich sie, das Experiment allein zu versuchen. Sie reibt ihre Hände aneinander und macht dieselben Bewegungen. Die Briefwaage senkt sich bis zum selben Höchstpunkt. Wir stehen alle dicht neben ihr, im vollen Licht der Auer-Brenner. Die gleiche Leistung wird wiederholt, wobei das Tablett etwa fünf Minuten lang unten bleibt. Die Bewegung findet nicht sofort statt; manchmal gibt es drei oder vier Versuche ohne Erfolg, als ob die Kraft durch das Ergebnis erschöpft wäre. Das Tablett war bereits viermal vor unseren Augen abgesunken, immer bis zum Höchstpunkt, als der Kammerdiener, der wegen einer Dienstleistung vorbeikommt, ich ihm sage, er solle stehen bleiben und nachsehen. Eusapia beginnt erneut und hat keinen Erfolg. Sie wartet einen Moment, reibt ihre Hände, beginnt erneut und dieselbe Bewegung ohne Berührung wird zum siebten Mal vor den drei Zeugen ausgeführt, von denen jeder ebenso erstaunt ist wie der andere. Ihre Hände sind spürbar unterkühlt. Ich denke an den Trick mit dem Haar, schiebe meine Hände zwischen ihre und finde dort nichts; ich habe nichts gesehen. Außerdem scheint sie ihren Kopf nicht berührt zu haben, und ihre Hände lagen seit Beginn des Experiments frei und unberührt vor uns.

Unter der Annahme, dass hier eine elektrische Kraft am Werk sein könnte, bitte ich sie, ihre Finger auf einen äußerst empfindlichen Kompass zu legen. Wie auch immer sie ihn ergreift, er weigert sich, sich zu bewegen.

Wir setzen uns an den Esstisch. Ich bitte sie, eine Gabel zu heben, wie sie es in Montfort getan hat. Beim dritten Versuch gelingt es ihr – und zwar ohne ein einziges Haar zu benutzen, jedenfalls keins, das man erkennen konnte.

II.

16. November.—Um Eusapia zu unterhalten, bot Adolphe Brisson ihr gestern Abend eine Loge im Folies-Bergère an, wo Loie Fuller ihre großartigen spektakulären Vorführungen gab. Wir gingen mit ihr dorthin. Sie kehrte entzückt zurück, ist heute sehr heiter und sehr lebhaft, spricht von ihrem aufrichtigen und loyalen Charakter und tadelt die Komödien des

mondänen Lebens. Während des Abendessens erzählt sie uns einen Teil ihrer Lebensgeschichte.

Neun Uhr. – M. und Mme. Levy und MG Mathieu sind gerade angekommen.

Wir unterhalten uns. Sie legt ihre Hände auf ein Bein von M. Mathieu und zeigt ihm im Dunkeln die von ihren Fingern ausgehenden Strahlen, die für uns jedoch kaum sichtbar sind.

Nachdem sie mir neulich diese Strahlungen gezeigt hatte, fand das Experiment mit der Briefwaage statt. Sie bringt die beiden Phänomene in Zusammenhang und unternimmt einen erneuten Versuch mit dem letzteren.

Sie bittet mich, ihr etwas Wasser zu geben. Ich gehe ins Esszimmer und suche eine Karaffe und ein Glas. Während meiner Abwesenheit bemerkt M. Mathieu, dass Eusapia, während meine Frau mit M. und Mme. Levy spricht, ihre Hand an den Kopf legt und eine kleine Geste macht, als würde sie sich ein Haar ausreißen.

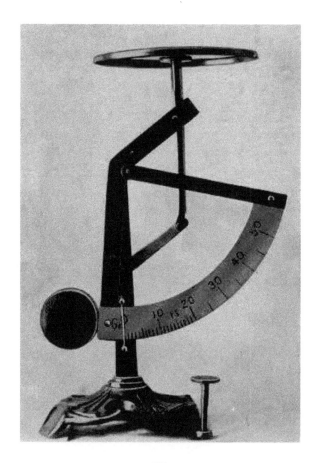

Ich komme mit einem Glas und einer Karaffe zurück und schenke ihr so viel ein, wie sie möchte. Sie trinkt ein Viertelglas Wasser. Auf meine Aufforderung hin bewegt sie ihre Hände auf beiden Seiten der Briefwaage nach unten, so wie vorgestern, und nach zwei oder drei Durchgängen sinkt das Tablett zwar nicht auf seine volle Länge wie vorgestern, aber bis zur Markierung von fünfunddreißig oder vierzig Gramm.

Das Experiment wurde ein zweites Mal versucht und verlief auf die gleiche Weise erfolgreich.

Unter dem Vorwand, eine Fotokamera zu suchen, führt mich M. Mathieu in ein anderes Zimmer und zeigt mir ein langes, sehr feines Haar, das ihm nach dem Experiment in die Hand gefallen war, in dem Moment, als Eusapia eine Geste machte, als wolle sie ihm die Hand schütteln.

Dieses Haar hat einen satten Kastanienton (die Farbe von Eusapias Haaren) und ist 35 cm lang. *Ich habe es aufbewahrt.*

Dies geschah um Viertel nach neun. Die Sitzung beginnt um 9:30 und endet um 11:30. Nach der Sitzung bittet mich Eusapia um ein weiteres Glas Wasser und zeigt mir ein kleines Haar zwischen ihren Fingern.

Gerade als sie um Mitternacht geht, zieht sie halb lachend, halb ernst ein Haar aus ihrem Vorderkopf, nimmt die Hand meiner Frau, steckt dieses Haar hinein und schließt die Hand, während sie ihr in die Augen sieht. Sie hat sicherlich gemerkt, dass wir einen Betrug wahrgenommen haben.

III.

19. November.—Eusapia ist eine Schlaue. Sie ist mit großer Sehschärfe begabt und hat ungewöhnlich empfindliche Ohren. Sie ist sehr intelligent und eine Person mit seltener Feinfühligkeit. Sie nimmt alles wahr und errät alles, was sie betrifft. Sie liest nie, da sie nicht lesen kann; sie schreibt nie, da sie nicht schreiben kann; sie spricht wenig, wenn sie hier ist, da sie selten Menschen findet, die Italienisch verstehen und sprechen. Sie bleibt immer in sich selbst konzentriert und nichts bringt sie davon ab, ständig über ihre eigene Persönlichkeit nachzudenken. Es wäre zweifellos unmöglich, einen ähnlichen Geisteszustand bei anderen Menschen zu entdecken; denn wir sind, wie sie, im Allgemeinen mit tausend Dingen beschäftigt, die unsere Aufmerksamkeit auf viele verschiedene Objekte zerstreuen.

Ich komme um 11.30 Uhr in den Räumen von Dr. Richet an, um Eusapia zu Mme. Fourton zu begleiten, wo wir zu Mittag essen. Sie ist kalt und angespannt. Ich tue so, als ob ich es nicht bemerke, und spreche weiter mit dem Arzt. Sie setzt ihren Hut auf und wir gehen die Treppe hinunter. Am Fuß der Treppe sagt sie: „Was hat M. Richet zu Ihnen gesagt? Worüber haben Sie gesprochen?" Einen Moment später, in Gedanken an unsere letzte Sitzung zurückdenkend, sagt sie: „Waren Sie vollkommen zufrieden?" Im Wagen nehme ich ihre Hand und unterhalte mich freundlich mit ihr. „Alles läuft sehr gut", sage ich zu ihr, „aber einige Experimente werden noch notwendig sein, um keinen Raum für Zweifel zu lassen." Dann spreche ich mit ihr über andere Dinge.

Sie wird allmählich umgänglicher und ihre düstere Stirn scheint sich aufzuhellen. Sie spürt jedoch offensichtlich, dass ich trotz meiner eher oberflächlichen Freundlichkeit nicht ganz derselbe für sie bin. Während des Mittagessens hält sie mir ihr Champagnerglas hin und trinkt auf meine Gesundheit. Mme. Fourton ist von Eusapias Echtheit ohne jeden Zweifel überzeugt. Während des Gesprächs sagt Eusapia etwas später zu ihr: „Ich bin mir Ihrer sicher, ich bin mir Ihrer sicher, meiner Frau Blech, meiner M. Richet, meiner M. de Rochas; aber ich bin mir meiner M. Flammarion nicht sicher."

„Sie sind sich bei Mme. Fourton sicher", antwortete ich. „Sehr gut. Aber denken Sie einen Moment an die mehreren tausend Menschen, die auf meine Meinung warten, um sich ihre eigene zu bilden. M. Chiaia hat Ihnen dies in Neapel gesagt, M. de Rochas hat es Ihnen in Paris wiederholt. Sie sehen, ich habe eine sehr große Verantwortung, und Sie selbst sehen sicher, dass ich nicht das bestätigen kann, dessen ich mir nicht absolut sicher bin. Sie sollten mir loyal dabei helfen, diese Gewissheit zu erlangen."

„Ja", antwortete sie, „ich verstehe den Unterschied sehr gut. Wären Sie jedoch nicht gewesen, hätte ich die Reise von Neapel nicht auf mich genommen, denn das Klima in Paris verträgt sich nicht besonders gut mit mir. Oh, sicher; wir müssen Sie zweifelsfrei überzeugen."

Sie ist jetzt zu ihrer gewohnten Vertrautheit zurückgekehrt. Wir nahmen sie mit ins Museum des Louvre, das sie noch nicht besucht hatte, und dann zu einem Treffen mit M. Jules Bois, der mit Mme. Lina Suggestionsexperimente durchführte. Eusapia ist sehr daran interessiert. Wir sprechen über die Scherze und Nachahmungen der Komiker.

Abends beim Essen interessiert sie die brillante Unterhaltung von Victorien Sardou, die Schlagfertigkeit von Oberst de Rochas, die (etwas heimtückischen) Fragen von Brisson, aber es ist offensichtlich, dass sie sich selbst nie vergisst. So erzählt sie mir vor dem Essen, dass sie Kopfschmerzen hat, besonders in der Nähe ihrer Wunde, fährt sich mit der Hand durchs

Haar („was ihr wehtut") und bittet mich um eine Bürste. „Damit", sagt sie, „bei einem Séance-Experiment kein Haar an der falschen Stelle gefunden wird." Und sie bürstet sich sorgfältig die Schultern. Ich scheine sie nicht immer zu verstehen. Aber es besteht kein Zweifel, dass sie versteht, dass wir – ein Haar gefunden haben!

IV.
(Neuere Anmerkung, MÄRZ 1906.)

Am Donnerstag, dem 29. März, besuchte mich Eusapia, die in Paris war. Ich hatte sie seit ihren Sitzungen in meinem Haus im November 1898 nicht mehr gesehen. Wir hielten sie zum Abendessen bei uns, und nach dem Abendessen bat ich sie, mit mir an einigen Experimenten teilzunehmen.

Ich bat sie zunächst, ihre Hände auf das Klavier zu legen, weil ich dachte, dass vielleicht einige der Saiten vibrieren würden. Aber nichts geschah.

Dann brachte ich sie dazu, ihre Hände auf die abgedeckte Tastatur zu legen. Sie bat darum, sie mit einem kleinen Block ein wenig zu öffnen. Ich legte meine Hände neben ihre darauf. Mein Ziel war, sie durch die Aufrechterhaltung des Kontakts davon abzuhalten, mit einem Finger über die Tasten zu gleiten. Sie versuchte immer wieder, die beiden Hände, die ich hielt, mit einer zu ersetzen, so dass eine frei blieb, und ein paar Töne erklangen. Ergebnis des Experiments: *Null*. Wir verließen das Klavier und gingen zu einem Tisch aus weißem Holz. Wir erzielten einige unbedeutende Ausgleichsbewegungen.

"Gibt es dort einen Geist?"

„Ja" (durch dreimaliges Klopfen angezeigt.)

"Möchte es kommunizieren?"

"Ja."

Ich spreche die Buchstaben des Alphabets langsam und in der richtigen Reihenfolge aus.

Antworte: „ *Tua matre* " („deine Mutter").

Dies bedeutet sicherlich „Tua madre." (Beachten Sie noch einmal, dass Eusapia weder lesen noch schreiben kann.)

Eusapia bemerkte, dass ich trauerte, und ich hatte ihr erzählt, dass meine Mutter am 1. Juli letzten Jahres gestorben war. Dann bat ich darum, ihren Namen zu erfahren. (Eusapia kennt ihn nicht.)

Keine Antwort.

Die als nächstes abgefragten Bewegungen des Tisches brachten keine besonders wertvollen Ergebnisse.

Ein gepolsterter Sessel in der Nähe wurde jedoch mehrmals berührungslos von seinem Platz verschoben und bewegte sich von selbst auf Eusapia zu. Da der Kronleuchter erleuchtet war und keine Schnur verwendet werden konnte und ich meinen Fuß auf dem Fuß von Eusapia hatte, der dem Sessel am nächsten war, musste die Bewegung offensichtlich auf eine Kraft zurückzuführen sein, die vom Medium ausging.

Ich schob den Sessel dreimal nach hinten. Dreimal kam er zurück. Das gleiche Phänomen wiederholte sich mehrere Tage später.

Es ist offensichtlich, dass sie, wenn sie ihren Fuß von meinem hätte lösen können, den Stuhl hätte erreichen können (durch leichtes Drehen) und dass das Phänomen innerhalb ihres Wirkungskreises (und möglicher Tricks) stattgefunden haben muss. Aber so war eine Täuschung unmöglich.

Da wir den Tisch nicht schweben lassen konnten und die psychische Kraft von uns vieren (Eusapia, ich, meine Frau und Eusapias Begleiterin, die sich für einen Moment zu uns gesellt hatte, sonst aber immer abseits blieb) offensichtlich nicht ausreichte, besorgte ich einen leichteren runden Tisch. Dann legte sie ihre Hände *darauf und* berührte meine, und drei seiner Füße wurden auf eine Höhe von 25 bis 30 Zentimetern über dem Boden angehoben. Wir wiederholten das Experiment dreimal mit erfreulichem Erfolg. Eusapia drückte meine Hände heftig mit einer ihrer Hände (der rechten Hand), die auf dem Tisch ruhte.

Somit stellt sich heraus, dass die gesamte Séance ein Netz aus vermischten Wahrheiten und Lügen war.

Diese Hinweise erinnern uns noch einmal daran, dass es fast immer zu einer Vermischung von wahren Tatsachen und betrügerischen Handlungen kommt.

Es lässt sich leicht zugeben, dass das Medium, das eine Wirkung erzielen möchte und zu diesem Zweck über zwei Mittel verfügt – das eine ist einfach und erfordert nur Geschick und List, das andere ist belastend, kostspielig und schmerzhaft –, versucht ist, bewusst oder *auch unbewusst* das zu wählen, was es am wenigsten kostet.

Im Folgenden wird ihre Vorgehensweise beschrieben, um die Ersetzung der Hände zu erreichen. Die in Tafel XI gezeigten Figuren stellen vier aufeinanderfolgende Positionen der Hände des Mediums und der Teilnehmer dar. Sie zeigen, wie sie dank der Dunkelheit und einer geschickten kombinierten Reihe von Bewegungen den Teilnehmer auf der rechten Seite glauben machen kann, er spüre noch immer die rechte Hand des Mediums, während er in Wirklichkeit ihre linke Hand spürt, die der Teilnehmer auf der linken Seite festhält. Ihre rechte Hand ist dann frei und kann die Effekte erzeugen, die in ihrer Reichweite liegen.

Die Substitution kann auf verschiedene Weise erreicht werden. Doch welche Methode auch immer verwendet wird, es ist offensichtlich, dass die freie Hand nur in einem Raum agieren kann, der innerhalb ihrer Reichweite liegt.

Wer von uns ist immer Herr seiner Eindrücke und Fähigkeiten?, schreibt Dr. Dariex in diesem Zusammenhang. [43] Wer von uns kann sich nach Belieben in diese oder jene physische Verfassung und diese oder jene moralische Lage versetzen? Ist der Komponist Herr seiner Inspiration? Schreibt ein Dichter immer Verse von gleichem Wert? Ist ein genialer Mensch immer ein genialer Mensch? Nun, was ist weniger normal, beeinflussbarer und kapriziöser als eine Sensitive, ein Medium, besonders wenn sie von zu Hause weg ist, aus der Routine ihres täglichen Lebens geworfen wird und sich bei Menschen aufhält, die sie nicht oder nur flüchtig kennt, die ihre Richter sein sollen und die von ihr die seltenen und abnormen Phänomene erwarten, deren Hervorbringung nicht unter der beständigen und vollständigen Kontrolle ihres Willens steht?

Ein sensibler Mensch neigt in einer solchen Situation verhängnisvoll dazu, Phänomene vorzutäuschen, die nicht spontan eintreten, oder die Intensität eines teilweise erfolgreichen Experiments durch Täuschung zu steigern.

Dieses Vortäuschen ist natürlich eine sehr ärgerliche und bedauerliche Sache. Es wirft Verdacht auf die Experimente, macht sie viel schwieriger und weniger in Reichweite des Ermittlers. Aber das ist nur ein Hindernis und sollte uns nicht in Verlegenheit bringen und uns zu einer voreiligen Entscheidung verleiten. Alle von uns, die mit diesen Sensitiven experimentiert und sie behandelt haben, wissen, dass wir bei jedem Schritt bewusstem oder unbewusstem Betrug zum Opfer fallen und dass alle Medien – oder fast alle – an diese Sache gewöhnt sind. Wir wissen, dass wir leider im Moment unseren Anteil an dieser bedauerlichen Schwäche in Kauf nehmen und scharfsinnig genug sein müssen, um den Betrug zu verhindern oder zumindest aufzudecken und das Wahre vom Falschen zu unterscheiden.

Mehr als einer von denen, die sich beharrlich mit parapsychologischen Experimenten beschäftigt haben, kann sagen, dass er manchmal entnervt und gereizt war, während er auf ein Phänomen wartete, das dann nicht eintrat, und dass er so etwas wie den Wunsch verspürte, diesem Warten ein Ende zu setzen, indem er selbst die zusätzliche Wendung oder den entscheidenden Anstoß gab. [44]

Solche Experimentatoren können verstehen, dass sie sich zweifellos, mehr oder weniger unfreiwillig, an der künstlichen Erzeugung von Phänomenen beteiligen würden, die sich nicht in einer reibungslosen und natürlichen Ordnung abspielen wollten, wenn sie nicht gewissenhafte Arbeiter wären, die stets Herr ihrer selbst wären, nicht täuschen könnten und sich ausschließlich mit der Suche nach der wissenschaftlichen Wahrheit beschäftigten, sondern im Gegenteil eher verträumte und impulsive Personen wären, die für Suggestionen empfänglich wären, in denen ein ausgeprägter *Eigenliebe* herrsche und in deren Köpfen wissenschaftliche Redlichkeit nicht den ersten und herausragendsten Platz einnehme.

Was Eusapia betrifft, so tut sie es, wenn sie manchmal fälscht, nur indem sie der wachsamen Beobachtung der Experimentatoren ausweicht und sich für einen Moment ihrer Kontrolle entzieht; aber sie tut es ohne jede andere Kunstfertigkeit. Ihre Experimente sind nicht geplant, und entgegen der Gewohnheit von Taschenspielern trägt sie keine Apparate bei sich. Davon kann man sich leicht überzeugen, denn sie ist sehr bereit, sich vor einer Dame, die damit beauftragt ist, sie zu bewachen, vollständig auszuziehen.

Darüber hinaus stellt sie ihre Fähigkeiten *nach Belieben* bei denselben Personen unter Beweis und wiederholt vor ihnen immer wieder dieselben Experimente. Taschenspieler verhalten sich nicht so.

TAFEL XI

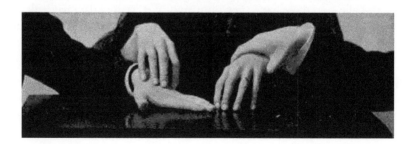

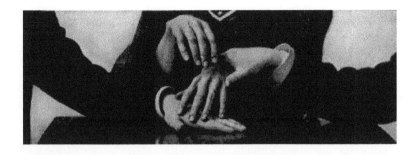

Von Eusapia verwendete Methode, um heimlich ihre Hand zu befreien.

Es ist unendlich zu bedauern, dass wir der Loyalität der Medien nicht vertrauen können. Sie betrügen fast alle. Das ist für den Forscher äußerst entmutigend, und die ständige Verwirrung, die wir während unserer Untersuchungen verspüren, macht sie äußerst schmerzhaft. Wenn wir mehrere Tage mit diesen unerklärlichen Untersuchungen verbracht haben und dann zur wissenschaftlichen Arbeit zurückkehren – zu einer Beobachtung oder einer astronomischen Berechnung zum Beispiel oder zur Untersuchung eines Problems der reinen Wissenschaft –, erleben wir ein Gefühl von Frische, Ruhe, Erleichterung und Gelassenheit, das uns im Gegensatz dazu die lebhafteste Befriedigung verschafft. Wir haben das Gefühl, auf festem Boden zu gehen und niemandem misstrauen zu müssen. Tatsächlich ist manchmal das ganze inhärente Interesse psychischer Probleme erforderlich, um uns den Mut zu geben, auf das Vergnügen wissenschaftlicher Studien zu verzichten, um uns so mühsamen und verwirrenden Untersuchungen zu widmen.

Ich glaube, dass es nur einen Weg gibt, uns von der Realität der Phänomene zu überzeugen, und zwar, indem man das Medium in Bedingungen versetzt, in denen Betrug unmöglich ist. Es wäre äußerst einfach, sie auf frischer Tat zu ertappen. Man müsste ihr nur freie Hand lassen. Und dann kann man ihr sehr leicht dabei helfen, zu betrügen und erwischt zu werden. Man muss uns nur von ihrer Unehrlichkeit überzeugen. Besonders Eusapia ist sehr leicht zu beeinflussen. Als wir eines Tages in einer offenen Kutsche zu seinem Abendessen in seine Residenz fuhren, sagte Oberst de Rochas in meiner Gegenwart zu ihr: „Sie können Ihre rechte Hand nicht mehr heben. Versuchen Sie es!" Sie versuchte es, aber vergebens. „Non posso, non posso!" („Ich kann es nicht, ich kann es nicht!"). Die bloße Suggestion hatte genügt.

Bei den Phänomenen, die mit der Bewegung von Objekten ohne Berührung zusammenhängen, macht sie immer eine dem Phänomen entsprechende Geste. Eine Kraft schießt von ihr aus und vollführt die Tat. So schlägt sie beispielsweise mit ihrer Faust drei oder vier Mal in die Luft, in einer Entfernung von 25 bis 30 Zentimetern vom Tisch: Dieselben Schläge sind auf dem Tisch zu hören. Und es ist eindeutig im Holz des Tisches. Es ist nicht darunter, noch auf dem Boden. Ihre Beine werden gehalten und sie bewegt sie nicht. Sie schlägt mit dem Mittelfinger fünf Mal in die Luft auf meine Hand: Die fünf Schläge werden auf den Tisch geklopft (19. November).

Mehr noch, diese Kraft kann von jemand anderem übertragen werden. Ich halte ihre Beine und lege meine linke Hand darauf; M. Sardou hält ihre linke Hand; sie nimmt mein rechtes Handgelenk in ihre rechte Hand und sagt zu mir: „Schlag in Richtung M. Sardou." Ich tue dies drei oder vier Mal. M. Sardou spürt meine Schläge auf seinem Körper, indem er meine Geste nachahmt, wobei zwischen meiner Bewegung und seiner Empfindung etwa eine Sekunde Unterschied liegt. Das Experiment wird mit demselben Erfolg wiederholt.

An diesem Abend ließen wir nicht nur Eusapias Hände, die wir um die Breite ihres Körpers voneinander getrennt und neben unseren eigenen platziert hatten, keinen Augenblick los, sondern ließen sie auch nicht von den zu verschiebenden Gegenständen wegrücken. Es dauerte eine ganze Weile, bis wir Ergebnisse erzielten. Aber sie waren trotzdem vollkommen erfolgreich.

Sie neigt dazu, nach den Gegenständen zu greifen; man muss sie rechtzeitig davon abhalten. Sie greift sie jedoch tatsächlich selbst, indem sie ihre Muskelkraft verlängert, und sagt: „Ich greife es, ich habe es gegriffen." Unsere Aufgabe ist es, ihre normalen Hände vorsichtig in unseren zu halten.

Manchmal haben wir gute Gründe zu vermuten, dass Eusapia die zu bewegenden Gegenstände (wie etwa Musikinstrumente) mit einer ihrer frei gewordenen Hände ergreift. Aber es gibt genügend Beweise dafür, dass sie dies nicht immer tut. Hier ist zum Beispiel ein Fall. Die Szene spielt in Neapel im Jahr 1902 bei einer Sitzung mit Professor von Schrenck-Notzing:

ABB. 2.

Die Sitzung fand in einem kleinen Raum bei schwachem Licht statt, das jedoch ausreichte, um die Personen und ihre Bewegungen zu unterscheiden. Hinter dem Medium stand auf einem Stuhl in etwa einem Meter Entfernung eine Mundharmonika.

Dann, in einem bestimmten Moment, nahm Eusapia die Hand des Professors zwischen ihre Hände und begann, seine Finger voneinander zu lösen und wieder zusammenzuführen, wie man im beigefügten Ausschnitt sehen kann. Die Mundharmonika spielte in diesem Moment aus der Ferne in Tönen, die die Bewegungen von Eusapia perfekt synchronisierten. Das Instrument war im Raum isoliert. Wir stellten sicher, dass es keine Fäden gab, die es mit dem Medium verbanden. Noch weniger musste jemand Komplizen fürchten, denn das Licht hätte ihr Eingreifen leicht verraten. Diese Aufführung war analog zu der, die in meiner Gegenwart am 27. Juli 1897 stattfand. (siehe oben S. 72.)

Nachfolgend ein typisches Beispiel für „sympathische" Bewegungen, entnommen aus einem Bericht von Dr. Dariex. Es ging dabei darum, einen Schlüssel aus einem Schloss herausspringen zu lassen .

Das Licht war stark genug, um jede Bewegung Eusapias deutlich zu erkennen. Plötzlich hört man, wie der Schlüssel der Truhe im Schloss klappert; doch auf unbekannte Weise gefangen, weigert er sich, sich zu bewegen. Eusapia ergreift mit ihrer rechten Hand die linke von M. Sabatier und legt gleichzeitig die Finger ihrer anderen Hand um seinen Zeigefinger. Dann beginnt sie, abwechselnde Drehbewegungen um seinen Finger hin und her zu machen. Sofort hören wir ein gleichzeitiges Klappern des Schlüssels, der sich im Schloss dreht, genau wie die Finger des Mediums. [45]

Nehmen wir an, die Truhe sei nicht in einiger Entfernung vom Medium, sondern in dessen Reichweite gewesen; nehmen wir weiter an, das Licht sei nicht reichlich, sondern schwach und unbeständig gewesen: Die Anwesenden hätten diese Art von synchronem Automatismus sicher mit bewusstem und unverschämtem Betrug seitens Eusapia verwechselt. Und sie wären getäuscht worden.

Ohne den Betrug zu entschuldigen, der in jedem einzelnen Fall abscheulich, beschämend und verachtenswert ist, kann er zweifellos auf sehr menschliche Weise erklärt werden, indem man die Realität der Phänomene zugibt. Erstens erschöpfen die wirklichen Phänomene das Medium und finden nur auf Kosten eines enormen Kraftaufwands statt. Sie ist häufig am nächsten Tag krank, manchmal sogar am übernächsten Tag, und kann keine Nahrung zu sich nehmen, ohne sich sofort zu übergeben. Man kann sich also leicht vorstellen, dass sie, wenn sie in der Lage ist, gewisse Wunder ohne Kraftaufwand und nur durch eine mehr oder weniger geschickte Täuschung zu vollbringen, das zweite Verfahren dem ersten vorzieht. Es erschöpft sie überhaupt nicht und kann sie sogar amüsieren.

Lassen Sie mich als nächstes anmerken, dass sie sich während dieser Experimente im Allgemeinen in einem halbwachen Zustand befindet, der dem hypnotischen oder somnambulen Schlaf ähnelt. Ihre fixe Idee ist es, Phänomene hervorzubringen; und sie bringt sie hervor, egal wie.

Daher ist es dringend und unabdingbar, ständig wachsam zu sein und alle ihre Handlungen und Gesten mit größter Sorgfalt zu kontrollieren.

Ich könnte Hunderte analoger Beispiele anführen, die ich selbst in den vergangenen Jahren beobachtet habe. Hier ist eines aus meinen Notizen.

Am 2. Oktober 1889 versammelte sich eine spiritistische Sitzung im gastfreundlichen Haus der Gräfin von Mouzay in Rambouillet. Man sagte uns, wir hätten das seltene Glück, ein wahres und ausgezeichnetes Medium bei uns zu haben: Frau X., die Frau eines sehr angesehenen Pariser Arztes, die selbst gut erzogen war und durch ihren Charakter das größte Vertrauen einflößte.

Wir versammelten uns zu viert um einen kleinen Tisch aus hellem Holz. Kaum eine Minute ist vergangen, als der kleine Tisch zu zittern scheint, und fast sofort hebt er sich und fällt wieder zurück. Diese vertikale Bewegung wiederholt sich mehrere Male im vollen Licht der Lampen des Salons.

Am nächsten Tag fand die gleiche Levitation am helllichten Tag zur Mittagszeit statt, während wir auf einen Gast warteten, der zu spät zum Mittagessen kam. Diesmal war der verwendete runde Tisch viel schwerer.

„Gibt es dort einen Geist?", fragt jemand.

"Ja."

"Ist er bereit, seinen Namen zu nennen?"

"Ja."

Jemand nimmt ein Alphabet, zählt die Buchstaben und erhält durch Klopfen mit einem der Tischfüße den Namen Léopoldine Hugo.

"Haben Sie uns etwas zu sagen?"

„Charles, mein Mann, möchte wieder mit mir vereint sein."

„Aber wo ist er?"

"Im Weltraum schweben."

"Und du?"

„In der Gegenwart Gottes."

„Das ist alles sehr vage. Können Sie uns einen Identitätsnachweis vorlegen, der uns zeigt, dass Sie wirklich die Tochter von Victor Hugo, der Frau von Charles Vacquerie, sind? Erinnern Sie sich an den Ort, an dem Sie gestorben sind?"

„Ja, in Villequier."

„Da Ihr Schiffbruch auf der Seine wohlbekannt ist und die ganze Sache möglicherweise noch latent in unseren Köpfen schlummert, könnten Sie uns bitte noch weitere Einzelheiten nennen? Erinnern Sie sich an das Jahr Ihres Todes?"

„1849."

„Das glaube ich nicht", antwortete ich, „denn ich habe vor meinem geistigen Auge eine Seite der *Kontemplationen* , auf der das Datum des 4. September 1843 steht. Hat mich mein Gedächtnis getäuscht?"

„Ja. Wir schreiben das Jahr 1849."

„Sie überraschen mich sehr, denn 1843 kehrte Victor Hugo aufgrund Ihres Todes aus Spanien zurück, während er 1849 Volksvertreter in Paris war. Außerdem starben Sie sechs Monate nach Ihrer Hochzeit, die im Februar 1843 stattfand."

An dieser Stelle bemerkte die Gräfin von Mouzay, dass sie Victor Hugo und seine Familie sehr gut kenne, dass diese damals in der Straße Latour-d'Auvergne lebten und dass das Datum 1849 richtig sein müsse.

Ich behaupte das Gegenteil. Der Geist bleibt seiner Tatsache treu.

"In welchem Monat fand die Veranstaltung statt?"

"Juli."

„Nein, es war im September. Sie sind nicht Léopoldine Hugo. Wie alt waren Sie, als Sie starben?"

„Achtzehn Jahre. Sie denken nicht oft daran, mein Grab mit Blumen zu schmücken."

"Wo?"

„Auf dem Père-Lachaise."

„Sie irren sich, Sie wurden in Villequier begraben und ich bin selbst hingegangen, um Ihr Grab zu besuchen. Ihr Mann, Charles Vacquerie, ist ebenfalls dort, zusammen mit den beiden anderen Opfern der Katastrophe. Sie wissen nicht, wovon Sie reden."

An dieser Stelle erklärt unsere Gastgeberin, dass sie überhaupt nicht an Père Lachaise gedacht habe und dass ihrer Meinung nach Léopoldine Hugo und ihr Mann auf dem Grund der Seine zurückgeblieben seien.

Nach dem Mittagessen setzen wir uns wieder an den Séance-Tisch. Verschiedene Schwingungen. Dann wird ein Name diktiert.

„Sivel."

„Der Aeronaut?"

"Ja."

"In welchem Jahr sind Sie gestorben?"

„1875." (Richtig.)

"Welcher Monat?"

„März." (Es war der 15. April.)

„Von welchem Punkt ist Ihr Ballon gestartet?"

„Die Villette." (Richtig.)

„Wo bist du hingefallen?"

„Im Fluss Indre."

Alle diese „Elemente" waren uns mehr oder weniger bekannt. Ich bitte um einen spezielleren Identitätsnachweis.

"Woher kanntest du mich?"

„Mit Admiral Mouchez."

„Das ist unmöglich. Ich lernte Admiral Mouchez kennen, als er zum Direktor des Pariser Observatoriums ernannt wurde. Er trat 1877 die Nachfolge von Le Verrier an, zwei Jahre nach Ihrem Tod."

Der Tisch ist aufgeregt und diktiert folgendes:

"Nenne deinen Namen."

„Witold. Marquise, ich liebe Sie noch immer."

"Sind Sie glücklich?"

„Nein, ich habe mich dir gegenüber schlecht benommen."

„Sie wissen ganz genau, dass ich Ihnen verzeihe und die glücklichste Erinnerung an Sie bewahre."

"Du bist zu gut."

Diese Gedanken waren offensichtlich auch im Kopf der Dame vorhanden, so dass hier kein besserer Identitätsbeweis vorlag als im anderen Fall.

Plötzlich beginnt sich der Tisch heftig zu bewegen, und ein weiterer Name wird diktiert: „Ravachol." [46]

"Oh, was wird er uns sagen?"

Ich werde hier niederschreiben, was er sagte, allerdings nicht ohne Scham und mit allen gebührenden Entschuldigungen an meine Leserinnen. Hier ist es in all seiner Grobheit:

„ *Bei den Kretins, dein Salz ist noch immer klarer der Geruch des Festes.* "

(„Ihr bösen Schurken und Idioten, eure schmutzige Kehle ist noch voller Gerüche des Festes.")

„Monsieur Ravachol, Ihre Sprache ist exquisit! Haben Sie uns nichts Feineres als dies zu sagen?"

"Du sollst verdammt sein!"

Sicherlich war niemand von uns in der Lage, einen solchen Satz bewusst zu formulieren. Aber jeder kennt die verwendeten Worte. Vielleicht sprachen unsere bewussten oder unbewussten Gedanken darin? Stammten sie von Frau X., dem Medium?

In der Unsicherheit, in die uns diese beiden Sitzungen gestürzt hatten, baten wir M. und Mme. X., einen Sonntag im Juvisy zu verbringen und einige neue Studien und Tests auszuprobieren.

Sie kamen, und am Sonntag, dem 8. Oktober, gelang uns ein bemerkenswertes Levitationserlebnis. Aber in unseren Köpfen sind noch immer Zweifel vorhanden, und wir verabreden uns für ein weiteres Treffen am selben Tag in zwei Wochen.

Um die Forscher sorgfältig zu kontrollieren, ließ ich am Sonntag, dem 22. Oktober 1899, vier breite Bretter zu einem vertikalen Rahmen zusammennageln, in den ich den kleinen Tisch stellte, der während der Sitzung verwendet werden sollte. Dieser Rahmen machte es den Füßen der Teilnehmer unmöglich, unter den Tisch zu gelangen. Wenn er sich trotzdem erhob, dann wüssten wir, dass die Levitation auf eine unbekannte Kraft zurückzuführen war.

Die Bemerkungen von Frau X., als sie dieses Gerät sah, ließen mich sofort denken, dass keine Levitation stattfinden würde.

„Unsere Macht", sagte sie, „ist kapriziös; an manchen Tagen erzielen wir gute Ergebnisse, an anderen überhaupt keine, und das ohne ersichtlichen Grund."

„Aber vielleicht wird es doch noch Raps geben?"

„Sicher. Wir sollten keine Ergebnisse erwarten. Man kann es ja immer versuchen."

Zwei Stunden nach dem Mittagessen willigt Frau X. ein, es mit einer Sitzung zu versuchen. *Es trat keinerlei Levitation auf.*

Ich hatte den Verdacht, dass dies der Fall sein würde. Ich wünschte mir sehnlichst das Gegenteil, und wir wollten die Levitation mit aller Kraft. Ich achtete ausdrücklich darauf, dieselben Experimentatoren (Frau X. und Frau Cail und mich) zu haben wie vierzehn Tage zuvor, als alles so wunderbar funktionierte – dieselben Orte, dieselben Stühle, dasselbe Zimmer, dieselbe Temperatur, dieselbe Uhrzeit usw.

Klopfen deutet darauf hin, dass ein Geist sprechen möchte. Mir fällt auf, dass die Klopfgeräusche einer Muskelbewegung von Frau X.s Bein entsprechen.

"Wer bist du?"

„In der Bibliothek des Hausherrn wird mein Name in einem Buch zu finden sein."

„Wie sollen wir es finden?"

"Es steht auf einem Stück Papier."

„In welchem Buch?"

" *Astronomia.* "

„Von welchem Datum?"

Keine Antwort.

„Welche Farbe?"

"Gelb."

"Gebunden?"

"NEIN."

"Genäht?"

"Ja."

"Auf welchem Regal?"

"Jagd."

„Es ist unmöglich, Tausende von Bänden durchzugehen, und außerdem gibt es in der ganzen Bibliothek kein solches Buch."

Keine Antwort.

Nach einer Reihe von Fragen erfahren wir, dass sich das Buch im sechsten Regal des Hauptteils der Bibliothek rechts neben der Tür befindet. Aber zuerst gehen wir alle in den Raum, um sicherzustellen, dass er nicht das beschriebene Buch enthält.

„Dann ist der Band in Karton gebunden?"

„Ja, es sind vier *kleine* Bände."

Wir kehren in den Raum zurück und finden tatsächlich in einem Band mit dem Titel *Anatomia Celeste* , Venedig, 1573, ein Stück Papier, auf dem mit Bleistift der Name „Krishna" geschrieben steht. Wir kehren zum Séance-Tisch zurück.

„Bist du es wirklich, Krishna?"

"Ja."

"In welcher Epoche haben Sie gelebt?"

„Zur Zeit Jesu."

"In welchem Land?"

"In der Nähe des Himalaya-Gebirgssystems."

„Und wie haben Sie Ihren Namen auf dieses Stück Papier geschrieben?"

„Indem ich durch den Gedanken meines Mediums hindurchgehe."

Usw., usw.

Ich dachte, es wäre überflüssig, weiter darauf herumzureiten.

Da Frau X. den Tisch nicht hochheben konnte, hatte sie sich für das Klopfen auf den Tisch entschieden. Den Hindu-Propheten anzurufen, hielt ich jedoch für eine große Kühnheit.

Die einfachste Hypothese ist, dass die Frau in meine Bibliothek ging und das Stück Papier in das Buch legte. Tatsächlich wurde sie dort gesehen. Aber selbst wenn sie nicht dort gewesen wäre, wäre die Schlussfolgerung nicht weniger sicher. Denn das Zimmer war offen, und Frau X. war etwa eine Stunde im Nebenzimmer geblieben, aufgehalten durch „nervöse Kopfschmerzen".

Dieses Beispiel medialer Täuschung ist, wie ich bereits sagte, eines unter Hunderten. Man muss wirklich mit unermüdlicher Ausdauer ausgestattet sein, um diesen Studien Stunden widmen zu können, die man viel besser damit verbringen könnte, überhaupt nichts zu tun. Wenn man jedoch einmal davon überzeugt ist, dass etwas Reales existiert, kehrt man trotz der unaufhörlichen Täuschung immer wieder zurück.

Im Mai 1901 stellte mir Prinzessin Karadja ein professionelles Medium vor, die Deutsche Frau Anna Rothe, deren Spezialität in ihrer angeblichen Fähigkeit bestand, am helllichten Tag Blumen in einen fest verschlossenen Raum zu bringen.

Ich arrangierte eine Sitzung mit ihr in meinen Pariser Appartements. Während der Sitzung tauchten tatsächlich Blumensträuße aller Größen auf, aber immer aus einer anderen Richtung des Raumes als der, auf die uns Frau Rothe und ihr Manager Max Ientsch aufmerksam gemacht hatten.

Da ich fast davon überzeugt war, dass alles Betrug war, aber keine Zeit für solche Sitzungen hatte, bat ich Monsieur Cail, so oft wie möglich bei den Treffen in verschiedenen Pariser Salons anwesend zu sein. Er willigte gerne ein und wurde zu einer Sitzung im Hause Clément Marot eingeladen. Nachdem er sich etwas weiter hinten in der Blumen streuenden Gruppe positioniert hatte, sah er, wie sie geschickt eine Hand unter ihren Rock schob und Zweige hervorzog, die sie in die Luft warf.

Er sah auch, wie sie Orangen aus ihrem Anstecksträußchen nahm, und stellte fest, dass sie warm waren.

Der Betrug war offensichtlich, und er entlarvte sie sofort, zum großen Skandal der Assistenten, die ihn mit Beschimpfungen überhäuften. Eine letzte Sitzung war für den folgenden Dienstag in meinem Salon geplant. Aber Frau Rothe und ihre beiden Komplizen bestiegen noch am selben Morgen den Zug am Ostbahnhof, und wir sahen sie nie wieder. Im folgenden Jahr wurde sie nach einer gewalttätigen Sitzung in Berlin verhaftet und wegen Betrugs zu einem Jahr Gefängnis verurteilt.

In dieser Hinsicht gibt es ebenso viele Betrügereien und Scherze wie beglaubigte Fakten. Wer sich für solche Dinge interessiert, wird den skandalösen Scherz und das Vergehen der berühmten Mrs. Williams nicht vergessen haben, einer Amerikanerin, die 1894 in Paris von meiner ausgezeichneten Freundin, der Herzogin von Pomar, voll und ganz vertraulich empfangen wurde. Die Porträtierten, die durch die scharfsinnigen Beobachtungen der jungen Herzogin bereits misstrauisch geworden waren, waren entschlossen, sich nicht allzu lange die Zielscheibe ihrer Dummheiten zu lassen, und einigten sich auf ein Porträt. Die Teilnehmer waren MM. de Watteville, Dariex, Mangin, Ribero, Wellemberg, Lebel, Wolf, Paul Leymarie (Sohn des Herausgebers von *La Revue Spirite*) usw.

Die Spezialität von Mrs. Williams (die übrigens eine ziemlich stämmige Person war) war die Vorführung von Erscheinungen oder Geistern. Besagte Erscheinungen erwiesen sich als ziemlich schlecht geschminkte Puppen; sowohl die Zuschauerinnen als auch die Herren waren ziemlich enttäuscht über das Fehlen der reichen und fließenden Umrisse der *Gestalt* unter den Gewändern der elenden Puppen. Dünn und schlaff, zerlumpte Dinger, zeigten sie nicht die geringste Ähnlichkeit mit den normalen und klassischen Konturen einer Frau, deren Linien wir unter dem leichten Gaze, der die Figuren umhüllte, zumindest bis zu einem gewissen Grad hätten erkennen können. Mehrere kluge, aber ziemlich respektlose Damen bemühten sich nicht, die Tatsache zu verbergen, dass sie die Vernichtung vorziehen würden, wenn es notwendig wäre, in der anderen Welt so ... „reduziert", so „unvollständig" zu sein! Die Herren fügten hinzu, dass sie sicherlich nicht die einzigen wären, die einen solchen Zustand beklagen würden!

Diese Sitzungen hatten überhaupt keine religiöse Atmosphäre. Die Betrügerei wurde von M. Paul Leymarie entdeckt oder, man könnte eher sagen, aufgegriffen. Er packt Mme. Impostor einfach um die Taille (er schlüpft zu diesem Zweck hinter den Vorhang) und hält sie fest, damit das Publikum sie in Augenschein nehmen kann. Das Licht wird eingeschaltet und inmitten des verwirrten Tumults von 25 getäuschten Darstellern muss sich die Heldin des Theaterstücks in fleischfarbenen Strumpfhosen zeigen, während die gesamte Ausstattung ihres gespenstischen Puppenspiels im Kabinett entdeckt wird!

Mrs. Williams besaß wenig später die Frechheit, sich im amerikanischen Journal *Light zu verteidigen* , indem sie denjenigen, die sie in Paris enttarnt hatten, den scherzhaften Beinamen „Banditen" gab.

Das war ein Fall von hochgradiger Mystifikation, von Gaunerei, die eines Straßenmarktschreiers würdig gewesen wäre. Aber wie wir bereits gesehen haben, erreichen die Dinge normalerweise nicht einen solchen Grad an Dreistigkeit, und oft kommt es erst dann zum Betrug, wenn die wahren Mächte geschwächt sind. Dies wurde deutlich in den Berichten über das „Mädchen-Torpedofisch" Angelica Cottin, die eine ziemliche Bekanntheit erlangte .

Am 15. Januar 1846 zeigte ein dreizehnjähriges Mädchen namens Angelica Cottin, das leicht und robust, aber körperlich und moralisch äußerst apathisch war, im Dorf Bouvigny in der Nähe von Perrière (Orne) plötzlich seltsame Kräfte. Gegenstände, die sie oder ihre Kleidung berührten, wurden gewaltsam zurückgestoßen. Manchmal gerieten die Leute schon bei ihrer bloßen Annäherung in Aufruhr und Aufregung, und man sah, wie sich Möbelstücke und Haushaltsgeräte bewegten und vibrierten. Mit einigen Intensitätsschwankungen und Unterbrechungen von manchmal zwei oder drei Tagen hielt diese seltsame Tugend etwa einen Monat lang an und verschwand dann ebenso unerwartet, wie sie aufgetaucht war. Sie wurde von einer großen Zahl von Personen bestätigt, von denen einige das kleine Mädchen echten wissenschaftlichen Experimenten unterzogen und ihre Beobachtungen in offiziellen Berichten zusammenfassten, die von Dr. Tanchou gesammelt und veröffentlicht wurden. Dieser Herr sah Angelica zum ersten Mal am 12. Februar (1846) in Paris, wohin sie zu einer Ausstellung gebracht worden war. Die Erscheinungen (die seit dem Tag, an dem die Grundlage oder der übliche Verlauf ihrer Gewohnheiten geändert worden war, nachgelassen hatten) waren im Begriff, ganz zu verschwinden. Doch waren sie noch deutlich genug, um es dem Forscher zu ermöglichen, die folgende Notiz zu verfassen, die am 17. Februar von Arago, einem Augenzeugen der Tatsachen, der Akademie der Wissenschaften vorgelesen wurde. [47]

Ich habe das junge „elektrische" Mädchen zweimal gesehen (sagt Dr. Tanchou).

Ein Stuhl, den ich mit meinem Fuß und beiden Händen, so fest ich konnte, festhielt, wurde mir gewaltsam entrissen, als sie sich darauf setzte.

Ein kleiner Zettel, den ich an einem Finger hielt, wurde mehrere Male wie von einer Windböe davongetragen.

Ein mittelgroßer, wenn auch ziemlich schwerer Esstisch wurde mehr als einmal allein durch die Berührung ihres Kleides verschoben.

Ein kleines Papierrad, das vertikal oder horizontal auf seiner Achse angebracht war, wurde durch die Strahlung, die vom Handgelenk und der Armbeuge des Kindes ausging, in schnelle Bewegung versetzt. [48]

Ein großes und schweres Sofa, auf dem ich saß, wurde mit großer Wucht gegen die Wand geschoben, als das Mädchen kam und sich neben mich setzte.

Ein Stuhl wurde von starken Männern am Boden festgehalten und ich wurde so darauf gesetzt, dass ich nur die Hälfte der Sitzfläche einnahm. Sobald sich das junge Mädchen auf die andere Hälfte setzte, wurde mir der Stuhl gewaltsam unter dem Hintern weggerissen.

Merkwürdig ist, dass der Stuhl jedes Mal, wenn er hochgehoben wird, an Angelicas Kleid zu kleben scheint. Er folgt ihr einen Augenblick lang, bevor er sich löst.

Zwei kleine Holundermarkkügelchen oder Federbällchen, die an einem Seidenfaden aufgehängt sind, werden in Bewegung versetzt, ziehen sich gegenseitig an und stoßen sich manchmal ab.

Die Ausstrahlungen psychischer Kräfte (*Emanationen*) bei diesem Mädchen sind nicht den ganzen Tag über ständig vorhanden. Besonders stark sind sie abends von sieben bis neun Uhr, was mich zu der Vermutung führt, dass vielleicht auch ihre letzte Mahlzeit (die sie um sechs Uhr einnahm) nicht ohne Einfluss war.

Die Emanationen gehen nur vom vorderen Teil des Körpers aus, insbesondere vom Handgelenk und der Armbeuge. Sie treten nur auf der linken Seite auf, und der Arm dieser Seite hat eine höhere Temperatur als der der anderen. Er gibt eine sanfte Wärme ab, als käme er von einem Teil, an dem eine lebhafte Reaktion stattfindet. Der Arm zittert und wird ständig durch ungewöhnliche Kontraktionen und Zittern gestört, die auf die Hand übertragen zu sein scheinen, die ihn berührt.

Während der Zeit, in der ich die Patientin beobachtete, schwankte ihr Puls zwischen 105 und 120 Schlägen pro Minute. Er kam mir häufig unregelmäßig vor.

Wenn sie vom allgemeinen Reservoir elektrischer oder magnetischer Energie isoliert wird, entweder indem sie auf einem Stuhl sitzt, ohne dass ihre Füße den Boden berühren, oder indem sie sie auf den Stuhl einer Person vor ihr stellt, treten diese Phänomene nicht auf. Sie hören auch auf, wenn sie sich auf ihre eigenen Hände setzt. Ein gewachster Boden, ein Stück geölte Seide, eine Glasplatte unter ihren Füßen oder auf dem Stuhl – all dies hat die

Wirkung, die elektrodynamischen Eigenschaften ihres Körpers vorübergehend zu beeinträchtigen und zu zerstören.

Während des Anfalls kann sie mit ihrer linken Hand kaum etwas berühren, ohne es von sich zu werfen, als ob es sie verbrennt. Wenn ihre Kleidung die Möbelstücke in einem Zimmer berührt, zieht sie sie an, verschiebt sie und wirft sie um.

Das wird leichter verständlich, wenn man sich vor Augen führt, dass sie bei jedem elektrischen Schlag wegläuft, um dem Schmerz zu entgehen. Sie sagt, es „sticht" oder „brennt" ihr im Handgelenk oder in der Ellenbogenbeuge. Als ich einmal in der Schläfenarterie ihren Puls fühlte (ich konnte ihn im linken Arm nicht finden), berührten meine Finger zufällig ihren Nacken. Sie stieß einen Schrei aus und wich schnell von mir zurück. Ich habe mich mehrmals davon überzeugt, dass es in der Nähe des Kleinhirns, an der Stelle, wo die Muskeln des oberen Halsteils mit dem Schädel verbunden sind, eine so empfindliche Stelle gibt, dass sie niemanden zulässt, sie zu berühren. Alle Empfindungen, die sie in ihrem linken Arm spürt, werden hier widergespiegelt oder wiederholt.

Die elektrischen Ausstrahlungen dieses Kindes scheinen sich in Wellen, intermittierend und nacheinander durch verschiedene Teile des vorderen Teils des Körpers zu bewegen. Aber wie dem auch sei, *sie werden sicherlich von einem luftförmigen Strom begleitet, der ein Gefühl von Kälte vermittelt* . Ich spürte deutlich einen schnellen Luftstoß auf meiner Hand, ähnlich dem, der von den Lippen erzeugt wird.

Jedes Mal, wenn die geheimnisvolle Kraft ihren Körper durchdringt und sich in einer Tat materialisiert, erfüllen Schrecken und Bestürzung den Geist dieses Kindes und sie sucht Zuflucht in der Flucht. Jedes Mal, wenn sie die Fingerspitze in die Nähe des Nordpols eines magnetisierten Eisenstücks bringt, erhält sie einen schweren Schlag; der Südpol hat keine Wirkung. Wenn ich das Eisen so manipulierte, dass ich selbst den Nordpol darauf nicht erkennen konnte, konnte *sie* ihn immer sehr gut erkennen.

Sie ist dreizehn Jahre alt und hat die Pubertät noch nicht erreicht. Von ihrer Mutter erfuhr ich, dass sie noch keine Menstruation zeigt. Sie ist sehr kräftig und gesund, aber ihr Intellekt ist noch wenig entwickelt. Sie ist eine Bäuerin (*villageoise*) im wahrsten Sinne des Wortes; doch sie kann lesen und schreiben. Ihr Beruf ist die Herstellung von Damenhandschuhen aus Zwirn. Die ersten elektrischen Phänomene traten vor einem Monat auf.

Es ist wünschenswert, den vorstehenden Anmerkungen Auszüge aus anderen Berichten hinzuzufügen. Hier ist beispielsweise ein Zitat von M. Hébert:

Am 17. Januar, also am zweiten Tag des Auftretens der Phänomene, flog die Schere, die an einem Baumwollband an ihrer Taille hing, von ihr weg, ohne dass das Band gerissen war, und niemand konnte sich vorstellen, wie es sich gelöst hatte. Dieser Umstand, der aufgrund seiner Ähnlichkeit mit den Streichen des Blitzes unglaublich ist, lässt einen sofort denken, dass Elektrizität bei der Erzeugung solch erstaunlicher Effekte eine wichtige Rolle spielen muss. Aber diese Sichtweise hielt nicht lange an. Denn das Wunder der Schere ereignete sich nur zweimal, einmal in Anwesenheit des Pfarrers des Dorfes, der mir auf seine Ehre die Wahrheit der Aussage garantierte. In der Mittagszeit wurden fast keine Effekte erzielt, aber am Abend, zur üblichen Stunde, verdoppelten sie sich in ihrer Intensität. Zu dieser Zeit fand eine Wirkung ohne Kontakt statt und es wurden Effekte in organischen lebenden Körpern erzeugt. Letztere zeigten sich zum ersten Mal in Form heftiger Stöße an den Knöcheln einer der Arbeiterinnen, die zufällig gerade Angelica gegenüberstand, da die Spitzen ihrer Holzschuhe etwa zehn Zentimeter voneinander entfernt waren.

Dr. Beaumont Chardon, ein Arzt aus Mortagne, veröffentlichte ähnliche Notizen und Beobachtungen, unter anderem die folgenden:

Die Abstoßung und Anziehung, das Herumhüpfen und Verschieben eines ziemlich massiven Tisches, eines anderen Tisches mit den Maßen 1,80 x 2,75 Meter, der auf Rollen stand, eines weiteren quadratischen Eichentischs mit den Maßen 1,25 Meter, eines sehr massiven Mahagonisessels – *alle diese Verschiebungen fanden durch den Kontakt mit der Kleidung des Cottin-Mädchens statt – ein Kontakt, der entweder unfreiwillig oder durch Experimente absichtlich herbeigeführt wurde* .

Es trat ein heftiges Stechen auf, wenn ein Stück Siegellack oder ein Glasröhrchen, das entsprechend gerieben wurde, in Kontakt mit einer Beuge des linken Arms oder mit dem Kopf gebracht wurde oder wenn man es einfach etwas näher dorthin brachte. Wenn das Siegellack oder das Röhrchen nicht gerieben wurde oder wenn sie trocken gewischt oder angefeuchtet wurden, ließ die Wirkung nach. Die Haare auf dem Arm, die durch ein wenig Speichel flach gelegt wurden, richteten sich wieder auf, wenn sich der linke Arm des Kindes näherte.

Ich habe bereits erwähnt, dass dieses junge Mädchen als Objekt wissenschaftlicher Beobachtung nach Paris gebracht wurde. Arago stellte im Observatorium in Anwesenheit seiner Kollegen Mathieu, Laugier und Goujon die Wahrheit der folgenden Phänomene fest:

Als Angelica ihre Hand nach einem Blatt Papier ausstreckte, das am Rand eines Tisches lag, wurde das Papier stark von der Hand angezogen. Sie näherte sich einem Mitteltisch, streifte ihn mit ihrer Schürze, und der Tisch wich vor ihr zurück. Als sie sich auf einen Stuhl setzte und ihre Füße auf den

Boden stellte, wurde der Stuhl heftig gegen die Wand geschleudert, und sie selbst wurde nach vorne auf die andere Seite des Raumes geschleudert. Dieses letzte Experiment, das mehrmals wiederholt wurde, war immer erfolgreich. Weder Arago noch die Astronomen des Observatoriums waren in der Lage, den Stuhl festzuhalten. M. Goujon, der sich im Voraus auf eine Hälfte des Stuhls gesetzt hatte, die von Angelica benutzt werden sollte, war in dem Moment verärgert, als sie den Platz mit ihm teilen musste.

Nach einem positiven Bericht ihres berühmten ständigen Sekretärs [49] ernannte die Akademie der Wissenschaften eine Kommission zur Untersuchung von Angelica Cottin. Diese Kommission beschränkte ihre Bemühungen ausschließlich auf die Aufgabe, festzustellen, ob die elektrische Kraft des Versuchsobjekts der der Maschinen oder der des Torpedofisches ähnlich war. Sie konnten zu keinem Ergebnis gelangen, wahrscheinlich aufgrund der Erregung, die das Mädchen beim Anblick des furchterregenden Versuchsapparats auslöste; außerdem waren ihre besonderen Kräfte bereits im Niedergang begriffen. Daher beeilte sich die Kommission, alle zuvor an die Akademie gerichteten Mitteilungen zu diesem Thema für null und nichtig zu erklären.

Zu diesem Thema schrieb mein alter Meister und Freund Babinet, der Mitglied der Kommission war, Folgendes:

Die Mitglieder der Kommission konnten keine der angekündigten Merkmale bestätigen. Es wurde kein Bericht erstellt, und Angelicas Eltern, ehrenwerte Leute von vorbildlicher Redlichkeit, kehrten mit ihr aus Paris in ihre Heimat zurück. Die Ehrlichkeit dieses Paares und eines Freundes, der sie begleitete, interessierte mich sehr, und ich hätte alles in der Welt dafür gegeben, in den Wundern, die über das Mädchen verkündet wurden, etwas Wahres zu finden. Das einzig Bemerkenswerte, was sie tat, war, dass sie auf die sachlichste Art der Welt von ihrem Stuhl aufstand und ihn mit solcher Kraft hinter sich schleuderte, dass der Stuhl oft gegen die Wand prallte. Aber das größte Experiment – bei dem sich laut ihren Eltern das Wunder der berührungslosen Bewegung offenbarte – war folgendes: Sie wurde vor einen hellen Mitteltisch gestellt, der mit einem dünnen Seidenstoff bedeckt war. Ihre Schürze, ebenfalls aus sehr leichter und fast durchsichtiger Seide, lag auf dem Mitteltisch (obwohl diese letzte Bedingung nicht unbedingt erforderlich war). Dann, *als die elektrische Kraft erschien* , wurde der Tisch umgeworfen, während „das elektrische Mädchen" ihre übliche dumme Unbeweglichkeit beibehielt. Ich persönlich hatte noch nie erlebt, dass dieser besondere Aspekt der Leistungen des Mädchens erfolgreich war; ebenso wenig wie meine Kollegen der Institutskommission, die Ärzte oder bestimmte Schriftsteller, die mit großer Sorgfalt alle Sitzungen besucht hatten, die im Pariser Haus der Eltern des Mädchens abgehalten wurden. Ich selbst hatte alle Grenzen der freundlichen Gefälligkeit bereits überschritten, als die Eltern eines Abends zu mir kamen und mich aufgrund des Interesses, das ich ihnen entgegengebracht hatte, baten, noch eine Sitzung zu besuchen, da die elektrische Kraft sich erneut mit großer Energie zu erkennen geben würde. Ich kam gegen acht Uhr abends im Hotel an, in dem die Familie Cottin wohnte. Ich war unangenehm überrascht, eine Sitzung, die nur für mich und die Freunde, die ich mitgebracht hatte, bestimmt war, von einer Menge Ärzte und Journalisten überrannt vorzufinden, die von der Ankündigung der Wunder angelockt worden waren, die erneut beginnen sollten. Nachdem ich mich gebührend entschuldigt hatte, wurde ich in ein Hinterzimmer geführt, das als Esszimmer diente, und dort fand ich einen riesigen Küchentisch aus enorm dicken und schweren Eichenbrettern. Als das Abendessen serviert wurde, hatte das elektrische Mädchen durch einen Willensakt (so hieß es) diesen massiven Tisch umgeworfen und dabei zwangsläufig alle Teller und Flaschen zerbrochen, die darauf standen. Ihre ausgezeichneten Eltern bedauerten jedoch weder den Verlust noch das daraus resultierende schlechte Abendessen, denn sie hofften, dass die wunderbaren Eigenschaften der armen Idiotin sich zeigen und den offiziellen Stempel der Echtheit erhalten würden. Es bestand keine Möglichkeit, an der Glaubwürdigkeit dieser ehrlichen Zeugen zu zweifeln. Ein Achtzigjähriger, der mich begleitete (MM—, der skeptischste aller Menschen), glaubte ihre Erzählung genauso wie ich; aber nachdem er mit mir den Raum voller Leute betreten hatte, stellte sich dieser misstrauische Beobachter direkt in die Eingangstür, unter dem Vorwand, dass sich im Raum eine Menschenmenge befände, und stellte sich so hin, dass er das elektrische Mädchen mit ihrem Tisch in der Mitte von der Seite sehen konnte. Die Menschenmenge, die dem Mädchen gegenüberstand, besetzte das andere Ende und die Seiten des Raumes.

Nach einer Stunde geduldigen Wartens, das alles vergeblich war, zog ich mich zurück und drückte mein Mitgefühl und mein Bedauern aus. MM blieb hartnäckig auf seinem Posten. Er *zeigte* mit seinem unermüdlichen Blick auf das elektrische Mädchen, wie ein hockender Setter auf ein Rebhuhn. Endlich, nach einer weiteren Stunde, als die Aufmerksamkeit der Gesellschaft durch unzählige Beschäftigungen abgelenkt war und sich mehrere Gesprächsthemen gebildet hatten, geschah plötzlich das Wunder: Der Mitteltisch wurde umgeworfen. Großes Erstaunen! Große Erwartungen! Sie fingen gerade an, „Bravo!" zu rufen, als MM, der mit dem Recht des Alters und der Liebe zur Wahrheit vortrat, erklärte, er habe gesehen, wie Angelica durch eine krampfhafte Bewegung des Knies den vor ihr stehenden Tisch umstieß. Er zog den Schluss, dass die Anstrengung, die sie vor dem Abendessen unternommen haben musste, um den schweren Küchentisch umzuwerfen, eine schwere Prellung oberhalb ihres Knies verursacht haben musste – eine Tatsache, die untersucht wurde und sich als wahr herausstellte. Dies war das Ende dieser traurigen Angelegenheit, bei der so viele Leute von einer armen Idiotin hereingelegt worden waren, die jedoch genug Schlauheit besaß, um durch ihre Ruhe und Gleichgültigkeit Täuschungen zu verbreiten. Wir müssen noch die merkwürdigen Tatsachen erklären, die in der Nähe von Rambouillet (siehe die *Berichte* der Akademie) im Haus eines reichen Fabrikanten beobachtet wurden, dessen Vasen und andere Töpferwaren in tausend Stücke zersprangen, als man es am wenigsten erwartete. Kessel und andere große Gefäße aus Metall zersprangen ebenfalls in Stücke, was dem Eigentümer großen Schaden zufügte, dessen Probleme jedoch mit der Entlassung eines Dieners endeten, der sich mit einem Mann, der die Fabrik besetzen sollte, geeinigt hatte, um sie zu einem besseren Preis zu bekommen. Trotzdem ist es zu bedauern, dass die Angelegenheit endete, bevor entdeckt wurde, welches Knallpulver verwendet worden war, um solch merkwürdige, so neue und anscheinend so gut bewährte Ergebnisse zu erzielen. [50]

Babinet fügt weiter unten im selben Band folgende Bemerkungen zu Angelica Cottin hinzu:

Inmitten von Wundern, die sie *nicht* vollbrachte, konnte man eine sehr natürliche Wirkung der *ersten Muskelentspannung beobachten* , die im höchsten Maße merkwürdig war. Das Mädchen mit der schlanken Gestalt und dem trägen Körperbau, das zu Recht als „Torpedofisch" bezeichnet wurde, setzte sich zunächst auf einen Stuhl und erhob sich dann sehr langsam (mitten in der Bewegung, die sie beim Aufstehen machte). Es hatte die *Fähigkeit* , den Stuhl, den sie gerade verließ, mit erschreckender Plötzlichkeit nach hinten zu werfen, ohne dass jemand die geringste Bewegung des Rumpfes wahrnehmen konnte, und zwar allein durch die Entspannung des Muskels, der mit dem Stuhl in Kontakt gewesen war. Bei einer der Testsitzungen im Physiklabor des Jardin des Plantes wurden mehrere Amphitheaterstühle aus weißem Holz so gegen die Wände geschleudert, dass sie zerbrachen. Ein zweiter Stuhl, den ich einmal vorsichtshalber hinter den Stuhl gestellt hatte, auf dem das elektrische Mädchen saß (um notfalls zwei Personen zu schützen, die sich im hinteren Teil des Raumes unterhielten), wurde mit dem angetriebenen Stuhl mitgezogen und weckte die beiden Gelehrten aus ihrer Zerstreutheit. Ich möchte hinzufügen, dass es mehreren jungen Angestellten im Jardin des Plantes gelang, diesen hübschen Trick der Körpermechanik auszuführen – wenn auch auf weniger brillante Weise. Um sich dieses Muskelspiel durch einen ähnlichen Effekt gut vorzustellen, müssen Sie nur den am stärksten entwickelten Teil des Muskels am Arm einer Person leicht zusammendrücken, während diese Person gleichzeitig mehrere Male die Bewegung des Öffnens und Schließens ihrer Faust macht. Sie werden sofort das Anschwellen der Muskeln spüren und die Bewegung erraten, die sich daraus ergeben würde, wenn die Formänderung sehr schnell erfolgen würde.

So lautet der Bericht des gelehrten Physikers. So verhinderte Betrug einmal mehr die Anerkennung der Realität von Phänomenen, die zuvor ordnungsgemäß bewiesen worden waren. Damit ging auch eine Schwächung der Fähigkeiten des Ausführenden einher. Es ist jedoch absurd, daraus zu folgern, dass die Beobachter der früheren Tage in diesem Fall (darunter Arago und seine Kollegen vom Observatorium – Mathieu, Laugier und Goujon – sowie der Prüfer Hébert, Dr. Beaumont Chardon und andere) schlechte Beobachter waren und durch die Bewegungen des Fußes dieses Kindes getäuscht wurden.

Wir können den bewussten und unbewussten Betrug der Medien akzeptieren. Wir können ihn verurteilen, da er alle Phänomene in einen düsteren Schatten stellt. Aber wir wollen den unbestreitbaren Tatsachen gerecht werden und sie weiterhin beobachten.

Suche und du wirst finden. *Das Unbekannte* , die Wissenschaft von morgen.

KAPITEL VI

DIE EXPERIMENTE DES GRAF VON GASPARIN

Eine der wichtigsten Versuchsreihen, die zum Thema bewegliche Tische durchgeführt wurden, ist die des Grafen Agénor de Gasparin in Valleyres, Schweiz, im September, Oktober, November und Dezember des Jahres 1853. Der Graf hat formelle Berichte über diese Studien in zwei dicken Bänden veröffentlicht. [51] Diese Sitzungen können als rein wissenschaftlich bezeichnet werden, da sie mit größter Sorgfalt durchgeführt und streng kontrolliert wurden. Der üblicherweise verwendete Tisch hatte eine runde Eichenplatte mit einem Durchmesser von 32 Zoll, die auf einer schweren dreifüßigen Mittelsäule ruhte, wobei die Füße etwa 22 Zoll voneinander entfernt waren. Normalerweise gab es zehn oder zwölf Experimentatoren, und sie bildeten die Kette auf dem Tisch, indem sie sich gegenseitig mit ihren kleinen Fingern berührten, und zwar so, dass der Daumen der linken Hand jedes Bedieners den seiner rechten Hand berührte und der kleine Finger der rechten Hand den der linken Hand seines Nachbarn. Nach Ansicht des Autors ist diese Kette nützlich, aber nicht unbedingt notwendig. Die Drehung des Tisches begann normalerweise nach einer Wartezeit von fünf oder zehn Minuten. Dann hob er sich einen Fuß auf eine Höhe, die von Zeit zu Zeit variierte, und fiel wieder zurück. Die Levitation fand sogar statt, als ein sehr schwerer Mann auf dem Tisch saß. Rotationen und Levitationen wurden ohne Berührung der Hände erreicht. Aber hören wir den Autor selbst:

Es ist eine Frage positiver Tatsachen, die ich lösen möchte. Die Theorie kommt später. Zu beweisen, dass das Phänomen des Drehens von Tischen real und rein physikalischer Natur ist; dass es weder durch die mechanische Wirkung unserer Muskeln noch durch die mysteriöse Wirkung von Geistern erklärt werden kann – das ist meine These. Ich möchte sie hier gleich zu Beginn präzise darlegen und ihre Grenzen umreißen. Ich gestehe, dass es mir eine gewisse Befriedigung bereitet, mit unwiderlegbaren Beweisen auf den Sarkasmus von Leuten zu stoßen, denen es leichter fällt, zu spotten als zu untersuchen. Ich bin mir durchaus bewusst, dass wir uns damit abfinden müssen. Keine neue Wahrheit wird offensichtlich, ohne vorher verspottet worden zu sein. Aber es ist nichtsdestotrotz erfreulich, den Moment zu erreichen, in dem die Dinge ihren rechtmäßigen Platz einnehmen und die Rollen nicht mehr vertauscht werden. Dieser Moment hätte lange auf sich warten lassen können. Lange Zeit befürchtete ich, dass Tischphänomene keinen eindeutigen wissenschaftlichen Beweis zulassen würden; dass sie zwar in den Köpfen der Bediener und Zeugen aus erster Hand absolute Gewissheit erwecken, der Öffentlichkeit jedoch keine unwiderlegbaren Argumente liefern würden. Angesichts der bloßen Möglichkeiten wäre jeder frei, seine eigene Meinung zu vertreten; es hätte Gläubige und Skeptiker gegeben. Die Einteilung hätte eher aufgrund von Tendenzen als aufgrund von Wissen oder Unwissenheit der Fakten stattgefunden. Einige hätten im angenehmen Gefühl ihrer intellektuellen Überlegenheit den Kopf hoch erhoben, andere hätten sich verzweifelt dem gängigen Aberglauben der Zeit hingegeben. Die unvollständig nachgewiesene Wahrheit wäre als Lüge behandelt worden und, was noch schlimmer ist, wäre schließlich zu einer solchen geworden.

Aber Gott sei Dank! Das wird jetzt nicht mehr so sein. Unsere Treffen waren echte und formelle Sitzungen, denen die besten Stunden des Tages gewidmet wurden. Die mit größter Sorgfalt überprüften Ergebnisse wurden in formelle und offizielle Erklärungen umgesetzt. Ich habe diese *Procès-verbaux* jetzt vor mir und es scheint mir, dass ich nichts Besseres tun könnte, als sie nacheinander aufzugreifen und aus jeder die interessanten Beobachtungen herauszuziehen, die sie enthalten könnte. Ich werde also der Methode gewisser Historiker folgen und die Wahrheit erzählen, anstatt sie zu systematisieren. Der Leser wird uns sozusagen Schritt für Schritt folgen. Er wird meine verschiedenen Behauptungen prüfen und überprüfen, indem er sie vergleicht; er wird sich seine eigene Meinung bilden und beurteilen, ob meine Beweise jenen Charakter des häufigen Auftretens, der Beständigkeit, der fortschreitenden Entwicklung haben, den falsche Entdeckungen, die auf einem zufälligen und schlecht beschriebenen Zufall beruhen, nie haben.

Das sind vielversprechende Voraussetzungen. Wir werden sehen, ob die Versprechen eingehalten werden. Der Bericht (oder das Protokoll) des ersten Treffens trägt das Datum vom 20. September 1853. Zuvor hatten zahlreiche Sitzungen stattgefunden, aber es wurde nicht für nötig gehalten, die Ergebnisse niederzuschreiben. Was diese Ergebnisse waren, wird aus dem folgenden kurzen Bericht ersichtlich:

Nur diejenigen (schreibt Graf von Gasparin) haben eine unerschütterliche Überzeugung, die häufig und direkt an Séance-Studien teilgenommen haben und die unter ihren Fingern die Entstehung jener eigentümlichen Bewegungen gespürt haben, die die Bewegung unserer Muskeln nicht nachahmen kann. Sie kennen die Grenzen ihrer Kräfte und wissen, wo sie aufhören müssen. Denn sie haben gesehen, wie sich der Tisch trotz der Ungeduld der Forscher und trotz ihrer lautstarken Appelle überhaupt nicht drehte. Andererseits waren sie dabei, als er sich so sanft, so leise und spontan zu bewegen begann, man könnte sagen, unter Fingern, die ihn kaum berührten. Sie haben manchmal gesehen, wie sich die Tischbeine (durch einen Zauber am Boden befestigt) trotz der Anstiftung und Überredung derjenigen, die die Kette bildeten, weigerten, sich zu bewegen. Bei anderen Gelegenheiten haben sie gesehen, wie dieselben Tischbeine Levitationen ausführten, die so frei und energisch waren, dass sie den Händen zuvorkamen, die Befehle erhielten und die Gedanken fast ausführten, bevor sie entstanden waren, und zwar mit einer nahezu furchterregenden Energie. Sie haben mit eigenen Ohren betäubende und sanfte Schläge gehört, von denen einer den Tisch zu zerbrechen drohte, der andere von so unglaublicher Feinheit und Zartheit, dass man die Geräusche kaum wahrnehmen konnte, und keiner von uns konnte sie auch nur im Geringsten nachahmen. Sie haben bemerkt, dass die Kraft der Levitationen nicht nachlässt, wenn die Sitzenden sich von der Seite des Tisches entfernen, die den Drehpunkt bilden soll. Sie haben dem Tisch selbst befohlen, dasjenige seiner Beine anzuheben, auf dem die einzigen Hände ruhen, die den noch verbleibenden Teil der Kette bilden , und das Bein ist so oft und so hoch gestiegen, wie sie wollten. Sie haben den Tisch bei seinen Tänzen beobachtet, wenn er den Takt mit einem oder mit beiden Füßen schlägt; wenn er genau den Rhythmus der Musik wiedergibt, die gerade gesungen wurde; wenn er auf die komischste Weise der Aufforderung nachgibt, das Menuett zu tanzen, großmütterliche Gesten annimmt, gesetzt eine halbe Drehung macht, einen Knicks macht und dann nach vorne kommt und sich auf die andere Seite dreht! Die Art und Weise, wie die Ereignisse stattfanden, sagte den Experimentatoren mehr als die Ereignisse selbst. Sie standen in Kontakt mit einer Realität, die sich ihnen bald verständlich machte.

Die beharrlichen Experimente, die wir vor dem 20. September durchgeführt hatten, hatten uns bereits Beweise für zwei wichtige Dinge geliefert: das Schweben eines Gewichts, das durch die Muskelbewegung der Bediener nicht bewegt werden konnte, und die Reproduktion von Zahlen durch Gedankenlesen.

Ich werde nun die offiziellen Erklärungen oder Berichte des Grafen von Gasparin wiedergeben, oder zumindest die wesentlichen Teile davon. Ich werde sie hier so präsentieren, wie der Autor es in einer Sitzung nach der anderen getan hat. Der Leser wird urteilen. Er wird aufgefordert, die Berichte mit größter Aufmerksamkeit zu lesen. Es sind wissenschaftliche Dokumente von höchstem Wert und ebenso wichtig wie die vorhergehenden.

Séance vom 20. September

Jemand hat ein Experiment vorgeschlagen, bei dem man einen Tisch rotieren und klopfen lässt, während auf ihm ein etwa 190 Pfund schwerer Mann liegt. Wir haben also einen solchen Mann auf den Tisch gesetzt und die zwölf Versuchsleiter in einer Kette haben ihre Finger darauf gelegt.

Der Erfolg war vollkommen: Der Tisch drehte sich und klopfte mehrere Male. Dann *hob er sich vollständig vom Boden,* und zwar so, dass die Person, die darauf saß, aus dem Gleichgewicht geriet. Lassen Sie mich hier nebenbei eine allgemeine Bemerkung machen. Wir hatten bereits zahlreiche Treffen gehabt. Unsere Experimentatoren, unter denen sich mehrere junge Damen von zarter Statur befanden, hatten mit sehr ungewöhnlicher Ausdauer und Energie gearbeitet. Ihre körperliche Erschöpfung am Ende jeder Sitzung war natürlich sehr groß. Es scheint, als hätten wir daher mehr oder weniger schwere Nervenzusammenbrüche bei uns erwarten müssen. Wenn Erklärungen, die auf unfreiwilligen Handlungen in einem Zustand außerordentlicher Erregung beruhen, auch nur die geringste Grundlage in der Realität hätten, hätten wir Trancezustände, beinahe Besessenheiten und jedenfalls Nervenanfälle gehabt. Nun, trotz des aufregenden und lauten Charakters unserer Treffen kam es in fünf Monaten nicht vor, dass einer von uns einen einzigen Moment von Unwohlsein oder Krankheit irgendeiner Art erlebte. Wir lernten noch etwas: Wenn eine Person in einem Zustand nervöser Anspannung ist, ist sie absolut unfähig, auf dem Tisch zu handeln. Man muss es fröhlich, leicht und geschickt handhaben, mit Vertrauen und Autorität, aber ohne Leidenschaft. Das ist so wahr, dass ich keinen Gehorsam mehr erhielt, sobald ich zu viel Interesse an den Dingen zeigte. Wenn ich aufgrund öffentlicher Diskussionen, an denen ich beteiligt war, den Erfolg zu sehr wünschte und bei Verzögerungen ungeduldig wurde, hatte ich keine Kontrolle mehr über den Tisch; er blieb reglos.

Séance vom 24. September

Wir fingen ziemlich schlecht an und waren fast geneigt zu glauben, dass das Nettoergebnis der Experimente des Tages sich auf die beiden folgenden Beobachtungen beschränken würde, die, um die Wahrheit zu sagen, ihren Wert haben und die unsere Erfahrung immer bestätigt hat: Erstens gibt es Tage, an denen nichts getan werden kann, nichts gedeiht, obwohl die Sitzenden so zahlreich, so stark und so aufgeregt sind wie immer – was beweist, dass die Bewegungen des Tisches nicht durch Betrug oder durch den unwillkürlichen Druck der Muskeln zustande kommen. Zweitens gibt es Personen (unter anderem solche, die kränklich oder müde sind), deren Anwesenheit in der Kette nicht nur nutzlos, sondern sogar schädlich ist. Da sie der fluidalen Kraft beraubt sind, scheinen sie außerdem deren Zirkulation und Übertragung zu behindern. Ihr guter Wille, ihr Vertrauen in den Tisch sind nutzlos; solange sie da sind, sind die Drehungen schwach, die Levitationen geistlos, die auf den Tisch gezeichneten Entwürfe werden nicht gewürdigt; einer der ihnen zugewandten Füße ist besonders von Lähmung betroffen. Bitten Sie sie, sich zurückzuziehen, und sofort kommt die Vitalität wieder zum Vorschein und alles gelingt wie durch Zauberei. Tatsächlich erlangten wir erst nach diesem Kurs endlich die freien und energischen Bewegungen, an die wir gewöhnt waren. Wir waren ziemlich entmutigt; aber als die Reinigung stattfand, von der ich gerade gesprochen habe, siehe da, was für eine Veränderung! Nichts scheint uns schwierig zu sein. Sogar diejenigen, die (wie ich) normalerweise nur mittelmäßigen Erfolg haben, denken jetzt an Zahlen und lassen den Tisch sie mit vollem Erfolg oder mit der leichten Unvollkommenheit (die häufig vorkommt) eines Klopfens zu viel abklopfen, aufgrund der Verzögerung beim Erteilen des mentalen Befehls, die Klopfen zu stoppen.

Da alles nach unseren Wünschen verlief und wir beschlossen, das Unmögliche zu versuchen, führten wir als nächstes ein Experiment durch, das den Eintritt in eine völlig neue Phase der Studie markiert und unsere früheren experimentellen Demonstrationen unter die Garantie eines absolut unwiderlegbaren Beweises stellt. Wir werden die Wahrscheinlichkeit hinter uns lassen und uns auf Beweise konzentrieren. Wir werden den Tisch bewegen, *ohne ihn zu berühren* . Und so ist es uns beim ersten Mal gelungen:

In dem Moment, als der Tisch mit einer kräftigen und unwiderstehlichen Rotation wirbelte, hoben wir alle auf ein gegebenes Signal hin unsere Finger. Dann setzten wir unsere Kreisbewegung fort, indem wir unsere Hände mit den kleinen Fingern zusammenhielten und die Kette in einer Höhe von etwa einem Achtel oder einem Viertel Zoll über dem Tisch weiter bildeten. *Zu unserer großen Überraschung tat der Tisch dasselbe* ; er machte auf diese Weise drei oder vier Drehungen! Wir konnten unser Glück kaum fassen; die Umstehenden (Zeugen) konnten nicht anders, als in die Hände zu klatschen. Und die Art und Weise, in der die Rotation stattfand, war ebenso bemerkenswert wie die Rotation selbst. Ein- oder zweimal hörte der Tisch auf, uns zu folgen, weil die kleinen Unfälle und Unterbrechungen unseres Marsches unsere Finger aus ihrer normalen Entfernung von der Tischplatte entfernt hatten. Ein- oder zweimal erwachte der Tisch wieder zum Leben – wenn ich mich so ausdrücken darf –, als die sich drehende Kette wieder in die richtige Beziehung zu ihm gelangte. Wir alle hatten das Gefühl, dass jede Hand den Teil des Tisches, der sich unmittelbar darunter befand, auf ihrem Weg mitgenommen hatte.

Séance vom 29. September

Wir waren natürlich ungeduldig, die Rotation ohne Kontakt einem neuen Test zu unterziehen. In der Verwirrung des ersten Erfolgs vergaßen wir, dieses entscheidende Experiment zu erneuern und abzuwandeln. Als wir später darüber nachdachten, sahen wir, dass es uns oblag, die Sache mit mehr Sorgfalt und in Gegenwart neuer Zeugen noch einmal zu machen; dass es vor allem wichtig war, die Bewegung zu erzeugen und nicht nur fortzusetzen, und sie in Form von Levitationen zu erzeugen, anstatt sie auf Rotationen zu beschränken. Das war das Programm unseres Treffens vom 29. September. Nie wurde ein Programm mit größerer Präzision ausgeführt. Als Vorlauf wiederholten wir unsere erfolgreiche Leistung vom 24. Während der Tisch schnell rotierte, hoben sich die verschränkten Hände von ihm, drehten sich jedoch weiter darüber und bildeten die Kette. Der Tisch folgte und machte mal eine oder zwei Umdrehungen, mal nur eine halbe oder eine viertel Drehung. Der mehr oder weniger anhaltende Erfolg war sicher. Wir bestätigten ihn mehrere Male. Aber jemand könnte sagen, dass der Tisch, da er bereits in Bewegung war, von der Dynamik mechanisch mitgerissen wurde, während wir uns einbildeten, er würde unserer Fluidkraft nachgeben. Der Einwand war absurd, und wir hätten jeden herausgefordert, eine einzige Vierteldrehung zu machen, ohne die Kette zu bilden, wie schnell die Drehung auch gewesen sein mochte. Vor allem hätten wir jeden herausgefordert, die Bewegung wieder aufzunehmen, wenn sie für einen Augenblick ausgesetzt war. In solchen Fällen ist es jedoch gut, selbst absurden Einwänden vorzubeugen, wie wenig plausibel sie auch sein mögen. Und dieser spezielle Einwand könnte dem unaufmerksamen Menschen plausibel erscheinen. Es war also zwingend erforderlich, dass wir die Drehung aus einem Zustand völliger Trägheit heraus herbeiführten. Das taten wir. Da der Tisch ebenso bewegungslos war wie wir, löste sich die Kette der Hände von ihm und begann sich langsam in einer Höhe von etwa drei Achtel Zoll über seiner Kante zu drehen. Im nächsten Moment machte der Tisch eine leichte Bewegung, und jeder von uns bemühte sich, den Teil, der sich unter seinen eigenen Fingern befand, mit seinem Willen mitzuziehen, und es gelang uns, die Scheibe in unserer Reihe zu ziehen. Die folgenden Einzelheiten ähnelten denen des vorhergehenden Falls. Es ist so schwierig, die Kette in der Luft zu halten, ohne sie zu zerreißen, und sie nahe am Tischrand zu halten, ohne zu schnell zu werden und so die hergestellte harmonische Beziehung zu zerstören, dass es oft vorkommt, dass die Drehung nach einer oder einer halben Drehung aufhört. Manchmal dauert sie jedoch drei oder sogar vier Umdrehungen. Wir erwarteten, auf noch größere Hindernisse zu stoßen, wenn wir eine Levitation ohne Berührung durchführen würden. Aber die Sache kam ganz anders. Dies ist leicht zu erklären, wenn wir uns daran erinnern, dass es bei diesem Vorgang keine Kreisbewegung gibt und es viel einfacher ist, die normale Position der Hände über dem Tisch beizubehalten. Als die Kette also in einem Abstand von etwa einem Achtel Zoll über der runden Tischplatte geformt war, befahlen wir einem ihrer Beine, sich anzuheben, und das tat es.

Wir waren hocherfreut und wiederholten dieses nette Experiment viele Male. Ohne ihn irgendwie zu berühren, befahlen wir dem ganzen Tisch, sich in die Luft zu erheben und den Zeugen zu widerstehen, die große Anstrengungen unternehmen mussten, um ihn auf den Boden zu bringen. Wir befahlen ihm, sich mit der Unterseite nach oben zu drehen, und er fiel mit den Füßen in der Luft um, obwohl wir ihn nie mit unseren Fingern berührten, sondern sie beim Fallen in der vereinbarten Entfernung vor ihm hielten.

Dies waren die wesentlichen Ergebnisse dieser Besprechung. Sie sind derart, dass ich zögere, in diesem Zusammenhang auch Vorfälle von untergeordneter Bedeutung zu erwähnen.

Ich möchte nur nebenbei sagen, dass die Sitzung am Anfang sehr entmutigend war; denn es war nicht nur notwendig, einige neue Mitarbeiter zu entfernen, sondern einige der alten brachten auch nicht ihre gewohnte gute Laune mit. Der Tisch reagierte schlecht; das Klopfen erfolgte schwach und wie widerstrebend; das telepathische Lesen der Zahlen gelang nicht. Dann fassten wir einen Entschluss, von dem wir viel profitierten: wir hielten durch und hielten fröhlich durch; wir sangen, wir brachten den Tisch zum Tanzen; wir gaben alle Gedanken an neue Experimente auf und beharrten auf einfachen und unterhaltsamen. Nach einer Weile änderten sich die Bedingungen; der Tisch hüpfte förmlich und wartete kaum auf unsere Befehle; wir waren nun in der Lage, ernsthaftere Dinge auszuprobieren.

Séance vom 7. Oktober

Eine lange und sehr ermüdende Sitzung. Sie war hauptsächlich dem Ausprobieren verschiedener mechanischer Vorrichtungen gewidmet, die jedoch keinerlei Erfolg hatten, wie Metallringe, auf den Tisch gelegte Rahmen aus Leinwand oder Papier, Platten auf Drehzapfen und Federschlüssel. Ob der Anblick all dieser Geräte die Abstrahlung der Fluidkraft von den Bedienern behinderte, ob die Vorrichtungen selbst ihre Zirkulation im Tisch stoppten oder ob schließlich die natürlichen Bedingungen des Phänomens auf andere Weise gestört wurden, es ist sicher, dass die Ergebnisse zu nichts führten oder zweifelhaft waren.

Ein neues Experiment war erfolgreich. Auf einer Platte, die sich um eine Achse drehte, befand sich eine Wanne. Ich füllte diese Wanne mit Wasser und zwei meiner Mitarbeiter und ich tauchten unsere Hände hinein. Wir bildeten eine Kette und begannen einen Rundgang, wobei wir darauf achteten, die Wanne nicht zu berühren. Diese imitierte sofort unsere Bewegung. Wir wiederholten das Ganze mehrere Male hintereinander.

Da man annehmen könnte, dass der dem Wasser verliehene Impuls ausreichen würde, um eine Wanne, die auf einer so fein ausbalancierten Platte ruht, in Bewegung zu setzen, gingen wir sofort daran, das Gegenteil zu beweisen. Das Wasser wurde in einen Kreiswirbel versetzt, wodurch es sich mit viel größerer Geschwindigkeit bewegte als bei der Bildung der Kette; aber die Wanne bewegte sich keinen Millimeter. Zweifellos bleibt die Frage zu prüfen, ob nicht einer von uns dreien die Innenseite der Wanne berührte und so ihre Bewegung verursachte. Darauf antworte ich erstens, dass die Art und Weise, wie wir unsere Hände im Wasser hielten, offensichtlich beweist, dass keiner unserer Finger wirklich den Boden berühren konnte; zweitens, dass es für uns, da wir uns Mühe gaben, die Kette in der Mitte zu bilden, kaum einfacher gewesen wäre, die senkrechten Seiten der Wanne zu berühren.

Und dennoch, da der Zweifel nicht völlig unzulässig ist, zähle ich dieses Experiment zu denen, die ich nicht anwenden will. Ich möchte zeigen, dass ich in Sachen Beweisführung schwer zufriedenzustellen bin.

Der Beweis, den das Klopfen von Zahlen durch Gedankenlesen liefert, schien immer einer der überzeugendsten zu sein. In der Sitzung, die ich beschreibe, hatte sie diese Besonderheit, dass jeder der zehn Bediener nacheinander die Mitteilung einer Zahl schriftlich erhielt, während die anderen die Augen geschlossen hatten. Nun gelang es einem einzigen von allen zehn nicht, den vollkommenen Gehorsam des Tischbeins zu erreichen, das ihm von sehr misstrauischen Zeugen oder Umstehenden zugewiesen worden war. Wenn meine Leser sorgfältig nachdenken, werden sie erkennen, dass die Kombinationen der übermittelten Bewegungen und der Betrugstricks, die ein so solides Ergebnis wie dieses erfordern würde, weit über die Grenzen des Zulässigen hinausgehen. Um dies zu rechtfertigen, muss der Gegner ein viel erstaunlicheres Wunder erfinden als unseres.

Kommen wir nun wieder zur schönsten aller Demonstrationen, der Levitation ohne Kontakt. Wir führten sie zunächst dreimal vor. Da einige der Meinung waren, dass die Überprüfung der Zeugen bei einem kleinen Tisch sicherer durchgeführt werden könne als bei einem großen und mit fünf Bedienern sicherer als mit zehn, ließen wir einen einfachen Mitteltisch aus Holz bringen, den man mit der halbierten Kette in Rotation versetzen konnte. Dann wurden die Hände gehoben, und da der *Kontakt mit dem Tisch vollständig unterbrochen war, erhob er sich auf unser Kommando siebenmal in die Luft* .

Séance vom 8. Oktober

Zwei Umstände bestätigten die Ergebnisse, die wir in früheren Sitzungen erhalten hatten. Einer der Zeugen hatte durch seine Gaunerei eine Null unter die für den Gedankentest ausgewählten Zahlen gesetzt, und das von ihm ausgewählte Bein befand sich links vom Bediener und außerhalb der Reichweite seiner Muskelbewegung. Nachdem der Befehl an das Bein gegeben worden war und keine Reaktion erfolgte, waren wir alle niedergeschlagen und überzeugt, dass unsere Schwäche an diesem Tag so groß war, dass wir nicht einmal einfache Levitationen durchführen konnten. Ich behaupte nachdrücklich, dass, wenn ein Experimentator jemals ein Tischbein hätte bewegen können, dies in diesem Moment geschehen wäre. Unsere Nerven waren in einem erhöhten Zustand und unsere Ungeduld auf dem Höhepunkt. Dennoch fand keine Bewegung des Tisches statt, und wir waren daher umso getröstet, als wir erfuhren, dass die übermittelte Zahl eine Chiffre gewesen war.

Die Bewegung ohne Kontakt wurde zweimal durchgeführt.

Gegen unser Experiment mit einem Tisch, der klopfte, während ein Mann darauf stand, hatte man den Einwand erhoben, dass dieser Mann die Bewegung unterstützen oder sogar teilweise auslösen könnte. Entschlossen, die Wahrheit mit größter Sorgfalt herauszufinden, erkannten wir in diesem Einwand eine gewisse Plausibilität und beschlossen, ihm gerecht zu begegnen. Das lebendige, intelligente und daher verdächtige Wesen musste durch ein lebloses Gewicht ersetzt werden. Eimer mit Sand mussten genau in die Mitte des Tisches gestellt werden, der dann seine Geschicklichkeit unter Beweis stellen sollte.

Aber der Tag war schlecht gewählt. Nachdem wir zwei Eimer übereinander auf den Tisch gestellt hatten, die zusammen 143 Pfund wogen, stellten wir fest, dass wir die Levitation nicht herbeiführen konnten. Wir mussten uns damit begnügen, sie nach dem Start in Kreisbewegung zu halten. Die Eimer wurden entfernt, der Tisch in Bewegung gesetzt und die Eimer wieder eingesetzt, während die Bewegung ihren Höhepunkt erreichte. Sie stoppten sie nicht im Geringsten, sondern wurden mit solcher Kraft herumgetragen, dass der Sand nach allen Seiten herausflog.

Der Rest der Sitzung war der Untersuchung des Themas (angeblicher) Wahrsagerei oder Raten gewidmet.

Wenn der Tisch aufgefordert wurde, etwas zu erraten, das einem der Mitglieder der Kette bekannt war, kam es ziemlich häufig und ganz natürlich vor, dass er es erriet. Es handelt sich um Gedankenlesen anhand von Zahlen – nicht mehr und nicht weniger.

Wenn man aufgefordert wird, etwas zu erraten, das einem Mitglied der Gruppe bekannt ist, das zu diesem Zeitpunkt nicht Teil der Kette ist, kommt es manchmal vor, dass es es errät. Aber die betreffende Person muss über große Fluidkräfte verfügen und in der Lage sein, diese auf Distanz anzuwenden. Wir selbst haben nichts dergleichen erreicht; aber anderen ist es gelungen, und ihre Aussagen scheinen zu gut belegt, um in Frage gestellt zu werden.

Bis zum gegenwärtigen Moment gibt es offensichtlich nicht die geringste Spur von Weissagung. Es handelt sich um eine fließende Aktion, ob nah oder fern.

Wenn die Tafeln prophezeien, wenn sie glauben, dass es Geister gibt, dann sollten wir eindeutige Antworten erhalten, wenn niemand die Fakten kennt, weder in der Kette noch außerhalb der Kette. Das Problem ist also so formuliert, dass die Lösung nicht schwer ist.

Nehmen Sie ein Buch. Öffnen Sie es nicht, sondern bitten Sie den Tisch, die erste Zeile der von Ihnen angegebenen Seite zu lesen, sagen wir Seite 162 oder Seite 354. Der Tisch wird nicht zurückschrecken: Er wird klopfen und Worte für Sie schreiben. So hat er es zumindest immer bei uns gemacht. Eines ist jedenfalls sicher: Weder hier noch anderswo hat ein Geist, wie schlau er auch sein mag, diese einfache Zeile gelesen; noch wird er dazu in Zukunft in der Lage sein. Ich empfehle das Experiment den Anhängern der Geisterbeschwörung.

Was den Test von Geldstücken in einer Geldbörse, Stunden, Spielkarten usw. betrifft, so greifen die Tabellen auf eine strenge Wahrscheinlichkeitsberechnung zurück; sie raten genauso viel wie Sie oder ich. Da es sich um kleine Zahlen handelt, von denen man sich im Voraus eine ungefähre Vorstellung machen kann, ist die Bandbreite möglicher Kombinationen nicht sehr groß. Der Verstand fixiert sich auf eine Zahl, die mit ziemlicher Wahrscheinlichkeit die richtige ist, und das Verhältnis zwischen den Misserfolgen der Tabelle und ihren Erfolgen ist in einem solchen Fall genau das gleiche, wie es wäre, wenn es nicht um die Frage der wundersamen Wahrsagung ginge.

Séance vom 9. November

Bevor ich mit der Beschreibung dieser Sitzung beginne, die sehr bemerkenswert ist, möchte ich sagen, dass weder das Thermometer noch der Kompass der Seeleute den geringsten Hinweis auf irgendetwas Interessantes geliefert haben. Ich dachte, ich sollte dies nebenbei erwähnen, um dem Leser zu zeigen, dass wir es nicht versäumt haben, Instrumente einzusetzen, die uns wahrscheinlich dabei helfen würden, eine wissenschaftliche Erklärung zu erhalten. Im Allgemeinen übergehe ich diese Phase unserer Arbeit sowie die verschiedenen Versuche, die bloße Versuche blieben und zu keinen positiven Ergebnissen führten.

Unsere erste Aufgabe war es, das Experiment mit der Levitation eines trägen Gewichts zu wiederholen. Diesmal waren wir uns einig, dass wir immer von einem Zustand absoluter Bewegungslosigkeit des Objekts ausgehen würden: Wir wollten eine Bewegung erzeugen, nicht sie fortsetzen.

Nachdem die Mitte des Tisches mit großer Genauigkeit festgelegt worden war, wurde eine erste Wanne mit Sand, die 46 Pfund wog, darauf gestellt. *Die Beine hoben sich mühelos vom Boden, als sie den Befehl erhielten.*

Anschließend wurde eine zweite Wanne, die 42 Pfund wog, in die Mitte der anderen gestellt. *Beide wurden angehoben* – zwar nicht so leicht, aber sehr sauber und deutlich.

Dann wurde eine dritte, kleinere Wanne mit einem Gewicht von 28 ⅗ Pfund auf die beiden anderen gestellt. Die Levitation fand statt.

Wir hatten außerdem noch riesige Steine mit einem Gesamtgewicht von 48,5 Pfund vorbereitet. Sie wurden auf die dritte Wanne gelegt. Nach ziemlich langem Zögern *hob der Tisch mehrere Male nacheinander jedes seiner drei Beine an* . Er hob sie mit einer Kraft, Entschlossenheit und einem Elan, die uns überraschten. Aber seine schon so oft auf die Probe gestellte Stärke konnte diesem letzten nicht standhalten. Er bog sich unter der starken Schwankung, die durch die Gesamtmasse von 165 Pfund verursacht wurde, und *brach plötzlich zusammen* , und sein massiver Mittelpfosten wurde von oben bis unten gespalten – zur großen Gefahr für die Arbeiter, auf deren Seite die gesamte Ladung herunterrollte.

Ich werde mich nicht damit aufhalten, ein solches Experiment zu kommentieren. Es erfüllt alle Anforderungen. Unsere vereinte Muskelkraft hätte nicht ausgereicht, um die stattfindenden Bewegungen zu bestimmen. Eine Masse lebloser Materie, die nicht im Verdacht stand, gefällig zu sein, hatte die Person ersetzt, deren Mittäterschaft verdächtigt wurde. Als schließlich alle drei Beine nacheinander angehoben worden waren, konnten die Kritiker nicht mehr unterstellen, wir hätten das Gewicht stärker auf die eine Seite als auf die andere verlagert.

Da unser armer Tisch auf dem Feld der Ehre beschädigt worden war und nicht vor Ort repariert werden konnte, bekamen wir einen neuen, der ihm sehr ähnelte. Er war jedoch etwas größer und etwas leichter.

Interessant war, ob wir warten mussten, bis der Tisch mit der psychophysischen Flüssigkeit aufgefüllt war. Die Gelegenheit bot eine berühmte Gelegenheit, dieses wichtige Problem zu lösen: Wo befindet sich die Flüssigkeit? In den Bedienern oder im Möbelstück. Die Lösung war ebenso schnell wie entscheidend. Kaum hatten wir unsere gefesselten Hände auf den zweiten Tisch gelegt, begann er sich mit der unerwartetsten und komischsten Geschwindigkeit zu drehen! Offensichtlich war die Flüssigkeit in uns, und wir konnten sie nacheinander auf verschiedene Tische auftragen.

Wir verloren keine Zeit. In der Stimmung, in der wir uns befanden, musste die Bewegung ohne Kontakt besser gelingen als je zuvor. Und wir täuschten uns nicht. Wir entwickelten zunächst Rotationen ohne Kontakt bis zur Zahl von fünf oder sechs.

Was berührungsloses Schweben betrifft, haben wir eine Vorgehensweise entdeckt, die es einfacher macht. Die Kette, die einige Millimeter über der oberen Scheibe gebildet wird, ist so angeordnet, dass sie in die Richtung verläuft, in der die Bewegung stattfinden soll; die Hände, die dem Bein am nächsten sind, das sich heben soll, befinden sich außerhalb und jenseits der Spitze; sie nähern sich und gehen allmählich vorbei, während die gegenüberliegenden Hände, die sich zunächst auf dasselbe Bein zubewegt hatten, sich von ihm entfernen, während sie es anziehen. Während dieses Fortschreitens der Kette, während all unsere Willen auf einen bestimmten Punkt auf dem Holz gerichtet sind und wenn der Befehl zum Schweben mit Nachdruck gegeben wird, verlässt der Fuß den Boden und die Tischplatte folgt den Händen – bis zum Umkippen, wenn man sie nicht festhält.

Dieses Schweben ohne Kontakt wurde etwa dreißig Mal durchgeführt. Wir haben es mit jedem der drei Beine nacheinander durchgeführt, um jeden Vorwand für Kritik zu beseitigen. Außerdem haben wir die Hände mit größter Sorgfalt beobachtet. Wenn der Leser bitte zur Kenntnis nimmt, dass diese Überwachung während dreißig Operationen durchgeführt wurde, ohne dass die geringste Berührung festgestellt wurde, kann er, denke ich, zu dem Schluss kommen, dass die Realität von nun an über jeden Zweifel erhaben ist.

Séance vom 21. November

Das Hauptmerkmal dieser Sitzung war die Abwesenheit derjenigen von uns, die am Tisch die größte Autorität ausübte. [52] Indem wir ohne sie arbeiteten, konnten wir zwei Dinge feststellen: erstens, dass man nicht ungestraft auf einen außerordentlich begabten Experimentator verzichten kann; und zweitens, dass man dennoch auf ihn oder sie verzichten kann, wenn es unbedingt nötig ist, und dass der Erfolg, obwohl in diesem Fall weniger glänzend, nicht unmöglich ist. Ich weise besonders auf diesen letzten Punkt hin, sowie auf die häufigen Änderungen unseres Personals zugunsten misstrauischer Personen, die, da sie den geistigen Wert der betreffenden Personen nicht kennen, geneigt sein könnten, die Ergebnisse, zu denen sie wesentlich beitragen, ihrer Geschicklichkeit zuzuschreiben. Die psychophysische Arbeitskraft eines „sensiblen" Tischdrehers ist gemischter Natur: eine entschlossene Haltung und eine kreisende Bewegung reichen nicht aus, um sie hervorzubringen. Außerdem und vor allem ist *der Wille erforderlich*.

Nachdem sich unser Wille endlich durchgesetzt hatte und der Muskeldruck dem Druck der Befehle gewichen war, setzte nach fünf oder sechs Minuten Konzentration unserer Gedanken die fließende Rotation ein. Wir spürten tatsächlich deutlich, dass eine wichtige Person fehlte und dass wir nicht über unsere übliche Kraft verfügten. Wir waren jedoch entschlossen, erfolgreich zu sein, selbst um den Preis größerer geistiger Erschöpfung.

Also nahmen wir mutig unsere schwierigste Aufgabe in Angriff: Bewegungen ohne Kontakt. Dreimal gelang uns eine Drehung ohne Kontakt. Ich muss hinzufügen, dass sie sehr unvollständig war – höchstens eine Vierteldrehung oder eine halbe Drehung.

Bei Levitationen ohne Berührung war unser Erfolg entscheidender; er wurde jedoch mit einem sehr beträchtlichen Kraftaufwand erkauft. Nach jeder Levitation mussten wir uns ausruhen, und als wir Nr. 9 erreicht hatten, waren wir vor Erschöpfung absolut gezwungen, aufzuhören. Man muss solche Experimente persönlich erlebt haben, um zu verstehen, welche Auswirkungen sie auf die Aufmerksamkeit und Energie haben und wann es unerlässlich ist, zu wollen, und zwar mit aller Entschiedenheit, dass dieser oder jener Holzknoten im Tisch den geöffneten Fingern folgt, die ihn aus der Ferne anlocken.

Aber wie dem auch sei, unser Versuch war von Erfolg gekrönt und wir konnten die Sitzung mit weniger anstrengenden Übungen beenden.

Uns kam sofort die Idee, unsere Fähigkeiten an einem großen Tisch mit vier Beinen zu testen. Es wurde oft behauptet, dass nur dreibeinige Tische auf unsere Manipulationen reagieren würden. Es war an der Zeit, einen unwiderlegbaren Beweis für das Gegenteil zu erbringen. Also nahmen wir einen Tisch mit einem Durchmesser von 3 Fuß und 5 Zoll, dessen klappbare Hälfte (unabhängig von dem Bein, das ihn stützt, wenn er hochgestellt ist) nach Belieben hochgeklappt werden kann.

Kaum waren unsere Finger an Ort und Stelle, als der Tisch mit lautem Treiben zu rotieren begann, dessen Lebhaftigkeit uns überraschte. Dies zeigte, dass Tische mit vier Beinen nicht widerspenstiger waren als andere. Darüber hinaus lieferte es ein neues Argument zugunsten einer unserer früheren Beobachtungen, nämlich dass die Flüssigkeit in den Personen und nicht in den Tischen ist. Tatsächlich fand die Bewegung des großen Tisches fast sofort statt, und bevor man davon ausgehen konnte, dass er mit Flüssigkeit gefüllt war.

Die nächste Aufgabe, die vor uns lag, bestand darin, ihn mit seinen verschiedenen Beinen klopfen zu lassen. Wir begannen mit denen, die an einer Hälfte der Tischplatte befestigt waren, drei an der Zahl. Sie erhoben sich jeweils zwei auf einmal mit solcher Kraft vom Boden, dass nach einem Augenblick eines der Rollen in Stücke flog. [53] Nun ist es schwer, sich eine Vorstellung von der Kraft zu machen, die eine betrügerische Bewegung der Finger erforderte, um einen Hebel auf einen so schweren Tisch auszuüben und ihn so hoch in die Luft zu schleudern.

Es blieb das Tischbein, das von der Tischplatte unabhängig war. Wir dachten, es würde genauso gut gehorchen wie die anderen. Aber nein!

Vergebens schütteten wir die verschwenderischsten und drängendsten Aufforderungen aus: Es wollte sich weder zusammen mit seinem rechten noch mit seinem linken Nachbarn erheben. Unser nächster Gedanke war, dass dies an den Personen lag, die in seiner Nähe saßen, und einige Mitglieder der Kette wechselten ihre Plätze. Vergebens! Alle Kombinationen schlugen eine nach der anderen fehl.

Wir haben aus diesem Umstand wichtige Schlüsse gezogen. Da dieser Umstand jedoch später widerlegt wurde, als das widerspenstige Bein bei einer anderen Sitzung vollkommen gehorchte, werde ich die Öffentlichkeit nicht durch eine Darlegung unserer Argumente zu diesem Thema in unser Vertrauen ziehen. Ich möchte nur darum bitten, zwei Dinge zu erwähnen: erstens, dass wir die Phänomene sorgfältig viele Male überprüft haben, bevor wir sie bestätigten; und zweitens, dass wir hier wieder einmal eine gute Widerlegung der Kritiker haben, die behaupten, dass Muskelarbeit alles erklären kann. Wenn dies so wäre, warum hob die Muskelarbeit dann nicht das freie Bein ebenso wie die fest am Tisch befestigten Beine? Sie hätte dies genauso leicht tun können; und dennoch waren aus einem *unbekannten Grund* , der aber offensichtlich *den Gesetzen der Mechanik fremd ist* , nur die befestigten Beine bereit, sich zu bewegen.

Séance vom 27. November

Wir waren in voller Stärke, aber zwei oder drei der Bediener waren leicht unpässlich. Was auch immer der Grund war, der Vorfall war im Großen und Ganzen kaum bemerkenswert, abgesehen vom fast völligen Fehlen von Fluidkraft. Einen einzigen Moment lang hatten wir ein wenig davon. Eine halbe Stunde Aktion und zweieinhalb Stunden Trägheit – das war unser Nettoergebnis.

Nichts war bedauerlicher und zugleich merkwürdiger, als zu sehen, wie wir an den verschiedenen Tischen herumgingen, von einem zum anderen gingen und die Leute aufforderten, die einfachsten Dinge zu tun, und dabei nur eine schwache und träge Bewegung erreichten, die bald ganz aufhörte.

Séance vom 2. Dezember

Es hätte mich geärgert, wenn ich meinen Vortrag mit einer so langweiligen und geistlosen Aufzeichnung wie der vorangegangenen abschließen müsste. Glücklicherweise gibt mir der letzte unserer Berichte das Recht, beim Leser einen völlig anderen Eindruck zu hinterlassen.

Wir waren in bester Stimmung. Vielleicht hat das schöne Wetter dazu beigetragen. Es ist nicht das erste Mal, dass mir das aufgefallen ist. Sicher ist, dass dieselben Personen, die am 27. November nur eine halbe Stunde Erfolg hatten und den Rest der Sitzung damit verbracht hatten, vergeblich um etwas Besseres als erfolglose Drehungen oder schwache Schläge zu betteln, heute den Tisch mit einer Autorität, Schnelligkeit und, wenn ich das so sagen darf, einer Elastizität im Auftreten regierten, die nichts zu wünschen übrig ließ.

Der große Tisch mit vier Beinen wurde in Bewegung gesetzt. Und diesmal bewies die Leichtigkeit, mit der das freie Bein seinen Teil des Tisches anhob, dass wir richtig lagen, als wir aus seiner früheren Weigerung keine allzu eindeutigen Schlüsse zogen. Jedes Mal, wenn wir versuchten, den von mir am weitesten entfernten Teil des Tisches ohne Berührung anzuheben, fühlte ich, wie sich das mir am nächsten liegende Tischbein allmählich meinem Bein näherte und dagegen drückte. Von diesem Vorfall, der sich mehrmals wiederholte, überrascht, schloss ich daraus, dass der Tisch *nach vorne glitt* und nicht genug Kraft hatte, um aufzustehen. Wir übten also einen spürbaren Einfluss auf diesen großen Tisch aus, ohne ihn in irgendeiner Weise zu berühren.

Um mich davon besser zu überzeugen, ließ ich die Kette los und beobachtete die Bewegung der Tischfüße auf dem Boden. Sie bewegte sich von Bruchteilen eines Zolls bis zu mehreren Zoll. Als wir dann versuchten, die Klappplatte eines mit Stoff bedeckten Spieltisches berührungslos hochzudrehen, erhielten wir das gleiche Ergebnis: Die Klappplatte gab unserem Einfluss nicht nach, aber der ganze Tisch bewegte sich in die vorgeschriebene Bewegungsrichtung. Nun muss ich hinzufügen, dass das Gleiten gar nicht so einfach war, denn der Boden unseres Zimmers war rau und uneben.

In diesem Zusammenhang ist es interessant, den Moment zu beachten, in dem diese Gleitbewegung normalerweise beginnt. Dies geschieht genau zu dem Zeitpunkt, an dem die berührungslose Levitation stattfindet, wenn diese Manifestation im Gange ist. Wenn der Teil der Kette, der nach vorne drückt, gerade über die Seite der Tischplatte hinausgekommen ist, wo er sich zu drehen beginnt, und wenn der Teil der Kette, der zieht, gerade den Mittelpunkt seines Rückzugs überschritten hat, dann manifestiert sich die Aufwärtsbewegung – oder, falls dies nicht der Fall ist, die *Gleitbewegung* . Unsere Flüssigkeitskraft ist dann am höchsten, genau in dem Moment, in dem unsere mechanische Kraft am niedrigsten ist, wenn die Hände, die drücken, aufgehört haben zu wirken (nehmen wir den Fall des Betrugs an) und wenn die Hände, die ziehen, machtlos sind.

Kehren wir nun zu unserem normalen Tisch zurück. Wir haben versucht, Rotationen und Levitationen ohne Berührung zu erzeugen und hatten damit vollen Erfolg.

Berichte wie die vorstehenden sind wertvoller als alle Dissertationen. Sie belegen die unbestreitbare Realität der nicht vollständigen, sondern nur teilweisen Levitation des Tisches, der in einer schrägen Position auf nur zwei Beinen verharrte. Sie zeigen auch Rotationen und Levitationen *ohne Kontakt* sowie Gleitbewegungen unter dem Einfluss einer bisher nur wenig erforschten Naturkraft.

Das Schweben eines schweren Tisches, auf dem ein 86 kg schwerer Mann liegt, oder das Schweben von Wannen mit Sand und Steinen mit einem Gewicht von 75 kg – diese Vorkommnisse können nicht geleugnet werden.

Dasselbe gilt für die Bewegungen des Tisches, der im Rhythmus bestimmter Melodien tanzt, für seine Umdrehungen, für seine Befolgung der gegebenen Befehle. Diese Tatsachen wurden genau so beobachtet, wie mechanische, physikalische, chemische, meteorologische und astronomische Tatsachen beobachtet wurden.

Zu den obigen Berichten möchte ich hier ein ergänzendes Experiment hinzufügen, das im Vorwort des Buches des Grafen von Gasparin beschrieben wird:

Einige angesehene Gelehrte, denen ich unsere Ergebnisse mitteilte, versicherten mir übereinstimmend, dass Levitationen ohne Berührung den Charakter eines absolut sicheren Beweises hätten, wenn es uns gelänge, sie mit dem folgenden praktischen Mittel zu verifizieren: „Streuen Sie Mehl auf den Tisch", sagten sie, „sobald Ihre Hände ihn verlassen haben; führen Sie dann eine oder mehrere Levitationen durch; stellen Sie abschließend sicher, dass die Mehlschicht nicht die geringste Spur einer Berührung aufweist, und alle Einwände werden verstummen."

Genau dieses Experiment haben wir bereits mehrere Male erfolgreich durchgeführt. Hier ein paar Details:

Unser erster Versuch war sehr schlecht verlaufen. Wir verwendeten ein grobes Sieb, das wir über den ganzen Tisch hin und her bewegen mussten. Dies hatte die doppelte Unannehmlichkeit: Erstens ließen wir es zu lange in der Schwebe und machten so die Wirkung der Bediener zunichte; und zweitens streuten wir eine viel zu dicke Schicht Mehl darauf. Die Federung und der Willensimpuls der Bediener wurden gedämpft, die flüssige Wirkung wurde vereitelt, die Tischplatte kühlte sozusagen ab; nichts bewegte sich. Der Fehler ging so weit, dass der Tisch uns nicht nur Levitationen und Rotationen ohne Berührung verweigerte, sondern fast alle normalen.

Dann kam einem von uns eine brillante Idee. Wir besaßen einen jener Blasebälge, mit denen man Schwefel auf von Mehltau befallene Weinreben bläst. Anstelle des Schwefels gaben wir Mehl hinein und begannen mit dem Versuch.

Die Bedingungen waren äußerst günstig. Das Wetter war trocken und warm, der Tisch hüpfte unter unseren Fingern, und tatsächlich hatte der größte Teil unserer Gruppe schon spontan aufgehört, die Tischplatte zu berühren, bevor der Befehl zum Heben der Hände gegeben worden war. Dann ertönt der Befehl; die ganze Kette hebt sich vom Tisch, und im selben Augenblick bedeckt der Blasebalg ihre gesamte Oberfläche mit einer dünnen Schicht Mehl. Es war keine Sekunde verloren gegangen; das Schweben ohne Berührung hatte bereits stattgefunden. Aber um keinen Zweifel zu lassen, wiederholte sich das Ganze drei- oder viermal hintereinander.

Danach wurde der Tisch genauestens untersucht; *kein Finger hatte ihn berührt oder auch nur im Geringsten gestreift* .

Die Angst, sie unwillkürlich zu berühren, war sogar so groß, dass die Hände aus einer viel größeren Höhe als in früheren Sitzungen fließend agierten. Jeder hatte gedacht, er könne seine Hände nicht zu hoch heben, und die Hände, die so weit von der Tischplatte entfernt waren, hatten keine der Manöver oder Bewegungen ausgeführt, die wir sonst angewandt hatten. Die Kette blieb an ihrem Platz über dem anzuhebenden Tisch und behielt ihre Form unverändert bei; sie machte kaum eine wahrnehmbare Bewegung in Richtung der Bewegung, die sie in einiger Entfernung vom Tisch ausführte.

Abschließend möchte ich noch hinzufügen, dass wir uns nicht mit einem einzigen Erlebnis zufrieden gaben. Eine sorgfältige Inspektion nach jeder der mehreren Levitationen zeigte jedes Mal, dass die staubartige Mehlschicht absolut unberührt war; und kein Teil des Tisches war von seiner verräterischen weißen Schicht verschont geblieben.

Der Autor dieser Berichte selbst schätzt die von ihm festgestellten Ergebnisse wie folgt ein:

Die beobachteten Phänomene bestätigen und erklären sich gegenseitig. Große Tische mit vier Beinen konkurrieren mit Tischen mit drei Beinen. Auf diese gelegte unbewegte Gewichte ersetzen Personen, die dem Tisch, der sie anheben soll, vermutlich helfen. Schließlich kommt die große Entdeckung: Wir beginnen, indem wir bereits begonnene Bewegungen ohne Kontakt fortsetzen, und beenden sie, indem wir sie erzeugen; es gelingt uns fast, den Prozess zu erschaffen, und zwar in einem solchen Ausmaß, dass sich diese außergewöhnlichen Tatsachen manchmal in einer ununterbrochenen Reihe von fünfzehn oder dreißig Vorführungen manifestieren. Die Gleitbewegungen runden das Thema ab, indem sie Licht auf eine Phase der Fernwirkung werfen: Sie zeigen, dass diese (manchmal) nicht in der Lage ist, den Tisch anzuheben, aber in der Lage ist, ihn über den Boden zu ziehen.

Dies ist die schnell skizzierte Darstellung unseres Fortschritts. Für sich genommen stellt sie einen soliden Beweis dar, und ich empfehle ernsthaften

Menschen, sie zu studieren. So entstehen nicht die Irrtümer. Illusionen, die auf Zufall oder Zufall beruhen, widerstehen einem langen Studium nicht und werden auch nicht durch eine lange Reihe von Experimenten entlarvt, die sie immer mehr rechtfertigen.

Das Lesen von Zahlen im Kopf anderer und das Kräfteverhältnis verdienen besondere Beachtung.

Wenn alle Bediener bis auf einen die Zahl nicht kennen, die durch Klopfen zum Ausdruck gebracht werden soll, müsste die Operation (sofern sie nicht fließend ist) entweder von der Person ausgehen, die die Zahl kennt und gleichzeitig die Bewegung und die Verriegelung vornimmt, oder sie müsste von einer instinktiv hergestellten Beziehung zwischen der Person, die die Verriegelung vornimmt, und ihrem Gegenüber ausgehen, das die Bewegung vornimmt. Lassen Sie uns beide Hypothesen untersuchen.

Die erste Theorie ist unhaltbar. Denn wenn jemand ein Tischbein auswählt, bei dem der Bediener, der die Nummer kennt, keine Muskelarbeit leisten kann, hebt sich das so bezeichnete Bein auf seinen Befehl hin trotzdem.

Die zweite Theorie ist unhaltbar, denn wenn jemand eine Null anzeigt, findet die Bewegung, die stattfinden sollte, nicht statt. Mehr noch: Wenn man zwei Personen an gegenüberliegenden Seiten des Tisches gegeneinander antreten lässt und sie auffordert, eine andere Zahl triumphieren zu lassen, sorgt der mächtigere Akteur dafür, dass die Hauptzahl ausgeführt wird, obwohl sein Gegenüber nicht nur daran interessiert ist, sie ihm nicht zu geben, sondern sie zu verhindern.

Ich weiß, dass diese Angelegenheit des Wahrsagens von Zahlen einen schlechten Ruf hat. Es fehlt ihr eine gewisse pedantische und wissenschaftliche Form. Dennoch habe ich nicht gezögert, darauf zu bestehen; denn es gibt nur wenige Experimente, in denen der *gemischte Charakter* des Phänomens besser zum Ausdruck kommt – physische Kraft, die durch die Wirkung unseres Willens außerhalb von uns selbst entwickelt und angewendet wird. Gerade weil es das große Ärgernis oder den Stolperstein darstellt, möchte ich mich nicht dafür schämen. Außerdem behaupte ich, dass dies genauso wissenschaftlich ist wie alles andere. Wahre Wissenschaft ist nicht an die Anwendung dieses oder jenes Prozesses oder dieses oder jenes Instruments gebunden. Was ein Fluidometer zeigen würde, wäre nicht weniger wissenschaftlich bewiesen als das, was mit den Augen gesehen und mit dem Verstand eingeschätzt wird.

Doch machen wir weiter. Wir sind noch nicht am Ende unserer Beweise angelangt. Einer davon hat mich immer besonders beeindruckt: der Beweis, der aus Fehlern abgeleitet wird.

Es wird behauptet, dass die Bewegungen durch die Wirkung unserer Muskeln, durch unwillkürlichen Druck, hervorgerufen werden. Nun sind hier dieselben Arbeiter, die gestern am Tisch die Erfüllung ihrer kapriziösesten Wünsche erreicht haben; ihre Muskeln sind genauso stark, ihre Lebhaftigkeit ist genauso groß, ihr Wunsch, erfolgreich zu sein, ist vielleicht noch stärker – und doch nichts! Absolut nichts! Eine ganze Stunde vergeht, ohne dass die geringste Rotation beginnt; oder, wenn Rotationen stattfinden, ist Levitation unmöglich; das wenige, was der Tisch tut, geschieht schwach, trostlos und wie widerstrebend. Ich wiederhole es noch einmal: Die Muskeln haben sich nicht verändert; warum also diese plötzliche Unfähigkeit? Die Ursache bleibt dieselbe, woher kommt es, dass die Wirkung so stark variiert?

"Ah!", sagt ein Gegner, "Sie sprechen von unfreiwilligem Druck und sagen nichts über freiwilligen Druck, kurz gesagt, von Betrug. Sehen Sie nicht, dass die Betrüger bei einer Sitzung anwesend sein können und bei einer anderen nicht erscheinen, dass sie an einem Tag handeln und sich am nächsten keine Mühe machen können?"

Ich werde ganz einfach und mit Fakten antworten.

„Die Betrüger sind abwesend, wenn wir keinen Erfolg haben!" Aber es ist schon oft vorgekommen, dass unser Personal in keiner Weise ausgewechselt wurde. Dieselben Personen, absolut dieselben, sind von einem Zustand bemerkenswerter Macht in einen Zustand relativer Ohnmacht übergegangen. Und das ist nicht alles. Wenn es keinen Operator gibt, dessen Anwesenheit uns vor Misserfolgen bewahrt hat, gibt es auch keinen, dessen Abwesenheit uns unfähig gemacht hat, erfolgreich zu sein. Mit und ohne jedes der Mitglieder der Kette ist es uns gelungen, alle Experimente durchzuführen – alle ohne Ausnahme.

Aber „die Betrüger geben sich nicht jeden Tag so viel Mühe!" Die Mühe wäre in der Tat groß, und diejenigen, die auf Betrug schließen, denken kaum darüber nach, welche Wunder sie anführen. Die Anschuldigung ist eine Absurdität, die an Albernheit grenzt, und ihre Albernheit nimmt ihr den Stachel. An solchen Dingen nimmt man sich nichts aus. Aber jetzt kommen wir, nehmen wir einmal an, dass Valleyres von Schülern Boscos bevölkert war, dass dort allgemein Taschenspielereien praktiziert wurden und dass dies fünf Monate lang direkt vor unseren Augen und vor den Augen zahlreicher und sehr misstrauischer Zeugen vor sich ging, ohne dass ein einziger Fall von Niedertracht festgestellt worden wäre. Wir haben unser Spiel so gut verborgen, dass wir einen geheimen Telegrafencode für das Experiment des Zahlenlesens erfunden haben, eine besondere Bewegung des Fingers, um die größten Massen zu bewegen, eine Methode, um Tische, die wir scheinbar nicht berühren, allmählich anzuheben. Wir sind alle Lügner, alle; denn wir beobachten uns schon seit langer Zeit gegenseitig und denunzieren niemanden. Ja, mehr noch, die Ansteckungsgefahr unserer Laster ist so groß, dass, sobald wir einen Fremden, einen feindlichen Zeugen, in die Kette aufnehmen, dieser unser Komplize wird; er verschließt freiwillig die Augen vor der Signalübermittlung, vor Muskelanstrengungen, vor den wiederholten und anhaltenden verdächtigen Handlungen seiner nächsten Nachbarn in der Kette! Gut und schön; wenn wir das alles zugeben, sind wir damit nicht weitergekommen. Es bleibt noch zu erklären, warum unsere Betrüger manchmal genau in dem Moment nichts tun, in dem es in ihrem Interesse wäre, Erfolg zu haben. Es ist tatsächlich vorgekommen, dass eine bestimmte Sitzung, bei der wir viele Zeugen hatten und einen großen Wunsch zu überzeugen, sich als mittelmäßig herausstellte. Die eine oder andere war unter denselben Bedingungen im Gegenteil ein glänzender Erfolg.

Da gibt es echte und erhebliche Ungleichheiten, und sie wagen es, uns gegenüber von Muskelprotz-Aktionen und Betrug zu sprechen.

Betrug und Muskelarbeit! Hier ist zum Beispiel eine gute Gelegenheit, sie auf die Probe zu stellen. Wir haben gerade ein Gewicht auf den Tisch gelegt. Dieses Gewicht ist inaktiv und kann nicht als Zubehör zu irgendeinem Gerät verwendet werden. Vielleicht ist es überall Betrug, aber nicht in den Sandkübeln. Dieses Gewicht ist gleichmäßig auf die drei Tischbeine verteilt, und sie werden es beweisen, indem sie jedes nacheinander anheben. Die Gesamtlast wiegt 165 Pfund, und wir wagen es kaum, sie zu erhöhen, denn so wie sie ist, reichte sie an einem Tag aus, um unseren sehr soliden Tisch zu zerbrechen. Also gut, jetzt soll jemand versuchen, dieses Gewicht zu bewegen. Da Muskelarbeit und Betrug alles erklären müssen, wird es für sie ein Leichtes sein, die Masse in Bewegung zu setzen. Jetzt können sie es nicht. Ihre Finger ziehen sich zusammen und die Knöchel werden weiß, ohne dass sie ein einziges Mal schweben, während einige Augenblicke später das Schweben bei der Berührung derselben Finger stattfindet, die sanft die Tischplatte streifen und keinerlei Anstrengung erfordern, wie sich jeder leicht selbst überzeugen kann.

Bestimmte sehr raffinierte wissenschaftliche Messregeln, deren Erfindung ich nicht für mich beanspruchen kann, ermöglichen es uns, die Kraft, die die Drehung oder Levitation des Tisches erfordert, wenn er auf die gerade beschriebene Weise belastet wird, in Zahlen umzurechnen. Bei dem oben erwähnten Gewicht von 165 Pfund wird die Drehung durch eine seitliche Zugkraft von etwa 17½ Pfund gewährleistet, während die Levitation nur durch einen senkrechten Druck von mindestens 132 Pfund erreicht wird (den ich jedoch aus Rücksicht auf den mutmaßlichen Wunsch des Kritikers und unter der Annahme, dass der Druck nicht absolut senkrecht sein könnte, auf 110 Pfund reduzieren werde). Aus diesen Zahlen lassen sich mehrere Schlussfolgerungen ziehen.

Erstens kann man den Tisch durch Muskelkraft drehen, aber nicht anheben. Tatsächlich haben die zehn Bediener hundert Finger auf seiner Oberfläche. Der vertikale oder quasi-vertikale Druck jedes Fingers kann jedoch im Durchschnitt nicht mehr als zwölf Unzen betragen, wenn die Kette so zusammengesetzt ist, wie sie ist. Sie entwickeln also nur einen Gesamtdruck von 66 Pfund, der völlig unzureichend ist, um Levitation zu erzeugen.

Als nächstes fällt auf, dass das Phänomen, das durch Muskelarbeit leicht hervorgerufen werden könnte, gerade dasjenige ist, das wir am seltensten und mit den größten Schwierigkeiten erreichen, und dass das Phänomen, das durch Muskelarbeit nicht erreicht werden kann, dasjenige ist, das am häufigsten auftritt, wenn die Kette gebildet wird. Warum wendet sich das Blatt nicht immer durch unseren unwillkürlichen Impuls? Warum sollte unser „Betrug" nicht immer einen solchen Triumph erzielen? Warum gelingt es uns im Allgemeinen nur, das zu bewirken, was mechanisch unmöglich ist?

Ich rate Leuten, die sich gern über das Umdrehen von Tischen lustig machen, diese nicht allzu genau zu untersuchen und sich davor zu hüten, unserer wichtigsten Demonstration - der der berührungslosen Bewegungen - zu viel Aufmerksamkeit zu schenken, denn sie lässt ihnen nicht den geringsten Vorwand, ungläubig zu sein.

Damit ist die Tatsache bewiesen. Zahlreiche Experimente, verschiedene und unwiderlegbare Beweise, die zudem in engster Verbundenheit miteinander verbunden sind, verleihen der Fluidwirkung den Stempel der absoluten Gewissheit. Wer die Geduld hatte, mir bis hierher zu folgen, wird gespürt haben, wie seine Vermutungen nach und nach schwanden und sein Glaube an das neue Phänomen immer stärker wurde. Er wird bestätigt haben, was wir selbst bewiesen und bestätigt haben; denn niemand hat sich mehr Schwierigkeiten beim Umdrehen des Tisches entgegengestellt als wir, niemand hat sich ihnen gegenüber neugieriger und anspruchsvoller gezeigt.

Es ist nicht unsere Schuld, wenn die Ergebnisse eindeutig waren (und immer eindeutiger), noch ist es unsere Schuld, wenn sie sich gegenseitig bestätigten, wenn sie am Ende eine Einheit bildeten und den Charakter eines perfekten Beweises annahmen. Zu studieren, zu vergleichen, zu wiederholen und wieder zu wiederholen und schließlich alles auszuschließen, was Zweifel oder Fragen aufkommen ließ – das war unsere Pflicht. Und wir haben es nicht versäumt, sie zu erfüllen. Ich mache in diesen Berichten keine Behauptungen, die ich nicht immer wieder bewiesen habe.

Dies sind die denkwürdigen Experimente des Grafen de Gasparin. Ihr Wert wird von allen geschätzt, die sie lesen. Ich habe diese sorgfältigen Berichte unbedingt wiedergeben wollen, denn sie belegen *die absolute und unbestreitbare Realität dieser Bewegungen, die dem normalen Gravitationsgesetz widersprechen* . Hören wir uns die erklärenden Hypothesen des Grafen an.

Dem Leser wird aufgefallen sein, wie sorgfältig ich mich auf die Überprüfung der Fakten beschränkt habe, ohne eine erklärende Hypothese zu wagen. Wenn ich das Wort „Fluid" verwendet habe, dann um Umschreibungen zu vermeiden. Strenge wissenschaftliche Genauigkeit hätte verlangt, dass ich immer „das Fluid, die Kraft oder der physikalische Wirkstoff, was auch immer es sein mag" schreibe. Man wird mir verzeihen, dass ich etwas weniger genau war, als es in meiner Sprache der Fall ist. Es genügte, dass mein Gedanke vollkommen klar war. Dass wir es bei den Phänomenen des Tischdrehens und -hebens mit einem Fluid im eigentlichen Sinne zu tun haben, kann ich nicht mit absoluter Sicherheit behaupten. Ich behaupte, dass es einen Wirkstoff gibt und dass dieser Wirkstoff *nicht übernatürlich , sondern physisch* ist und physischen Objekten die Bewegungen verleiht, die unser Wille bestimmt.

Unser Wille, habe ich gesagt. Und das ist in der Tat die grundlegende Idee, die wir aus diesem Thema eines physischen Agens gewonnen haben. Das ist es, was es charakterisiert, und das ist es auch, was es in den Augen vieler Leute kompromittiert. Sie würden sich vielleicht mit einem neuen Agens abfinden, wenn es das notwendige und ausschließliche Produkt der Hände wäre, die die Kette bilden, wenn es nur wahr wäre, dass bestimmte Positionen oder bestimmte Handlungen seine Manifestation sicherstellen. Aber das ist bei ihm nicht der Fall: Das Geistige und das Physische müssen sich vereinen, um ihn hervorzubringen. Hier sind Hände, die sich beim Bilden der Kette abmühen und dennoch keine Bewegung erreichen: Der Wille hat sich nicht in die Handlung eingemischt. Hier ist ein Wille, der vergeblich befiehlt: Die Hände wurden nicht in eine geeignete Position gebracht.

Wir haben Licht auf beide Seiten des Phänomens geworfen, denn sie sind beide wichtig.

Eine weitere Tatsache ist uns aufgefallen und sollte in die Beschreibung des betreffenden physikalischen Agens einfließen: Dieser Agens ist den Personen und nicht dem Tisch innewohnend. Wenn die Operatoren in Rapport sind, gehen sie zu einem neuen Tisch und umringen ihn: Sie werden sofort in der Lage sein, ihre gesamte Autorität über ihn auszuüben; ihr Wille wird weiterhin über den physikalischen Agens verfügen und ihn nutzen, um Zahlen zu klopfen, die von den anwesenden Personen im Kopf ausgewählt wurden, oder um Bewegungen ohne Kontakt auszuführen.

Das sind die Fakten. Die Erklärung dafür folgt später. Es ist jedoch sehr natürlich, dies sofort herausfinden zu wollen und Hypothesen aufzustellen, die als möglich, wenn auch nicht wahr angesehen werden können. Ich bin das Risiko eingegangen, dies zu tun, und ich bereue es nicht. War es nicht zwingend notwendig, unseren Gegnern zu beweisen, dass sie nicht einmal den Vorwand einer „wissenschaftlichen Unmöglichkeit" haben? Hypothesen haben ihren legitimen Platz und ihren Nutzen, selbst wenn sie falsch sind. Wenn sie an sich zulässig sind, ist das ausreichend, denn das schützt die Fakten, auf die sie angewendet werden, vor dem Vorwurf der Monstrosität. Der Kritiker hat nicht mehr das Recht, die vorherige Frage zu stellen.

Da dies von allen Seiten gefordert wurde, wagte ich die folgende Erklärung:

Sie behaupten, unsere Behauptungen seien falsch, und zwar aus dem einfachen Grund, dass sie *nicht wahr sein können* ! Sehr gut. Aber gestatten Sie mir jedenfalls, Ihnen einige Postulate vorzulegen. Nehmen wir zunächst an, Sie wüssten nicht alles, die moralische und sogar die materielle Natur des Menschen hätten Unklarheiten, die Sie nicht beseitigen konnten. Nehmen wir an, der kleinste Grashalm, der auf dem Feld sprießt, das kleinste Korn, das sich fortpflanzt, der Finger Ihrer Hand, der den Befehl ausführt, den Sie ihm geben, bergen Geheimnisse, deren Ergründung die Fähigkeiten der gelehrten Ärzte übersteigt und die sie für absurd erklären würden, wenn sie nicht gezwungen wären, sie als real anzuerkennen. Nehmen wir dann zweitens an, bestimmte Menschen, die dies tun wollen und deren Hände auf eine bestimmte Weise miteinander verbunden sind, gebären eine Flüssigkeit oder eine besondere Art von Kraft. Ich verlange nicht von Ihnen, zuzugeben, dass eine solche Kraft existiert; Sie werden mir nur zustimmen, dass sie möglich ist. Mir ist kein Naturgesetz bekannt, das dem entgegensteht.

Gehen wir nun noch einen Schritt weiter. Der Wille verfügt über diese Flüssigkeit. Sie gibt äußeren Objekten nur dann einen Impuls, wenn wir es wollen und an von uns ausgewählten Stellen. Wäre daran etwas Unmögliches? Ist es etwas Unerhörtes, dass wir Bewegung auf Materie übertragen, die außerhalb von uns ist? Nun, wir tun das jeden Tag und in jedem Augenblick; unsere mechanische Handlung ist nichts weiter als dies. Das Schreckliche in Ihren Augen ist zweifellos, dass wir nicht mechanisch handeln! Aber es gibt noch etwas anderes als mechanische Handlung in dieser Welt. Es gibt physikalische Ursachen für Bewegung, die etwas anderes sind als dies. Die Wärme, die in einen lebenden Körper eindringt, erzeugt dort eine Ausdehnung; das heißt, universelle Bewegung. Der Magnet, der in die Nähe eines Stücks Eisen gelegt wird, zieht es an und lässt es über den dazwischenliegenden Raum springen.

„Ja", wird jemand ausrufen, „wir würden keine Einwände erheben, vorausgesetzt, Ihre angebliche Flüssigkeit würde bei ihrer Bewegung nicht einer bestimmten Richtung folgen. Wenn sie geradeaus strömen würde, wie eine blinde Kraft, dann wäre es gut! Dann wäre sie wie die Wärme, die alles ausdehnt, was ihr auf ihrem Weg begegnet. Sie wäre wie der Magnet, der alle Eisenteilchen in seiner Nähe wahllos zu einem festen Punkt hin anzieht. Und was Sie betrifft, so erinnert Ihre Erfindung der Theorie einer rotierenden

Flüssigkeit lebhaft an die Erklärung der schlaffördernden Eigenschaften des Opiums."

Man kann die Dinge nicht noch völliger missverstehen. Niemand träumt von einer „rotierenden Flüssigkeit". Wir behaupten lediglich, dass, wenn die Flüssigkeit austritt und ein auf Beinen stehendes Möbelstück entweder abstößt oder seitlich anzieht, ein sehr einfaches mechanisches Gesetz die seitliche Bewegung in eine Rotation umwandelt.

Ich sage nicht: „Die Tische drehen sich, weil meine Flüssigkeit rotierend ist." Ich sage: „Die Tische drehen sich, weil sie sich nicht anders drehen können, als wenn sie einer treibenden Kraft ausgesetzt sind oder einer Anziehungskraft ausgesetzt sind." So ausgedrückt ist es etwas weniger naiv. Folglich wäre ich nicht verpflichtet, die Sache des armen Universitätsgelehrten der *Malade Imaginaire zu übernehmen* und seine berühmte Antwort zu verteidigen: „ *Opium facit dormire quia est in eo virtus dormitiva* " („Opium macht die Leute schläfrig, weil es die schlaffördernde Tugend oder Eigenschaft hat"). Trotzdem kann ich nicht anders, es muss raus: Ich finde die Antwort ausgezeichnet. Ich bezweifle, dass die Gelehrten bis heute eine bessere gefunden haben , und ich rate ihnen, sich manchmal mit der folgenden Art von Argumentation abzufinden: „Opium macht uns schläfrig, weil es uns schläfrig macht; die Dinge sind, weil sie sind." Mit anderen Worten, ich sehe die Fakten und kenne die Ursachen nicht. Ich weiß es nicht. „Ich weiß es nicht!" schreckliche Worte, die man kaum aussprechen kann! Ich habe den starken Verdacht, dass Molières schlaue Schalkhaftigkeit den Ärzten zugute kommt, die so tun, als wüssten sie alles, Erklärungen erfinden, die nichts erklären, und nicht wissen, wie sie die Fakten akzeptieren sollen, während sie auf mehr Licht warten.

Aber es kommt noch mehr. Die Hypothese der Flüssigkeit (eine reine Hypothese, wie Sie sich erinnern) muss noch beweisen, dass sie mit den verschiedenen Umständen des Phänomens vereinbar ist. Der Tisch dreht sich nicht einfach: Er hebt seine Beine an, er klopft Zahlen, die ihm im Geiste angezeigt werden; mit einem Wort, er gehorcht dem Willen und zwar so gut, dass die Entfernung des Kontakts seinen Gehorsam nicht beendet. Die Antriebskraft oder die seitliche Anziehung, die für Rotationen verantwortlich sind, können Levitationen nicht erklären.

Aber warum? Weil der Wille die Flüssigkeit mal in das eine, mal in das andere Tischbein lenkt. Weil der Tisch sich gewissermaßen mit uns identifiziert, zu einem Glied unseres eigenen Körpers wird und Bewegungen hervorbringt, an die wir denken, auf dieselbe Weise, wie unser Arm sie hervorbringt. Weil wir keine bewusste Kenntnis von der Richtung haben, die der Flüssigkeit gegeben wird, und die Bewegungen des Tisches steuern, ohne uns vorzustellen, dass irgendeine Art von Flüssigkeit oder Kraft am Werk ist.

Bei all unseren Handlungen, bei allen ohne Ausnahme, sind wir uns der Richtung, die unser Wille uns gibt, nicht bewusst. Wenn Sie mir erklären, wie ich meine Hand hebe, werde ich Ihnen erklären, wie ich das Tischbein vom Boden aufhebe. Ich „wollte meine Hand heben". Ja, und ich wollte auch dieses Tischbein heben. Was die Ausführung der Willensbefehle, das Ingangsetzen der Muskeln, die zum Heben der Hand erforderlich sind, oder der Flüssigkeitskraft, die zum Heben des Tischbeins erforderlich ist, betrifft, so weiß ich nicht, was in mir diesbezüglich vorgeht. Ein seltsames Geheimnis, und eines, das uns ein wenig Bescheidenheit einflößen sollte! In mir steckt eine ausführende Kraft, eine Kraft von solcher Art, dass sie, wenn ich diese oder jene Handlung gewollt habe, detaillierte Befehle an die verschiedenen Muskeln richtet und hundert komplizierte Bewegungen in Gang setzt, um ein Endergebnis herbeizuführen, das nur erdacht, nur gewollt wurde. Dieses Wunder geschieht in mir, und ich verstehe es überhaupt nicht und werde es nie verstehen. Stimmen Sie nicht zu, dass dieselbe ausführende Kraft der Flüssigkeit die Anweisungen geben kann, die sie den Muskeln gibt? Ich wollte eine Sonate auf dem Klavier spielen, und ohne mein Wissen hat etwas in mir Hunderttausende Muskelbewegungen befohlen. Ich wollte, dass das Tischbein angehoben wird, und ohne mein Wissen hat etwas in mir die Anziehungskräfte und Impulse der Flüssigkeit an die vorgesehene Stelle gelenkt.

Die Hypothese einer Flüssigkeit ist also vertretbar. Sie entspricht der Natur der Dinge und der Natur des Menschen. Ich habe nicht den Wunsch, weiter zu gehen und sofort eine endgültige Erklärung zu liefern. Aber ich mache mir keine Sorgen. Lassen Sie die Fakten erst einmal anerkannt werden, und es wird nicht an Erklärungen mangeln. Was jetzt unmöglich erscheint, wird dann sehr einfach erscheinen. Über unbestreitbare Dinge macht man sich keine Sorgen. Wir sind so beschaffen, dass wir, nachdem wir die Unmöglichkeit von allem, was wir nicht verstehen, behauptet haben, alles für verständlich erklären, was wir als real erkannt haben. Überall trifft man Leute, die mit den Schultern zucken, wenn man mit ihnen von Tischdrehungen spricht, und die sich nichts aus der Puck-ähnlichen Leistung des elektrischen Stroms machen, der den Gürtel seines Stromkreises im Bruchteil eines Augenblicks um die Erde legt, und die das Wunder der Übertragung der geistigen und moralischen Eigenschaften der Väter auf die Kinder sehr einfach zu verstehen finden! Die Tische des psychischen Experimentators können dem allgemeinen Schicksal nicht entgehen. Ihre Phänomene, die heute absurd sind, sind morgen selbstverständlich.

Diese Experimente des Grafen von Gasparin und seiner Mitarbeiter sind seit über einem halben Jahrhundert bekannt, und es ist wirklich unverständlich, dass selbst die Tatsache des Schwebens von Tischen und ihrer Bewegungen weiterhin geleugnet wurde. Wahrhaftig, wenn die Tische manchmal leicht sind, muss man zugeben, dass die Menschheit ein wenig schwerfällig ist.

Was die Theorie, die Hypothese des Fluidums betrifft – *felix qui potuit rerum cognoscere causas* (Glücklich der Mensch, der die Ursache der Dinge erkennen kann) –, so werde ich im Kapitel über erklärende Theorien darauf zurückkommen. Es ist jedoch unbestreitbar, dass wir bei solchen Erfahrungen mittels einer unsichtbaren Kraft handeln, die von uns ausgeht. Man muss blind sein, um das nicht zuzugeben.

Nach einer Reihe so bewundernswert durchgeführter Experimente können wir verstehen, dass der Autor durchaus ein wenig Spott über hartnäckig voreingenommene Ungläubige dulden darf. Zum Abschluss dieses Kapitels kann ich es mir nicht verkneifen, Graf de Gasparin zu zitieren, der die gelehrten Verneinungen von Babinet und seinen Nachahmern im Institut anführt.

Die Gelehrten sind nicht die einzigen, die auf ihrer Würde beharren. Auch ich beharre auf meiner und wage zu behaupten, dass niemand ein mit meinem Namen unterzeichnetes Zertifikat als Betrug oder Frivolität einstufen würde. Es ist bekannt, dass ich die Gewohnheit habe, meine Worte abzuwägen; es ist bekannt, dass ich die Wahrheit liebe und sie keiner Überlegung opfern werde; es ist bekannt, dass ich lieber einen Irrtum eingestehe, als auf ihm zu beharren; und wenn ich nach einer langwierigen Untersuchung mit einer festeren und tieferen Überzeugung als je zuvor beharre, ist die Bedeutung oder Tragweite meiner Erklärung nicht zu missverstehen.

Als nächstes kann ich Ihnen sagen, dass der Augenschein meiner Meinung nach einen wissenschaftlichen Wert hat. Unabhängig von Instrumenten und Zahlen, auf die ich den höchsten Wert lege, glaube ich, dass das wahre *Sehen* der Dinge hilfreich sein kann. Ich glaube, dass dies an sich auch ein Instrument ist. Wenn eine ausreichende Anzahl guter Augenpaare zehn-, zwanzig-, hundertmal festgestellt und bewiesen hat, dass ein Tisch ohne Berührung in Bewegung versetzt wird; wenn darüber hinaus die Erklärung der Tatsache durch betrügerische oder unfreiwillige Berührungen die Grenzen überschreitet, die dem Unglauben zugeordnet werden müssen, ist die Schlussfolgerung klar. Niemand hat das Recht auszurufen: „Sie haben weder ein Fluidometer noch einen Destillierkolben; Sie geben keine Probe Ihres physikalischen Wirkstoffs in einer Flasche ab; Sie beschreiben nicht, wie er auf eine Quecksilbersäule oder das Eintauchen einer Nadel wirkt. Wir glauben Ihnen nicht, denn Sie haben nichts anderes getan, als zu sehen."

„Ich glaube Ihnen nicht, denn Sie haben nichts anderes getan als zu sehen!"
„Ich glaube Ihnen nicht, denn ich habe es nicht mit eigenen Augen gesehen!"
So viele Pedanten, so viele Einwände. Sie machen sich kaum die Mühe, sich

untereinander zu einigen; in einem Krieg gegen die Tische ist jede Waffe erlaubt, nichts kann schiefgehen.

Ich möchte nicht vergessen, dass die Wissenschaftler zu dem Zeitpunkt, als Faraday seine Scheiben erfand, noch immer nur von Rotationen sprachen. [54] Angesichts eines so unzulänglichen und, geben wir es zu, so verdächtigen Phänomens können wir verstehen, warum die Gelehrten skeptisch waren und sich mit fadenscheinigen Widerlegungen zufrieden gaben. Sie passten die Zahl und Größe ihrer Waffen dem Aussehen des Feindes an. Derjenige unter ihnen, der am schärfsten war und die plausibelste Erklärung vorschlug, ist mit Sicherheit Chevreul. Seine Theorie der Tendenz zur Bewegung ist unbestreitbar wahr. Sie erklärt, wie die Gegenstände, die wir an unseren Finger hängen, schließlich eine Schwingungsbewegung in die von unserem Willen angegebene Richtung ausführen. Es überrascht mich nicht, dass einige diese Theorie für ausreichend hielten, um zu erklären, wie Experimentatoren schließlich den Tisch in Rotation versetzen und selbst an der Bewegung teilnehmen können. Ich brauche nicht zu sagen, dass unsere nachgewiesenen Levitationen von Gewichten und unsere Bewegungen ohne Kontakt es künftig niemandem erlauben werden, auf eine solche Erklärung zurückzugreifen. Wären alle Bewegungstendenzen zu einer einzigen vereint, könnten sie weder über die Ferne eine Antriebskraft erzeugen, noch eine Masse bewegen, die nicht durch mechanische Einwirkung in Bewegung gesetzt werden könnte.

Die gelehrten Ärzte sollten der Öffentlichkeit diese Erklärungen, die nichts erklären, nicht vorsetzen. Sie sollten sich lieber an die Arbeit machen und uns tatsächlich zeigen, wie man direkt und mechanisch ein Gewicht von 220 Pfund anhebt, ohne dabei eine Kraft von 220 Pfund aufzuwenden.

Aber sie verwenden lieber beleidigende Ausdrücke und erfinden dann die eine oder andere Theorie, die nur einen kleinen Fehler hat – nämlich dass sie keine Beine zum Gehen hat. Der jüngste Artikel von M. Babinet in der *Revue des Deux Mondes* ist auf seine Art ein Meisterwerk. Wenn ich von der Realität der Phänomene des Tischumdrehens usw. überzeugt werden müsste, wäre ich mit Sicherheit durch die Lektüre dieser Widerlegung davon überzeugt worden.

Nach Meinung von Herrn Babinet bereiten die Phänomene der Tabellen keinerlei Schwierigkeiten! Glücklicherweise gibt es eine glückselige Wissenschaft der Physik und eine glückselige Wissenschaft der Mechanik, die für alles eine Antwort parat hat ! Wir armen, unwissenden Kerle dachten, wir hätten etwas Außergewöhnliches entdeckt und wussten nicht, dass wir lediglich zwei äußerst elementaren Gesetzen gehorchten: dem Gesetz der unbewussten Bewegungen und vor allem dem der entstehenden

Bewegungen, Bewegungen, deren Kraft die der entwickelten Bewegungen zu übertreffen scheint.

Was unbewusste Bewegungen betrifft, fügt Herr Babinet den vorherigen Erklärungen nichts hinzu – nichts als die Geschichte von jenem Lord (einem englischen Lord, sagt er), dessen Pferd so hervorragend trainiert war, dass es schien, als müsse man sich nur die Bewegung vorstellen, die man von ihm ausführen lassen wollte, und er verwirklichte sie sofort. Ich bin, wie Herr Babinet, fest davon überzeugt, dass der besagte Lord dem Zaumzeug einen Impuls gab, ohne es zu ahnen, und ich bin ebenso fest davon überzeugt, dass die Experimentatoren, deren Hände einen Tisch berühren, einen Druck ausüben können, dessen sie sich nicht bewusst sind. Nur – ich denke, es sollte ein gewisses Verhältnis zwischen Ursache und Wirkung geben. Angenommen, die Bewegungen sind unbewusst: Sie sind trotzdem nicht weniger kräftig. Die Bürde liegt bei Herrn Babinet und seinen Anhängern, zu beweisen, dass dieselben Finger, die sich vergeblich bis zur Erstarrung zusammenballen, um ein Gewicht von 88 Pfund zu heben, das Doppelte dieses Gewichts heben werden, indem sie sich einfach nicht bewusst sind, dass sie irgendeine Anstrengung unternehmen.

Mein ehrenwerter und gelehrter Gegner will nichts von Bewegungen hören, die ohne Kontakt erzielt werden. „Alles, was über Fernwirkung gesagt wurde, sollte ins Reich der Fiktion verbannt werden." Das Urteil ist knapp und zusammenfassend. Bewegungen ohne Kontakt sind eine Fiktion – erstens, weil sie unmöglich sind; zweitens, weil Specksteinpulver die Drehung eines Tisches behindert hat; und schließlich, weil eine ständige Bewegung unmöglich ist.

Bewegungen über die Distanz sind unmöglich! Streng logisch hätte Herr Babinet hier stehen bleiben müssen, da er sich an die Antwort Heinrichs IV. an die Beamten erinnerte, die ihre Ansprache an ihn folgendermaßen begonnen hatten:

„Wir haben beim Herannahen Eurer Majestät keinen Kanonensalut gegeben, und zwar aus drei guten Gründen. Erstens, weil wir keine Kanonen hatten ..."

„Dieser Grund reicht aus", sagte der König.

Wir möchten gerne glauben, dass Herr Babinet selbst wenig Zweifel an seiner „Unmöglichkeit" hat. Er hat dabei klug gehandelt, denn diese Unmöglichkeit beruht vollständig auf einem Teufelskreis der Argumentation. „Gibt es ein einziges bekanntes Beispiel für eine Bewegung, die ohne eine von außen wirkende Kraft erzeugt wird? Nein. Nun, eine Bewegung über eine Distanz würde ganz klar durch eine aktive äußere Kraft erfolgen. Daher ist eine Bewegung über eine Distanz unmöglich." Ich bin sehr geneigt, Herrn

Babinet in der Fachsprache der Schulen zu sagen, dass seine Hauptprämisse wahr ist und dass seine Schlussfolgerung legitim wäre, wenn seine Nebenprämisse nicht schlicht und einfach eine petitio principii wäre. Sie behaupten, dass es keine aktive Kraft außerhalb des Tisches gibt, die ihn ohne die Berührung der Hände anhebt. Aber genau das ist der Streitpunkt zwischen uns. Eine Flüssigkeit ist eine externe aktive Kraft. Es ist für meinen Kritiker in der Tat praktisch, mit der Feststellung dieses Axioms zu beginnen. Nun (sagt er), gibt es im Fall der Tische keine Flüssigkeit oder analoge physikalische Kraft; *daher* wird keine Wirkung erzeugt.

Die gelehrten Herren Faraday, Babinet und andere beschränken sich nicht auf Einwände, die sich aus entstehenden oder unbewussten Bewegungen ergeben, also aus kleinen Ursachen, die große Wirkungen hervorrufen. Sie gehen noch anders vor. Wenn ein Experiment erfolgreich war, hat es keinen Wert mehr. Wenn es einem gelingen würde, ein weiteres solches Experiment durchzuführen, wäre das gut und schön! Aber das würde nicht verhindern, dass das neue Experiment wiederum bedeutungslos wird und einem neuen Desiderat Platz macht. Die Formulierung lautet etwa so:

"Sie tun dies und das. Sehr gut, aber jetzt wollen wir sehen, wie Sie etwas anderes tun. Sie wenden diese oder jene Methode an; geben Sie sich mit denen zufrieden, die wir Ihnen vorschreiben. Auf Ihre Weise erfolgreich zu sein, ist nicht genug; Sie müssen auf unsere Weise erfolgreich sein. Ihre Methode ist nicht wissenschaftlich; sie widerspricht den Traditionen. Wir verschließen die Tür vor den Tatsachen, wenn sie nicht im vorgeschriebenen Klauenhammermantel oder in voller Montur daherkommen. Wir werden Ihren Experimenten keine Beachtung schenken, wenn unsere Versuchsapparaturen nicht darin vorkommen."

Seltsame Art, die Ergebnisse von Experimenten zu verifizieren und zu bestätigen! Sie beginnen damit, die Bedingungen zu ändern, unter denen sie durchgeführt werden. Sie könnten dem Mann, der im Januar die Gerstenernte in Oberägypten beobachtet hat, genauso gut sagen: „Ich werde es erst glauben, wenn ich es in Burgund vor meinen Augen sehe." Man kann natürlich verstehen, dass man bei Reiseberichten eine unvernünftige und lästige Sorgfalt an den Tag legt. Aber wissenschaftliche Experimente haben einen anderen Charakter. Angesichts so offensichtlicher Fakten ist es fast unglaublich, dass sie uns Instrumente, Nadeln und mechanische Geräte aufzwingen wollen. Die Idee, „ *weils* " und „*deshalbs*" in eine Untersuchung einzuführen, bei der die wahre Natur der wirkenden Kraft für alle Welt ein Rätsel ist!

Polemische Aufsätze sind keine wissenschaftlichen Studien. Im Allgemeinen sind sie das genaue Gegenteil. Wenn Personen, die nichts gesehen haben, die keinen nennenswerten Teil ihrer Energie und Zeit dem Experimentieren gewidmet haben, die vielleicht nur bei einigen lächerlichen Rotationen von Mitteltischen dabei waren, ihre Feder in die Hand nehmen, um Theorien darzulegen oder Experimentatoren hochmütig zu tadeln, betrachte ich sie nicht im Lichte wissenschaftlicher Studenten.

Ich bin überzeugt, dass ein Mensch nie wirklich das studiert, was er *a priori* für sinnlos erklärt. Wenn Angriffe Studien sind, gibt es keinen Mangel daran und (ich darf hinzufügen) wird es auch nie einen geben. Zu der Zeit, als die Akademie der Medizin den Bericht von M. Husson begrub und veröffentlichte, was jeder in Europa hartnäckig als Weigerung, Untersuchungen durchzuführen, bezeichnete, wurde jeden Morgen ein Aufsatz gegen den Magnetismus herausgegeben; jeden Morgen brüllte ein neuer Autor, dass die Anhänger des Magnetismus Schwachköpfe seien, und schlug sein eigenes Erklärungssystem vor. Wenn Sie das als Studie bezeichnen, dann gebe ich zu, dass sie Tischumdrehungen studiert haben, denn es hat sicherlich keinen Mangel an Beleidigungen und Theorien über diese Phänomene gegeben. Sie haben jede Aufmerksamkeit erhalten, außer dass niemand bereit war, zu untersuchen, zu experimentieren, zuzuhören und zu lesen.

Zweimal im Abstand von einem Monat hat das Institut den Studenten der Table-Turning-Thematik (ohne dass irgendjemand dagegen protestiert hätte) mitgeteilt, dass es die zu diesem Thema gehörenden Aufsätze beiseitelege; dass es sich nicht gezwungen sehe, sich mit Unsinn zu beschäftigen; dass es in seinen Archiven einen Platz für derartige Überlegungen gebe, nämlich den Platz, dem die Aufsätze zum Perpetuum mobile übergeben würden.

Oh, Molière! Warum bist du nicht bei uns? Aber in Wirklichkeit bist du hier. Dein Genie hat mit unauslöschlichen Linien jene ewige Krankheit ehrwürdiger Bonzen und modriger Spezialisten beschrieben – Verachtung der Laien, Respekt für ihre Mitmenschen, Götzendienst der Vergangenheit. Eine höchst eigenartige Missbildung, das! Und sie erscheint in allen Zeitaltern, in verschiedenen Verkleidungen, inmitten aller Zweige menschlicher Tätigkeit, bald im Namen der Religion, bald im Namen der Medizin und dann wieder im Namen der Wissenschaft oder der Kunst. Ja, selbst nach dem Untergang von Revolutionen, die nichts verschonen, und sogar innerhalb der Mauern gelehrter Akademien, deren Mitglieder für die Förderung der großen Bewegungen des modernen Fortschritts schreiben, bleibt eines bestehen – der Geist der Parteilichkeit, der Cliquen, der Geist der Tradition, die abergläubische Achtung vor Formen.

Es scheint wirklich so, als würden die Menschen noch immer Bibelschwüre ablegen wie bei der Abiturzeremonie am Ende von Molières *Malade Imaginaire* . M. Foucault liebt diese Szene und wird es mir daher nicht übel nehmen, wenn ich ihm ein paar Strophen in Erinnerung rufe:

Es sind im allgemeinen Beratungsgespräch alte Ratschläge

,

gute Ratschläge

,

schlechte Ratschläge.
— JURO!

Von nichts anderem wird dir geholfen.
Als ich von einigen
Seelenheilern gelehrt wurde, wurde
ich krank
und starb meines Lebens.
— JURO! [55]

Wenn Sie das nicht als Untersuchungsverweigerung bezeichnen, weiß ich nicht, was das Wort auf gutem Französisch bedeutet.

Mit solch scharfsinniger Offenheit und solcher Autorität äußerte sich der Graf Agénor de Gasparin im Jahre 1854. Es scheint mir, dass die in diesem Band bekannt gegebenen Experimente reichlich Beweise dafür liefern, dass er Recht hat.

Dennoch habe ich immer noch Freunde im Institut, die mit äußerster Verachtung lächeln, wenn ich sie nach ihrer Meinung zu den Phänomenen des Schwebens von Tischen, der Bewegung von Objekten ohne erkennbaren Grund, unerklärlichen Geräuschen in Spukhäusern, der Kommunikation von Gedanken über eine Distanz, Vorahnungen und Erscheinungen von Sterbenden frage. Obwohl diese unerklärlichen Phänomene unleugbar als Tatsachen erwiesen wurden, bleiben diese gelehrten Freunde von mir davon überzeugt, dass „solche Dinge unmöglich sind".

KAPITEL VII

DIE FORSCHUNGEN VON PROFESSOR THURY

Die unzureichenden Erklärungen von Chevreul und Faraday, die wissenschaftlichen Verneinungen von Babinet, die gewissenhaften Experimente des Grafen von Gasparin hatten mehrere Wissenschaftler dazu gebracht, die Frage von einem rein wissenschaftlichen Standpunkt aus zu untersuchen. Unter ihnen war ein hochbegabter Gelehrter, den ich in Genf besuchte, M. Marc Thury, Professor für Naturgeschichte und Astronomie an der Akademie dieser Stadt. Ihm verdanken wir eine bemerkenswerte und wenig bekannte Monographie [56] , die ich für diesen Band zusammenfassen möchte.

Als wir mit neuen Phänomenen konfrontiert waren (schreibt Thury), gab es nur eine Alternative:

Erstens: Entweder man weist im Namen des gesunden Menschenverstands und der durch die Wissenschaft erzielten Ergebnisse alle angeblichen Phänomene der Tabellen als kindischen Zeitvertreib zurück, der es nicht wert sei, die Zeit eines wahren Wissenschaftlers oder Gelehrten in Anspruch zu nehmen, da ihre Absurdität auf den ersten Blick offensichtlich ist; kurz gesagt: man lässt die Angelegenheit auf sich beruhen, indem man sich weigert, ihr ernsthafte Aufmerksamkeit zu schenken.

Oder zweitens, um jeden Preis eine entschlossene Untersuchung vorzunehmen, die Tatsache in allen Einzelheiten zu studieren, um alle Quellen der Illusion, durch die die Öffentlichkeit getäuscht wird, völlig offenzulegen, das Wahre vom Falschen zu trennen und ein grelles Licht auf alle Aspekte des Phänomens zu werfen, sowohl auf die physische, physiologische als auch auf die psychologische, damit die Angelegenheit so überdeutlich und offensichtlich wird, dass kein Grund für Zweifel mehr besteht.

Es ist überflüssig zu erwähnen, dass Thury (wie auch Gasparin) die letzte Methode gewählt hat. Er hält sie für die einzig geeignete, effiziente und legitime Methode.

Dunkelheit raubt der Wissenschaft ihre Kraft. Ihre stärkste Kraft liegt darin, alles ans Tageslicht zu bringen. Hier liegt also die Frage: Ist die Erklärung für diese merkwürdigen Phänomene der Tabellen so klar, dass man die Ursachen der Illusion aufdecken und klar zeigen kann, dass darin kein neues und unbekanntes Element am Werk ist?

Ich glaube nicht (antwortet der Genfer Professor), dass wir diesen Grad an Beweisen erreicht haben. Ich möchte nur einen Beweis, die Erklärung dessen, was bereits versucht wurde.

Wenn also feststeht, dass die allgemeine Erklärung in den Augen aller intelligenten und vernünftigen Menschen nicht auf der Hand liegt, bleibt eine Aufgabe zu erfüllen, eine Pflicht gegenüber der Wissenschaft: das fragliche Phänomen vollständig zu beleuchten. Und diese Aufgabe kann nicht durch die leichtere ersetzt werden, diejenigen mit Ironie oder Verachtung zu behandeln, die den Weg eingeschlagen haben, den die Wissenschaft nicht erhellen wollte.

Es ist den Gelehrten allerdings zu verzeihen, dass sie nicht zu schnell vorgegangen sind (dasselbe gilt für Thury).

Wie! Eine Störkraft, die der Hypothese zufolge im menschlichen Organismus lauert und stark genug ist, um Tische anzuheben, und die dennoch in den Tausenden von Experimenten, die Physiker täglich in ihren Laboratorien durchführen, nie die geringste Störung hervorgerufen hat! Ihre Waagen, die auf das Gewicht eines Zehntel Milligramms reagieren, ihre Pendel, deren Schwingungen mit mathematischer Regelmäßigkeit erfolgen, haben nie die geringste störende Wirkung dieser Kräfte gespürt, deren Quelle überall dort vorhanden ist, wo es einen Menschen und einen Willen gibt! Nun ist es der sehnlichste Wunsch des Physikers, dass das Experiment immer genau den Vorhersagen der Theorie entspricht. Muss er dann eine unbekannte Störkraft zulassen?

Und ohne die Grenzen des menschlichen Organismus zu überschreiten, überlegen Sie einmal: Wenn der Organismus nicht imstande ist, auch nur den kleinsten Teil seiner selbst zu bewegen, wenn diesem Teil Muskeln und Nerven fehlen oder wenn auch nur ein einziges Haar auf unserem Kopf dem Einfluss unseres Willens entzogen ist, dann überlegen Sie doch einmal, wie viel weniger (und mit wie viel stärkerer Begründung) unser Nervenorganismus scheinbar in der Lage wäre, reglose Körper zu bewegen, die sich außerhalb der Grenzen unseres eigenen Körpers befinden!

Aber auch wenn die Sache zutiefst unwahrscheinlich ist, können wir dennoch nicht sagen, dass sie unmöglich ist. Niemand kann die Unmöglichkeit der beschriebenen Phänomene *a priori beweisen*, so wie sie die Unmöglichkeit eines Perpetuum mobile oder der Quadratur des Kreises beweisen. Folglich hat niemand das Recht, die Beweise, die die Experimente bestätigen, als absurd zu betrachten. Vorausgesetzt, diese Beweise werden von vernünftigen und ehrlichen Menschen erbracht, sind sie die Mühe einer Untersuchung wert. Wäre dieser logische Weg befolgt worden – der einzig wahre und gerechte –, wäre die Arbeit jetzt getan und die Gelehrten würden den Ruhm dafür ernten.

Thury beginnt mit der Untersuchung der Experimente des Grafen von Gasparin in Valleyres.

Die Experimente von Valleyres (schreibt er) tendieren dazu, die folgenden zwei Prinzipien zu etablieren:

1. Der Wille kann in einem bestimmten Zustand des menschlichen Organismus aus der Ferne auf leblose Körper einwirken, und zwar durch eine andere Kraft als durch Muskelarbeit.

2. Unter denselben Bedingungen können Gedanken direkt, wenn auch unbewusst, von einem Individuum zum anderen übermittelt werden.

Solange wir keine anderen Tatsachen kannten als jene, die sich aus einer durch Kontakt mit den Fingern der Hand bewirkten Bewegung ergaben, wodurch die mechanische Wirkung der Finger möglich wurde, waren die Ergebnisse der Experimente auf dem Tisch immer schwierig und zweifelhaft zu interpretieren. Diese Ergebnisse mussten notwendigerweise auf einer Schätzung der von den Händen ausgeübten mechanischen Kraft im Vergleich zur Stärke des zu überwindenden Widerstandes beruhen. Aber die mechanische Kraft der Hände lässt sich unter den zur Erzeugung dieser Phänomene notwendigen Bedingungen nur schwer genau messen.

Über diesen Arbeitsplan hinaus blieben jedoch zwei weitere Vorgehensweisen übrig, die angewendet werden konnten.

a) Den verwendeten Apparat so anzuordnen, dass die zu erzeugende Bewegung eine Bewegung ist, die durch die mechanische Einwirkung der Finger nicht möglich ist.

b. Bewegungen auf Distanz ohne jegliche Art von Kontakt auszuführen.

Folgendes waren unsere ersten Experimente:

A. *Mechanische Wirkung unmöglich gemacht.* Das erste Experiment in dieser Richtung führte zu völlig negativen Ergebnissen. Wir hängten einen Tisch an einem Seil auf, das über zwei in der Decke befestigte Rollen lief und an dessen freiem Ende ein Gegengewicht befestigt war. Durch Regulierung dieses Gegengewichts war es leicht, entweder das gesamte Gewicht des Tisches oder nur einen mehr oder weniger großen Bruchteil davon in der Luft auszubalancieren.

Tatsächlich schwebte der Tisch fast im Gleichgewicht mit seinem Gewicht, nur eines seiner drei Beine berührte den Boden. Die Bediener legten ihre Hände auf die Tischplatte. Wir wirkten zunächst in kreisförmiger Richtung, eine Kraftverteilung, deren Wirksamkeit durch frühere Experimente nachgewiesen worden war. Dann versuchten wir vergeblich, den Tisch anzuheben, indem wir ihn vom Boden lösten. Es wurde kein positives Ergebnis erzielt.

Wir hatten bereits (im Vorjahr) einen Tisch an einem Dynamometer aufgehängt, und die Bemühungen von vier Hypnotiseuren reichten nicht aus, um den Dynamometer von einem nennenswerten Teil des Tischgewichts zu befreien.

Aber die Bedingungen, die für die Entstehung dieser Phänomene notwendig waren, waren uns noch unbekannt, und als die Versuche zu negativen Ergebnissen führten, mussten wir daher andere Versuche durchführen, ohne zu voreilig auf Schlussfolgerungen und Schlüsse zu drängen. Auf diese Weise gelangten wir zu den Ergebnissen, die ich beschreiben werde.

Experiment mit dem Schwingtisch. — Wir brauchten ein Gerät, das die mechanische Bewegung der Finger unmöglich machte. Zu diesem Zweck ließen wir einen Tisch mit einer Tischplatte von etwa 33 Zoll Durchmesser und einem zentralen dreigeteilten Bein darunter anfertigen. Dieser Tisch ähnelte stark dem Tisch, der bis dahin für unsere Zwecke gedient hatte, und konnte sich wie sein Vorgänger drehen. Dennoch konnte der neue Tisch im Handumdrehen in einen Mechanismus verwandelt werden, wie ich ihn jetzt beschreiben werde.

Die Spitze des Dreibeins wird zum Drehpunkt eines Hebels erster Ordnung, der sich in einer vertikalen Ebene frei ausbalancieren lässt. Dieser Hebel, dessen zwei Arme einander und dem Radius des Tisches entsprechen, trägt an einem seiner Enden die Tischplatte, die an der Kante gehalten wird, und am anderen Ende ein Gegengewicht, das das Gewicht des Tisches gerade ausgleicht, aber nach Belieben verändert werden kann. An der Unterseite der Tischplatte ist ein Bein befestigt, das auf dem Boden ruht.

Nach den erforderlichen vorbereitenden Drehungen wird der Tisch in seiner zweiten Form aufgespannt. Zuerst wird das Gleichgewicht hergestellt, dann werden 3,5 Pfund vom Gegengewicht genommen. Die zum Anheben der Tischplatte an der Mitte erforderliche Kraft beträgt dann 4 Unzen, und frühere Experimente haben gezeigt, dass die Haftung der Finger der Bediener (die Tischplatte war poliert und nicht lackiert) zusammen mit den möglichen Auswirkungen der Elastizität einen Gesamtwert ergeben, der niedriger ist als dieser Wert. Dennoch wird die Tischplatte durch die Einwirkung der Finger angehoben, die in einem bestimmten Abstand vom Rand leicht auf ihre Oberseite gelegt werden. Dann wird das Gegengewicht verringert; die mechanische Schwierigkeit des Anhebens wird erhöht, aber es gelingt immer noch. Das Gewicht wird erneut verringert, und zwar immer mehr, bis zur Grenze des Geräts. Die zum Anheben der Tischplatte erforderliche Kraft beträgt dann 8,1,5 Pfund, und das Gegengewicht wurde um 24 Pfund entlastet; dennoch ist das Schweben leicht zu bewerkstelligen. Die Zahl der Bediener wird allmählich von elf auf sechs verringert. Die Schwierigkeit nimmt weiter zu, aber sechs Bediener genügen immer noch;

Aber fünf reichen nicht aus. Sechs Arbeiter heben 9,1-3 Pfund, das sind im Durchschnitt etwa 1,5 Pfund pro Mann.

Mit dem soeben beschriebenen Gerät verfügen wir nun über ein Messgerät bzw. Messinstrument.

B. Folgende Bewegungen wurden berührungslos ausgeführt:

Der Tisch, an dem die Versuche durchgeführt wurden, die ich miterlebt habe, hat einen Durchmesser von 32 Zoll und wiegt 31 Pfund. Um dem Tisch eine Drehbewegung zu verleihen, ist eine durchschnittliche Tangentialkraft von 4,2–5 Pfund erforderlich, die je nach mehr oder weniger großen Unebenheiten des Bodens auf 6,3–5 Pfund erhöht werden kann. Normalerweise sind an diesem Tisch zehn Personen tätig.

Um uns von der Abwesenheit jeglicher Berührung zu überzeugen, platzierten wir unser Auge auf einer Ebene mit dem Tisch, so dass wir Licht zwischen unseren Fingern und der Tischoberfläche sehen konnten, wobei die Finger selbst etwas weniger als einen Zoll über der Tischplatte blieben. Normalerweise beobachteten zwei Personen gleichzeitig. Beispielsweise beobachtete M. Edmond Boissier die Tischbeine, während ich die Tischplatte beobachtete . Dann tauschten wir die Rollen. Manchmal nahmen zwei Personen an den Enden ein und desselben Durchmessers Platz, die eine einander gegenüber, um die Tischplatte zu beobachten. Mehrere Male sahen wir sie sich bewegen, obwohl wir nicht die geringste Berührung durch die Finger feststellen konnten. Nach meinen Berechnungen bräuchte man den Kontakt von mindestens 100 Fingern oder den leichten Druck von dreißig, die absichtlich und betrügerisch ausgeübt würden, um die Bewegungen, die wir beobachteten, mechanisch zu erklären.

Noch viel häufiger haben wir Gleichgewichtsstörungen ohne Berührung festgestellt, die manchmal so weit gingen, dass der Tisch ganz umkippte. Um die beobachteten Effekte mit mechanischen Bewegungen zu erklären, müssten wir den unwillkürlichen Kontakt von 84 Fingern oder den leichten Druck von 25 oder zwei Händen annehmen, die mit Täuschungsabsicht handelten. Aber auch diese Annahmen sind überhaupt nicht zulässig.

Dennoch hatten wir immer das Gefühl, dass jemand den Einwand erheben könnte, dass es schwierig sei, diese Vorgänge genau zu beobachten, und drängten M. Gasparin ständig, die Zweifler und Skeptiker von der Berührungslosigkeit der Finger durch ein mechanisches Gerät zu überzeugen. Daraus entstand das letzte damals durchgeführte Experiment, das auch das überzeugendste von allen war. Ein dünner Mehlfilm wurde fast augenblicklich mit Hilfe eines Schwefelblasebalgs, wie er in Weinbergen verwendet wird, über den Tisch verteilt. Die Bewegung der Handkette über dem Tisch brachte diesen zum Wirbeln. Dann wurde der Mehlfilm untersucht und es stellte sich heraus, dass er durch die Berührung der Hände nicht beschädigt wurde. Mehrere Wiederholungen an verschiedenen Tagen ergaben immer die gleichen Ergebnisse.

Dies sind die wichtigsten Fakten, die die Realität des Phänomens belegen. Als nächstes widmet sich Thury der schwierigeren Untersuchung der Kurse.

Der Sitz der Kraft. — Es ist möglich, dass die Kraft, welche die Phänomene hervorruft, eine allgemeine tellurische Kraft ist, die von den Operatoren lediglich übertragen oder in Gang gesetzt wird; möglicherweise liegt die Kraft aber auch in den Operatoren selbst.

Um diese Frage zu klären, ließen wir eine große bewegliche Plattform konstruieren, die sich um eine vollkommen vertikale Achse drehte. Nahe dem äußeren Rand der Plattform standen vier Stühle, und in der Mitte stand ein Tisch. Vier Bediener, Experten für nervenmagnetische Wirkung, nahmen auf den Stühlen Platz, legten ihre Hände auf den Tisch in der Mitte und versuchten, ihn mit nichtmechanischer Kraft in Kreisbewegung zu versetzen. Tatsächlich begann sich der Tisch bald zu bewegen. Dann wurde er angehalten und mit drei Schrauben an der Plattform befestigt. Die von den vier Magnetisierern auf diesen Tisch ausgeübte Kraft war so groß, dass am Ende einer dreiviertel Stunde Experimentieren das mittlere Stützbein brach. Dennoch drehte sich die bewegliche Plattform nicht. Die tangentiale Kraft, die erforderlich war, um die leere Plattform mechanisch zu bewegen, betrug nur wenige Gramm; mit der Last der vier Bediener waren 250 Gramm erforderlich, die etwa 28 Zoll vom Zentrum entfernt aufgebracht wurden. Diese Zahl wäre viel geringer gewesen, wenn es möglich gewesen wäre, das Gewicht der Bediener gleichmäßig zu verteilen.

Das Ergebnis dieses Experiments (vom 4. Juni 1853) zeigte, dass die Kraft, die den Tisch zum Drehen bringt, in den Individuen und nicht im Boden liegt. Denn die auf den Tisch ausgeübte Kraft neigt dazu, die Plattform mit sich zu ziehen. Bleibt die Plattform also bewegungslos, muss eine gleich große und entgegengesetzte Kraft von den Bedienern ausgeübt werden. In ihnen liegt daher die Basis des Kraftsitzes. Wäre diese Kraft dagegen ganz oder größtenteils vom Boden ausgegangen, wäre sie eine direkt tellurische Kraft gewesen, hätte sich die Plattform gedreht, da die Kraft, die der Tisch auf sie ausübte, nicht mehr durch eine gleich große Reaktion der Individuen ausgeglichen werden konnte.

Bedingungen der Krafterzeugung und -wirkung. — Ich habe gesagt, dass die Bedingungen der Krafterzeugung wenig bekannt sind. In Ermangelung genauer Gesetze werde ich das darstellen, was sich in den folgenden drei Punkten mehr oder weniger bestätigt hat:

a. Handlungsbedingungen in Bezug auf die Betreiber.

b. Bedingungen im Zusammenhang mit den zu bewegenden Objekten.

c. Bedingungen bezüglich der Einwirkungsweise der Operatoren auf die zu bewegenden Objekte.

DER WILLE. Die erste und unverzichtbarste Voraussetzung ist laut M. Gasparin der Wille des Handelnden. „Ohne den Willen", sagt er, „erreichen wir nichts; wir könnten 24 Stunden am Stück dasitzen, ohne die geringste Bewegung zu erreichen." Weiter unten spricht der Autor zwar von unerwarteten Bewegungen, die sich von denen unterscheiden, die der Wille vorschreibt; aber es ist offensichtlich, dass er sich auf eine notwendige Kombination von vorgeschriebenen Bewegungen und äußerem Widerstand bezieht, wobei die wirksamen Bewegungen das Ergebnis *der* gewollten Bewegungen und der in äußeren Objekten entwickelten Widerstandskräfte sind. Kurz gesagt, der Wille ist immer der Hauptantrieb und Urheber.

Zwar gab es in den Experimenten von Valleyres keine Grundlage für die Annahme, dass es anders sein könnte. Aber es ist auch sicher, dass dieses rein negative Ergebnis oder diese vorläufige Verallgemeinerung, die aus einer begrenzten Anzahl von Experimenten abgeleitet wurde, die Ergebnisse von Experimenten, die mit diesen nicht übereinstimmen, nicht entkräften kann, falls es solche geben sollte. Mit anderen Worten, der Wille kann normalerweise notwendig sein, ohne es immer zu sein. Ebenso ist Kontakt normalerweise notwendig und war es bei einer großen Anzahl von Operatoren *immer*, ohne ihnen jedoch das Recht zu geben, zu dem Schluss zu kommen, dass Kontakt die unabdingbare Voraussetzung des Phänomens ist und dass die unterschiedlichen Ergebnisse, die in Valleyres erzielt wurden, nur Illusionen oder Irrtümer waren.

Da es sich hier um einen Punkt von höchster Wichtigkeit handelt , werde ich mir die Freiheit nehmen, einige Umstände im Detail darzulegen, die der These von Herrn Gasparin zu widersprechen scheinen. Diese Tatsachen oder Daten werden durch die Aussage eines Mannes garantiert, dessen Namen ich gerne nennen möchte, da seine wissenschaftliche Bildung und sein Charakter allgemein bekannt sind. In seinem Haus und unter seinen Augen ereigneten sich die Ereignisse, die ich hier erzählen werde.

Während sich alle damit vergnügten, Tische zum Drehen und Sprechen zu bringen oder die Bewegungen von in beweglichen Fassungen befestigten Bleistiften über Papierbögen zu lenken, vergnügten sich die Kinder des Hauses mehrmals mit diesem Spiel. Zunächst waren die erhaltenen Antworten so, dass man darin einen Reflex der unbewussten Gedanken der Bediener erkennen konnte, einen „Traum wacher Darsteller". Bald jedoch schien sich der Charakter der Antworten zu ändern. Es schien, als ob das, was sie enthüllten, kaum dem Verstand der jungen Fragesteller entstammen konnte. Schließlich gab es einen derartigen Widerstand gegen die erteilten

Befehle, dass MN, unsicher über die wahre Natur dieser Manifestationen, in denen ein anderer Wille als der menschliche zum Vorschein zu kommen *schien* , verbot, sie erneut hervorzurufen. Von da an ruhten Fassungen und Tisch ungestört.

Kaum war eine Woche vergangen, seit die eben geschilderten Ereignisse stattgefunden hatten, als ein Kind der Familie, das früher bei den Tischexperimenten am besten abgeschnitten hatte, zum Akteur oder zum Instrument seltsamer Phänomene wurde. Der Junge erhielt gerade Klavierunterricht, als ein leises Geräusch aus dem Instrument ertönte und es so geschüttelt und bewegt wurde, dass Schüler und Lehrer es hastig zuklappten und den Raum verließen. Am nächsten Tag war MN, der über das Geschehen informiert worden war, bei der Unterrichtsstunde anwesend, die zur selben Zeit stattfand – nämlich bei Einbruch der Dunkelheit. Nach fünf oder zehn Minuten hörte er ein Geräusch im Klavier, das schwer zu definieren war, aber sicherlich die Art von Geräusch war, die man von einem Musikinstrument erwarten würde. Es hatte etwas Musikalisches und Metallisches. Bald darauf wurden die beiden Vorderbeine des Klaviers (das über 660 Pfund wog) ein wenig vom Boden angehoben. MN ging zu einem Ende des Instruments und versuchte, es anzuheben. Einmal hatte es sein normales Gewicht, das MNs Kräfte überstieg; dann wieder schien es, als ob es überhaupt kein Gewicht mehr hätte und seinen Bemühungen nicht den geringsten Widerstand entgegensetzte. Da die Geräusche im Inneren immer heftiger wurden, wurde die Unterrichtsstunde aus Angst, das Instrument könne Schaden nehmen, beendet. Die Unterrichtsstunde wurde auf den Vormittag verlegt und in einem anderen Raum im Erdgeschoß abgehalten. Es wiederholte sich das gleiche Phänomen, und das Klavier, das leichter war als das oben, wurde viel weiter angehoben, nämlich auf eine Höhe von mehreren Zoll. MN und ein neunzehnjähriger junger Mann versuchten, sich mit aller Kraft auf die Ecken des Klaviers zu stützen, die sich hoben. Dann geschah eines von zwei Dingen: Entweder war ihr Widerstand vergeblich und das Klavier hob sich weiter, oder der Notenhocker, auf dem das Kind saß, bewegte sich rasch zurück, als ob er gestoßen oder gerissen worden wäre.

Wenn derartige Vorkommnisse nur einmal vorgekommen wären, könnten wir annehmen, dass das Kind oder die anwesenden Personen einer Illusion erlegen waren. Doch sie wiederholten sich vierzehn Tage lang viele Male in Gegenwart verschiedener Zeugen. Dann kam es eines Tages zu einer heftigen Erscheinung, und von da an geschah nichts Ungewöhnliches mehr im Haus. Zuerst traten diese Störungen morgens und abends auf; dann traten sie ausnahmslos zu jeder Tageszeit auf, jedes Mal, wenn das Kind nach fünf oder zehn Minuten Spielzeit ans Klavier setzte. Die Phänomene traten nur bei diesem Jungen auf, obwohl auch andere (Musiker) anwesend waren; und es machte keinen Unterschied, welches der Klaviere im Haus er benutzte.

Ich habe diese Instrumente gesehen. Das kleinere im Erdgeschoss ist ein rechteckiges horizontales Klavier. Nach meinen Berechnungen ist eine Kraft von etwa 165 Pfund erforderlich, die auf den Rand des Gehäuses unter der Tastatur ausgeübt wird, um dieses Klavier anzuheben, wie es von der unbekannten Kraft angehoben wurde. Das Instrument im ersten Stock des Hauses ist ein schweres Erard-Klavier, das mit der Verpackungsschachtel, in der es verschickt wurde, 812 Pfund wiegt, wie im Frachtbrief angegeben, den ich selbst gesehen habe. Nach meinen ungefähren Berechnungen ist ein Druck von 440 Pfund erforderlich, um dieses Klavier anzuheben, unter den gleichen Bedingungen, unter denen das erste angehoben wurde.

Ich glaube nicht, dass irgendjemand versucht sein wird, das Heben eines Gewichts von 440 Pfund der direkten Muskelanstrengung eines elfjährigen Kindes zuzuschreiben. [57] Eine Dame, die die Wirkung auf die Kniebewegung zurückgeführt hatte, schob ihre eigene Hand zwischen die Kante des Klaviers und die Knie des Kindes und konnte sich so davon überzeugen, dass ihre Erklärung keiner tatsächlichen Grundlage entsprach. Selbst als das Kind sich auf die Knie auf den Klavierhocker kniete, um zu spielen, stellte es nicht fest, dass die Störungen, die es befürchtete, nachließen.

Diese beglaubigten Fakten von Professor Thury sind zugleich präzise und furchterregend. Was! Zwei Klaviere erheben sich vom Boden und hüpfen herum! Was brauchen die Physiker, die Chemiker, die gelehrten Pedanten im Amt, um sie aus ihrer Lethargie zu wecken und sie dazu zu bringen, ihre Ohren zu schütteln und ihre Augen zu öffnen? Was soll getan werden, um ihre edle und pharisäische Trägheit zu beseitigen?

Doch was auch immer geschehen mag, niemand beschäftigt sich mit diesem faszinierenden Problem, außer ein paar vereinzelten Forschern, die keine Angst vor Spott haben und sich des genauen Wertes der Menschheit im Großen und im Kleinen und der Bedeutung ihrer Urteile bewusst sind.

Als nächstes erörtert M. Thury die auf „dem Willen" basierende Erklärung.

Wollte dieser Junge (sagt er) das, was geschah, wie die Theorie von M. de Gasparin von uns verlangen würde? Nach der Aussage des Jungen, die wir für völlig wahr halten, wollte er es nicht; er schien sichtlich verärgert über das, was geschah; es störte seine Gewohnheit, fleißig seine Lektion zu üben, und verletzte seinen Geschmack für Regelmäßigkeit und Ordnung, eine Sache, die seinen Vertrauten wohlbekannt war. Ich persönlich bin überzeugt, dass wir im Fall dieses Jungen definitiv keinen bewussten Willen, keinen festen Plan zugeben können, der diese seltsamen Vorkommnisse herbeigeführt hat. Aber es ist bekannt, dass wir manchmal eine doppelte Persönlichkeit haben und eine von ihnen mit der anderen kommuniziert (wie in Träumen); dass unsere Natur dann unbewusst begehrt, was sie nicht will, und dass zwischen Willen und Verlangen nur ein gradueller, aber kein artbezogener Unterschied besteht. Es wäre notwendig, auf Erklärungen dieser Art zurückzugreifen – vielleicht zu subtil –, um diese Klaviertatsachen mit der Theorie von M. Gasparin in Einklang zu bringen; und es wäre immer noch notwendig, die Fakten zu modifizieren und zu erweitern, wenn Sie zugeben, dass *sogar unbewusste Wünsche* ausreichen, wenn der ausdrückliche Wille fehlt. Es besteht also Grund zum Zweifel an diesem wesentlichen Punkt. Dies ist die einzige Schlussfolgerung, die ich aus den Ereignissen ziehen möchte, die ich geschildert habe.

Dieses Schweben, das einer Kraft von 440 Pfund entspricht, hat seinen wissenschaftlichen Wert. Aber wie könnte der Wille, bewusst oder unbewusst, ein Möbelstück dieses Gewichts anheben? Durch eine unbekannte Kraft, die wir erkennen müssen.

Vorbereitende Handlung. – Kraft wird durch Handlung entwickelt. Die Drehungen bereiten das Kippen und Schweben vor. Die Drehungen und Kippen mit Kontakt scheinen die Kraft zu entwickeln, die notwendig ist, um die Drehungen und Kippen ohne Kontakt hervorzubringen. Die Drehungen und Kippen ohne Kontakt bereiten ihrerseits das Hervorbringen echter Schwebezustände vor, wie sie beispielsweise bei einem schwingenden Tisch auftreten; und Personen, in denen diese latente Kraft erwacht ist, sind besser geeignet, sie ein zweites Mal anzusprechen.

Es ist also eine schrittweise Vorbereitung erforderlich, zumindest für die Mehrheit der Bediener. Besteht diese Vorbereitung in einer Veränderung, die im Bediener stattfindet, oder im inerten Körper, auf den er einwirkt, oder in beiden? Um dieses Problem zu lösen, gingen Experimentatoren, die an einem Tisch geübt hatten, zu einem anderen, an dem sie ihre volle Kraft unvermindert vorfanden. Die Vorbereitung besteht daher in einer Veränderung, die in den Individuen stattfindet, und nicht im inerten Körper. [58] Diese in Individuen stattfindende Veränderung löst sich ziemlich schnell auf, insbesondere wenn die Kette der Experimentatoren unterbrochen wird.

Innere Entwicklung der Operatoren. — Erst nach einer gewissen Wartezeit bewirken die Operatoren, die bisher noch nicht gehandelt haben, auch nur die leichteste Bewegung, nämlich die der Rotation mit Kontakt. Während dieser Zeit entwickeln sich die Kraft oder die Bedingungen, die die Manifestation der Kraft bestimmen . Von diesem Zeitpunkt an muss die entwickelte Kraft nur noch zunehmen. Was also während dieser Wartezeit geschieht, ist eine sehr wichtige Sache, die berücksichtigt werden muss. Wir wissen bereits, dass die Operatoren selbst verändert werden. Aber was geschieht in ihnen?

Es muss sein, dass im Organismus eine Art Aktivität in Gang gesetzt wird, eine Aktivität, die normalerweise das Eingreifen des Willens erfordert. Diese Aktivität, diese Arbeit, geht mit einer gewissen Ermüdung einher. Die Aktion wird nicht bei allen Akteuren mit gleicher Leichtigkeit und Schnelligkeit ausgelöst. Es gibt sogar Personen (der Autor schätzt ihre Zahl auf einen von zehn), bei denen es scheint, dass sie überhaupt nicht hervorgerufen werden kann.

Inmitten dieser großen Vielfalt natürlicher Fähigkeiten kann man beobachten, dass Kinder „wie Erwachsene Gehorsam am Tisch erlangen können". Dennoch magnetisieren Kinder nicht. Obwohl also mehrere Fakten darauf hindeuten, dass Magnetisierer (oder Hypnotiseur) häufig eine starke Macht über die Tische haben, kann man nicht die Identität von magnetischer Macht und Macht über die Tische akzeptieren; das eine ist nicht das Maß des anderen. Nur die magnetische Macht würde einen günstigen subjektiven Zustand darstellen (oder voraussetzen).

Ein einfacher und starker Wille, Lebhaftigkeit, gute Laune, Konzentration der Gedanken auf die zu erledigende Arbeit, gute körperliche Gesundheit, vielleicht auch die körperliche Betätigung beim Umdrehen des Tisches und schließlich alles, was zur Einheit der Willenskraft der Experimentatoren beitragen kann – all diese Dinge tragen dazu bei, dass die mit Kraft und Autorität an den Tisch gerichteten Befehle wirksam werden.

Die Tische (sagt M. de Gasparin) „möchten fröhlich, frei, mit Lebendigkeit und Selbstvertrauen gehandhabt werden; man muss sie von Anfang an mit witzigen und einfachen Übungen auf die Reihe bekommen." Die erste Voraussetzung für den Erfolg beim Tisch ist eine gute Gesundheit und die zweite Selbstvertrauen.

Zu den ungünstigen Umständen muss man andererseits einen Zustand nervöser Anspannung, Müdigkeit, ein allzu leidenschaftliches Interesse oder einen ängstlichen, geistesabwesenden oder abgelenkten Geist zählen.

Die Tische - sagt M. de Gasparin weiter in seiner metaphorischen Sprache - "verabscheuen Leute, die streiten, sei es als ihre Gegner oder als ihre Freunde." "Sobald ich mich zu sehr für etwas interessierte, hörte ich auf, Gehorsam zu fordern." "Wenn es vorkam, dass ich den Erfolg zu sehr wünschte und bei Verzögerungen Ungeduld zeigte, hatte ich keine Handlungsmacht mehr am Tisch." "Wenn die Tische auf beschäftigte Gedanken oder nervöse Aufregung stoßen, verfallen sie in eine schmollende Stimmung." "Wenn Sie empfindlich und überängstlich sind ... können Sie nichts Wertvolles tun ." "Inmitten von Ablenkungen, Geplapper und

Nettigkeiten verlieren die Betreiber unweigerlich ihre gesamte Macht." Weg mit den Salonexperimenten!

Muss man Glauben haben? Das ist nicht notwendig; aber Vertrauen in das Ergebnis prädisponiert dazu, bei der jeweiligen Sitzung mehr Macht zu haben. Glauben genügt nicht, es gibt Menschen, die Glauben und guten Willen haben, denen es jedoch völlig an Handlungskraft mangelt.

Muskelkraft oder nervliche Anfälligkeit scheinen keine Rolle zu spielen.

Die meteorologischen Bedingungen scheinen einen gewissen Einfluss auszuüben, wahrscheinlich indem sie sich auf die körperliche Verfassung und die Stimmung der Arbeiter auswirken. So wirken sich schönes Wetter, trockenes und warmes Wetter (aber keine erstickende Hitze) günstig aus.

Die besonders wirksame Einwirkung trockener Wärme auf die Tischoberfläche [59] lässt sich vielleicht anders erklären.

Unbewusste Muskelaktion, hervorgerufen während eines besonders nervösen Zustandes. — Solange man nur Bewegungen mit Kontakt kannte, bei denen die beobachtete Bewegung eine von denen war, die durch Muskelaktion hervorgerufen werden können, waren Erklärungen, die auf der Hypothese der unbewussten Muskelaktion beruhten, sicherlich ausreichend und viel wahrscheinlicher als alle anderen Erklärungen, die bis dahin vorgeschlagen worden waren.

Von diesem (rein physiologischen) Standpunkt aus ist klar, dass wir zwischen der Anstrengung, die ein Muskel ausübt, und dem Bewusstsein, das wir von dieser Anstrengung haben, unterscheiden müssen. Man sollte bedenken, dass es im menschlichen Organismus eine große Anzahl von Muskeln gibt, die gewöhnlich beträchtliche Anstrengungen unternehmen, ohne dass wir uns dessen im Geringsten bewusst sind. Es wurde darauf hingewiesen, dass es Muskeln gibt, deren Kontraktionen wir in einem bestimmten Zustand des Systems wahrnehmen und in einem anderen Zustand nicht wahrnehmen. Es ist daher denkbar, dass die Muskeln unserer Gliedmaßen ausnahmsweise dasselbe Phänomen aufweisen. Die Vorbereitung auf die Bewegung des Tisches, die besondere Art der Reaktion, die während dieser Wartezeit stattfindet, versetzt das Nervensystem in einen besonderen Zustand, in dem bestimmte Muskelbewegungen unbewusst stattfinden können.

Aber offensichtlich reicht diese Theorie nicht aus, um Bewegungen ohne Kontakt zu erklären, und auch nicht für Bewegungen, die so stattfinden, dass sie nicht durch Muskelarbeit hervorgerufen werden können. Daher müssen diese beiden Bewegungsklassen als Grundlage für neue Experimente und als Fundament einer neuen Theorie dienen.

Wie erklärt sich auch der ganz eigenartige und wahrhaftig unbegreifliche Charakter der Bewegungen des Tisches? Dieses In-Bewegung-Bringen, so gefühllos, so sanft, so ganz anders als die Plötzlichkeit, die für den durch mechanische Kraft gegebenen Anstoß charakteristisch ist; dieses so spontane, so energische Levitieren, das den Händen entgegenspringt; diese Tänze und Musikimitationen, die man durch gemeinsames und willkürliches Handeln der Bediener vergeblich zu erreichen versuchen würde; diese kleinen Klopfgeräusche, die auf die lauten folgen, wenn der Befehl gegeben wird, deren erlesene Feinheit mit nichts zu beschreiben ist. Mehrmals, als jemand einen sogenannten Geist seines Alters fragte, hob sich eines der Beine des Mitteltischs und klopfte 1, 2, 3 usw. Dann wurde die Bewegung beschleunigt. Schließlich schlugen die drei Beine eine Art Trommelwirbel, der so schnell war, dass man ihn nicht zählen konnte und den selbst der Geschickteste niemals nachahmen könnte. Bei einer anderen Gelegenheit drehte sich der Tisch unter der Berührung von Händen auf drei Beinen, auf zwei, auf einem einzigen; und wechselte in dieser letzten Position das Bein, indem er sein Gewicht mit großer Leichtigkeit zuerst auf das eine und dann auf das andere verlagerte, und zwar ohne abrupte oder ruckartige Bewegungen. Weder die Experimentatoren noch ihre bedeutendsten Gegner wären jemals in der Lage gewesen, diesen Tanz des Tisches und vor allem die wirbelnden Pirouetten und das Wechseln der Beine mechanisch nachzuahmen.

Elektrizität. — Viele haben versucht, die Bewegungen der Tische durch Elektrizität zu erklären. Selbst wenn man annimmt, dass diese mit einer sehr starken Produktion dieses Stoffes verbunden sind, würde keine bekannte Wirkung der Elektrizität die Bewegung der Tische erklären. Tatsächlich lässt sich jedoch leicht zeigen, dass keine Elektrizität erzeugt wird; denn wenn ein Galvanometer in die Kette eingefügt wurde, fand keine Abweichung der Nadel statt. Das Elektrometer bleibt gegenüber den Einflüssen der Tische so gleichgültig wie der Kompass eines Seefahrers.

Nervenmagnetismus. — Es besteht sicherlich eine gewisse Analogie zwischen mehreren Phänomenen des Nervenmagnetismus und denen der Tische. Jene Bewegungen, die das Gleichgewicht ohne Berührung zu erleichtern scheinen; die Bewegung, die die Kette dem Mann verleiht, den sie dazu bringt, sich umzudrehen (es sei denn, es liegt darin tatsächlich eine Wirkung der Vorstellungskraft); schließlich die Macht, die viele HypnotiseurInnen auf die Tische ausüben — all dies scheint auf eine Verwandtschaft zwischen den beiden Arten von Phänomenen hinzuweisen. Da die Gesetze des Nervenmagnetismus jedoch wenig bekannt sind, kann daraus keine Schlussfolgerung gezogen werden, und es scheint mir vorzuziehen, vorläufig die Phänomene der Tische gesondert zu untersuchen, da sie sich besser für die Experimente der Physiker eignen und die, gut untersucht, dem

Nervenmagnetismus mehr Dienste leisten werden, als er in langer Zeit von diesem obskuren Zweig der Physiologie erhalten könnte.

Als nächstes geht Thury auf die Theorie der Fluidwirkung von M. de Gasparin ein. Er ist überzeugt, dass er diese Theorie genau versteht und fasst sie in den folgenden Punkten zusammen:

1. Eine Flüssigkeit wird vom Gehirn produziert und fließt entlang der Nerven.

2. Diese Flüssigkeit kann über die Grenzen des Körpers hinausgehen; sie kann *ausgeschieden werden* .

3. Unter dem Einfluss des Willens kann es sich hin und her bewegen.

4. Diese Flüssigkeit wirkt auf inerte Körper, meidet jedoch den Kontakt mit bestimmten Substanzen wie z. B. Glas.

5. Es hebt die Teile an, auf die es sich zubewegt oder in denen es sich ansammelt.

6. Es wirkt außerdem auf inerte Körper durch Anziehung oder Abstoßung und hat die Tendenz, den inerten Körper und den Organismus entweder zu verbinden oder zu trennen.

7. Es kann auch innere Bewegungen in Materie bestimmen und Geräusche verursachen.

8. Diese Flüssigkeit wird insbesondere durch Drehen, Willenskraft und das Zusammenlegen der Hände auf eine bestimmte Art und Weise erzeugt und entwickelt.

9. Es wird von einer Person zur anderen durch Nähe oder durch Kontakt weitergegeben. Dennoch verhindern bestimmte Personen die Weitergabe.

10. Von besonderen, durch den Willen bestimmten Bewegungen der Flüssigkeit wissen wir nichts.

11. Diese Flüssigkeit ist wahrscheinlich identisch mit der Nervenflüssigkeit und mit der nervenmagnetischen Flüssigkeit.

Anwendung: Die Rotation ist eine Folge der Einwirkung der Flüssigkeit und des Widerstands des Holzes.

Das Kippen entsteht durch die Ansammlung von Flüssigkeit im angehobenen Tischbein.

Das in der Tischmitte platzierte Glas stoppt die Bewegung, da es die Flüssigkeit verdrängt.

Das auf einer Seite des Tisches platzierte Glas lässt die gegenüberliegende Seite ansteigen, da sich dort die aus dem Glas austretende Flüssigkeit sammelt.

Thury versucht nicht, diese Theorie zu diskutieren. Aber wir können mit Gasparin wiederholen: „Wenn Sie mir erklärt haben, wie ich meine Hand hebe, werde ich Ihnen erklären, wie ich das Tischbein hochhebe."

Das ganze Problem liegt darin, in der Wirkung des Geistes auf die Materie. Wir dürfen nicht davon träumen, dass wir jetzt schon eine endgültige Lösung dafür finden können. Die neuen Tatsachen in Übereinstimmung mit den alten zu bringen, das heißt, die Wirkung des Geistes auf leblose Körper außerhalb von uns mit der Wirkung des Geistes auf die Materie in unserem Körper in Beziehung zu setzen, ist das einzige Problem, das sich die Wissenschaft von heute vernünftigerweise stellen kann. Thury formuliert es in allgemeinen Worten wie folgt:

Allgemeine Frage nach der Wirkung des Geistes auf die Materie. — Wir werden versuchen, die Ergebnisse des Experiments bis zu dem Punkt zu formulieren, an dem uns das Experiment versagt. Von da an werden wir alle Alternativen untersuchen, die sich unserem Geist als einfache Möglichkeiten bieten, von denen einige zu Hypothesen führen werden, die die neuen Phänomene erklären.

Erster Grundsatz: Im normalen Zustand des Körpers wirkt der Wille direkt nur im Bereich des Organismus. – Materie der Außenwelt wird *bei Kontakt mit dem Organismus verändert* , und die Veränderungen, die sie erfährt, erzeugen durch ihre Nähe allmählich weitere. Auf diese Weise können wir auf Objekte einwirken, die sich in einiger Entfernung von uns befinden. Unsere Fernwirkung auf alles, was uns umgibt, ist *mittelbar* und nicht unmittelbar. Wir glauben, dass dies für die Wirkung aller physikalischen Kräfte gilt, wie Schwerkraft, Wärme, Elektrizität. Ihre Wirkung wird allmählich mitgeteilt, und nur so überwinden sie die Entfernung und treten in Beziehung zum Menschen als fühlendem Wesen.

Zweites Prinzip: Im Organismus selbst gibt es eine Reihe von mittelbaren Akten. – So wirkt der Wille nicht direkt auf die Knochen, die die Bewegung der Muskeln aufnehmen; noch verändert der Wille die Muskeln direkter, da sie, wenn ihnen die Nerven fehlen, nicht beweglich sind. Wirkt der Wille direkt auf die Nerven? Es ist eine offene Frage, ob er sie direkt oder indirekt verändert. So ist die Substanz, auf die die Seele unmittelbar einwirkt, noch unbestimmt. Die Substanz kann fest oder flüssig sein; es kann eine noch unbekannte Substanz sein oder vielleicht ein bestimmter Zustand bekannter Substanzen. Um Umschweife zu vermeiden, möchte ich ihr einen Namen geben. Ich werde sie Psychode nennen (ψυχή, Seele, und ὁ δός, Weg).

Drittes Prinzip: Die Substanz, auf die der Geist unmittelbar einwirkt – die Psychode – kann unter dem Einfluss des Geistes nur sehr einfache Veränderungen erfahren , denn da die Bewegungen etwas variiert werden sollen, entsteht im Organismus ein umfangreicher und komplizierter Apparat – ein ganzes System von Muskeln, Gefäßen, Nerven usw., die bei den niederen Tieren (bei denen die Bewegungen sehr einfach sind) fehlen und die unnötig wären, wenn die Materie unter dem Einfluss des Geistes direkt ebenso variierten Veränderungen unterworfen wäre. Wenn Bewegungen sehr einfach sein sollen (wie im Fall der Infusorien), fehlt der komplizierte Apparat und der Lebensgeist wirkt auf Materie, die nahezu homogen ist.

Zur Psychode lassen sich folgende vier Hypothesen aufstellen:

a) Die Psychode ist eine dem Organismus eigene Substanz, die nicht aus ihm hervorgehen kann. Sie wirkt nur mittelbar auf alles außerhalb des sichtbaren Organismus.

b. Die Psychode ist eine dem Organismus eigene Substanz, die sich unter bestimmten besonderen Bedingungen über die Grenzen des sichtbaren Organismus hinaus ausdehnen kann. Die Veränderungen, die sie erfährt, wirken notwendigerweise auf andere inerte Körper. Der Wille wirkt auf die Psychode und damit mittelbar auf die Körper, die die Sphäre dieser Substanz umfasst.

c. Die Psychode ist eine universelle Substanz, deren Wirkung auf andere inerte Körper durch die Struktur lebender Organismen oder durch einen bestimmten Zustand anorganischer Körper bedingt ist – ein Zustand, der durch den Einfluss lebender Organismen unter bestimmten speziellen Bedingungen bestimmt wird.

d) Die Psychode ist ein besonderer Zustand der Materie, ein Zustand, der gewöhnlich innerhalb der Sphäre des Organismus entsteht, der aber auch außerhalb seiner Grenzen unter dem Einfluss eines bestimmten Zustands des Organismus entstehen kann, ein Einfluss, der mit dem der Magnete bei den Phänomenen des Diamagnetismus vergleichbar ist.

Thury schlägt das Adjektiv *ektenisch* (von ἐ κτένεια, Ausdehnung) vor, um jenen besonderen Zustand des Organismus zu beschreiben, in dem der Geist die gewohnten Grenzen seines Handelns bis zu einem gewissen Grad erweitern kann, und er bezeichnet das, was in diesem Zustand entwickelt wird, als „ektenische Kraft".

Die erste Hypothese (fügt er hinzu) wäre überhaupt nicht geeignet, die Phänomene zu erklären, mit denen wir uns beschäftigen. Aber die drei anderen führen zu drei verschiedenen Erklärungen, in denen (versichert er uns) der größte Teil der untersuchten Phänomene enthalten sein wird.

Erklärungen, die auf dem Eingreifen von Geistern beruhen. – Herr de Gasparin hat den Irrtum all dieser Erklärungen aufgezeigt:

1. Durch theologische Überlegungen.

2. Durch die sehr treffende Bemerkung, dass wir nicht auf Erklärungen zurückgreifen sollten, die Geister in das Problem einführen, bis sich andere Interpretationen als völlig unzureichend erwiesen haben.

3. Schließlich durch physikalische Überlegungen.

Wenn ich die Frage hier nur vom allgemeinen physikalischen Standpunkt aus betrachte, folge ich nicht M. de Gasparin (sagt Thury) in seiner Ausbeutung theologischer Erklärungen. Was den zweiten Punkt betrifft, möchte ich nur auf den Vorschlag aufmerksam machen, dass die Angemessenheit rein physikalischer Erklärungen streng genommen nur für die Valleyres-Experimente gelten sollte, bei denen in Wahrheit nichts auf das Eingreifen anderer Willen als des menschlichen Willens hinweist.

Die Frage nach dem Eingreifen der Geister könnte anhand des Inhalts der Offenbarungen entschieden werden, wobei dieser Inhalt jedenfalls so beschaffen wäre, dass er offensichtlich nicht im menschlichen Geist entstanden sein kann. Es ist nicht meine Absicht, diesen Punkt zu diskutieren. Die vorliegende Studie befasst sich ausschließlich mit den Bewegungen lebloser Körper, und wir müssen von den Argumenten von Herrn de Gasparin nur diejenigen berücksichtigen, die in diesen Bereich fallen.

Seine Argumente zu diesem Punkt lassen sich meiner Meinung nach alle in diesen leicht ironischen Zeilen zusammenfassen: „Seltsame Geister! ... deren Anwesenheit oder Abwesenheit von einer Rotation abhängen könnte, von Kälte oder Wärme, von Gesundheit oder Krankheit, von guter Laune oder Mattigkeit, von einer ungeschickten Gesellschaft unbewusster Magier! Ich habe Kopfschmerzen oder einen Griff, deshalb werden die dämonischen Wesen heute nicht erscheinen können."

M. de Mirville, der an Geister glaubt, die sich durch die Einwirkung von Flüssigkeiten manifestieren, könnte Gasparin antworten, dass die Bedingungen für die scheinbare Manifestation von Geistern möglicherweise der Flüssigkeitszustand selbst sind. Wenn dies so ist, könnte es bei einer Séance durchaus zu einer Flüssigkeitsmanifestation ohne Eingreifen von Geistern kommen, nicht jedoch zu einem Eingreifen von Geistern ohne vorherige Flüssigkeitsmanifestation, und dass daher jeder eine solche Manifestation nur auf eigenes Risiko und Gefahr herbeiführen wird.

Als nächstes erörtert Thury, wie die Frage der Geister betrachtet werden sollte.

Die Aufgabe der Wissenschaft (schreibt er) bestehe darin, die Wahrheit zu bezeugen. Dies könne sie nicht tun, wenn sie einen Teil ihrer Daten aus der Offenbarung oder der Tradition entnehme. Dies wäre eine petitio principii, und das Zeugnis der Wissenschaft würde wertlos.

Die Tatsachen der natürlichen Ordnung sind mit zwei Kategorien von Kräften verbunden, der einen Kategorie der *Notwendigkeit* , der anderen Kategorie der *Freiheit* . Zur ersten Kategorie gehören die allgemeinen Kräfte der Schwerkraft, der Wärme, des Lichts, der Elektrizität und der vegetativen Kraft. Es ist möglich, dass wir eines Tages noch andere entdecken, aber im Moment sind dies die einzigen, die wir kennen. Zur zweiten Kategorie gehören nur der Geist der Tiere und der des Menschen. Dies sind wirklich *Kräfte , da sie die Ursache von Bewegungen* und verschiedenen Phänomenen in der physischen Welt sind .

Die Erfahrung lehrt uns, dass sich diese geistigen Kräfte durch die Vermittlung spezieller Organismen manifestieren, die beim Menschen und den höheren Tieren sehr komplex, bei den niederen jedoch einfach sind. Bei letzteren benötigt der Geist keine Muskeln und Nerven, um sich äußerlich zu manifestieren, sondern scheint direkt auf eine homogene Materie einzuwirken, deren Bewegungen er bestimmt (die Amöbe von Ehrenberg). In diesen elementaren Organisationen wird das Problem der Einwirkung des Geistes auf die Materie in gewisser Weise in seinen einfachsten Begriffen ausgedrückt.

Wenn wir erst einmal die Existenz des Willens als zumindest prinzipiell vom materiellen Körper verschieden anerkannt haben, ist es nur noch eine Frage der Erfahrung, festzustellen, ob andere Willen als die des Menschen und der Tiere auf der Bühne des Lebens irgendeine Rolle spielen, häufig oder gelegentlich. Wenn diese Willen existieren, werden sie die eine oder andere Möglichkeit der Manifestation haben, mit der wir *nur durch Erfahrung* vertraut werden können. Tatsächlich kann man *a priori* nur feststellen, dass sie sich, um in Erscheinung zu treten, durch eine der Formen der ewigen Substanz manifestieren *müssen , die wir Materie nennen. Aber zu sagen, dass diese Materie notwendigerweise eine Organisation von Muskeln,* Nerven usw. haben muss, hieße, an einer sehr engen Vorstellung festzuhalten, die bereits durch die Beobachtung des Tierreichs in seinen niederen Typen widerlegt wird. Solange wir nicht wissen, welches Band den Geist mit der Materie verbindet, in der er sich manifestiert, wäre es vollkommen unlogisch, *a priori besondere Bedingungen* festzulegen, die die Materie bei dieser Manifestation erfüllen muss. Diese Bedingungen sind gegenwärtig völlig unbestimmt. Es steht uns also frei, nach Anzeichen dieser Erscheinungen im kosmischen Äther oder in der wägbaren Materie zu suchen; in den Gasen, Flüssigkeiten oder Feststoffen; in unorganisierter Materie oder insbesondere in bereits organisierter Materie, wie sie der Mensch und die Tiere aufgebaut sind. Es wäre eine schwache Logik zu behaupten, dass andere Willen als die von Menschen und Tieren nicht entdeckt werden können, mit der Begründung, dass bisher nichts dergleichen gesehen wurde; denn Tatsachen dieser Art mögen beobachtet worden sein, aber nicht wissenschaftlich aufgeklärt und bestätigt worden sein. Außerdem könnten diese Willen nur in langen oder uns lang erscheinenden Abständen auftreten; aber die gewaltigen Abgründe der Epochen der Natur können nicht durch unser kleines Gedächtnis überbrückt oder durch die momentane Dauer unseres Lebens gemessen werden.

Dies sind die Tatsachen und Ideen, die in dieser gewissenhaften Monographie von Professor Thury dargelegt werden. Es ist leicht zu erkennen, dass seiner Meinung nach (1) die Phänomene positive Tatsachen sind; (2) dass sie von einer unbekannten Substanz hervorgerufen werden, der er den Namen *Psychode gibt* , ein Etwas, das der Hypothese nach in uns existiert und als Vermittler zwischen Geist und Körper, zwischen Willen und Organen dient und sich über die Grenzen des Körpers hinaus erstrecken kann; (3) dass die Hypothese der Geister nicht absurd ist und dass es in dieser Welt andere Willen als die des Menschen und der Tiere geben kann, Willen, die auf die Materie einwirken können.

Professor Marc Thury starb 1905, nachdem er sein gesamtes Leben dem Studium der exakten Wissenschaften gewidmet hatte. Sein Spezialgebiet war die Astronomie.

KAPITEL VIII

Die Experimente der dialektischen Gesellschaft von London

Eine bekannte Vereinigung von Gelehrten und Wissenschaftlern, die Dialectical Society of London, die 1867 unter dem Vorsitz von Sir John Lubbock gegründet wurde, beschloss im Jahr 1869, die physikalischen Phänomene, deren Untersuchung Gegenstand dieses Bandes ist, in ihren Beobachtungsbereich einzubeziehen. Nach einer Reihe von Experimenten veröffentlichte die Gesellschaft einen Bericht, dem sie die Aussagen einer Reihe von Wissenschaftlern zum gleichen Thema hinzufügte, zu denen ich die Ehre hatte, mich zu zählen. [60] Dieser Bericht wurde von Dr. Dusart ins Französische übersetzt und in der Reihe der übersinnlichen Werke veröffentlicht [61], die so glücklich von Graf de Rochas geplant und geleitet wurde. Um hier eine wahre Vorstellung von den Ergebnissen zu geben, zu denen diese Gesellschaft gelangte, kann ich nichts Besseres tun, als die hervorstechenden und wesentlichen Teile dieser rein wissenschaftlichen Abhandlung zu zitieren.

Zwei oder drei Absätze zu Beginn des Berichts zeigen, wie und zu welcher Zeit die Gesellschaft erstmals psychophysische Studien aufnahm:

Bei einer Versammlung der London Dialectical Society am Mittwoch, dem 6. Januar 1869, unter dem Vorsitz von Herrn JH Levy, wurde folgender Beschluss gefasst:

„Der Rat wird aufgefordert, gemäß Satzung VII ein Komitee einzusetzen, um die Phänomene zu untersuchen, bei denen es sich angeblich um spirituelle Manifestationen handelt, und darüber Bericht zu erstatten."

Dieses Komitee wurde am 26. Januar des folgenden Jahres gegründet. Es bestand aus 27 Mitgliedern. Unter ihnen ist Alfred Russel Wallace zu nennen, der gelehrte Naturforscher und Mitglied der Royal Society in London. Professor Huxley und George Henry Lewis wurden gebeten, mit dem Komitee zusammenzuarbeiten. Sie lehnten ab. Professor Huxleys Brief ist zu bezeichnend, um ihn wegzulassen:

Sehr geehrter Herr, ich bedauere, dass ich die Einladung des Rates der Dialectical Society, mit einem Komitee zur Untersuchung des „Spiritualismus" zusammenzuarbeiten, nicht annehmen kann, und zwar aus zwei Gründen. Erstens habe ich keine Zeit für eine solche Untersuchung, die viel Mühe und (sofern sie nicht anders wäre als alle Untersuchungen dieser Art, die ich kenne) viel Ärger mit sich bringen würde. Zweitens interessiere ich mich nicht für das Thema. Der einzige Fall von „Spiritualismus", den ich selbst untersuchen konnte, war eine der krassesten Betrügereien, die mir je untergekommen sind. Aber angenommen, die Phänomene sind echt – sie interessieren mich nicht. Wenn mir jemand die Fähigkeit verleihen würde, dem Geplapper alter Frauen und Pfarrer in der nächsten Domstadt zuzuhören, würde ich das Privileg ablehnen, da ich Besseres zu tun hätte.

Und wenn die Leute in der geistigen Welt nicht weiser und vernünftiger reden, als ihre Freunde es ihnen nachsagen, stecke ich sie in dieselbe Kategorie.

Das einzig Gute, das ich in einer Demonstration der Wahrheit des „Spiritualismus" erkennen kann, ist, ein zusätzliches Argument gegen Selbstmord zu liefern. Es ist besser, als Straßenkehrer zu leben, als zu sterben und sich von einem „Medium", das man für eine Guinee pro Séance anheuert, Unsinn reden zu lassen.

Ich bin, Sir, usw.,
TH HUXLEY.

29. Januar 1869.

Als ob er diesem radikalen, auf einer einzigen Beobachtungssitzung (!) beruhenden Skeptizismus eine direkte Verneinung und Zurückweisung entgegensetzen wollte, beeilte sich der gelehrte Elektriker Cromwell Fleetwood Varley im Jahr 1867, der so viel dazu beigetragen hatte, die Verlegung des dritten (und schließlich erfolgreichen) Atlantikkabels zwischen Europa und Amerika voranzutreiben und zu fördern, sich an den Untersuchungen zu beteiligen und förderte mit seiner Hilfe den Fortschritt dieser wissenschaftlichen Untersuchung wesentlich.

Der Bericht mit seinen verschiedenen Zeugenaussagen wurde der Dialectical Society am 20. Juli 1870 vorgelegt. Um die Gesellschaft jedoch nicht zu kompromittieren, wurde beschlossen, ihn nicht offiziell, unter der Schirmherrschaft der Vereinigung, zu veröffentlichen. Folglich beschloss das Komitee einstimmig, den Bericht auf eigene Verantwortung zu veröffentlichen. Er lautet wie folgt:

Ihr Ausschuss hat fünfzehn Sitzungen abgehalten und dabei Aussagen von dreiunddreißig Personen erhalten, die Phänomene beschrieben, die sie selbst bei ihrer eigenen Erfahrung erlebt hatten.

Ihr Ausschuss hat von einunddreißig Personen schriftliche Stellungnahmen zu diesem Phänomen erhalten.

Ihr Komitee hat zur Teilnahme eingeladen und um die Mitarbeit und Beratung von Wissenschaftlern gebeten, die öffentlich ihre positive oder negative Meinung zur Echtheit dieser Phänomene geäußert haben.

Ihr Ausschuss lud außerdem ausdrücklich Personen zur Teilnahme ein, die die Phänomene öffentlich auf Betrug oder Wahnvorstellungen zurückgeführt hatten.

Da es Ihrem Ausschuss äußerst wichtig erschien, die betreffenden Phänomene durch eigene Experimente und Tests zu untersuchen, gründete er Unterausschüsse, da dies das beste Mittel hierfür war.

Dementsprechend wurden sechs Unterausschüsse gebildet.

Die hier beigefügten Berichte bestätigen sich im Wesentlichen gegenseitig und scheinen die folgenden Aussagen zu untermauern:

1. Dass Geräusche unterschiedlicher Art auftreten, die offensichtlich von Möbelstücken, dem Boden und den Wänden des Raumes ausgehen (die Vibrationen, die diese Geräusche begleiten, sind oft deutlich durch Berührung wahrnehmbar), ohne dass sie durch Muskelaktivität oder mechanische Vorrichtungen verursacht werden.

2. Dass Bewegungen schwerer Körper ohne mechanische Vorrichtungen jeglicher Art oder ausreichende Anstrengung der Muskelkraft der anwesenden Personen und häufig ohne Kontakt oder Verbindung mit anderen Personen stattfinden.

3. Dass diese Geräusche und Bewegungen häufig zu den von den anwesenden Personen gewünschten Zeiten und in der gewünschten Art und Weise auftreten und dass sie mittels eines einfachen Signalcodes Fragen beantworten und zusammenhängende Mitteilungen vermitteln.

4. Dass die auf diese Weise erhaltenen Antworten und Mitteilungen zum größten Teil alltäglicher Natur sind; manchmal werden jedoch Tatsachen richtig wiedergegeben, die nur einer der anwesenden Personen bekannt sind.

5. Die Umstände, unter denen die Phänomene auftreten, sind unterschiedlich. Die auffälligste Tatsache ist, dass die Anwesenheit bestimmter Personen für ihr Auftreten notwendig zu sein scheint, während die Anwesenheit anderer Personen im Allgemeinen ungünstig ist. Dieser Unterschied scheint jedoch nicht von Glauben oder Unglauben in Bezug auf die Phänomene abzuhängen.

6. Dass das Auftreten dieser Phänomene jedoch nicht durch die Anwesenheit bzw. Abwesenheit dieser Personen gewährleistet ist.

Die mündlichen und schriftlichen Beweise, die Ihr Ausschuss erhalten hat, zeugen nicht nur von Phänomenen der gleichen Art, wie sie von den Unterausschüssen beobachtet wurden, sondern auch von Phänomenen vielfältigerer und außergewöhnlicherer Art.

Dieser Beweis kann kurz wie folgt zusammengefasst werden:

1. Dreizehn Zeugen geben an, schwere Körper – in einigen Fällen Männer – gesehen zu haben, die langsam in die Luft stiegen und dort einige Zeit ohne sichtbare oder greifbare Stütze verharrten.

2. Vierzehn Zeugen geben an, Hände oder Figuren gesehen zu haben, die keinem menschlichen Wesen angehörten, aber in Aussehen und Beweglichkeit lebensecht waren, die sie manchmal berührt oder sogar gegriffen haben und von denen sie daher überzeugt sind, dass sie nicht das Ergebnis von Betrug oder Illusion waren.

3. Fünf Zeugen geben an, dass sie durch eine unsichtbare Kraft an verschiedenen Körperteilen berührt wurden, und zwar oft auf Wunsch, wobei die Hände aller Anwesenden sichtbar waren.

4. Dreizehn Zeugen erklären, dass sie Musikstücke gehört haben, die auf Instrumenten gespielt wurden, die nicht durch irgendeine feststellbare Kraft manipuliert wurden.

5. Fünf Zeugen geben an, gesehen zu haben, wie glühende Kohlen auf die Hände oder Köpfe mehrerer Personen gelegt wurden, ohne dass es zu Schmerzen oder Verbrennungen kam. Drei Zeugen geben an, dass bei ihnen selbst das gleiche Experiment durchgeführt wurde und sie dabei die gleiche Immunität genossen haben.

6. Acht Zeugen geben an, durch Klopfgeräusche, Schreiben und auf andere Weise genaue Informationen erhalten zu haben, deren Genauigkeit ihnen selbst und den anwesenden Personen zum damaligen Zeitpunkt unbekannt war, sich bei späteren Nachforschungen jedoch als richtig herausstellte.

7. Ein Zeuge erklärt, er habe eine präzise und detaillierte Aussage erhalten, die sich jedoch als völlig falsch herausgestellt habe.

8. Drei Zeugen geben an, dass sie dabei waren, als Zeichnungen, sowohl mit Bleistift als auch in Farbe, in so kurzer Zeit und unter solchen Bedingungen angefertigt wurden, dass menschliches Eingreifen unmöglich war.

9. Sechs Zeugen erklären, dass sie Informationen über zukünftige Ereignisse erhalten hätten und dass in einigen Fällen Stunde und Minute ihres Eintretens Tage und sogar Wochen im Voraus genau vorhergesagt worden seien.

Darüber hinaus wurden Belege für Trancesprechen, Heilung, automatisches Schreiben, das Einbringen von Blumen und Früchten in geschlossene Räume, Stimmen in der Luft, Visionen in Kristallen und Gläsern und die Verlängerung des menschlichen Körpers vorgelegt.

Einige Auszüge aus den Berichten werden meinen Lesern einen besseren Eindruck von diesen Experimenten vermitteln und ihren durch und durch wissenschaftlichen Charakter zeigen:

Alle diese Treffen fanden in den Privatwohnungen der Komiteemitglieder statt, um bewusst die Möglichkeit vorher vereinbarter Mechanismen oder Manöver auszuschließen.

Die Möblierung des Raumes, in dem die Experimente durchgeführt wurden, entsprach stets der gewohnten Möblierung.

Bei den Tischen handelte es sich in allen Fällen um schwere Esstische, die nur mit großer Kraft bewegt werden konnten. Der kleinste von ihnen war 5 Fuß 9 Zoll lang und 4 Fuß breit, der größte 9 Fuß 3 Zoll lang und 4½ Fuß breit und hatte ein entsprechendes Gewicht.

Der Raum, die Tische und das Mobiliar im Allgemeinen wurden vor, während und nach den Experimenten wiederholt sorgfältig untersucht, um sicherzustellen, dass keine versteckten Maschinen, Instrumente oder sonstigen Vorrichtungen vorhanden waren, mit denen die nachfolgend erwähnten Geräusche oder Bewegungen verursacht werden konnten.

Die Experimente wurden, außer in den wenigen im Protokoll gesondert vermerkten Fällen, im Licht eines Gases durchgeführt.

Ihr Ausschuss hat die Beschäftigung von professionellen oder bezahlten Medien vermieden, da die Tätigkeit als Medium den Mitgliedern Ihres Unterausschusses obliegt, also Personen mit hoher gesellschaftlicher Stellung und einwandfreier Integrität, die keine finanziellen Ziele verfolgen und durch Täuschung auch nichts zu gewinnen haben.

vier Fünftel der Mitglieder Ihres Unterausschusses begannen die Untersuchung mit völliger Skepsis hinsichtlich der Realität der angeblichen Phänomene und waren fest davon überzeugt, dass diese entweder das Ergebnis von *Betrug* oder *Wahnvorstellungen* oder *unwillkürlicher Muskelaktivität waren* . Erst durch unwiderlegbare Beweise unter Bedingungen, die die Möglichkeit einer dieser Lösungen ausschlossen, und nach vielfach wiederholten Versuchen und Tests konnten die größten Skeptiker Ihres Unterausschusses langsam und widerstrebend davon überzeugt werden, dass die im Laufe ihrer langwierigen Untersuchung festgestellten Phänomene wahre Tatsachen waren.

Die Beschreibung eines Experiments und die Art und Weise seiner Durchführung verdeutlichen am besten die Sorgfalt und Vorsicht, mit der Ihr Ausschuss seine Untersuchungen durchgeführt hat.

Solange es Kontakt oder auch nur die Möglichkeit eines Kontakts durch Hände, Füße oder sogar Kleidung einer Person im Raum mit der bewegten oder hörbaren Substanz gab, konnte nicht mit absoluter Sicherheit sichergestellt werden, dass die Bewegungen und Geräusche nicht von der Person verursacht wurden, die in Kontakt stand. Daher wurde das folgende Experiment durchgeführt:

Als einmal elf Mitglieder Ihres Unterausschusses vierzig Minuten lang um einen der oben beschriebenen Esstische saßen und verschiedene Bewegungen und Geräusche zu hören waren, drehten sie probeweise die Rückenlehnen ihrer Stühle dem Tisch zu, etwa 23 cm davon entfernt. Dann knieten sie alle auf ihren Stühlen und legten ihre Arme auf die Rückenlehnen. In dieser Position waren ihre Füße natürlich vom Tisch abgewandt und konnten auf keinen Fall darunter gestellt werden oder den Boden berühren. Die Hände jeder Person waren etwa 10 cm über der Tischoberfläche ausgestreckt. Eine Berührung mit irgendeinem Teil des Tisches konnte daher nicht unbemerkt erfolgen.

In weniger als einer Minute bewegte sich der unberührte Tisch *viermal*; zuerst etwa *fünf* Zoll auf die eine Seite, dann etwa *zwölf* Zoll auf die andere Seite und anschließend in gleicher Weise jeweils vier und sechs Zoll.

Als nächstes wurden die Hände aller Anwesenden auf die Stuhllehnen gelegt und etwa 30 cm vom Tisch entfernt, der sich wieder wie zuvor *fünfmal* über Abstände von 10 bis 15 cm bewegte. Dann wurden alle Stühle 30 cm vom Tisch entfernt und jeder kniete wie zuvor auf seinem Stuhl nieder, diesmal jedoch mit verschränkten Händen auf dem Rücken, so dass sein Körper etwa 45 cm vom Tisch entfernt war und sich die Stuhllehne zwischen ihm und dem Tisch befand. Der Tisch bewegte sich erneut viermal in verschiedene Richtungen. Im Laufe dieses schlüssigen Experiments und in weniger als einer halben Stunde bewegte sich der Tisch dreizehnmal, ohne dass er eine der Anwesenden berührte oder berühren konnte, und zwar in verschiedene Richtungen und teilweise auf Ersuchen verschiedener Mitglieder Ihres Unterausschusses.

Der Tisch wurde dann sorgfältig untersucht, umgedreht und auseinandergenommen, aber es wurde nichts entdeckt, was die Phänomene erklären könnte. Das Experiment wurde die ganze Zeit über im vollen Licht des Gases über dem Tisch durchgeführt.

Insgesamt hat Ihr Unterausschuss an *acht* verschiedenen Abenden in den Häusern von Mitgliedern Ihres Unterausschusses über *fünfzig* ähnliche Bewegungen ohne Kontakt beobachtet, wobei bei jeder Gelegenheit äußerst sorgfältige Tests durchgeführt wurden.

Bei allen ähnlichen Experimenten wurde die Möglichkeit mechanischer oder anderer Hilfsmittel noch dadurch ausgeschlossen, dass die Bewegungen in verschiedene Richtungen erfolgten, mal auf die eine, mal auf die andere Seite, mal den Raum hinauf, mal den Raum hinunter – Bewegungen, die die Zusammenarbeit vieler Hände oder Füße erfordert hätten; und diese hätten aufgrund der Größe und des Gewichts der Tische nicht ohne sichtbare Muskelkraft ausgeführt werden können. Jede Hand und jeder Fuß war deutlich zu sehen und konnte nicht bewegt werden, ohne sofort entdeckt zu werden.

Die Bewegungen wurden von allen Anwesenden gleichzeitig beobachtet. Es handelte sich um eine Frage der Messung und nicht um eine Frage der Meinung oder Einbildung. Und sie traten so oft auf, unter so vielen und so unterschiedlichen Bedingungen, mit solchen Sicherheitsvorkehrungen gegen Irrtum oder Täuschung und mit so unveränderlichen Ergebnissen, dass die Mitglieder Ihres Unterausschusses, die die Experimente durchführten, davon überzeugt waren, dass es eine Kraft *gibt, die schwere Körper ohne materiellen Kontakt bewegen kann und die auf unbekannte Weise von der Anwesenheit von Menschen abhängig ist, obwohl die meisten von ihnen zu Beginn der Untersuchung völlig skeptisch waren* .

Dies war das erste Urteil der Wissenschaft über spiritistische Vorgänge in England, ein Urteil, das von Physikern, Chemikern, Astronomen und Naturforschern gefällt wurde, von denen einige Mitglieder der Londoner Royal Society waren. Die Untersuchungen wurden unter der besonderen Aufsicht von Professor Morgan, dem Präsidenten der Mathematical Society in London, von Varley, dem leitenden Elektroingenieur der Telegraphenabteilung, und Alfred Wallace, Naturforscher usw. durchgeführt. Mehrere Mitglieder der Dialectical Society weigerten sich, den Schlussfolgerungen des Komitees zuzustimmen und erklärten, sie müssten von einem anderen Wissenschaftler überprüft werden, zum Beispiel von dem Chemiker Crookes. Dieser Herr akzeptierte den Vorschlag und begann auf diese Weise mit seinen Experimenten, von denen später mehr zu hören sein wird.

Doch bevor ich einen Bericht über die Experimente dieses hervorragenden Chemikers vorlege, möchte ich meinen Lesern die wichtigsten Punkte darlegen, die vom Experimentalausschuss geklärt wurden und über die ich gerade gesprochen habe.

BESONDERE BEMERKUNGEN.

9. März. Neun Mitglieder anwesend. Wiedersehen um acht Uhr. Die folgenden Phänomene wurden beobachtet: 1. Die Mitglieder des Kreises standen da und legten nur die Fingerspitzen auf den Tisch. Er machte eine beträchtliche Bewegung. 2. Sie hielten ihre Hände ein paar Zoll über dem Tisch und keiner berührte ihn in irgendeiner Weise, sodass er sich über eine

Distanz von mehr als einem Fuß bewegte. 3. Um das Experiment absolut schlüssig zu machen, standen alle Anwesenden weit vom Tisch entfernt und streckten ihre Hände über ihn aus, ohne ihn zu berühren. Er bewegte sich erneut wie zuvor und über dieselbe Distanz. Während dieser Zeit wurde einer der Ausschussmitglieder auf den Boden gestellt, um sorgfältig unter den Tisch zu schauen, während andere draußen standen, um zu sehen, dass sich niemand dem Tisch näherte. In dieser Position wurde er häufig bewegt, ohne dass eine der anwesenden Personen ihn berühren konnte. 4. Während sie so weit vom Tisch entfernt standen, aber mit den Fingerspitzen darauf ruhten, hoben alle im selben Moment auf ein bestimmtes Signal hin ihre Hände; und bei mehreren Gelegenheiten sprang der Tisch vom Boden auf eine Höhe von einem halben bis einem Zoll. 5. Alle hielten ihre Hände dicht über den Tisch, ohne ihn zu berühren, und hoben sie dann auf ein Kommando plötzlich hoch, und der Tisch sprang wie zuvor. Das auf dem Boden liegende Mitglied und diejenigen, die außerhalb des Kreises standen, beobachteten wie zuvor aufmerksam, und alle beobachteten die Phänomene wie beschrieben.

15. April. Acht Mitglieder anwesend. Sitzen um 20 Uhr. Innerhalb von fünf Minuten waren Klopfgeräusche auf der Tischplatte zu hören. Verschiedene Fragen, wie etwa die Sitzordnung usw., wurden gestellt und durch Klopfen beantwortet. Das Alphabet wurde aufgerufen und das Wort „lachen" buchstabiert. Es wurde gefragt, ob wir lachen sollten. Als die Antwort „ja" gegeben wurde, lachten die Mitglieder, woraufhin der Tisch ein sehr kräftiges Geräusch und eine Bewegung machte, die das Lachen nachahmte und darauf reagierte, und so lächerlich, dass ein allgemeines Gelächter ausbrach, zu dem der Tisch bebte und das Klopfen als Begleitung den Takt hielt. Dann wurden die folgenden Fragen gestellt und durch die Anzahl der Klopfzeichen beantwortet: „Wie viele Kinder hat Frau M――?" „Vier", „Frau W――?" „Drei", „Frau D――?" Kein Klopfen, „Frau E――?" „Fünf", „Frau S――?" „Zwei." Auf Nachfrage wurde festgestellt, dass diese Antworten vollkommen richtig waren, außer im Fall von Frau E., die nur noch vier lebende Kinder hat, aber eines verloren hat. Weder das Medium noch eine der anwesenden Personen kannten alle oben genannten Zahlen, aber einige von ihnen kannten jede Zahl. Als die Bitte um eine schriftliche Mitteilung mit drei Klopfgeräuschen beantwortet wurde, wurden einige Blätter Papier mit einem Bleistift unter den Tisch gelegt und am Ende der Sitzung untersucht, aber es wurden weder Buchstaben noch Markierungen auf dem Papier gefunden. Um zu testen, ob diese Geräusche unter anderen Bedingungen anhalten würden, setzten sich alle in einiger Entfernung vom Tisch hin und hielten sich an den Händen in einem Kreis darum. Aber statt wie zuvor auf dem Tisch hörte man laute Klopfgeräusche von verschiedenen Teilen des Bodens und von dem Stuhl, auf dem das Medium saß; während einige von der anderen Seite des Raumes kamen, etwa fünf Meter von der nächsten Person entfernt. Da der Wunsch nach einem Klopfhagel geäußert worden war, kam lautes Klopfen von allen Teilen des Tisches gleichzeitig und erzeugte eine ähnliche Wirkung wie ein Hagelschauer, der darauf niederprasselte. Die Geräusche waren den ganzen Abend über sehr scharf und deutlich. Es wurde beobachtet, dass die Klopfgeräusche während des Gesprächs manchmal einen außergewöhnlich lebhaften Charakter haben, jedoch sofort aufhören, wenn eine Frage gestellt wird, und man kein Klopfen hört, bis die Antwort gegeben wird.

29. April. Neun Mitglieder anwesend. Medium und Bedingungen wie zuvor. Nach etwa einer Viertelstunde machte der Tisch verschiedene Bewegungen über den Boden, wobei geklopft wurde. Die Geräusche waren zunächst sehr leise, wurden aber später viel stärker. Sie schlugen den Takt zu den Melodien, die von einer Spieldose gespielt wurden, und kamen von jedem Teil des Tisches, den die Mitglieder wünschten. Einige Fragen wurden gestellt und von Klopfen gefolgt, aber häufiger durch Kippen des Tisches an den Seiten, Enden oder Ecken, wobei die Erhöhung ein bis vier Zoll betrug. Die in der Nähe Sitzenden versuchten, den Tisch am Aufsteigen zu hindern, aber er widerstand allen ihren Bemühungen. Der Stuhl, auf dem das Medium saß, wurde mehrere Male über den Boden gezogen. Zuerst bewegte er sich mehrere Fuß nach hinten, dann machte er mehrere Drehungen und Wendungen und kehrte schließlich mit dem Medium fast in seine ursprüngliche Position zurück. Der Stuhl hatte keine Rollen und bewegte sich ganz geräuschlos, wobei das Medium vollkommen still zu sein schien und seine Füße über dem Teppich hielt, so dass während des gesamten Phänomens kein Teil ihrer Person oder ihrer Kleidung den Boden berührte. Es herrschte helles Gaslicht, und die Teilnehmer hatten Gelegenheit, alles zu beobachten, was geschah. Alle waren sich einig, dass Betrug unmöglich war. Während dies geschah, ertönte vom Boden unter und um den Stuhl herum ständig ein Klopfgeräusch. Dann wurde vorgeschlagen, dass man versuchen sollte, ob sich der Tisch ohne Berührung bewegen ließe. Alle Anwesenden, einschließlich des Mediums, standen ziemlich weit vom Tisch entfernt, hielten ihre Hände drei bis sechs Zoll darüber und konnten ihn auf keine Weise berühren. Beobachter wurden darunter gestellt, um sicherzustellen, dass er dort nicht berührt wurde. Folgendes wurde beobachtet:

1. Der Tisch bewegte sich wiederholt in verschiedene Richtungen über den Boden und nahm dabei oft die gewünschte Richtung. So nahm er gemäß dem geäußerten Wunsch, vom Vorder- ins Hinterzimmer zu gehen, diese Richtung und drehte sich, als er sich den Falttüren näherte und auf ein Hindernis stieß, um, als wolle er diesem ausweichen.

2. Auf ein gegebenes Signal hin hoben alle plötzlich ihre Hände, und der Tisch sprang sofort etwa einen Zoll vom Boden hoch.

Verschiedene Komiteemitglieder meldeten sich abwechselnd freiwillig, um unter dem Tisch Wache zu halten, während andere, die um sie herumstanden, sorgfältig alles beobachteten, was geschah; doch niemand konnte eine sichtbare Beteiligung ihrer Mitarbeiter erkennen.

18. Mai. Auf dem Pianoforte wurde Musik gespielt, und ein Stück wurde von Klopfgeräuschen von allen Teilen des Tisches begleitet, ein anderes Stück von Klopfgeräuschen, Vibrationen und leichten vertikalen Bewegungen des Tisches an seinen Seiten, Enden und Ecken. Die Geräusche und Bewegungen waren alle im Takt der Musik. Dasselbe Phänomen trat auch auf, wenn ein Lied gesungen wurde. Während der *Séance* waren die Geräusche sehr gleichmäßig verteilt und beschränkten sich selten auf einen Teil des Tisches.

9. Juni. Acht Mitglieder anwesend. Das Interessanteste an diesem Abend war, dass die Klopfgeräusche zwar von verschiedenen Teilen des Tisches kamen, hauptsächlich aber von dem vor dem Medium; als sie jedoch in den Saal ging, um eine Nachricht zu empfangen, kamen sie weiterhin von diesem Teil des Tisches.

Das Alphabet wurde entsprechend dem Signal wiederholt, und dann wurde „Queer Pals" buchstabiert. Diese Worte schienen die Anwesenden zu amüsieren und zu verwirren. Es wurde jedoch angedeutet, dass sie sich auf die Christy Minstrels beziehen könnten, deren Niggermelodien in der St. George's Hall durch das offene Fenster des Hinterzimmers sehr deutlich zu hören waren. Bei diesem Vorschlag neigte sich der Tisch dreimal beträchtlich.

17. Juni. Das Medium hielt ein Blatt Notizpapier an einer Ecke mit ausgestrecktem Arm über den Tisch, und auf Verlangen waren schwache, aber deutliche Schläge darauf zu hören. Die anderen Ecken des Papiers wurden dann von Mitgliedern des Komitees gehalten, und die Geräusche waren erneut von allen am Tisch zu hören; während diejenigen, die das Papier hielten, die Wirkung der unsichtbaren Schläge spürten. Eine oder mehrere Fragen wurden auf diese Weise durch drei klare und deutlich hörbare Schläge beantwortet, die ein Geräusch hatten, das dem von tropfendem Wasser ähnelte. Dieses neue und merkwürdige Phänomen ereignete sich direkt unter den Augen aller Anwesenden, ohne dass es irgendeine physikalische Ursache dafür gab.

21. Juni. Bewegung der Harmonika ohne Berührung. Das Medium und zwei weitere Mitglieder hielten ihre Hände über die Harmonika, ohne sie in irgendeiner Weise zu berühren, und sie bewegte sich durch aufeinanderfolgende Rucke fast vollständig auf dem Tisch, auf dem sie stand. Der Esstisch wurde kräftig um eine Distanz von sechs Fuß bewegt, wobei die Hände der anwesenden Mitglieder leicht darauf ruhten.

18. Oktober. Ein drei Fuß hoher und etwa zwei Fuß breiter Zylinder aus Segeltuch wurde unter einen kleinen Tisch gestellt, dessen Beine darin untergebracht waren. Im Zylinder befand sich eine Glocke, die auf dem Boden stand. Von der Glocke kam kein Ton, aber es wurden wiederholte Schläge und Stöße gegen den Tisch gehört. Dieser Zylinder verhinderte, dass während der gesamten Dauer der Schläge und Stöße gegen den Tisch eine der anwesenden Personen mit dem Fuß den Tisch berühren konnte.

14. Dez. Geräusche vom Tisch ohne Berührung. – Alle saßen vom Tisch weg, ohne ihn in irgendeiner Weise zu berühren, und die Geräusche kamen weiterhin von ihm, obwohl etwas schwächer.

28. Dez. Bewegungen ohne Berührung. — Frage: „Möchte der Tisch jetzt ohne Berührung bewegt werden?" Antwort: „Ja", durch dreimaliges Klopfen auf den Tisch.

Alle Stühle wurden dann mit dem Rücken zum Tisch gedreht und hielten 23 Zentimeter Abstand von ihm. Alle Anwesenden *knieten* auf den Stühlen, wobei ihre Handgelenke auf den Rückenlehnen ruhten und ihre Hände einige Zentimeter über dem Tisch ruhten.

Unter diesen Bedingungen bewegte sich der Tisch (der zuvor beschriebene schwere Esszimmertisch) viermal, jedes Mal um 10 bis 15 cm und beim zweiten Mal um fast 30 cm.

Dann wurden alle Hände auf die Stuhllehnen gelegt und etwa einen Fuß vom Tisch entfernt, woraufhin vier Bewegungen auftraten, eine langsam und kontinuierlich, fast eine Minute lang. Dann legten alle Anwesenden ihre Hände auf den Rücken und knieten aufrecht auf ihren Stühlen, die einen Fuß vom Tisch entfernt standen; das Gas wurde ebenfalls höher eingestellt, um reichlich Licht zu geben, und unter diesen Testbedingungen traten deutliche Bewegungen auf, die jedes Mal mehrere Zoll betrugen und für jeden Anwesenden sichtbar waren.

Die Bewegungen gingen in verschiedene Richtungen, in alle Teile des Raumes – einige waren abrupt, andere stetig. Gleichzeitig und unter denselben Bedingungen erklangen deutliche Klopfgeräusche, offenbar sowohl auf dem Boden als auch auf dem Tisch, als Antwort auf Aufforderungen. Die oben beschriebenen Bewegungen waren so unverkennbar, dass alle Anwesenden ohne Zögern ihre Überzeugung erklärten, dass sie unmöglich durch körperliche Krafteinwirkung eines der Anwesenden hervorgerufen worden sein konnten. Und sie erklärten weiter schriftlich, dass eine genaue Untersuchung des Tisches gezeigt habe, dass es sich um einen gewöhnlichen Esstisch handele, der keinerlei Maschinen oder Geräte irgendeiner Art aufweise. Der Tisch wurde mit nach oben gestellten

Beinen auf den Boden gelegt und so weit wie möglich auseinandergenommen.

Besondere Beobachtungen.

Diese Experimente sind lediglich eine Wiederholung und absolute Bestätigung derjenigen, die in diesem Buch von den ersten Seiten an beschrieben wurden. Doch reichen sie allein aus, um die eigenen Überzeugungen zu begründen.

Dieser erste Unterausschuss, dessen wichtigste Experimente wir hier vorgestellt haben, untersuchte nur physikalische Phänomene. Unterausschuss Nr. 2 beschäftigte sich insbesondere mit intelligenter Kommunikation und medialen Diktaten. Diese brauchen uns hier nicht aufzuhalten, sondern werden ihren Platz in einer speziellen Arbeit über Spiritismus finden.

Das gleiche Komitee veröffentlichte in seinem allgemeinen Bericht den folgenden Brief, um den es mich gebeten hatte:

Ich muss Ihnen, meine Herren, zunächst gestehen, dass eine beträchtliche Anzahl derjenigen, die sich „Medien" und „Spiritisten" nennen, Personen mit beschränkter Intelligenz sind, die nicht in der Lage sind, die experimentelle Methode auf die Untersuchung dieser Art von Phänomenen anzuwenden und deshalb oft Opfer ihrer Leichtgläubigkeit oder Unwissenheit werden. Andere, deren Zahl ebenfalls beträchtlich ist, sind Hochstapler, deren moralisches Empfinden durch die Gewohnheit des Betrugs so abgestumpft ist, dass sie scheinbar nicht in der Lage sind, die Abscheulichkeit ihres kriminellen Missbrauchs des Vertrauens derjenigen zu begreifen, die sich an sie wenden, um Unterweisung oder Trost zu erhalten.

Und selbst wenn das Thema ernsthaft und in gutem Glauben untersucht wird, ist die Kraft, die diese Phänomene hervorbringt, in ihrer Wirkung so launenhaft, dass bei der Durchführung jeglicher experimenteller Untersuchungen in Bezug auf diese Phänomene viele Verzögerungen und Enttäuschungen unvermeidlich sind. Es ist daher keine leichte Sache, die Hindernisse, die dem ernsthaften Forscher auf diese Weise in den Weg gelegt werden, beiseite zu räumen, diese Fehlerquellen zu beseitigen und zu echten Manifestationen der betreffenden Phänomene zu gelangen; man muss seinen eigenen Verstand bei der methodischen und gewissenhaften Untersuchung der hier diskutierten Faktenordnung sorgfältig vor allen Fehlern und aller Selbsttäuschung schützen. Dennoch zögere ich nicht, meine auf persönlicher Untersuchung des Themas beruhende Überzeugung zu bekräftigen, dass jeder Wissenschaftler, der die als „magnetisch", „somnambulistisch", „mediumistisch" und andere von der Wissenschaft noch nicht erklärten

Phänomene für „unmöglich" erklärt, jemand ist, der *spricht, ohne zu wissen, wovon er spricht* ; und auch jeder Mensch, der durch seine berufliche Beschäftigung an wissenschaftliche Beobachtung gewöhnt ist – vorausgesetzt, sein Geist ist nicht durch vorgefasste Meinungen beeinflusst und sein geistiger Blick nicht durch jene entgegengesetzte Art von Illusion geblendet, die in der gelehrten Welt leider allzu häufig vorkommt, nämlich in der Vorstellung, dass wir die Naturgesetze bereits kennen und dass alles, was die Grenzen unserer gegenwärtigen Formeln zu überschreiten scheint, unmöglich ist – kann eine radikale und absolute Gewissheit von der Realität der angeführten Tatsachen gewinnen.

Nach einer so kategorischen Behauptung ist es für mich kaum notwendig, den Mitgliedern der Dialectical Society zu versichern, dass ich durch meine eigene Beobachtung die absolute Gewissheit über die Realität dieser Phänomene erlangt habe …

Obwohl ich mich mangels schlüssiger Daten hinsichtlich der *Ursache* der sogenannten „spirituellen Phänomene" gezwungen sehe, diesbezüglich keine positiven Aussagen zu machen, möchte ich hinzufügen, dass die allgemeine Behauptung ihrer spirituellen Natur seitens der okkulten Kraft, die sich im letzten Vierteljahrhundert auf der ganzen Welt manifestiert hat, einen Aspekt des Falles darstellt, der aufgrund seiner Allgemeingültigkeit die Aufmerksamkeit des unparteiischen Forschers verdient. Die Geschichte der Menschheit liefert seit frühester Zeit Beispiele von Zufällen, Voraussagen und Ahnungen von Warnungen in bestimmten kritischen Momenten, von mehr oder weniger deutlich gesehenen Erscheinungen, die aufgrund von ebenso vertrauenswürdigen Beweisen wie denen aus anderen Zweigen der historischen Überlieferung spontan in der Erfahrung aller Nationen auftraten und die daher die Annahme der Möglichkeit einer Kommunikation zwischen inkarnierten und körperlosen Geistern stärken.

Ich möchte auch hinzufügen, dass meine eigenen Untersuchungen auf den Gebieten der Philosophie und der modernen Astronomie mich, wie allgemein bekannt ist, dazu geführt haben, eine persönliche und individuelle Sichtweise auf das Thema Raum und Zeit, die Vielzahl bewohnter Welten, die Ewigkeit und Allgegenwart der wirkenden Kräfte des Universums und die Unzerstörbarkeit der Seelen ebenso wie der Atome zu entwickeln.

Die Ewigkeit intelligenten Lebens muss als Ergebnis der harmonischen Abfolge siderischer Inkarnationen angesehen werden.

Da unsere Erde einer der Himmelskörper ist, ein Bereich planetarischer Existenz, und unser gegenwärtiges Leben eine Phase unserer ewigen Dauer darstellt, erscheint es nur natürlich (das *Übernatürliche* existiert nicht), dass eine permanente Verbindung zwischen den Sphären, Körpern und Seelen des Universums besteht, und daher ist es durchaus wahrscheinlich, dass die

Existenz dieser Verbindung im Laufe der Zeit durch fortschreitende wissenschaftliche Entdeckungen bewiesen wird.

Es wäre schwierig, die Bedeutung der hier zur Diskussion gestellten Fragen zu überschätzen; und ich habe mit lebhafter Genugtuung die edle Initiative gesehen, die durch die Bildung Ihres Untersuchungsausschusses von einer Gruppe so angesehener Männer wie den Mitgliedern der Dialectical Society zur experimentellen Untersuchung dieser äußerst interessanten Phänomene ergriffen wurde. Ich freue mich daher sehr, dem Tenor Ihres Briefes zu entsprechen, indem ich Ihnen die bescheidene Würdigung meiner Beobachtungen zu dem betreffenden Thema sende und so die Gelegenheit habe, Ihrer Gesellschaft den Ausdruck meiner aufrichtigsten guten Wünsche für die baldige Aufklärung der Geheimnisse der Natur zu übermitteln, die noch nicht in den Bereich der positiven Wissenschaft gebracht wurden.

Ich bin, Sir, mit freundlichen Grüßen,
CAMILLE FLAMMARION ,
10, Rue des Moineaux (Palais Royal).

Paris, 8. Mai 1870.

Die obige Zusammenfassung der Arbeiten der Dialectical Society of London zeigt einmal mehr, dass mediale Phänomene schon vor langer Zeit den Weg wissenschaftlicher Experimente beschritten haben. Es scheint, als könnten nur die willentlich Blinden ihnen fortan ihre Treue verweigern.

Die Ergebnisse der beschriebenen Studien geben auch eine Antwort auf die häufig gestellte Frage, ob man ähnliche Experimente durchführen kann, ohne ein echtes Medium zu kennen. Ich antworte, dass es bei jeder Versammlung von einem Dutzend Personen immer ein oder mehrere Medien geben wird. Dies wurde durch die Sitzungen des Grafen von Gasparin bewiesen.

Der englische Bericht enthält außerdem (25. Mai 1869) eine Mitteilung des Elektrikers Cromwell Varley, in der er erklärt, dass mediale Phänomene von keinem Beobachter mit gutem Glauben in Abrede gestellt werden könnten und dass seiner Ansicht nach die Hypothese körperloser Geister die beste Erklärung für sie sei - schlichte, gewöhnliche Geister (als etwas Allgemeines), wie sie bei der Mehrheit der Bürger unseres Planeten vorhanden sind.

Die wissenschaftlichen Experimente des Komitees der Dialectical Society wurden von der 1882 gegründeten „Society for Psychical Research" fortgeführt, deren aufeinanderfolgende Präsidenten Professor Sidgwick, Professor Balfour Stewart, Professor Sidgwick zum zweiten Mal, Professor William James, Sir William Crookes, Frederick Myers, Sir Oliver Lodge und Professor Richet waren – allesamt herausragende Persönlichkeiten in den Bereichen Wissenschaft und Bildung. Lassen Sie mich hier die hervorragende Arbeit von Dr. Hodgson und Professor Hyslop im amerikanischen Zweig dieser Gesellschaft erwähnen.

Die Experimente wurden von dem berühmten Chemiker Sir William Crookes auf meisterhafte Weise fortgeführt und brachten ihm die wundersamsten Ergebnisse. Meine Leser werden dies bald erkennen.

KAPITEL IX

DIE EXPERIMENTE VON SIR WILLIAM CROOKES

Der gelehrte Chemiker Sir William Crookes, Mitglied der Royal Society of London, Autor mehrerer erstklassiger Entdeckungen (zu denen die Entdeckung des Metalls Thallium im Jahr 1861 zählt) und ausgeklügelter Experimente mit „strahlender Materie" ist, veröffentlichte seine ersten Forschungen zu dem hier behandelten Thema in einer Zeitschrift, deren Herausgeber er war – dem *Quarterly Journal of Science* .

Ich hatte die Ehre, einige astronomische Artikel zu dieser Zeitschrift beizutragen. [62] Ich werde meinen Lesern zunächst einen Auszug aus Mr. Crookes' Artikel vom 1. Juli 1871 mit dem Titel „Experimentelle Untersuchung einer neuen Kraft" vorlegen, in dem er seine Studien mit Home beschreibt. Ich hatte auch selbst mehr als einmal Gelegenheit, mit diesem Medium zu sprechen. [63]

Vor zwölf Monaten schrieb ich in dieser Zeitschrift am 1. Juli 1870 einen Artikel, in dem ich, nachdem ich auf das nachdrücklichste meinen Glauben an das Auftreten von Phänomenen unter bestimmten Umständen zum Ausdruck gebracht hatte, die durch keine bekannten Naturgesetze erklärbar sind, mehrere Tests angab, die Wissenschaftler zu Recht verlangen durften, bevor sie der Echtheit dieser Phänomene Glauben schenkten. Zu den genannten Tests gehörte, dass eine „empfindlich ausbalancierte Waage unter Testbedingungen bewegt werden" und dass eine Kraftentfaltung, die so vielen „Fuß-Pfund" entspricht, „in seinem Laboratorium gezeigt werden sollte, wo die Experimentatoren sie wiegen, messen und geeigneten Tests unterziehen konnten". Ich sagte auch, dass ich nicht versprechen könne, auf dieses Thema eingehen zu können, da es schwierig sei, Gelegenheiten zu erhalten, und die Untersuchungen zahlreiche Fehlschläge mit sich brachten; außerdem „sind die Personen, in deren Gegenwart diese Phänomene stattfinden, nur wenige, und Gelegenheiten zum Experimentieren mit vorher zusammengestellten Geräten sind noch seltener."

Da sich mir seitdem Gelegenheiten zur weiteren Untersuchung boten, habe ich sie gerne genutzt, um diese Phänomene sorgfältig wissenschaftlich zu testen. So bin ich zu bestimmten Ergebnissen gekommen, die ich veröffentlichen möchte. Diese Experimente scheinen die Existenz einer neuen Kraft schlüssig zu beweisen, die auf unbekannte Weise mit der menschlichen Organisation verbunden ist und der Einfachheit halber als Psychische Kraft bezeichnet werden kann.

Von allen Personen, die mit einer starken Entwicklung dieser psychischen Kraft ausgestattet sind und die aufgrund einer ganz anderen Theorie ihres

Ursprungs als „Medien" bezeichnet wurden, ist Mr. Daniel Dunglas Home der bemerkenswerteste, und es ist hauptsächlich den vielen Gelegenheiten zu verdanken, die ich hatte, meine Untersuchungen in seiner Gegenwart durchzuführen, dass ich in der Lage bin, die Existenz dieser Kraft so schlüssig zu bestätigen. Die Experimente, die ich versucht habe, waren sehr zahlreich , aber aufgrund unserer unvollständigen Kenntnis der Bedingungen, die die Manifestationen dieser Kraft begünstigen oder behindern, der anscheinend launenhaften Art und Weise, in der sie ausgeübt wird, und der Tatsache, dass Mr. Home selbst unerklärlichen Schwankungen der Kraft ausgesetzt ist, ist es nur selten vorgekommen, dass ein bei einer Gelegenheit erzieltes Ergebnis später bestätigt und mit speziell für diesen Zweck konstruierten Geräten getestet werden konnte.

Zu den bemerkenswerten Phänomenen, die unter Mr. Homes Einfluss auftreten, gehören die auffälligsten und am einfachsten mit wissenschaftlicher Genauigkeit zu testenden: (1) die Veränderung des Körpergewichts und (2) das Spielen von Melodien auf Musikinstrumenten (in der Regel einem Akkordeon, da es bequem zu transportieren ist) ohne direkte menschliche Intervention unter Bedingungen, die Kontakt oder Verbindung mit den Tasten unmöglich machen. Erst nachdem ich diese Tatsachen etwa ein halbes Dutzend Mal erlebt und sie mit meinem ganzen kritischen Scharfsinn untersucht hatte, war ich von ihrer objektiven Realität überzeugt. Da ich die Sache dennoch über jeden Zweifel erhaben wollte, lud ich Mr. Home mehrmals zu mir nach Hause ein, wo diese Phänomene in Anwesenheit einiger wissenschaftlicher Forscher entscheidenden Experimenten unterzogen werden konnten.

Die Treffen fanden abends in einem großen, mit Gas beleuchteten Raum statt. Der Apparat, der zum Testen der Bewegungen des Akkordeons vorbereitet wurde, bestand aus einem Käfig aus zwei Holzreifen mit einem Durchmesser von 1 Fuß 10 Zoll bzw. 2 Fuß, die durch 12 schmale Latten von jeweils 1 Fuß 10 Zoll Länge miteinander verbunden waren, so dass ein trommelförmiger Rahmen entstand, der oben und unten offen war. Um diesen Käfig wurden 50 Yards isolierter Kupferdraht in 24 Runden gewickelt, wobei jede weniger als einen Zoll von der anderen entfernt war. Die horizontalen Drahtstränge wurden dann fest mit Schnur zusammengebunden, so dass Maschen von weniger als 2 Zoll Länge und 1 Zoll Höhe entstanden. Die Höhe dieses Käfigs war so, dass er gerade so unter meinen Esstisch passte, aber zu nah an der Oberseite war, um die Hand hineinführen oder einen Fuß darunter schieben zu können. In einem anderen Raum befanden sich zwei Grove-Zellen, von denen Drähte in das Esszimmer geführt wurden, um sie, falls gewünscht, mit dem Draht zu verbinden, der den Käfig umgab.

Das Akkordeon war neu und wurde von mir für diese Experimente bei Wheatstone in der Conduit Street gekauft. Mr. Home hatte das Instrument vor Beginn der Testexperimente weder in der Hand gehabt noch gesehen.

In einem anderen Teil des Raumes wurde ein Apparat aufgestellt, um die Gewichtsveränderung eines Körpers zu untersuchen. Er bestand aus einem Mahagonibrett, 36 Zoll lang, 9½ Zoll breit und 1 Zoll dick. An jedem Ende war ein 1½ Zoll breiter Mahagonistreifen angeschraubt, der die Füße bildete. Ein Ende des Bretts ruhte auf einem stabilen Tisch, während das andere Ende von einer Federwaage getragen wurde, die an einem massiven Dreibeinständer hing. Die Waage war mit einem selbstregistrierenden Index ausgestattet, der das vom Zeiger angezeigte Höchstgewicht aufzeichnete. Der Apparat wurde so eingestellt, dass das Mahagonibrett waagerecht war und sein Fuß flach auf der Unterlage ruhte. In dieser Position wog das Brett 3 Pfund, wie vom Zeiger der Waage angezeigt.

TAFEL XII. KÄFIG AUS ELEKTRISCH GELADENEM KUPFERDRAHT, DER VON PROFESSOR CROOKES IM HEIMAKKORDEON -EXPERIMENT VERWENDET WURDE.

Bevor Mr. Home das Zimmer betrat, war der Apparat bereits aufgestellt, und er hatte nicht einmal den Zweck einiger Teile davon erklärt, bevor er sich hinsetzte. Um einigen kritischen Bemerkungen vorzugreifen, die wahrscheinlich gemacht werden, ist es vielleicht angebracht hinzuzufügen, dass ich Mr. Home am Nachmittag in seiner Wohnung aufsuchte, und als er dort war, meinte er, da er sich umziehen müsse, hätte ich vielleicht nichts dagegen, unser Gespräch in seinem Schlafzimmer fortzusetzen. Ich kann daher mit Sicherheit sagen, dass er keinerlei Maschinen, Apparate oder Vorrichtungen jeglicher Art bei sich trug.

Die bei dem Test anwesenden Forscher waren ein hervorragender Physiker mit hohem Rang in der Royal Society, [64] ein bekannter Sergeant-at-Law, [65] mein Bruder und mein chemischer Assistent.

Mr. Home saß in einem niedrigen Sessel an der Seite des Tisches. Vor ihm unter dem Tisch befand sich der besagte Käfig, an dessen beiden Seiten sich eines seiner Beine befand. Ich saß links neben ihm, und ein weiterer Beobachter saß rechts neben ihm, während der Rest der Gruppe in bequemen Abständen um den Tisch herum saß.

Den größten Teil des Abends, insbesondere wenn etwas Wichtiges passierte, hielten die Beobachter zu beiden Seiten von Mr. Home ihre Füße auf seinen Füßen, um jede seiner kleinsten Bewegungen wahrnehmen zu können.

Die Temperatur im Raum schwankte zwischen 20 und 21 Grad Celsius.

Herr Home nahm das Akkordeon zwischen Daumen und Mittelfinger einer Hand am den Tasten gegenüberliegenden Ende (siehe Tafel XII A) (um Wiederholungen zu vermeiden, wird dies im Folgenden „in der üblichen Weise" genannt).

Nachdem ich zuvor selbst die Bassklappe geöffnet und den Käfig unter dem Tisch hervorgezogen hatte, um gerade so viel Platz für das Akkordeon mit den Tasten nach unten zu lassen, schob ich es so nah zurück, wie es Mr. Homes Arm zuließ, ohne jedoch seine Hand vor den Nachbarn zu verbergen (Tafel XII, Schnitt B). Sehr bald sahen die Anwesenden zu beiden Seiten, dass das Akkordeon auf etwas merkwürdige Weise hin und her schwang; dann kamen Töne heraus und schließlich wurden mehrere Noten nacheinander gespielt. Während dies geschah, ging mein Assistent unter den Tisch und meldete, dass sich das Akkordeon ausdehnte und zusammenzog; gleichzeitig sah man, dass Mr. Homes Hand, mit der er es hielt, ganz still war, während seine andere Hand auf dem Tisch ruhte.

Bald sahen die Leute zu beiden Seiten von Mr. Home, wie sich das Akkordeon bewegte, oszillierte und sich im Käfig drehte und dabei spielte. Dr. AB schaute nun unter den Tisch und sagte, dass Mr. Homes Hand ganz ruhig schien, während sich das Akkordeon bewegte und deutliche Töne von sich gab .

Mr. Home hielt das Akkordeon noch immer wie gewohnt im Käfig, seine Füße wurden von denen neben ihm gehalten und seine andere Hand ruhte auf dem Tisch. Wir hörten deutliche und getrennte Töne nacheinander erklingen und dann wurde eine einfache Melodie gespielt. Da ein solches Ergebnis nur durch harmonische Abfolge der verschiedenen Tasten des Instruments zustande kommen konnte, wurde dies von den Anwesenden als entscheidendes Experiment angesehen.

Aber die Fortsetzung war noch bemerkenswerter, denn dann nahm Mr. Home seine Hand ganz vom Akkordeon, nahm es ganz aus dem Käfig und legte es in die Hand der Person neben ihm. Das Instrument spielte dann weiter, ohne dass es jemand berührte und keine Hand in der Nähe war.

Ich wollte nun ausprobieren, welche Wirkung es hätte, wenn der Batteriestrom um den isolierten Draht des Käfigs geleitet würde, und mein Assistent stellte dementsprechend die Verbindung mit den Drähten der beiden Grove-Zellen her. Mr. Home hielt das Instrument wieder auf die gleiche Weise wie zuvor in den Käfig, woraufhin es sofort klang und sich heftig bewegte. Aber ob der elektrische Strom, der um den Käfig herumfloss, die Kraftentfaltung im Inneren unterstützte, lässt sich nicht sagen.

Nach diesem Experiment begann das Akkordeon, das er in einer Hand hielt, zu spielen, zuerst Akkorde und Läufe und dann eine bekannte süße und klagende Melodie, die auf sehr schöne Weise perfekt ausgeführt wurde. Während diese Melodie gespielt wurde, ergriff ich Mr. Homes Arm unterhalb des Ellbogens und ließ meine Hand sanft daran entlang gleiten, bis ich die Oberseite des Akkordeons berührte. Er bewegte keinen Muskel. Seine andere Hand lag auf dem Tisch, für alle sichtbar, und seine Füße waren unter den Füßen derer, die neben ihm standen.

Nachdem wir bei den Experimenten mit dem Akkordeon im Käfig so erstaunliche Ergebnisse erzielt hatten, wandten wir uns dem bereits beschriebenen Waageapparat zu. Mr. Home legte die Fingerspitzen leicht auf das äußerste Ende des Mahagonibretts, das auf der Stütze ruhte, während Dr. AB und ich, einer auf jeder Seite, saßen und auf etwaige Effekte achteten. Fast augenblicklich sah man, wie der Zeiger der Waage nach unten ging. Nach einigen Sekunden stieg er wieder. Diese Bewegung wiederholte sich mehrere Male, als ob sie durch aufeinanderfolgende Wellen der psychischen Kraft verursacht würde. Während des Experiments beobachtete man, wie das Ende des Bretts langsam auf und ab schwang.

Mr. Home nahm nun von sich aus eine kleine Handglocke und eine kleine Streichholzschachtel, die zufällig in der Nähe waren, und legte eine unter jede Hand, um uns, wie er sagte, zu überzeugen, dass er keinen Abwärtsdruck erzeugte (siehe Abb. 3). Die sehr langsame Schwingung der Federwaage wurde deutlicher, und Dr. AB, der den Index beobachtete, sagte, er habe gesehen, wie er auf 6½ Pfund abfiel. Da das Normalgewicht des so aufgehängten Bretts 3 Pfund betrug, betrug der zusätzliche Abwärtszug demzufolge 3½ Pfund. Als wir unmittelbar danach auf das automatische Zählwerk schauten, sahen wir, dass der Index zeitweise auf bis zu 9 Pfund abgesunken war, was einen maximalen Zug von 6 Pfund auf einem Brett anzeigte, dessen Normalgewicht 3 Pfund betrug.

Um zu sehen, ob es möglich war, durch Druck an der Stelle, an der sich Mr. Homes Finger befunden hatten, eine große Wirkung auf die Federwaage auszuüben, trat ich auf den Tisch und stellte mich mit einem Fuß auf das Ende der Platte. Dr. AB, der den Zeiger der Waage beobachtete, sagte, dass das gesamte Gewicht meines Körpers (140 Pfund), das auf diese Weise aufgebracht wurde, den Zeiger nur um 1½ Pfund oder 2 Pfund senkte, als ich ihn schüttelte. Mr. Home hatte in einem niedrigen Sessel gesessen und hätte daher, selbst wenn er sein Bestes gegeben hätte, keinen wesentlichen Einfluss auf diese Ergebnisse ausüben können. Ich muss wohl kaum hinzufügen, dass seine Füße und Hände von allen im Raum streng bewacht wurden.

Dieses Experiment scheint mir, wenn überhaupt, noch eindrucksvoller als das mit dem Akkordeon. Wie man beim Betrachten des Schnitts (Abb. 3) sehen wird, war das Brett vollkommen horizontal angeordnet, und es fiel besonders auf, dass Mr. Homes Finger zu keinem Zeitpunkt mehr als 1½ Zoll vom äußersten Ende entfernt waren, wie eine Bleistiftmarkierung zeigt, die ich damals mit Dr. ABs Duldung machte. Da der Holzfuß ebenfalls 1½ Zoll breit ist und flach auf dem Tisch ruht, ist es offensichtlich, dass kein Druck, der innerhalb dieses 1½ Zoll großen Raums ausgeübt wird, irgendeine Wirkung auf das Gleichgewicht haben kann. Es ist auch offensichtlich, dass sich das Brett, wenn das von Mr. Home am weitesten entfernte Ende nachgab, auf der entfernteren Kante dieses Fußes wie auf einem Drehpunkt drehte.

ABB. 3.

Die Anordnung entsprach folglich der einer Wippe mit einer Länge von 36 Zoll, wobei sich der Drehpunkt 1½ Zoll von einem Ende entfernt befand. Hätte er daher einen nach unten gerichteten Druck ausgeübt, so wäre dieser der Kraft entgegengerichtet gewesen, die das andere Ende des Bretts nach unten bewegte.

Der leichte Abwärtsdruck, den die Waage beim Stehen auf dem Brett ausübte, war wahrscheinlich darauf zurückzuführen, dass mein Fuß über diesen Drehpunkt hinausragte.

Ich habe nun eine einfache und ungeschminkte Darstellung der Fakten gegeben, die auf ausführlichen Notizen beruht, die ich mir während der Vorkommnisse gemacht und unmittelbar danach vollständig kopiert habe.

In Bezug auf die Ursache dieser Phänomene, die Natur der Kraft, die ich, um Umschreibungen zu vermeiden, als „ *psychisch* " *bezeichnet habe* , und die Korrelation zwischen dieser und den anderen Kräften der Natur wäre es falsch, auch nur die vageste Hypothese zu wagen. Bei Untersuchungen, die so eng mit seltenen physiologischen und psychologischen Zuständen zusammenhängen, ist es tatsächlich die Pflicht des Forschers, sich ganz und gar von der Formulierung von Theorien zurückzuhalten, bis er genügend Fakten gesammelt hat, um eine stichhaltige Grundlage für seine Schlussfolgerungen zu bilden. Angesichts seltsamer, bisher unerforschter und unerklärter Phänomene, die in so schneller Folge aufeinander folgen, ist es, wie ich zugeben muss, schwierig, ihre Beschreibung nicht in eine sensationelle Sprache zu kleiden. Aber um erfolgreich zu sein, muss der Philosoph eine Untersuchung dieser Art ohne Vorurteile und ohne Sentimentalität angehen. Romantische und abergläubische Ideen sollten vollständig verbannt werden, und die Schritte seiner Untersuchung sollten von einem Intellekt geleitet werden, der ebenso kalt und leidenschaftslos ist wie die Instrumente, die er verwendet.

In diesem Zusammenhang schrieb Herr Cox an Herrn Crooks:

Die Ergebnisse scheinen mir die wichtige Tatsache schlüssig zu belegen, dass es eine Kraft gibt, die vom Nervensystem ausgeht und in der Lage ist, festen Körpern in ihrem Einflussbereich Bewegung und Gewicht zu verleihen.

Mir fiel auf, dass die Kraft in Form von zitternden Pulsationen und nicht in Form von stetigem, kontinuierlichem Druck auftrat, wobei der Indikator während des gesamten Experiments unaufhörlich stieg und fiel. Diese Tatsache scheint mir von großer Bedeutung zu sein, da sie dazu neigt, die Meinung zu bestätigen, dass ihre Quelle die Nervenorganisation ist, und sie trägt wesentlich zur Untermauerung von Dr. Richardsons wichtiger Entdeckung einer Nervenatmosphäre unterschiedlicher Intensität bei, die den menschlichen Körper umhüllt.

Ihre Experimente bestätigen voll und ganz die Schlussfolgerung, zu der das Untersuchungskomitee der Dialektischen Gesellschaft nach mehr als vierzig Sitzungen zum Zwecke der Erprobung und Prüfung gelangte.

Lassen Sie mich hinzufügen, dass ich keinen auch nur annähernd überzeugenden Beweis dafür finden kann, dass diese Kraft etwas anderes ist als eine Kraft, die von der menschlichen Organisation ausgeht oder direkt von ihr abhängt, und dass sie daher, wie alle anderen Naturkräfte, ganz und gar in den Bereich der streng wissenschaftlichen Untersuchung fällt, der Sie sie als Erster unterzogen haben.

Jetzt, da durch mechanische Tests bewiesen ist, dass es sich um eine Tatsache in der Natur handelt (und wenn es sich um eine Tatsache handelt, kann man ihre Bedeutung für die Physiologie und das Licht, das sie auf die dunklen Gesetze des Lebens, des Geistes und der Medizin werfen muss, nicht übertreiben), wird sie unweigerlich eine sofortige und ernsthafte Untersuchung und Diskussion durch Physiologen und alle erfordern, die sich für dieses Wissen über den „Menschen" interessieren, das mit Recht als „das edelste Studienfach der Menschheit" bezeichnet wurde.

Um den Anschein einer ausgemachten Sache zu vermeiden, empfehle ich die Wahl eines passenden Namens und schlage vor, dass die Kraft die „Psychische Kraft" genannt wird; die Personen, bei denen sie sich in außergewöhnlicher Stärke manifestiert, „Übersinnliche"; und die Wissenschaft, die sich auf sie bezieht, „Psychismus" genannt wird, da es sich um einen Zweig der Psychologie handelt.

Der vorhergehende Artikel wurde von William Crookes gesondert in einer speziellen Broschüre veröffentlicht, die mir vorliegt [66] und die außerdem die folgende Studie enthält, die vom menschlichen und anekdotischen Standpunkt aus nicht weniger interessant ist als vom Standpunkt des physikalischen Experimentators:

Als ich in diesem Journal zum ersten Mal erklärte, dass ich im Begriff sei, die Phänomene des sogenannten Spiritismus zu untersuchen, rief die Ankündigung allgemeine Zustimmung hervor. Einer sagte, dass meine „Aussagen respektvolle Berücksichtigung verdienten"; ein anderer drückte „tiefe Genugtuung darüber aus, dass das Thema von einem so gründlich qualifizierten Mann untersucht werden sollte" usw.; ein dritter war „erfreut darüber, dass die Angelegenheit nun die Aufmerksamkeit kühler und klar denkender Männer mit anerkannter Stellung in der Wissenschaft erhält"; ein vierter behauptete, dass „niemand an Mr. Crookes Fähigkeit zweifeln könne, die Untersuchung mit strenger philosophischer Unparteilichkeit durchzuführen"; und ein fünfter war so nett, seinen Lesern zu sagen, dass „wenn Männer wie Mr. Crookes sich mit dem Thema auseinandersetzen und nichts als selbstverständlich hinnehmen, bis es bewiesen ist, werden wir bald wissen, wie viel wir glauben können."

Diese Bemerkungen wurden jedoch zu hastig geschrieben. Die Autoren gingen davon aus, dass die Ergebnisse meiner Experimente mit ihren Vorurteilen übereinstimmen würden. Was sie wirklich wollten, war nicht *die Wahrheit* , sondern ein zusätzlicher Zeuge zur Unterstützung ihrer eigenen vorgefassten Meinung. Als sie feststellten, dass die Fakten, die diese Untersuchung ergab, nicht mit diesen Meinungen in Einklang gebracht werden konnten, warum - "umso schlimmer für die Fakten". Sie versuchen, sich aus ihren eigenen selbstbewussten Empfehlungen der Untersuchung herauszuwinden, indem sie erklären, dass "Mr. Home ein geschickter Zauberer ist, der uns alle betrogen hat". "Mr. Crookes könnte mit gleicher

Berechtigung die Darbietungen eines indischen Jongleurs untersuchen". "Mr. Crookes muss bessere Zeugen finden, bevor man ihm glauben kann". "Die Sache ist zu absurd, um sie ernst zu nehmen ". "Sie ist unmöglich und kann daher nicht sein". [67] "Die Beobachter wurden alle biologisiert (!) und bilden sich ein, Dinge gesehen zu haben, die in Wirklichkeit nie stattgefunden haben" usw.

Diese Bemerkungen implizieren eine merkwürdige Vergessenheit der eigentlichen Funktionen, die der wissenschaftliche Forscher zu erfüllen hat. Es überrascht mich kaum, wenn die Gegner sagen, ich sei getäuscht worden, nur weil sie ohne persönliche Untersuchung nicht überzeugt sind, da alle großen Entdeckungen mit derselben unwissenschaftlichen Art der *a priori* - Argumentation konfrontiert wurden. Wenn mir gesagt wird, dass das, was ich beschreibe, nicht in Übereinstimmung mit vorgefassten Vorstellungen der Naturgesetze erklärt werden kann, geht der Gegner in Wirklichkeit an der eigentlichen Frage vorbei und greift auf eine Art der Argumentation zurück, die die Wissenschaft zum Stillstand bringt. Das Argument dreht sich in einem Teufelskreis: Wir dürfen eine Tatsache nicht behaupten, bis wir wissen, dass sie den Naturgesetzen entspricht, während unser einziges Wissen über die Naturgesetze auf einer umfassenden Beobachtung von Tatsachen beruhen muss. Wenn eine neue Tatsache dem zu widersprechen scheint, was als Naturgesetz bezeichnet wird, beweist dies nicht, dass die behauptete Tatsache falsch ist, sondern nur, dass wir noch nicht alle Naturgesetze ermittelt oder sie nicht richtig gelernt haben.

In seiner Eröffnungsrede vor der British Association in Edinburgh in diesem Jahr (1871) sagte Sir William Thomson: „Die Wissenschaft ist durch das ewige Gesetz der Ehre verpflichtet, sich jedem Problem, das ihr gerecht präsentiert werden kann, furchtlos zu stellen." Mein Ziel, indem ich die Ergebnisse einer sehr bemerkenswerten Reihe von Experimenten hiermit dokumentiere, ist es, ein solches Problem zu präsentieren, dem sich die Wissenschaft laut Sir William Thomson „durch das ewige Gesetz der Ehre verpflichtet hat, sich furchtlos zu stellen." Es genügt nicht, seine Existenz einfach zu leugnen oder zu versuchen, es herunterzulachen. Denken Sie daran, ich wage keinerlei Hypothese oder Theorie, ich bürge lediglich für bestimmte Tatsachen, mein einziges Ziel ist – die *Wahrheit* . Zweifeln Sie, aber leugnen Sie nicht; weisen Sie mit strengster Kritik auf das hin, was in meinen experimentellen Tests als Irrtümer betrachtet wird, und schlagen Sie schlüssigere Versuche vor; aber lassen Sie uns nicht voreilig unsere Sinne als lügende Zeugen bezeichnen, nur weil sie gegen Vorurteile aussagen. Ich sage meinen Kritikern: Probieren Sie die Experimente aus; untersuchen Sie mit Sorgfalt und Geduld, wie ich es getan habe. Wenn Sie nach einer Prüfung feststellen, dass es sich um Betrug oder Täuschung handelt, geben Sie es bekannt und sagen Sie, wie es dazu kam. Wenn Sie jedoch feststellen, dass es sich um eine Tatsache handelt, bekennen Sie es furchtlos, wie Sie es „nach dem ewigen Gesetz der Ehre" tun müssen.

In diesem Teil seiner Arbeit erinnert Professor Crookes an die Experimente des Grafen de Gasparin und von Thury (siehe oben) zum Phänomen der bewiesenen und demonstrierten Bewegung von Körpern ohne Kontakt. Darauf müssen wir nicht zurückkommen. Er fügt hinzu, dass die ektenische Kraft von Professor Thury und die psychische Kraft gleichwertige Begriffe sind und dass auch die nervöse Atmosphäre oder Flüssigkeit von Dr. Benjamin Richardson hierher gehört.

Professor Crookes schickte seine Beobachtungen an die Royal Society, deren Mitglied er ist. Die Gesellschaft lehnte seine Mitteilungen ab. Die Beweise zeigen, dass sie die Einmischung des begabten Chemikers in ketzerische und okkulte Forschungen nur billigte, weil er die Täuschung all dieser Wunder bewies.

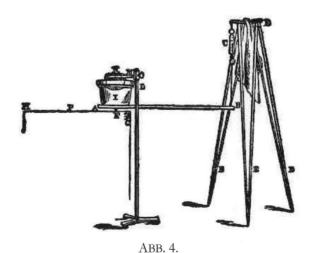

ABB. 4.

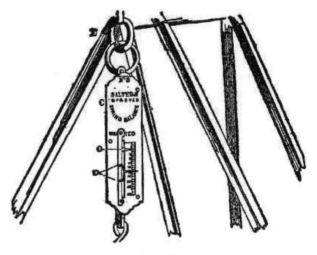

ABB. 5.

Professor Stokes, der Sekretär, weigerte sich, das Thema überhaupt zu behandeln oder auch nur die Titel der Aufsätze in die Veröffentlichungen der Gesellschaft aufzunehmen. Es war eine genaue Wiederholung dessen, was 1853 an der Akademie der Wissenschaften in Paris geschah. Professor Crookes verhöhnte diese willkürlichen und unwissenschaftlichen Urteile und Ablehnungen und antwortete darauf, indem er die detaillierte Beschreibung seiner Experimente veröffentlichte. Im Folgenden sind die wesentlichen Punkte dieser Beschreibung aufgeführt:

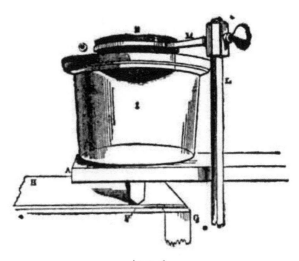

ABB. 6.

Als ich diese Experimente zum ersten Mal durchführte, dachte ich, dass der tatsächliche Kontakt zwischen Mr. Homes Händen und dem aufgehängten Körper, dessen Gewicht verändert werden sollte, für die Entfaltung der Kraft wesentlich sei. Später stellte ich jedoch fest, dass dies keine notwendige Voraussetzung war, und arrangierte meinen Apparat daher folgendermaßen:

Die beigefügten Schnitte (Abb. 4, 5, 6) erläutern die Anordnung. Abb. 4 ist eine allgemeine Ansicht, und Abb. 5 und 6 zeigen die wesentlichen Teile detaillierter. Die Bezugsbuchstaben sind in jeder Abbildung gleich. AB ist ein Mahagonibrett, 36 Zoll lang, 9½ Zoll breit und 1 Zoll dick. Es ist am Ende B an einer Federwaage C aufgehängt, die mit einem automatischen Zählwerk D ausgestattet ist. Die Waage ist an einem sehr stabilen Dreibeinständer E aufgehängt.

Das folgende Gerät ist in den Abbildungen nicht dargestellt. An den beweglichen Index O der Federwaage ist eine dünne Stahlspitze angelötet, die horizontal nach außen ragt. Vor der Waage, fest mit ihr verbunden, befindet sich ein geriffelter Rahmen, der eine flache Box trägt, die der dunklen Box einer Fotokamera ähnelt. Diese Box bewegt sich durch ein Uhrwerk horizontal vor dem beweglichen Index und enthält eine über einer Flamme geräucherte Glasplatte. Die hervorstehende Stahlspitze hinterlässt auf dieser geräucherten Oberfläche eine Markierung.

Wenn die Waage ruht und die Uhr in Gang gesetzt wird, ist das Ergebnis eine vollkommen gerade horizontale Linie. Wenn die Uhr angehalten wird und Gewichte auf das Ende B des Bretts gelegt werden, ist das Ergebnis eine vertikale Linie, deren Länge vom angelegten Gewicht abhängt. Wenn, während die Uhr die Platte entlangzieht, das Gewicht des Bretts (oder die Spannung auf der Waage) variiert, ist das Ergebnis eine gekrümmte Linie, aus der die Spannung in den Körnern zu jedem Zeitpunkt während der Fortsetzung der Experimente berechnet werden kann.

Das Instrument konnte sowohl eine Abnahme als auch eine Zunahme der Gravitationskraft registrieren; eine solche Abnahme wurde häufig registriert. Um Komplikationen zu vermeiden, werde ich mich hier jedoch nur auf Ergebnisse beziehen, bei denen eine Zunahme der Gravitation festgestellt wurde.

Das Ende B des Bretts wird von der Federwaage gestützt, das Ende A ruht auf einem Holzstreifen F, der quer über die Unterseite geschraubt und messerscharf zugeschnitten ist (siehe Abb. 6). Dieser Drehpunkt ruht auf einem stabilen und schweren Holzständer G H. Auf dem Brett, genau über dem Drehpunkt, steht ein großes, mit Wasser gefülltes Glasgefäß I. L ist ein massiver Eisenständer mit einem Arm und einem Ring MN, in dem ein halbkugelförmiges Kupfergefäß mit mehreren Löchern am Boden ruht.

Der Eisenständer ist zwei Zoll vom Brett AB entfernt, und der Arm und das Kupfergefäß MN sind so eingestellt, dass letzteres 1½ Zoll ins Wasser eintaucht, also 5½ Zoll vom Boden von I und 2 Zoll von seinem Umfang. Das Schütteln oder Schlagen des Arms M oder des Gefäßes N hat keine nennenswerte mechanische Wirkung auf das Brett AB, die das Gleichgewicht beeinträchtigen könnte. Das vollständige Eintauchen der Hand in das Wasser in N hat nicht die geringste nennenswerte Wirkung auf das Gleichgewicht.

Da die mechanische Kraftübertragung durch Herrn Home zwischen dem Kupfergefäß und dem Brett AB auf diese Weise vollständig unterbrochen wird, ist auch die Kraft der Muskelkontrolle dadurch vollständig ausgeschaltet.

In dem Raum, in dem die Experimente durchgeführt wurden (mein eigenes Esszimmer), war es immer hell genug, um alles zu sehen, was geschah. Darüber hinaus wiederholte ich die Experimente nicht nur mit Mr. Home, sondern auch mit einer anderen Person, die über ähnliche Fähigkeiten verfügte.

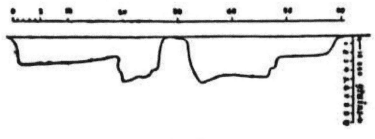

ABB. 7.

Experiment I. – Nachdem der Apparat richtig eingestellt worden war, bevor Mr. Home den Raum betrat, wurde er hereingebracht und gebeten, seine Finger in das Wasser im Kupfergefäß N zu halten. Er stand auf und tauchte die Fingerspitzen seiner rechten Hand in das Wasser, während seine andere Hand und seine Füße festgehalten wurden. Als er sagte, er spüre eine Kraft, Macht oder einen Einfluss, der von seiner Hand ausgeht, setzte ich die Uhr in Gang, und fast sofort sah man, wie das Ende B des Bretts langsam absinkt und etwa 10 Sekunden unten bleibt; dann sank es ein wenig weiter und stieg danach auf seine normale Höhe. Dann sank es wieder, stieg plötzlich auf, sank allmählich 17 Sekunden lang und stieg schließlich auf seine normale Höhe, wo es blieb, bis das Experiment beendet war. Der niedrigste auf dem Glas markierte Punkt entsprach einem direkten Zug von etwa 5.000 Grains.

Die beigefügte Abbildung 7 ist eine Kopie der auf dem Glas nachgezeichneten Kurve.

Experiment II. — Da sich der Kontakt durch Wasser als ebenso wirksam wie tatsächlicher mechanischer Kontakt erwiesen hatte, wollte ich sehen, ob die Kraft oder Macht das Gewicht entweder durch andere Teile des Apparats oder durch die Luft beeinflussen konnte. Das Glasgefäß und der Eisenständer usw. wurden daher als unnötige Komplikation entfernt und Mr. Homes Hände wurden bei P (Abb. 4) auf den Ständer des Apparats gelegt. Ein anwesender Herr legte seine Hand auf Mr. Homes Hände und seinen Fuß auf beide Füße von Mr. Home, und ich beobachtete ihn auch die ganze Zeit aufmerksam. Im richtigen Moment wurde die Uhr wieder in Gang gesetzt; die Tafel hob und senkte sich unregelmäßig, was zu einer gekrümmten Spur auf dem Glas führte, von der Abb. 8 eine Kopie ist.

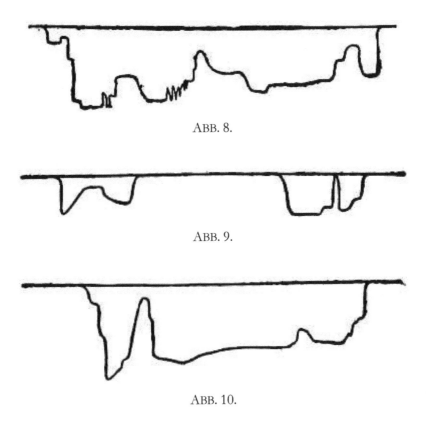

ABB. 8.

ABB. 9.

ABB. 10.

Experiment III. — Mr. Home wurde nun 1 Fuß vom Brett AB entfernt auf eine Seite davon gestellt. Seine Hände und Füße wurden von einem

Passanten fest gepackt und eine weitere Zeichnung, von der Abb. 9 eine Kopie ist, wurde auf einer beweglichen Glasplatte angefertigt.

Experiment IV. (Ausprobiert bei einer Gelegenheit, bei der die Kraft stärker war als bei den vorherigen Gelegenheiten.) Mr. Home wurde nun drei Fuß vom Apparat entfernt platziert, wobei seine Hände und Füße fest gehalten wurden. Die Uhr wurde in Gang gesetzt, als er das Kommando gab, und das Ende B des Bretts senkte sich bald und stieg wieder unregelmäßig auf, wie in Abb. 10 gezeigt.

Die folgende Reihe von Experimenten wurde mit empfindlicheren Geräten und mit einer weiteren Person, einer Dame, durchgeführt, da Mr. Home abwesend war. Da die Dame keine Fachfrau ist, nenne ich ihren Namen nicht. Sie hat sich jedoch bereit erklärt, jeden Wissenschaftler zu treffen, den ich zu Untersuchungszwecken einführen könnte.

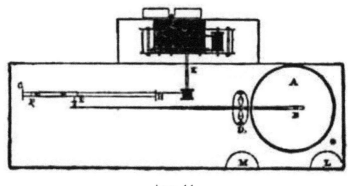

ABB. 11.

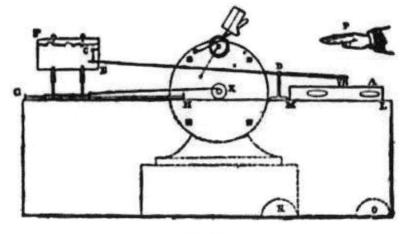

ABB. 12.

Ein Stück dünnes Pergament, A, Abb. 11 und 12, wird straff über einen runden Holzreifen gespannt. BC ist ein leichter Hebel, der sich an D dreht. Am Ende, B, befindet sich eine vertikale Nadelspitze, die die Membran, A, berührt, und an C befindet sich eine weitere Nadelspitze, die horizontal hervorsteht und eine Rauchglasplatte, E F, berührt. Diese Glasplatte wird durch ein Uhrwerk, K, in Richtung HG gezogen. Das Ende, B, des Hebels ist so beschwert, dass es den Bewegungen der Mitte der Scheibe, A, schnell folgt. Diese Bewegungen werden mittels des Hebels und der Nadelspitze, C, auf die Glasplatte, EF, übertragen und dort aufgezeichnet. In die Seite des Reifens sind Löcher geschnitten, um einen freien Luftdurchgang zur Unterseite der Membran zu ermöglichen. Das Gerät wurde vorher von mir und anderen gründlich getestet, um sicherzustellen, dass kein Schütteln oder Stoßen auf dem Tisch oder der Unterlage die Ergebnisse beeinträchtigen würde. Die durch den Punkt C auf dem Rauchglas gezeichnete Linie war trotz aller unserer Versuche, den Hebel durch Schütteln des Ständers oder Stampfen auf den Boden zu beeinflussen, vollkommen gerade.

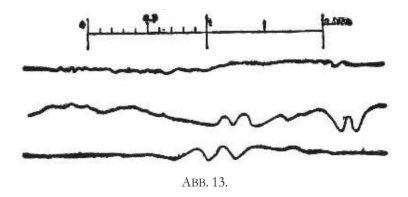

ABB. 13.

Experiment V. – Ohne dass man ihr den Zweck des Instruments erklärte, wurde die Dame ins Zimmer gebracht und gebeten, ihre Finger an den Punkten LM (Abb. 11) auf den Holzständer zu legen. Dann legte ich meine Hände auf ihre, um jede bewusste oder unbewusste Bewegung ihrerseits feststellen zu können. Bald darauf waren auf dem Pergament klopfende Geräusche zu hören, die dem Fallen von Sandkörnern auf die Oberfläche ähnelten. Bei jedem Schlag sah man, wie ein Graphitstück, das ich auf die Membran gelegt hatte, etwa 1/50 Zoll nach oben geschleudert wurde, und das Ende C des Hebels bewegte sich leicht auf und ab. Manchmal waren die Geräusche so schnell wie die einer Induktionsspule, während sie manchmal mehr als eine Sekunde auseinander lagen. Es wurden fünf oder sechs

Aufzeichnungen gemacht, und in allen Fällen sah man, dass bei jeder Schwingung der Membran eine Bewegung des Endes C des Hebels auftrat.

In einigen Fällen waren die Hände der Dame nicht so nah an der Membran wie LM, sondern bei NO, Abb. 12.

Die beigefügte Abbildung 13 zeigt Abzüge der bei diesen Gelegenheiten verwendeten Platten.

Experiment VI. – Nachdem ich diese Ergebnisse in Mr. Homes Abwesenheit erhalten hatte, war ich gespannt, welche Wirkung das Instrument in seiner Gegenwart entfalten würde.

Also bat ich ihn, es zu versuchen, ohne ihm jedoch das Instrument zu erklären.

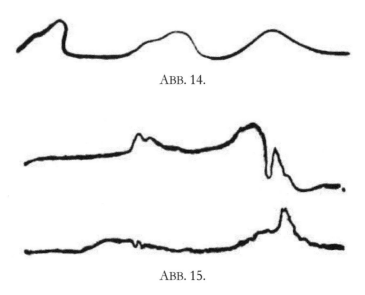

ABB. 14.

ABB. 15.

Ich packte Herrn Homes rechten Arm oberhalb des Handgelenks und hielt seine Hand etwa 10 Zoll von der Oberfläche entfernt über die Membran, in der in P, Abb. 12, gezeigten Position. Seine andere Hand wurde von einem Freund gehalten. Nachdem Herr Home etwa eine halbe Minute in dieser Position verharrt hatte, sagte er, er habe gespürt, wie ein gewisser Einfluss über ihn hinwegging. Dann setzte ich die Uhr in Gang und wir sahen alle, wie sich der Zeiger C auf und ab bewegte. Die Bewegungen waren viel langsamer als im vorherigen Fall und fast völlig ohne die damals festgestellten Schlagschwingungen.

Die Abb. 14 und 15 zeigen die bei zwei dieser Gelegenheiten auf dem Glas erzeugten Kurven.

Die Abb. 13, 14, 15 sind vergrößert.

Diese Experimente *bestätigen zweifelsfrei* die Schlussfolgerung, zu der ich in meiner früheren Arbeit gelangt bin; nämlich die Existenz einer Kraft, die auf bislang ungeklärte Weise mit dem menschlichen Organismus in Zusammenhang steht und mit der feste Körper ohne physischen Kontakt mit erhöhter Gewichtskraft beaufschlagt werden können.

Nachdem ich nun jedoch mehr von Mr. Home gesehen habe, glaube ich zu erkennen, was diese psychische Kraft für ihre Entwicklung verbraucht. Wenn ich die Begriffe *Lebenskraft* oder *Nervenenergie verwende* , bin ich mir bewusst, dass ich Wörter verwende, die für viele Forscher sehr unterschiedliche Bedeutungen haben. Aber nachdem ich Zeuge des schmerzhaften Zustands nervöser und körperlicher Erschöpfung geworden bin, in den einige dieser Experimente Mr. Home versetzt haben – nachdem ich ihn in einem fast ohnmächtigen Zustand auf dem Boden liegen sah, bleich und sprachlos –, konnte ich kaum daran zweifeln, dass die Entwicklung der psychischen Kraft von einer entsprechenden Belastung der Lebenskraft begleitet wird.

Um Zeuge von Demonstrationen dieser Kraft zu werden, ist es nicht notwendig, Zugang zu bekannten Hellsehern zu haben. Die Kraft selbst ist wahrscheinlich in allen Menschen vorhanden, obwohl es zweifellos nur wenige Individuen gibt, die mit außergewöhnlich viel davon ausgestattet sind. In den letzten zwölf Monaten habe ich in Privatfamilien fünf oder sechs Personen getroffen, die eine ausreichend kräftige Entwicklung aufwiesen, um mir das Gefühl zu geben, dass mit ihren Mitteln ähnliche Ergebnisse wie die hier beschriebenen erzielt werden könnten, wenn auch weniger intensiv.

Diese Experimente blieben weiterhin Gegenstand scharfer und unerbittlicher Kritik seitens der anerkannten Autoritäten in Wissenschaft und Bildung Englands. Diese Personen weigerten sich kategorisch, ihren Wert anzuerkennen. Professor Crookes amüsierte sich zeitweise damit, auf diese phantastischen Angriffe zu antworten, ohne jedoch seine kompromisslosen Gegner zu überzeugen. Es ist nicht nötig, diese Briefe hier wiederzugeben; man findet sie in der französischen Ausgabe von Crookes' *Researches* . Der gelehrte Chemiker ging sogar noch weiter: Er setzte seine Forschungen auf dem Gebiet des Unbekannten fort und erhielt noch bemerkenswertere Ergebnisse – noch außergewöhnlichere, unerklärlichere, unverständlichere.

Seine Notizen gehen wie folgt weiter:

Wie ein Reisender, der ein fernes Land erkundet, dessen Wunder man bislang nur durch vage oder verzerrte Berichte und Gerüchte kannte, so war ich vier Jahre lang damit beschäftigt, meine Forschungen auf dem Gebiet der Naturwissenschaften voranzutreiben, das einem Wissenschaftler nahezu Neuland bietet.

So wie der Reisende in den Naturphänomenen das Wirken von Kräften sieht, die von Naturgesetzen bestimmt werden, wo andere nur das kapriziöse Eingreifen beleidigter Götter sehen, so habe ich mich bemüht, das Wirken von Naturgesetzen und -kräften nachzuvollziehen, wo andere nur das Wirken übernatürlicher Wesen gesehen haben, die keine Gesetze kennen und keiner anderen Kraft gehorchen als ihrem eigenen freien Willen.

Die Phänomene, die ich zu bestätigen bereit bin, sind so außergewöhnlich und stehen in so direktem Widerspruch zu den am tiefsten verwurzelten wissenschaftlichen Glaubenssätzen – darunter auch die Allgegenwart und unveränderliche Wirkung der Schwerkraft –, dass selbst jetzt, wenn ich mir die Einzelheiten dessen, was ich erlebt habe, ins Gedächtnis rufe, in meinem Kopf ein Antagonismus herrscht zwischen der *Vernunft* , die es für wissenschaftlich unmöglich erklärt, und dem Bewusstsein, dass meine Sinne, sowohl der Tast- als auch der Sehsinn – die durch die Sinne aller Anwesenden bestätigt wurden – keine lügenden Zeugen sind, wenn sie gegen meine Vorurteile aussagen.

Doch die Annahme, dass es sich um eine Art Manie oder Wahnvorstellung handelt, die plötzlich einen ganzen Raum voll intelligenter, ansonsten geistig gesunder Personen befällt, und dass sie alle bis ins kleinste Detail mit den Einzelheiten der Ereignisse übereinstimmen, deren Zeugen sie zu sein meinen, erscheint mir noch unglaublicher als die Tatsachen, die sie bezeugen.

Das Thema ist weitaus schwieriger und umfangreicher, als es scheint. Vor vier Jahren wollte ich nur ein oder zwei Monate Freizeit darauf verwenden, herauszufinden, ob gewisse wundersame Ereignisse, von denen ich gehört hatte, einer genaueren Untersuchung standhalten würden. Da ich jedoch bald zu derselben Schlussfolgerung gelangte wie, so kann ich sagen, jeder unvoreingenommene Forscher, nämlich, dass „etwas dran war", konnte ich mich als Forscher der Naturgesetze nicht weigern, der Untersuchung nachzugehen, wohin auch immer die Fakten führen mochten. So sind aus ein paar Monaten ein paar Jahre geworden, und wenn ich über die Zeit verfügen könnte, würde es wahrscheinlich noch länger dauern.

Mein Hauptziel wird es sein, eine Reihe tatsächlicher Ereignisse zu dokumentieren, die sich in meinem eigenen Haus in Anwesenheit vertrauenswürdiger Zeugen und unter so strengen Testbedingungen, wie ich sie mir ausdenken konnte, zugetragen haben. Jede Tatsache, die ich beobachtet habe, wird darüber hinaus durch die Aufzeichnungen unabhängiger Beobachter zu anderen Zeiten und an anderen Orten bestätigt. Man wird sehen, dass die Tatsachen von höchst erstaunlicher Art sind und mit allen bekannten Theorien der modernen Wissenschaft völlig unvereinbar scheinen . Nachdem ich mich von ihrer *Wahrheit* überzeugt habe , wäre es moralische Feigheit, meine Aussage zurückzuhalten, weil meine früheren Veröffentlichungen von Kritikern und anderen verspottet wurden, die überhaupt nichts von dem Thema wussten und zu voreingenommen waren, um selbst zu erkennen und zu beurteilen, ob die Phänomene wahr waren oder nicht. Ich werde einfach darlegen, was ich gesehen und durch wiederholte Experimente und Tests bewiesen habe.

Außer wenn Dunkelheit eine notwendige Voraussetzung war, wie bei einigen Phänomenen leuchtender Erscheinungen und einigen anderen Fällen, fand alles, was aufgezeichnet wurde, *im Licht statt* . In den wenigen Fällen, in denen die beobachteten Phänomene im Dunkeln auftraten, habe ich dies ausdrücklich erwähnt. Darüber hinaus kann ein besonderer Grund für den Ausschluss von Licht genannt werden, oder die Ergebnisse wurden unter so perfekten Testbedingungen erzielt, dass die Unterdrückung eines der Sinne die Beweise nicht wirklich geschwächt hat.

Ich habe gesagt, dass Dunkelheit nicht unbedingt erforderlich ist. Es ist jedoch eine gut belegte Tatsache, dass helles Licht bei schwacher Kraft eine störende Wirkung auf einige der Phänomene ausübt. Die Kraft von Mr. Home ist stark genug, um diesem antagonistischen Einfluss standzuhalten; daher hat er bei seinen *Sitzungen immer etwas gegen Dunkelheit einzuwenden* . Tatsächlich fand alles, was ich bei ihm beobachtet habe, im Licht statt, mit Ausnahme von zwei Gelegenheiten, als für einige meiner eigenen Experimente das Licht ausgeschlossen war. Ich hatte viele Gelegenheiten, die Wirkung von Licht auf verschiedene Quellen und Farben zu testen – wie Sonnenlicht, diffuses Tageslicht, Mondlicht, Gas-, Lampen- und Kerzenlicht, elektrisches Licht aus einer Vakuumröhre, homogenes gelbes Licht usw. Die störenden Strahlen scheinen diejenigen am äußersten Ende des Spektrums zu sein.

Als nächstes klassifiziert Professor Crookes die von ihm beobachteten Phänomene, wobei er von den einfacheren zu den komplexeren übergeht und unter jedem Punkt in einem kurzen Überblick einige der Fakten skizziert. In der folgenden Kurzfassung seines Berichts lasse ich aus, was bereits an anderer Stelle in diesem Buch ausführlich dargelegt wurde.

ERSTE KLASSE : *Die Bewegung schwerer Körper mit Kontakt, aber ohne mechanische Anstrengung.*

(Diese Bewegung wurde in diesem Band vollständig bewiesen.)

ZWEITE KLASSE : *Die Phänomene perkussiver und anderer verwandter Klänge.*

Hier drängt sich eine wichtige Frage auf. *Werden die Bewegungen und Geräusche von Intelligenz gesteuert?* *Schon* in einem sehr frühen Stadium der Untersuchung wurde klar, dass die Kraft, die die Phänomene hervorbringt, nicht nur eine blinde Kraft ist, sondern mit Intelligenz verbunden ist oder von ihr gesteuert wird. So werden die Geräusche, auf die ich gerade angespielt habe, eine bestimmte Anzahl von Malen wiederholt. Sie werden laut oder leise und auf Wunsch an verschiedenen Orten erklingen; und durch einen vorher festgelegten Signalcode werden Fragen beantwortet und Nachrichten mehr oder weniger genau übermittelt.

Die Intelligenz, die die Phänomene steuert, ist manchmal offensichtlich geringer als die des Mediums. Sie steht häufig in direktem Widerspruch zu den Wünschen des Mediums. Wenn der Entschluss geäußert wurde, etwas zu tun, was als nicht ganz richtig angesehen werden könnte, habe ich erlebt, dass dringende Botschaften übermittelt wurden, um ein Umdenken zu bewirken. Die Intelligenz ist manchmal von einer solchen Art, dass man glauben kann, sie stamme nicht von einer anwesenden Person.

DRITTE KLASSE : *Die Veränderung des Gewichts von Körpern.* – (Experimente, die bereits beschrieben wurden.)

VIERTE KLASSE : *Bewegungen schwerer Substanzen in einiger Entfernung vom Medium.* — Es gibt sehr viele Fälle, in denen schwere Körper wie Tische, Stühle, Sofas usw. bewegt wurden, ohne dass das Medium sie berührte. Ich will kurz einige der auffälligsten erwähnen. Mein eigener Stuhl wurde teilweise verdreht, während meine Füße den Boden berührten. Alle Anwesenden sahen, wie sich ein Stuhl aus einer entfernten Ecke langsam auf den Tisch zubewegte, während alle ihn beobachteten. Bei einer anderen Gelegenheit wurde auf meine Bitte hin ein Sessel zu unserem Sitzplatz bewegt und dann langsam wieder zurückbewegt (eine Distanz von etwa einem Meter). An drei aufeinanderfolgenden Abenden wurde ein kleiner Tisch langsam durch den Raum bewegt, unter Bedingungen, die ich speziell im Voraus arrangiert hatte, um jeden Einwand zu beantworten, der gegen die Beweise erhoben werden könnte. Ich habe das Experiment, das das Komitee der Dialectical Society für schlüssig hielt, mehrere Male wiederholt. Es ging dabei um die Bewegung eines schweren Tisches bei vollem Licht, wobei die Stühle mit dem Rücken zum Tisch gedreht waren, etwa einen Fuß vom Tisch entfernt, und jeder auf seinem Stuhl kniete, wobei die Hände auf der Stuhllehne ruhten, den Tisch aber nicht berührten. Einmal geschah dies, als ich mich bewegte, um zu sehen, wie jeder saß.

FÜNFTE KLASSE : *Das Aufheben von Tischen und Stühlen vom Boden, ohne dass dabei Personen berührt werden.*

(Wir müssen auf diese Angelegenheiten nicht noch einmal zurückkommen.)

SECHSTE KLASSE : *Die Levitation von Menschen.* — Die auffälligsten Fälle von Levitation, die ich erlebt habe, habe ich bei Mr. Home erlebt. Bei drei verschiedenen Gelegenheiten habe ich gesehen, wie er sich vollständig vom Boden des Zimmers erhob. Einmal in einem Sessel sitzend, einmal auf seinem Stuhl kniend und einmal stehend. Bei jeder Gelegenheit hatte ich volle Gelegenheit, das Geschehen zu beobachten, während es stattfand.

Es gibt mindestens hundert dokumentierte Fälle, in denen Mr. Home in Anwesenheit ebenso vieler verschiedener Personen aus dem Boden aufgestanden ist, und ich habe aus dem Mund der drei Zeugen des bemerkenswertesten Ereignisses dieser Art – des Earl of Dunraven, Lord Lindsay und Captain C. Wynne – ihre eigenen, genauesten Berichte über das Geschehen gehört. Die dokumentierten Beweise zu diesem Thema abzulehnen, bedeutet, alle menschlichen Aussagen abzulehnen, denn keine Tatsache in der heiligen oder profanen Geschichte wird durch eine stärkere Reihe von Beweisen gestützt.

SIEBTE KLASSE : *Bewegung verschiedener kleiner Artikel ohne Kontakt mit Personen.* – (Wie im Fall der sechsten Klasse ist dies meinen Lesern wohlbekannt.)

ACHTE KLASSE : *Leuchtende Erscheinungen.* – Da diese ziemlich schwach sind, muss der Raum im Allgemeinen abgedunkelt werden. Ich muss meine Leser wohl nicht noch einmal daran erinnern, dass ich unter diesen Umständen die entsprechenden Vorkehrungen getroffen habe, um nicht durch Phosphoröl oder andere Mittel gestört zu werden. Darüber hinaus sind viele dieser Lichter von der Art, wie ich sie künstlich nachzuahmen versucht habe, was mir aber nicht gelungen ist.

Unter strengsten Testbedingungen habe ich einen festen, selbstleuchtenden Körper in der Größe und fast Form eines Truthahneis gesehen, der lautlos durch den Raum schwebte, einmal höher, als jeder Anwesende auf Zehenspitzen stehend erreichen konnte, und dann sanft zu Boden sank. Er war mehr als zehn Minuten lang sichtbar und schlug, bevor er verschwand, dreimal mit einem Geräusch wie das eines harten, festen Körpers auf den Tisch.

Während dieser Zeit lag das Medium scheinbar bewusstlos in einem Sessel zurückgelehnt.

Ich habe leuchtende Lichtpunkte umherhuschen und sich auf den Köpfen verschiedener Personen niederlassen sehen; ich habe Fragen beantwortet bekommen, indem ein helles Licht eine gewünschte Anzahl von Malen vor meinem Gesicht aufblitzte. Ich habe Lichtfunken gesehen, die vom Tisch zur Decke aufstiegen und wieder auf den Tisch fielen und ihn mit einem hörbaren Geräusch trafen. Ich habe eine alphabetische Mitteilung erhalten, die durch leuchtende Blitze vor mir in der Luft erfolgte, während meine

Hand sich zwischen ihnen bewegte. Ich habe eine leuchtende Wolke zu einem Bild hinaufschweben sehen. Unter strengsten Testbedingungen wurde mir mehr als einmal ein fester, selbstleuchtender, kristalliner Körper in die Hand gelegt, und zwar von einer Hand, die keiner Person im Raum gehörte. *Im Licht* habe ich eine leuchtende Wolke über einem Heliotrop auf einem Beistelltisch schweben sehen, wie sie einen Zweig abbrach und ihn einer Dame brachte; und bei einigen Gelegenheiten habe ich gesehen, wie sich eine ähnliche leuchtende Wolke sichtbar zur Form einer Hand verdichtete und kleine Gegenstände herumtrug.

NEUNTE KLASSE : *Das Erscheinen von Händen, entweder selbstleuchtend oder bei normalem Licht sichtbar.* – Während einer Séance im hellen Licht erhob sich eine wunderschön geformte kleine Hand aus einer Öffnung in einem Esstisch und gab mir eine Blume; sie erschien und verschwand dreimal in Abständen, was mir reichlich Gelegenheit gab, mich davon zu überzeugen, dass sie genauso echt aussah wie meine eigene. Dies geschah im Licht in meinem eigenen Zimmer, während ich die Hände und Füße des Mediums hielt.

Bei einer anderen Gelegenheit tauchte eine kleine Hand und ein Arm wie bei einem Baby auf und spielte mit einer Dame, die neben mir saß. Dann tätschelte es meinen Arm und zog mehrmals an meinem Mantel.

Ein anderes Mal sah man, wie ein Finger und ein Daumen die Blütenblätter von einer Blume in Mr. Homes Knopfloch zupften und sie vor mehreren Personen ablegten, die in seiner Nähe saßen.

Ich und andere haben wiederholt eine Hand gesehen, die die Tasten eines Akkordeons spielte. Dabei waren beide Hände des Mediums gleichzeitig sichtbar und wurden manchmal von den Personen in seiner Nähe gehalten.

Die Hände und Finger erscheinen mir nicht immer fest und lebensecht. Manchmal haben sie sogar mehr das Aussehen einer nebulösen Wolke, die teilweise die Form einer Hand angenommen hat. Dies ist nicht für alle Anwesenden gleichermaßen sichtbar. Wenn sich beispielsweise eine Blume oder ein anderer kleiner Gegenstand bewegt, sieht eine anwesende Person eine leuchtende Wolke darüber schweben, eine andere Person erkennt eine nebulöse Hand, während andere überhaupt nichts außer der sich bewegenden Blume sehen. Mehr als einmal habe ich gesehen, wie sich zuerst ein Gegenstand bewegte, dann eine leuchtende Wolke sich darum zu bilden schien und schließlich die Wolke sich zu einer perfekt geformten Hand verdichtete. In diesem Stadium ist die Hand für alle Anwesenden sichtbar. Sie ist nicht immer nur eine Form, sondern erscheint manchmal vollkommen lebensecht und anmutig, die Finger bewegen sich und das Fleisch ist anscheinend so menschlich wie das aller anderen im Raum. Am Handgelenk oder Arm wird es verschwommen und verschwindet in einer leuchtenden Wolke.

Bei Berührung erscheint die Hand manchmal eiskalt und tot, ein anderes Mal warm und lebendig, und sie ergreift meine eigene mit dem festen Druck eines alten Freundes.

Ich habe eine dieser Hände in meiner eigenen behalten, fest entschlossen, sie nicht loszulassen. Ich habe keinen Kampf oder Versuch unternommen, sie loszulassen, aber sie schien sich allmählich in Dampf aufzulösen und entschwand auf diese Weise meinem Griff.

ZEHNTE KLASSE : *Direktes Schreiben.* – (Der gelehrte Chemiker führt einige bemerkenswerte Beispiele an, die er erhalten hat. Wir brauchen in diesem Buch nicht darauf einzugehen.)

ELFTE KLASSE : *Phantomgestalten und -gesichter.* — Dies sind die seltensten Phänomene, die ich je beobachtet habe. Die Bedingungen, unter denen sie auftreten, scheinen so heikel zu sein, und solche Kleinigkeiten stören ihre Entstehung, dass ich sie nur bei sehr wenigen Gelegenheiten unter zufriedenstellenden Testbedingungen beobachten konnte. Ich werde zwei dieser Fälle erwähnen.

In der Abenddämmerung, während einer *Séance* mit Mr. Home in meinem Haus, sahen wir, wie sich die Vorhänge eines Fensters, das etwa acht Fuß von Mr. Home entfernt war, bewegten. Alle Anwesenden sahen dann eine dunkle, schattenhafte, halbtransparente Gestalt, die aussah wie ein Mann, die neben dem Fenster stand und mit der Hand den Vorhang schwenkte. Während wir hinsahen, verschwand die Gestalt und die Vorhänge hörten auf, sich zu bewegen.

Das Folgende ist ein noch eindrucksvolleres Beispiel . Wie im vorigen Fall war Mr. Home das Medium. Eine Phantomgestalt kam aus einer Ecke des Raumes, nahm ein Akkordeon in die Hand und glitt dann durch den Raum, während sie das Instrument spielte. Die Gestalt war für alle Anwesenden viele Minuten lang sichtbar, und Mr. Home war zur gleichen Zeit ebenfalls zu sehen. Sie kam einer Dame ziemlich nahe, die abseits vom Rest der Gesellschaft saß, stieß einen leisen Schrei aus, woraufhin die Gestalt verschwand.

ZWÖLFTE KLASSE : *Besondere Fälle, die auf die Einwirkung einer äußeren Intelligenz hinzuweisen scheinen.* – Es wurde bereits gezeigt, dass die Phänomene von einer Intelligenz gesteuert werden. Die Frage nach der Quelle dieser Intelligenz wird nun wichtig. Ist es die Intelligenz des Mediums, einer der anderen Personen im Raum oder ist es eine äußere Intelligenz? Ohne mich jetzt positiv zu diesem Punkt äußern zu wollen, kann ich sagen, dass ich zwar viele Umstände beobachtet habe, die darauf hindeuten, dass der Wille und die

Intelligenz des Mediums viel mit den Phänomenen zu tun haben, aber auch einige Umstände beobachtet habe, die eindeutig auf die Einwirkung einer äußeren Intelligenz hinzuweisen scheinen, die keinem menschlichen Wesen im Raum gehört. Der Platz erlaubt es mir nicht, hier alle Argumente anzuführen, die zur Untermauerung dieser Punkte angeführt werden können, aber ich werde kurz ein oder zwei Umstände von vielen erwähnen.

Ich war dabei, als mehrere Phänomene gleichzeitig auftraten, von denen einige dem Medium unbekannt waren. Ich war bei Miss Fox, als sie automatisch eine Nachricht an eine anwesende Person schrieb, während sie einer anderen Person zu einem anderen Thema eine Nachricht alphabetisch mit „Klopfzeichen" übermittelte und sich die ganze Zeit frei mit einer dritten Person zu einem völlig anderen Thema unterhielt.

Ein vielleicht noch eindrucksvolleres Beispiel ist das folgende:

Während einer *Sitzung* mit Mr. Home wurde eine kleine Latte, die ich bereits erwähnt habe, über den Tisch zu mir ins Licht bewegt und übermittelte mir eine Botschaft, indem sie auf meine Hand klopfte, ich das Alphabet wiederholte und die Latte auf die richtigen Buchstaben klopfte. Das andere Ende der Latte lag auf dem Tisch, in einiger Entfernung von Mr. Homes Händen.

Die Schläge waren so scharf und deutlich, und die Latte war offensichtlich so gut unter Kontrolle der unsichtbaren Kraft, die ihre Bewegungen steuerte, dass ich sagte: „Kann die Intelligenz, die die Bewegung dieser Latte steuert, den Charakter der Bewegungen ändern und mir durch Schläge auf meine Hand eine telegrafische Nachricht in Morsealphabet übermitteln?" (Ich habe allen Grund zu der Annahme, dass der Morsecode allen anderen Anwesenden völlig unbekannt war und mir nur unvollkommen bekannt war.) Sobald ich dies sagte, änderte sich der Charakter der Schläge, und die Nachricht wurde in der von mir gewünschten Weise fortgesetzt. Die Buchstaben wurden zu schnell übermittelt, als dass ich mehr als hier und da ein Wort hätte verstehen können, und folglich verlor ich die Nachricht; aber ich hörte genug, um mich davon zu überzeugen, dass am anderen Ende der Leitung, wo auch immer das sein mochte, ein guter Morse-Operator war.

Ein weiteres Beispiel. Eine Dame schrieb automatisch mit Hilfe der Planchette. Ich versuchte, einen Weg zu finden, um zu beweisen, dass das, was sie schrieb, nicht auf „unbewusste Gehirntätigkeit" zurückzuführen war. Die Planchette beharrte wie immer darauf, dass, obwohl sie von der Hand und dem Arm der Dame bewegt wurde, die *Intelligenz* die eines unsichtbaren Wesens war, das auf ihrem Gehirn wie auf einem Musikinstrument spielte und so ihre Muskeln bewegte. Ich sagte daher zu dieser Intelligenz: „Können Sie den Inhalt dieses Raumes sehen?" „Ja", schrieb die Planchette. „Können Sie diese Zeitung lesen?", sagte ich und legte meinen Finger auf eine Ausgabe der *Times* , die auf einem Tisch hinter mir lag, ohne sie jedoch anzusehen. „Ja", war die Antwort der Planchette. „Gut", sagte ich, „wenn Sie das sehen können, schreiben Sie das Wort, das jetzt von meinem Finger bedeckt ist, und ich werde Ihnen glauben." Die Planchette begann sich zu bewegen. Langsam und mit großer Mühe wurde das Wort „jedoch" geschrieben. Ich drehte mich um und sah, dass das Wort „jedoch" von meiner Fingerspitze verdeckt war.

Ich hatte es bei diesem Experiment absichtlich vermieden, in die Zeitung zu schauen, und es war für die Dame, selbst wenn sie es versucht hätte, unmöglich, die gedruckten Worte zu sehen, denn sie saß an einem Tisch, und die Zeitung lag auf einem anderen Tisch dahinter, und mein Körper war dazwischen.

DREIZEHNTE KLASSE : *Verschiedene Vorkommnisse komplexen Charakters.*

(Professor Crookes führt hier zwei Beispiele für die *Übertragung von Materie durch Materie an* : eine Glocke, die aus einem Nachbarraum in den Raum gelangt, in dem die Séance stattfindet, und eine Blume, die sich von einem Blumenstrauß löst und *durch den Tisch hindurchgeht* .)

Der mir zur Verfügung stehende Zeitrahmen erlaubt es mir nicht, hier auf weitere Einzelheiten einzugehen; doch alle meine Leser müssen, wie ich, die Bedeutung dieser Experimente des hervorragenden Chemikers anerkennen. Ich werde insbesondere auf die Beweise hinweisen, die sie für die Anwesenheit eines Geistes oder einer Intelligenz liefern, die nicht die der Experimentatoren ist; für die Bildung von Händen und Geistformen; und für den Durchgang von Materie durch Materie.

Diese Experimente datieren aus den Jahren 1871 bis 1873. Während des letztgenannten Jahres erschien in London ein neues Medium, das mit besonders bemerkenswerten Kräften ausgestattet war, nämlich Miss Florence Cook, die 1856 geboren wurde und daher 1873 siebzehn Jahre alt war. Seit dem vorhergehenden Jahr (1872) hatte sie oft die Erscheinung eines jungen Mädchens an ihrer Seite gesehen. Diese geisterhafte Gestalt hatte Gefallen an ihr gefunden und erzählte ihr, dass sie in der anderen Welt *Katie King hieße* und während eines ihrer Leben auf der Erde eine Dame namens Annie Morgan gewesen sei. Einige Beobachter erzählten wunderbare Geschichten über diese Erscheinungen, die sie auch sahen – darunter William Harrison, Benjamin Coleman, Mr. Luxmore, Dr. Sexton, Dr. Gully, der Prinz von Sayn-Wittgenstein, die alle Berichte darüber veröffentlicht haben, die den Anschein aufrichtigen Glaubens vermitteln. Professor Crookes kam im Dezember 1873 mit diesem neuen Medium in Kontakt. In *The Spiritualist* – einer Zeitschrift, die von Mr. Harrison herausgegeben wurde, in dessen Haus mehrere Sitzungen stattgefunden hatten – erschienen in den Ausgaben für Februar und März 1874 zwei Briefe von Professor Crookes. Nachfolgend einige Auszüge aus diesen Briefen:

Ich habe Grund zu der Annahme, dass die Macht, die diesen Phänomenen zugrunde liegt, wie die Liebe „über Schlosser lacht".

Die Séance, von der Sie sprechen und bei der ich anwesend war, fand im Haus von Mr. Luxmore statt, und das „Kabinett" war ein hinteres Wohnzimmer, das durch einen Vorhang vom vorderen Zimmer, in dem die Gesellschaft saß, getrennt war.

Nachdem Miss Cook die übliche Formalität erledigt hatte, das Zimmer zu durchsuchen und die Verschlüsse zu prüfen, betrat sie das Kabinett.

Nach kurzer Zeit erschien Katies Gestalt an der Seite des Vorhangs, zog sich jedoch bald zurück und sagte, ihrem Medium gehe es nicht gut und man könne sie nicht in einen ausreichend tiefen Schlaf versetzen, um sie gefahrlos zurücklassen zu können.

Ich saß nur wenige Meter vom Vorhang entfernt, hinter dem Miss Cook saß, und ich konnte sie oft stöhnen und schluchzen hören, als hätte sie Schmerzen. Dieses Unbehagen hielt fast die ganze Séance über an , und *einmal, als Katies Gestalt vor mir im Zimmer stand, hörte ich deutlich ein schluchzendes, stöhnendes Geräusch, das mit dem identisch war, das Miss Cook während der ganzen Séance immer wieder von sich gegeben hatte, und das hinter dem Vorhang hervorkam, wo die junge Dame angeblich saß* .

Ich gebe zu, dass die Gestalt verblüffend lebensecht und real war und dass die Gesichtszüge, soweit ich es in dem etwas trüben Licht erkennen konnte, denen von Miss Cook ähnelten. Dennoch ist der positive Beweis durch einen meiner eigenen Sinne, dass das Stöhnen von Miss Cook im Kabinett kam, während die Gestalt draußen war, zu stark, um durch eine bloße gegenteilige Schlussfolgerung, wie gut sie auch begründet sein mag, gestört zu werden.

Ihre Leser, Sir, kennen mich und werden, so hoffe ich, glauben, dass ich mir keine voreilige Meinung bilden oder sie bitten werde, mir bei unzureichenden Beweisen zuzustimmen. Es wäre vielleicht zu viel verlangt, zu glauben, dass der kleine Vorfall, den ich erwähnt habe, für sie das gleiche Gewicht haben wird wie für mich. Aber ich bitte sie um Folgendes: Diejenigen, die Miss Cook hart verurteilen möchten, sollen ihr Urteil zurückstellen, bis ich positive Beweise vorlege, die meiner Meinung nach ausreichen werden, um die Frage zu klären.

Miss Cook widmet sich jetzt ausschließlich einer Reihe privater Sitzungen mit mir und ein oder zwei Freunden. Die Sitzungen werden sich wahrscheinlich über mehrere Monate erstrecken, und man hat mir versprochen, dass ich jeder wünschenswerten Prüfung unterzogen werde.

Diese Sitzungen dauern noch nicht viele Wochen, aber es hat genug stattgefunden, um mich von der vollkommenen Wahrheit und Ehrlichkeit von Miss Cook zu überzeugen und mir allen Grund zu der Annahme zu geben, dass die Versprechen, die Katie mir so freimütig gemacht hat, eingehalten werden.

WILLIAM CROOKES.

Hier ist der zweite Brief des vorsichtigen Ermittlers:

In einem Brief, den ich Anfang Februar an diese Zeitschrift schrieb und in dem ich von den Phänomenen geistiger Gestalten sprach, die durch Miss Cooks mediale Fähigkeiten erschienen, sagte ich: „Wer geneigt ist, Miss Cook hart zu verurteilen, sollte mit seinem Urteil warten, bis ich eindeutige Beweise vorlege, die meiner Ansicht nach ausreichen, um die Frage zu klären."

In diesem Brief beschrieb ich einen Vorfall, der mich meiner Meinung nach sehr davon überzeugte, dass Katie und Miss Cook zwei verschiedene materielle Wesen waren. Als Katie vor dem Kabinett stand und vor mir stand, hörte ich ein Stöhnen von Miss Cook im Kabinett. Ich bin froh, sagen zu können, dass ich endlich den „absoluten Beweis" erhalten habe, auf den ich mich in dem oben zitierten Brief bezog.

Am 12. März, während einer Séance hier, nachdem Katie eine Zeit lang zwischen uns umhergegangen und geredet hatte, zog sie sich hinter den Vorhang zurück, der mein Labor, in dem die Gesellschaft saß, von meiner Bibliothek trennte, die vorübergehend als Kabinett diente. Nach einer Minute kam sie zum Vorhang und rief mich zu sich und sagte: „Kommen Sie ins Zimmer und heben Sie den Kopf meines Mediums hoch, sie ist heruntergerutscht." Katie stand dann vor mir, in ihre üblichen weißen Roben und ihren Turban gekleidet. Ich ging sofort in die Bibliothek zu Miss Cook, Katie trat zur Seite, um mich passieren zu lassen. Ich sah, dass Miss Cook teilweise vom Sofa gerutscht war und ihr Kopf in einer sehr unbequemen Position hing. Ich hob sie auf das Sofa und hatte dabei trotz der Dunkelheit zufriedenstellende Beweise dafür, dass Miss Cook nicht das „Katie"-Kostüm trug, sondern ihr gewöhnliches schwarzes Samtkleid und sich in tiefer Trance befand. Es vergingen nicht mehr als drei Sekunden, zwischen dem Zeitpunkt, als ich die im weißen Gewand gekleidete Katie vor mir stehen sah, und dem Zeitpunkt, als ich Miss Cook aus der Position, in die sie gefallen war, auf das Sofa hob.

Als ich zu meinem Beobachtungsposten hinter dem Vorhang zurückkehrte, erschien Katie erneut und sagte, sie glaube, sie könne sich und ihr Medium mir gleichzeitig zeigen. Dann wurde das Gas abgedreht und sie fragte nach meiner Phosphorlampe. Nachdem sie sich einige Sekunden lang damit gezeigt hatte, gab sie sie mir zurück und sagte: „Kommen Sie jetzt herein und sehen Sie mein Medium." Ich folgte ihr dicht in die Bibliothek und sah im Licht meiner Lampe Miss Cook auf dem Sofa liegen, genau so, wie ich sie verlassen hatte. Ich sah mich nach Katie um, aber sie war verschwunden. Ich rief sie, aber es kam keine Antwort.

Als ich meinen Platz wieder einnahm, erschien Katie bald wieder und erzählte mir, dass sie die ganze Zeit in der Nähe von Miss Cook gestanden hatte . Dann fragte sie, ob sie selbst ein Experiment versuchen dürfe, und nahm mir die Phosphorlampe ab, ging hinter den Vorhang und bat mich, vorerst nicht hineinzuschauen. Nach ein paar Minuten gab sie mir die Lampe zurück und sagte, sie könne es nicht schaffen, da sie die ganze Energie verbraucht habe, würde es aber ein anderes Mal erneut versuchen. Mein ältester Sohn, ein vierzehnjähriger Junge, der mir gegenüber saß und so hinter den Vorhang sehen konnte, erzählte mir, er habe deutlich gesehen, wie die Phosphorlampe scheinbar im Raum über Miss Cook schwebte und sie beleuchtete, als sie regungslos auf dem Sofa lag, aber er konnte niemanden sehen, der die Lampe hielt.

Ich gehe weiter zu einer Séance, die letzte Nacht in Hackney stattfand. Katie erschien mir nie vollkommener und ging fast zwei Stunden lang im Raum umher und unterhielt sich vertraulich mit den Anwesenden. Mehrmals nahm sie beim Gehen meinen Arm und der Eindruck, dass eine lebende Frau an meiner Seite war und kein Besucher aus der anderen Welt, war so stark, dass die Versuchung, ein kürzlich gefeiertes Experiment zu wiederholen, fast unwiderstehlich wurde.

Da ich jedoch das Gefühl hatte, dass ich, wenn auch nicht einen Geist, zumindest eine *Dame* in meiner Nähe hatte, bat ich sie um Erlaubnis, sie in meine Arme schließen zu dürfen, um die interessanten Beobachtungen überprüfen zu können, die ein mutiger Experimentator kürzlich etwas ausführlich aufgezeichnet hat. Die Erlaubnis wurde freundlicherweise erteilt, und ich tat es dementsprechend – nun ja, wie es jeder Gentleman unter diesen Umständen tun würde. Mr. Volckman wird erfreut sein zu hören, dass ich seine Aussage bestätigen kann, dass der „Geist" (der allerdings nicht „kämpfte") ein ebenso materielles Wesen war wie Miss Cook selbst.

Katie sagte nun, sie glaube, dass sie dieses Mal in der Lage sein würde, sich und Miss Cook zusammen zu zeigen. Ich sollte das Gas abdrehen und dann mit meiner Phosphorlampe in den Raum kommen, der jetzt als Kabinett genutzt wird. Dies tat ich, nachdem ich zuvor einen Freund, der geschickt in Kurzschrift war, gebeten hatte, alle Aussagen aufzuschreiben, die ich im Kabinett machen würde, da ich wusste, wie wichtig der erste Eindruck ist, und nicht mehr als nötig im Gedächtnis hinterlassen wollte. Seine Notizen liegen jetzt vor mir.

Da es dunkel war, betrat ich vorsichtig das Zimmer und tastete nach Miss Cook. Ich fand sie auf dem Boden kauernd.

Ich kniete nieder, ließ Luft in die Lampe eindringen und sah in ihrem Licht die junge Dame, in schwarzen Samt gekleidet, wie am frühen Abend, und allem Anschein nach völlig besinnungslos; sie rührte sich nicht, als ich ihre Hand nahm und das Licht ganz nah an ihr Gesicht hielt, sondern atmete ruhig weiter.

Ich hob die Lampe, sah mich um und sah Katie dicht hinter Miss Cook stehen. Sie war in fließende weiße Gewänder gehüllt, so wie wir sie zuvor während der Sitzung gesehen hatten. Ich hielt eine von Miss Cooks Händen in meiner und kniete noch immer, während ich die Lampe auf und ab bewegte, um Katies ganze Gestalt zu beleuchten und mich gründlich davon zu überzeugen, dass ich wirklich die wahre Katie vor mir sah, die ich ein paar Minuten zuvor in meinen Armen gehalten hatte, und nicht das Hirngespinst eines verwirrten Gehirns. Sie sprach nicht, sondern bewegte ihren Kopf und lächelte erkennend. Dreimal untersuchte ich sorgfältig Miss Cook, die vor mir kauerte, um sicherzugehen, dass die Hand, die ich hielt, die einer lebenden Frau war, und dreimal richtete ich die Lampe auf Katie und untersuchte sie mit unermüdlicher Aufmerksamkeit, bis ich keinerlei Zweifel mehr an ihrer objektiven Realität hatte. Schließlich bewegte sich Miss Cook leicht, und Katie bedeutete mir sofort, wegzugehen. Ich ging in einen anderen Teil des Kabinetts und sah dann nicht mehr nach Katie, verließ das Zimmer jedoch nicht, bis Miss Cook aufwachte und zwei der Besucher mit Licht hereinkamen.

Bevor ich diesen Artikel abschließe, möchte ich einige der Unterschiede zwischen Miss Cook und Katie nennen, die mir aufgefallen sind. Katies Größe variiert; bei mir zu Hause habe ich sie 15 cm größer als Miss Cook gesehen. Letzte Nacht war sie barfuß und nicht auf Zehenspitzen gelaufen viereinhalb Zoll größer als Miss Cook. Katies Hals war letzte Nacht nackt; die Haut war sowohl bei Berührung als auch beim Anblick vollkommen glatt, während sich an Miss Cooks Hals eine große Blase befindet, die unter ähnlichen Umständen deutlich sichtbar und bei Berührung rau ist. Katies Ohren sind nicht durchstochen, während Miss Cook gewöhnlich Ohrringe trägt. Katies Hautfarbe ist sehr hell, während die von Miss Cook sehr dunkel ist. Katies Finger sind viel länger als die von Miss Cook und ihr Gesicht ist auch größer. Auch in den Manieren und Ausdrucksweisen gibt es viele deutliche Unterschiede.

Nach den in diesen beiden Briefen zusammengefassten Beobachtungen setzte Professor Crookes seine Experimente zwei Monate lang zu Hause fort. Das Ergebnis aller Experimente ist in den folgenden Aussagen von Crookes selbst zusammengefasst:

In der Woche vor Katies Abreise hielt sie fast jede Nacht Séancen in meinem Haus ab, damit ich sie bei künstlichem Licht fotografieren konnte. Zu diesem Zweck wurden fünf komplette Fotoapparate zusammengestellt, bestehend aus fünf Kameras, einer in Vollplattengröße, einer Halbplattengröße, einer Viertelplattengröße und zwei binokularen Stereokameras, die alle gleichzeitig auf Katie gerichtet wurden, wenn sie für ihr Porträt posierte. Es wurden fünf Sensibilisierungs- und fünf Fixierbäder verwendet und viele Platten im Voraus gebrauchsfertig gereinigt, damit es während der fotografischen Arbeiten, die ich mit Hilfe eines Assistenten durchführte, zu keinen Störungen oder Verzögerungen kam.

Meine Bibliothek wurde als Dunkelkammer verwendet. Sie hat Flügeltüren, die ins Labor führen. Eine dieser Türen wurde aus den Angeln gehoben und durch einen Vorhang ersetzt, damit Katie problemlos hinein- und hinausgehen konnte. Die anwesenden Freunde saßen im Labor mit Blick auf den Vorhang, und die Kameras waren etwas dahinter aufgestellt, bereit, Katie zu fotografieren, wenn sie herauskam, und alles, was sich im Kabinett befand, zu fotografieren, wenn der Vorhang zu diesem Zweck zurückgezogen wurde. Jeden Abend wurden mit den fünf Kameras drei oder vier Platten belichtet, was bei jeder Sitzung mindestens fünfzehn Einzelbilder ergab. Einige davon gingen beim Entwickeln verloren, andere beim Regulieren der Lichtmenge. Insgesamt habe ich vierundvierzig Negative, einige minderwertig, einige mittelmäßig und einige ausgezeichnet.

Katie wies alle Anwesenden außer mir an, ihre Plätze einzuhalten und die Bedingungen einzuhalten; doch seit einiger Zeit erlaubte sie mir, zu tun, was ich wollte – sie zu berühren und das Kabinett fast jederzeit zu betreten und zu verlassen. Ich bin ihr häufig ins Kabinett gefolgt und habe sie und ihr Medium manchmal zusammen gesehen, doch meistens fand ich niemanden außer dem verzauberten Medium auf dem Boden liegen, während Katie und ihre weißen Roben augenblicklich verschwunden waren.

In den letzten sechs Monaten war Miss Cook häufig bei mir zu Hause und blieb manchmal eine Woche am Stück. Sie bringt nichts mit außer einer kleinen, unverschlossenen Handtasche. Tagsüber ist sie ständig in der Gegenwart von Mrs. Crookes, mir oder einem anderen Mitglied meiner Familie, und da sie nicht allein schläft, gibt es absolut keine Gelegenheit für irgendwelche Vorbereitungen, auch nicht von weniger aufwendiger Art, als sie für die Darstellung von Katie King erforderlich wären. Ich bereite meine Bibliothek selbst vor und arrangiere sie als dunkles Kabinett, und normalerweise geht sie, nachdem Miss Cook mit uns gegessen und sich unterhalten hat und kaum eine Minute aus unseren Augen verschwunden ist, direkt in das Kabinett, und ich schließe auf ihre Bitte hin die zweite Tür ab und behalte den Schlüssel während der gesamten Sitzung. Dann wird das Gas abgedreht und Miss Cook bleibt im Dunkeln zurück.

Als Miss Cook das Kabinett betritt, legt sie sich auf den Boden, den Kopf auf ein Kissen, und ist bald wie in Trance. Während der Fotositzung hüllte Katie den Kopf ihres Mediums in einen Schal, damit das Licht nicht auf ihr Gesicht fiel. Ich zog häufig den Vorhang auf einer Seite zu, wenn Katie in der Nähe stand, und es kam häufig vor, dass wir sieben oder acht im Labor Miss Cook und Katie gleichzeitig im grellen Licht des elektrischen Lichts sahen. Bei diesen Gelegenheiten sahen wir wegen des Schals nicht wirklich das Gesicht des Mediums, aber wir sahen ihre Hände und Füße; wir sahen, wie sie sich unter dem Einfluss des intensiven Lichts unruhig bewegte, und wir hörten sie gelegentlich stöhnen. Ich habe ein Foto von den beiden zusammen, aber Katie sitzt vor Miss Cooks Kopf.

Während ich aktiv an diesen Sitzungen teilnahm, wuchs Katies Vertrauen in mich allmählich, bis sie sich weigerte, eine Sitzung abzuhalten, wenn ich nicht die Organisation übernahm. Sie sagte, sie wolle mich immer in ihrer Nähe und in der Nähe des Kabinetts halten, und ich stellte fest, dass, nachdem dieses Vertrauen hergestellt war und sie überzeugt war, dass ich kein Versprechen brechen würde, das ich ihr geben könnte, die Phänomene stark an Kraft zunahmen und Tests freizügig durchgeführt wurden, die nicht möglich gewesen wären, wenn ich das Thema auf andere Weise angegangen wäre. Sie befragte mich oft über die bei den Sitzungen anwesenden Personen und wo sie platziert werden sollten, denn in letzter Zeit war sie sehr nervös geworden, aufgrund gewisser unüberlegter Vorschläge, Gewalt als Ergänzung zu wissenschaftlicheren Forschungsmethoden einzusetzen.

Eines der interessantesten Bilder ist eines, auf dem ich neben Katie stehe; sie hat ihren nackten Fuß auf einem bestimmten Teil des Bodens. Danach kleidete ich Miss Cook wie Katie, brachte sie und mich in genau dieselbe Position, und wir wurden mit denselben Kameras fotografiert, die genau wie im anderen Experiment platziert und mit demselben Licht beleuchtet wurden. Wenn man diese beiden Bilder übereinander legt, stimmen die beiden Fotos von mir in Bezug auf Statur usw. genau überein, aber Katie ist einen halben Kopf größer als Miss Cook und sieht im Vergleich zu ihr wie eine große Frau aus. In der Breite ihres Gesichts unterscheidet sie sich auf vielen Bildern wesentlich in der Größe von ihrem Medium, und die Fotos zeigen mehrere andere Unterschiede.

Aber Fotografien sind ebenso unfähig, die vollkommene Schönheit von Katies Gesicht wiederzugeben, wie Worte unfähig sind, ihre reizvollen Manieren zu beschreiben. Fotografien können zwar eine Karte ihres Gesichtsausdrucks liefern, aber wie können sie die strahlende Reinheit ihrer Hautfarbe oder den ständig wechselnden Ausdruck ihrer beweglichsten Züge wiedergeben, die mal von Traurigkeit überschattet sind, wenn sie von den bitteren Erlebnissen ihres vergangenen Lebens erzählt, mal mit der ganzen

Unschuld glücklicher Mädchenjahre lächeln, wenn sie meine Kinder um sich geschart hat und sie mit Anekdoten über ihre Abenteuer in Indien unterhält?

"Um sie herum schuf sie eine Atmosphäre des Lebens. Die Luft selbst schien durch ihre Augen leichter zu werden. Sie waren so sanft und schön und erfüllt von allem, was wir uns vom Himmel vorstellen können. Ihre überwältigende Präsenz ließ einen spüren, dass es keine Abgötterei wäre, niederzuknien."

Nachdem ich Katie in letzter Zeit so oft gesehen habe, wenn sie von elektrischem Licht beleuchtet wurde, kann ich die Unterschiede zwischen ihr und ihrem Medium, die ich in einem früheren Artikel erwähnt habe, noch ergänzen. Ich bin mir absolut sicher, dass Miss Cook und Katie körperlich zwei verschiedene Individuen sind. Mehrere kleine Flecken auf Miss Cooks Gesicht fehlen bei Katie. Miss Cooks Haar ist so dunkelbraun, dass es fast schwarz erscheint; eine Locke von Katie, die jetzt vor mir liegt und die sie mir erlaubte, aus ihren üppigen Locken abzuschneiden , nachdem ich sie zuerst bis zur Kopfhaut verfolgt und mich davon überzeugt hatte, dass sie tatsächlich dort wuchs, hat ein sattes goldenes Rotbraun.

Eines Abends maß ich Katies Puls. Er schlug konstant mit 75, während Miss Cooks Puls kurze Zeit später wie üblich mit 90 schlug. Als ich mein Ohr an Katies Brust legte, konnte ich darin ein Herz rhythmisch schlagen hören, und es pulsierte sogar noch gleichmäßiger als Miss Cooks Herz, als sie mir erlaubte, nach der Séance ein ähnliches Experiment durchzuführen. Bei den gleichen Tests stellte sich heraus, dass Katies Lungen gesünder waren als die ihres Mediums, denn zu der Zeit, als ich mein Experiment durchführte, befand sich Miss Cook wegen eines schweren Hustens in ärztlicher Behandlung.

Dieses mysteriöse Wesen, diese seltsame Katie King, hatte von ihrem ersten Auftreten an angekündigt, dass sie sich nur drei Jahre lang so zeigen könne. Das Ende dieser Zeit näherte sich nun.

Als für Katie die Zeit gekommen war, sich zu verabschieden, bat ich sie, mich zum letzten Mal mit ihr sprechen zu lassen. Nachdem sie alle Gäste zu sich gerufen und ein paar Worte unter vier Augen mit ihnen gesprochen hatte, gab sie einige allgemeine Anweisungen für die zukünftige Führung und den Schutz von Miss Cook. Aus diesen, die in Kurzschrift niedergeschrieben wurden, zitiere ich Folgendes: „Mr. Crookes hat die ganze Zeit über sehr gute Arbeit geleistet, und ich überlasse Florrie dem größten Vertrauen in seine Hände, da ich vollkommen sicher bin, dass er das Vertrauen, das ich in ihn setze, nicht missbrauchen wird. Er kann in jedem Notfall besser handeln als ich selbst, denn er hat mehr Kraft." Nachdem sie ihre Anweisungen beendet hatte, lud mich Katie in ihr Arbeitszimmer ein und erlaubte mir, bis zum Ende dort zu bleiben.

Nachdem sie den Vorhang geschlossen hatte, unterhielt sie sich eine Weile mit mir und ging dann durch das Zimmer zu Miss Cook, die bewusstlos auf dem Boden lag. Katie beugte sich über sie, berührte sie und sagte: „Wach auf, Florrie, wach auf! Ich muss dich jetzt verlassen."

Dann erwachte Miss Cook und flehte Katie unter Tränen an, noch ein wenig zu bleiben. „Meine Liebe, ich kann nicht; meine Arbeit ist getan. Gott segne dich", antwortete Katie und sprach dann weiter mit Miss Cook. Mehrere Minuten lang unterhielten sich die beiden miteinander, bis Miss Cooks Tränen sie schließlich daran hinderten zu sprechen. Katies Anweisungen folgend trat ich dann vor, um Miss Cook zu stützen, die hysterisch schluchzend auf den Boden fiel. Ich sah mich um, aber die weißgekleidete Katie war verschwunden. Sobald Miss Cook ausreichend beruhigt war, wurde Licht besorgt und ich führte sie aus dem Kabinett.

Noch ein Wort zu diesem erstaunlichen Phänomen. Das Medium Home, das, wie wir gesehen haben, bei den ersten Experimenten von Professor Crookes eingesetzt wurde, teilte mir seine persönliche Meinung mit, dass Miss Cook nur eine geschickte Betrügerin sei und den bedeutenden Wissenschaftler schändlich getäuscht habe, und was Medien betreffe, so *gebe es doch nur ein absolut vertrauenswürdiges Medium, und das sei er selbst, Daniel Dunglas Home!* Er fügte sogar hinzu, dass der Verlobte von Miss Cook eindrucksvolle Beweise für ihre extreme Streitsucht geliefert habe!

Wer die Rivalitäten der Medien aus nächster Nähe beobachtet hat – die ebenso stark ausgeprägt sind wie die von Ärzten, Schauspielern, Musikern und Frauen – wird, so scheint es mir, in diesem Gerede von Home keinerlei inneren Wert finden. Aber ich muss gestehen, dass diese Sache mit Katie King wirklich so außergewöhnlich ist, dass ich gezwungen bin, jede mögliche Erklärung auszuprobieren, bevor ich ihre Wahrheit anerkenne. Dies ist auch die Meinung von Mr. Crookes selbst.

Um mich selbst zu überzeugen (sagt er), war ich ständig auf der Hut, und Miss Cook unterstützte mich bereitwillig bei all meinen Untersuchungen. Jedem Test, den ich vorgeschlagen habe, hat sie sich sofort und mit größter Bereitschaft unterzogen; sie spricht offen und direkt, und ich habe nie auch nur das geringste Anzeichen eines Wunsches zu täuschen bemerkt. Tatsächlich glaube ich nicht, dass sie eine Täuschung begehen könnte, wenn sie es versuchen würde, und wenn sie es täte, würde sie sicherlich sehr schnell entdeckt werden, denn ein solches Vorgehen liegt ihrer Natur völlig fremd. Und sich vorzustellen, dass ein unschuldiges fünfzehnjähriges Schulmädchen in der Lage wäre, einen so gigantischen Schwindel auszuhecken und drei Jahre lang erfolgreich durchzuführen, und dass es sich in dieser Zeit jeder Prüfung unterziehen würde, die man ihm auferlegen würde, dass es die strengste Prüfung ertragen würde, dass es bereit wäre, sich jederzeit vor oder nach einer Séance durchsuchen zu lassen, und dass es in meinem eigenen Haus sogar mehr Erfolg hätte als bei ihren Eltern, da es doch wüsste, dass sie mich ausdrücklich mit der Absicht besucht, sich strengen wissenschaftlichen Tests zu unterziehen – sich vorzustellen, dass die Katie King der letzten drei Jahre das Ergebnis eines Schwindels sei, verletzt meine Vernunft und meinen gesunden Menschenverstand stärker, als zu glauben, dass sie das ist, was sie selbst behauptet.

The Spiritualist vom 29. Mai 1874 abzurunden .

Seit Beginn ihrer Tätigkeit als Medium hatte Miss Cook, die für den Großteil der physischen Manifestationen verantwortlich war, angekündigt, dass sie nicht länger als drei Jahre mit ihrem Medium zusammen sein könne und sich nach dieser Zeit für immer von ihr verabschieden werde.

Dieser Zeitraum endete am vergangenen Donnerstag; doch bevor sie ihr Medium verließ, gab sie ihren Freunden noch drei weitere Séancen.

Die letzte fand am Donnerstag, dem 21. Mai 1874, statt. Unter den Zuschauern war Prof. William Crookes.

Um 19:23 Uhr führte Professor Crookes Miss Cook in das dunkle Kabinett, wo sie sich auf den Boden legte und ihren Kopf auf ein Kissen legte. Um 19:28 Uhr sprach Katie zum ersten Mal und um 19:30 Uhr zeigte sie sich in voller Gestalt hinter dem Vorhang. Sie war weiß gekleidet, hatte kurze Ärmel und einen nackten Hals. Sie hatte langes, hellbraunes Haar mit einer satten Tönung, das in Locken auf beiden Seiten ihres Kopfes und über ihren Rücken bis zu ihrer Taille fiel. Sie trug einen langen weißen Schleier, der während der Sitzung nur ein- oder zweimal über ihr Gesicht gezogen wurde.

Das Medium trug ein hellblaues Merinogewand. Während fast der gesamten Sitzung blieb Katie vor uns stehen. Der Vorhang des Kabinetts war zur Seite gezogen und alle konnten das Medium deutlich schlafend liegen sehen, ihr Gesicht mit einem roten Schal bedeckt, um es vor dem Licht zu schützen. Katie sprach von ihrer bevorstehenden Abreise und nahm einen Blumenstrauß entgegen, den Mr. Tapp ihr gebracht hatte, sowie einen Strauß Lilien, den Mr. Crookes ihr anbot. Sie bat Mr. Tapp, den Blumenstrauß aufzubinden und die Blumen vor ihr auf den Boden zu legen. Dann setzte sie sich nach türkischer Art hin und bat alle, sich ebenso um sie herumzusetzen. Dann teilte sie die Blumen und gab jedem einen kleinen Blumenstrauß, der mit einer blauen Schleife zusammengebunden war.

Sie schrieb dann Briefe an einige ihrer Freunde und unterschrieb sie mit „Annie Owen Morgan", da dies ihr wahrer Name während ihres Lebens auf Erden gewesen sei. Sie schrieb auch einen Brief an ihr Medium und wählte für sie eine Rosenknospe als Abschiedsgeschenk aus. Katie nahm dann die Schere, schnitt eine Locke ihres Haares ab und gab uns allen etwas davon.

Dann nahm sie Mr. Crookes' Hand und machte einen Rundgang durch den Raum, wobei sie jedem von uns nacheinander die Hand drückte. Dann setzte sie sich wieder hin und schnitt mehrere Stücke ihres Gewandes und ihres Schleiers zur Erinnerung ab. Als jemand solche Löcher in ihrem Gewand sah (sie saß die ganze Zeit zwischen Mr. Crookes und Mr. Tapp), fragte er sie, ob sie den Schaden reparieren könne, wie sie es bei früheren Gelegenheiten getan hatte. Dann hielt sie den abgeschnittenen Teil des Gewandes ins Licht, klopfte einmal darauf und sofort war dieser Teil ganz und makellos wie zuvor. Die in ihrer Nähe befindlichen Personen berührten und untersuchten das Zeug mit ihrer Erlaubnis. Sie versicherten, dass weder ein Loch noch ein Schlitz vorhanden sei und auch nichts hinzugefügt worden sei, und zwar genau an der Stelle, wo sie einen Augenblick zuvor Löcher von mehreren Zentimetern Durchmesser gesehen hatten.

Als nächstes gab sie Mr. Crookes ihre letzten Anweisungen. Dann fügte sie scheinbar erschöpft hinzu, dass ihre Kräfte schwinden würden, und verabschiedete sich noch einmal aufs herzlichste von allen. Alle Anwesenden dankten ihr für die wunderbaren Gaben, die sie ihnen gegeben hatte.

Während sie ihren Freunden einen letzten ernsten und nachdenklichen Blick zuwarf, ließ sie den Vorhang fallen und verbarg sie vor unseren Blicken. Wir hörten, wie sie das Medium weckte, das sie unter Tränen anflehte, noch ein wenig zu bleiben. Aber Katie sagte: „Das ist unmöglich, meine Liebe; meine Mission ist erfüllt; Gott segne dich!" Und wir hörten den Klang eines Kusses. Dann kam das Medium völlig erschöpft und in einem Zustand tiefer Bestürzung unter uns hervor.

Dies sind die Experimente von Sir William Crookes. Ich habe mich darauf beschränkt, seine eigenen persönlichen Beobachtungen wiederzugeben, wie er sie selbst dargelegt hat. Die Geschichte von Katie King ist wahrlich eine der geheimnisvollsten, unglaublichsten in der gesamten Geschichte der spiritistischen Forschung und zugleich einer der Fälle, die am gewissenhaftesten mit der experimentellen Methode, einschließlich der Fotografie, untersucht wurden.

Das Medium, Miss Florence Cook, heiratete 1874 Mr. Elgie Corner, und von da an kam ihr Beitrag zur parapsychologischen Forschung fast zum Erliegen. Mir wurde mehrmals versichert, dass auch sie auf frischer Tat beim Fremdgehen ertappt worden sei. (Immer diese weibliche Hysterie!) Aber die Untersuchungen von Crookes wurden mit solcher Sorgfalt und Kompetenz durchgeführt, dass es sehr schwer ist, uns unseren Glauben zu verweigern. Außerdem war dieser Wissenschaftler nicht der einzige, der die medialen Fähigkeiten von Florence Cook studierte. Unter anderen Werken, die zu diesem Thema konsultiert werden können, befindet sich eines, das eine große Anzahl von Beweisen und Zeugenaussagen sowie mehrere Fotografien enthält (siehe oben). [68]

Diese aufgezeichneten Fälle oder Zeugenaussagen bilden eine Sammlung von Aufzeichnungen, deren Studium äußerst lehrreich ist. Die Studien des großen Chemikers übertreffen zwar die anderen, mindern jedoch nicht den inneren Wert der anderen. Alle Beobachtungen stimmen überein und bestätigen sich gegenseitig.

Was die Erklärung des Phänomens angeht, glaubt Crookes, dass wir sie nicht finden können. War diese Erscheinung das, was sie zu sein behauptete? Es gibt nichts, was das beweist.

Handelt es sich hier nicht um ein *Double* des Mediums, ein Produkt ihrer psychischen Kräfte?

Der gelehrte Chemiker änderte seine Meinung (wie behauptet wurde) über die Echtheit der von ihm untersuchten Phänomene nicht. In einer Ansprache anlässlich einer Versammlung der British Association for the Advancement of Science, die 1898 in Bristol stattfand und deren Präsident er war, drückte er sich wie folgt aus:

Kein Ereignis meiner wissenschaftlichen Laufbahn ist allgemein bekannter als meine Teilnahme an bestimmten parapsychologischen Forschungen vor vielen Jahren. Dreißig Jahre sind vergangen, seit ich einen Bericht über Experimente veröffentlichte, die zu zeigen scheinen, dass es außerhalb unseres wissenschaftlichen Wissens eine Kraft gibt, die von einer Intelligenz ausgeübt wird, die sich von der gewöhnlichen Intelligenz der Sterblichen unterscheidet. Diese Tatsache meines Lebens ist natürlich denjenigen wohlbekannt, die mir die Ehre erwiesen haben, Ihr Präsident zu werden. Vielleicht sind einige meiner Zuhörer neugierig, ob ich sprechen oder schweigen soll. Ich entscheide mich, zu sprechen, wenn auch nur kurz.

Wenn ich mich ausführlich mit einem noch immer umstrittenen Thema befasse, dann beharre ich auf einem Thema, das – wie Wallace, Lodge und Barrett bereits gezeigt haben – zwar für eine Diskussion auf diesen Tagungen nicht ungeeignet ist, aber bei der Mehrheit meiner wissenschaftlichen Kollegen noch nicht das Interesse geweckt hat. Das Thema zu ignorieren wäre ein Akt der Feigheit, ein Akt der Feigheit, den ich nicht begehen möchte.

Wer bei einer Forschung, die die Tore des Wissens erweitern soll, stehen bleibt und aus Angst vor Schwierigkeiten oder negativer Kritik zurückschreckt, bringt der Wissenschaft Schande. Dem Forscher bleibt nichts anderes übrig, als geradeaus weiterzugehen, „Zoll für Zoll mit der Vernunft, der Kerze, auf und ab zu forschen"; dem Licht zu folgen, wohin es auch führen mag, selbst wenn es manchmal einem Irrlicht gleicht.

Ich habe nichts zurückzunehmen. Ich bleibe bei meinen bereits veröffentlichten Aussagen. Tatsächlich könnte ich noch viel hinzufügen. Ich bedauere nur eine gewisse Grobheit dieser frühen Ausführungen, die zweifellos zu Recht gegen ihre Akzeptanz durch die wissenschaftliche Welt sprach. Mein eigenes Wissen ging damals kaum über die Tatsache hinaus, dass bestimmte Phänomene, die für die Wissenschaft neu waren, mit Sicherheit aufgetreten waren und durch meine eigenen nüchternen Sinne und, besser noch, durch automatische Aufzeichnungen bestätigt wurden.

Ich war wie ein zweidimensionales Wesen, das an einem einzelnen Punkt einer Riemannschen Fläche stehen und sich so in infinitesimalem und unerklärlichem Kontakt mit einer Existenzebene befinden könnte, die nicht seine eigene ist.

Ich glaube, ich sehe jetzt ein wenig weiter. Ich habe einen flüchtigen Eindruck von so etwas wie einem Zusammenhang zwischen den seltsamen, schwer fassbaren Phänomenen, von so etwas wie einer Kontinuität zwischen diesen unerklärten Kräften und bereits bekannten Gesetzen. Dieser Fortschritt ist größtenteils der Arbeit einer anderen Vereinigung zu verdanken, deren Präsident ich in diesem Jahr ebenfalls die Ehre habe zu sein – der Society for Psychical Research. Und würde ich diese Untersuchungen jetzt zum ersten Mal in die Welt der Wissenschaft einbringen, würde ich einen anderen Ausgangspunkt wählen als den alten. Es wäre gut, mit der *Telepathie zu beginnen* , mit dem Grundgesetz, das meiner Meinung nach besagt, dass Gedanken und Bilder ohne Einwirkung der bekannten Sinnesorgane von einem Geist auf einen anderen übertragen werden können, dass Wissen in den menschlichen Geist eindringen kann, ohne auf bisher bekannte oder erkannte Weise übermittelt zu werden.

Obwohl die Untersuchung wichtige Fakten über den Geist zutage gefördert hat, hat sie noch nicht das wissenschaftliche Stadium der Gewissheit erreicht, das es rechtfertigen würde, sie einer unserer Abteilungen zweckdienlich vorzulegen. Ich werde mich daher darauf beschränken, die Richtung aufzuzeigen, in die wissenschaftliche Forschung legitimerweise voranschreiten kann.

Wenn Telepathie stattfindet, haben wir zwei physikalische Tatsachen – die physikalische Veränderung im Gehirn von A, dem Suggestor, und die analoge physikalische Veränderung im Gehirn von B, dem Empfänger der Suggestion. Zwischen diesen beiden physikalischen Ereignissen muss eine Kette physikalischer Ursachen bestehen. Wann immer die verbindende Abfolge der Zwischenursachen ans Licht kommt, wird die Untersuchung in den Bereich einer der Sektionen der British Association fallen. Eine solche Abfolge kann nur durch ein dazwischen liegendes Medium auftreten. Alle Phänomene des Universums sind vermutlich in gewisser Weise kontinuierlich, und es ist unwissenschaftlich, die Hilfe mysteriöser Kräfte in Anspruch zu nehmen, wenn sich mit jedem neuen Wissensfortschritt zeigt, dass Ätherschwingungen Kräfte und Eigenschaften haben, die jeder Anforderung – sogar der Gedankenübertragung – mehr als gewachsen sind. Einige Physiologen gehen davon aus, dass die wesentlichen Nervenzellen sich nicht wirklich berühren, sondern durch einen schmalen Spalt getrennt sind, der sich im Schlaf erweitert, während er sich bei geistiger Aktivität fast bis zum Erlöschen verengt. Dieser Zustand ist dem eines Branly- oder Lodge-Kohärenten so eigenartig ähnlich, dass eine weitere Analogie naheliegt.

Da die Struktur von Gehirn und Nerv ähnlich ist, ist es denkbar, dass im Gehirn Massen solcher Nervenkohärenzelemente vorhanden sind, deren spezielle Funktion darin besteht, von außen kommende Impulse durch die verbindende Abfolge von Ätherwellen entsprechender Größenordnung aufzunehmen. Röntgen hat uns mit einer Art von Schwingungen vertraut gemacht, die im Vergleich zu den kleinsten Wellen, die wir bisher kannten, äußerst winzig sind und deren Dimensionen mit den Abständen zwischen den Mittelpunkten der Atome vergleichbar sind, aus denen das materielle Universum aufgebaut ist; und es gibt keinen Grund anzunehmen, dass wir hier die Frequenzgrenze erreicht haben. Es ist bekannt, dass Denkvorgänge von bestimmten Molekülbewegungen im Gehirn begleitet werden, und hier haben wir physikalische Schwingungen, die aufgrund ihrer äußersten Winzigkeit direkt auf einzelne Moleküle einwirken können, während ihre Schnelligkeit der der inneren und äußeren Bewegungen der Atome selbst nahekommt.

Die Bestätigung telepathischer Phänomene wird durch viele zusammenlaufende Experimente und durch viele spontane Vorkommnisse erbracht, die nur auf diese Weise verständlich sind. Die vielfältigsten Beweise werden vielleicht durch die Analyse der unterbewussten Vorgänge des Geistes gewonnen, wenn diese, ob zufällig oder absichtlich, ins Bewusstsein gebracht werden. Beweise für einen Bereich unterhalb der Bewusstseinsschwelle wurden seit seiner ersten Erwähnung in den „Proceedings of the Society for Psychical Research" vorgelegt; und seine verschiedenen Aspekte werden vom beharrlichen Genie FWH Myers interpretiert und zu einem umfassenden Ganzen zusammengefügt.

Eine gewaltige Reihe von Phänomenen muss wissenschaftlich untersucht werden, bevor wir eine so seltsame, so verwirrende und über Jahrhunderte hinweg so unergründliche Fähigkeit wie die direkte Einwirkung des Geistes auf den Geist wirklich begreifen.

Ein bedeutender Vorgänger auf diesem Lehrstuhl erklärte, dass „durch eine intellektuelle Notwendigkeit die Grenzen experimenteller Beweise überschritten und in der Materie, die wir in unserer Unkenntnis ihrer latenten Kräfte und ungeachtet unserer erklärten Ehrfurcht vor ihrem Schöpfer bisher mit Schande bedeckt haben, die Kraft und das Versprechen allen irdischen Lebens erkannt werden müssen." Ich würde es vorziehen, den Apophthegma umzukehren und zu sagen, dass ich im Leben das Versprechen und die Kraft aller Formen der Materie sehe.

Im alten Ägypten war über dem Portal des Isis-Tempels eine bekannte Inschrift eingemeißelt: „Ich bin, was immer war, ist oder jemals sein wird; und meinen Schleier hat noch kein Mensch gelüftet." Anders begegnen moderne Wahrheitssucher der Natur – dem Wort, das für die rätselhaften Geheimnisse des Universums steht. Beharrlich und unerschrocken streben wir danach, das innerste Herz der Natur zu durchdringen, aus dem, was sie ist, das, was sie war, wiederherzustellen und vorherzusagen, was sie noch sein wird. Schleier um Schleier haben wir gelüftet, und ihr Gesicht wird mit jeder Barriere, die zurückgezogen wird, schöner, erhabener und wunderbarer.

Es dürfte schwierig sein, wahrere Gedanken besser auszudrücken. Es ist die Sprache der wahren Wissenschaft und zugleich Ausdruck höchster Philosophie.

KAPITEL X

VERSCHIEDENE EXPERIMENTE UND BEOBACHTUNGEN

Auf den vorhergehenden Seiten wurden zweifellos zahlreiche Zeugnisse über die Existenz eines bisher wenig erforschten psychischen Bereichs gegeben. Mediale Phänomene zeugen von der Existenz unbekannter Kräfte. Es ist fast überflüssig, hier noch mehr dokumentierte Beispiele aufzuzählen.

Diese Tatsachen sind jedoch so außergewöhnlich, so unverständlich, so schwer zu glauben, dass eine bloße Erhöhung der Zahl der Fälle nicht wertlos ist, insbesondere wenn sie von Männern mit unbestreitbarer Geschicklichkeit und Bildung erbracht werden. Das alte Rechtssprichwort *Testis unus, testis nullus* („Ein Zeuge ist kein Zeuge") ist hier anwendbar. Wir dürfen solche scheinbar wissenschaftlichen Extravaganzen nicht einmal, sondern hundertmal überprüfen, um sicherzustellen, dass es sich nicht um Wahnvorstellungen, sondern um nüchterne Tatsachen handelt.

Kurz gesagt, das ganze Thema ist so merkwürdig und seltsam, dass der Ermittler dieser Geheimnisse nie übersättigt wird.

Daher werde ich zusätzlich zu dem, was bereits gesagt wurde, aus der riesigen Sammlung von Beobachtungen, die ich seit langer Zeit mache, diejenigen auswählen und hier vorstellen, die die Aufmerksamkeit am meisten erregen und das Vorangegangene zusätzlich bestätigen.

Zusätzlich zu den Experimenten von Crookes sollten an dieser Stelle auch die des großen englischen Naturforschers Alfred Russel Wallace erwähnt werden. Er ist ebenfalls Mitglied der Royal Society of London, Präsident der English Anthropological Society und bekannt als der Wissenschaftler, der der Welt gleichzeitig mit Darwin (Juni 1858) die Theorie der Variation der Arten durch natürliche Selektion präsentierte.

Er selbst gibt folgenden Bericht [69] über seine Studien über die geheimnisvolle psychische Kraft:

Im Sommer 1865 wurde ich zum ersten Mal Zeuge eines Phänomens des sogenannten Spiritismus im Haus eines Freundes, eines Skeptikers, Wissenschaftlers und Anwalts, in Anwesenheit von nur Mitgliedern seiner eigenen Familie. Wir saßen an einem großen runden Tisch und legten unsere Hände darauf. Nach kurzer Zeit begannen leichte Bewegungen – nicht oft „Drehungen" oder „Neigungen", sondern sanfte, unterbrochene Bewegungen wie Schritte, die den Tisch nach einiger Zeit durch den ganzen Raum schleuderten. Es waren auch leise, aber deutliche Klopfgeräusche zu hören. Die folgenden damals gemachten Notizen sollten genau beschreiben, was geschah:

" 22. Juli 1865. – Saß bei Tageslicht mit meinem Freund, seiner Frau und seinen beiden Töchtern an einem großen Toilettentisch. Nach etwa einer halben Stunde waren einige schwache Bewegungen zu spüren und ein leises Klopfen zu hören. Sie nahmen allmählich zu; das Klopfen wurde sehr deutlich und der Tisch bewegte sich beträchtlich, so dass wir alle unsere Stühle verschieben mussten. Dann begann eine merkwürdige vibrierende Bewegung des Tisches, fast wie das Zittern eines lebenden Tieres. Ich konnte es bis zu meinen Ellbogen spüren. Diese Phänomene wiederholten sich zwei Stunden lang auf verschiedene Weise. Als wir es später versuchten, stellten wir fest, dass der Tisch nicht willentlich auf die gleiche Weise bewegt werden konnte, ohne große Kraftanstrengung, und wir konnten keine Möglichkeit entdecken, die Klopfgeräusche zu erzeugen, während unsere Hände auf dem Tisch lagen."

Bei anderen Gelegenheiten versuchten wir das Experiment, indem jede Person nacheinander den Tisch verließ, und stellten fest, dass die Phänomene dieselben wie zuvor fortbestanden, sowohl das Klopfen als auch die Bewegung des Tisches. Einmal forderte ich einen nach dem anderen auf, den Tisch zu verlassen. Die Phänomene hielten an, aber als die Zahl der Sitzenden abnahm und die Heftigkeit abnahm, und kurz nachdem die letzte Person sich zurückgezogen hatte und mich allein am Tisch zurückließ, gab es zwei dumpfe Klopf- oder Schlagbewegungen wie mit der Faust auf die Säule oder das Tischbein, deren Vibration ich ebenso gut fühlen wie hören konnte.

Einige Zeit vor diesen Beobachtungen hatte ich einen Herrn getroffen, der mir von den wundersamsten Phänomenen erzählt hatte, die in seiner eigenen Familie auftraten, darunter die fühlbare Bewegung fester Körper, wenn sie niemand berührte oder sich ihnen näherte. Er hatte mir empfohlen, zu einem öffentlichen Medium in London (Mrs. Marshall) zu gehen, wo ich ebenso wundersame Dinge sehen könnte. Dementsprechend begann ich im September 1865 eine Reihe von Besuchen bei Mrs. Marshall, in der Regel in Begleitung eines Freundes, eines guten Chemikers und Mechanikers mit einer durch und durch skeptischen Einstellung.

1. Ein kleiner Tisch, auf dem die Hände von vier Personen lagen (einschließlich meiner eigenen und der von Mrs. Marshall), erhob sich senkrecht etwa einen Fuß über dem Boden und blieb etwa zwanzig Sekunden lang in der Luft, während mein Freund, der dasaß und zusah, den unteren Teil des Tisches sehen konnte, dessen Füße frei über dem Boden schwebten.

2. Während ich an einem großen Tisch saß, mit Miss T. zu meiner Linken und Mr. R. zu meiner Rechten, glitt eine Gitarre, die in Miss Ts Hand gespielt worden war, auf den Boden, strich über meine Füße und kam zu Mr. R., an dessen Beinen sie sich aufrichtete, bis sie über dem Tisch erschien. Ich und

Mr. R. beobachteten sie die ganze Zeit aufmerksam, und sie verhielt sich, als wäre sie selbst lebendig, oder eher, als würde ein kleines unsichtbares Kind sie mit großer Anstrengung bewegen und hochheben. Diese beiden Phänomene wurden bei hellem Gaslicht beobachtet.

3. Ein Stuhl, auf dem eine Verwandte von Herrn R. saß, wurde mit ihr darauf hochgehoben. Als sie später vom Klavier, auf dem sie gespielt hatte, zum Tisch zurückkehrte, bewegte sich ihr Stuhl gerade weg, als sie sich hinsetzen wollte. Als sie ihn hochzog, bewegte er sich wieder weg. Nachdem dies dreimal passiert war, schien er am Boden festzustecken, so dass sie ihn nicht hochheben konnte. Herr R. ergriff ihn und stellte fest, dass er ihn nur mit großer Anstrengung vom Boden hochheben konnte. Dieses Sitzen fand am helllichten Tag statt, in einem Zimmer im ersten Stock mit zwei Fenstern.

So seltsam und unwirklich diese wenigen Phänomene Lesern erscheinen mögen, die noch nie etwas derartiges gesehen haben, so behaupte ich doch mit Sicherheit, dass es sich um Tatsachen handelt, die sich genau so zugetragen haben, wie ich sie geschildert habe, und dass es keinen Raum für Tricks oder Täuschungen gab. In jedem Fall stellten wir vor Beginn die Tische und Stühle um, stellten fest, dass es sich um gewöhnliche Möbelstücke handelte und dass zwischen ihnen und dem Boden keine Verbindung bestand, und stellten sie, wo immer es uns gefiel, hin, bevor wir uns hinsetzten. Mehrere der Phänomene geschahen vollständig unter unseren eigenen Händen und völlig unabhängig vom „Medium". Sie waren ebenso real wie die Bewegung von Nägeln auf einen Magneten zu, und, das kann man hinzufügen, an sich nicht unwahrscheinlicher oder unverständlicher.

Die am häufigsten auftretenden mentalen Phänomene sind das Buchstabieren der Namen von Verwandten anwesender Personen, deren Alter oder andere Einzelheiten über sie. Sie sind in ihrer Manifestation besonders unsicher, obwohl sie, wenn sie erfolgreich sind, für die Personen, die sie beobachten, sehr schlüssig sind. Die allgemeine Meinung der Skeptiker hinsichtlich dieser Phänomene ist, dass sie einfach von der Genauigkeit und dem Talent des Mediums abhängen, die Buchstaben zu treffen, die den Namen bilden, und zwar anhand der Art und Weise, wie die Personen bei ihnen verweilen oder sie überfliegen. Die übliche Art, diese Mitteilungen zu empfangen, besteht darin, dass die interessierte Person ein gedrucktes Alphabet Buchstabe für Buchstabe durchgeht und laut klopft, um die Buchstaben anzuzeigen, die die gewünschten Namen bilden. Ich werde einige unserer Experimente auswählen, die zeigen, wie unmöglich es ist, diese Erklärung zu akzeptieren.

Als ich selbst zum ersten Mal eine Nachricht erhielt, achtete ich besonders darauf, keine Hinweise zu geben, indem ich die Briefe mit steter

Regelmäßigkeit durchging. Dennoch war zunächst der Ort, an dem mein Bruder starb, Para, korrekt ausgeschrieben; dann sein Vorname, Herbert, und schließlich, auf meine Bitte hin, der Name des gemeinsamen Freundes, der ihn zuletzt gesehen hatte, Henry Walter Bates. Bei dieser Gelegenheit besuchte unsere sechsköpfige Gruppe Mrs. Marshall zum ersten Mal, und mein Name sowie die der übrigen Gruppe waren ihr, bis auf einen, unbekannt. Das war meine verheiratete Schwester, deren Name keinen Hinweis auf meinen enthielt.

Bei derselben Gelegenheit wurde einer jungen Dame, einer Verwandten von Mr. R., mitgeteilt, dass ihr eine Mitteilung zu machen sei. Sie nahm das Alphabet und anstatt die Buchstaben einzeln anzudeuten, bewegte sie den Bleistift mit größter Sicherheit über die Linien. Ich beobachtete sie und schrieb die Buchstaben auf, die die Fingertipps anzeigten. Der Name, der dabei herauskam, war außergewöhnlich , denn die Buchstaben waren Thomas Doe Thacker. Ich dachte, im letzten Teil müsse ein Fehler sein, aber es war Thomas Doe Thacker, der Vater der Dame, und jeder Buchstabe war richtig. Bei dieser Gelegenheit wurden eine Reihe anderer Namen, Orte und Daten mit gleicher Genauigkeit buchstabiert, aber ich nenne nur diese beiden, weil ich sicher bin, dass in diesen *kein* Hinweis gegeben wurde, anhand dessen der übernatürlich scharfsinnigste Verstand die Namen hätte erraten können.

Bei einer anderen Gelegenheit begleitete ich meine Schwester und eine Dame, die noch nie zuvor dort gewesen war, zu Mrs. Marshall, und wir erlebten eine sehr merkwürdige Demonstration der Absurdität, die Schreibweise von Namen dem Zögern des Empfängers und der Genauigkeit des Mediums zuzuschreiben. Sie wollte, dass man ihr den Namen eines bestimmten verstorbenen Verwandten buchstabierte, und zeigte auf die übliche Weise auf die Buchstaben des Alphabets, während ich die angegebenen aufschrieb. Die ersten drei Buchstaben waren yr n. „Oh!", sagte sie, „das ist Unsinn; wir sollten besser noch einmal von vorne beginnen." In diesem Moment kam ein e, und da ich dachte, ich hätte es verstanden, sagte ich: „Bitte fahren Sie fort, ich verstehe es." Das Ganze wurde dann so buchstabiert: yrnehkcocffej. Die Dame sah es selbst dann nicht, bis ich es so trennte: yrneh kcocffej oder Henry Jeffcock – der Name des Verwandten, den sie gesucht hatte, genau rückwärts buchstabiert.

Ein weiteres Phänomen, das sowohl Kraft als auch Verstand erfordert, ist das folgende: Nachdem der Tisch zuvor untersucht worden war, markierte ich heimlich ein Blatt Notizpapier und legte es mit einem Bleistift unter das mittlere Tischbein, wobei alle Anwesenden ihre Hände auf den Tisch legten. Nach einigen Minuten hörte ich Klopfgeräusche, und als ich das Papier aufnahm, fand ich darauf freihändig „William" geschrieben. Bei einer anderen Gelegenheit begleitete mich ein Freund vom Land – der mit dem

Medium überhaupt nicht vertraut war und dessen Name nie erwähnt wurde – und nachdem er eine angebliche Mitteilung von seinem Sohn erhalten hatte, legte er ein Papier unter den Tisch und nach einigen Minuten fand er darauf „Charley T. Dodd" geschrieben, den richtigen Namen. In diesen Fällen ist es sicher, dass sich keine Maschinerie unter dem Tisch befand; und es bleibt nur noch die Frage, ob es Mrs. Marshall möglich wäre, ihre Stiefel auszuziehen, Bleistift und Papier mit den Zehen zu ergreifen, einen Namen darauf zu schreiben, den sie erraten müsste, und ihre Stiefel wieder anzuziehen, ohne ihre Hände vom Tisch zu nehmen oder auf irgendeine Weise ihre Anstrengungen erkennen zu lassen.

Im November 1866 entdeckte meine Schwester, dass eine bei ihr lebende Dame die Fähigkeit besaß, laute und deutliche Klopfgeräusche und andere merkwürdige Phänomene hervorzurufen. Daraufhin begann ich in meinem eigenen Haus mit einer Reihe von Beobachtungen, von denen ich die wichtigsten kurz schildern möchte.

Wenn wir an einem großen, unbedeckten Tisch saßen und alle unsere Hände darauf ruhten, begannen die Klopfgeräusche normalerweise nach wenigen Minuten. Sie klingen, als würden sie an verschiedenen Stellen auf der Unterseite der Tischplatte erzeugt. Sie verändern Ton und Lautstärke von einem Geräusch, das durch Klopfen mit einer Nadel oder einem langen Fingernagel entsteht, zu Geräuschen, die wie Faustschläge oder Ohrfeigen mit den Fingern einer Hand klingen. Es entstehen auch Geräusche wie das Kratzen mit einem Fingernagel oder das Reiben eines feuchten Fingers, der sehr fest auf den Tisch gedrückt wird. Die Schnelligkeit, mit der diese Geräusche erzeugt und verändert werden, ist sehr bemerkenswert. Sie ahmen mehr oder weniger genau Geräusche nach, die wir mit unseren Fingern über dem Tisch erzeugen; sie halten den Takt einer Melodie, die einer der Teilnehmer pfeift; manchmal spielen sie auf Aufforderung selbst eine sehr gute Melodie oder folgen genau einer Hand, die eine Melodie auf den Tisch klopft.

Natürlich ist der erste Eindruck, dass jemand mit dem Fuß den Tisch anhebt. Um diesen Einwand zu entkräften, bereitete ich den Tisch vor unserem zweiten Versuch vor, ohne es jemandem zu sagen, indem ich ein dünnes Seidenpapier ein oder zwei Zoll vom unteren Ende der Säule entfernt zwischen die Füße spannte, und zwar so, dass jeder Versuch, den Fuß hineinzustecken, das Papier zerdrücken oder zerreißen musste. Der Tisch erhob sich wie zuvor, widerstand dem Druck nach unten, als ob er auf dem Rücken eines Tieres ruhte, sank auf den Boden, erhob sich nach kurzer Zeit wieder und fiel dann plötzlich herunter. Ich drehte nun mit einiger Besorgnis den Tisch um und zeigte ihnen zur Überraschung aller Anwesenden das zarte Gewebe, das völlig unversehrt darüber gespannt war! Da ich feststellte, dass dieser Test mühsam war, da das Papier oder die Fäden jedes Mal erneuert werden mussten und vor Beginn des Experiments versehentlich zerrissen werden konnten, konstruierte ich einen Zylinder aus Reifen und Latten, der mit Segeltuch bedeckt war. Der Tisch wurde darin wie in einem Brunnen platziert, und da er etwa achtzehn Zoll hoch war, hielt er die Füße und Kleider der Damen vom Tisch fern. Letzterer erhob sich ohne die geringste Schwierigkeit, wobei die Hände der gesamten Gruppe darüber gestreckt wurden.

Ein kleiner Tisch in der Mitte bewegte sich plötzlich von selbst zu dem Tisch neben dem Medium, als ob er allmählich in den Bereich einer starken Anziehungskraft geraten wäre. Danach wurde er auf unsere Bitte hin auf den Boden geworfen, ohne dass ihn jemand berührte, und bewegte sich dann auf eine seltsam lebensechte Weise, als ob er nach einer Möglichkeit suchte, wieder aufzustehen, wobei er seine Krallen erst auf die eine und dann auf die andere Seite drehte. Bei einer anderen Gelegenheit rollte plötzlich ein sehr großer Ledersessel, der mindestens vier oder fünf Fuß vom Medium entfernt stand, nach einigen leichten Vorbewegungen zu ihr heran. Es ist natürlich leicht zu sagen, dass das, was ich erzähle, unmöglich ist. Ich behaupte, dass es genau der Wahrheit entspricht und dass kein Mensch, wie hoch seine Kenntnisse auch sein mögen, ein so umfassendes Wissen über die Kräfte der Natur besitzt, dass er das Wort „unmöglich" in Bezug auf Tatsachen verwenden dürfte, die ich und viele andere wiederholt miterlebt haben.

Offensichtlich liegen hier ähnliche Tatsachen vor, wie ich sie bei meinen Experimenten mit Eusapia und anderen Medien beobachtet habe.

Alfred Russel Wallace setzt seinen Bericht mit der Zitierung von Fällen fort, die denen ähneln, die in diesem Werk beschrieben wurden. Dann fasst er die Experimente von Crookes , Varley, Morgan und anderen englischen Wissenschaftlern zusammen. Er erweist mir die Ehre, meinen oben abgedruckten Brief an die Dialectical Society zu zitieren. Anschließend gibt er einen Überblick über die Geschichte des Spiritismus und erklärt, dass (1) *die Tatsachen unbestreitbar sind und dass (2) seiner Meinung nach die Hypothese der Geister* oder *der Seelen der Körperlosen* die beste Erklärung darstellt , da die Theorie des „Unbewussten" *offensichtlich unzureichend ist* .

Dies ist auch die Meinung des Elektrikers Cromwell Varley. Weder er noch Wallace glauben, dass die Phänomene etwas Übernatürliches an sich haben. Körperlose Geister sind ebenso in der Natur wie körperlose. „Die Trivialität der Mitteilungen sollte uns nicht überraschen, wenn wir an die Myriaden trivialer und fantastischer menschlicher Wesen denken, die jeden Tag zu Geistern werden und am Tag nach ihrem Tod dieselben Wesen sind wie am Tag zuvor."

Professor Morgan, der brillante Autor von *Budget of Paradoxes* (ein ausgezeichnetes Werk, das 1865 vom Londoner *Athenæum hoch gelobt wurde), äußert dieselbe Meinung in seinem Werk über den Geist* (1863). Er glaubt nicht nur, dass die Fakten unbestreitbar sind, sondern auch, dass die Hypothese, die die Fakten durch Intelligenzen außerhalb unserer selbst erklärt, die einzig zufriedenstellende ist. Er berichtet unter anderem, dass sich bei einer der von ihm besuchten Séancen ein Freund von ihm (ein sehr skeptischer Mensch) ein wenig über die Geister lustig machte, woraufhin, während sie alle (ein Dutzend Experimentatoren) um den Esstisch herumstanden und die Kette darüber bildeten, der schwere Tisch sich *ohne Berührung* von selbst in Bewegung setzte, die ganze Gruppe mit sich zog, auf den Skeptiker zustürmte und ihn gegen die Rückenlehne des Sofas drückte, bis er rief: „Halt! Genug!"

Aber ist das schon ein Beweis für einen unabhängigen Geist? War es nicht Ausdruck des kollektiven Denkens der Gesellschaft? Und waren die diktierten Namen bei dem von Wallace soeben zitierten Experiment nicht latent im Gehirn des Fragenden vorhanden? Und stand der kleine Tisch in der Mitte bei seinen Aufstiegen nicht unter dem physischen und psychischen Einfluss des Mediums?

Was auch immer die erklärende Hypothese sein mag, die FAKTEN sind unbestreitbar.

Wir haben hier vor allem eine Gruppe bedeutender englischer Wissenschaftler ersten Ranges, deren Meinung nach die Leugnung dieser Phänomene eine Art Wahnsinn ist.

Die französischen Wissenschaftler sind etwas verspätet als ihre Nachbarn. Dennoch habe ich im Laufe dieser Arbeit bereits auf einige von ihnen hingewiesen. Ich hätte gern die Namen des bedauernswerten Pierre Curie und des Professors d'Arsonval hinzugefügt, wenn sie die Experimente veröffentlicht hätten, die sie im Juli 1905 und März und April 1906 am Allgemeinen Institut für Psychologie mit Eusapia durchgeführt haben.

Zu den umsichtigsten Experimentatoren auf dem Gebiet psychischer Phänomene möchte ich auch MJ Maxwell zählen, einen Doktor der Medizin und (in einer ganz anderen Funktion) Generalanwalt am Berufungsgericht in Bordeaux.

Dem Leser ist vielleicht bereits aufgefallen (S. 173), welche Rolle dieser Forscher, der zugleich Richter und Wissenschaftler war, bei den 1895 in L'Agnélas durchgeführten Experimenten spielte. Eusapia ist nicht das einzige Medium, mit dem er seine Studien durchführte, und seine Kenntnis unseres Themas wird durch die besten dokumentarischen Beweise belegt.

Es ist angebracht, dem Leser an dieser Stelle die charakteristischsten Tatsachen und wesentlichen Schlussfolgerungen seines Werkes vorzustellen.
[70]

Der Autor hat eine spezielle Untersuchung zum *Rap durchgeführt*.

Schläge (coups frappés).—Um Schläge zu erhalten, ist kein Kontakt der Hände nötig. Bei gewissen Medien habe ich sie sehr leicht ohne Kontakt erhalten.

Wenn es gelungen ist, Klopfgeräusche durch Kontakt zu erzeugen, besteht eines der sichersten Mittel, um sie auf diese Weise weiter zu erzeugen, darin, die Hände eine gewisse Zeit lang auf dem Tisch ruhen zu lassen und sie dann *sehr langsam anzuheben*, wobei die Handflächen nach unten zum Tisch zeigen und die Finger locker geöffnet, aber nicht steif gehalten werden. Unter solchen Umständen kommt es selten vor, dass die Klopfgeräusche nicht weiter hörbar sind, zumindest nicht für einige Zeit. Ich muss nicht hinzufügen, dass die Experimentatoren es nicht nur vermeiden sollten, den Tisch mit den Händen zu berühren, sondern auch mit anderen Körperteilen oder ihrer Kleidung. Der Kontakt der Kleidungsstücke mit dem Tisch kann ausreichen, um Klopfgeräusche zu erzeugen, die nichts Übernatürliches an sich haben. Es ist daher notwendig, sehr darauf zu achten, dass die Kleider der Damen nicht mit den Tischbeinen in Berührung kommen. Wenn die notwendigen Vorsichtsmaßnahmen getroffen werden, klingen die Klopfgeräusche sehr überzeugend.

Bei bestimmten Medien ist die freigesetzte Energie stark genug, um auf Distanz zu wirken. Einmal hörte ich zufällig Klopfgeräusche auf einem Tisch, der fast zwei Meter vom Medium entfernt war. Wir hatten nur kurz gesessen und den Tisch verlassen. Ich lehnte mich in einem Sessel zurück; das Medium stand und unterhielt sich mit mir, als eine Reihe von Klopfgeräuschen auf dem Tisch erklangen, den wir gerade verlassen hatten. Es war heller Tag im Hochsommer, etwa fünf Uhr abends. Die Klopfgeräusche waren heftig und dauerten mehrere Minuten.

Ich habe solche Dinge schon oft beobachtet. Einmal traf ich auf Reisen zufällig ein interessantes Medium. Er erlaubte mir nicht, seinen Namen zu nennen, aber ich kann sagen, dass er ein ehrenwerter, gut informierter Mann ist, der eine offizielle Stellung innehat. Ich erhielt von ihm in Restaurants und an den Imbissständen der Bahn lebhafte Klopfgeräusche. Er ahnte nicht, dass er diese latente Fähigkeit besaß, bevor er mit mir experimentierte. Die unter diesen Bedingungen erzeugten Klopfgeräusche zu beobachten, hätte ausgereicht, um jeden von ihrer Echtheit zu überzeugen. Das ungewöhnliche Geräusch, das diese Klopfgeräusche machten, erregte die Aufmerksamkeit der Anwesenden und bereitete uns viel Ärger. Das Ergebnis übertraf unsere Erwartungen. Es ist zu beachten, dass sie umso häufiger wurden, je mehr wir durch das Geräusch unserer Klopfgeräusche verwirrt wurden. Man hätte meinen können, dass irgendein schelmisches Wesen sie erzeugte und sich über unsere Verlegenheit amüsierte.

Ich habe auch feine Schläge auf den Böden von Museen vor den Gemälden der alten Meister erhalten. Am häufigsten sind Schläge, die durch Kontakt auf den Tisch oder den Boden erfolgen; als nächstes kommen Schläge aus der Ferne auf verschiedene Möbelstücke.

Seltener habe ich sie auf der Kleidung der Teilnehmer oder des Mediums oder auf den Bezügen von Möbelstücken gehört. Ich habe sie auf Papierblättern gehört, die auf dem Experimentiertisch lagen, in Büchern, an Wänden, in Tamburinen, in kleinen Holzgegenständen, besonders in einer Planchette, die zum automatischen Schreiben verwendet wurde. Bei einem Schreibmedium bemerkte ich sehr merkwürdige Klopfgeräusche. Beim automatischen Schreiben erzeugte sie die Klopfgeräusche mit äußerster Geschwindigkeit mit der Spitze ihres Bleistifts; der Bleistift selbst klopfte jedoch nicht auf den Tisch. Mehrere Male und sehr vorsichtig legte ich meine Hand auf das der Spitze gegenüberliegende Ende des Bleistifts, ohne dass diese auch nur einen Augenblick das Papier auf dem Tisch liegen ließ: Die Klopfgeräusche klangen im Holz, nicht auf dem Papier. In diesem Fall hielt natürlich das Medium den Bleistift.

Die Schläge treten sogar auf, wenn ich meinen Finger auf das obere Ende des Bleistifts lege und seine Spitze gegen das Papier drücke. Man fühlt, wie der Bleistift vibriert, aber er wird nicht verschoben. Da diese Schläge sehr resonant sind, rechnete ich damit, dass man einen ziemlich starken Schlag ausführen müsste, um sie künstlich hervorzurufen. Die notwendige Bewegung erfordert ein Anheben der Spitze um zwei bis fünf Millimeter, je nach Intensität der Schläge. Jetzt scheint sich die Spitze nicht zu verschieben. Außerdem treten diese Schläge beim Schreiben mit großer Geschwindigkeit auf, und die Untersuchung der Schrift zeigt keine Stelle, an der ein Stopp aufgetreten ist. Der Text ist fortlaufend, es sind keine Spuren von Klopfen darin wahrnehmbar, es ist keine Verdickung der Striche erkennbar. Beobachtungen, die unter solchen Bedingungen gemacht wurden, scheinen mir die Möglichkeit eines Betrugs auszuschließen.

Ich habe beobachtet, dass diese Klopfgeräusche ohne erkennbaren Grund bis zu neun Fuß vom Medium entfernt auftreten. Sie äußern sich als Ausdruck einer Aktivität und eines Willens, die sich von denen der Beobachter unterscheiden. So sieht das Phänomen *aus* . Aus all dem ergibt sich die merkwürdige Tatsache, dass die Klopfgeräusche nicht nur als Ergebnis einer intelligenten Handlung auftreten, sondern dass die Teilnehmer normalerweise auch so oft auftreten, wie sie dazu aufgefordert werden, und bestimmte Rhythmen, z. B. bestimmte Melodien, erzeugen. In ähnlicher Weise ahmen sie die Klopfgeräusche der Experimentatoren auf deren Aufforderung hin nach.

Die verschiedenen Klopfgeräusche reagieren häufig aufeinander, und es ist eines der schönsten Experimente, an denen man teilnehmen kann, wenn man diese Schläge hört, die mal leicht und gedämpft, mal scharf und abrupt oder wieder sanft und leise gleichzeitig auf den Tisch, den Boden und das Gestell und die Bezüge der Möbel klingen.

Ich hatte das Glück, diese merkwürdigen Klopfgeräusche aus nächster Nähe studieren zu können, und ich glaube, zu bestimmten Schlussfolgerungen gelangt zu sein. Die erste und am besten belegte ist, dass die Klopfgeräusche eng mit den Muskelbewegungen der Dargestellten verbunden sind. Ich werde meine Beobachtungen zu diesem Punkt wie folgt zusammenfassen:

1. Auf jede Muskelbewegung, auch die kleinste, folgt im Allgemeinen ein Klopfen.

2. Die Intensität der Schläge schien mir nicht proportional zur ausgeführten Muskelbewegung zu sein.

3. Die Intensität der Schläge schien mir nicht proportional zur Entfernung vom Medium zu variieren.

Meine Schlussfolgerungen beruhen auf den folgenden Fakten:

Ich habe häufig beobachtet, dass ein ausgezeichnetes Mittel, um schwache und nur in Abständen auftretende Klopfgeräusche zu erzeugen, darin bestand, die Kette auf dem Tisch zu bilden, die Hände darauf zu legen und die Finger der Beobachter leicht zu berühren. Einer von ihnen bewegte seine losgelassene Hand in kreisförmigen Schwüngen oder Bewegungen über den Tisch, auf Höhe des Kreises, den die geöffneten Hände der Beobachter bildeten, ohne die Kette zu unterbrechen (ein Kunststück, das er vollbrachte, indem er in derselben Hand die rechte Hand seines linken Nachbarn und die linke Hand seines rechten Nachbarn hielt), ohne die Kette zu unterbrechen. Nachdem er diese Bewegung vier oder fünf Mal, immer in die gleiche Richtung, ausgeführt hatte, das heißt, nachdem er auf diese Weise vier oder fünf Kreise über den Tisch gezogen hatte, brachte der Experimentator seine Hand in unterschiedlicher Höhe zur Mitte und bewegte sie nach unten zum Tisch. Dann stoppte er diese Bewegung abrupt in einer Entfernung von sieben oder acht Zoll von der Tischplatte. Das abrupte Anhalten seiner Hand wurde durch ein Klopfen auf das Holz bestätigt. Es handelt sich nur um einen Ausnahmefall, wenn dieser Vorgang zu keinen Zapfwellen führt, das heißt, wenn es im Kreis ein Medium gibt, das, wenn auch nur einigermaßen, in der Lage ist, Zapfwellen zu erzeugen.

Das gleiche Experiment kann durchgeführt werden, ohne den Tisch zu berühren, sondern indem man um ihn herum eine Art geschlossene Kette bildet. Einer der Bediener verhält sich dann wie im vorhergehenden Fall.

Ich muss meine Leser nicht daran erinnern, dass bei bestimmten Medien Klopfgeräusche ohne Bewegung erzeugt werden. Fast alle Medien können sie auf diese Weise erzeugen, indem sie vollkommen ruhig bleiben und Geduld haben. Man könnte jedoch sagen, dass die Ausführung der Bewegung als bestimmende Ursache wirkt. Es scheint, als ob die angesammelte Energie eine Art Reiz erhält.

Levitationen. — Eines Tages improvisierten wir nachmittags ein Experiment, und ich erinnere mich, dass ich unter diesen Umständen eine sehr interessante Levitation beobachtete. Es war etwa fünf Uhr abends (jedenfalls war es heller Tag) im Salon von l'Agnélas. Wir nahmen *stehend unsere Plätze um den Tisch* ein. Eusapia nahm die Hand einer von uns und legte sie auf die Tischecke zu ihrer Rechten. Daraufhin erhob sich der Tisch bis zur Höhe unserer Stirnen; das heißt, die Tischplatte erhob sich mindestens fünf Fuß über den Boden.

Solche Experimente waren sehr überzeugend, denn es war für Eusapia unter den gegebenen Umständen unmöglich, den Tisch durch eine normale Handlung anzuheben. Man braucht nur anzunehmen, dass sie nur die Tischkante berührte, um herauszufinden, wie schwer das Gewicht gewesen wäre, das sie hätte anheben müssen, wenn sie eine Muskelbewegung gemacht hätte. Außerdem hatte sie nicht genügend Halt am Tisch, um ihn anzuheben. Offensichtlich konnte sie unter den Bedingungen des Experiments keines der betrügerischen Verfahren anwenden, die ihre Kritiker erwähnten, wie etwa Riemen oder Haken jeglicher Art. Das Phänomen ist unbestreitbar authentisch.

Die Atmung scheint einen sehr großen Einfluss zu haben. So wie die Dinge ablaufen, scheint es, als ob die Teilnehmer durch die Atmung eine Menge motorischer Energie freisetzen, die mit der vergleichbar ist, die sie freisetzen, wenn sie ihre Gliedmaßen schnell bewegen. Daran ist etwas sehr Merkwürdiges und schwer zu erklären.

Eine umfassendere Analyse der Tatsachen lässt uns annehmen, dass die Freisetzung der eingesetzten Energie von der Kontraktion der Muskeln und nicht von der ausgeführten Bewegung abhängt. Was diese Besonderheit offenbart, ist leicht zu beobachten. Wenn wir die Kette um den Tisch bilden, können wir eine berührungslose Bewegung herbeiführen, indem wir unsere Hände mit einer bestimmten Kraft gegeneinander drücken oder indem wir die Füße fest auf den Boden drücken. Das erste Mittel ist das weitaus bessere von beiden. Die Arme haben nur eine unbedeutende Bewegung gemacht, und man kann sagen, dass die Muskelkontraktion fast das einzige beobachtbare physiologische Phänomen ist. Und doch genügt es.

Alle diese bestätigten Experimente scheinen zu zeigen, dass der Faktor, der berührungslose Bewegungen bestimmt, eine Verbindung zu unserem Organismus und wahrscheinlich auch zu unserem Nervensystem hat.

Bedingungen der Experimente. – Wir dürfen nie die relative Bedeutung des moralischen und intellektuellen Status der Gruppe der Experimentatoren aus den Augen verlieren. Das ist eines der am schwierigsten zu erfassenden und zu verstehenden Dinge. Aber wenn die Kraft stark ist, kann manchmal die einfache Willensäußerung die Bewegung bestimmen. Wenn beispielsweise die Teilnehmer einen entsprechenden Wunsch äußern, bewegt sich der Tisch in die gewünschte Richtung. Die Phänomene treten auf, als ob diese Kraft von einer Intelligenz geleitet würde, die sich von der der Experimentatoren unterscheidet. Ich beeile mich zu sagen, dass ich das nur für eine Wahrscheinlichkeit halte und dass ich glaube, eine gewisse Ähnlichkeit zwischen diesen Personifizierungen und den sekundären Persönlichkeiten der Somnambulen bemerkt zu haben.

In dieser scheinbaren Verbindung zwischen dem *indirekten* Willen der Teilnehmer und den Phänomenen liegt ein Problem, dessen Lösung mir bisher völlig entgangen ist. Ich vermute, dass diese Verbindung nichts Übernatürliches an sich hat, und mir ist klar, dass die spiritistische Hypothese eine schlechtere Erklärung ist und den Tatsachen nicht gerecht wird; aber ich kann keine zufriedenstellende Erklärung formulieren.

Die genaue Beobachtung der Beziehungen zwischen den Phänomenen und dem Willen der Teilnehmer bringt noch andere Entdeckungen zutage. Ich meine in erster Linie den schlechten Einfluss, den Meinungsverschiedenheiten unter den Experimentatoren hervorrufen. Es kommt manchmal vor, dass einer von ihnen den Wunsch äußert, ein bestimmtes Phänomen wahrzunehmen. Wenn das Phänomen nur langsam eintritt, verlangt derselbe oder ein anderer Experimentator ein anderes Schauspiel. Manchmal verlangen verschiedene Teilnehmer gleichzeitig mehrere widersprüchliche Dinge. Die Verwirrung, die im kollektiven Denken herrscht, manifestiert sich in den Phänomenen, die selbst verwirrt und vage werden. [71]

Allerdings geschehen die Dinge nicht absolut, als ob die Phänomene von einem Willen gesteuert würden, der nur der Schatten oder der Reflex des Willens der Teilnehmer ist. Manchmal kommt es vor, dass sie große Unabhängigkeit zeigen und sich strikt weigern, den geäußerten Wünschen nachzugeben.

Formen und Phantome. — In Bordeaux wurde 1897 der Raum, in dem wir unsere Sitzungen abhielten, durch ein sehr großes Fenster beleuchtet. Die äußeren Jalousien dieses Fensters waren geschlossen; aber als in einem kleinen Gebäude, das an die Küche angebaut war und in der Ecke des Hofes in der Nähe des Gartens stand, das Gas angezündet wurde, drang ein schwaches Licht in den Raum und beleuchtete die Fensterscheiben schwach. Das Fenster selbst bildete auf diese Weise einen hellen Hintergrund, vor dem ein Teil der Experimentatoren bestimmte dunkle Formen wahrnahm. Wir alle sahen diese Formen, oder vielmehr diese Form, denn es war immer dieselbe, die erschien – ein langes bärtiges Profil mit einer sehr hohen, gebogenen Nase. Diese Erscheinung sagte, es sei der Kopf von Johannes, einer Personifizierung, die immer mit Eusapia erscheint. [72] Dies ist ein sehr außergewöhnliches Phänomen. Der erste Gedanke, der sich dem Verstand bietet, ist, dass dies ein Fall kollektiver Halluzination ist. Aber die Sorgfalt, mit der wir dieses merkwürdige Phänomen beobachtet haben – und, das muss ich wohl nicht hinzufügen, die Ruhe, mit der wir experimentiert haben – macht diese Hypothese sehr unwahrscheinlich.

Die Vermutung von Betrug ist noch weniger zulässig. Der Kopf, den wir sahen, war lebensgroß und maß von der Stirn bis zum Ende des Bartes etwa 16 Zoll. Es ist unmöglich zu verstehen, wie Eusapia in ihren Taschen oder unter ihrer Kleidung eine Art Kartonprofil verstecken konnte. Ebenso wenig kann man verstehen, wie sie, ohne dass wir es wissen, diese Papierfigur herausnehmen, auf einen Stock oder einen Draht aufstecken und so damit arbeiten konnte. Eusapia war nicht in Trance verfallen: Sie selbst sah manchmal das Profil, das erschien, und hatte, vollkommen wach und bei Bewusstsein, Freude daran, bei den Phänomenen, die sie hervorrief, mitzuhelfen. Das schwache Licht, das das erleuchtete Fenster ausstrahlte, reichte aus, um uns zu ermöglichen, ihre Hände zu sehen, die von den Kontrolleuren rechts und links sorgfältig gehalten wurden. Es wäre für sie unmöglich gewesen, diese Objekte zu manipulieren. Tatsächlich jedoch schien sich das beobachtete Profil oben auf dem Schrank zu bilden, in einer Höhe von etwa dreieinhalb Fuß über Eusapias Kopf. Es sank ziemlich langsam herab und nahm so seinen Platz über und vor ihr ein. Dann verschwand es nach einigen Sekunden, nur um einige Zeit später unter denselben Umständen wieder aufzutauchen. Jedes Mal vergewisserten wir uns sorgfältig von der relativen Unbeweglichkeit der Hände und Arme des Mediums. Daher betrachte ich das Wunder, von dem ich berichte, als eines der sichersten, das ich je verifiziert habe, so unvereinbar war die Hypothese des Betrugs mit den Bedingungen, unter denen wir beobachteten.

Ich bin überzeugt, dass diese Fakten eines Tages (vielleicht bald) als Untersuchungsobjekte den Stempel der wissenschaftlichen Anerkennung erhalten werden. Und das trotz aller Hindernisse, die sich ihnen durch hartnäckige Vernarrtheit und Angst vor Spott in den Weg türmen.

Die Intoleranz gegenüber bestimmten Wesen entspricht der gegenüber bestimmten Dogmen. Der Katholizismus beispielsweise betrachtet psychische Phänomene als Werk des Teufels. Lohnt es sich heutzutage, eine solche Theorie zu bekämpfen? Ich glaube nicht.

Aber diese Frage ist den psychischen Tatsachen selbst fremd. Soweit ich es aus Erfahrung beurteilen kann, sind diese Phänomene völlig natürlich. Der Teufel zeigt darin nicht seine Klauen. Wenn die Tabellen verkünden würden, dass sie Satan selbst seien, gäbe es auf den ersten Blick nichts, was uns glauben lassen würde, dass sie die Wahrheit sprächen. Wenn dieser großspurige Satan aufgefordert würde, seine Macht zu beweisen, würde er sich, fürchte ich, als jämmerlicher Wunderheiler entpuppen. Das religiöse Vorurteil, das diese Experimente als übernatürlich verbietet, ist ebenso wenig gerechtfertigt wie das wissenschaftliche Vorurteil, das in ihnen nur Betrug und Schwindel sieht. Auch hier findet das alte Sprichwort des Aristoteles Anwendung: Die Billigkeit liegt zwischen den beiden Extremen der Meinung.

Es ist offensichtlich, dass diese Experimente von Dr. Maxwell mit allen vorhergehenden übereinstimmen. Die ermittelten Ergebnisse bestätigen sich gegenseitig.

Apropos Medien, die physische oder materielle Wirkungen erzielen, möchte ich hier auch dasjenige erwähnen, das 1902 in Paris von einer Gruppe von Männern, die größtenteils aus ehemaligen Schülern der Polytechnischen Schule bestand, einer besonderen Prüfung unterzogen wurde. Sie hielten im Juli und August ein Dutzend Sitzungen ab. Diese Gruppe bestand aus den Herren A. de Rochas, Taton, Lemerle, Baclé, de Fontenay und Dariex. Das Medium war Auguste Politi aus Rom. Er war 47 Jahre alt.

Diese Herren beobachteten und fotografierten während ihrer Sitzungen mehrere sehr bemerkenswerte Tischlevitationen. Ich gebe hier (Tafel XIII) eines dieser Fotos wieder, das von M. de Fontenay gemacht wurde und dessen Verwendung ich freundlicherweise gestattete. Es ist zweifellos eines der schönsten und eindrucksvollsten, die je gemacht wurden. Alle Hände, die die Kette bilden, werden sorgfältig vom Tisch weggehalten. Es scheint mir, dass die Nichtanerkennung des Wertes dieses Fotos als Aufzeichnung einer Leugnung des Beweises selbst gleichkäme. Es wurde augenblicklich durch einen Magnesiumlichtblitz aufgenommen. Die Augen des Mediums waren verbunden, damit das Licht ihm keinen Nervenschock versetzen konnte.

Dasselbe Medium wurde im Februar 1904 in Rom von einer Gruppe untersucht, die aus Professor Milési von der Universität Rom, M. Joseph Squanquarillo, Herrn und Frau Franklin Simmons (amerikanische Reisende auf der Durchreise durch Rom) und M. und Mme. Cartoni bestand.

TAFEL XIII. VON M. DE FONTENAY AUFGENOMMENE
MOMENTAUFNAHME
DER VOM MEDIUM AUGUSTE POLITI ERZEUGTEN TISCHLEVINATION.

Sie erklären, dass sie in ziemlicher Entfernung von den Anwesenden sehr gut gespielte Tonleitern auf dem Klavier (es handelte sich um ein Stehklavier) gehört hätten; doch konnte keines der Anwesenden Klavier spielen, während Professor Milésis verstorbene Schwester, die aufgefordert wurde, sich zu melden, eine sehr gute Pianistin war.

Es wurde ein weiteres musikalisches Phänomen erzeugt: Eine auf den Klavierdeckel gelegte Mandoline begann von selbst zu spielen und balancierte in der Luft, bis sie (unter ständigem Spielen) zwischen die Hände der Experimentatoren fiel, die die Kette bildeten.

Später wurde das Klavier in Abständen angehoben und fiel geräuschvoll zurück. Es muss angemerkt werden, dass zwei Männer kaum ausreichten, um das Klavier auch nur an einer Seite anzuheben. Nach der Sitzung stellte man fest, dass das Instrument etwa anderthalb Fuß verschoben worden war.

Hier folgt jedoch eine Zusammenfassung der mit diesem Medium beobachteten Phänomene.

Bei jeder Séance wurden sehr kräftige Schläge auf den Tisch erzeugt, um den herum die Experimentatoren und das Medium gruppiert waren (sie bildeten zusammen die Kette), während die Lampe mit rotem Licht auf dem Tisch selbst stand. „Wenn wir so scharfe und starke Schläge erzeugen wollten (sagt MC Caccia, der Berichterstatter dieser Séancen), mussten wir mit aller Kraft mit einem festen Gegenstand auf den Tisch klopfen, während die Art von Schlägen, die bei den Séancen mit Politi erzeugt wurden, mit lauten Geräuschen wie Explosionen aus dem Inneren des Tisches zu kommen schienen."

Doch nun beginnt der Tisch zu schwanken. Der weiße Vorhang des Kabinetts, das sich zwanzig Zoll weit hinter dem Medium befand, blähte sich auf und schwebte in alle Richtungen, als hätte ihn ein heftiger Wind von der anderen Seite aufgeblasen. Wir hörten einen Stuhl über den Boden gleiten. Er war vor Beginn der Sitzung dort hingestellt worden und wurde nun heftig umgeworfen. Im Verlauf der fünften Sitzung kam er in Gegenwart aller aus dem Kabinett heraus und hielt nicht an, bis er sich dem Medium näherte.

Diese Phänomene fanden im roten Licht einer Fotolampe statt. In der völligen Dunkelheit, die die dritte Sitzung begleitete, geschah etwas Außergewöhnliches, umso außergewöhnlicher, als wir besondere Maßnahmen ergriffen hatten, um jeden Betrugsversuch zu verhindern. Das Medium wurde von zwei Teilnehmern gehalten, die, da sie sehr skeptisch waren, rechts und links von ihm Platz genommen hatten und seine Hände und Füße hielten.

In einem bestimmten Moment befahl das Medium den Bedienern, ihre Hände vom Tisch zu nehmen und seine Bewegungen nicht zu behindern; vor allem, die Kette nicht zu zerreißen. Daraufhin war im Kabinett ein großer Aufruhr zu hören. Das Medium ruft nach Licht, und zu unserem aller Erstaunen entdecken wir, dass der Tisch, der rechteckig war und nicht weniger als 39 Pfund wog, umgedreht auf dem Boden des Kabinetts gefunden wurde. Die Kontrolleure erklärten, das Medium habe sich nicht gerührt. Es ist anzumerken:

1. Der Tisch muss hoch genug gehoben worden sein, um über die Köpfe der Sitzenden hinweg zu passen.

2. Dass es oberhalb der Gruppe, die die Kette bildet, vorbeigegangen sein muss.

3. Da die Öffnung in den Vorhängen des Schrankes nur siebenunddreißig Zoll im Durchmesser war und der Tisch an seiner kürzesten Seite dreißig Zoll misst, blieben nur sieben Zoll frei, um durch diese Öffnung zu gelangen.

4. Der Tisch müsse der Länge nach nach vorne geschoben worden sein, dann der Länge nach (er war drei Fuß lang) und umgedreht auf dem Boden liegen geblieben sein; dieses ganze schwierige Manöver sei in wenigen Sekunden in völliger Dunkelheit ausgeführt worden, ohne dass einer der Sitzenden den Tisch auch nur im Geringsten berührt hätte. [73]

Es wurden auch Lichtphänomene beobachtet. Lichter erschienen und verschwanden in der Luft. Einige von ihnen bildeten die Umrisse einer Kurve. Sie zeigten keinerlei Strahlung. Bei der fünften Sitzung konnte jeder das Erscheinen von zwei etwa zehn Zentimeter hohen leuchtenden Kreuzen bezeugen.

Bei der letzten Sitzung kreise das mit Phosphor eingeriebenen Glöckchen besetzte Tamburin durch den ganzen Raum, und zwar so, dass jede seiner Bewegungen verfolgt werden konnte.

Während fast aller Sitzungen wurden mysteriöse Berührungen bemerkt – unter anderem jene, die von einer riesigen haarigen Hand hervorgerufen wurden!

In der ersten, vierten und fünften Sitzung kam es zu „Materialisierungen". Prof. Italo Palmarini glaubte, seine Tochter wiederzuerkennen, die seit drei Jahren tot war. Er fühlte sich umarmt, alle hörten den Klang eines Kusses. Die gleiche Manifestation fand in der fünften Sitzung statt. Prof. Palmarini glaubte, die Person seiner Tochter noch immer wiederzuerkennen.

Zu Beginn jeder Séance wurde das Medium durchsucht und dann *in eine Art großen Sack gelegt*, der speziell für diesen Zweck angefertigt *und am Hals, an den Handgelenken und an den Füßen befestigt wurde*.

Ein anderes Medium, der russische Sambor, war über einen Zeitraum von sechs Jahren (1897-1902) Gegenstand zahlreicher Experimente in St. Petersburg. Es wird interessant sein, an dieser Stelle auch eine Zusammenfassung des von M. Petrovo Solovovo veröffentlichten Berichts über diesen Mann zu geben. [74]

Bei den ersten Sitzungen wurde beobachtet, wie ein großer, hinter dem Medium platzierter Wandschirm heftig geschüttelt wurde. Füße und Hände des Mediums wurden vorsichtig festgehalten. Ein Tisch in einer benachbarten Kammer bewegte sich von selbst. In einem Metallkegel, der auf dem Tisch platziert und mit einem Stück Papier und einem Bleistift umschlossen war und dann vernietet wurde, fand man beim Lösen ein Band und einen in Schreibschrift auf das Papier geschriebenen Satz, der in einem Spiegel gelesen werden musste (*écriture en miroir*). Andere Fälle des Durchgangs von Materie durch Materie wurden ausprobiert, von denen keiner erfolgreich war. Aber weiter unten berichten die Berichte von den folgenden Experimenten:

Im Februar 1901 fand eine von Sambors Sitzungen in meinem Haus statt, in meinem Arbeitszimmer, vor dessen Fenster ich Vorhänge aus schwarzem Kattun gehängt hatte, so dass der Raum in tiefste Dunkelheit getaucht war. Das Medium nahm einen Platz in der Kette ein. Neben dem Medium befanden sich MJ Lomatzsch zu seiner Rechten, ich zu seiner Linken. Sambors Hände und Füße wurden die ganze Zeit treu gehalten, auf eine Weise, die vollkommene Zufriedenheit vermittelte.

Die Phänomene begannen sich bald zu entwickeln. Ich habe nicht vor, hier die Zeit zu verschwenden, sie zu beschreiben, möchte aber einen bemerkenswerten Fall erwähnen, bei dem Materie durch Materie hindurchging.

M. Lomatzsch, der Controller rechts, erklärt, dass ihm jemand den Stuhl unter dem Hintern wegzieht. Also halten wir das Medium mit doppelter Aufmerksamkeit weiter fest . M. Lomatzschs Stuhl wird bald tatsächlich hochgehoben, so dass er stehen muss. Einige Zeit später erklärt er, dass jemand versucht, den Stuhl an die Hand zu hängen, mit der er Sambor hält. Dann verschwindet der Stuhl plötzlich vom Arm von M. Lomatzsch, und im selben Moment spüre ich einen leichten Druck auf meinem linken Arm (ich meine nicht den, der mit dem Medium in Kontakt war, sondern den meines linken Nachbarn MA Weber); danach spüre ich, dass etwas Schweres an meinem Arm hängt. Als die Kerze angezündet wurde, sahen wir alle, dass *mein linker Arm durch die Stuhllehne gesteckt war* . Auf diese Weise war der Stuhl schön auf dem meiner Arme ausbalanciert, der nicht mit Sambor in Kontakt war, sondern mit dem meines linken Nachbarn. Ich hatte die Hände meiner Nachbarn nicht losgelassen.

Eine solche Beobachtung bedarf keines Kommentars (sagt der Berichterstatter dieses Ereignisses, M. Petrovo Solovovo). Die Tatsache ist einfach unverständlich. Ich gebe hier einige andere Phänomene an, die im Mai 1902 beobachtet wurden:

1. Auf dem Tisch, an dem wir saßen, wurden ein Zedernapfel, eine alte Kupfermünze, bei der es sich um eine persische Münze aus dem Jahr 1723 handelte, und ein Amateurporträt in Trauerkleidung gefunden (wer wusste, woher es kam und wie es hergestellt wurde).

2. Mehrere verschiedene Gegenstände im Raum wurden durch die mysteriöse Kraft auf den Tisch transportiert; so zum Beispiel ein Thermometer, das in einer Entfernung von einem halben bis sieben Fuß vom Medium an der Wand hinter dem Klavier hing; eine große Laterne, die irgendwo zwischen zwei und vier Fuß hinter dem Medium auf dem Klavier platziert war; mehrere Stapel von Notenbüchern, die auf demselben Klavier lagen; ein gerahmtes Porträt; und schließlich der Wandleuchter, die Kerze und die verschiedenen Teile eines Kerzenständers, der zum Klavier gehörte.

3. Mehrmals wurde eine auf dem Tisch stehende Bronzeglocke von der geheimnisvollen Kraft in die Luft gehoben und geräuschvoll geläutet. Auf Wunsch der Anwesenden wurde sie einmal zum Klavier hinübergetragen (gegen das sie einen schallenden Schlag ausführte) und von dort wieder hinüber zum Tisch.

4. Hinter dem Medium waren unbesetzte Stühle aufgestellt worden. Einer davon wurde mehrmals hochgehoben und geräuschvoll auf den Tisch gestellt, mitten unter den Sitzenden, ohne gegen einen von ihnen zu stoßen. Als er auf dem Tisch stand, bewegte sich dieser Stuhl mehrmals, fiel um und richtete sich wieder auf.

5. Es stellte sich heraus, dass einer dieser Stühle mit der Rückenlehne an den verbundenen Händen des Mediums und von M. de Poggenpohl aufgehängt war. Vor Beginn des Teils der Sitzung, in dem dieses Phänomen beobachtet wurde, wurde ein Stoffstreifen, der über die Ärmel des Mediums gestülpt wurde, mehrere Male fest um die Handgelenke von M. de Poggenpohl gewickelt.

6. Auf Bitten der Anwesenden unterbrach die mysteriöse Kraft mehrmals das Spielen der Spieldose (sie stand auf dem Tisch, um den wir herumsaßen), woraufhin sie erneut zu spielen begann.

7. Ein Blatt Papier und ein Bleistift, die auf dem Tisch lagen, wurden auf den Boden geworfen, und jeder hörte deutlich, wie der Bleistift mit starkem Druck über das Papier glitt und mit einem scharfen Klopfen einen Punkt am Ende des Geschriebenen setzte. Danach wurde der Bleistift auf den Tisch gelegt.

8. Fünf der Experimentatoren erklärten, sie seien von einer mysteriösen Hand berührt worden.

9. Zweimal entlockte die geheimnisvolle Kraft dem Klavier Töne. Das erste Mal geschah dies, als der Klavierdeckel geöffnet war. Das zweite Mal waren die Töne zu hören, nachdem der Deckel *mit einem Schlüssel verschlossen worden war*, der auf dem Tisch inmitten des Kreises der Experimentatoren liegen blieb. Zuerst begann die unbekannte Kraft eine Melodie auf den hohen Tönen zu spielen und erzeugte zwei- oder dreimal Triller. Dann waren gleichzeitig mit der Melodie Akkorde auf den tiefen Tönen zu hören, und wenn das Klavier spielte, begann auch die Spieldose zu spielen; beide Darbietungen dauerten mehrere Minuten.

10. Während aller Phänomene, die gerade beschrieben wurden, schien das Medium (Sambor) in eine tiefe Trance versunken zu sein und blieb fast bewegungslos. Die Phänomene wurden von keinerlei Hektik oder Verwirrung begleitet. Seine Hände und Füße wurden die ganze Zeit von seinen Nachbarn kontrolliert. M. de Poggenpohl und Loris-Melikow sahen

mehrmals, wie sich während der Phänomene etwas Langes, Schwarzes und Schlankes von ihm löste und sich auf die Objekte zubewegte.

Abschließend möchte ich hinzufügen (sagt M. Petrovo Solovovo), dass dieses Medium der Habgier und Maßlosigkeit beschuldigt wurde. Diese Séancen waren die letzten, die er gab (er starb einige Monate später). Aber um die Wahrheit zu sagen, ich habe eine Schwäche für den verstorbenen M. Sambor. Dieser Kleinrusse, ein ehemaliger Telegrafist, kultiviert und vermenschlicht durch die sechs oder sieben Winter, die er in St. Petersburg verbracht hatte – kann es sein, dass die blinde Natur diesen Mann zum Vermittler zwischen unserer Welt und dem zweifelhaften Jenseits erwählt hatte? – oder zumindest einer anderen Welt von Wesen, deren genaue Natur (ich bitte die Geister um Verzeihung) mir ein Rätsel wäre, vorausgesetzt, ich würde fest an sie glauben.

Mit dem Wort „Zweifel" (leider! ist *Zweifel nicht* das *sicherste* Ergebnis medialer Experimente?) beende ich diesen Bericht.

Zu dieser ganzen Reihe verschiedener Beobachtungen und Experimente könnten wir noch viele weitere hinzufügen. 1905 hielten die Herren Charles Richet und Gabriel Delanne in Algier einige berühmte Séancen ab. Es ist jedoch nicht unmöglich, dass trotz aller von ihnen getroffenen Vorsichtsmaßnahmen Betrug in ihre Experimente eingedrungen ist . (Die Fotografien des Phantoms Bien-Boa wirken künstlich.) 1906 hielt das amerikanische Medium Miller in Paris mehrere Séancen ab, bei denen es tatsächlich so aussah, als ob echte Erscheinungen stattgefunden hätten. Ich kann persönlich nichts dazu sagen, da ich nicht dabei war. Unter den anderen Experimentatoren gab es zwei sehr kompetente, die dieses Medium studierten, nämlich die Herren G. Delanne und G. Méry. Der erste kommt zu dem Schluss, dass die Erscheinungen das waren, was sie vorgaben zu sein (siehe *Revue scientifique et morale du spiritisme*), nämlich die Geister der Verstorbenen. Der Zweite hingegen erklärt in *L'Echo du Merveilleux* : „Bis es umfassendere Informationen gibt, müssen wir uns mit dem Nichtverstehen zufrieden geben."

Es liegt nicht im Rahmen meines Vorhabens, an dieser Stelle „Erscheinungen" oder „Materialisierungen" zu diskutieren. Wir können uns fragen, ob die Flüssigkeit, die mit Sicherheit aus dem Medium austritt, nicht eine Art Kondensation erzeugt, die dem interessiertesten Beobachter der Manifestation die schwer fassbare Vision einer unwirklichen Persönlichkeit vermitteln kann, die außerdem im Allgemeinen nur wenige Sekunden anhält. Handelt es sich um eine Melange oder Kombination von Flüssigkeiten? Aber es ist noch nicht an der Zeit, Hypothesen aufzustellen.

KAPITEL XI

Meine allgemeine Untersuchung bezüglich Beobachtungen unerklärlicher
Phänomene

Einige meiner Leser erinnern sich vielleicht an die allgemeine Untersuchung,
die ich im Laufe des Jahres 1899 hinsichtlich der Beobachtung unerklärlicher
Phänomene wie Telepathie, Sterbeerscheinungen, Vorahnungen usw.
einleitete - eine Untersuchung, die teilweise in meinem Werk *L'Inconnu et les
problémes psychiques* veröffentlicht wurde . Ich erhielt 4280 Antworten, darunter
2456 *Nein-* und 1824 *Ja- Antworten* . Unter den letzteren befinden sich 1758
Briefe mit mehr oder weniger Einzelheiten. Viele dieser Briefe waren nicht
in einer Form verfasst, in der ihre Behauptungen hätten diskutiert werden
können. Aber ich konnte 786 der wichtigsten davon verwenden. Sie wurden
klassifiziert, das Wesentliche transkribiert und in dem Werk
zusammengefasst, von dem ich soeben gesprochen habe. Das Auffälligste
an all diesen Berichten ist die Treue, Gewissenhaftigkeit, Offenheit und
Feinfühligkeit der Erzähler, die sorgfältig darauf bedacht sind, nur das zu
sagen, was sie wissen und wie sie es wissen, ohne etwas hinzuzufügen oder
wegzulassen. Dadurch wird jeder zum Diener der Wahrheit.

Diese 786 transkribierten, klassifizierten und nummerierten Briefe enthielten
1130 verschiedene Fakten oder Beobachtungen. Meine Untersuchung der in
den Briefen aufgezeichneten Fälle offenbart mehrere Arten von Themen, die
wie folgt klassifiziert werden können:

Manifestationen und Erscheinungen der Sterbenden.
Manifestationen der Lebenden (bei Gesundheit).Manifestationen und
Erscheinungen der Toten.Hellsehen.
Vorahnende Träume. Vorhersage der Zukunft.
Träume, die Aufschluss über die Toten geben.Durch Vorahnung
vorhergesehene Begegnungen.
Eingetretene Vorahnungen. Doppelgänger der
Lebenden.Gedankenkommunikation über Distanz (Telepathie).Instinktive
Vorahnungen von Tieren.Über große Entfernungen hörbare
Rufe.Bewegungen von Objekten ohne erkennbaren Grund.Verriegelte
Türen, die sich von selbst öffnen.
Spukhäuser.Spirituelle Experimente.

Seit ich diese Dokumente zum ersten Mal veröffentlicht habe, habe ich viele
neue erhalten. Mehr als tausend davon drängen sich heute in meiner
Manuskriptbibliothek. Sie enthalten etwa fünfzehnhundert Beobachtungen,
die mir aufrichtig und authentisch erscheinen. Die zweifelhaften wurden
eliminiert. Diese Berichte stammen im Allgemeinen von Personen, die voller
Erstaunen sind und sich nach Möglichkeit eine Erklärung für diese seltsamen

(oft sehr ergreifenden) Ereignisse wünschen. Alle Berichte, die ich überprüfen konnte, erwiesen sich als grundsätzlich richtig – manchmal wurden sie im Nachhinein, was ihre bloße Form betrifft, durch eine mehr oder weniger verwirrte Erinnerung modifiziert.

In *L'Inconnu* veröffentlichte ich einen Teil dieser Berichte. [75] Doch ließ ich aus diesem Werk solche Phänomene aus, die nicht im eigentlichen Sinn des Werkes enthalten waren, nämlich die Existenz unbekannter Fähigkeiten der Seele aufzuzeigen.

Ich habe, sage ich, „Bewegungen von Objekten ohne erkennbaren Grund", „verriegelte Türen, die sich von selbst öffnen", „Spukhäuser", „spirituelle Experimente" ausgeschlossen; das heißt, genau die Fälle, die in der vorliegenden Arbeit untersucht wurden und in denen ich hoffte, sie veröffentlichen zu können. Aber mir fehlt der Platz. In meinem Wunsch, meinen Lesern eine möglichst vollständige Sammlung von Aufzeichnungen anzubieten, um ihnen eine fundierte Meinung zu vermitteln, bin ich von der Fülle des Materials überwältigt worden und kann nur einige der interessantesten Beispiele retten, um sie hier vorzustellen.

Zunächst einmal halte ich die folgende Mitteilung für sehr wertvoll. Sie wurde mir von meinem bedauernden Freund Victorin Joncières, dem bekannten Komponisten, geschickt.

Ich war auf einer Inspektionsreise durch die Musikschulen der Provinz (sagt er) und befand mich zufällig in einer Stadt, die ich Ihnen aus den genannten Gründen nicht nennen kann. Ich verließ gerade die Zweigstelle unseres Konservatoriums, nachdem ich dort die Klavierklasse inspiziert hatte, als ich von einer Dame angesprochen wurde, die mich fragte, was ich von ihrer Tochter halte und ob ich der Meinung sei, dass sie eine künstlerische Laufbahn einschlagen sollte.

Nach einem ziemlich langen Gespräch, in dessen Verlauf ich versprach, dem jungen Künstler zuzuhören, wurde mir mitgeteilt, dass ich noch am selben Abend (ich reiste nämlich am nächsten Tag ab) zum Haus eines ihrer Freunde, eines hohen Staatsbeamten, gehen sollte, um an einer spiritistischen Séance teilzunehmen.

Der Hausherr empfing mich mit äußerster Herzlichkeit und erinnerte mich an mein Versprechen, seinen Namen und den der Stadt, in der er lebte, geheim zu halten. Er stellte mir seine Nichte vor, *das Medium* , dem er die Phänomene zuschrieb, die in seinem Haus stattfinden. Tatsächlich begannen die seltsamen Vorkommnisse, nachdem die Mutter des jungen Mädchens gestorben war und sie zu ihm zog.

Sie begannen mit ungewöhnlichen Geräuschen in den Wänden und auf dem Boden, mit der Verschiebung von Möbelstücken, die sich bewegten, ohne dass man sie berührte, und mit Vogelgezwitscher. MN glaubte zunächst, es handele sich um einen von einem seiner Familienmitglieder oder einem seiner Angestellten geplanten Scherz. Trotz aufmerksamster Beobachtung konnte er jedoch keinen Trick entdecken und kam schließlich zu dem Schluss, dass die Phänomene von unsichtbaren Kräften hervorgerufen wurden, mit denen er zu kommunizieren glaubte. Bald entdeckte er Klopfgeräusche, direktes Schreiben, das mysteriöse Erscheinen von Blumen usw.

Nach diesem Bericht führte er mich in einen großen Raum mit kahlen Wänden, in dem sich mehrere Personen versammelt hatten, darunter seine Frau und ein Professor für Naturphilosophie am Lyzeum – insgesamt ein Dutzend Experimentatoren. In der Mitte des Raumes stand ein großer Eichentisch, auf dem Papier, ein Bleistift, eine kleine Mundharmonika, eine Glocke und eine brennende Lampe lagen.

„Der Geist hat mir vorhin angekündigt, dass er um zehn Uhr kommen würde", sagte der Herr zu mir. „Wir haben noch eine gute Stunde vor uns. Ich werde sie nutzen, um Ihnen die Protokolle unserer Sitzungen des vergangenen Jahres vorzulesen." Er legte seine Uhr, die fünf Minuten vor neun zeigte, auf den Tisch und bedeckte sie mit einem Taschentuch.

Eine ganze Stunde lang widmete er sich dem Vorlesen scheinbar sehr unwahrscheinlicher Geschichten; aber ich sehnte mich danach, einige der Wunder zu sehen.

Plötzlich war ein lautes Knacken im Tisch zu hören. MN hob das Taschentuch, das die Uhr bedeckte. Es war gerade zehn Uhr.

„Bist du da, Geist?" sagte er.

Niemand berührte den Tisch, und auf seine Empfehlung hin bildeten wir eine Kette darum herum, einander an den Händen haltend.

Ein kräftiges Klopfen war zu hören.

Die junge Nichte legte ihre beiden Finger auf die Tischkante und forderte uns auf, es ihr gleichzutun. Daraufhin erhob sich dieser extrem schwere Tisch weit *über unsere Köpfe* , so dass wir uns auf die Zehenspitzen stellen mussten, um ihm beim Aufsteigen zu folgen. Er schwebte einige Augenblicke in der Luft, sank dann langsam zu Boden und blieb geräuschlos stehen.

Dann suchte MN einen großen Entwurf für ein Kirchenfenster heraus. Er legte ihn auf den Tisch und stellte daneben ein Glas Wasser, einen Farbkasten und einen Kamelhaarpinsel. Dann löschte er die Lampe. Nach zwei oder drei Minuten zündete er sie erneut an: Die (noch feuchte) Skizze war in zwei Farben gemalt, gelb und blau, und kein einziger Pinselstrich war über die nachgezeichneten Linien der Skizze hinausgegangen.

Selbst wenn wir annehmen, dass einer der Dargestellten die Rolle des Geistes hätte spielen können, wie hätte er in der Dunkelheit des Raumes den Pinsel so handhaben können, dass er den Linien des Entwurfs genau folgte? Ich möchte hinzufügen, dass die Tür fest verschlossen war und dass ich während der sehr kurzen Zeitspanne, in der die Vorstellung stattfand, nichts außer dem Geräusch des im Glas plätschernden Wassers hörte.

Dann wurden auf dem Tisch Schläge ausgeführt, die den Buchstaben des Alphabets entsprachen. Der Geist kündigte an, dass er ein besonderes Phänomen hervorbringen würde, um mich persönlich zu überzeugen.

Auf seinen Befehl wurde das Licht wieder gelöscht. Die Mundharmonika spielte dann ein kleines, munteres *Motiv* im Sechs-Achtel-Takt. Kaum war die letzte Note erklungen, als MX die Lampe anzündete. Auf einem Notenblatt, das neben der Mundharmonika lag, war das Thema sehr genau mit Bleistift geschrieben. Es wäre für jeden aus der Gesellschaft in der völligen Dunkelheit des Raumes unmöglich gewesen, diese Noten auf die linierten Notenlinien zu schreiben.

Dreizehn frisch geschnittene Gänseblümchen lagen verstreut auf dem Tisch.

„Hallo!", sagt MX, „das sind Gänseblümchen aus dem Blumentopf am Ende des Ganges."

Wie ich vorhin sagte, war die Tür des Raumes, in dem wir uns trafen, geschlossen geblieben, und niemand hatte sich gerührt. Wir gingen in den Gang, und als wir die Stiele ohne Blüten bemerkten, konnten wir ganz deutlich erkennen, dass die Gänseblümchen von dem angegebenen Ort stammten.

Kaum hatten wir das Zimmer betreten, erhob sich die Glocke auf dem Tisch läutend bis zur Decke, fiel aber abrupt zurück, sobald sie diese berührte.

Am nächsten Tag stattete ich vor meiner Abreise MX einen Besuch ab. Er empfing mich in seinem Speisesaal. Durch das große offene Fenster flutete eine schöne Junisonne den Raum mit ihrem strahlenden Licht.

Während wir uns noch so unzusammenhängend unterhielten, ertönte in der Ferne ein Stück Militärmusik. „Wenn hier ein Geist ist", sagte ich lächelnd, „sollte er die Musik begleiten." Sofort waren rhythmische Schläge im genauen Einklang mit dem doppelten schnellen Takt auf dem Tisch zu hören. Das Knistern der Töne darin verklang nach und nach in einem

Decrescendo, das sehr geschickt auf das letzte verklingende Signalhorn abgestimmt war.

„Zum Schluss noch ein schönes Zapfenstreich", sagte ich, als die Geräusche völlig verstummt waren. Die Antwort war eine Reihe von Geräuschen wie das schwere Trommelwirbel, die mit solcher Kraft erzeugt wurden, dass der Tisch auf seinen Beinen zitterte. Ich legte meine Hand darauf und spürte ganz deutlich die Vibrationen des Holzes, als es von der unsichtbaren Kraft getroffen wurde.

Ich fragte, ob ich den Tisch untersuchen dürfe. Er wurde in meiner Gegenwart umgedreht und ich untersuchte ihn und den Boden sehr sorgfältig. Ich konnte nichts entdecken. Außerdem konnte MX ja nicht vorhersehen, dass während meines Besuchs eine Militärkapelle vorbeikommen würde und ich den Tisch bitten würde, sie zu begleiten, indem er die Trommel imitierte.

Ich kehrte später in die Stadt zurück, in der sich diese Dinge zugetragen hatten, und war bei weiteren sehr merkwürdigen Sitzungen anwesend. Ich wäre entzückt, mein lieber Herr und Freund, wie ich Ihnen bereits sagte, eines Tages Ihr Führer dorthin zu sein. Aber dieser „hohe Beamte" besteht absolut auf seinem Inkognito.

Diese bemerkenswerten Beobachtungen meines Freundes Joncières haben offensichtlich ihren Wert und gehören hierher, in die Reihe aller vorhergehenden.

Ich gebe unten noch einige weitere an, die wir einem aufmerksamen und skeptischen Beobachter verdanken, nämlich M. Castex-Dégrange, stellvertretender Direktor der Nationalen Schule der Schönen Künste in Lyon, dessen Wahrhaftigkeit und Aufrichtigkeit ebenso wenig wie in den vorangegangenen Fällen in Frage gestellt werden kann. Seiner Güte verdanke ich eine große Anzahl interessanter Briefe und werde ihn um Erlaubnis bitten, die wichtigsten Passagen daraus zu zitieren.

Das Folgende ist vom 18. April 1899.

Zum zweiten Mal versichere ich bei meiner Ehre, dass ich Ihnen nichts sagen werde, was nicht absolut wahr und normalerweise leicht zu überprüfen ist.

Trotz meines Berufs bin ich nicht gerade mit Vorstellungskraft gesegnet. Ich habe viel Zeit in der Gesellschaft von Ärzten verbracht, die aufgrund ihres Berufs nicht gerade leichtgläubig sind. Ob es nun an meiner natürlichen Veranlagung liegt oder an den Prinzipien, die ich in dieser Gesellschaft aufsaugen konnte, ich war immer sehr skeptisch.

Dies ist in der Tat einer der Gründe, warum ich meine parapsychologischen Experimente aufgegeben habe. Ich kam zu den verblüffendsten Ergebnissen, und doch war es mir unmöglich, mich selbst zu glauben. Ich war vollkommen davon überzeugt, dass ich weder mich selbst noch andere täuschen wollte, und da ich mich den Beweisen nicht hingeben konnte, suchte ich immer nach einem anderen Grund als dem, den die Gläubigen anführten. Das hat mir wehgetan, und ich habe damit aufgehört.

Hiermit beende ich diese Einleitung und werde Ihnen nun den Verlauf meiner Beobachtungen darlegen.

Ich kannte eine Gruppe von Leuten, die sich mit Spiritismus und dem Drehen von Tischen beschäftigten, und hatte sie ein wenig zur Zielscheibe meines Witzes [76] gemacht; denn, obgleich ich weder verbittert noch streng war, versäumte ich es nie, ihnen bei Gelegenheit einen guten Streich zu spielen.

Mir schien, dass diese ehrenwerten und zudem sehr aufrichtigen Leute alle ein wenig „verrückt" (*maboules*) waren, wenn ich mir diesen ungehobelten Ausdruck erlauben darf, oder dass es sich um einen Ausdruck *aus der Zeit der Jahrhundertwende handelte* .

Eines Tages besuchte ich sie. Der Salon wurde durch zwei große Fenster erhellt. Ich begann wie üblich mit einigen Höflichkeiten. Ihre Antwort bestand in einer Einladung an mich, an den Experimenten teilzunehmen.

„Aber", sagte ich, „wenn ich mich an Ihren Tisch setze, wird er sich nicht mehr drehen, weil ich ihn nicht anstoßen werde."

„Komm trotzdem."

Nun, ich erkläre bei meiner Ehre, dass ich es nur aus Spaß probiert habe. Ich hatte kaum meine Hände auf den Tisch gelegt, als es auf mich zukam.

Ich sagte zu der Person, die mir gegenüberstand: „Drücken Sie nicht so fest."

„Aber, sehr geehrter Herr, ich habe nicht gedrängt."

Ich stellte den Tisch wieder an seinen Platz, aber das Gleiche passierte noch einmal, zweimal, dreimal. Ich wurde langsam ungeduldig und sagte:

„Was Sie tun, ist nicht sehr klug. Wenn Sie mich überzeugen wollen, dann üben Sie keinen Druck aus."

Er antwortete mir: „Niemand drückt, nur hast du wahrscheinlich so viel Flüssigkeit in dir, dass der Tisch zu dir hingezogen wird. *Vielleicht kannst du ihn alleine wegbekommen.* "

„Oh, wenn ich es selbst zum Laufen bringen könnte, wäre das anders!"

"Versuch es."

Sie wichen alle zurück. Ich blieb allein, dem Tisch gegenüber. Ich ergriff ihn, hob ihn hoch und untersuchte ihn gründlich. Es war kein Trick dabei. Ich ließ alle hinter mich gehen. Ich blickte zum Fenster und hatte die Augen offen, das versichere ich Ihnen. Ich streckte die Arme so weit wie möglich aus, um eine gute Sicht zu haben, und legte nur die Fingerspitzen auf den Tisch.

Nach etwas weniger als zwei Minuten begann es hin und her zu schaukeln. Ich muss gestehen, dass ich mir ein wenig albern vorkam und nicht aufgeben wollte –

„Ja, vielleicht bewegt es sich", sagte ich. „Es ist möglich, dass eine unbekannte Flüssigkeit darauf einwirkt; jedenfalls kommt es nicht auf mich zu, und gerade eben hat es jemand gestoßen."

„Nein", sagte einer der Anwesenden, „niemand hat es geschoben. Aber obwohl Sie stark mit Flüssigkeit belastet sind, ist die Hilfe einer anderen Person erforderlich, um dieses Phänomen hervorzurufen. Allein reichen Sie nicht aus. Erlauben Sie einem von uns, eine Hand *auf* Ihre zu legen, ohne den Tisch zu berühren?"

"Ja."

Jemand legte eine Hand auf meine und *ich sah zu* . Der Tisch begann sich sofort zu bewegen und kam und drückte sich gegen mich. Sie schrien alle auf und behaupteten, sie hätten in mir ein Medium gefangen. Ich fühlte mich von dem Titel nicht sehr geschmeichelt, da ich ihn als Synonym für „Irrsinn" betrachtete.

„Sie sollten versuchen zu schreiben", sagte jemand zu mir.

"Was meinst du damit?"

„Sehen Sie mal. Sie nehmen Papier und Feder, lassen Ihren Arm ruhig liegen und wünschen sich, dass *eine unbekannte Person oder Kraft* Sie zum Schreiben bringt."

Ich habe es versucht. Nach fünf Minuten fühlte sich mein Arm an, als wäre er in eine Wolldecke gehüllt. Dann begann meine Hand unwillkürlich zunächst nur Striche zu zeichnen, dann $O's$, $A's$, Buchstaben aller Art, wie es ein Schuljunge tun würde, der gerade das Schreiben lernt. Dann kam plötzlich das berüchtigte Wort, das Cambronne bei Waterloo zugeschrieben wird! Ich versichere Ihnen, mein lieber Herr, dass ich es nie gewohnt bin, dieses grobe und schmutzige Wort zu verwenden, und dass es sich in diesem Fall nicht um Autosuggestion oder unbewusste Handlung meinerseits handelte. Ich war von dem Vorfall absolut *verblüfft* .

Ich habe diese Experimente bei mir zu Hause fortgesetzt.

1. Eines Tages, als ich an meinem Schreibtisch saß, spürte ich einen seltsamen Anfall in meinem Arm. Ich ließ meinen Arm passiv bleiben. Der Unbekannte schrieb:

„Ihr Freund Aroud kommt Sie besuchen. Er befindet sich im Augenblick in dem und dem Omnibusbüro in der Vorstadt. Er fragt nach dem Preis der Fahrkarten und der Abfahrtszeit."

(Dieser Herr Aroud ist Chef des Polizeipräfektur der Rhone.) Tatsächlich erschien Aroud eine halbe Stunde später. Ich erzählte ihm, was geschehen war.

„Es ist gut für Sie, dass Sie im neunzehnten Jahrhundert leben", sagte er zu mir. „Vor ein paar hundert Jahren wären Sie dem Tod auf dem Scheiterhaufen nicht entgangen."

2. Bei einer anderen Gelegenheit trat das Phänomen erneut auf, und auch diesmal saß ich an meinem Schreibtisch:

„Dein Freund Dolard kommt dich besuchen."

Eine Stunde später kam er tatsächlich. Ich erzählte ihm, wie es dazu kam, dass ich auf ihn wartete. Obwohl er von Natur aus sehr ungläubig war, brachte ihn diese Tatsache dennoch zum Nachdenken. Am nächsten Tag erschien er wieder.

„Können Sie eine Antwort auf eine Frage bekommen, die ich Ihnen stellen werde?", sagte er.

„Frag nicht", antwortete ich, „denk darüber nach. Wir werden es versuchen."

Ich muss Ihnen hier in Klammern sagen, dass ich Dolard seit dreißig Jahren kannte. Er war mein Kamerad an der Beaux-Arts. Ich wusste, dass er einen älteren Bruder verloren hatte, dass er verheiratet war und das Unglück hatte, nach und nach alle Mitglieder seiner Familie zu verlieren. Das war alles, was ich über sie wusste.

Ich nahm den Stift und der Unsichtbare schrieb: „Die Leiden deiner Schwester Sophia sind gerade zu Ende."

Nun hatte Dolard sich im Geiste gefragt, was aus dem Geist einer Schwester namens Sophia geworden sei, die er vor 42 Jahren verloren hatte und über die ich nie ein Wort gehört hatte.

3. Mein Rektor an der École des Beaux-Arts in Lyon, ein ehemaliger Architekt der Stadt Paris, war M. Hédin. Dieser M. Hédin hatte eine einzige Tochter, die vor einigen Jahren in Paris einen anderen Architekten, M. Forget, geheiratet hatte. Die Frau wurde zu einer Schwiegermutter.

Eines Tages, als ich an alles andere als sie dachte, geschah dasselbe wie zuvor. Der Unsichtbare schrieb:

„ Mme. Forget wird sterben. "

Frau Forget war überhaupt nicht krank, abgesehen davon, dass ihre Lage heikel war. Am nächsten Morgen sagte mir Herr Hédin, dass seine Tochter in Not sei; und am selben Abend erzählte er mir, dass seine Frau gerade nach Paris aufgebrochen sei, um bei ihr zu sein. Am nächsten Tag erhielt ich die Anweisung, seine Pflichten zu übernehmen. Frau Hédin hatte ihrem Mann telegraphiert, er solle zu ihr kommen. Ihre Tochter hatte Kindbettfieber. Als der Vater dort ankam, fand er nur eine Leiche vor.

4. Ich hatte einen Cousin namens Poncet (der inzwischen verstorben ist), der früher Apotheker in Beaune (Côte-d'Or) war. Ich war noch nie in seiner Wohnung gewesen. Eines Tages kam er nach Lyon, um unsere Tante zu besuchen (sie hatte die Vision, von der ich Ihnen erzählt habe). Wir unterhielten uns über diese außergewöhnlichen psychischen Ereignisse. Er konnte es nicht glauben.

„Also gut", sagte er, „versuchen Sie, für mich etwas zu finden, das keinen besonderen Marktwert hat, auf das ich aber großen Wert gelegt habe, weil es meiner verstorbenen Frau gehörte. Ich hatte ein kleines Päckchen mit Schnürsenkeln, das sie sehr gern hatte, und ich kann es nicht finden."

Der Unbekannte schrieb: „ *Es befindet sich in der mittleren Schublade des Sekretärs im Zimmer, hinter einem Paket mit Visitenkarten* ."

Mein Cousin schrieb an seine Dienerin in Beaune, *ohne ihr irgendeinen Hinweis auf unser Experiment zu geben* : „Schicken Sie per Post ein kleines Päckchen, das Sie [an diesem Ort] hinter einem Paket mit Visitenkarten finden werden."

Die Schnürsenkel kamen per Post zurück.

Ihnen wird aufgefallen sein, mein sehr geehrter Herr, dass ich während der Experimente keineswegs schlief oder mich in einem Trancezustand befand und dass ich mich in meiner üblichen Art und Weise unterhielt.

5. Einer meiner Jugendfreunde, M. Laloge, heute Kaffee- und Schokoladenhändler in Saint-Etienne (Loire), hatte wie ich einen hervorragenden Mann mit Namen Thollon zum Professor, den wir sehr schätzten. [77]

Nachdem M. Thollon die Erziehung der Kinder des Prinzen von Oldenburg, des Onkels des gegenwärtigen Kaisers von Russland, geleitet hatte, kehrte er nach Frankreich zurück und trat in das Observatorium von Nizza ein.

Wir hatten das Unglück, ihn kurz darauf zu verlieren. Laloge besaß ein Foto von ihm, hatte es aber verloren. Er kam und bat mich, zu versuchen, es zu finden. Der Unbekannte schrieb: „ *Das Foto befindet sich in der obersten Schublade des Sekretärs im Zimmer* .“

Laloge hatte zwei Räume, einen, den er „Salon" nannte, und einen anderen, den er „Kammer" nannte.

„Da liegt ein Irrtum vor", sagte er. „Ich habe an dem von Ihnen genannten Ort alles auf den Kopf gestellt und nichts gefunden."

Als er abends in der Schublade nach einem Gegenstand suchen musste, sah er aus der Mitte eines Briefpapierpakets ein kleines dunkles Ende, das herausragte. Er zog es heraus: Es war das Foto.

6. Camille Bellon, Nr. 50 Avenue de Noailles in Lyon, hatte drei kleine Kinder, deren Erziehung er einer jungen Gouvernante anvertraut hatte. Diese Person verließ das Haus, als die Kinder aufs College gingen, und heiratete einige Zeit später einen sehr netten Mann, dessen Namen ich leider vergessen habe, den ich aber bei Bedarf leicht wiederfinden kann.

Diese junge Frau kam auf ihrer Hochzeitsreise, um ihren alten Arbeitgeber zu besuchen. Ich wurde eingeladen, einen Tag mit ihnen im Schloss meines Freundes Bellon zu verbringen. Während dieses Besuchs sprachen wir über spiritistische Phänomene; und der frisch verheiratete Mann, ein hochgebildeter Tierarzt, machte Witze über meine sogenannte mediale Fähigkeit. Ich lachte natürlich darüber und wir trennten uns als beste Freunde.

Einige Tage später erhielt ich einen Brief von meinem Freund. Er hatte selbst einen Brief von der jungen Dame erhalten, die in großer Verzweiflung war. Sie hatte ihren Ehering verloren und war verzweifelt. Sie bat meinen Freund, mich zu bitten, ihn für sie wiederzubeschaffen.

The Mysterious Force schrieb: „ *Der Ring rutschte ihr im Schlaf vom Finger. Er befindet sich an einer der Halterungen, die die Matratze des Bettes halten* .“

Ich übermittelte die *Meldung* . Der Mann steckte seine Hände zwischen Bettholz und Matratze. Die Frau tat dasselbe. Nichts wurde gefunden. Einige Tage später beschlossen sie, die Wohnung umzuräumen und stellten das Bett in ein anderes Zimmer. Natürlich mussten sie die Matratze anheben, um sie in das andere Zimmer zu bringen. Der Ring befand sich auf einer der Leisten. Sie hatten ihn bei ihrer Suche nicht gefunden, weil er *unter* die Matratze gerutscht war, die an dieser Stelle nicht an der Leiste befestigt war.

7. Einer meiner Freunde, namens Boucaut, der am Quai de la Guillotière 15 in Lyon wohnte, hatte einen Brief verloren, den er unbedingt haben wollte. Er bat mich, ihn zu fragen, wo er sei.

Der Unsichtbare antwortete schriftlich: „ *Er muss daran denken, dass er in seinem Garten einen Ofen hat* .“

Bevor ich es ihm zeigte, musste ich lachen und sagte, es sei ein Witz und hätte nichts mit seiner Bitte zu tun. Da er darauf beharrte, las ich es ihm vor.

„Ja, das passt doch ganz gut“, sagte er zu mir. „Mein Pächter hatte gerade sein Brot gebacken. Ich hatte einen Haufen Papiere, die ich loswerden, verbrennen wollte. Mein Brief muss auf dem Haufen verbrannt sein, den ich zu Asche gemacht habe.“

8. Eines Abends begrüßte mich in einer Versammlung von zwanzig Personen eine schwarz gekleidete Dame mit einem kleinen, nervösen Lachen, als ich eintrat. Nach der üblichen Begrüßung sprach diese Dame folgendermaßen zu mir:

„Sir, wäre es möglich, Ihre Geister zu bitten, eine Frage zu beantworten, die ich Ihnen stellen werde?“

„Zunächst einmal, gnädige Frau, habe ich keine Geister zur Verfügung; aber ich wäre wirklich ein Dummkopf, wenn ich ja sagen würde. Sie glauben natürlich nicht, dass ich so unintelligent bin, dass ich nicht irgendwie eine Antwort finden könnte; und wenn also irgendwelche ‚Geister‘, wie Sie sie so freundlich nennen, antworten sollten, wären Sie nicht überzeugt und hätten Recht. Schreiben Sie Ihre Bitte. Legen Sie sie in einen Umschlag dort auf dem Tisch und wir werden es versuchen. Sie sehen, dass ich mich nicht in einem somnambulen Zustand befinde, und Sie müssen glauben, dass es mir völlig unmöglich ist, den Inhalt dessen zu kennen, was Sie darin einschließen werden.“

Gesagt, getan.

Nach fünf Minuten war ich, das können Sie mir versichern, sehr verlegen. Ich hatte eine Antwort geschrieben, aber sie war so, dass ich mich nicht traute, sie mitzuteilen. Aber hier ist sie:

„Sie befinden sich in einer sehr schlechten Lage und wenn Sie so weitermachen, werden Sie streng bestraft. Die Ehe ist etwas Heiliges und sollte niemals als eine Frage des Geldes betrachtet werden.“

Nach einigen rednerischen Vorsichtsmaßnahmen beschloss ich, ihr diese Antwort vorzulesen. Die Dame errötete bis zu den Haarwurzeln und streckte die Hände aus, um ihren Umschlag zu ergreifen.

„Verzeihen Sie, gnädige Frau“, erwiderte ich und legte meine Hand darauf. „Sie fingen damit an, sich über mich lustig zu machen. Sie wollten eine Antwort. Da wir ein Experiment durchführen, ist es nur gerecht, dass wir wissen, was die Bitte war.“

Ich riss den Umschlag auf. Hier ist sein Inhalt:

„Wird die von mir angestrebte Heirat zwischen MX und Mlle. Z stattfinden? Und werde ich in diesem Fall das bekommen, was mir versprochen wurde?"

Trotz dieser beschämenden Enthüllung fühlte sich die Frau nicht geschlagen. Sie stellte unter denselben Umständen eine zweite Frage.

Antwort: „Lass mich in Ruhe! Als ich noch lebte, hast du mich verlassen. Und jetzt belästige mich nicht."

Daraufhin stand die Dame auf und verschwand! Ich sagte Ihnen ja, dass sie in Trauer war. Ihre letzte Bitte lautete: „Was ist aus der Seele meines Vaters geworden?"

Ihr Vater war sechs Monate krank gewesen. Personen, die dabei waren und über die Ergebnisse erstaunt waren, erzählten mir, dass sie ihn während seiner Krankheit nicht ein einziges Mal besucht hatte.

9. Eines Tages, kurz nachdem ich einen meiner guten Freunde verloren hatte, saß ich an meinem Schreibtisch, den Kopf in die Hand gestützt, und dachte darüber nach, wie das Jenseits wohl aussehen könnte. Wenn die ganze Arbeit, die ein Mensch geleistet hatte, unwiederbringlich verloren war und es das Jenseits gab, fragte ich mich, wie das Leben aussehen würde, das man dort führen würde. Ganz plötzlich trat das mir wohlbekannte Phänomen auf (dieser seltsame Krampf im Arm). Natürlich ließ ich meinen Arm passiv bleiben, und hier ist, was ich las:

„Sie möchten wissen, was unsere Beschäftigungen sind? Wir organisieren die Materie, wir verbessern den Zustand der Geister und vor allem verehren wir den Schöpfer Ihrer und unserer Seelen."

ARAGO.

Bei *allen* Mitteilungen, die ich erhalten habe, verdoppelte sich jedes Mal, wenn ich ein Wort schrieb, das eine Idee des Höchsten Wesens darstellte – wie Gott, der Allmächtige usw. – die Schriftgröße, nahm aber sofort danach wieder die gleiche Größe an wie zuvor. [78] Es wäre sehr einfach für mich, Ihnen noch zahlreichere Beispiele der seltsamen Dinge zu geben, die mir passiert sind, aber die, die ich gegeben habe, scheinen mir ziemlich bemerkenswert . Ich würde mich freuen, wenn dieser wahre Bericht Ihnen bei Ihren wichtigen Forschungen behilflich sein kann.

Der Brief, den meine Leser gerade gelesen haben, enthält eine Reihe von Fällen von so großem Interesse, dass ich keine Zeit verlor, regelmäßig mit dem Autor zu korrespondieren. Und zuerst dachte ich, ich sollte ihn nach den Schlussfolgerungen fragen, die er selbst aus seiner persönlichen

Erfahrung ziehen konnte. Im Folgenden finden Sie eine Zusammenfassung seiner Antworten:

1. Mai 1899.

Sie stellen mir, sehr geehrter Herr, folgende Fragen:

1. Bin ich zur absoluten Überzeugung hinsichtlich der Existenz eines oder mehrerer *Geister gelangt* ?

Ich bin ein Mensch von absolutem guten Glauben. Ich habe mich selbst untersucht, wie ein Chirurg einen Kranken untersuchen würde. Ich bin ein Mensch von so gutem Glauben, dass ich lange nach einem erfahrenen Arzt gesucht habe (ohne ihn zu finden), der bereit wäre, das Phänomen an mir selbst zu untersuchen, während es sich abspielte; um den Zustand meines Pulses, die Wärme der Haut usw. festzustellen – mit einem Wort, die scheinbare physische Seite. Außerdem ist meiner Meinung nach bei dieser Sache keine Autosuggestion im Spiel; und der Beweis dafür ist, dass ich *absolut keine Ahnung von den Dingen hatte, die ich mechanisch* schrieb – so mechanisch, dass, wenn meine Aufmerksamkeit zufällig abgelenkt wurde, sei es durch Lesen oder durch ein Gespräch, und ich vergaß, zu schauen, wohin meine Hand ging, wenn sie sich dem Rand des Papiers näherte, die Schrift in *umgekehrten Buchstaben und genauso schnell über das Blatt rückwärts weiterging* , so dass ich gezwungen war, das Papier umzudrehen, indem ich es gegen das Licht hielt, um zu lesen, was darauf geschrieben stand.

Wenn also weder Autosuggestion noch ein somnambuler Zustand dabei ist (ich war vollkommen wach und überhaupt nicht hypnotisiert), dann müssen äußere „Kräfte" auf meine Sinne einwirken, „intelligente Kräfte". Das ist meine feste und unabänderliche Meinung.

Sind diese Kräfte nun Geister? Gehören sie Wesen wie uns? Es ist offensichtlich, dass diese Hypothese vieles erklären würde, aber vieles im Dunkeln ließe. Da ich bei diesen „Wesen" mehrmals einen Geisteszustand der niedrigsten Art entdeckte, bin ich zu dem Schluss gekommen, dass es nicht unbedingt notwendig ist, anzunehmen, dass es sich um „Menschen" handelt.

Man sagt uns, dass es Sterne gibt, die nur durch Fotografie sichtbar werden und die für unser Auge unsichtbar sind, weil sie eine Farbe haben, die unser Auge nicht wahrnimmt. Und dann gibt es Gase, durch die der menschliche Körper ohne Widerstand hindurchgeht. Wer will dann sagen, dass es um uns herum keine unsichtbaren Wesen gibt?

Und sehen Sie sich den Instinkt des Kindes, der Frau und der schwachen Wesen im Allgemeinen an. Sie fürchten die Dunkelheit; die Isolation macht ihnen Angst. Dieses Gefühl ist instinktiv, irrational. Liegt es nicht an einer intuitiven Wahrnehmung der Anwesenheit dieser unsichtbaren Personen oder Kräfte, denen sie hilflos gegenüberstehen? Das ist reine Hypothese meinerseits, aber letztendlich scheint sie mir vertretbar. Was die Zahl der unsichtbaren Wesen betrifft, so glaube ich, dass es Legionen sind.

2. Sie fragen mich, ob es mir gelungen ist, ihre Identität festzustellen.

Ich antworte, dass sie mit dem einen oder anderen Namen unterschreiben und dabei vorzugsweise die Namen berühmter Persönlichkeiten wählen, denen sie manchmal die dümmsten Ausdrücke in den Mund legen.

Außerdem hört das Schreiben oft plötzlich auf, als ob gerade ein elektrischer Strom unterbrochen worden wäre, und das ohne erkennbaren Grund. Dann ändert sich das Schreiben, und manchmal enden vernünftige Dinge in Absurditäten usw.

Wie lässt sich dieses Wirrwarr von Widersprüchen erklären? Diese widersprüchlichen Ergebnisse haben mich so geärgert und verärgert, dass ich das Studium psychischer Kräfte schon lange aufgegeben hatte, bis Ihre verlockenden Forschungen mein altes Ich in mir weckten.

Wenn im Extremfall manchmal eine unbewusste Verdoppelung der Persönlichkeit des Individuums (seine Externalisierung) eingeräumt werden kann, so scheint es mir, dass es Fälle gibt, in denen diese Erklärung möglich wird.

Aber ich werde es erklären. Wenn es, was die Tatsachen betrifft, die mir persönlich widerfahren sind und *deren Echtheit ich Ihnen bei meiner Ehre bestätige* , einige Fälle gibt, in denen diese Äußerung möglich gewesen sein könnte, so gibt es andere, in denen sie mir unmöglich erscheint.

Ja, streng genommen hätte ich mich vielleicht, ohne es zu ahnen, nach außen hin zeigen oder vielmehr, ohne es zu wissen, mich von meinem Freund Dolard beeinflussen lassen können, als er mich in meiner Gegenwart im Geiste fragte, was aus der Seele einer verstorbenen Schwester geworden sei, deren Name und Existenz mir unbekannt waren. Ja, streng genommen könnte dasselbe die Antworten erklären, die ich der Dame gab, die mich über eine Heirat und ihren Vater ausfragte, obwohl man in diesem Fall annehmen müsste, dass sie mir die Worte diktiert hat, die ich schrieb. Ja, mein Freund Boucaud, der auf Briefsuche war, könnte in dem Moment, als er mich danach fragte, an jenen Ofen gedacht haben, von dessen Existenz ich nichts wusste. Ja, all das ist (letzten Endes) möglich, obwohl es viel guten Willen erfordern würde, es zuzugeben.

Ja, ich sage es noch einmal – und zwar immer mit viel gutem Willen – ein Tisch kann unter der unbewussten Herrschaft eines anwesenden Musikers stehen, der eine musikalische Phrase diktiert. Aber so wie die Dinge stehen, ist es schwierig, dasselbe Phänomen im Fall von Victor Hugo zuzugeben, dessen merkwürdige Sitzungen Sie gerade der Öffentlichkeit beschrieben haben. Sehen Sie sich doch nur diesen großen Dichter an, der, als er vom Tisch gebeten wird, eine oder mehrere Fragen *in Verse zu fassen*, und der sich trotz seines Genies nicht männlich genug fühlt, etwas Passables zu improvisieren, um eine Atempause bittet, um seine Fragen vorzubereiten, und sie am nächsten Tag mitbringt! – und dennoch würden Sie sich wünschen, dass am selben nächsten Tag ein Teil von ihm seine ihm *unbekannten Funktionen erfüllt und ohne jede Vorbereitung Verse* verfasst, die mindestens so schön sind wie jene, für deren Verfassen er einen ganzen Tag gebraucht hat! – Verse von einer erbarmungslosen Logik und tiefer als seine eigenen!

Doch lassen Sie uns auch das zugeben. Sie sehen, mein Herr, dass ich allen möglichen guten Willen habe und dass ich die wissenschaftliche Methode zutiefst respektiere. Aber können Sie durch Externalisierung den Fall erklären, dass man einen verlorenen Gegenstand findet, wenn man nicht einmal weiß, wie die Wohnung eingerichtet ist, in der er verloren gegangen ist? Oder die Fähigkeit, zwei Tage im Voraus vom Tod einer Person zu erfahren, an die man überhaupt nicht gedacht hat? Ein möglicher Zufall, werden Sie mir sagen, aber zumindest sehr merkwürdig.

Und diese umgekehrten Diktate? Und jene, bei denen wir jeden zweiten Buchstaben weglassen müssen?

Nein, ich glaube, wir brauchen uns nicht so viel Mühe zu machen und uns den Kopf zu zerbrechen, denn es kommt mir so vor, als ob man um zwei Uhr nachmittags nach Mittag sucht. Man müsste alle Teufel anstrengen, um zu erklären, wie dieses Phänomen in unserer Natur stattfinden kann, ohne dass der Besitzer davon weiß. Ich sehe nicht gern, wie ein Teil meiner Persönlichkeit davonhuscht und sich dann wieder einnistet, ohne dass ich etwas davon weiß.

Was die Herbeiführung dieser Externalisierung auf eine Weise betrifft, die ich als freiwillig bezeichnen möchte – wenn eine Person, die fühlt, dass sie stirbt, intensiv an die Menschen denkt, die sie liebt und deren Abwesenheit sie bedauert –, dann kann es sein, dass ihr Wille, selbst wenn er es nicht weiß, indem er sich an die abwesende Person wendet, das Phänomen der Telepathie hervorruft; aber bei den Phänomenen, von denen wir sprechen, scheint mir diese Erklärung mehr als zweifelhaft.

Viel einfacher finde ich die Erklärung, dass die Phänomene durch die Anwesenheit und Handlung eines unabhängigen Wesens verursacht werden – eines Geistes, Phantoms oder Elementars.

Was suchen wir alle im Endeffekt? Den Beweis für das Fortbestehen des Egos, *der Individualität* nach dem Tod. *Sein oder Nichtsein* – darauf kommt es an. Denn ich gestehe Ihnen offen, wenn ich mich wieder im großen All auflösen würde, würde ich ebenso schnell vernichtet werden. Das ist vielleicht eine Schwäche, aber man kann es nicht ändern. Ich halte meine Individualität über alles; nicht, dass ich großen Wert darauf lege, aber das Gefühl ist instinktiv und ich glaube, dass im Grunde jeder dieser Meinung ist. Dies ist also das Ziel oder der Zweck, der den Menschen zu allen Epochen stark interessiert hat und ihn auch heute noch interessiert.

Einer der gewichtigsten Beweise für das Fortleben des einzelnen Wesens, der mir je begegnet ist, ist meiner Meinung nach die Vision, die meine Tante *einige Tage* nach dem Tod einer Freundin hatte. Um ihr einen Beweis für die Realität der Erscheinung zu liefern, vermittelte diese ihr durch mentale Suggestion die Kraft, sie in dem Kleid zu sehen, das sie in ihrem Sarg trug, *ein Kostüm, das meine Tante nie gesehen hatte* .

Dies ist meiner Erfahrung nach eines der besten und seltensten Argumente für das Weiterleben der Seele. Dieses Weiterleben erklärt vieles, vor allem die scheinbar schreckliche Ungerechtigkeit dieser Welt.

Zu diesen wichtigen Beobachtungen von Herrn Castex-Dégrange möchte ich noch die eines hervorragenden Wissenschaftlers hinzufügen, der sich ebenfalls seit langem der Analyse und Synthese dieser Phänomene widmet. Ich meine Herrn Goupil. Einige seiner Studien liegen noch als Manuskript vor, und ich bin diesem Gelehrten für die Erlaubnis, sie zu verwenden, zu Dank verpflichtet. Andere wurden in einer merkwürdigen Broschüre (*Pour et Contre* , Tours, 1893) nachgedruckt. Indem ich jedoch eine so große Zahl von Beispielen und Experimenten zitiere, missbrauche ich die Güte meiner Leser, selbst der neugierigsten und wissbegierigsten. Ich möchte jedoch zumindest auf die Schlussfolgerungen hinweisen, die Herr Goupil aus seinen persönlichen Erfahrungen gezogen hat. Sie finden sich in der Arbeit, von der ich gerade gesprochen habe, und lauten wie folgt:

Die Ergebnisse der Tischumdreh-Sitzungen sind sehr unbedeutend, wenn man sie als reine, von den Geistern erlangte Wissenschaft betrachtet. Aber sie sind nicht uninteressant, wenn man die Analyse der Fakten und die Wissenschaft betrachtet, die in Übereinstimmung mit den Ursachen und Gesetzen, die diese Phänomene bestimmen, aufgebaut werden muss.

Ich glaube, dass ich aus diesen Phänomenen den Schluss ziehen kann, dass sich aus den Fakten zwei Theorien ableiten lassen (die *Reflextheorie* und die *spiritistische*). Es scheint mir unmöglich zu behaupten, dass bei ihnen nicht ein anderer intelligenter Akteur als der der Experimentatoren am Werk ist. Was ist diese Intelligenz? Angesichts der Inkongruenz all dieser Mitteilungen halte ich es für sehr gewagt, zu diesem Punkt eine sichere Meinung zu äußern.

Es lässt sich außerdem nicht leugnen, dass der Verstand der Betreiber einen großen Teil der Phänomene beeinflusst und dass es in vielen Fällen so aussieht, als ob sie allein handeln.

Ich käme der Wahrheit vielleicht nahe genug, wenn ich das Phänomen folgendermaßen definieren würde:

Funktionen, die außerhalb des animistischen Prinzips der Betreiber und vor allem des Mediums liegen und von deren Intellekt gesteuert werden, manchmal aber auch mit einem unbekannten und vom Menschen relativ unabhängigen Intellekt verbunden sind.

Experimentatoren haben behauptet, dass Mitteilungen von sogenannten Geistern über Medien niemals mehr intellektuelle Fähigkeiten zeigen als die intelligenteste Person unter den Teilnehmern. Diese Behauptung ist im Allgemeinen berechtigt, aber nicht absolut.

Ich möchte in diesem Zusammenhang einige Sitzungen erwähnen, die bei mir zu Hause stattfanden. Das Medium war Frau G., deren Leben ich seit 27 Jahren Tag für Tag kannte und deren Charakter, Umgangsformen, Temperament und Erziehung ich daher sehr gut kannte.

Die Mitteilungen, die in diesen Sitzungen durch mediales Schreiben erlangt wurden, erstreckten sich über einen Zeitraum von mehr als fünfzehn Monaten.

Frau G. hatte das Gefühl einer Art *geistigen* (keinen Gehör), psychischen (keinen körperlichen) Zuhörens, das ihr in Satzfragmenten nacheinander diktierte, was sie zu schreiben hatte; und dieser Eindruck war begleitet von einem starken Verlangen zu schreiben, ein wenig wie die intensive Sehnsucht, die eine schwangere Frau verspürt.

Wenn dieses Medium während des Schreibens auf den Sinn des Geschriebenen achtete, wurde der Strom abgeschaltet und alles nahm wieder den Zustand des normalen Schreibens an. Ihr Zustand war der eines Schreibers, der unbekümmert und mechanisch unter dem Diktat eines Vorgesetzten schrieb. Dies führte dazu, dass die Schriftstücke, die mit der maximalen Geschwindigkeit des Subjekts und im Allgemeinen ohne Verzögerung oder Unterbrechung nach den Fragen ausgeführt wurden, in einem langen Strang ohne Zeichensetzung oder Absätze und voller Rechtschreibfehler waren, was darauf zurückzuführen war, dass das Medium den Sinn des Geschriebenen erst erfuhr, als es es durchgelesen hatte, zumindest bei ziemlich langen Mitteilungen.

Der wesentliche Inhalt oder die Substanz der *Schriften* scheint sehr häufig unseren Ideen, Gesprächen, Lektüren oder Gedanken entnommen zu sein; es gibt jedoch gewisse deutlich erkennbare Ausnahmen.

Während Frau G. schrieb, widmete ich mich anderen Beschäftigungen – Berechnungen, Musik usw. – oder ging im Zimmer auf und ab; die Antworten betrachtete ich jedoch erst, wenn sie mit dem Schreiben aufgehört hatte.

Nichts deutete darauf hin, dass der physische und physiologische Zustand des Mediums während dieser Schreibarbeiten in irgendeiner Weise anders war als sein normaler Zustand. Frau G. konnte ihr Schreiben nach Belieben unterbrechen und sich anderen Beschäftigungen widmen oder Antworten zu Dingen geben, die nichts mit der Sitzung zu tun hatten, und es kam nie vor, dass ihr eine Antwort fehlte.

Zwischen diesen Schriften und den geistigen Fähigkeiten von Frau G. gibt es keine Parallelen, weder hinsichtlich ihrer Schlagfertigkeit noch hinsichtlich ihrer Weitsicht oder philosophischen Tiefe.

1890 kaufte ich Flammarions *Uranie*, die Frau G. erst 1891 las. Ich fand darin Lehren, die denen, die ich aus meinen Experimenten und aus unserer Kommunikation gefolgert hatte, völlig ähnlich waren. Jeder, der diese medialen Schriften mit den philosophischen Werken des französischen Astronomen vergleicht, müsste glauben, dass Frau G. sie zuvor gelesen hatte.

Bei übersinnlichen Phänomenen ist es so, dass identische Behauptungen an weit entfernten Orten durch Medien aufgestellt werden, die sich nie gekannt haben. Diese Tatsache deutet darauf hin, dass trotz der vielen scheinbar einander widersprechenden Aussagen eine gewisse Einheitlichkeit im Handeln der intelligenten okkulten Macht besteht.

Im Jahr 1890 las ich auch das Werk von Dr. Antoine Cros, *Das Problem*, in dem ich ebenfalls erstaunliche Übereinstimmungen zwischen den Ideen dieses Autors und denen unseres unbekannten Inspirators fand, unter anderem diese: dass der Mensch selbst seine Paradiese erschafft und das wird, wonach er gestrebt hat.

Wir sollten immer nach der einfachsten Erklärung der Tatsachen suchen, ohne darin etwas Okkultes suchen zu wollen, und vor allem ohne überall nach Geistern zu suchen, aber auch ohne unter keinen Umständen das Eingreifen unbekannter Akteure abstreiten und die Tatsachen leugnen zu wollen, wenn sie nicht erklärt werden können.

Es ist ziemlich merkwürdig, dass wir, wenn wir die Angaben aus den Tabellen und den anderen sogenannten medialen Phänomenen mit Beobachtungen vergleichen, die unter Bedingungen natürlichen oder hypnotischen Somnambulismus gemacht wurden, dieselben Phasen der Inkohärenz, des Zögerns, des Irrtums, der Klarheit und der übernatürlichen Erregung der Fähigkeiten feststellen.

Andererseits erklärt die übernatürliche Erregung der Fähigkeiten weder die Fälle von Vorhersagen noch die Nennung unbekannter Tatsachen. Bei vielen telepathischen oder anderen Phänomenen hinkt jede Erklärung, die das Eingreifen externer Intelligenzen ausschließt. Aber es ist immer noch unmöglich, eine Theorie zu formulieren. Es besteht eine Lücke, die durch neue Entdeckungen gefüllt werden muss. [79]

Ich möchte diesen Schlussfolgerungen zwei kurze Auszüge aus einem Brief hinzufügen, den M. Goupil mir am 13. April 1899 schrieb, und aus einem weiteren vom 1. Juni desselben Jahres.

1. Als Antwort auf die Bitte, die Sie an Ihre Leser richten, möchte ich sagen, dass ich nie Fälle von Telepathie beobachtet habe, sondern seit langer Zeit mit Phänomenen experimentiere , die als spiritistisch *bezeichnet werden* und bei denen ich ein einfacher Analytiker bin. Ich bin zu keinen Schlussfolgerungen hinsichtlich erklärender Theorien gekommen. Ich halte es jedoch für *wahrscheinlich , dass es mächtige Intelligenzen gibt, die nicht menschlich sind und unter bestimmten Umständen eingreifen. Meine Meinung basiert auf einer großen Anzahl sehr merkwürdiger persönlicher Vorkommnisse. Meiner Meinung nach handelt es sich bei diesen Phänomenen nicht um einfache Zufälle, sondern um Umstände, die von einer intelligenten Person* gewollt, vorhergesehen und hervorgerufen wurden .

2. Von dem Ensemble – von allem, was ich gesehen habe – gibt es gleichzeitig die Reflexhandlung der Experimentatoren und eine unabhängige Persönlichkeit. Diese Hypothese scheint mir wahr zu sein, obwohl ich gleichzeitig den Vorbehalt machen sollte, dass die Persönlichkeit oder der Geist kein fertiges Wesen mit Formbeschränkungen ist, wie es ein unsichtbarer Mensch hätte, der geht, kommt und Aufträge für Menschen ausführt. Ich habe flüchtige Einblicke in ein größeres und umfassenderes System.

Nehmen Sie eine Handvoll Ozean und Sie haben *Wasser* .

Nehmen Sie eine Handvoll Atmosphäre und Sie haben *Luft* .

Nehmen Sie sich eine Handvoll Platz und Sie haben *Ihren Verstand* .

So interpretiere ich es. Deshalb ist der Geist immer präsent und bereit zu reagieren, wenn er irgendwo einen Reiz findet, der ihn anregt, und einen Organismus, der es ihm ermöglicht, sich zu manifestieren.

Geben wir zu, dass das Problem komplex ist und dass es gut ist, alle Hypothesen zu vergleichen. [80]

Von den zahlreichen Papieren und Dokumenten, die derzeit auf meinem Schreibtisch liegen, kann ich nur eine kleine Anzahl auswählen, um sie hier einzufügen, obwohl sie alle ihr besonderes Interesse haben. Man ist überwältigt von der Fülle und dem Umfang des Materials. Aus dem Material, das ich im Laufe der oben erwähnten Untersuchung erhalten habe, möchte ich jedoch hier ein Stück wiedergeben, das ich leider nicht in den Umfang dieser Arbeit aufnehmen kann.

Die frühere Gouvernante des Dichters Alfred de Musset, Mme. Martelet, geborene Adèle Colin, die noch immer in Paris lebt und gerade (im Jahr 1906) bei der Enthüllung der Statue des Dichters anwesend war (obwohl sein Tod auf das Jahr 1857 datiert), hat den folgenden Bericht gegeben, der hier zu dem der Bewegungen ohne Kontakt hinzugefügt werden kann.

Ein unerklärliches Ereignis, dessen Zeugen meine Schwester, Frau Charlot, und ich wurden, hinterließ bei uns den tiefsten Eindruck. Es geschah zur Zeit der letzten Krankheit von Herrn de Musset. Ich werde nie die Erregung vergessen, die wir an jenem Abend empfanden, und die kleinsten Einzelheiten dieses seltsamen Ereignisses sind mir noch immer im Gedächtnis.

Mein Herr, der die ganze vergangene Nacht nicht geschlafen hatte, war gegen Ende des Tages in einem großen Lehnstuhl in einen Schlummer versunken. Meine Schwester und ich waren auf Zehenspitzen ins Zimmer gekommen, um seine kostbare Ruhe nicht zu stören, und setzten uns ruhig in eine Ecke, wo uns die Bettvorhänge verbargen.

Der Kranke konnte uns nicht wahrnehmen, aber wir sahen ihn sehr gut, und ich betrachtete traurig dieses leidende Gesicht, von dem ich wusste, dass ich es nicht mehr lange ansehen konnte. Und noch heute, wenn ich mich an die Züge meines Herrn erinnere, sehe ich sie so, wie sie mir an jenem Abend erschienen – die Augen geschlossen, sein fein geformter Kopf auf dem Lehnstuhl ruhend, und seine langen, dünnen, blassen Hände (die schon die Blässe der Toten aufwiesen), die auf seinen Knien in zusammengezogener und schrumpeliger Weise gekreuzt waren. Wir blieben regungslos und schweigend, und das Zimmer, das nur von einer schwachen Lampe erhellt wurde, schien in Schatten gehüllt und war erfüllt von jener eigentümlichen, traurigen Atmosphäre, die das Zimmer der Sterbenden kennzeichnet.

Plötzlich hörten wir einen tiefen Seufzer. Der Kranke war aufgewacht, und ich sah, wie sein Blick auf die Klingelschnur fiel, die einige Schritte vom Lehnsessel entfernt neben dem Kamin hing. Er wollte offensichtlich läuten, und ich weiß nicht, welches Gefühl es war, das mich an meinen Platz fesselte. Ich rührte mich immer noch nicht, und mein Herr, der sich vor Einsamkeit fürchtete und glaubte, allein in seinem Zimmer zu sein, stand auf und streckte den Arm aus, offenbar in der Absicht, jemanden zu rufen; doch er war bereits von dieser Anstrengung erschöpft und fiel, ohne einen Schritt getan zu haben, in den Sessel zurück. In diesem Moment erlebten wir etwas, das uns erschreckte. Die Klingel, die der Kranke nicht angerührt hatte, läutete, und instinktiv ergriffen meine Schwester und ich im selben Moment einander bei den Händen und musterten ängstlich das Gesicht des anderen.

„Hast du gehört?" – „Hast du gesehen?" – „Er hat sich nicht von seinem Stuhl bewegt!"

In diesem Moment kam die Krankenschwester herein und fragte unschuldig: „Haben Sie geklingelt, Sir?"

Dieses Ereignis versetzte uns in einen außergewöhnlichen Geisteszustand, und wenn meine Schwester nicht bei mir gewesen wäre, hätte ich geglaubt, es sei eine Halluzination. Aber wir sahen beide, und wir drei hörten es. Es ist nun schon viele Jahre her, dass das alles geschah, aber ich kann immer noch den bedrohlichen und traurigen Klang dieser Glocke hören, die in der Stille des Zimmers läutete.

Auch dieser Bericht scheint nicht wertlos zu sein. Es gibt zweifellos mehrere Möglichkeiten, ihn zu erklären. Die erste ist die, die jedem einfällt.

Der Franzose, von Natur aus bösartig, sagt Boileau, nimmt kein Blatt vor den Mund und ruft, apropos dieser Geschichte von De Musset, in seiner Sprache (immer auffällig und bar jeder literarischen Auszeichnung) einfach aus: „Was für ein schöner Blödsinn!" Und das ist alles, was es dazu zu sagen gibt. Einige mögen noch einen Moment nachdenken und nicht zugeben, dass die Gouvernante hier unbedingt etwas erfunden hat, und denken, dass sie ebenso wie ihre Schwester glaubten, dass De Musset die Klingelschnur nicht berührt hatte, während er sie in Wirklichkeit mit den Fingerspitzen berührte. Aber diese Damen können antworten, dass der Abstand zwischen der Hand des Dichters und der Schnur zu groß war, dass die Schnur in dieser Position unzugänglich war *und dass es genau das war, was sie beeindruckte* und ohne das es keine Geschichte zu erzählen gegeben hätte. Wir können auch annehmen, dass die Glocke durch eine äußere Kraft geläutet wurde, die darauf einwirkte, obwohl die Schnur nicht gezogen wurde. Wir können uns außerdem vorstellen, dass die Kammerfrau in der Unruhe dieser Stunden der Not hereinkam, ohne etwas gehört zu haben, und dass das Zusammentreffen ihrer Ankunft mit der Geste von De Musset die beiden Wächter überraschte, die später dachten, sie hätten die Glocke gehört. Um das Ganze zusammenzufassen: Während wir das Ereignis für unerklärlich halten, können wir doch seine Wahrheit, wie erzählt, akzeptieren. Dies scheint mir die logischste Ansicht zu sein, umso mehr, als der sanfte Dichter in seinem Leben mehrere Male andere Beweise dafür geliefert hatte, dass er über Fähigkeiten dieser Art verfügte.

Ich möchte hier noch ein weiteres Beispiel für die *berührungslose Bewegung von Objekten anführen* , das nicht ohne Wert ist. Es wurde von Dr. Coues in den *Annales des sciences psychiques* für das Jahr 1893 veröffentlicht. Die dargelegten

Ansichten sind es auch wert, hier zusammengefasst zu werden. Die Beobachter, Dr. und Mrs. Elliott Coues, sprechen aus ihrer eigenen persönlichen Erfahrung.

Es ist ein physikalisches Prinzip, dass ein schwerer Körper nur durch die direkte Einwirkung einer mechanischen Kraft in Bewegung versetzt werden kann, die ausreicht, um seine Trägheit zu überwinden. Die Schulwissenschaft vertritt die Ansicht, dass die Vorstellung einer Fernwirkung falsch ist.

Die Autoren der vorliegenden Studie behaupten im Gegenteil, dass schwere Körper ohne direkte mechanische Krafteinwirkung in Bewegung versetzt werden können und dies häufig auch werden, und dass Fernwirkung in der Natur eine gut belegte Tatsache ist. Wir bieten Beweise für diese Behauptungen auf der Grundlage einer Reihe von Experimenten, die zu diesem Zweck durchgeführt wurden.

Wir haben diese Experimente *über einen Zeitraum von mehr als zwei Jahren oft wiederholt* und die Ergebnisse waren nicht nur für uns, sondern auch für viele andere Zeugen überzeugend.

Wir verstehen nicht, wie die wissenschaftliche Welt die Vorstellung akzeptieren konnte, der Ausdruck „Fernwirkung" sei falsch, es sei denn, diejenigen, die in dieser Behauptung einen Fehler sehen, schreiben diesen Worten eine besondere Bedeutung zu, die wir nicht kennen.

Es ist sicher, dass die Sonne aus der Ferne auf die Erde und die anderen Planeten des Sonnensystems einwirkt. Es ist sicher, dass ein Stück von irgendetwas, das in die Luft geworfen wird, aufgrund der Anziehungskraft der Schwerkraft zurückfällt – und das auch unabhängig von der Entfernung. Das Gesetz der Schwerkraft ist, soweit wir es kennen, universell, und es ist noch nicht bewiesen, dass es ein wägbares oder anderweitig greifbares Medium gibt, das zur Übertragung der Kraft dient. [81]

Wir gehen sogar noch einen Schritt weiter und erklären, dass wahrscheinlich jede Einwirkung von Materie eine Fernwirkung ist, insbesondere da (soweit unser Wissen reicht) im gesamten Universum keine zwei Materieteilchen in absolutem Kontakt stehen; wenn sie also aufeinander einwirken, muss dies über eine gewisse Distanz geschehen, wobei diese Distanz unendlich klein und für unsere Sinne völlig unmerklich ist.

Wir behaupten daher, dass das Gesetz der Bewegung über eine Distanz ein universelles mechanisches Gesetz ist und dass die Vorstellung, dass es nicht existiert, eine Art Paradoxon ist, nichts weiter als Haarspalterei.

Die beiden Autoren dieser Studie experimentierten manchmal zusammen, manchmal getrennt, häufiger mit einem oder mehreren zusätzlichen Experimentatoren, manchmal mit vier, fünf, sechs, sieben oder acht. Sie beobachteten zu verschiedenen Zeiten im vollen Licht die heftigen und sogar gewaltsamen Bewegungen eines großen Tisches, den niemand direkt oder indirekt berührte. Die erwähnten Personen waren alle Freunde von ihnen, lebten wie sie in der Stadt Washington und wollten alle aufrichtig die Wahrheit erfahren. Es gab kein professionelles Medium.

Die Szene beginnt in einem kleinen Salon in unserem Haus (schreiben sie). In der Mitte des Raumes steht ein großer, schwerer Eichentisch mit Intarsienarbeit, der etwa 100 Pfund wiegt. Die Tischplatte ist oval und misst viereinhalb mal dreieinhalb Fuß. Sie hat in der Mitte nur eine Stütze, die sich in drei Beine oder Füße mit Rollen verzweigt. Darüber hängt der Kronleuchter, dessen mehrere Brenner brennen und den Damen genügend Licht zum Lesen und Arbeiten am Tisch geben. Dr. Coues sitzt in seinem Sessel in einer Ecke dieses großen Raumes, etwas vom Tisch entfernt, und liest oder schreibt im Licht zweier weiterer Brenner.

Die Damen äußern den Wunsch, einmal zu testen, ob sich an der Tabelle, wie es so schön heißt, „etwas tut".

Das Tischtuch wird entfernt. Frau C., die in einem niedrigen Schaukelstuhl sitzt, legt ihre Hände auf den Tisch. Frau A., die ebenfalls in einem niedrigen Lehnstuhl sitzt, tut dasselbe und sitzt ihr gegenüber auf der anderen Seite des Tisches. Ihre Hände sind geöffnet und legen sich auf die Tischplatte. In dieser Stellung können sie den Tisch nicht allein mit den Händen hochheben: das ist völlig unmöglich. Ebenso wenig können sie ihn anschieben, indem sie sich darauf stützen, um ihn auf der anderen Seite hochzuheben, außer durch eine leicht zu beobachtende Muskelanstrengung. Ebenso wenig können sie den Tisch allein mit den Knien hochheben, da diese mindestens einen Fuß von der Tischplatte entfernt sind und da ihre Füße außerdem nie den Boden verlassen. Schließlich können sie den Tisch nicht mit ihren Zehen hochheben, die unter ein Tischbein geschoben sind, da der Tisch zu schwer ist.

Unter diesen Bedingungen und im vollen Licht von mindestens vier Gasflammen begann der Tisch regelmäßig zu knacken oder zu brechen und erzeugte verschiedene seltsame Geräusche, die sich von denen unterschieden, die man erzeugen konnte, wenn man sich darauf lehnte. Diese Geräusche zeigten bald, wenn ich das so sagen darf, einen Grund für ihre Unzusammenhängendheit, und bestimmte Schläge oder Klopfgeräusche wurden zu „Ja" und „Nein". Gemäß einem festgelegten Signalcode konnten wir ein Gespräch mit einem unbekannten Wesen beginnen. Dann war der Tisch im Allgemeinen höflich genug, das zu tun, was man von ihm verlangte. Die eine oder andere Seite kippte, wie wir es wünschten. Er ging von der einen oder anderen Seite, wie wir es verlangten. Unter diesen Umständen machten wir die folgenden Experimente:

Die beiden Damen nahmen ihre Hände vom Tisch und zogen ihre Stühle zurück, blieben aber in einem Abstand von *ein bis zwei Fuß darauf sitzen* . Von seinem Lehnsessel aus konnte Dr. Coues deutlich über und unter den Tisch sehen. Die Füße der Damen waren 30 bis 90 Zentimeter von den Tischfüßen entfernt. Ihre Köpfe und Hände waren noch weiter entfernt. Sie berührten den Tisch nicht. Sogar ihre Kleider waren nicht näher als ein bis zwei Fuß davon entfernt. Unter diesen Bedingungen hob der Tisch einen seiner Füße und ließ ihn schwerfällig nach hinten fallen. Er hob sich zwei Fuß auf eine Höhe von zwei bis sechs Zoll, und als die Füße nach hinten fielen, war der Stoß so heftig, dass der Boden bebte und die Glaskugeln des Kronleuchters klirrten. Außer diesen energischen, ja heftigen Bewegungen demonstrierte der Tisch seine Kraft durch Klopfen oder Balancieren.

Seine *Ja-* oder *Nein-Antworten* waren im Allgemeinen vernünftig, manchmal in Übereinstimmung mit den Ideen desjenigen, der die Frage gestellt hatte, manchmal in beharrlichem Widerspruch zu diesen Ideen. Manchmal behauptete der unsichtbare Agent, er sei eine bestimmte Person, und behielt diese Individualität während einer ganzen Sitzung bei. Oder möglicherweise wurde diese Rolle sozusagen fallengelassen oder zumindest nicht mehr angezeigt, und eine andere Person oder ein anderes Wesen nahm ihren Platz ein, mit anderen Ideen und Meinungen. Daraufhin unterschieden sich auch die Klopfgeräusche oder Bewegungen. Schließlich nahm der unbelebte Tisch, der als reglos galt, für den Moment das Aussehen eines lebenden Wesens an, das eine ebenso ausgeprägte Intelligenz besaß wie die eines gewöhnlichen Menschen. Er drückte sich mit ebenso viel Willenskraft und Individualität aus, wie unsere Freunde es ihm durch ihre Stimmen und Gesten ermöglichten. Und doch *berührte während dieser ganzen Zeit keine der drei anwesenden Personen den Tisch* . Die beiden Damen befanden sich in einer Entfernung von zwei oder drei Fuß und Dr. Coues in einer Ecke des Raumes, der von vier Gasflammen beleuchtet wurde. Es war keine andere Person anwesend, die man sehen konnte. Wenn dies kein Fall von Telekinese oder der Bewegung von Objekten ohne Kontakt war, der sich völlig von gewöhnlichen und normalen mechanischen Bewegungen unterschied, können wir unseren Sinnen sicherlich nicht mehr trauen.

Diese Beobachtungen von Dr. und Mrs. Elliott Coues sind alle so absolut genau und authentisch wie das Auftreten eines Erdbebens, der Fall eines Feuerballs vom Himmel, eine chemische Verbindung, ein Experiment mit einer elektrischen Maschine. Die Skeptiker, die sie belächeln und sagen, dass alles Betrug ist, sind Menschen, denen der Sinn für Logik fehlt.

Die hierzu zu gebende Erklärung ist eine andere Frage als die der bloßen und einfachen Authentifizierung der Tatsachen.

Diejenigen, die diese Beschreibungen von Phänomenen und Experimenten ansprechen (fügt der Erzähler hinzu), müssen besonders zur Kenntnis nehmen, dass die Autoren dieser Studie, obwohl sie Gelegenheit hatten, von Gesprächen mit dem Tisch zu sprechen und spezielle Stimmlagen und verständliche Botschaften zu erwähnen, die von Stücken inerten Holzes übermittelt wurden, sich *kategorisch weigern, die Frage nach der Quelle oder dem Ursprung der so manifestierten Intelligenz zu behandeln*. Das ist eine völlig andere Frage, mit der wir uns nicht befassen. Das einzige oder zumindest wichtigste Ziel der Veröffentlichung dieser Studie ist es, die Wahrheit über berührungslose Bewegung festzustellen.

Aber nachdem wir die Tatsache sehr deutlich verifiziert und durch Beweise, die uns vorliegen, untermauert haben, könnte man vielleicht von uns erwarten, dass wir eine Erklärung für die außergewöhnlichen Dinge abgeben, für die wir bürgen. Wir antworten respektvoll, dass wir sowohl zu alt als auch vielleicht zu weise sind, um zu behaupten, irgendetwas erklären zu können. Als wir jünger waren und glaubten, alles zu wissen, konnten wir alles erklären – zumindest zu unserer eigenen Zufriedenheit. Jetzt, da wir lange genug gelebt haben, haben wir entdeckt, dass jede Erklärung einer Sache mindestens zwei neue Fragen aufwirft, und wir verspüren kein Verlangen, über neue Schwierigkeiten zu stolpern; denn diese multiplizieren sich in geometrischem Verhältnis, proportional zum Umfang und zur Genauigkeit unserer Forschungen. Wir halten an diesem Grundsatz fest, dass nichts erklärt ist, solange noch eine Erklärung zu suchen ist. Unter diesen Bedingungen werden wir besser daran tun, die Unerklärlichkeit dieser psychischen Geheimnisse anzuerkennen, bevor wir sinnlose Theorien darüber aufstellen, als danach.

Da haben Sie etwas, das absolut vernünftig ist, was auch immer man darüber sagen mag.

Und werde ich nun, nach diesen zahllosen Überprüfungen der Tatsachen und nach all diesen Glaubensbekenntnissen, selbst den Mut, die Anmaßung, den Stolz oder die Einfalt des Geistes aufbringen, mich auf die Suche nach den so begehrten Informationen zu machen?

Ob wir sie nun finden oder nicht, die Fakten existieren jedenfalls. Ziel dieses Buches war es, meine Leser davon zu überzeugen – Leser, die dem Thema ihre volle Aufmerksamkeit widmen, unvoreingenommenes Urteilsvermögen und guten Glauben besitzen und die Augen des Geistes weit geöffnet und frei von aller Schwäche haben.

KAPITEL XII

Erklärende Hypothesen – Theorien und Lehren – Schlussfolgerungen des
Autors

Es ist ganz in Mode, im Allgemeinen absoluten Skeptizismus gegenüber den
Phänomenen zu bekunden, die Gegenstand dieser Arbeit sind. Drei Viertel
der Bürger unseres Planeten sind der Meinung, dass alle unerklärlichen
Geräusche in Spukhäusern, alle Bewegungen mehr oder weniger schwerer
Körper ohne Berührung, alle Bewegungen von Tischen, Klavieren oder
anderen Gegenständen, die bei spiritistischen Experimenten hervorgerufen
werden, alle durch Klopfen oder unbewusstes Schreiben diktierten
Mitteilungen, alle teilweisen oder vollständigen Erscheinungen von
Phantomgestalten Illusionen, Halluzinationen oder Scherze sind. Es bedarf
keiner Erklärung. Die einzige vernünftige Meinung ist, dass alle „Medien",
ob professionell oder nicht, Betrüger und die Teilnehmer einer Séance
Schwachköpfe sind.

Manchmal willigt einer dieser hervorragenden Richter ein, nicht nur in seiner
königlichen Kompetenz zu zwinkern und zu lächeln, sondern sich auch
herabzulassen, einer Sitzung beizuwohnen. Wenn, wie es nur allzu oft
vorkommt, keine Reaktion auf den Willensbefehl erfolgt, zieht sich der
berühmte Beobachter zurück, fest davon überzeugt, dass er durch seine
außergewöhnliche Scharfsinnigkeit den Betrug entdeckt und durch seine
hellseherische Intuition alles blockiert hat. Er schreibt sofort an die
Zeitungen, deckt den Betrug auf und vergießt humanitäre Krokodilstränen
über das traurige Schauspiel von scheinbar intelligenten Menschen, die sich
von Betrügereien täuschen lassen, die er auf den ersten Blick erkennt.

Diese erste und einfache Erklärung, dass alles in den Manifestationen Betrug
sei, wurde im Laufe dieser Arbeit so oft aufgedeckt, diskutiert und widerlegt,
dass meine Leser sie wahrscheinlich (zumindest hoffe ich das) als völlig,
absolut und endgültig entschieden und aus dem Ring geworfen betrachten.

Ich rate Ihnen jedoch, bei Tisch oder im Salon nicht zu freizügig über diese
Dinge zu sprechen, wenn Sie nicht möchten, dass sich die Leute mehr oder
weniger diskret über Sie lustig machen. Wenn Sie Ihre Ansichten öffentlich
äußern, werden Sie dieselbe Wirkung erzielen wie jene exzentrischen Kerle
zur Zeit des Ptolemäus, die es wagten, über die Bewegung der Erde zu
sprechen und in der anständigen Gesellschaft so unauslöschliches Gelächter
hervorriefen, dass es noch heute in Athen, Alexandria und Rom widerhallt.
Es ist nur eine Wiederholung dessen, was geschah, als Galileo von den
Flecken auf der Sonne sprach, Galvani von Elektrizität, Jenner vom
Impfstoff, Jouffroy und Fulton vom Dampfschiff, Chappe vom
Telegraphen, Lebon von der Gasbeleuchtung, Stephenson von der

Eisenbahn, Daguerre von der Fotografie, Boucher de Perthes vom fossilen Menschen, Mayer von der Thermodynamik, Wheatstone vom transatlantischen Kabel usw. Wenn wir alle Sarkasmen zusammentragen könnten, die diesen „armen Spinnern" an den Kopf geworfen werden, würden wir einen schönen Korb ehrwürdiger Schnitzer erhalten, schimmelig wie die Keksreste nach einer Reise.

Reden wir also nicht zu viel über unsere Geheimnisse – es sei denn, es amüsiert uns, den hübschesten Puppen in der Gesellschaft ein paar Fragen zu stellen. Eine von ihnen erkundigte sich gestern Abend in meiner Gegenwart, was der Mann namens Lavoisier machte und ob er tot sei. Ein anderer dachte, Auguste Comte sei ein Liederschreiber und fragte, ob jemand ein Lied kenne, das zu einer Mezzosopranstimme passen würde. Ein anderer war erstaunt, dass Ludwig XIV. einen der beiden Bahnhöfe von Versailles nicht näher am Schloss gebaut hatte.

Außerdem behauptete auf meinem Balkon ein Institutsmitglied, das Jupiter am südlichen Himmel am Meridianpunkt über einer der Kuppeln des Observatoriums leuchten sah, in meiner Gegenwart hartnäckig, dieser Himmelskörper sei der Polarstern. Ich habe nicht lange mit ihm darüber *gestritten* !

Es gibt nicht wenige Menschen, die sowohl an den Wert des allgemeinen Wahlrechts als auch an den Wert von Adelstiteln glauben. Natürlich werden wir diese janusköpfigen Weisen nicht zwingen, über die Zulässigkeit psychischer Phänomene in der Sphäre der Wissenschaft abzustimmen.

Doch wir wollen diese Zulässigkeit von nun an als selbstverständlich betrachten und, indem wir den lachenden Skeptikern, den Stammgästen von Clubs und Cliquen die allgemeine Weltmeinung, von der ich gerade gesprochen habe, vorlegen, hier mit unserer logischen Analyse beginnen.

Wir haben im Laufe dieser Arbeit mehrere Theorien wissenschaftlicher Forscher untersucht, die der Beachtung wert sind. Lassen Sie uns diese zunächst zusammenfassen.

Nach Ansicht von Gasparin werden diese unerklärlichen Bewegungen durch eine *Flüssigkeit erzeugt* , die aufgrund unserer Willenskraft aus uns austritt.

Professor Thury glaubt, dass diese Flüssigkeit, die er „ *Psychode" nennt* , eine Substanz ist, die eine Verbindung zwischen der Seele und dem Körper herstellt; es könnte aber auch bestimmte Willensäußerungen unbekannter Natur geben, die Seite an Seite mit uns arbeiten.

Der Chemiker Crookes führt die Phänomene auf psychische Kräfte zurück, da diese die Ursache für die Phänomene sind. Er fügt jedoch hinzu, dass diese Kräfte in bestimmten Fällen durchaus von einer anderen Intelligenz erfasst und gelenkt werden können. „Der Unterschied zwischen den Anhängern psychischer Kräfte und denen des Spiritismus", schreibt er, „besteht darin: Wir behaupten, dass noch nicht *bewiesen ist*, dass es außer der Intelligenz des Mediums noch eine andere lenkende Kraft gibt und dass die Anwesenheit und Handlungen der Geister der Toten in den Phänomenen spürbar sind, während die Spiritisten im Gegensatz dazu als Glaubenssatz akzeptieren, ohne weitere Beweise dafür zu verlangen, dass diese Geister die einzigen Verursacher der beobachteten Tatsachen sind."

Albert de Rochas definiert diese Phänomene als „ *eine Externalisierung der Motorik* " und ist der Ansicht, dass sie durch das fluidale Gegenstück, den „Astralkörper" des Mediums, hervorgerufen werden, eine Nervenflüssigkeit, die in der Lage ist, über eine Distanz zu agieren und wahrzunehmen.

Lombroso erklärt, dass die Erklärung schlicht im Nervensystem des Mediums zu suchen sei und dass es sich bei dem Phänomen um *eine Transformation von Kräften handele* .

Dr. Ochorowicz bekräftigt, dass er keine Beweise für die spiritistische Hypothese gefunden habe, ebenso wenig wie für das Eingreifen externer Intelligenzen, und dass die Ursache der Phänomene ein *fluidaler Doppelgänger sei* , der sich vom Organismus des Mediums ablöst.

Der Astronom Porro neigt dazu, die mögliche Tätigkeit unbekannter Geister, von uns verschiedenen Lebensformen zuzugeben, bei denen es sich nicht notwendigerweise um die Seelen der Toten, sondern um psychische Wesenheiten handelt, die untersucht werden müssen. In einem kürzlichen Brief schrieb er mir, dass ihm die theosophische Lehre einer Lösung am nächsten zu kommen scheine. [82]

Prof. Charles Richet glaubt, dass die spiritistische Hypothese noch lange nicht bewiesen ist, dass die beobachteten Tatsachen auf eine völlig andere Ursachenordnung verweisen, die bisher nur schwer zu entwirren ist, und dass man sich beim gegenwärtigen Stand unseres Wissens auf keine endgültige Schlussfolgerung einigen kann.

Der Naturforscher Wallace, Professor Morgan und der Elektriker Varley erklären dagegen, dass ihnen genügend Beweise vorgelegt worden seien, um sie zu berechtigen, die spiritistische Lehre von der körperlosen Seele vorbehaltlos zu akzeptieren.

Prof. James H. Hyslop von der Columbia University hat sich in den Proceedings of the London Society for Psychical Research sowie in seinen Werken *Science and a Future Life* und *Enigmas of Psychical Research speziell mit diesen Phänomenen befasst* . Er ist der Ansicht, dass es noch nicht genügend streng kritische Überprüfungen gibt, um irgendeine Theorie zu rechtfertigen.

Dr. Grasset, ein Schüler von Pierre Janet, hält die Verschiebung von Gegenständen oder Levitation ebenso wenig für bewiesen wie den Großteil der in diesem Buch beschriebenen Tatsachen. Er hält den sogenannten Spiritualismus für eine Frage der medizinischen Biologie, der „Physiopathologie der Nervenzentren", in der ein berühmtes zerebrales Polygon mit einem musikalischen Dirigenten namens O automatisch eine sehr merkwürdige Rolle spielt.

Dr. Maxwell kommt aus seinen Beobachtungen zu dem Schluss, dass die meisten Phänomene, deren Realität nicht bezweifelt werden kann, von einer in uns existierenden Kraft hervorgerufen werden, dass diese Kraft intelligent ist und dass die manifestierte Intelligenz von den Experimentatoren stammt. Dies wäre eine Art kollektives Bewusstsein.

M. Marcel Mangin vertritt diese Ansicht nicht als „kollektives Bewusstsein" und erklärt, es sei sicher, dass das Wesen, das in den Séancen behauptet, eine Manifestation zu sein, „das Unterbewusstsein des Mediums" sei.

Das Vorstehende sind einige der wichtigsten Meinungen. Es würde ein ganzes Buch erfordern, die vorgeschlagenen Erklärungen schriftlich zu diskutieren, aber das ist nicht mein Ziel. Mein Ziel war es, die Frage auf das zu konzentrieren, was DIE ZULÄSSIGKEIT DER PHÄNOMENE IN DEN BEREICH DER POSITIVEN WISSENSCHAFT BETRIFFT.

Nachdem dies nun jedoch geschehen ist, müssen wir uns fragen, welche Schlussfolgerungen sich aus all diesen Beobachtungen ziehen lassen.

Wenn wir nach dieser Masse an Überprüfungen eine zufriedenstellende rationale Erklärung erhalten möchten, müssen wir meiner Meinung nach schrittweise vorgehen, die Fakten klassifizieren, analysieren und sie nur im Verhältnis zu ihrer absoluten und nachgewiesenen Gewissheit zulassen. Wir leben in einem sehr komplexen Universum, und es ist zu einer höchst eigenartigen Verwirrung zwischen Phänomenen gekommen, die sich stark voneinander unterscheiden.

Wie ich 1869 am Grab von Allan Kardec sagte: „Die Ursachen für diese Ereignisse sind vielfältiger Natur und zahlreicher, als man annehmen würde."

Können wir die beobachteten Phänomene oder zumindest einen Teil davon erklären? Es ist unsere Pflicht, es zu versuchen. Zu diesem Zweck werde ich sie in der Reihenfolge zunehmender Schwierigkeit klassifizieren. Es ist immer ratsam, mit dem Anfang zu beginnen.

Ich hoffe, dass der Leser eine klare Vorstellung von den Experimenten und Beobachtungen hat, die auf den vorhergehenden Seiten dieses Werkes dargelegt wurden. Es wäre ein wenig langweilig, jedes Mal auf die Seiten zu verweisen, auf denen die Phänomene beschrieben wurden.

1. DREHUNG DES TISCHES mit *Kontakt der Hände einer bestimmten Anzahl von Bedienern* .

Diese Drehung kann als ein unbewusster Impuls auf den Tisch erklärt werden. Es genügt, wenn jeder in die gleiche Richtung ein wenig drückt, und schon findet die Bewegung statt.

2. BEWEGUNG DES TISCHES , *auf dem die Hände der Experimentatoren ruhen* .

Die Bediener schieben und der Tisch wird ohne ihr Wissen vorwärtsgeführt, wobei jeder mehr oder weniger stark einwirkt. Sie denken, sie würden ihm folgen, aber in Wirklichkeit führen sie ihn vorwärts. Dies ist nur das Ergebnis von Muskelanstrengungen, die im Allgemeinen eher geringer Natur sind.

3. ANHEBEN DES TISCHES *auf der Seite, die der Seite gegenüberliegt, auf der die Hände des Hauptdarstellers liegen* .

Nichts ist einfacher. Der Druck der Hände auf einen Mitteltisch mit drei Beinen genügt, um das am weitesten entfernte Bein anzuheben und so alle Buchstaben des Alphabets zu treffen. Bei einem Tisch mit vier Beinen ist die Bewegung weniger einfach, aber sie kann auch erreicht werden.

Diese drei Bewegungen sind meines Erachtens die einzigen, die sich ohne das geringste Mysterium erklären lassen. Die dritte ist jedoch nur erklärbar, wenn der Tisch nicht zu schwer ist.

4. DEM TISCH LEBEN EINHAUCHEN.

Mehrere Experimentatoren sitzen um den Tisch herum und bilden die Kette, um sie aufsteigen zu sehen. Man nimmt wahr, wie Wellen einer Art Vibration (zunächst leicht) durch das Holz laufen. Dann bemerkt man Gleichgewichtsstörungen, von denen einige auf Muskelimpulse zurückzuführen sein könnten. Aber schon jetzt mischt sich etwas anderes in den Vorgang. Der Tisch scheint sich von selbst in Bewegung zu setzen. Manchmal hebt er sich, nicht mehr, als ob er durch einen Hebel oder durch Druck von einer Seite bewegt würde, sondern *unter den Händen* , als ob er an ihnen kleben würde. Dieses Schweben widerspricht dem Gesetz der Schwerkraft. Daher haben wir hier eine Kraftentladung. Diese Kraft geht von unserem Organismus aus. Es gibt keinen ausreichenden Grund, nach etwas anderem zu suchen. Dennoch ist das, was wir entdeckt haben, von größter Bedeutung.

5. ROTATION OHNE BERÜHRUNG.

Da sich der Tisch schnell dreht, können wir unsere Hände von ihm nehmen und sehen, wie er sich weiterdreht. Die erreichte Geschwindigkeit oder der erreichte Impuls kann die momentane Fortsetzung dieser Bewegung erklären, und die im Fall Nr. 1 gegebene Erklärung mag genügen. Aber es steckt noch mehr dahinter. Die Drehung wird erreicht, indem die Hände in einem Abstand von einigen Zentimetern über dem Tisch gehalten werden, ohne dass sie ihn berühren. Eine dünne Schicht Mehl, die über den Tisch gestreut wird, wird von keinem einzigen Finger berührt. Daher muss die von den Bedienern ausgeübte Kraft den Tisch durchdringen.

Die Experimente beweisen, dass wir in uns eine Kraft haben, die in der Lage ist, über eine Distanz auf Materie einzuwirken, eine natürliche Kraft, die im Allgemeinen latent ist, sich aber in verschiedenen Medien in unterschiedlichem Ausmaß entwickelt. Die Wirkung der Kraft manifestiert sich unter Bedingungen, die noch nicht vollständig bestimmt wurden. (Siehe S. 81 , 248 *et seq.*) Wir können auf rohe Materie, auf lebende Materie, auf das Gehirn und auf den Geist einwirken. Diese Willenswirkung zeigt sich in der Telepathie. Noch einfacher wird sie durch ein bekanntes Experiment gezeigt : Im Theater, in der Kirche, zwingt ein Mann, der an Willenskraft gewöhnt ist und beispielsweise mehrere Sitzreihen hinter einer Frau sitzt, diese beim Hören von Musik, sich in weniger als einer Minute umzudrehen. Von uns, von unserem Geist, geht eine Kraft aus, die zweifellos durch Ätherwellen wirkt, deren Ausgangspunkt eine Gehirnbewegung ist.

Und das ist nichts sehr Geheimnisvolles. Ich halte meine Hand an ein Thermometer und stelle fest, dass etwas Unsichtbares aus meiner Hand austritt und in einer gewissen Entfernung die Quecksilbersäule steigen lässt. Dieses Etwas ist Wärme, das heißt Luftwellen in Bewegung. Warum sollten dann nicht auch andere Strahlungen von unseren Händen und unserem ganzen Wesen ausgehen?

Dennoch muss eine sehr wichtige wissenschaftliche Tatsache festgestellt werden.

Diese physikalische Kraft ist größer als die der Muskeln, wie ich beweisen werde.

6. GEWICHTHEBEN.

Ein Tisch wird mit Sandsäcken und Steinen beladen, die zusammen zwischen 75 und 80 Kilogramm wiegen. Der Tisch hebt jedes seiner drei Beine mehrmals hintereinander an. Doch er gibt unter der Last nach und zerbricht. Die Bediener stellen fest, dass ihre Muskelkraft nicht ausgereicht hätte, um die beobachteten Bewegungen hervorzubringen. Der Wille wirkt durch eine dynamische Verlängerung.

7. HEBEN OHNE KONTAKT.

Die Hände bilden die Kette einige Zentimeter über der Seite des Tisches, der angehoben werden soll, und alle Willenskräfte sind auf die eine Idee konzentriert, dann werden nacheinander alle Beine angehoben. Das Anheben gelingt leichter als Drehen ohne Berührung. Ein energischer Wille scheint unabdingbar zu sein. Die unbekannte Kraft geht ohne jede Berührung von den Versuchspersonen auf den Tisch über. Wenn der Tisch mit Mehl bestäubt ist, ist, wie gesagt, nicht die geringste Berührung mit den Fingern zu spüren.

Der Wille der Sitzenden ist im Spiel. Dem Tisch wird befohlen, diese oder jene Bewegung auszuführen, und er gehorcht. Dieser Wille scheint sich in Form einer ziemlich intensiven Kraft über die Körper der operierenden Experimentatoren hinaus auszudehnen.

Diese Kraft wird durch Handeln entwickelt. Das Balancieren bereitet das Aufsteigen vor und letzteres das völlige Schweben.

8. REDUZIEREN SIE DAS GEWICHT DES TISCHES ODER ANDERER GEGENSTÄNDE.

Ein viereckiger Tisch wird mit einer Seite an einem Dynamometer aufgehängt, das an einer Schnur befestigt ist, die oben durch eine Art Haken gehalten wird. Die Nadel des Dynamometers, die im Ruhezustand 35 Kilogramm anzeigt, sinkt allmählich auf 3, 2, 1, 0 Kilogramm.

Ein Mahagonibrett wird horizontal ausgelegt und an einem Ende an eine Federwaage gehängt. Diese Waage (oder Waage) hat eine Spitze, die eine durch Rauch geschwärzte Glasscheibe berührt. Wenn diese Glasscheibe in Bewegung versetzt wird, zeichnet die Nadel eine horizontale Linie. Während der Experimente ist diese Linie nicht mehr gerade, sondern markiert Gewichtsabnahmen und -zunahmen, die ohne jeglichen Kontakt der Hände zustande kamen. In den Experimenten von Crookes haben wir gesehen, dass das Gewicht eines Bretts um fast 1¼ Pfund zunimmt.

Das Medium legt seine Hände *auf* die Rückenlehne eines Stuhls und hebt den Stuhl an.

9. ERHÖHUNG DES GEWICHTS EINES TISCHES ODER ANDERER GEGENSTÄNDE – AUSGEÜBTER DRUCK.

Die dynamometrischen Experimente, die wir gerade in Erinnerung gerufen haben, zeigen diese Steigerung.

Ich habe mehr als einmal unter anderen Umständen gesehen, wie ein Tisch so schwer wurde, dass es für zwei Männer absolut unmöglich war, ihn vom Boden zu heben. Als es ihnen mit schnellen Ruckbewegungen einigermaßen gelang, schien er immer noch am Boden zu kleben, als ob er von Leim oder Gummi gehalten würde, der ihn nach einer leichten Verschiebung sofort wieder auf den Boden zog.

Bei all diesen Experimenten gibt es Beweise für die Wirkung einer unbekannten Naturkraft, die vom Chefexperimentator oder von den kollektiven Kräften der Gruppe ausgeht, einer organischen Kraft unter dem Einfluss des Willens. Es ist nicht notwendig, die Anwesenheit übermenschlicher Geister anzunehmen.

10. DAS VOLLSTÄNDIGE ANHEBEN ODER SCHWEBEN DES TISCHES.

Da es zu Verwirrung führen kann, wenn man das Wort „Heben" auf einen Tisch anwendet, der sich nur auf einer Seite in einem bestimmten Winkel hebt, dabei aber noch den Boden berührt, ist es zweckmäßig, das Wort „Levitation" auf den Fall anzuwenden, in dem er völlig vom Boden losgelöst ist.

Beim Schweben steigt es im Allgemeinen nur für einige Sekunden 15 bis 20 Zentimeter über den Boden und fällt dann wieder zurück. Es bewegt sich mühsam balancierend, wellenförmig und zögernd nach oben und fällt dann senkrecht nach unten. Wenn wir unsere Hände darauf legen, spüren wir einen flüssigen Widerstand, als wäre es im Wasser – die Art von Flüssigkeitsgefühl, das wir verspüren, wenn wir ein Stück Eisen in das Kraftfeld eines Magneten bringen.

Ein Tisch, ein Stuhl oder ein anderer beweglicher Gegenstand ist manchmal nicht nur etwa 30 cm hoch, sondern reicht fast bis zur Kopfhöhe oder sogar bis zur Decke.

Die eingesetzte Kraft ist beträchtlich.

11. Levitation menschlicher Körper.

Dieser Fall ist von derselben Art wie der vorhergehende. Das Medium kann mit seinem Stuhl hochgehoben und auf den Tisch gestellt werden, manchmal in labilem Gleichgewicht. Es kann auch allein (ohne Stuhl) hochgehoben werden. [83]

In diesem Fall scheint die unbekannte Kraft nicht einfach mechanisch zu sein: Mit der Handlung vermischen sich Absicht und Vorsichtsmaßnahmen, die jedoch aus der Mentalität des Mediums selbst stammen können, möglicherweise unterstützt durch die der Teilnehmer. Diese Tatsache scheint uns bekannten wissenschaftlichen Gesetzen zu widersprechen. Es ist derselbe Fall wie bei der Katze, die weiß, wie sie sich von selbst dreht, ohne äußere Unterstützung oder Hebelwirkung, wenn sie von einem Dach fällt, und dabei immer auf den Füßen landet, eine Tatsache, die den Prinzipien der Mechanik widerspricht, die an jeder Universität der Welt gelehrt werden.

12. Anheben sehr schwerer Möbelstücke.

Ein Klavier mit einem Gewicht von über 750 Pfund erhebt sich von seinen beiden Vorderbeinen, und es wird festgestellt, dass sein Gewicht variiert. Die Kraft, mit der es bewegt wird, entsteht durch die Nähe eines elfjährigen Kindes, aber es ist nicht der bewusste Wille dieses Kindes, der handelt. – Ein schwerer Esstisch aus Eiche kann so hoch steigen, dass seine Unterseite während des Schwebens inspiziert werden kann.

13. Berührungslose Bewegung von Gegenständen.

Ein schwerer Sessel bewegt sich von selbst im Raum. Schwere Vorhänge, die von der Decke bis zum Boden reichen, werden wie von einem Windstoß aufgebauscht und hüllen die Köpfe der Personen, die in einer Entfernung von drei Fuß und mehr an einem Tisch sitzen, wie mit einer Kapuze ein. Ein Tisch in der Mitte versucht beharrlich, *auf* den Experimentiertisch zu klettern – und schafft es. Während ein skeptischer Zuschauer die „Geister" neckt, bewegt sich der Tisch, an dem die Experimente stattfinden, auf den ungläubigen Menschen zu, zieht die Sitzenden mit sich und drückt ihn an die Wand, bis er um Gnade fleht.

Wie in den vorhergehenden Fällen können diese Bewegungen den Willensausdruck des Mediums darstellen und müssen nicht unbedingt auf die Anwesenheit eines Geistes außerhalb seines eigenen hinweisen. Trotzdem – ?

14. Raps und Typtologie.

Auf Tischen, Klavieren und anderen Möbelstücken, in den Wänden, in der Luft hört man Klopfgeräusche, deren Vibrationen man durch Berührung wahrnimmt. Sie ähneln ein wenig den Geräuschen, die man erzeugt, wenn man mit dem Gelenk des gebeugten Fingers gegen ein Stück Holz klopft. Es stellt sich die Frage: Woher kommen diese Geräusche? Die Frage wird laut gestellt. Sie werden wiederholt. Man bittet darum, eine bestimmte Anzahl von Schlägen auszuführen. Die Klopfgeräusche sind zu hören. Bekannte Melodien werden von im perfekten Takt geschlagenen Klopfgeräuschen begleitet, die als Gegenstück zu den Melodien erkennbar sind. Wenn Musikstücke gespielt werden, wird die Begleitung herausgeklopft. Es geschieht, als würde ein unsichtbares Wesen zuhören und handeln. Aber wie könnte ein Wesen ohne Hörnerv und ohne Trommelfell hören? Die klangvollen Wellen müssen auf etwas treffen, um interpretiert zu werden. Handelt es sich dabei um eine mentale Übertragung?

Diese Schläge werden gemacht. Wer macht sie? Und wie? Die geheimnisvolle Kraft sendet Strahlungen von Wellenlängen aus, die für unsere Netzhaut unerreichbar sind, aber kraftvoll und schnell, zweifellos schneller als die des Lichts und jenseits des Ultravioletten. Außerdem behindert Licht ihre Wirkung.

Je weiter wir in der Untersuchung der Phänomene fortschreiten, desto mehr vermischt sich das psychische, intellektuelle, mentale Element mit dem physischen und mechanischen Element. In dem Fall, den wir betrachten, sind wir gezwungen, die Anwesenheit, die Handlung eines Gedankens zuzugeben. Ist dieser Gedanke einfach der des Mediums, des Hauptexperimentators, oder das Ergebnis der Gedanken aller Teilnehmer zusammen?

Da diese Klopfgeräusche oder die Klopfgeräusche der Tischbeine beim Ausfragen Wörter und Sätze diktieren und Ideen ausdrücken, steckt mehr dahinter als eine einfache mechanische Handlung. Die unbekannte Kraft, deren Existenz wir in den vorangegangenen Betrachtungen zugeben mussten, steht in diesem Fall im Dienste einer Intelligenz. Das Mysterium wird komplizierter.

Aufgrund dieses intellektuellen Elements schlug ich (vor 1865, siehe S. xix) vor, dieser Kraft den Namen „ *psychisch* " zu geben, ein Name, der 1871 von Crookes erneut vorgeschlagen wurde. Wir haben auch gesehen, dass Thury bereits im Jahr 1855 die Namen „ *psychode* " und „ *ektenische* " Kraft vorgeschlagen hatte. Von da an wäre es für uns unmöglich, diese psychische Kraft bei unserer Untersuchung nicht in Betracht zu ziehen.

Bis zu diesem Punkt könnte Gasparins Flüssigkeit genügen, so wie unbewusste Muskelaktivität für die ersten drei Klassen von Tatsachen genügte. Aber ab dieser vierzehnten Klasse manifestiert sich die psychische Ordnung deutlich (und selbst in der vorhergehenden Klasse können wir ihre Anwesenheit bereits erahnen).

15. HAMMERSCHLÄGE.

Ich habe – wie alle anderen Experimentatoren – nicht nur scharfe, leichte Schläge auf einen Tisch gehört, wie die, von denen ich gerade gesprochen habe, sondern auch Hammerschläge oder Faustschläge auf eine Tür, die einen Menschen niederschlagen könnten, wenn er sie erhalten hätte. Im Allgemeinen sind diese gewaltigen Schläge ein Protest gegen die Ablehnung eines der Teilnehmer. In ihnen steckt eine Absicht, ein Wille, eine Intelligenz. Sie können auch vom Medium ausgehen, das empört ist oder sich amüsiert. Die Aktion erfolgt nicht muskulär; denn die Hände und Füße des Mediums werden gehalten, und das Klopfen kann in einiger Entfernung von ihm oder ihr erfolgen.

16. BERÜHRUNGEN.

Als Betrug lassen sich jene erklären, die sich innerhalb der Reichweite der Hände des Mediums ereignen, denn sie geschehen nur in der Dunkelheit. Sie werden jedoch in einer gewissen Entfernung außerhalb dieser Reichweite gefühlt, als ob die Hände des Mediums ausgestreckt wären.

17. AKTION UNSICHTBARER HÄNDE.

Ein Akkordeon in einem durchbrochenen Gehäuse oder Käfig, der jede andere Hand davon abhält, es zu berühren, wird mit einer Hand am den Tasten gegenüberliegenden Ende gehalten. Bald beginnt das Instrument, sich von selbst zu verlängern und zu verkürzen und spielt verschiedene Melodien. Eine unsichtbare Hand mit Fingern (oder etwas Ähnlichem) muss also am Werk sein. (Experiment von Crookes mit Home.) Wie der Leser gesehen hat, wiederholte ich dieses Experiment mit Eusapia.

Ein anderes Mal spielte eine Spieluhr, deren Kurbel von einer unsichtbaren Hand gedreht wurde, im perfekten Takt mit den musikalischen Bewegungen, die Eusapia auf meiner Wange machte.

Eine unsichtbare Hand riss mir gewaltsam einen Block Papier aus der Hand, den ich mit ausgestrecktem Arm auf Kopfhöhe hielt.

Unsichtbare Hände nahmen Herrn Schiaparelli die mit einer Feder versehene Brille vom Kopf, die fest hinter seinen Ohren befestigt war, und zwar so flink und mit so leichter Berührung, dass er es erst später bemerkte.

18. ERSCHEINUNGEN VON HÄNDEN.

Die Hände sind nicht immer unsichtbar. Manchmal sieht man im Dämmerlicht halb leuchtende Hände erscheinen – Männerhände, Frauenhände, Kinderhände. Manchmal haben sie klare Umrisse. Sie sind im Allgemeinen fest und feucht, manchmal eiskalt. Manchmal zergehen sie in der Hand. Ich für meinen Teil war nie in der Lage, eine zu ergreifen. Immer war es die geheimnisvolle Hand, die meine ergriff – oft tastete sie durch einen Vorhang, manchmal durch nackte Berührung, oder sie kniff mich ins Ohr, oder ihre Finger fuhren mir mit großer Geschwindigkeit durchs Haar.

19. ERSCHEINUNGEN VON KÖPFEN.

Ich für meinen Teil habe nur zwei gesehen: die bärtige Silhouette in Monfort-l'Amaury und den Kopf eines jungen Mädchens mit hochgewölbter Stirn in meinem Salon. Bei der ersten hatte ich geglaubt, dass es sich um eine Maske handelte, die am Ende einer Stange gehalten wurde. Aber bei mir zu Hause war kein Komplize möglich, und im Moment bin ich mir des ersten Beispiels nicht weniger sicher als des anderen. Außerdem sind die Aussagen anderer Beobachter so präzise und so häufig, dass ich sie unbedingt mit meinen eigenen vergleichen muss.

20. PHANTOME.

Ich habe keines davon gesehen oder fotografiert, aber es scheint mir unmöglich, der Erscheinung von Katie King, die drei Jahre hintereinander von Crookes und anderen beobachtet wurde, die mit dem Medium Florence Cook experimentierten, skeptisch gegenüberzustehen. Auch an der Realität der Phantome, die das Komitee der Dialectical Society of London sah, kann man kaum zweifeln. Wir haben gesehen, dass bei dieser Art von Erscheinungen häufig Trickserei eine Rolle spielen; aber bei den gerade erwähnten Experimenten wurden die Beobachtungen tatsächlich mit solcher Scharfsinnigkeit durchgeführt, dass sie vor allen Einwänden sicher sind und den Stempel eines rein wissenschaftlichen Charakters tragen.

Diese Phantome scheinen, ebenso wie die erwähnten Köpfe und Hände, Kondensationsflüssigkeiten zu sein, die durch die Kräfte des Mediums erzeugt wurden, und beweisen nicht die Existenz unabhängiger Geister.

Wenn man die Hand ausstreckt, kann man das Reiben eines Bartes spüren. Das ist mir passiert, aber auch anderen. Gab es den Bart wirklich oder handelte es sich nur um taktile und visuelle Empfindungen? Der folgende Fall spricht für seine Realität.

21. ABDRÜCKE VON KÖPFEN UND HÄNDEN.

Die geformten Köpfe und Hände sind dicht genug, um einen Abdruck ihrer Gesichtszüge und ihrer Form im Kitt oder Ton zu hinterlassen. Das vielleicht Merkwürdigste ist, dass diese seltsamen Formationen, diese Kräfte, nicht sichtbar sein müssen, um Abdrücke zu hinterlassen. Wir haben gesehen, wie sich eine energische Geste aus der Ferne in Ton einprägt.

22. DURCHGANG VON MATERIE DURCH MATERIE. – ÜBERTRAGUNGEN ODER DAS EINBRINGEN VON OBJEKTEN.

Man hat gesehen, wie ein Buch durch einen Vorhang ragte. Eine Glocke gelangte von einer mit einem Schlüssel verschlossenen Bibliothek in ein Wohnzimmer. Man hat gesehen, wie eine Blume senkrecht nach unten durch einen Esstisch ragte. Manche glaubten, einen visuellen Beweis für das mysteriöse Auftauchen von Pflanzen, Blumen, Früchten und anderen Objekten zu haben, die (so die Behauptung) durch Wände, Decken und Türen gedrungen waren.

Das letztere Phänomen ist in meiner Gegenwart mehrmals vorgekommen. Aber ich konnte es unter einwandfreien Bedingungen nie mit Sicherheit beweisen und bin dabei manchem Trick auf die Spur gekommen.

Die Experimente von Zöllner (ein Holzring wird in einen anderen Holzring gesteckt, eine Schnur wird an den beiden Enden zusammengebunden und verknotet usw.) wären natürlich von außerordentlichem Interesse, wenn das Medium Slade nicht den schlechten Ruf hätte, nur ein geschickter Taschenspieler zu sein – ein Ruf, der wahrscheinlich nur zu gut verdient ist. Ich denke, es gibt gute Gründe anzunehmen, dass die Experimente von Crookes authentisch sind.

Hat der Raum nur drei Dimensionen? Diese Frage lassen wir einmal beiseite.

23. VON EINER INTELLIGENZ GELENKTE MANIFESTATIONEN.

Diese wurden bereits in einigen der vorangegangenen Fälle angedeutet. Die hier wirkenden Kräfte sind sowohl psychischer als auch physischer Natur.

Die Frage ist, ob der Intellekt des Mediums und der Teilnehmer ausreicht, um alles zu erklären.

In allen zuvor erwähnten Fällen scheint dieser Intellekt auszureichen, allerdings nur, wenn man ihm okkulte Fähigkeiten von außerordentlicher Wirksamkeit zuschreibt.

Nach dem gegenwärtigen Stand unseres Wissens ist es uns unmöglich zu verstehen, wie der Geist, bewusst oder unbewusst, einen Tisch hochheben, in Holz klopfen, eine Hand oder einen Kopf formen oder einen Abdruck hinterlassen kann. Die *Vorgehensweise* ist für uns absolut unverständlich. Die Wissenschaft der Zukunft wird sie vielleicht entdecken. Aber all diese Handlungen überschreiten nie die Grenzen der menschlichen Fähigkeiten, und geben wir zu, die erforderliche Fähigkeit ist keine außergewöhnliche.

Die Hypothese von Geistern einer anderen Ordnung als der der lebenden Menschen scheint nicht notwendig zu sein.

Die einfachste Hypothese ist die Verdoppelung der psychischen Persönlichkeit des Mediums. Reicht sie aus, um uns völlig zufriedenzustellen?

Harte Schläge auf den Tisch, wie mit der Faust, im Gegensatz zu sanften Klopfgeräuschen, können trotz des Anscheins diese Ursache haben.

Dasselbe gilt für Erscheinungen von Händen, Köpfen und geisterhaften Gestalten. Wir können diesen Ursprung der Phänomene nicht für unmöglich erklären; es ist einfacher, als anzunehmen, dass sie von wandernden Geistern herrühren.

Dass man in völliger Dunkelheit Gegenstände über die Köpfe der Versuchsleiter hinweg befördert, ohne dabei Kronleuchter oder Köpfe zu berühren, ist kaum verständlich. Aber verstehen wir nun besser, wie ein Geist Hände haben kann? Und wenn er sie hätte, könnte er sich dann nicht auf diese Weise amüsieren? Eine Brille wird vom Gesicht genommen, ohne dass man dies bemerkt; ein Taschentuch wird vom Hals genommen und dann zwischen den Zähnen, die es festhalten, hervorgezogen; ein Fächer wird von einer Tasche in eine andere gesteckt. Reichen latente Fähigkeiten des menschlichen Organismus aus, um diese absichtlichen Handlungen zu erklären? Wir haben das Recht, dies weder zu bejahen noch zu verneinen.

Damit habe ich einen Überblick über die gesamte Reihe der zu erklärenden Phänomene gegeben, zumindest über alle Phänomene, die im Rahmen des Plans dieser Arbeit liegen.

Eine erste und offensichtlich sichere Schlussfolgerung besteht darin, dass der Mensch über eine fluidale und psychische Kraft verfügt, deren Natur noch unbekannt ist, die jedoch in der Lage ist, über eine Distanz auf Materie einzuwirken und diese zu bewegen.

Diese Kraft ist der Ausdruck unseres Willens, unserer Wünsche; ich meine, wie sie in den ersten zehn Fällen der vorangegangenen Klassifikationen erscheint. Für die anderen Fälle müssen wir das Unbewusste, das Unvorhergesehene hinzufügen, Willen, die sich von unserem bewussten Willen unterscheiden.

Die Kraft ist zugleich physisch und psychisch. Wenn das Medium eine Kraft von zwölf oder vierzehn Pfund aufwendet, um einen Tisch anzuheben, erfährt sein Gewicht eine entsprechende Zunahme. Die Hand, die wir neben ihm entstehen sehen, ist in der Lage, einen Gegenstand zu ergreifen. Die Hand existiert wirklich und wird dann wieder absorbiert. Könnten wir die Kraft, die sie entstehen lässt, nicht mit jener Baukraft der Natur vergleichen, die eine Schere für den Hummer und einen Schwanz für die Eidechse hervorbringt? Das Eingreifen von Geistern ist nicht unbedingt erforderlich. [84]

Bei medialen Experimenten geschieht es, als ob ein unsichtbares Wesen anwesend wäre, das die verschiedenen Gegenstände durch die Luft transportieren kann, normalerweise ohne die Köpfe der Personen zu treffen, die in verschiedenen Teilen des Raumes in fast völliger Dunkelheit sitzen; das auch in der Lage ist, auf einen Vorhang wie einen starken Wind einzuwirken, ihn weit hinauszuschieben, diesen Vorhang über Ihren Kopf zu werfen, Ihnen eine Kapuzinerhaube oder -frisur zu geben und sich fest an Ihren Körper zu drücken, als ob es zwei nervöse Arme hätte, und Sie mit einer warmen und lebendigen Hand zu berühren. Ich habe diese Hände auf die unmissverständlichste Weise wahrgenommen. Das unsichtbare Wesen kann sich ausreichend verdichten, um sichtbar zu werden, und ich habe es durch die Luft fliegen sehen. Anzunehmen, dass ich, ebenso wie andere Experimentatoren, einer Halluzination zum Opfer gefallen sind, ist eine Hypothese, die nicht einen einzigen Moment lang aufrechterhalten werden kann und einfach zeigen würde, dass diejenigen, die diese Idee hegen, viel eher einer Halluzination ausgesetzt waren als wir, oder dass sie die unentschuldbarsten Vorurteile und Voreingenommenheiten hegten. Wir befanden uns in der bestmöglichen Verfassung, um alle möglichen Phänomene zu beobachten und zu analysieren, und kein Skeptiker wird uns in diesem Punkt etwas anderes glauben machen.

Es findet allerdings eine unsichtbare Verlängerung des Organismus des Mediums statt. Diese Verlängerung kann man mit der Strahlung vergleichen, die vom Magnetstein auf ein Stück Eisen überspringt und es in Bewegung versetzt.

Wir können es auch mit dem Effluvium vergleichen, das von elektrisierten Körpern ausströmt. [85]

Einige Seiten zuvor habe ich es auch mit Wärmewellen verglichen.

Wenn ein Medium die Geste macht, mit der geschlossenen Faust auf den Tisch zu schlagen, dabei aber in einer Entfernung von 20 bis 30 Zentimetern innehält und bei jeder Geste ein klangvoller Faustschlag auf dem Tisch widerhallt, sehen wir darin den Beweis einer dynamischen Verlängerung des Arms des Mediums.

Wenn sie vorgibt, an meiner Wange die Drehung der Kurbel einer Spieldose nachzuahmen, und diese Spieldose im Takt der nachgeahmten Bewegung bleibt, stehen bleibt, wenn die Finger stehen bleiben, die Melodie schneller spielt, wenn der Finger seine Kreisbewegungen beschleunigt, langsamer wird, wenn sie langsamer wird usw., haben wir auch hier einen Beweis für dynamische Fernwirkung.

Wenn ein Akkordeon von selbst spielt, wenn eine Glocke von selbst zu läuten beginnt, wenn ein Hebel einen bestimmten Druck ausübt, dann ist eine echte Kraft am Werk.

Wir müssen daher zunächst einmal diese Verlängerung der Muskel- und Nervenkraft des Subjekts zugeben. Ich bin mir durchaus bewusst, dass dies ein gewagter, fast unglaublicher, höchst seltsamer und außergewöhnlicher Vorschlag ist; aber schließlich liegen die Fakten vor, und ob uns die Angelegenheit ärgert oder nicht, ist eine Nebensache.

Diese Verlängerung ist real und erstreckt sich nur bis zu einer gewissen Entfernung vom Medium, einer Entfernung, die gemessen werden kann und je nach Umständen variiert. Aber reicht sie aus, um alle beobachteten Phänomene zu erklären?

Wir müssen zugeben, dass diese Verlängerung, die normalerweise unsichtbar und unfühlbar ist, sichtbar und fühlbar werden kann; sie kann insbesondere die Form einer gegliederten Hand mit Fleisch und Muskeln annehmen und die genaue Form eines Kopfes oder Körpers offenbaren. Diese Tatsache ist unverständlich; aber nach so vielen verschiedenen Beobachtungen scheint es mir unmöglich, in diesem merkwürdigen Phänomen nur einen Trick oder eine Halluzination zu sehen. Die Logik legt uns ihre Gesetze auf und verlangt unseren Respekt.

Ein fluidischer und kondensierbarer Doppelgänger hat daher die Fähigkeit, für einen Moment aus dem Körper des Mediums herauszugleiten (da seine Anwesenheit unabdingbar ist).

Wie kann dieser Doppelgänger, dieser flüssige Körper die Konsistenz von Fleisch und Muskeln haben? Wir verstehen es nicht. Aber es wäre weder klug noch intelligent, nur das zuzugeben, was wir verstehen können. Man muss bedenken, dass wir uns die meiste Zeit einbilden, Dinge zu verstehen, weil wir eine Erklärung dafür geben können; das ist alles. Nun hat diese Erklärung selten einen inneren Wert. Sie ist nur ein Gerüst aus zusammengehefteten Worten. So bilden Sie sich ein, zu verstehen, warum ein Apfel von der Spitze des Baumes fällt, weil Sie sagen, dass die Erde ihn anzieht. Das ist reine Einfalt. Denn worin besteht die Anziehungskraft der Erde? Sie wissen nichts darüber; aber Sie sind zufrieden, weil die Tatsache allgemein bekannt ist.

Wenn der Vorhang sich wie von einer Hand aufbläst und Sie das Gefühl haben, von einer Hand in die Schulter gekniffen zu werden, sobald der Vorhang Sie berührt, haben Sie den Eindruck, dass Sie einem Komplizen zum Opfer gefallen sind, der sich hinter dem Vorhang versteckt. Da ist jemand, der Ihnen einen Streich spielt. Sie ziehen den Vorhang beiseite. Nichts!

Da es Ihnen unmöglich ist, einen Trick irgendeiner Art zuzugeben, weil Sie und nur Sie den Vorhang zwischen den beiden Wänden aufgehängt haben, und da Sie wissen, dass sich kein Mensch dahinter befindet, weil Sie in der Nähe sind und ihn nicht aus den Augen verloren haben, und da das Medium neben Ihnen sitzt und Sie an Händen und Beinen festhält, müssen Sie zugeben, dass ein vorübergehend materialisiertes Wesen Sie berührt hat.

Es ist sicher, dass diese Tatsachen geleugnet werden können und dass sie geleugnet werden. Diejenigen, die sie nicht persönlich überprüft haben, sind entschuldbar. Es handelt sich nicht um gewöhnliche Ereignisse, die jeden Tag stattfinden und die jeder beobachten kann. Es ist allgemein klar, dass wir nicht sehr weit kommen, wenn wir nur das zugeben, was wir selbst gesehen haben. Wir geben die Existenz der Philippinen zu, ohne dort gewesen zu sein, die Existenz von Karl dem Großen und Julius Cäsar, ohne sie gesehen zu haben, von totalen Sonnenfinsternissen, Vulkanausbrüchen, Erdbeben usw. als Tatsachen, deren Augenzeugen wir nicht waren. Die Entfernung eines Sterns, das Gewicht eines Planeten, die Zusammensetzung eines Himmelskörpers, die wunderbarsten Entdeckungen der Astronomie erregen keinen Skeptizismus, außer in den Köpfen völlig ungebildeter Personen, weil die Menschen im Allgemeinen den Wert astronomischer Methoden schätzen. Aber zweifellos sind die Phänomene in diesen psychischen Angelegenheiten so außergewöhnlich, dass es verzeihlich ist, wenn man nicht an sie glaubt.

Wenn sich jedoch jemand die Mühe macht, vernünftig zu denken, wird er zwangsläufig erkennen müssen, dass er, wenn er dieser Spur folgt, unweigerlich vor folgendem Dilemma steht: Entweder sind die Experimentatoren von den Medien getäuscht worden, die einheitlich betrogen haben, oder diese verblüffenden Tatsachen existieren tatsächlich. Da nun die erste Hypothese ausgeschlossen ist, sind wir gezwungen, die Realität der Vorkommnisse anzuerkennen.

Ein fluidischer Körper entsteht auf Kosten des Mediums, entspringt seinem Organismus, bewegt sich, handelt. Was ist die intelligente Kraft, die diesen fluidischen Körper lenkt und ihn auf diese oder jene Weise handeln lässt? Entweder ist es der Geist des Mediums oder es ist ein anderer Geist, der sich dieser gleichen Flüssigkeit bedient. Dieser Schlussfolgerung kann man nicht entgehen. Ich möchte anmerken, dass die meteorologischen Bedingungen, schönes Wetter, angenehme Temperaturen, Fröhlichkeit und gute Laune die Phänomene begünstigen; dass das Medium nie ganz außer Kontakt mit den Erscheinungen ist und häufig weiß, was geschehen wird; dass die Ursache dem geistigen Zugriff entgeht und flüchtig und kapriziös ist; und dass die Erscheinungen ebenso lautlos wie ein Traum verschwinden, wie sie entstanden sind.

Beachten Sie auch, dass das Medium bei wichtigen Manifestationen leidet, klagt, stöhnt, enorm viel Kraft verliert, eine erstaunliche Nervenenergie zeigt, Hyperästhesie erfährt und auf dem Höhepunkt der Manifestation für einen Augenblick völlig erschöpft zu sein scheint. Und warum sollte sein Geist und seine fluidale Kraft nicht aus seinem Körper herausgeholt und in äußerer Arbeit erschöpft werden? Die psychische Kraft eines lebenden Menschen ist also in der Lage, „materielle" Phänomene zu erschaffen – Organe, geisterhafte Gestalten.

Aber was ist Materie?

Meine Leser wissen, dass Materie nicht so existiert, wie wir sie mit unseren Sinnen wahrnehmen. Diese vermitteln uns nur unvollständige Eindrücke einer *unbekannten Realität*. Die Analyse zeigt uns, dass Materie nur eine Form von Energie ist.

In seinem Werk *A Propos d'Eusapia Paladino*, das seine Experimente mit diesem Medium zusammenfasst, versucht Herr Guillaume de Fontenay auf raffinierte Weise, die Phänomene mit der dynamischen Theorie der Materie zu erklären. Wahrscheinlich ist diese Erklärung eine von denen, die der Wahrheit am nächsten kommen.

Nach dieser Theorie ist die Eigenschaft, die uns als charakteristisch für Materie erscheint – Festigkeit, Stabilität – nicht wesentlicher als das Licht, das unsere Augen trifft, oder der Ton, der in unsere Ohren dringt. Wir sehen; das heißt, wir empfangen auf der Netzhaut Strahlen, die auf sie einwirken. Aber um und auf jeder Seite der Netzhaut kreisen unzählige andere Strahlen, die keinen Eindruck auf sie hinterlassen. Dasselbe gilt für die anderen Sinne.

Materie scheint, wie Licht, Wärme und Elektrizität, das Ergebnis einer Art von Bewegung zu sein. Bewegung wovon? Bewegung der primitiven monistischen Substanz, die durch mannigfaltige Schwingungen beschleunigt wird.

Mit Sicherheit ist Materie nicht das leblose Ding, für das wir gemeinhin halten.

Ein Vergleich soll das verdeutlichen. Nehmen Sie ein Kutschenrad. Stellen Sie es waagerecht auf einen Drehpunkt. Lassen Sie einen Gummiball zwischen die Speichen fallen, während das Rad stillsteht. Dieser Ball wird fast immer zwischen den Speichen hindurchgehen. Geben Sie dem Rad nun eine leichte Bewegung. Der Ball wird ziemlich oft von den rotierenden Speichen getroffen und prallt ab. Wenn wir die Drehung verstärken, wird der Ball nun nicht mehr durch das Rad hindurchgehen, das für ihn zu einer völlig undurchdringlichen Scheibe geworden ist.

Wir können ein ähnliches Experiment durchführen, indem wir das Rad vertikal aufstellen und Pfeile hindurchschießen. Ein Fahrradrad eignet sich aufgrund seiner schlanken Speichen sehr gut für diesen Zweck. Im Ruhezustand werden die Pfeile in neun von zehn Fällen hindurchgehen. In Bewegung wird es mehr oder weniger deutliche Abweichungen der Pfeile hervorrufen. Mit zunehmender Geschwindigkeit wird es undurchdringlich und alle Pfeile werden zerschmettert, als ob sie an der Stahlpanzerung eines Panzerschiffs prallen würden.

Diese Vergleiche lassen uns verstehen, dass Materie in Wirklichkeit nur eine Bewegungsform, nur ein Ausdruck von Kraft, eine Manifestation von Energie ist. Sie wird (das muss man bedenken) bei der Analyse verschwinden, die schließlich Zuflucht im immateriellen, unsichtbaren, unwägbaren und fast immateriellen Atom findet. Das Atom selbst, das vor fünfzig Jahren als Grundlage der Materie angesehen wurde, ist heute verschwunden oder vielmehr verwandelt worden und erscheint als hypothetischer, ungreifbarer Wirbel wieder.

Ich erlaube mir, hier zu wiederholen, was ich an anderer Stelle schon hundertmal gesagt habe: *Das Universum ist ein Dynamismus* .

Die Schwierigkeit, die wir haben, uns Erscheinungen und Materialisierungen zu erklären, wenn wir versuchen, auf sie das gewöhnliche Konzept von Materie anzuwenden, wird erheblich geringer, sobald wir begreifen, dass Materie nur eine Art von Bewegung ist.

Das Leben selbst, von der rudimentärsten Zelle bis zum kompliziertesten Organismus, ist eine besondere Art der Bewegung, eine Bewegung, die von einer lenkenden Kraft bestimmt und organisiert wird. Nach dieser Theorie wären momentane Erscheinungen weniger schwer zu akzeptieren und zu verstehen. Die Lebenskraft des Mediums könnte sich nach außen wenden und an einem Punkt im Raum ein Schwingungssystem erzeugen, das das Gegenstück zu sich selbst in einem mehr oder weniger fortgeschrittenen Grad an Sichtbarkeit und Festigkeit sein sollte. Diese Phänomene lassen sich nur schwer mit der alten Hypothese der unabhängigen und intrinsischen Existenz von Materie in Einklang bringen: Sie passen besser zu der von Materie als Bewegungsmodus – mit einem Wort, einfache Bewegung, die das Gefühl von Materie vermittelt.

Es gibt natürlich nur eine Substanz, die primitive Substanz, die dem ursprünglichen Nebel vorausgeht – dem Mutterleib, aus dem alle Körper im Universum hervorgegangen sind. Die Substanzen, die die Chemiker als einfache Körper betrachten – Sauerstoff, Wasserstoff, Stickstoff, Eisen, Gold, Silber usw. – sind mineralische Elemente, die allmählich gebildet und differenziert wurden, so wie sich später die Pflanzen- und Tierarten differenzierten. Und nicht nur ist die Substanz der Welt eine, sondern sie hat auch denselben Ursprung wie die Energie, und diese beiden Formen sind gegenseitig austauschbar. Nichts geht verloren, nichts wird geschaffen, alles wird umgewandelt. [86]

Die einzigartige Substanz ist in ihrem Wesen immateriell und unerkennbar. Wir sehen und berühren nur ihre Verdichtungen, ihre Ansammlungen, ihre Anordnungen; das heißt, durch Bewegung entstandene Formen. Materie, Kraft, Leben, Denken sind alle eins.

In Wirklichkeit gibt es im Universum nur ein Prinzip, und das ist Intelligenz, Kraft und Materie zugleich und umfasst alles, was ist und was möglicherweise sein kann. Das, was wir Materie nennen, ist nur eine Form der Bewegung. Die Grundlage von allem sind Kraft, Dynamik und universeller Geist oder Seele.

Sichtbare Materie, die für uns im Augenblick das Universum darstellt und die gewisse klassische Lehren als Ursprung aller Dinge – Bewegung, Leben, Denken – betrachten, ist nur ein Wort ohne Bedeutung. Das Universum ist ein großer Organismus, der von einer Dynamik psychischer Art gesteuert wird. Der Geist schimmert durch jedes seiner Atome.

Die Umgebung oder Atmosphäre ist psychisch. In allem steckt Geist, nicht nur im menschlichen und tierischen Leben, sondern auch in Pflanzen, Mineralien und im Weltraum.

Es ist nicht der Körper, der Leben hervorbringt: Es ist vielmehr das Leben, das den Körper organisiert. Erhöht der Lebenswille nicht die Lebensfähigkeit geschwächter Personen, so wie der Verzicht auf den Lebenswillen das Leben verkürzen und sogar auslöschen kann?

Ihr Herz schlägt Tag und Nacht, egal in welcher Position sich Ihr Körper befindet. Es ist eine gut montierte Feder. Wer oder was hat diese elastische Feder eingestellt?

Der Embryo entsteht im Mutterleib, im Ei des Vogels. Es gibt weder Herz noch Gehirn. In einem bestimmten Moment schlägt das Herz zum ersten Mal. Ein erhabener Moment! Es wird im Kind, im Jugendlichen, im Mann, in der Frau schlagen , mit einer Frequenz von etwa 100.000 Schlägen pro Tag, von 36.500.000 pro Jahr, von 1.825.000.000 in fünfzig Jahren. Dieses gerade geformte Herz wird eine Milliarde Schläge schlagen, zwei Milliarden, drei Milliarden, eine Zahl, die durch seine innewohnende Kraft bestimmt wird; dann wird es aufhören und der Körper wird in Trümmer zerfallen. Wer oder was hat diese Uhr ein für alle Mal aufgezogen?

Dynamik, die Lebensenergie.

Was hält die Erde im Weltraum am Leben?

Dynamik, die Geschwindigkeit seiner Bewegung.

Was ist das tödliche Element in der Kugel?

Seine Geschwindigkeit.

Überall Energie, überall das unsichtbare Element. Es ist diese gleiche Dynamik, die die Phänomene hervorbringt, die wir untersucht haben. Die Frage, die sich jetzt stellt, lautet: Ist diese Dynamik ganz und gar den Experimentatoren zuzuschreiben? Wir haben so wenig wirkliches Wissen über unsere geistige Natur, dass es uns unmöglich ist zu wissen, was diese Natur hervorbringen kann, selbst in gewissen Zuständen der Bewusstlosigkeit – eigentlich gerade in diesen. Die lenkende Intelligenz ist nicht immer die persönliche, *normale* Intelligenz der Experimentatoren oder irgendjemandes unter ihnen. Wir fragen das Wesen nach seinem Namen, und es gibt uns einen Namen, der nicht der unsere ist; es antwortet auf unsere Fragen und behauptet gewöhnlich, eine körperlose Seele zu sein, der Geist einer verstorbenen Person. Aber wenn wir die Frage nachdrücklich stellen, stiehlt sich dieses Wesen schließlich davon, ohne uns ausreichende Beweise für seine Identität geliefert zu haben. Daraus ergibt sich der Eindruck, dass das „Medium" oder Hauptsubjekt des Experiments für sich selbst geantwortet, sich selbst reflektiert hat, ohne es zu wissen.

Außerdem hat dieses Wesen, diese Persönlichkeit, dieser Geist seinen eigenen Willen, seine Launen, seine Streitsucht und handelt manchmal im Widerspruch zu unseren eigenen Gedanken. Er erzählt uns absurde, dumme, brutale, verrückte Dinge und amüsiert sich mit fantastischen Buchstabenkombinationen, wahren Rätseln, die uns den Kopf brechen. Es erstaunt und verblüfft uns.

Was ist dieses Wesen?

Es bieten sich zwei unausweichliche Hypothesen an. Entweder sind wir es, die diese Phänomene hervorrufen, oder es sind Geister. Aber merken Sie sich das gut: Diese Geister sind nicht unbedingt die Seelen der Toten; denn es können andere Arten spiritueller Wesen existieren, und der Weltraum kann voll von ihnen sein, ohne dass wir jemals etwas davon wissen, außer unter ungewöhnlichen Umständen. Finden wir in den verschiedenen antiken Literaturen nicht Dämonen, Engel, Gnome, Kobolde, Elfen, Gespenster, Elementargeister usw.? Vielleicht sind diese Legenden nicht ohne eine gewisse Grundlage in der Realität. Dann können wir nicht umhin zu bemerken, dass wir uns bei unseren medialen Studien und Experimenten, um erfolgreich zu sein, immer an ein unsichtbares Wesen wenden, das uns angeblich hören soll. Wenn dies eine Illusion ist, stammt sie aus dem Ursprung des Spiritismus, aus den Klopfgeräuschen, die die Fox-Schwestern 1848 unbewusst in ihren Kammern in Hydesville und Rochester erzeugten. Aber noch einmal, diese Personifizierung kann sich auf unser eigenes Wesen beziehen oder einen Geist außerhalb von uns darstellen.

Um die erste Hypothese zuzulassen, müssen wir gleichzeitig zugeben, dass unsere geistige Natur nicht einfach ist, dass es in uns mehrere psychische Elemente gibt und dass mindestens eines dieser Elemente ohne unser Wissen agieren kann, auf einen Tisch klopfen, jedes Möbelstück verschieben, ein Gewicht heben, uns mit einer Hand berühren, die echt erscheint, ein Instrument spielen, eine geisterhafte Gestalt erschaffen, verborgene Worte lesen, Fragen beantworten, mit einem persönlichen Willen handeln kann – und all dies, ich wiederhole, ohne unser eigenes Wissen.

Dies ist ziemlich kompliziert, aber nicht unmöglich.

Dass es in uns psychische Elemente gibt, dunkle, unbewusste, die außerhalb der Sphäre unseres normalen Bewusstseins wirken können, können wir jede Nacht in unseren Träumen feststellen, das heißt während eines Viertels oder eines Drittels unseres Lebens. Kaum hat der Schlaf unsere Augen, unsere Ohren, alle unsere Sinne geschlossen, beginnen unsere Gedanken genauso zu arbeiten wie am Tag, allerdings ohne rationale Richtung, ohne Logik, in den inkohärentesten Formen, befreit von unseren gewohnten Vorstellungen von Raum und Zeit, in einer Welt, die sich völlig von der normalen Welt unterscheidet. Die Physiologen und Psychologen haben jahrhundertelang versucht, den Mechanismus des Traums zu bestimmen, ohne bisher eine zufriedenstellende Lösung des Problems gefunden zu haben. Aber die erwiesene Tatsache, dass wir in unseren Träumen manchmal Ereignisse sehen, die sich in der Ferne abspielen, beweist, dass wir unbekannte Kräfte in uns haben.

Es kommt auch nicht selten vor, dass jeder von uns manchmal (bei voller Konzentration) das Spiel einer inneren Macht erlebt, die sich von unserer vorherrschenden Vernunft unterscheidet. Wir sind kurz davor, Worte auszusprechen, die nicht zu unserem üblichen Wortschatz gehören, und plötzlich durchkreuzen und stoppen Ideen unseren Gedankengang. Während wir ein Buch lesen, das uns interessant erscheint, breitet unsere Seele ihre Flügel aus und fliegt in andere Sphären, während unsere Augen vergeblich den mechanischen Akt des Lesens fortsetzen. Wir diskutieren in unserem Kopf bestimmte Projekte, als wären wir Richter, und dann möchte man in aller Einfachheit wissen, woher diese Ablenkung kommt.

Der große Erforscher psychischer Phänomene, Myers, dem wir synthetische Studien über das unterschwellige Bewusstsein verdanken, gelangte in seinen unermüdlichen Forschungen zusammen mit Ribot zu der Überzeugung, dass „das *Ich* eine Koordination ist".

Diese übernatürlichen Phänomene (schreibt dieser kompetente und gelehrte Forscher) sind nicht auf das Wirken der Geister verstorbener Personen zurückzuführen, wie Wallace glaubt, sondern zum größten Teil auf das Wirken eines inkarnierten Geistes, sei es des Subjekts selbst oder eines anderen Akteurs. [87]

Das Wort „unterschwellig" bezeichnet das, was sich unterhalb der Schwelle (*limen*) des Bewußtseins befindet – die Empfindungen, Gedanken, Erinnerungen, die ganz unten bleiben und eine Art schlafendes *Ich darzustellen scheinen* . Ich behaupte nicht (fügt der Autor hinzu), daß in uns immer zwei *Ichs existieren* , ein korrelatives und ein paralleles: Ich bezeichne mit dem unterschwelligen *Ich vielmehr* den Teil des *Ichs* , der normalerweise latent bleibt, und ich gebe zu, daß zwischen diesen beiden quasi-unabhängigen Gedankenströmen nicht nur ein Zusammenwirken, sondern auch Ebenenwechsel und Persönlichkeitsschwankungen stattfinden können. [88] Medizinische Beobachtungen (Félida, Alma) beweisen, daß in uns eine rudimentäre übernatürliche Fähigkeit vorhanden ist, die uns wahrscheinlich nutzlos ist, die aber auf die Existenz eines Vorrats latenter, ungeahnter Fähigkeiten unterhalb der Ebene unseres Bewußtseins hinweist. [89]

Was ist es, das bei telepathischen Phänomenen in uns aktiv ist? Wir erinnern uns an den Fall von Thomas Garrison (*Society for Psychical Research* , VIII, S. 125), der mit seiner Frau bei einem Gottesdienst sitzt, plötzlich mitten in der Predigt aufsteht, die Kirche verlässt und, wie von einem unwiderstehlichen Impuls getrieben, zwanzig Meilen zu Fuß geht, um seine Mutter zu besuchen, die er bei seiner Ankunft tot vorfindet, obwohl er nicht wusste, dass sie krank war und obwohl sie verhältnismäßig jung war (achtundfünfzig Jahre). Ich habe hundert ähnliche schriftliche Beobachtungen vor mir. Es ist nicht unsere normale, gewohnheitsmäßige Natur, die in einem solchen Fall aktiv ist.

Wahrscheinlich gibt es in uns eine mehr oder weniger empfindungsfähige unterbewusste Natur, und diese scheint bei medialen Erfahrungen am Werk zu sein. Ich stimme im Wesentlichen mit Myers' Meinung überein, die er im folgenden Absatz zum Ausdruck bringt: [90]

Spiritisten führen die Bewegungen und Diktate bei ihren Sitzungen auf das Wirken körperloser Intelligenzen zurück. Wenn aber ein Tisch Bewegungen ausführt, ohne berührt zu werden, gibt es keinen Grund, diese Bewegungen dem Eingreifen meines verstorbenen Großvaters zuzuschreiben, sondern meinem eigenen Eingreifen. Denn wenn ich nicht sehe, wie ich es selbst getan haben könnte, ist mir auch nicht klar, wie die Wirkung durch das Eingreifen meines Großvaters zustande gekommen sein könnte. Was die Diktate betrifft, so scheint mir die plausibelste Erklärung zu sein, dass wir zugeben, dass sie nicht aus meinem bewussten *Ich kommen*, sondern aus jener tiefen und verborgenen Region, in der fragmentarische und unzusammenhängende Träume ausgearbeitet werden.

Diese erklärende Hypothese wird, mit einer wichtigen Modifikation, von einem hervorragenden Gelehrten vertreten, dem wir ebenfalls lange und geduldige Forschungen über die obskuren Phänomene der normalen Psychologie verdanken; ich meine Dr. Geley, der seine eigenen Schlussfolgerungen folgendermaßen zusammenfasst:

Ein gewisser Anteil der Kraft, Intelligenz und Materie des Körpers kann außerhalb des Organismus arbeiten – handeln, wahrnehmen, organisieren und denken ohne die Mitwirkung von Muskeln, Organen, Sinnen und Gehirn. Es ist nichts anderes als der emporgehobene unterbewusste Teil unseres Wesens. Er stellt in Wahrheit eine externalisierbare unterbewusste Natur dar, die in mir *mit* der normalen bewussten Natur existiert. [91]

Diese unterbewusste Natur scheint nicht vom Organismus abhängig zu sein. Sie ist ihm wahrscheinlich vorausgegangen und wird ihn überleben. Sie scheint ihm überlegen zu sein, ausgestattet mit Kräften und Fähigkeiten, die sich sehr von den Kräften und Fähigkeiten des normalen, übernormalen und transzendenten Bewusstseins unterscheiden.

Sicherlich steckt in dieser Sichtweise des Falles noch mehr als ein Mysterium, und wäre es nur die Leistung, eine materielle Handlung aus der Ferne durchzuführen, und die (nicht weniger merkwürdige) Tatsache, dass sie scheinbar nichts mit einer derartigen Handlung zu tun hat.

Die erste Regel der wissenschaftlichen Methode besteht darin, zunächst im Bekannten nach Erklärungen zu suchen, bevor man auf das Unbekannte zurückgreift, und wir sollten diese Regel niemals vernachlässigen. Wenn uns diese Methode jedoch nicht in den Hafen bringt, ist es unsere Pflicht, dies zuzugeben.

Ich fürchte sehr, dass es hier genau darum geht. Wir sind nicht zufrieden. Die Erklärung ist nicht klar und schwimmt ein wenig zu sehr willkürlich in den Wellen – und der schwankenden Ungewissheit – der Hypothese.

An dem Punkt, an dem wir nun in diesem Kapitel der Erklärungen angekommen sind, befinden wir uns genau in der Position von Alexander Aksakof, als er sein großes Werk „ *Animismus und Spiritualismus"* als Antwort auf das Buch von Dr. von Hartmann über *Spiritualismus schrieb* . Hartmann behauptete, alle diese psychischen Phänomene durch die folgende Hypothese zu erklären.

Eine Nervenkraft, die außerhalb der Grenzen des menschlichen Körpers mechanische und plastische Wirkungen erzeugt.

Doppelte Halluzinationen dieser gleichen Nervenkraft, die ebenfalls physische und plastische Effekte hervorrufen.

Ein latentes somnambules Bewusstsein, das (im Normalzustand des Subjekts) in der Lage ist, den intellektuellen Hintergrund eines anderen Menschen, seine Gegenwart und Vergangenheit zu lesen und die Zukunft vorherzusagen.

Akaskof versuchte herauszufinden, ob diese Hypothesen (von denen die letzte ziemlich gewagt ist) ausreichen, um alles zu erklären, und kam zu dem Schluss, dass dies nicht der Fall ist. Das ist auch meine Meinung. Es gibt noch etwas anderes. Dieses andere Etwas, dieser Rückstand am Boden des Schmelztiegels des Experiments, ist ein psychisches Element, dessen Natur uns noch immer völlig verborgen bleibt. Ich denke, dass alle Leser dieses Buches meine Überzeugung teilen werden.

Anthropomorphe Hypothesen erklären bei weitem nicht alles. Außerdem sind sie nur Hypothesen. Wir dürfen uns nicht verheimlichen, dass diese Phänomene uns in eine andere Welt führen, in eine unbekannte Welt, die noch in ihrer ganzen Ausdehnung erforscht werden muss.

Was Wesen betrifft, die von uns verschieden sind – was mag ihre Natur sein? Davon können wir uns keine Vorstellung machen. Seelen der Toten? Das ist noch lange nicht bewiesen. Die unzähligen Beobachtungen, die ich in mehr als vierzig Jahren gesammelt habe, beweisen mir alle das Gegenteil. Es ist keine zufriedenstellende Identifizierung gelungen. [92]

Die erhaltenen Mitteilungen schienen immer aus der Mentalität der Gruppe zu stammen oder, wenn sie heterogen waren, von Geistern unbegreiflicher Natur. Das beschworene Wesen verschwindet schnell, wenn man darauf besteht, es in die Enge zu treiben und sein Geheimnis zu lüften. Und dann wurde meine größte Hoffnung getäuscht, jene Hoffnung meines zwanzigsten Lebensjahres, als ich so gern himmlisches Licht über die Lehre von der Pluralität der Welten erhalten hätte. Die Geister haben uns nichts gelehrt.

Dennoch scheinen die Agenten manchmal unabhängig zu sein. Crookes erwähnt, dass er gesehen hat, wie Miss Fox automatisch eine Mitteilung für eine ihrer Personen schrieb, während ihr eine andere Mitteilung zu einem anderen Thema für eine *zweite* Person mittels des Alphabets und durch Klopfen übermittelt wurde, und währenddessen plauderte sie mit einer *dritten* Person über ein völlig anderes Thema als die beiden anderen. Beweist diese bemerkenswerte Tatsache mit Sicherheit die Wirkung eines anderen Geistes als des Mediums?

Derselbe Wissenschaftler erwähnt, dass während einer seiner Sitzungen ein kleiner Stab bei vollem Licht über den Tisch lief und auf seine Hand klopfte, um ihm eine Mitteilung zu übermitteln, indem er den von ihm buchstabierten Buchstaben des Alphabets folgte. Das andere Ende des Stabs lag in einer gewissen Entfernung von der Hand des Mediums Home auf dem Tisch.

Dieser Fall scheint mir, wie auch Crookes, überzeugender für einen äußeren Geist zu sprechen, umso mehr, als der Experimentator darum gebeten hatte, die Klopfzeichen im Morsetelegrafencode zu geben, und so eine weitere Nachricht herausgerappt wurde. Ich erinnere mich auch, dass der gelehrte Chemiker erwähnte, dass das Wort „jedoch", das er mit dem Finger auf einer Zeitung versteckt hatte und das er selbst nicht wusste, mit einem kleinen Stab herausgerappt wurde.

Wallace erwähnt auch einen Namen, der auf ein Stück Papier geschrieben war, das er unter dem Mittelbein des Experimentiertisches befestigt hatte; Joncières, ein in völliger Dunkelheit gemaltes Aquarell und ein mit Bleistift geschriebenes musikalisches Thema; M. Castex Dégrange, die Todesanzeige und den Ort, an dem ein verlorener Gegenstand gefunden werden könnte. Wir haben auch Sätze gesehen, die entweder rückwärts diktiert wurden oder so, dass man nur jeden zweiten Buchstaben lesen musste, um den Sinn zu verstehen, oder in seltsamen Kombinationen, die die Tätigkeit eines unbekannten Intellekts zeigten. Wir haben tausende Beispiele dieser Art.

Aber wenn der Geist des Mediums sich befreien und in einem außernormalen Zustand erscheinen kann, warum sollte es dann nicht dieser Geist sein, der handelt? Haben wir in unseren Träumen nicht mehrere unterschiedliche Persönlichkeiten? Wenn sie dynamisch erscheinen könnten, würden sie dann nicht in etwa so handeln?

Wir dürfen nicht aus den Augen verlieren, dass diese Phänomene gemischter *Natur sind* . Sie sind zugleich physisch und psychisch, materiell und intellektuell, werden nicht immer durch unseren bewussten Willen hervorgerufen und sind eher Gegenstand von *Beobachtungen* als von *Experimenten* .

Es ist angebracht, auf dieser Eigenschaft zu bestehen. Eines Tages (31. Januar 1901) hörte ich E. Duclaux, Mitglied des Instituts und Direktor des Pasteur-Instituts, in einer Gesellschaft, die noch durchaus kompetent genug war, diese Phänomene zu diskutieren, die folgende verworrene Idee ausdrücken (eine Idee, die von so vielen Physikern und so vielen Chemikern vertreten wurde): „Es gibt keine wissenschaftliche Tatsache außer einer Tatsache, die beliebig reproduziert werden kann." [93] Was für eine merkwürdige Schlussfolgerung! Die Zeugen eines Meteoriteneinschlags bringen uns einen Aerolithen, der gerade vom Himmel gefallen ist und ganz heiß aus dem Loch ausgegraben wurde, das er in den Boden gegraben hatte. „Irrtum! Illusion!", sollten wir antworten: „Wir werden es erst glauben, wenn Sie das Experiment wiederholen."

Sie bringen uns den Körper eines Mannes, der durch einen Blitzschlag getötet wurde, seiner Kleider beraubt und wie mit einem Rasiermesser rasiert. „Unmöglich!", sollten wir antworten; „reine Erfindung Ihrer getäuschten Sinne." Eine Frau sieht ihren Ehemann vor sich erscheinen, der gerade fast 3.000 Kilometer entfernt gestorben ist. Wir sollen glauben, dass dies nicht der Fall ist und nicht der Fall sein wird, bis die Erscheinung ein zweites Mal erscheint.

Es ist sehr merkwürdig, dass diese Verwechslung von Beobachtung und Experiment aus dem Mund kultivierter Menschen kommt.

In psychischen Phänomenen gibt es ein freiwilliges, kapriziöses, inkohärentes, intellektuelles Element.

Ich wiederhole, wir müssen lernen zu verstehen, dass nicht alles erklärt werden kann, und uns damit abfinden, auf eine Erweiterung unseres Wissens zu warten. In diesen Phänomenen steckt Intelligenz, Denken, Psychismus, Geist. In bestimmten Kommunikationen steckt noch mehr. Können die Beobachtungen bestätigt und gerechtfertigt werden, indem man lediglich den Geist der Lebenden als aktive Akteure annimmt? Ja, vielleicht, aber nur, indem man uns unbekannte und übernatürliche Fähigkeiten zuschreibt. Man muss jedoch bedenken, dass dies nur eine Hypothese ist. Die spiritistische Hypothese der Kommunikation mit den Seelen der Toten bleibt ebenfalls eine Arbeitshypothese.

Daran, dass Seelen die Zerstörung des Körpers überleben, habe ich nicht den geringsten Zweifel. Aber dass sie sich durch die in Séancen angewandten

Prozesse offenbaren, hat uns die experimentelle Methode noch keinen absoluten Beweis geliefert. Ich füge hinzu, dass diese Hypothese überhaupt nicht wahrscheinlich ist. Wenn die Seelen der Toten um uns herum, auf unserem Planeten, wären, würde die unsichtbare Bevölkerung um 100.000 pro Tag, etwa 36 Millionen pro Jahr, 3 Milliarden 620 Millionen pro Jahrhundert, 36 Milliarden in zehn Jahrhunderten usw. anwachsen – es sei denn, wir nehmen Reinkarnationen auf der Erde selbst an.

Wie oft kommt es zu Erscheinungen oder Manifestationen? Wenn Illusionen, Autosuggestionen und Halluzinationen eliminiert werden, was bleibt dann übrig? Kaum etwas. Eine so außergewöhnliche Seltenheit wie diese spricht gegen die Realität von Erscheinungen.

Wir können zwar annehmen, dass nicht alle Menschen ihren Tod überleben und dass ihre psychische Einheit im Allgemeinen so unbedeutend, so wankelmütig, so wirkungslos ist, dass sie fast im Äther, im allgemeinen Reservoir, in der Umwelt verschwindet, wie die Seelen der Tiere. Aber denkende Wesen, die sich ihrer psychischen Existenz bewusst sind, verlieren ihre Persönlichkeit nicht, sondern setzen den Zyklus ihrer Entwicklung fort. Es erscheint daher natürlich, sie unter bestimmten Umständen in Erscheinung treten zu sehen. Sollten Personen, die aufgrund von Justizirrtümern zum Tode verurteilt und hingerichtet wurden, nicht zurückkehren, um ihre Unschuld zu beteuern? Wäre es nicht vernünftig anzunehmen, dass Personen, die auf eine Weise hingerichtet wurden, dass kein Verdacht auf Gewalt bestand, zurückkehren würden, um die Mörder anzuklagen? Da ich die Charaktere von Robespierre, Saint-Just und Fouquier-Tinville kenne, hätte ich gerne gesehen, wie sie sich ein wenig an denen rächen, die über sie triumphierten. Hätten die Opfer von 1993 nicht zurückkehren sollen, um den Schlaf der Sieger zu stören? Von den zwanzigtausend Bürgern, die während der Pariser Kommune durch Salven erschossen wurden, hätte ich gerne ein Dutzend gesehen, die den ehrenwerten Herrn Theirs unaufhörlich belästigten, der in Wirklichkeit zu aufgeblasen und ruhmsüchtig war, weil er die Organisation dieses Aufstands erst zugelassen und ihn dann bestraft hatte.

Warum kommen Kinder, deren Tod von ihren Eltern betrauert wird, nie, um sie zu trösten? Warum scheinen unsere liebsten Bindungen für immer zu verschwinden? Und wie steht es mit Testamenten, die gestohlen werden, und Testamenten, die ignoriert und deren Absichten absichtlich falsch interpretiert werden?

„Nur die Toten kehren nicht zurück", sagt ein altes Sprichwort. Dieser Aphorismus ist vielleicht nicht absolut anwendbar; aber Erscheinungen sind selten, sehr selten, und wir verstehen ihre genaue Natur nicht. Handelt es sich dabei um tatsächliche Erscheinungen der Toten? Das ist noch nicht bewiesen.

Bis heute habe ich vergeblich nach sicheren Beweisen persönlicher Identität durch mediale Kommunikation gesucht. Und dann sieht man nicht ein, warum Geister, wenn sie um uns herum existieren, überhaupt Medien brauchen sollten, um sich zu manifestieren. Sie müssen doch ein Teil der Natur sein, der universellen Natur, die alle Dinge umfasst.

Dennoch scheint es mir, dass die spiritistische Hypothese mit demselben Recht aufrechterhalten werden sollte, wie die Hypothesen, die ich auf den unmittelbar vorhergehenden Seiten zusammengefasst habe, denn die Diskussionen haben sie nicht beseitigt. [94]

Aber warum gibt es Manifestationen, die das Ergebnis einer Gruppierung von fünf oder sechs Personen um den Tisch sind? Dass dies eine *unabdingbare Voraussetzung sein sollte*, ist ebenfalls nicht sehr wahrscheinlich.

Es mag zwar wahr sein, dass Geister um uns herum existieren und dass es ihnen normalerweise unmöglich ist, sich sichtbar, hörbar oder greifbar zu machen, da sie nicht in der Lage sind, Lichtstrahlen zu reflektieren, die für unsere Netzhaut zugänglich sind, oder Schallwellen zu erzeugen oder Berührungen zu bewirken. Daher könnten bestimmte Bedingungen, die bei Medien vorhanden sind, für ihre Manifestation notwendig sein. Niemand hat das Recht, dies zu leugnen. Aber warum so viele rätselhafte Inkohärenzen und Sprachfehler?

Auf einem Bücherregal vor mir stehen mehrere tausend Mitteilungen, die von „Geistern" diktiert wurden. Letzten Endes bleibt über den Ursachen eine dunkle Dunkelheit hängen. Unbekannte psychische Kräfte, flüchtige Wesen, verschwindende Gestalten, nichts Festes, das man fassen könnte, nicht einmal für den Gedanken. Diese Dinge liefern uns nicht die Konsistenz einer chemischen Definition oder eines Theorems in der Geometrie. Ein Wasserstoffmolekül ist im Vergleich dazu eine Granitklippe.

Die meisten der beobachteten Phänomene – Geräusche, Tischbewegungen, Verwirrungen, Unruhen, Klopfen, Antworten auf gestellte Fragen – sind in Wirklichkeit kindisch, kindisch, vulgär, oft lächerlich und ähneln eher den Streichen boshafter Jungen als ernsthaften, ehrlichen Handlungen. Es ist unmöglich, dies nicht zu bemerken.

Warum sollten sich die Seelen der Toten auf diese Weise amüsieren? Die Annahme erscheint fast absurd.

Wir wissen, dass sich die intellektuellen und moralischen Werte eines gewöhnlichen Menschen nicht von Tag zu Tag ändern, und wenn sein Geist nach dem Tod seines Körpers weiter existiert, können wir davon ausgehen, dass er genauso ist wie vorher. Aber warum so viele Merkwürdigkeiten und Ungereimtheiten?

Wie dem auch sei, es ist unsere Pflicht, keine vorgefasste Meinung zu haben. Unsere Pflicht besteht vielmehr darin, die Tatsachen so zu beweisen, wie sie sich uns präsentieren.

Die unbekannte Naturkraft, die zum Anheben eines Tisches eingesetzt wird, ist nicht ausschließlich Medien vorbehalten. Sie ist in unterschiedlichem Ausmaß Bestandteil aller Organismen, mit unterschiedlichen Koeffizienten, 100 für Organismen wie die von Home oder Eusapia, 80 für andere, 50 oder 25 für weniger bevorzugte Individuen. Aber ich würde es als sicher betrachten, dass sie in keinem Fall auf 0 sinkt. Der beste Beweis dafür ist, dass es mit Geduld, Ausdauer und Willenskraft fast allen Experimentatorgruppen, die sich ernsthaft mit diesen Untersuchungen beschäftigt haben, gelungen ist, nicht nur Bewegungen, sondern auch vollständige Levitationen, Klopfen und andere Phänomene zu erzielen.

Das Wort Medium hat kaum noch eine Daseinsberechtigung, da die Existenz eines Vermittlers zwischen den Geistern und uns noch nicht bewiesen ist. Aber dennoch kann das Wort erhalten bleiben, da Logik in der Grammatik und in allem anderen Menschlichen das Seltenste ist. Das Wort Elektrizität hat seit langem keine Verbindung mehr mit Bernstein (ἡ λεκτρον), noch das Wort Verehrung mit dem Genitiv der Venus (*Veneris*), noch der (zunächst astrologische) Begriff Katastrophe mit *Aster* (Stern), noch das Wort Tragödie mit *Ziegengesang* (τράγος, ᾧ δή). Aber das hindert diese Wörter nicht daran, in ihrem üblichen Sinn verstanden zu werden. [95]

Was erklärende Hypothesen betrifft, so steht das Feld, wie ich wiederhole, allen offen. Es ist zu beachten, dass diktierte Mitteilungen eng mit dem Geisteszustand, den Ideen, Meinungen, Überzeugungen, dem Wissen und sogar der literarischen Bildung der Experimentatoren zusammenhängen. Sie sind wie eine Widerspiegelung oder ein Gegenstück dieser Gesamtheit von Ideen und Fähigkeiten. Vergleichen Sie die im Haus von Victor Hugo in Jersey notierten Mitteilungen, die der Phalanstérienne-Gesellschaft von Eugéne Nus, die von astronomischen Versammlungen, die von religiösen Gläubigen – Katholiken, Protestanten usw.

Wäre die Hypothese nicht so gewagt, dass sie uns unannehmbar erschiene, würde ich die Annahme wagen, dass die Konzentration der Gedanken der parapsychologischen Experimentatoren für einen Moment ein intellektuelles Wesen erschafft, das auf die gestellten Fragen antwortet und dann verschwindet.

Spiegelung, Reflexhandlung? Das ist vielleicht der wahre Ausdruck. Jeder hat sein eigenes Bild in einem Spiegel gesehen, und niemand ist darüber erstaunt.

Analysieren Sie jedoch die Sache. Je länger Sie dieses optische Wesen betrachten, das sich dort hinter dem Spiegel bewegt, desto bemerkenswerter erscheint Ihnen das Bild. Nehmen wir nun an, es gäbe noch keine Spiegel. Wenn wir diese riesigen Spiegel nicht kennen würden, die ganze Räume und die darin befindlichen Besucher reflektieren, wenn wir so etwas noch nie gesehen hätten und wenn uns jemand erzählen würde, dass Bilder und Spiegelbilder lebender Personen sich auf diese Weise manifestieren und bewegen könnten, würden wir es nicht verstehen und nicht glauben.

Ja, die flüchtige Personifizierung, die in spiritistischen Sitzungen geschaffen wird, erinnert manchmal an das Bild, das wir in einem Spiegel sehen, das an sich nichts Reales hat, aber dennoch existiert und das Original reproduziert. Das durch die Fotografie festgehaltene Bild ist von derselben Art, nur dauerhaft. Das potentielle Bild, das im Brennpunkt des Spiegels eines Teleskops entsteht, an sich unsichtbar, das wir aber auf einem ebenen Spiegel empfangen und studieren können, während wir es gleichzeitig durch das Mikroskop des Okulars vergrößern, kommt vielleicht dem näher, was durch die Konzentration der psychischen Energie einer Gruppe von Personen erzeugt zu werden scheint. Wir erschaffen ein imaginäres Wesen, wir sprechen mit ihm, und in seinen Antworten spiegelt es fast immer die Mentalität der Experimentatoren wider. Und genauso wie wir mit Hilfe von Spiegeln Licht, Wärme, Ätherwellen und elektrische Wellen in einem Brennpunkt konzentrieren können, scheint es manchmal, als ob die Teilnehmer ihre psychischen Kräfte zu denen des Mediums oder des Dynamogens hinzufügten, die Wellen verdichteten und zur Erschaffung einer Art mehr oder weniger materiellem flüchtigen Wesen beitrugen.

Könnten wir die unterbewusste Natur, das Gehirn des Mediums oder seinen Astralkörper, den fluidischen Geist, die unbekannten Kräfte, die in sensiblen Organismen schlummern, nicht als den Spiegel betrachten, den wir uns gerade vorgestellt haben? Und könnte dieser Spiegel nicht auch Eindrücke oder Einflüsse einer Seele aus der Ferne empfangen und wiedergeben?

Wir dürfen jedoch keine Teilschlussfolgerungen verallgemeinern, deren Definition uns bereits große Schwierigkeiten bereitet hat.

Ich sage nicht, dass es keine Geister gibt: im Gegenteil, ich habe Gründe, ihre Existenz anzunehmen. Sogar bestimmte Empfindungen der Tiere – von Hunden, Katzen, Pferden – sprechen für die unerwartete und eindrucksvolle Anwesenheit unsichtbarer Wesen oder Kräfte. Aber als treuer Diener der experimentellen Methode bin ich der Meinung, dass wir alle bereits bekannten einfachen, natürlichen Hypothesen ausschöpfen sollten, bevor wir auf andere zurückgreifen.

Leider ziehen es viele Spiritualisten vor, den Dingen nicht auf den Grund zu gehen oder sie zu analysieren, sondern sich von nervösen Eindrücken täuschen zu lassen. Sie ähneln gewissen ehrenwerten Frauen, die ihre Gebete beten und dabei glauben, die heilige Agnes oder die heilige Filomena vor sich zu haben. Das sei nicht schlimm, sagt jemand. Aber es ist eine Illusion. Lassen wir uns nicht von ihr täuschen.

Wenn die Elementargeister, die *Elementargeister*, die Luftgeister, die Gnomen, die Gespenster, von denen Goethe spricht (in dieser Hinsicht Paracelsus folgend), existieren, dann sind sie natürlich und nicht übernatürlich. Sie sind in der Natur, denn die Natur umfasst alle Dinge. Das Übernatürliche existiert nicht. Es ist also die Pflicht der Wissenschaft, diese Frage zu untersuchen, wie sie alle anderen untersucht.

Wie ich bereits bemerkt habe, sind bei diesen verschiedenen Phänomenen mehrere Ursachen am Werk. Unter diesen Ursachen ist die Annahme, dass die Wirkung von körperlosen Geistern, den Seelen der Toten, ausgeht, eine plausible Hypothese, die nicht ohne Prüfung abgelehnt werden sollte. Sie scheint manchmal die logischste zu sein; aber es gibt gewichtige Einwände dagegen, und es ist von größter Wichtigkeit, sie mit Sicherheit beweisen zu können. Ihre Anhänger *sollten die ersten sein, die die Strenge der wissenschaftlichen Methoden anerkennen, die wir bei unseren Studien der Phänomene anwenden*, denn der Spiritualismus wird dadurch eine umso solidere Grundlage erhalten und umso mehr Wert haben. Die Illusionen und der naive Glaube einfacher Seelen können ihm keine solidere und substanziellere Grundlage geben. Die Religion der Zukunft wird die Religion der Wissenschaft sein. Es gibt nur eine Art von Wahrheit.

Manchmal werden Autoren dazu gebracht, Dinge zu sagen, die sie nie gesagt haben. Ich für meinen Teil habe dafür häufig Beweise erhalten, insbesondere im Fall des Spiritismus. Es würde mich nicht überraschen, wenn bestimmte Interpretationen der vorangegangenen Seiten ans Licht kämen, die die Meinung erwecken, dass ich nicht an die Existenz von Geistern glaube. Es wird jedoch unmöglich sein, in diesem oder einem anderen von mir veröffentlichten Werk eine Bestätigung dieser Art zu finden. Was ich sage, ist, dass die auf diesen Seiten untersuchten physikalischen Phänomene die Existenz von Geistern *nicht beweisen* und wahrscheinlich ohne sie erklärt werden können, das heißt durch unbekannte Kräfte, die von den Experimentatoren und insbesondere von Medien ausgehen. Aber diese Phänomene weisen gleichzeitig auf die Existenz einer psychischen Atmosphäre oder Umgebung hin.

Was ist diese Umgebung? Es ist in der Tat sehr schwierig, sich eine wahre Vorstellung davon zu machen, da wir sie mit keinem unserer Sinne erfassen können. Angesichts der Vielzahl psychischer Phänomene ist es auch sehr schwierig, sie nicht zuzugeben. Wenn wir das Fortleben einzelner Seelen annehmen, was wird aus diesen Seelen? Wo sind sie? Darauf könnte man antworten, dass die Raum- und Zeitbedingungen, in denen unsere materiellen Sinne existieren, nicht die wahre Natur von Raum und Zeit darstellen, dass unsere Einschätzungen und Maßstäbe ihrem Wesen nach relativ sind, dass die Seele, der Geist, das denkende Wesen keinen Raum einnimmt. Wir können jedoch auch bedenken, dass reiner Geist nicht existiert, dass er an eine Substanz gebunden ist, die einen bestimmten Punkt einnimmt. Wir können ferner bedenken, dass nicht alle Seelen gleich sind, dass es eine höhere und eine untergeordnete Klasse gibt, dass gewisse Menschen sich ihrer Existenz kaum bewusst sind; dass höhere Seelen, die sowohl nach dem Tod als auch während des Lebens selbstbewusst sind, ihre gesamte Individualität bewahren, die Fähigkeit haben, ihre Entwicklung fortzusetzen, von Welt zu Welt zu reisen und ihr moralisches und intellektuelles Wachstum durch aufeinanderfolgende Reinkarnationen zu steigern. Aber die anderen, die unbewussten Seelen, sind sie am Tag nach dem Tod weiter fortgeschritten als am Tag davor? Warum sollte der Tod ihnen Vollkommenheit verleihen? Warum sollte er aus einem Schwachkopf ein Genie machen? Wie könnte er aus einem schlechten einen guten Menschen machen? Warum sollte er aus einem Ignoranten einen Weisen machen? Wie könnte er aus einem intellektuellen Niemand ein leuchtendes Licht machen?

Verschwinden diese unbewussten Seelen, das heißt die Menge, nicht beim Tod im umgebenden Äther und bilden sie nicht eine Art psychische Atmosphäre, in der eine subtile Analyse sowohl spirituelle als auch materielle Elemente entdecken kann? Wenn die psychische Kraft eine Aktion in der bestehenden Ordnung der Dinge ausführt, ist sie ebenso der Betrachtung wert wie die verschiedenen Energieformen, die im Äther wirken.

Auch wenn wir also nicht die Existenz von Geistern zugeben, die durch die Phänomene bewiesen werden könnten, spüren wir doch, dass diese nicht alle einer rein materiellen Ordnung angehören – physiologisch, organisch, zerebral –, sondern dass noch *etwas anderes* damit verbunden ist, etwas anderes, das nach dem gegenwärtigen Stand unseres Wissens unerklärlich ist.

Aber noch etwas anderes aus der psychischen Ordnung. Vielleicht können wir eines Tages in unseren unabhängigen, unparteiischen Forschungen, geleitet von der experimentellen wissenschaftlichen Methode, noch ein wenig weiter gehen, indem wir nichts von vornherein leugnen, sondern alles zugeben, was durch ausreichende Beobachtung bewiesen wird.

<hr />

Zusammenfassend lässt sich sagen: *Nach dem derzeitigen Stand unseres Wissens ist es unmöglich, eine vollständige, absolute und endgültige Erklärung der beobachteten Phänomene zu geben* . Die spiritistische Hypothese sollte nicht verworfen werden. Wir können zwar das Fortleben der Seele annehmen, ohne notwendigerweise eine physische Kommunikation zwischen den Toten und den Lebenden zu akzeptieren. Doch alle beobachteten Tatsachen, die zur Bestätigung dieser Kommunikation führen, verdienen die größte Aufmerksamkeit des Philosophen.

Eine der Hauptschwierigkeiten bei dieser Kommunikation scheint der Zustand der Seele selbst zu sein, die von körperlichen Sinnen befreit ist. Sie hätte andere Möglichkeiten der Wahrnehmung. Sie könnte nicht sehen, hören, berühren. Wie kann sie dann in Beziehung zu unseren Sinnen treten?

Darin liegt ein ganzes Problem, das beim Studium jeglicher psychischer Erscheinungen nicht vernachlässigt werden darf.

Wir halten unsere Ideen für Realitäten. Das ist ein Irrtum. Für unsere Sinne ist beispielsweise die Luft kein fester Körper; wir können sie mühelos durchdringen, während wir durch eine Eisentür nicht hindurchgehen können. Das Gegenteil trifft auf Elektrizität zu: Sie durchdringt Eisen und empfindet die Luft als festen, undurchdringlichen Körper. Für den Elektriker ist ein Draht ein Kanal, der Elektrizität durch das feste Gestein der Luft leitet. Glas ist für Elektrizität undurchsichtig und für Magnetismus durchsichtig. Das Fleisch ist für Röntgenstrahlen durchsichtig, während Glas undurchsichtig ist usw.

Wir haben das Bedürfnis, alles zu erklären, und sind gezwungen, nur die Phänomene zu akzeptieren, für die wir eine Erklärung haben. Das beweist jedoch nicht, dass unsere Erklärungen gültig sind. Wenn beispielsweise jemand vor der Erfindung des Telegraphen die Möglichkeit einer sofortigen Kommunikation zwischen Paris und London behauptet hätte, hätte man diese Behauptung als utopisch angesehen. Später hätte man sie nur unter der Bedingung zugegeben, dass zwischen den beiden Stationen ein Kabel existierte, und jede Kommunikation ohne das Medium eines elektrischen Kabels wäre für unmöglich erklärt worden. Jetzt, da wir über die drahtlose Telegraphie verfügen, können wir diese Entdeckung zur Erklärung der Phänomene der Telepathie anwenden. Es ist jedoch noch nicht bewiesen, dass diese Erklärung die richtige ist.

Warum wollen wir diese Phänomene unbedingt erklären? Weil wir naiverweise glauben, dass wir dazu nach dem gegenwärtigen Stand unseres Wissens in der Lage sind.

Die Physiologen, die behaupten, in dieser Angelegenheit Licht ins Dunkel zu bringen, sind wie Ptolemäus, der darauf beharrt, die Bewegungen der Himmelskörper mit der Vorstellung der Unbeweglichkeit der Erde zu erklären; oder Galileo, der die Anziehungskraft von Bernstein mit der Verdünnung der umgebenden Luft erklärt; oder Lavoisier, der (mit dem einfachen Volk) nach dem Ursprung von Aerolithen in Gewittern sucht oder deren Existenz leugnet; oder Galvani, der in seinen Fröschen eine *besondere* organische Elektrizität sah. Ich sehe meine Physiologen sicherlich in guter Gesellschaft, und sie haben nichts zu beklagen. Aber wer hat nicht das Gefühl, dass diese natürliche Neigung, alles erklären zu wollen, nicht gerechtfertigt ist, dass die Wissenschaft von Zeitalter zu Zeitalter fortschreitet, dass das, was heute nicht bekannt ist, später bekannt sein wird und dass wir manchmal wissen sollten, wie man wartet?

Die Phänomene, von denen wir sprechen, sind Manifestationen des universellen Dynamismus, mit dem wir durch unsere fünf Sinne nur sehr unvollkommen in Verbindung gebracht werden. Wir leben inmitten einer unerforschten Welt, in der die psychischen Kräfte eine noch sehr unzureichend erforschte Rolle spielen.

Diese Kräfte sind einer Klasse überlegener als die Kräfte, die üblicherweise in der Mechanik, Physik und Chemie analysiert werden: Sie sind psychischer Natur, haben etwas Vitales und eine Art Mentales in sich. Sie bestätigen, was wir aus anderen Quellen wissen – dass die rein mechanische Erklärung der Natur unzureichend ist und dass es im Universum etwas anderes gibt als die sogenannte Materie. Es ist nicht die Materie, die die Welt regiert: Es ist ein dynamisches und psychisches Element.

Welche Erkenntnisse wird das Studium dieser noch ungeklärten Kräfte über den Ursprung der Seele und über die Bedingungen ihres Überlebens bringen? Das wird uns die Zukunft zeigen.

Die Wahrheit, dass die Seele ein vom Körper getrenntes geistiges Wesen ist, wird durch andere Argumente bewiesen. Diese Argumente werden nicht mit der Absicht vorgebracht, diese Lehre zu schwächen; aber obwohl sie sie bestätigen und die Anwendung psychischer Kräfte ins Licht rücken, lösen sie das große Problem immer noch nicht durch die materiellen Beweise, die wir gerne hätten.

Auch wenn das Studium dieser Phänomene bisher noch nicht alle Ergebnisse erbracht hat, die von ihm erwartet werden, und auch nicht alle, die es in der Zukunft erbringen wird, können wir dennoch nicht umhin anzuerkennen, dass es den Bereich der Psychologie beträchtlich erweitert hat und dass das Wissen um die Natur der Seele und ihrer Fähigkeiten ein für alle Mal unter großartigere und tiefere Himmel und weitere Horizonte ausgedehnt wurde.

Es gibt in der Natur, insbesondere im Bereich des Lebens, in der Manifestation des Instinkts bei Pflanzen und Tieren, in der allgemeinen Seele der Dinge, in der Menschheit, im kosmischen Universum ein psychisches Element, das in modernen Studien immer häufiger zum Vorschein kommt, insbesondere in der Erforschung der Telepathie und in der Beobachtung der unerklärten Phänomene, die wir in diesem Buch untersucht haben. Dieses Element, dieses Prinzip ist der zeitgenössischen Wissenschaft noch unbekannt. Aber wie in so vielen anderen Fällen wurde es von den Alten erahnt.

Neben den vier Elementen Feuer, Wasser, Luft und Erde erkannten die Alten ein fünftes an, das zur materiellen Ordnung gehörte und das sie *Animus nannten*, die Seele der Welt, das belebende Prinzip, den Äther. „Aristoteles" (schreibt Cicero, *Tuscul. Quaest.* I. 22) „glaubt, dass wir, nachdem er die vier Arten der materiellen Elemente erwähnt hat, eine fünfte Art annehmen sollten, aus der die Seele hervorgeht; denn da die Seele und die intellektuellen Fähigkeiten keinem der materiellen Elemente innewohnen können, müssen wir eine fünfte Art annehmen, die noch keinen Namen hatte und die er *Entelechie nennt*, das heißt ewige und anhaltende Bewegung." Die vier materiellen Elemente der Alten wurden durch moderne Analysen seziert. Das fünfte ist vielleicht grundlegender.

Derselbe Redner zitiert den Philosophen Zeno und fügt hinzu, dass dieser weise Mann dieses fünfte Prinzip, das mit Feuer verglichen werden könnte, nicht anerkannt habe. Aber allem Anschein nach sind Feuer und Denken zwei verschiedene Dinge.

Vergil hat in der *Äneis* (Buch VI) diese bewundernswerten, jedem bekannten Verse geschrieben:

Das Prinzip der Säule auf der Feldwelt ist leuchtend und leuchtend, die Kugel des Mondes ist titanisch, der Geist ist in uns, alles ist in uns EINGEGOSSEN, *so dass wir uns bewegen und uns wie ein Körper fühlen*.

Martianus Capella erwähnt wie alle Autoren der ersten Jahrhunderte des Christentums diese richtungsweisende Kraft, nennt sie auch das fünfte Element und beschreibt sie darüber hinaus unter dem Namen „Äther".

Ein römischer Kaiser, der den Parisern wohlbekannt war, da er in ihrer Stadt (in dem von seinem Großvater in der Nähe der heutigen *Thermes*, den alten römischen Bädern, erbauten Palast) im Jahre 360 zum Kaiser ausgerufen wurde (ich meine Julian, genannt der Apostat), würdigt dieses fünfte Prinzip in seiner Rede zu Ehren der „Sonne, des Monarchen", [96] wobei er es manchmal das Sonnenprinzip, manchmal die Seele der Welt oder das intellektuelle Prinzip, manchmal den Äther oder die Seele der physischen Welt nennt.

Dieses psychische Element wird von den Philosophen nicht mit Gott und der Vorsehung verwechselt. In ihren Augen ist es etwas, das Teil der Natur ist.

Noch ein Wort zum Schluss. Die menschliche Natur ist mit Fähigkeiten ausgestattet, die bisher wenig erforscht sind und die durch Beobachtungen mit Medien oder Dynamogenen ans Licht kommen – wie etwa menschlicher Magnetismus, Hypnose, Telepathie, Hellsehen und Vorahnung. Diese unbekannten psychischen Kräfte sind es wert, in den Rahmen wissenschaftlicher Analysen einbezogen zu werden. Gegenwärtig sind sie fast so wenig erforscht wie zur Zeit des Ptolemäus und haben noch nicht ihren Kepler und ihren Newton gefunden, drängen sich aber geradezu auf und schreien nach einer Untersuchung.

Viele andere unbekannte Kräfte werden enthüllt. Die Erde und die Planeten kreisen in harmonischen Umlaufbahnen um die Sonne, während astronomische Theorien in ihnen nur einen komplizierten Wirbel aus 79 kristallinen Schalen sahen. Der Magnetismus umkreise die Erde mit seinen Strömungen lange vor der Erfindung des Schiffskompasses, der sie uns offenbart. Die Wellen der drahtlosen Telegrafie existierten lange bevor sie in ihrem Flug aufgehalten wurden. Das Meer stöhnte an seinen Ufern, lange bevor das Ohr irgendeines Wesens es vernahm. Die Sterne schickten ihre Strahlen durch den Äther, bevor ein menschliches Auge sie erblickte.

Die in dieser Arbeit dargelegten Beobachtungen beweisen, dass der bewusste Wille oder das Verlangen einerseits und das unterbewusste Bewusstsein andererseits einen Einfluss ausüben oder Arbeit verrichten, der über die Grenzen unseres Körpers hinausgeht. Die Natur der menschlichen Seele ist für die Wissenschaft und die Philosophie immer noch ein tiefes Rätsel.

Es scheint ziemlich bemerkenswert, dass die aus meinen Arbeiten gezogenen Schlussfolgerungen dieselben sind wie die aus meinem Werk *Das Unbekannte*, das auf der Untersuchung der Phänomene Telepathie, Sterbeerscheinungen, Fernkommunikation, Vorahnungen usw. beruhte. Am Ende jenes Bandes wurden tatsächlich die folgenden Schlussfolgerungen gezogen:

1. *Die Seele existiert als reale Entität, die vom Körper unabhängig ist.*

2. *Es ist mit Fähigkeiten ausgestattet, die der Wissenschaft noch unbekannt sind.*

3. *Es ist in der Lage, aus der Ferne zu agieren, ohne das Eingreifen der Sinne.*

Die Schlussfolgerungen der vorliegenden Arbeit stimmen mit denen der früheren überein, und doch sind die hier untersuchten Themen völlig verschieden von dem Inhalt der damaligen Arbeit.

Ich kann die ganze Angelegenheit mit der einzigen Feststellung zusammenfassen, dass es in der Natur, in unzähligen Aktivitäten, ein *psychisches Element gibt* , dessen wesentliche Natur uns noch verborgen ist. Ich für meinen Teil werde glücklich sein, wenn ich mit diesen beiden Werken dazu beigetragen habe, das oben genannte wichtige Prinzip zu etablieren, das ausschließlich auf der wissenschaftlichen Verifizierung bestimmter Phänomene beruht, die mit der experimentellen Methode untersucht wurden.

Fußnoten:

[1] Sosie ist eine Figur bei Plautus und Molière. Hermes nimmt Sosies Gestalt an, und als dieser sein Double sieht, zweifelt er beinahe an seiner eigenen Identität. So bekam das Wort die Bedeutung eines Gegenstücks, eines Doubles, eines *Alter Egos*. – *Übers.*

[2] Dies scheint ein Hinweis auf die Garderobe zu sein, die die frühen Spiritualisten als Kabinett bei ihren Demonstrationen in öffentlichen Hallen verwendeten. – *Übers.*

[3] Der Hahn, der nach Körnern schürft, findet eine Perle.

[4] Damit ich meinen Lesern sofort dokumentarische Beweise für diese Experimente vor Augen führen kann, gebe ich hier (Tafel I) eine Fotografie wieder, die am 12. November 1898 in meiner Wohnung aufgenommen wurde. Jeder kann an der Horizontalität der Arme sowie an der Entfernung zwischen den Tischfüßen und dem Boden erkennen, dass die Höhe 15 bis 20 cm beträgt. Die genaue Entfernung ist auf der Figur selbst markiert - eine Messung, die am nächsten Tag vorgenommen wurde, indem der Tisch mit Hilfe von Büchern in derselben Position, in der er war, abgestützt wurde. Das Medium hat seine beiden Füße vollständig unter meinem rechten Fuß, während sich gleichzeitig seine Knie unter meiner rechten Hand befinden. Ihre Hände liegen auf dem Tisch und werden von meiner linken Hand und der des anderen kritischen Beobachters oder "Kontrollorgans" (contrôleur) *gehalten* , der gerade ein Kissen vor sie gelegt hat, um ihre sehr empfindlichen Augen vor dem Blitz des Magnesiumlichts zu schützen und sie so vor einem unangenehmen Nervenanfall zu bewahren.

Diese schnell im Magnesiumlicht aufgenommenen Fotos sind nicht perfekt, aber sie sind Aufzeichnungen.

[5] Siehe *L'Inconnu* , S. 20-29.

[6] Bestimmte Buchhandlungen in Paris . – *Übers.*

[7] Rede am Grab von Allan Kardec von Camille Flammarion, Paris, Didier, 1869, S. 4, 17, 22.

[8] Der Autor meint mit diesem Ausdruck (*milieu ambiant*) natürlich die Gesamtheit der vorhandenen psychischen Kraft, die psychologische Atmosphäre, die gesamte Geistesenergie, die von den verschiedenen mehr oder weniger sensiblen oder medialen Mitgliedern der Gruppe ausgestrahlt wird. – *Übers.*

[9] Diese Mitteilung wurde vom Autor in englischer Sprache verfasst . – *Übers.*

[10] Alcofribaz Nazier ist als Anagramm von Rabelais bekannt, das aus seinem eigenen Namen gebildet wurde. Es war die Signatur, unter der er sein *Pantagruel veröffentlichte* . – *Übers.*

[11] Ein typologisches Diktat der gleichen Art wurde mir kürzlich zugesandt. Hier ist es:

IUTPTUOLOER
EIRFIEUEBN
SSOAGPRSTI

Lesen Sie nacheinander von oben nach unten einen Buchstaben jeder Zeile, beginnend links, und der Sinn ergibt sich wie folgt: „Je suis trop fatiguê pour les obtenir." („Ich bin zu müde, um sie zu bekommen.")

[12] Dieses und das nächste Diktat sind im französischen Original gereimte Verse. – *Übers.*

[13] Im Original in gereimten Versen.— *Übers.*

[14] Ein Wort neueren Ursprungs, das ehrgeizige oder prätentiöse Leute bezeichnet, die "ankommen" wollen, die " *Möchtegerns"* . Das Wort ist der Titel eines neueren französischen Romans, *L'Arriviste* , und (übersetzt) eines englischen Romans mit dem Titel *The Climber* . – *Übers.*

[15] So im Original. Möglicherweise hatte M. Sardou den falschen Eindruck, Gulliver sei ein Pseudonym für Dekan Swift. – *Übers.*

[16] Diese Neigung beträgt tatsächlich 82°, von Süden aus gerechnet, bzw. 98° (90 + 8°), von Norden aus gerechnet (siehe Abb. A).

[17] Ich habe gerade in meiner Bibliothek ein Buch gefunden, das mir 1888 von dem Autor, Generalmajor Drayson, gesandt wurde. Der Titel lautet *Dreißigtausend Jahre Erdgeschichte, gelesen anhand der Entdeckung der zweiten Rotation der Erde* . Diese zweite Rotation fände um eine Achse statt, deren Pol 29° 25' 47" vom Pol der täglichen Rotation entfernt wäre, also etwa 270 Grad Rektaszension, und würde in 32.682 Jahren vollzogen sein. Der Autor versucht sie mit Eiszeiten und Klimaschwankungen zu erklären. Aber sein Werk ist voller Verwirrungen, die höchst merkwürdig und für einen in astronomischen Studien bewanderten Mann sogar unverzeihlich sind. Die Wahrheit ist, dass dieser General Drayson (der vor einigen Jahren starb) kein Astronom war.

[18] *Intelligence* , Bd. I, Vorwort, S. 16, Ausgabe 1897. Die Erstausgabe erschien 1868.

[19] Alle, die sich mit diesen Fragen beschäftigen, kennen unter anderem den Fall von Felida (der von Dr. Azam untersucht wurde). In der Geschichte dieses jungen Mädchens wird gezeigt, dass sie mit zwei unterschiedlichen

Persönlichkeiten ausgestattet ist, so dass sie im zweiten Zustand verliebt ... und enceinte wird, ohne in ihrem normalen Zustand etwas davon zu wissen. Diese Zustände doppelter Persönlichkeit werden seit dreißig Jahren systematisch beobachtet.

[20] *Psychologischer Automatismus* , S. 401–402.

[21] Siehe Tafel IV. und V. Ich bewahre einen Gipsabdruck dieses Abdrucks sorgfältig auf.

[22] A. de Rochas, *The Externalization of Motivity* , vierte Auflage, 1906, S. 406.

[23] Die Berichte über die Sitzungen in Montfort-l'Amaury sind Gegenstand einer bemerkenswerten Arbeit von M. Guillaume de Fontenay, *Apropos of Eusapia Paladino* , ein Bd., 8 Vo. illustriert, Paris, 1898.

[24] Die jeweiligen Plätze der Personen stimmten nicht immer mit denen der Fotografien überein. So befand sich zum Zeitpunkt der Erstellung des Abdrucks MG de Fontenay rechts von Eusapia und M. Blech am gleichen Ende des Tisches.

[25] In der folgenden Sitzung vom 12. November schreibt M. Antoniadi (mit einer ausgezeichneten bestätigenden Skizze): „Phänomen mit absoluter Sicherheit beobachtet; die Geige wurde zwanzig Zoll über dem Kopf von Eusapia auf den Tisch geworfen."

[26] Das ist völlig richtig, sagt mein Sohn, der diese Zeilen liest.

[27] Während der Korrektur der Druckfahnen dieser Blätter (Oktober 1906) erhielt ich von Dr. Gustave Le Bon folgende Notiz:

„Als Eusapia sich zum letzten Mal in Paris aufhielt (1906), gelang es mir, drei Sitzungen in meinem Haus abzuhalten. Ich bat einen der schärfsten Beobachter, die ich kenne, M. Dastre, ein Mitglied der Akademie der Wissenschaften und Professor für Physiologie an der Sorbonne, die Güte zu haben, bei unseren Experimenten anwesend zu sein. Anwesend waren auch mein Assistent, M. Michaux, und die Dame, deren freundlichen Diensten ich die Anwesenheit Eusapias verdanke.

„Neben dem Schweben des Tisches sahen wir mehrere Male, und zwar fast im vollen Licht, eine Hand erscheinen. Zuerst war sie etwa fünf Zentimeter über Eusapias Kopf, dann an der Seite des Vorhangs, der sie teilweise bedeckte, etwa fünfzig Zentimeter von ihrer Schulter entfernt.

„Dann organisierten wir für die zweite Sitzung unsere Kontrollmethoden. Sie waren durch und durch entscheidend. Dank der Möglichkeit, hinter Eusapia eine Beleuchtung zu erzeugen, die sie nicht vermutete, konnten wir sehen, wie einer ihrer Arme, der sich sehr geschickt unserer Kontrolle entzog, sich horizontal hinter dem Vorhang bewegte und den Arm von M. Dastre berührte und mir ein anderes Mal einen Schlag auf die Hand gab.

„Aus unseren Beobachtungen schlossen wir, dass die beobachteten Phänomene nichts Übernatürliches an sich hatten.

„Was das Schweben des Tisches betrifft – eines extrem leichten Tisches, der vor Eusapia stand und den ihre Hände kaum verließen –, so konnten wir keine entscheidende Erklärung finden. Ich möchte nur anmerken, dass Eusapia zugab, dass es ihr unmöglich war, auch nur das kleinste der sehr leichten Objekte auf diesem Tisch zu verschieben."

Nachdem er diese Notiz geschrieben hatte, teilte mir MG Le Bon mündlich mit, dass seiner Meinung nach alles an diesen Experimenten Betrug sei.

[28] Zu diesen acht Sitzungen möchte ich noch eine neunte hinzufügen, die am darauffolgenden 5. Dezember im Arbeitszimmer von Prof. Richet stattfand. Nichts Bemerkenswertes geschah, außer dass bei vollem Licht ein Fenstervorhang aufgeblasen wurde, der etwa 60 cm von Eusapias Fuß entfernt war, während mein Fuß und mein Bein zwischen ihm und ihr standen. Die Beobachtung war absolut richtig.

[29] Welcher Ursache können wir das Schweben des Tisches zuschreiben? Wir haben das Geheimnis zweifellos noch nicht entdeckt. Die Wirkung der Schwerkraft kann durch Bewegung ausgeglichen werden.

Sie können sich beim Frühstück oder Abendessen amüsieren, indem Sie mit einem Messer spielen. Wenn Sie es senkrecht in Ihrer fest geschlossenen Hand halten, wird sein Gewicht durch den Druck der Hand ausgeglichen und es fällt nicht herunter. Öffnen Sie Ihre Hand, während Sie das Messer noch immer mit Daumen und Zeigefinger festhalten, und es wird gleiten, als befände es sich in einem zu großen Rohr. Bewegen Sie die Hand jedoch mit einer schnellen Wippbewegung von links nach rechts, von rechts nach links: Sie erzeugen so eine Zentrifugalkraft, die den Gegenstand senkrecht in der Schwebe hält und ihn sogar über Ihre Hand schleudern und in die Luft schleudern kann, wenn die Bewegung schnell genug ist.

Was also hält das Messer und hebt sein Gewicht auf? Kraft. Könnte es nicht sein, dass der Einfluss der um den Tisch sitzenden Experimentatoren die Moleküle des Holzes in besondere Bewegung versetzt? Sie werden bereits durch Temperaturschwankungen in Schwingung versetzt. Diese Moleküle sind unendlich kleine Teilchen, die sich nicht berühren. Könnte eine Molekülbewegung nicht die Wirkung der Schwerkraft ausgleichen? Ich stelle dies nicht als Erklärung dar, sondern als illustrativen Vorschlag (*comme une image*).

[30] M. Chiaia hat mir Fotografien dieser Drucke gesandt. Ich gebe einige davon hier wieder (Tafel VII).

[31] Das Wort „Trance" bezeichnet den besonderen Zustand, in den Medien verfallen, wenn sie das Bewusstsein ihrer Umgebung verlieren. Es ist eine Art somnambuler Schlaf.

[32] *Annales des sciences psychiques* , 181, S. 326.

[33] Es können jedoch einige Zweifel bestehen bleiben. Auch auf meinen Fotografien (Abb. I und VI) ist der Fuß des Tisches links vom Medium verdeckt. Da ich selbst an genau dieser Stelle war, bin ich sicher, dass das Medium nicht in der Lage war, den Tisch mit dem Fuß anzuheben, denn *dieser Fuß wurde unter meinem gehalten* und nicht durch eine Stange oder irgendeine Stütze; denn ich hatte eine Hand auf ihren Beinen, *die sich nicht bewegten* . Der Einwand wird außerdem durch das Experiment widerlegt, das ich am 29. März 1906 (siehe S. 6) bei einer Levitation mit stehender Eusapia durchführte - ein Experiment, das zuvor am 27. Juli 1897 in Monfort-l'Amaury (siehe S. 82) durchgeführt worden war , wobei die Füße ganz natürlich sichtbar waren. Daher kann es keinerlei Zweifel an der vollständigen Levitation des im Raum schwebenden Tisches geben. Aksakof gelang es bei den Séancen in Mailand, Eusapias Füße mit zwei Schnüren zu fesseln, deren Enden kurz waren und jeweils in der Nähe der Füße am Boden befestigt waren.

Im weiteren Verlauf werden dem Leser Beweise für weitere unbestreitbare Fälle geliefert, unter anderem auf den Seiten 164 und 165.

[34] Sehr oft höre ich den folgenden Einwand: „Ich werde nur an Medien glauben, die nicht bezahlt werden; alle, die bezahlt werden, stehen unter Verdacht." Eusapia gehört zu diesen letzteren. Da sie kein Vermögen hat, besucht sie nie eine Stadt, ohne dass ihre Reise- und Hotelkosten bezahlt werden. Sie verliert auch ihre Zeit und wird einer nicht sehr angenehmen Inquisition unterzogen. Ich für meinen Teil lasse den obigen Einwand überhaupt nicht zu. Die physischen und intellektuellen Fähigkeiten haben nichts mit Geldverdienen zu tun. Man wird sagen, dass das Medium daran interessiert ist, zu täuschen und auszutricksen: das erhöht ihre Gebühren. Aber es gibt noch viele andere Versuchungen auf der Welt. Ich habe unbezahlte Medien, Männer und Frauen der Gesellschaft, ohne Skrupel betrügen sehen, aus reiner Eitelkeit oder zu einem noch weniger zugebenden Zweck – aus dem bloßen Vergnügen, jemanden in eine Falle zu locken. Die Séancen des Spiritismus wurden in der vornehmen Gesellschaft zu nützlichen und angenehmen Zwecken abgehalten – und mehr als eine Ehe ist dort entstanden.

Wir müssen einer Medienklasse gegenüber genauso skeptisch sein wie einer anderen.

[35] Diese Berichte wurden ausführlich im Werk von M. de Rochas über *The Externalization of Motivity* , 4. Auflage, 1906, S. 170 veröffentlicht.

[36] Ich möchte zum Nutzen derjenigen, die einige dieser psychischen Experimente versuchen möchten, hinzufügen, dass die besten Voraussetzungen für den Erfolg darin bestehen, eine homogene, unparteiische und aufrichtige Gruppe zu haben, die frei von jeder vorgefassten Meinung ist und nicht mehr als fünf oder sechs Personen umfasst. Es ist absurd einzuwenden, dass *man Glauben haben muss , um die Phänomene zu erreichen* . Aber obwohl positiver Glaube nicht notwendig ist, ist es dennoch ratsam, während einer Séance keinen feindseligen Einfluss auszuüben.

[37] In l'Agnélas wurde ein sehr merkwürdiges Experiment mit einer Briefwaage durchgeführt. Auf einen spontanen Vorschlag von M. de Gramont hin willigte Eusapia ein, zu versuchen, ob sie die Waage durch vertikales Bewegen ihrer Hände auf beiden Seiten der Schale (bis zu 50 Gramm) nicht absenken könne. Dies gelang ihr mehrere Male hintereinander in Gegenwart von fünf um sie herumgestellten Beobachtern, die bezeugten, dass sie weder Fäden noch Haare in den Fingern hatte, mit denen sie auf die Schale hätte drücken können.

[38] Veröffentlicht von C. de Vesme in seiner *Revue des Études psychiques* , 1901.

[39] Eusapia kann, wie gesagt, weder lesen noch schreiben.

[40] Arago 1846 mit dem „elektrischen Mädchen"; Flammarion 1861 mit Allan Kardec, danach mit verschiedenen Medien; Zöllner 1882 mit Slade; Schiaparelli 1892 mit Eusapia; Porro 1901 mit demselben Medium (*Revue des Études psychiques*).

[41] Insbesondere in *Uranie* , in *Stella* , in *Lumen* , in *L'Inconnu* . Siehe auch oben, S. 30 in meiner *Rede am Grab von Allen Kardec* .

[42] Slade wurde in London wegen Betrugs zu drei Monaten Zwangsarbeit verurteilt. Er starb im September 1905 in einem Privatkrankenhaus im Staate Michigan.

[43] *Annales des sciences psychiques* , 1896, S. 135. 66.

[44] Wir haben bereits (siehe S. 149) den Scherz bemerkt , den Professor Bianchi bei einem Treffen der ernsthaftesten Forscher machte.

[45] Siehe *Annales* , 1896. Der Bericht ist sehr umfangreich. Die Tür des Schrankes öffnete und schloss sich von selbst, mehrere Male hintereinander,

synchron mit den Bewegungen der Hände des Mediums, die sich etwa einen Meter weit entfernt befanden. Ein Spielzeugklavier mit einem Gewicht von etwa zwei Pfund wurde hin und her bewegt und spielte ganz allein mehrere Melodien usw.

[46] Ein Pariser Anarchist, der hingerichtet wurde, weil er die Häuser der Richter Benoit und Bulot mit Dynamit gesprengt hatte. Das populäre Chanson der Anarchisten namens *La Ravachole* entstand aus den Taten und der Persönlichkeit dieses Mannes. Siehe Alvan Sanborns *Paris and the Social Revolution* , Boston, 1905.— *Übers.*

[47] Siehe auch *Enquête sur l'authenticité des phénomènes electriques d'Angelique Cottin* . Paris, Germer Ballière, 1846. Auch *L'Exteriorisation de la motricité* von Albert de Rochas.

[48] Lafontaine, der auch Angelicas Fall untersuchte, sagt, dass „als sie ihr linkes Handgelenk in die Nähe einer brennenden Kerze brachte, sich die Flamme horizontal neigte, als würde ständig hineingeblasen." (*L'art de magnetiser* , S. 273).

M. Pelletier beobachtete dasselbe bei einigen seiner Probanden, als sie ihre Handfläche in die Nähe einer Kerze hielten.

Fachleute nennen diese Punkte „hypnogene Punkte", von denen Flüssigkeitsströme ausgehen.

[49] Arago. -*Übers.*

[50] *Studien und Vorlesungen über die Beobachtungswissenschaften* , Bd. II., 1856.

[51] *Tournantes, das allgemeine Wesen der Natur und der Geister, par le comte Agénor de Gasparin, Paris, Dentu, 1854.*

[52] Die Dame, die bald darauf den Beinamen „das Medium" erhielt.

[53] Dies war der einzige Tisch mit Rollen, den die Bediener nutzten.

[54] Die Anspielung bezieht sich auf Faradays Erklärung von Aragos Entdeckung des Rotationsmagnetismus. Faraday zeigte, dass eine rotierende Scheibe aus nicht magnetischem Metall eine darüber hängende Magnetnadel und sogar einen schweren Magneten in ähnlicher Rotation nach sich ziehen würde. Siehe Professor Tyndalls *Faraday als Entdecker* , S. 25, 26.— *Übers.*

[55] Die lange Szene aus Molière, der dies entnommen ist, ist so voll von Italienisch, Altfranzösisch und Hundelatein, dass sie von Van Laun nicht übersetzt wurde. Bis auf das letzte Wort (*juro*) jeder Strophe wird alles von den hohen Tieren in dieser Scheinprüfung eines Medizinstudenten gesprochen; dieses Wort ist seins:

„Schwören Sie, dass Sie bei allen Konsultationen der alten Meinung folgen werden, ob sie nun gut oder schlecht ist?" – „Das schwöre ich." – „Niemals andere Heilmittel als die der gelehrten medizinischen Fakultät anzuwenden, selbst wenn der Patient an seiner Krankheit zerbricht und stirbt?" – „Das schwöre ich." – *Übers.*

[56] *„Die Tourniere"* betrachten als *Ausgangspunkt die allgemeine Frage des körperlichen Zustands, die zum Rattern führt. Genf, 1855.*

[57] *Die dynamische Kraft,* die erforderlich ist, um diesen Auftrieb zu erzeugen, würde, wenn wir annehmen, dass sie während der fünf oder zehn Minuten Spielzeit vor dem Phänomen entwickelt und angesammelt wurde, andererseits nicht über die Kraft des Kindes hinausgehen; sie würde sogar weit unter der Grenze seiner Fähigkeiten bleiben. Im Allgemeinen übersteigt die bei diesen Phänomenen der Tische aufgewendete Kraft, wenn man nach dem Grad der Ermüdung der Bediener urteilen darf, bei weitem die Kraft, die erforderlich wäre, um dieselben Effekte mechanisch zu erzeugen. Es gibt daher in dieser Hinsicht keinen Grund, das Eingreifen einer Kraft anzunehmen, die der Natur des Jungen fremd ist. – (*Thury.*)

[58] Bei den ersten Experimenten von Thury blieben acht Personen anderthalb Stunden lang um einen Tisch herum stehen und dann sitzen, ohne dass sich die geringste Bewegung ergab. Zwei oder drei Tage später, bei ihrem zweiten Versuch, ließen dieselben Personen nach zehn Minuten einen Tisch in der Mitte rotieren. Schließlich, am 4. Mai 1853, beim dritten oder vierten Versuch, begannen sich die schwersten Tische fast sofort zu bewegen.

[59] Bei schwierigen Versuchen, wenn sie an kalten Tagen stattfanden, wurde eine warme Decke über den Tisch gespannt und im Augenblick des Experiments entfernt. Die Versuchsleiter selbst hielten, bevor sie operierten, ihre Hände einen Augenblick lang vor einem Ofen offen.

[60] Bericht über Spiritualismus des Komitees der London Dialectical Society, London: 1871.

[61] In einem Band 8vo. Paris: Leymarie, 1900.

[62] Siehe zum Beispiel die Januarausgabe 1876: *Sidereal Astronomy* .

[63] Besonders in Nizza in den Jahren 1881 und 1884. Home starb im Jahr 1886. Er wurde 1833 in der Nähe von Edinburgh geboren.

[64] Sir William Huggins, ein Astronom, der für seine Entdeckungen in der Spektralanalyse bekannt war.

[65] Edward William Cox.

[66] Experimental Investigation on Psychic Force, von William Crookes, FRL, etc., London, Henry Gilman, 1871. Die Broschüre wurde von M. Alidel, Paris, ins Französische übersetzt. Psychical Science Publishing House, 1897.

[67] Mir fällt das Zitat ein: „Ich habe nie gesagt, dass es möglich sei. Ich habe nur gesagt, dass es wahr ist."

[68] Katie King, *The Story of her Appearances* . Paris, Leymarie, 1899. Ich dachte, ich würde diese Fotografien hier nicht wiedergeben, weil sie mir nicht so vorkamen, als stammten sie von Mr. Crookes selbst. Florence Cook starb am 2. April 1904 in London.

[69] *On* Miracles and Modern Spiritualism, London, 1875. Französische Übersetzung, Paris , 1889 .

[70] *Die psychischen Phänomene.* Ein Band. 8vo. Paris, 1903.

[71] Wie ich auf einer vorhergehenden Seite sagte, sind psychische Kräfte ebenso real wie physikalische und mechanische Kräfte.

[72] Dasselbe habe ich auch in Monfort-l'Amaury beobachtet. Siehe S. 73 .

[73] Die italienischen Zeitschriften haben eine malerische Fotografie des Tisches wiedergegeben, der fast bis zur Decke angehoben war, in dem Moment, als er über die Köpfe der Sitzenden hinwegflog und sich umdrehte (siehe A. de Rochas, *Extériorisation de la motricité , 4. Aufl.). Ich gebe diese Fotografie nicht wieder, da sie mir nicht authentisch erscheint. Außerdem erklärten die Beobachter, dass sie dieses Phänomen erst nach* seiner Entdeckung bestätigten.

[74] *Annales des Sciences Psychique* , 1902.

[75] Mehrere in diesem Werk veröffentlichte Beobachtungen sind jedoch thematisch mit der vorliegenden verbunden. Zum Beispiel: ein allein spielendes Klavier (S. 108), eine sich von selbst öffnende Tür (S. 112), schüttelnde Vorhänge (S. 125), extravagantes Herumhüpfen von Möbelstücken (S. 133), Klopfen (S. 146), Klingeln (S. 168) und zahlreiche Beispiele unerklärlicher, störender Geräusche, die mit Todesfällen zusammenfallen.

[76] Das hier von M. Castex-Dégrange verwendete Wort ist „ *tête de Turc"*, ein Ding wie die mit Leder überzogenen Säcke in unseren Turnhallen, die auf Jahrmärkten in Frankreich verwendet werden und wo sie von denen geschlagen werden, die ihre Kräfte messen wollen . – *Übers.*

[77] Ich kannte ihn schon seit der Zeit am Observatorium von Nizza, wo ich in den Jahren 1884 und 1885 mit ihm spektroskopische Beobachtungen über die Rotation der Sonne durchführte.—CF

[78] In den Sitzungen, von denen ich im ersten Teil dieses Buches (zweites Kapitel) sprach, ertönte am Tisch ein Salut, wenn das Wort „Gott" diktiert wurde. – CF

[79] Goupil, *Pour et Contre* , S. 13. 113.

[80] Es war mein Wunsch, an dieser Stelle das Ergebnis der persönlichen Erfahrung einer großen Zahl von Männern wiederzugeben, die die Wahrheit erfahren wollten; vor allem, um unwissenden Journalisten zu antworten, die ihre Leser dazu auffordern, sich in hochmütiger Verachtung dieser Forscher und Experimentatoren zu ergehen. Gerade als ich die Druckfahnen dieser letzten Seiten korrigierte, erhielt ich eine Zeitschrift, *Le Lyon républicain* , vom 25. Januar 1907, deren Leitartikel eine völlig absurde Schmährede gegen mich war, die mit „Robert Estienne" unterzeichnet war. Diese Darstellung zeigt, dass der Autor weder weiß, wovon er spricht, noch den Mann kennt, von dem er spricht.

Es gibt offensichtlich keinen Grund in der Natur der Dinge, warum die Stadt Lyon anfälliger für Fehler sein sollte als jeder andere Punkt auf der Erde. Aber beachten Sie den Zufall: Ich erhielt zur gleichen Zeit eine Anzahl von *L'Université catholique* , Lyon, in denen ein gewisser Abbé Delfour von „übernatürlichen zeitgenössischen Tatsachen" spricht, ohne ein Wort des Themas zu verstehen.

Nein, das Problem betrifft nicht nur die Stadt Lyon. Es gibt überall Blinde. In den in Paris erschienenen *Études religieuses können Sie eine Dissertation ejusdem farinæ lesen* , die vom Jesuiten Lucien Roure verfasst wurde und kritische Urteile enthält, die eines Handelsreisenden würdig wären.

In diesem Zusammenhang kann man im *Neuen Katechismus der Diözese Nancy lesen* : „F: Was müssen wir von den bewiesenen Tatsachen des Spiritismus, Somnambulismus und Magnetismus halten? – A: Wir müssen sie dem Teufel zuschreiben, und es wäre eine Sünde, sich in irgendeiner Weise daran zu beteiligen."

[81] Wie bekannt ist, erklärt Newton in seinem Brief an Bentley, dass er die Gravitation nur erklären könne, wenn er die Existenz eines Mediums annehme, das sie überträgt. Für unsere Sinne wäre der Äther jedoch kein materielles Ding. Wie dem auch sei, Himmelskörper wirken sicherlich über eine Distanz aufeinander ein.

[82] Die Eingeweihten wissen, dass gemäß dieser Lehre der irdische Mensch aus fünf Wesenheiten zusammengesetzt ist: dem physischen Körper; dem ätherischen Doppelgänger, der etwas weniger grob ist und den ersten für einige Zeit überlebt; dem Astralkörper, der noch subtiler ist; dem Mentalkörper oder der Intelligenz, die die drei vorhergehenden überlebt; und schließlich dem Ego oder der unzerstörbaren Seele.

[83] Diese Beobachtungen können mit einem kleinen gesellschaftlichen Zeitvertreib verglichen werden, der ziemlich populär ist und in einem der ersten Werke von Sir David Brewster (*Letters to Walter Scott upon Natural Magic*) mit folgenden Worten beschrieben wird:

„Die schwerste Person der Gruppe legt sich auf zwei Stühle, die Schultern ruhen auf dem einen und die Beine auf dem anderen. Vier Personen, eine an jeder Schulter und eine an jedem Fuß, versuchen ihn hochzuheben und finden es zunächst schwierig. Dann gibt der Versuchsteilnehmer zwei Signale, indem er zweimal in die Hände klatscht. Beim ersten Signal atmen er und die vier anderen tief ein. Wenn die fünf Personen mit Luft gefüllt sind, gibt er das zweite Signal zum Hochheben. Dies geschieht ohne die geringste Schwierigkeit, als wäre die hochgehobene Person federleicht."

Ich habe das gleiche Experiment häufig an einem Mann in sitzender Haltung durchgeführt, indem ich zwei Finger unter seine Beine und zwei unter seine Achselhöhlen legte und die Experimentatoren alle gleichzeitig gleichmäßig einatmeten.

Dies ist zweifellos ein Fall biologischer Wirkung. Aber was ist die eigentliche Natur der Gravitation? Faraday betrachtete sie als eine „elektromagnetische" Kraft. Weber erklärt die Bewegung der Planeten um die Sonne durch „Elektrodynamik". Die Schweife der Kometen, die sich immer von der Sonne abwenden, deuten auf eine gleichzeitig mit der Anziehung auftretende solare Abstoßung hin. Was Gravitation eigentlich ist, wissen wir heute ebenso wenig wie zu Newtons Zeiten.

[84] Es ist nicht unabdingbar, selbst in gewissen Fällen, in denen es so scheint. Nehmen wir ein Beispiel. Bei einer Sitzung in Genua (1906) mit Eusapia bat M. Youriévich, Generalsekretär des Psychologischen Instituts von Paris, den Geist seines Vaters, der behauptete, in geisterhafter Gestalt vor ihm zu sein, ihm einen Identitätsnachweis zu liefern, indem er in den Ton einen Abdruck seiner Hand und vor allem eines Fingers mit einem langen, spitzen Nagel hinterließ. Die Bitte wurde in Russisch vorgetragen, das das Medium nicht verstand. Nun wurde dieser Abdruck mit Sicherheit mehrere Monate später erhalten, mit dem erwähnten Abdruck des Nagels. Beweist diese Tatsache, dass die Seele des Vaters des Experimentators die Handlung tatsächlich mit seiner Hand vollführte? Nein. Das Medium empfing die mentale Suggestion, das Phänomen hervorzurufen, und führte es tatsächlich herbei. Die russische Sprache machte keinen Unterschied. Die Suggestion wurde empfangen. Außerdem war die Hand viel kleiner als die des Mannes, dessen Geist heraufbeschworen wurde.

Als nächstes bittet der Versuchsleiter seinen verstorbenen Vater, ihm seinen Segen zu geben, und er nimmt eine Hand wahr, die vor ihm das Kreuzzeichen (im russischen Stil, die drei Finger zusammen) auf der Stirn, der Brust und den beiden Seiten macht. Die gleiche Erklärung ist hier anwendbar.

Es war ein Fehler zu behaupten, dass dieser Geist und sein Sohn sich auf Russisch unterhielten, wie es in dem veröffentlichten Bericht hieß. Herr Youriévich hörte nur einige unverständliche Laute. Menschen übertreiben immer, und diese Übertreibungen schaden der Wahrheit so sehr wie möglich. Warum übertreiben? Gibt es in diesen mysteriösen Phänomenen nicht genug Unbekanntes?

[85] In gewissen Ländern (Kanada, Colorado) kann man eine Gasflamme dadurch anzünden, dass man den Finger in ihre Richtung streckt.

[86] Siehe, was ich früher zu diesem Thema in *Lumen* , in *Uranie* , in *Stella* und in meinem *Discours sur l'unité de force et l'unité de substance* , veröffentlicht im *Annuaire du Cosmos* von 1865, schrieb.

[87] *Die menschliche Persönlichkeit* , S. 11.

[88] *Ebd.* , S. 23.

[89] *Ebd.* , S. 63.

[90] *Die menschliche Persönlichkeit* , S. 313.

[91] *Die unterbewusste Natur* , S. 82.

[92] Siehe meine Ausführungen in *The Unknown* , S. 290-294.

[93] Siehe *Bulletin of the Psychological Institute* , Vol. I, S. 25-40.

[94] Erst kürzlich sah ich einen Bericht über einige Phänomene, die eher für diese Theorie sprechen als dagegen (*Bulletin of the Society for Psychical Studies of Nancy* , Nov.-Dez. 1906). Von den elf erwähnten Beispielen könnten das erste und das zweite einer Enzyklopädie entnommen sein, das dritte und das vierte öffentlichen Zeitschriften; aber im Falle der sieben anderen ist das Eingeständnis der Identität der Erscheinungen mit den Originalen, die sie angeblich darstellten, sicherlich die beste Erklärungshypothese.

[95] Um ein Urteil über das noch zu beweisende vorwegzunehmen, ist das Wort „Medium" ein völlig unpassender Begriff. Es setzt voraus, dass die Person, die mit diesen übernatürlichen psychischen Fähigkeiten ausgestattet ist, ein Vermittler zwischen den Geistern und den Experimentatoren ist. Nun, obwohl wir zugeben können, dass dies manchmal der Fall ist, ist es sicherlich nicht immer so. Die Drehung eines Tisches, sein Umkippen, sein Schweben, die Verschiebung eines Möbelstücks, das Aufblähen eines Vorhangs, gehörte Geräusche – all dies wird durch eine Kraft verursacht, die von diesem Protagonisten der Gesellschaft ausgeht, oder durch ihre kollektiven Kräfte. Wir können nicht wirklich annehmen, dass immer ein

Geist anwesend ist, der bereit ist, auf unsere Einfälle zu reagieren. Und die Hypothese ist umso weniger notwendig, als die angeblichen Geister uns keine neuen Fakten mitteilen. Den größten Teil der Zeit ist es zweifellos unsere eigene psychische Kraft, die wirkt. Die Hauptperson und der Hauptakteur dieser Experimente würde man genauer als *Dynamogen bezeichnen* , da er (oder sie) Kraft erzeugt. Meiner Meinung nach ist dies in diesem Fall der am besten anzuwendende Begriff. Er drückt aus, was durch alle Beobachtungen bewiesen wird.

Ich habe Medien gekannt, die sehr stolz auf ihren Titel waren und manchmal ein wenig eifersüchtig auf ihre Kollegen waren. Sie waren überzeugt, dass sie von Augustinus, Paulus und sogar Jesus Christus ausgewählt worden waren. Sie glaubten an die Gnade des Allerhöchsten und behaupteten (nicht ohne Grund), dass diese Unterschriften verdächtig seien, da sie von anderen stammten. Diese Rivalitäten haben keinen Sinn.

[96] Siehe die *Gesamtwerke des Kaisers Julian* , Paris, 1821. Band I. S. 375.